국제협상의 이론과 실제

— 공저_ 박종돈 · 박도준 —

INTERNATIONAL NEGOTIATION

책연
CHAEK YEARN

우리는 언젠가 죽음을 맞이한다. 이 사실만 제외하면 모든 것은 협상가능하다. 우리가 원하는 것을 얻기 위한다면 그 것은 자신의 시각으로 사물을 바라보는 것뿐 아니라 다른 사람의 시각에서 사물을 바라보는 능력을 가졌느냐에 달려있다. 두 사람 이상이 같은 목적을 추구하거나 상호 배타적 인 목적을 수행하려 할 때 갈등이 발생하기 때문이다. 상대가 그 주장을 하는 이유, 동기, 주장 등의 이해관계를 해결해 줄 힘을 기르는 것이 협상의 지름길이다.

이렇듯 협상이란 무엇을 하라고 지시하는 게 아니다. 주어진 환경에서 협상 당사자들의 장점과 단점을 어떻게 활용할 것인가를 고민하는 것이다. 자원과 기술, 경험과 지식을 적절하게 조합하는 것이다. 그렇기에 21세기에는 과거 인기 있었던 상대방을 완전히 제압하는 독재형 리더스타일이 아닌, 기꺼이 협력하는 환경을 조성해낼 줄 아는 민주적 성향의 협상스타일이 더 주목받는 시대가 되었다.

글로벌비즈니스 환경은 학제간 융복합이 자연스러운 4차 산업혁명의 기업가정신과 창조성을 무엇보다도 중요시 하고 있다. 무서운 속도로 변하고 있는 시장에서 기회를 실현하기 위해 새로운 사업을 추진한다. 남들이 발견하지 못한 사업기회를 찾아내어 자신의 책임 하에 필요한 자원을 조달하여 사업을 시작하는 변화와 혁신, 그리고 창조적 혁신을 추구하고 이를 실행하여 승화시키는 예술적 감각이 중요하다.

애플 창업주 스티브잡스가 우리나라에서 태어났다면 대학졸업도 못한 낙오자가 되었을 것이다. 스펙을 중시하는 구태의연한 시스템에 묻혀서 아무런 시도도 못 했을 것이다. 안전한 기준에서 진행된 가장 안전한 결과 이상은 보여주지 않는 수준에 그칠 수 있기 때문이다. 그러나 요즘의 비즈니스는 대부분 자국 내에서만 비즈니스를 한정짓지 않고, 전 세계로 뻗어나가야 한다는 사실을 잘 알고 있기 때문에, 이에 걸맞는 협상인재를 양성하기 위해 힘쓰고 있다.

글로벌 기업가는 복잡한 세계를 이해하고 선택을 내리고 우선순위를 정하기 위해서 지금까지 쌓아 온 지식과 정보에 의존한다. 그러나 가끔씩 기묘한 일들이 발생해 우리가 알고 있다고 믿었던 것들을 다시 돌아보게 된다. 브렉시트(Brexit 영국의 유럽연합 탈퇴), 도널드 트럼프의 미국 대통령 당선, 북미판문점정상회담처럼, 세계질서를 뒤 흔드는 코로나 19 등 새로움의 아이러니에 직면하기도 한다.

한편 글로벌화(Globalization)로 지칭되는 최소한 지난 20년간 대부분의 글로벌 기업가들은 세계시 장을 대상으로 GVC(Global Value Chain)을 통한 경영의 최적화를 수행하면서 세계가 점점 하나로 작아지고 통합되어 온 것이 사실이다. 하지만 새롭게 변하는 Big Data, AI, IoT, Robotics, 3D, O2O, Cloud, ICT, Cyber Physical System 등의 기술동향, 포퓰리즘(인기영합주의), 내셔널리즘(자기국가중심 주의), 보호무역 등 다양하고 복잡한 국제협상 환경에 유연하고 창의적으로 접근해야 한다.

큰 성공을 거뒀던 소니 · 모토로라 · 존슨앤드존슨 등 유수의 글로벌 기업들은 왜 추락했을까? 성공에 도취한 순간 내 비즈니스 방식은 이미 시장에 통했다는 자신의 전략과 결과를 자랑스럽게 여기며 시장의 변화를 무시하기 쉽다. 이런 태도는 학습의 새로움과 혁신을 방해하고 성공에 대한 자아도취에 빠지게 한다. 오만했기 때문에 실패한 것이다. 성공은 어떻게 보면 실패에 대한 잠재적 경고라고 볼 수 있다.

비즈니스에서 당신은 권리가 있는 만큼이 아니라 협상한 만큼 얻는다. 최선을 다하지 않은 잠시 방심한 틈에 기업은 그간 쌓아온 공로가 무색할 정도로 순식간에 무너지게 된다. 이 때문에 크게 성공한 기업은 많아도, 장기간 명맥을 유지하는 기업은 드문 것이다. 지식이 부족해서 실패했다고 말하는 리더는 많지 않다. 확신에 사로잡혀 변화할 생각이 없는 지도자는 결국 실패한다. 창의적이고 능동적인 협상이 아닌 '있어도 그만 없어도 그만' 수준의 안일한 협상방식의 산물인 것이다.

협상의 동력은 자기 자신에게, 구성원에게 끊임없이 질문하다 보면 새로운 아이디어가 떠오르게 된다. 협상요소의 변화를 끊임없이 관찰하고 반영해 이들과 긴밀하게 교류해야 한다. 현재의 협상을 진행하는 동시에 다음 협상에 어떻게 다른 것을 보여줄지 기획한다. 지금까지의 자신에게 끊임없이 도전해야 하는 것이 협상의 숙명이다. 물론 모든 협상을 완전히 새로운 내용의 기획을 추진하라는 이야기는 아니다. 도전을 계속해 나가는 게 무엇보다 중요하다.

배려와 이해의 경청 리더십이 협상을 주도한다. 협상과정의 모든 부분을 놓치지 않으려 한없는 호기심을 갖고 만나는 모든 사람과 협상을 논의한다. 협상의 경제적, 사회적, 역사적, 문화적 맥락을 모두 이해하려 노력하며 여기서 나온 아이디어가 협상에 반영된다는 것을 의견교환을 통해 알게 된다. 이 때 구성원 모두가 적극적으로 의견을 내고, 훌륭한 창작물인 협상을 예술(Art)로서 공유하게 되며 진심으로 공동목표 달성에 최선을 다한다.

저자는 경영대학에서 10년간 국제협상을 강의하면서, 어떻게 추상적 이론과 현실적 지식을 적절히 조화시킬 것인가를 고민하여 왔다. 글로벌화와 4차 산업혁명으로 세계시장 환경은 하루가 다르게 변화하고 있다. 따라서 그에 대한 최신 지식을 강의실에 전달해줄 필요성이 커지고 있다. 또한 체계적인 국제협상의 이론 교육을 통해 학생들에게 협상의 의미를 정확히 일깨워주고 국제협상의 장기적 안목도 키워줄 필요가 있어 출판이라는 작은 소망을 이루게 되었다.

이 교재에는 각 장마다 새로운 이론과 이슈들에 직접 연관된 다양한 협상사례들을 수록하였다. 한 학기에 이 교재로 국제협상 과목을 강의한다면, 학생들에게 현실적인 국제협상 이론과 기법들을 교육할 수 있다. 물론 별도의 사례와 부교재를 활용하여 보다 심도있는 강의를 진행할 수도 있다. 국내 대학에서 협상 교육의 수준이 향상되고 글로벌화를 추진하는 기업경영자들에게 실질적인 도움이 되기를 기원한다.

이 책의 출판이 완료될 수 있도록 많은 도움을 베풀어주신 책연 사장님과 담당 직원들께 깊은 감사의 마음을 전한다. 이 책을 출간하느라 밤늦도록 씨름하는 동안 가정에서 이를 잘 이해하고 격려해준 가족에게 사랑을 전한다.

2020년 2월
박 종 돈
박 도 준

CONTENTS

CONTENTS

제 **1** 장

협상의 본질

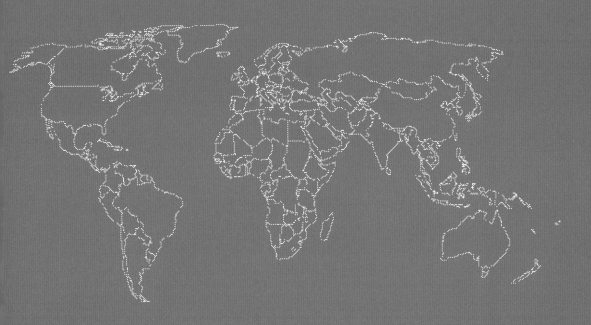

1. 협상의 정의

　　협상(negotiation)은 외교관이나 세일즈맨들만이 하는 전문적인 행위뿐만 아니라 다양한 이해관계자와 의견을 조율해야 하는 우리의 일상생활 그 자체이다. 최근 국내에서 화두가 되고 있는 협상 사례들을 살펴보면 노사간 임금협상, 기업들의 다양한 국제 경영관련 협상 및 북한 핵문제 협상, 무역분쟁관련 협상 등 다양한 형태의 협상 사례들을 찾아 볼 수 있다.

　　협상(negotiation)의 어원은 negotium으로 neg는 not, otium은 leisure 또는 free를 의미한다. 이 말의 뜻은 "대화를 통해 서로 일정 합의점에 도달한다"는 의미의 비즈니스를 가리킨다. 협상(negotiation)이란 '타결의사를 가진 2 또는 그 이상의 당사자간에 양방향 의사소통((interactive communication process)을 통하여 상호 만족할 만한 수준으로의 합의(agreement)에 이르는 과정[1]'이라 정의할 수 있다[2]. 이러한 협상은 협상당사자의 입장에서 보면 상대방과의 결합적 의사결정행위(jointly deci-ded action)를 통한 자신의 본질적 이해를 증진시킬 수 있는 수단이라고 이해된다.[3] 즉, 협상참가자들은 협상과정을 통해 보다 높은 협상성과(joint gains)를 창출하고 이를 통해 협상이득을 공유함으로써 협상참여의 유인으로 작용한다. 따라서 협상은 다음 몇 가지 핵심적 구성요소를 가지고 있다. 첫째, 협상은 두당사자 이상의 의사결정 주체를 요소로 한다. 당사자가 개인, 집단, 조직 또는 국가이든 간에 그 내부에서는 역동적인 관계가 있고 외부적으로는 둘 이상의 당사자가 있어야만 한다. 둘째, 협상에는 협상 당사자 간에 공통적이며 상반된 이해관계(common & conflicting interests)가 존재하여야 한다. 셋째, 협상과정은 불완전한 정보(incomplete information)하에서 상대입장을 동시적(simultaneous)으로나 순차적(sequential)으로 탐색하는 것이 특징이다[4].

　　협상은 흥정(bargaining)과 구분하여 흥정은 개인간의 매매 등과 같은 상호작용을 가리키는 반면, 협상은 기업, 국가 등 복합적인 사회단위간의 다수 의제에 대한 상호작용[5]이

1) Shell, G. R., Bargaining for Advantage : Negotiation Strategies for Reasonable People, New York, 1999.
2) Raymond, S., 「The Expert Negotiator」, Kluwer Law International, 1997, p.15.
3) Sebenius, James K., 1993, "Essentials of Negotiations," Harvard Bussiness School, teaching note N2-894-012. 1993
4) 박주홍, 국제비즈니스협상, 박영사, 2018

라고 하나 실제로 양자는 협상연구에서 별도의 구분 없이 사용하고 있다[6].

협상은 의식적이든 의식하지 않든 우리의 일상생활에서 중요한 부분을 차지하고 있다. 즉, 직장과 같은 조직생활에서뿐만 아니라 가정, 노사관계 및 국제관계 등 사회적인 모든 분야에서 당사자 상호간 이해관계(interests)가 상충되는 경우에 발생한다. 여기서 이해관계의 상충이란 당사자가 가용한 대안의 집합에 대하여 양립하기 않는 선호를 가지고 있다고 믿는 상황을 말한다.[7]

협상은 상대방과 내가 둘 다 이기는 것이다. 상대방과 나와의 관계를 제대로 설정하지 못하면 상대방이 끌어당기고자 할 때 절대로 끌려가지 않으려고 안간힘을 쓰게 된다. 협상은 상대방과 함께 추는 춤이다. 협상이라는 춤과 진짜 춤의 차이점은 진짜 춤은 내가 원하는 사람과 춤을 추는 것이고, 비즈니스의 춤은 마음에 들지 않는 사람과도 춤을 추어야 하는 것이다.

삶은 선택의 과정이다. 그렇게 때문에 그 선택을 위해서는 늘 협상을 해야 한다. 상대방 또는 내 속에 있는 나와 말이다. 이렇게 협상은 나를 떠나지 않는다. 전 세계적으로 가장 인기 있는 협상교과서의 하나인 『Negotiation』의 저자 로이 J. 레위카는 "희소성 때문에 다이아몬드는 물보다 비싸다. 그러나 다이아몬드 없이는 살아도 물 없이는 못 산다. 협상도 물과 같아서 협상을 할 줄 모르면 삶이 힘들어 진다."고 협상의 중요성을 강조하였다.

📋 연봉협상

회사 측의 연봉 협상자는 협상의 달인이라고 해도 과언이 아니다. 직장 연봉이나 동종 업계의 연봉은 개개인들도 알고 있기에 회사에서는 훨씬 더 정확한 사실을 알고 있을 것이라 예상된다. 만약 협상에서 근거 없이 이야기한다면 자칫 협상의 주도권을 빼앗긴 체 이리저리 끌려 다니다가 회사가 원하는 연봉으로 협상이 진행되는 곤혹스런 상황을 맞을 수도 있다.

그러므로 연봉의 협상에 있어서도 목표수준이나 실적에 관한 데이터 정리가 어느 정도 되어 있어야지 개인이 원하는 연봉 협상에 이르게 된다. 하지만 어느 정도 배짱도 없이 움츠러들게 된다면 일반 평균적으로 받을 수 있는 연봉조차도 최저로 떨어질 수 있기 때문에 끝까지 건방지지 않은 당당함과 떳떳한 겸손함이 마지막 사인하는 과정까지 유지될 수 있어야 할 것이다.

---

5) 차재호, 1995, "협상의 심리학 : 전반적 개관", 한국심리학회지 : 사회문제, p.p.133-135
6) 곽노성, 글로벌 시대의 국제협상론, 경문사, 1999
7) Carnevale, peter J., 1994, "Negotiation," in Encyclopedia of Human Behavior, Volume 3, p.271 참조.

(사진출처 : 네이버 이미지)

2. 협상의 특징

협상은 우리가 원하는 어떤 것을 갖고자 할 때 시작된다. 그렇다고 무엇인가를 원한다는 이유만으로 무턱대고 협상할 수는 없다. 협상이란 상대가 가지고 있는 무언가를 포기할 준비가 되어 있고, 나도 가지고 있는 무언가를 포기할 때 비로소 성공할 수 있기 때문이다. 이렇게 보면 협상의 클라이막스는 제안과 역제안 과정에서 양보를 통한 협상이라고 할 수 있다.

이러한 과정은 단순하게 이루어지지 않는다. 물론 생각했던 것보다 간단하고 유연한 합의가 이루어질 수도 있겠지만, 대개는 시무하고 힘겨운 싸움을 벌여야 할 뿐만 아니라, 합의가 되었다 하더라도 성공적인 결과였는지에 대해서는 자신할 수 없는 경우가 대부분이다.

우리는 왜 협상할까? 아마도 아래의 두 가지 이유 중 하나 때문일 것이다.

첫째, 공동의 이익

둘째, 상충되는 이슈

협상을 성공적으로 달성하려면 협상의 목표를 정해야 한다. 상대방도 이기고 나도 이기는 것이 협상의 목표이다. 내가 원하는 것을 달성하는 것은 협상이 아니다. 회사의 궁극적인 목표는 무엇인가? 고객만족? 이익? 결국 여기서 말하는 고객만족은 회사의 궁극적인 목표인 이익을 얻기 위한 수단이다.

협상을 잘하기 위해서는 정보를 얻어야 한다. 협상에는 힘이 있어야 한다. 협상에는 기술이 있어야 한다. 그렇지만 힘과 기술은 수단일 뿐이다. 가장 중요한 것은 준비이다. 원하는 협상을 잘하기 위해서는 사전준비를 잘해야 하는 것이다. 준비 중 가장 중요한 부분은 목표설정이다. 협상의 5가지 준비단계는 다음과 같다.

◆ 의제를 명확하게 하는 준비
◆ 각 의제의 목표설정을 위한 정보 수집
◆ 팀의 내부협상과 정보 분석
◆ 상대방 팀의 분석
◆ 협상의 전략과 전술의 준비

협상 목표는 장기적인 것과 단기적인 것의 조합이라고 할 수 있다. 상대방과의 장기적인 관계가 중요한 비즈니스 협상에서는 구체적인 목표를 설정해야 한다. 구체적인 목표란 단순히 수치로 계산될 수 있다는 의미가 아니라, 체계적이고 논리적인 과정을 거쳐서 만들어진 것을 의미한다.

누군가와 함께 일하기 위해서는 협상의 기본과정을 이해하는 것이 필수적이다. 우리는 무수히 많은 일에서 협상을 하고 있고, 또 그 필요성을 절감하기 때문에 협상을 배우려 한다.

"왜 많은 사람들이 협상에서 실패할까?"

그 이유는 협상을 해야 할 때와 하지 말아야 할 때를 구분하지 못하기 때문이다. 즉, 자신이 처한 협상상황을 제대로 파악하지 못하기 때문에 바라는 목적을 이루지 못하게 되는 것이다. 더욱이 협상을 해야 할 때를 정확히 인식하고 협상에 나서더라도, 효과적으로 협상을 하지 못해서 실패하는 경우도 많다. 이는 기술 부족에서 온 실패라고 할 수 있다. 결국 협상을 잘하기 위해서는 철저한 준비와 기술이 필요하다. 현실에서 직면하게 되는 협상상황은 매우 다양하다. 생활 속 다양한 상황들이 모두 협상의 상황인 것이다. 하지만 나라와 나라 사이의 평화협상이든, 기업 간의 비즈니스협상이든, 일상생활에서 맞부딪히게 되는 협상이든 간에 모든 협상은 근본적으로 똑같은 특징을 갖고 있다. 바로 아래와 같은 특징들이다.

◆ 둘 이상의 당사자가 존재한다.
◆ 둘 혹은 그 이상의 당사자 사이에 이해관계의 갈등이 존재한다.
◆ 더 좋은 결과를 기대한다.
◆ 자신만의 해결책을 기대한다.
◆ 주고받기를 기대한다.
◆ 유형의 문제뿐 아니라 무형의 문제를 협상한다.

아울러 혼자서 목표를 이룰 수 없을 때 상대방과 의사소통을 통해 내리는 의사결정 과정을 협상이라고 했듯이 협상은 업무상의 일대일 만남과 다수의 참여자, 기업간, 국가간 협상 등 다양한 형태를 띠고 있다. 결국 당사자는 자신의 목적을 달성하기 위해서 상대방이 필요하다. 이를 일컬어 상호의존성(Interdependence)이라고 한다. 상호의존적 목표는 협상에 있어 중요한 국면을 만드는데 먼저 Win-lose와 Win-win의 결과를 초래할 수 있기 때문이다[8].

호의존 관계는 매우 복잡하다. 어느 한 쪽이 상대와 독립적인 관계에 있거나 단순히 의존적인 관계에 있는 것보다 훨씬 더 복잡하다. 상대와 독립적인 관계에 있다면, 상대와 거리를 두거나 무관심하며 서로 상관없다고 생각하면 된다. 그러나 상대에게 의존하고 있는 상황이라면, 상대의 요구와 특이한 버릇까지도 인정해 주고 받아들여야 할 것이다.

고용사례를 예로 들어 보자. 만약 직원이 사장에게 전적으로 의존하고 있다면, 그는 일을 계속하기 위해서 사장의 말을 잘 듣고 따라야 한다. 그러나 만약 이들이 상호의존 관계라면 어떻게 될까? 서로 영향을 주고 받을 수 있을 뿐만 아니라 여러 가지 옵션도 갖게 된다. 그러나 상호의존 관계가 너무나 복잡해서 이런 옵션들을 다루고 처리하는 일이 쉽지는 않을 것이다. 상호의존 관계는 각자가 세워놓은 목표가 서로 맞물려 있는 특징이 있다. 각자의 목표를 달성하기 위해서는 서로를 필요로 한다는 것을 알아야 한다.

협상을 할 때 상호의존적 목표를 갖는 것은 매우 중요하다. 협상가들 사이의 상호의존 구조에 따라 합의가 어디까지 가능한지 그 범위가 결정되고, 어떤 전략과 전술을 사용할 지도 결정되기 때문이다.

협상에서 상호의존의 대표적인 상황 두 가지를 예로 들어보자. 첫째, "승-패(Win-Lose)" 상황이다. 이 상황에서는 한 쪽이 더 많이 가져가는 만큼 다른 쪽이 그만큼 잃게 되기 때문에, 협상에서 고정된 결과물을 어떻게 나눌 것인가에 초점을 맞춘다. 이러한 유형의 협상상황은 상품의 가격을 결정할 때 자주 나타난다.

둘째, "윈 윈(Win Win)" 상황이다. 이 상황에서 협상가들은 서로 만족할 수 있는 해결책을 찾기 위해 노력한다. 이러한 유형의 협상은 공동으로 합작 투자한 양쪽 회사의 관계에서 그 특징을 살펴볼 수 있다. 이처럼 협상가들 사이의 상호의존유형에 따라 협상가들은 어떤 해결방안이 가능한지 그리고 어떤 전략을 사용할지를 결정지을 수 있다.

피셔, 유리, 그리고 패튼이 공저한 『예스를 이끌어 내는 협상법 : 양보 대신 협상을 통한 합의 Getting to Yes : Negotiating Agreement without Giving In』에서도 상호의존의 성격을 이해하는 것이 얼마나 중요한지 강조하고 있다.

이들은 협상에서 상대와 합의에 도달하기 위해 창조적인 옵션을 잘 알고 있거나 이를 개발하는 것이 무척 중요하다고 지적한다. "협상에서 상대의 제안에 합의할 것인지 아니면 거절할 것인지 결정하는 기준은 당신이 사용할 수 있는 최상의 대안에 달렸다."

이들은 이 개념을 배트나(BATNA, Best Alternative To a Negotiated Agreement), 즉 '합의를 도출하기 위한 최선의 대안'이라고 부른다. 피셔는 협상할 때 모든 협상가들은 반드시 자

---

8) 하혜수/이달곤, 협상의 미학-상생 협상의 이론과 적용-, 2017. 박영사.

신과 상대의 BATNA를 이해하고 파악해 둘 필요가 있다고 충고한다.

BATNA는 자신이 최종적인 대안에 미치지 못하는 협상결과라면 어떤 해결안도 받아들이지 않도록 해주고, 동시에 상대의 제안과 자신의 BATNA 중에서 어떤 것이 자신의 이해관계를 더 만족시켜줄 수 있는지 비교할 수 있는 기준이 된다. 동시에 협상가 사이의 상호의존 상태에 따라서도 영향을 받는다.

또한 이론적으로 국내협상보다 국제협상시 협상의 결합이득 원천 차이요소가 더 크므로 잠재적 결합이득 측면에서 보면 국제협상이 국내협상보다 더 크다고 말할 수 있다.

[그림 1-1] 국내외 협상 유형

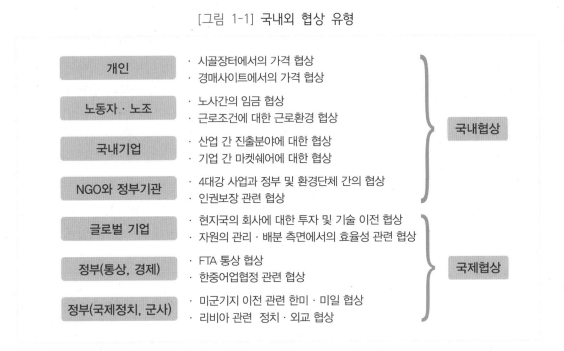

그러나 애들러와 그래햄(Adler and Graham, 1989)[9], 브레트와 오쿠무라(Brett and Okumura, 1998), 곽노성(1999)[10], 최창환(2007)[11] 등의 실증분석에 의하면 국제협상 성과가 국내협상 성과보다 너 낮다는 것으로 조사되었다. 사라큐스(Salacuse, 1999)는 국제협상의 잠재적 이득이 국내협상보다 큼에도 불구하고 실질적으로 성과가 낮은 이유에 대해서 정치적·법적 다원주의, 통화가치의 변화와 국제통화, 현지 정부와 관료체제, 불안정성과 갑작스런 변화, 이데올로기적 차이, 문화적 차이 등 여섯가지 요인을 국제협상의 장애요인

---

9) 애들러와 그래햄은 일본인과 카나다 협상자들이 국내협상보다 국제협상시 성과가 더 낮았다는 연구결과를 발표하였다.
10) 곽노성, 전게서 (1999).
11) 국내 기업매각 사례를 국제매각과 국내매각으로 구분하여 분석한 결과 국제협상 성과가 국내협상 성과보다 21% 낮은 것으로 분석되었다.

이라 하였다[12].

푸트남(Putnam, 1988)[13]에 따르면 국제협상은 2단계 협상적 특성(Two Level Game)을 지니고 있는데, 먼저 대외협상(Level I Game)으로 다른 국가와의 협상안을 타결하는 것이고, 두 번째는 타결된 협상안에 대해 국내협상(Level II Game)으로서 국민동의 혹은 국회비준 절차를 거쳐 최종 협상으로 효력을 발휘하게 된다.

---

12) Salacuse, J, W,(2007), "Intercultural Negotiation in International Business," Lewicki, R,, Barry, B, and Saunders, D, M,(2007, Ed,), Negotiation-Readings, Exercises, and Cases, Boston et al, pp. 366~384.

13) Robert D, Putnam, Diplomacy and Poilitics : The logic of Two-Level Games, International Organization, 1988

협상의 필요성과 중요성

1. 현대 협상연구의 역사

협상에 대한 연구는 분야별로 자신의 학문연구 방법에 의존하여 정치학, 경제학 및 심리학(특히, 사회심리학) 등에서 진행되어 오다가 갈등관리를 위한 방법으로 협상에 대한 학제간 연구가 진행되어 오다가 갈등관리를 위한 방법으로 협상에 대한 학제간 연구가 진행된 것은 1950년대 이후라고 할 수 있다.

경제학영역에서 협상에 대한 체계적인 연구의 효시는 1960년 미국 하버드대학의 경제학 교수였던 Thomas Schelling이 출간한 『갈등의 전략』(Strategy of Conflict)을 들 수 있다[14]. 1965년에는 행태학적인 접근으로 노사관계협상이론을 제시한 Richard E. Walton과 Robert B. Mckersie의 노사관계협상의 행태학적 이론(A Behavioral Theory of Labor Negotiations)이 출간되었다[15]. 이전의 협상에 대한 연구는 심리학, 경제학, 사회학 및 정치학 등에서 학문분야별로 독특한 접근방법을 사용하여 연구가 진행되어 왔으며, 경제학에서는 게임이론의 일부로서 협조적 게임의 틀 아래서 협상문제(bargaining problem)를 취급하여 왔다.

경영학의 행동과학적 관점에서의 조직에서의 갈등문제에 대한 학제간 융합을 통한 이론적 연구가 실증적으로 진행되어 왔으며, 특히 심리학과의 학문적 융합을 통한 조직4행동론의 관점에서 소수의 개인으로 구성된 집단내 갈등상황 하에서 질문지를 통한 조사를 하거나 모의 협상상황을 주고 이에 대응하는 태도를 분석하는 모의실험(simulation)방법으로 협상자들의 협상상태를 분석하였다. 또한 정치학에서는 국가간 갈등과 분쟁의 원인을 설면하고 이를 해소하기 위한 틀로서 국제정치학 분야를 중심으로 연구가 진행되어 왔다. 이러한 협상에 대한 연구가 독자적인 학문분과로 협상학(negotiation science)의 형태를 띠게 된 것은 1980년대에 이르러서라 할 수 있다. 이는 그간 다양한 학문분과로부터 다양한 접근방법을 사용하여 관련주제에 대한 연구를 해오던 것으로부터 협상의 본질과 협상구도에 대한 규명을 하고 연구방법상의 독자성을 확보하게 되었음을 의미한다.

1980년대 이후 협상연구의 방향은 크게 다음과 같은 두 가지로 구분해 볼 수 있다.

첫째, 본질적 이해(real interest)에 근거한 협상을 하도록 노력하여야한다는 전제로부터

---

14) Schelling, Thomas C., The Strategy of Conflict, Cambridge, Mass : Havard Bussiness University Press, 1960.
15) Walton, Richard E. and Robert B. Mckersie, A Behavioral Theory of Labor Negotiations, New York : McGraw-Hill, 1965.

협상시 부딪치게 되는 다양한 장애요인들을 찾아내고 이를 극복하는 전략을 제시하는 미국 하버드대학을 중심으로 진행되고 있는 협상연구 방향이다. 이들은 기본적으로 경제학적인 교환이론(theory of exchange)에 근거하여 당사자간의 선호, 미래에 대한 주관적 평가, 시간 및 위험선호에서의 차이가 협상을 통한 잠재적 이득의 원천이 된다는 것을 규명하고 이를 실현하기 위한 전략으로서 협상을 연구한다[16].

둘째, 노스웨스턴 대학의 Max H. Bazerman을 중심으로 한 행태학적인 접근방법으로 이들은 협상자가 빠지기 쉬운 심리적 함정들(psycholo-gical traps)을 적시하고 이에 대한 치유책으로서 합리적 협상방안을 제시하는 연구방법을 취하고 있다. 이들은 심리학에서 사용하고 있는 질문지 또는 시뮬레이션 등 실험(experiment)을 통하여 협사자들의 행태를 관찰하고 이로부터 비이성적 협상행동을 추출해 낸 다음 이를 합리화 시킬 수 있는 방안을 모색하고 있다.[17]

이들 두 가지 연구방법상의 차이는 인간을 보는 기본적인 이해의 차이에 있다고 볼 수 있는데 전자의 경우 근본적으로 인간을 이성적 존재로 보고 이러한 인간의 이성을 바탕으로 장애요인들을 적시해 낼 수 있으며 이를 극복하여 상호간 이득이 되는 합의안을 창출할 수 있다고 믿는다. 반면, 후자에 있어서는 Herbert A. Simon 등의 인간이해에 따라 인간을 제한된 합리성(bounded rationality)만을 가진 존재로 보고 인간이 독자적인 의사결정상황 혹은 경쟁적인 협상환경에서 실제로 많은 비합리적인 결정 및 행동을 하게 된다는 것을 전제로 한다. 따라서 이들은 협상자가 저지르기 쉬운 비합리적인 행동들은 찾아내고 이를 방지하기 위한 방안을 제시하는 접근방법을 취하는 것이 보통이다. 이들 협상학 연구의 공통적인 특징은 협상연구를 순수이론을 위한 학문으로서보다는 합리적 협상전략을 제공함으로써 협상이 갈등관리아 상반된 이해관계를 해결하는 수단으로서 역할을 할 수 있도록 실천적인 대한을 제공한다는 데 있다[18].

본서는 협상을 당사자간 교환을 통한 잠재적 이득의 실현과정으로 보고 이러한 잠재적 이득의 실현을 저해하는 요인들을 찾아낸 다음 이의 제거를 위한 절차와 방법을 협상전략으로 제공하였다는 점에서 앞으로 언급한 협상연구의 두 가지 접근방법을 통합하는 접근방법을 취하였다고 볼 수 있다.

---

16) Fisher, Roger and William Ury, Getting to Yes : Negotiating Agreement Without Giving In, Boston : Houghton Mifflin, 1981.
17) 첫 번째 연구방향을 협상연구에 있어서 하버드전통(Harvard tradition)이라 부를 수 있으며 Roger Fisher, Howard Raiffa, William Ury, James K. Sebenius 등이 여기에 속한다. 이들은 경제학적인 합리적 선택(rational choice) 접근방법을 따른다고 볼 수 있다. 후자의 연구방향은 행태주의적 접근방법이라 할 수 있는데, 이미 언급한 Max Bazerman, Margaret Neal, Jean Bratt 등 경영학자들과 Dean Pruitt, Jeffrey Rubin 등 심리학자들이 이러한 접근방법을 따르고 있다.
18) Baron, A. Jr., 1994, "psychological Approaches to the Study of negotiation," in R. J . Corsini(ed.), Encyclopedia of psychology, 2nd ed., vol. 2 , New York : Wiley, pp. 464-465

2. 협상의 중요성

협상은 갈등을 관리하기 위한 수단 중의 하나이다. 아래에서 언급한 최근의 사회·경제적인 환경변화는 갈등관리를 위한 협상기술의 중요성을 증대시켰을 뿐만 아니라 능력있는 협상자가 되기 위해 많은 노력이 필요함을 시사하고 있다.[19]

첫째, 직장전환율의 증가이다. 과거와는 달리 최근에는 보수, 회사파산, 장래 전망 등을 고려하여 직장을 바꾸는 일이 많아졌다는 사실이다. 즉, 직장의 이동을 승진과 자신의 경력관리 수단으로 사용하는 경향이 있다는 것이다. 이러한 직장전환의 증가는 새로운 직장에서 자신의 직급 및 보수를 결정하기 위한 협상기술을 필요로 하게 된다.

둘째, 빈번한 기업구조조정의 발생이다. 미국의 경우 1980년대는 합병 및 인수(Marger and Aucqueisition : M & A), 규모 축소와 합작투자가 성행하였던 이른바 기업구조조정의 시대였다고 할 수 있으며 경영환경의 변화에 따라 현재에도 끊임없이 이러한 작업은 진행되고 있다. 우리 나라의 경우에도 IMF 관리체제하에서 금융기관 및 기업의 구조조정을 한창 진행되고 있다. 이러한 구조조정은 새로운 기업의 창조를 비롯하여 여러 종류의 기업간 계약을 필요로 하게 된다. 따라서 자신의 생존뿐만 아니라 기업의 경쟁우위 확보를 위하여 협상기술을 필수 불가결한 요소가 된다.

셋째, 노동인력의 다변화이다. 경제의 국제화가 진전되면서 국내외에서 외국인 기업과의 접촉과 외국인 노동자의 고용이 빈번해지고 있다. 미국의 경우에도 200년까지 신규 노동인력의 70% 정도가 여성인력, 소수민족 및 이민자로 채워질 것이라고 했다. 이런 다변화도니 노동인력 상황은 경영자들로 하여금 다양한 계층 의 서로 다른 목표, 동기 및 문화적 배경을 가진 사람들과 협력하여 성과를 올리도록 요구하고 있다. 따라서 이들과의 협력과 원활한 의사소통을 통한 생산성 제고를 위해서는 보다 정교한 협상능력이 필수적이라 할 수 있다[20].

넷째, 서비스산업 비중의 증가이다. 경제가 선진화될수록 경제 전체에서 차지하는 서비스산업의 비중이 증가하는데 서비스산업은 고객과 밀접한 접촉을 요구하며 판매 이후에도 서비스성과의 측정이 곤란한 경우가 많아 재협상의 가능성이 항상 존재하는 특성이 있다. 따라서 서비스산업 비중의 증가는 보다 고급의 협상능력을 요구하게 된다.[21]

다섯째, 범세계 시장화의 진전이다. 이는 기업이 당면하는 경쟁의 성격을 기존의 국내시장 점유율확대라는 국지적인 경쟁으로부터 글로벌 경쟁으로 변화시키고 있다. 이러한 경쟁상황에서 기업이 경쟁우위를 확보라기 위해서는 전략적 제휴 등 관계적 계약(relational contracting)이 필수적인데[22] 세계시장을 겨냥한 이러한 관계적 계약은 일반적으

---

19) Bazerman, Max H. and Margaret A. Neal, Negotiating Rationally, Free Press, 1992,

20) Bacow, Larry and Mike Wheeler, Environmental Dispute Resolution, Plenum Press, 1994, pp. 73-74.

21) Edwards, T. and Ress, C.(2011), International Human Resource Management; Globalization, National systems and Multinational Companies, 2nd Edition, Harlow, England.

로 외국 기업과 이루어진다는 사실이다. 서로 다른 문화적 배경으로 협상목표, 절차, 동기 등 그 규범과 관점이 다른 외국기업과의 관계적 계약을 위한 협상은 보다 능력있는 협상자를 요구하게 된다고 볼 수 있다[23].

📋 일상생활 속의 협상

협상의 대가 허브 코웬은 자신의 저서에서 일상생활 속의 협상에 대해 그 중요성을 간과하는 우리의 모습에 대해 비판하고 있다. 우리는 거대한 스케일의 협상에서만 사회심리학이나 협상학적 원리들이 적용된다고 생각하고 있다. 하지만 정작 실질적으로 생활속에서 피부에 가장 가까이, 직접적으로 와 닿는 일상생활 속의 협상에 있어서는 무관심한 것이 우리의 모습이다.

비유가 적절할지는 모르지만, '안에서 새는 바가지, 바깥에서도 샌다'는 말이 있다. 이말을 달리 풀어 말하면 '안에서 바가지가 새지 않는다면, 바깥에서도 새지 않는다.'는 뜻이 될 것이다. 이 말은 우리가 일상생활에서의 협상에 관심을 가져야 하는 이유를 단적으로 잘 표현하고 있다. 일상적인 일에 있어서 협상의 체계화가 생활화 된다면, 언제, 어디에서나 닥칠 커다란 협상에 대면해서 성공적인 결과를 거둘 수 있기 때문이다.

(사진출처 : 네이버 이미지)

---

22) Williamson, O. E., The Economic Insitutions of Capitialism, New York : Free Press, 1985.
23) Williamson, O. E.,, "Comparative Economic Organization : The Analysis of Discrete Structural Alternatives," Administrative sciences Quarterly 36, 1991. pp. 269-296.

제 2 장

협상의 주요요소와 구조

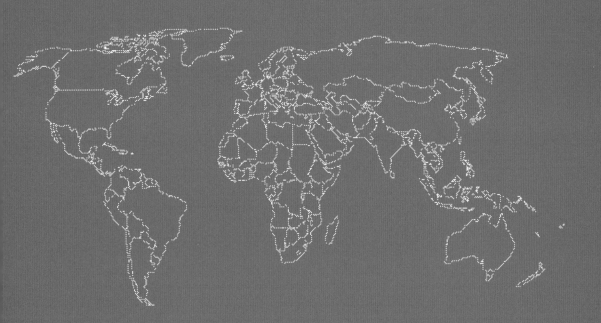

제1절
협상의 주요요소

1. 협상의 주요요소

1) 협상의 개념 속 주요요소

협상은 제 1절에서 논의한 바와 같이 비단 경제문제 또는 기업경영에 있어서뿐만 아니라 일상생활의 많은 부분을 점유하고 있다. 그러나 협상에 대한 일반적인 인식은 사람에 따라 다르다. 어떤 사람은 협상을 단지 이미 다른 권력, 권리 또는 위계(hierarchy)에 의해 결정되도록 예정된 것은 대한 하나의 정당화 과정으로 생각하는가 하면, 다른 일부의 사람들은 협상을 보다 근원적인 목표를 달성하기 위한 관계증진수단으로서 어떻게 양보를 할 것인가 하는 방안을 의미하기도 한다. 또 다른 일부의 사람들은 협상참여자 모두에게 이득이 되는 좋은 합의한을 만들기 위한 당사자간 합리적인 문제해결과정으로, 또는 협상과정을 자신의 몫을 극대화하여 이른바 사자의 몫(lion's share)을 챙기기 위한 투쟁이라고 인식하는 등 협상과정에 대한 인식은 대단히 다양하다. 이러한 협상에 대한 다양한 인식들이 일면의 진리를 가지고 있는 것은 사실이나 이들은 모두 협상을 너무 편협하게 인식하고 있다는 공통점이 있다.

> **협상에 대한 인식의 차이**
>
> 1) 이미 다른 권력, 권리 또는 위계(hierarchy)에 의해 결정되도록 예정된 것에 대한 하나의 정당화 과정으로 인식
> 2) 근원적인 목표를 달성하기 위한 관계 증진의 수단으로서 어떻게 양보 할 것인가 하는 방안으로서의 인식
> 3) 협상참여자 모두에게 이득이 되는 좋은 합의안을 만들기 위한 당사자간의 합리적인문제 해결과정으로서의 인식
> 4) 협상과정을 자신 몫을 극대화하여 이른바 사자의 몫/분배(Lion's share)[24]을 챙기기 위한 투쟁으로 인식
> => 이러한 인식들은 진실되어 보이나 실상 너무나 편협한 인식이라는 공통점이 있음

---

24) 이솝우화 중에서 : The Lion went once a-hunting along with the Fox, the Jackal, and the Wolf. They hunted and they hunted till at last they surprised a Stag, and soon took its life. Then came the question how the

즉, 협상의 하나의 측면만을 강조한 관점이라는 평가를 내릴 수 있다는 것이다. 이러한 여러 가지 협상에 대한 단편적인 시각을 통합하여 우리는 협상을 당사자간 결합적인 의사결정행위를 통하여 자신의 근원적 이해(real interests)를 증진시키는 수단이라 정의할 수 있다. 이러한 정의로부터 우리는 협상의 다음과 같은 세 가지 측면을 고찰해 볼 필요가 있다. 그것은 이들이 보다 효과적인 협상 및 그 분석을 위하여 중요한 요소가 되기 때문이다.[25]

2) 협상의 목적과 주요요소

첫째, 협상목적(goal)이란 협상자가 얻고자 하는 것(what I want to have)이다. 따라서 협상목적은 협상자가 기대하는 협상성과(desired negotiation outcome)라고 말할 수 있으며, 이는 협상이익(negotiation interest)과 밀접한 관계가 있다.

둘째, 협상포지션(negotiation position)이란 상대와 협상을 하며 협상자가 초기에 주장하거나 내세우는 것(statement what the negotiator will demand)이다.

셋째, 협상성과(negotiation outcome)는 협상을 통해 실제로 얻어낸 것(acquired outcome)을 말한다. 협상결과, 산출물 등의 표현으로 사용되기도 한다. 따라서 협상자는 다양한 협상전략을 통해 초기의 협상포지션에서 시작해 가능한 협상목표에 가까운 최대한의 협상성과를 얻기를 원한다.

[그림 2-1] 협상의 주요요소와 구조

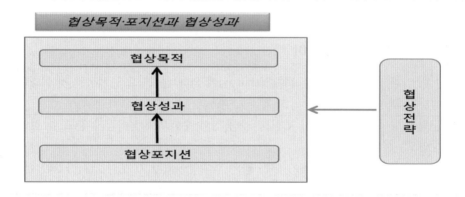

---

spoil should be divided. "Quarter me this Stag," roared the Lion; so the other animals skinned it and cut it into four parts. Then the Lion took his stand in front of the carcass and pronounced judgement : The first quarter is for me in my capacity as King of Beasts; the second is mine as arbiter another share comes to me for my part in the chase and as for the fourth quarter, well, as for that, I should like to see which of you will dare to lay a paw upon it." "Humph," grumbled the Fox as he walked away with his tail between his legs; but he spoke in a low growl. "You may share the labours of the great, but you will not share the spoil."

25) Sebenius(1993) 참조.

2. 협상의 기초자료 : 근원적 이해(Real Interests)

여기서 근원적 이해란 협상당사자가 협상이라는 상효작용에 있어 진정으로 얻고 싶거나 달성하고자 하는 사항을 의미하는데, 이는 비용, 이윤, 시점, 절적 수준 등 객관적이고 가시적으로 볼 수 있는 경우도 있으며, 관계, 협상과정의 특성, 협상이 남기게 될 사례, 공평성 개념, 합의의 지속가능성, 자신의 평판과 이미지에 미치는 효과, 협상을 통한 상호 신뢰의 증진 등 주관적이며 추상적일 수도 있다. 협상은 양당사자 모두가 이들 근원적 이해를 증진시키는 과정이기 때문에 상대방이 무엇을 근원적 이해로 가지고 있는가를 평가하는 것이 협상성과를 결정하는 중요한 요인으로 작용하게 된다. 여기서 우리는 근원적 이해와 관련된 개념인 의제(issue) 및 입장(position)과의 구분을 할 필요가 있다.

협상에서 의제는 명시적 합의를 위해 협상테이블에 상정되는 사안을 말하며, 입장이란 상정된 상안에 대한 협상다의 태도를 의미한다. 문제는 협상에서 특정한 입장을 취한다고 하여 그것이 바로 근원적 이해를 항상 나타낸다고 볼 수 없다는 데 있다. 다음과 같은 취업협상을 생각해 보자. 즉, 금년 대학졸업 예정자인 A군이 B회사에 입사하려고 하는데 A군이 연봉 1천8백만원을 요구하였다고 하자. 여기서 연봉1천8백만원은 A군의 입장이고, 연봉은 의제가 된다. 그러나 A군이 진정으로 관심을 가지고 있는 것은 특정 연봉수준으로 취득 할 수 있는 구매력뿐만 아니라 입사 후 장래성, 사회적 평판 등이 될 것이다. 여기서 구매력, 입사 후 장래성 및 사회적 평판 등이 A군의 근원적 이해가 된다.

이러한 입장적 협상(positional bargaining)과 근원적 이해에 근거한 협상(interest based bargaining)으로의 개념구분은 협상의 성격을 규명하는 중요한 기준이 된다.

입장적 협상에서는 협상을 당사자간 입장의 상호 변경 또는 양보과정으로 보며 협상의 성공을 두 입장간의 수렴에 의하여 합의에 도달하는 것으로 생각한다.

반면에 근원적 이해 또는 관심사항을 조화시키는 과정으로 보고 있다. 여기서 중요한 것은 입장적 협상을 난국에 빠지기 쉽다는 것이며 이러한 난국을 타개하기 위해서는 겉으로 나타난 입장의 배후에 있는 근원적 관심사항에 대한 이해가 필요하다는 사실이다. 즉, 협상에서 입장을 지나치게 강조하게 되면 당사자들의 근본적 관심사항을 해결하지 못하고 입장간의 형식적인 교환만이 이루어지게 될 가능성이 크다는 것이다. 따라서 협상이 당사자 상호간 이해의 상충을 하기 위한 수단이 되기 위해서는 자신의 근원적인 관심사항들이 무엇인지 또한 관심사항들간의 우선순의는 어떠한지를 평가해야 함은 물론 협상 상대방의 관심사항들에 대한 평가도 동시에 이루어져야 한다. 이러한 구분은 흔히 분배적 협상과 통합적 협상이란 개념으로 사용되기도 한다.

3. 근원적 이해를 증진시키는 수단으로서의 협상

협상은 그 자체가 목적이 아니고 수단(means)이기 때문에 협상 이외의 다른 비협력적인 수단이 협상에 의한 해결방법과 경쟁적으로 사용될 가능성이 있다.

1) 협상 이외의 최고대한(BATNA)과 협상

BATNA(Best Alternative To a Negotiated Agreement : BATNA)[26]는 협상에 의한 합의가 불가능할 경우 협상당사자가 취하게 될 다른 대항을 의미하는데, 여기에는 협상중단, 다른 협상 상대방으로의 전환, 법원의 판결에 호소 , 파업의 감행, 다른 형태의 연합 또는 제휴 형성 등이 포함에 호소, 파업의 감행, 다른 형태의 연합 또는 제휴 형성 등이 포함될 수 있다. 따라서 BANTA는 협상당사자의 입장에서 합의를 수용하기 위한 근원적 이해의 한계가치(threshold value)가 되며 합의가능지역 (Zone Of Possible Agrrement : ZOPA)에 존재 여부를 결정한다. 다음 [그림 2-2]을 통하여 단순한 판매자/구매자 협상의 예를 살펴보자.[27]

[그림 2-2(a)]의 경우 합의가능지역이 음영된 부분만큼 넓어 합의는 각 당사자의 BATNA 보다 나은 수준에서 이루어질 수 있으며, 협상 과정은 과연 합의가 합의가능지역 내에서 이루어지느냐 하는 문제화 합의가능지역 내에서 이루어진다면 구체적으로 그 지역 내의 어디에서, 어떻게 결정되느냐의 문제로 남게 된다.

반면 (b)의 경우는 판매자의 최소 수용가격이 구매자의 최대지불가격보다 크기 때문에 합의가능지역이 존재하지 않으며 어떠한 협상전술을 사용하여도 이 격차를 메울 수 없게 된다. 따라서 합의에 도달할 가능성이 매우 희박하다고 볼 수 있다.

---

26) BATNA라는 개념은 Fisher and Ury(1981)에 의해 최초로 소개되었다. Fisher, Roger and William Ury, Getting to Yes : Negotiating Agreement Without Giving In, Boston : Houghton Mifflin, 1981.
27) Sebenius, James K., 1993, "Essentials of Negotiations," Harvard Bussiness School, teaching note N2-894-012, pp 5-6 참조.

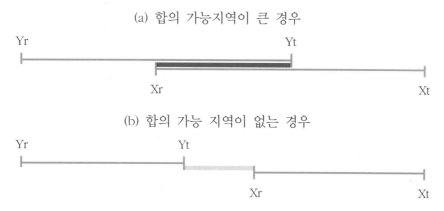

[그림 2-2] 합의 가능영역(ZOPA : Zone of Possible Agreement)

(a) 합의 가능지역이 큰 경우

(b) 합의 가능 지역이 없는 경우

Xr : 판매자의 최소 수용가격(reservation price)

Xt : 판매자의 목표가격

Yt : 구매자의 최소수용가격

Yr : 구매자의 목표가격

2) BANTA의 개선과 협상성과 : 협상의 역설

여기서 주목해야 할 점은 협상당사자의 정보(information)문제이다. 협상당사자는 자신의 BANTA 밖에는 모르며 상대방의 BANTA에 대한 일반적으로 협상자들이 빠지기 쉬운 함정은 협상테이블에서의 전술적인 상호작용에만 사로잡힌다는 점이다.

그러나 협상자들이 보다 근본적으로 고려해야 하는 것은 협상테이블에서 합의내용을 향상시키려는 노력과 함께 협상테이블 밖에서 자신의 BANTA를 향상시키거나 상대방의 BANTA를 악화시키는 노력이 중요하다는 사실이다. 이는 자신의 BANTA가 향상되거나 상대방의 BANTA가 악화되면 굳이 협상에서 복잡한 전술을 사용하지 않더라도 좋은 성과를 올릴 수 있으며 그 협상에만 의존할 필요가없어지기 때문이다.

따라서 전문 협상전략가는 협상테이블 밖(away from the table)의 합의 의와의 대안을 향상시키려는 노력이 협상테이블에서의 성과를 제고하기 위한 중요한 요인이 된다는 사실, 즉 협상의 역설(paradox of negotiation)이 존재함을 명심할 필요가 있다.

3) 협상은 당사자 상호 간의 결합문제 해결과정

협상에는 반드시 상대방이 존재한다.[28] 따라서 협상은 당사자 일방에 의한 독립적인 의사결정이 아닌 당사자 상화간의 결합적인 문제해결과정(joint problem_solving processes)으

---

28) 그러나 실제로 심리적 갈등의 해결, 상품구매의사의 결정 등에서와 같이 단독적인 의사결정 상황 또한 많이 발생한다.

로서 결합적으로 결정된 행위를 창조하는 것을 목표로 한다는 점이다. 이는 협상이 근본적으로 당사자 간 상호 의존성(interdependence)을 그 특성으로 하고 있다는 사실을 시사하고 있다. 결합문제 해결과정으로서의 협상에서 기본적인 문제는 합의할 것이냐 아니면 협상 이외의 다른 대안을 찾을 것이냐 하는 선택문제 속에서 당사자가 어떻게 자신의 근원적 가치를 BANTA에 비하여 향상시키느냐 하는 데 있다. 이는 상대방의 경우도 마찬가지이므로 협상에서 합의에 도달하였다는 것은 협상자들의 기본적인 문제를 동시에 해결(simultaneously solve)하였다는 것을 의미한다.

협상은 양당사자의 기본적 문제에 대한 이러한 동시적 문제해결과정이기 때문에 일방 당사자의 문제가 어떻게 해결되었느냐 하는 것은 상대방 문제에 대한 해결책의 질적 수준에 영향을 미치게 된다. 이는 곧 협상에 있어서는 상대방의 문제가 자신의 문제의 일부분이 된다는 것을 의미한다. 따라서 협상에서 좋은 성과를 올리기 위해서는 자신뿐만 아니라 상대방의 입장에서도 만족할 만한 대안을 제시하여야 할 필요가 있다. 이를 위하여 필요한 것이 감정이입(empathy)과 원활한 의사소통(communication)이다.

이는 상대방의 의사결정에 효과적으로 영향을 미치기 위하여는 그들의 문제와 근원적 관심사항, BANTA, 공평성 인식 등을 자신의 관점이 아닌 바로 그들의 관점에서 이해할 필요가 있기 때문이다. 따라서 협상에서 당사자들의 기본적인 과제는 자신이 선화하는 합의가 그들의 입장에서 선택될 수 있도록 그들이 문제에 대하여 인식하게 만드는 데 있다고 할 수 있다. 아래의 사례는 문제를 상대방의 입장에서 볼 수 있을 때 얼마나 성공적인 결과를 가져올 수 있는지 보여주고 있다.

📋 루즈벨트의 대통령 선거전[29]   참고사례

1912년 대통령 선거전의 막바지에 다다른 루즈벨트에게 최종적인 선거 승리를 위한 내륙 유세 여행이 준비되고 있었다. 선거운동 본부는 루즈벨트가 각 지방에 내릴 때마다 감동적인 연설과 함께 선거 팸플릿을 나누어 줄 계획을 하고 300만부를 준비하여 놓았다. 선거팸플릿의 표지에는 루즈벨트의 사진을 넣고 '신념의 고백(Confession of Faith)'이라는 제목의 연설문을 실었다.

다행이 이 전략은 선거전에 승리를 이끌수 있는 좋은 방안으로 평가되고 있었다. 그러나 유세여행을 출발하기 직전 한 선거 운동원이 사진 한 모퉁이에 'Moffett Studio, Chicago'라는 판권표지를 발견하여 선거 팸플릿 300만부를 배포하기 위해서는 300만 달러를 지불하여야 한다는 사실을 알게 되었다. 이 금액은 선거운동본부가 보유하고 있는 자금액을 초과하는 것이었고 이로 인해 내륙유세는 중단될 위험에 처하게 되었다. 고민에 빠진 선거운동본부는 Moffett과 협상을 하기로 중지를 모으게 되었다.

---

29) 곽노성, 전게서, 1999

급박하게 합의하지 않으면 안되는 시간적 제약과 이미 인쇄된 팜플릿 및 지불해야할 거대한 비용규모등에 비추어 이러한 상황은 루즈벨트 선거본부의 입장에서 보면 가장 협상력이 약한 경우였다는 것을 알 수 있다. 이때 유명한 금융가이자 당시 선거 본부의 참모였던 George Perkins가 이런한 상황을 접하게 되었다. 그는 바로 시카고에 있는 스튜디오에 다음과 같은 전문을 보내라는 지시를 내렸다.

"우리는 루즈벨트의 사진을 표지에 실은 팜플릿을 다수 배포하려고 합니다. 이는 귀하의 사진관을 홍보할 수 있는 대단히 좋은 기회라고 사료됩니다. 이러한 기회를 제공하는 댓가로 얼마를 지불하시겠습니까? 속히 응답바랍니다."

여기에 Moffett은 즉시 다음과 같은 답신을 보내왔다.

"이런일은 처음이어서 판단하기 어려우나 여러 가지 상황에 비추어 볼때 250달러를 지불할 용의가 있습니다."

Perkins는 Moffett에게 더 이상 요구하지 않고 250달러를 수락하였다고 한다.

4. 협상 성과와 협상의 5대 요소

Lewiki(1996)[30], Shell(1999)[31] 등의 분석을 토대로 협상 성과에 영향을 미치는 5대 협상 구성요소를 살펴보면 다음과 같다.

[그림 2-3] 협상성과와 주요요소

협상목표 설정(Goal Setting)	협상목표를 높게 설정할수록 높은 협상성과를 얻을 수 있음
협상력(Bargaining Power)	협상력이 강하면 높은 협상성과를 얻을 수 있음
관계(Relationship)	협상상대와의 관계가 좋으면 보다 나은 성과를 얻을 수 있음
BATNA(대안)	협상에 실패하더라도 의존할 수 있는 대안(BATNA)이 있으면 보다 나은 성과를 얻을 수 있음
정보	상대보다 많고 유리한 정보를 가지면 보다 나은 협상성과를 얻을 수 있음

(출처) 안세영, 글로벌 협상전략, 박영사, 2013. p.23 수정

30) Lewiki, R. J., Hiam, A. & Olandar K. W., Think Brfore You Speak : Complete Guide to stategic Negotiation, New York, John Wiley & Sons, Inc., 1996,
31) Shell, G. R., Bargaining For Advantage : Negotiation Strategies for Reasonable People, Viking, 1999.

1) 협상의 제1요소 : 협상목표 설정(Goal Setting)

많은 협상학자들의 실증분석에 의하면 협상성과에 가장 큰 영향을 미치는 것은 목표설정이다. 쉘(Shell,1999)은 "협상에서 얻고자 하는 목표를 분명히 하지 않으면 협상자는 협상테이블에서 언제 상대에게 '예' 또는 '아니오'라고 할지를 모른다"라고 강조한다. 쉘(Shell)[32]에 의하면 "명확한 협상목표를 설정하고 이를 얻기 위해 노력할수록 보다 많은 협상성과를 얻을 수 있다."

높은 협상목표를 설정하면 협상자의 기대수준(expectation)이 높아지고 이를 달성하기 위한 성취동기(commitment)도 높아지면서 결과적으로 높은 협상성과를 얻을 수 있다. 이때 한 가지 주의해야 할 점은"막연한 희망은 협상목표가 될 수 없다(wishes are not goals)"라는 점이다. 아무리 협상목표를 높게 잡더라도 이것이 과거의 협상전례나 경험 등에 비추어 볼 때 현실적으로 실현가능해야 한다.

2) 협상의 제2요소 : 협상력(Bargaining Power)

협상성과에 영향을 미치는 두 번째 요인은 협상력이다. 협상력은 힘(Power) 또는 지렛대(Leverage)라고 표현되기도 하는데 이는 다음과 같이 정의할 수 있다. "협상테이블에서 자신이 원하는 것을 얻어낼 수 있는 능력(Ability to bring about outcomes which negotiators desire)" 쉘(Shell)은 협상력을 "협상에서 자신이 원하는 조건으로 합의를 얻어낼 수 있는 힘(Power to obtatin an agreement on your own terms)"이라고 말한다. 쉽게 말하면 협상력이란 협상목표를 달성할 가능성을 높이는 다음과 같은 여러 가지 수단(tools)을 말한다.

[그림 2-4] 협상력의 4대 결정요인

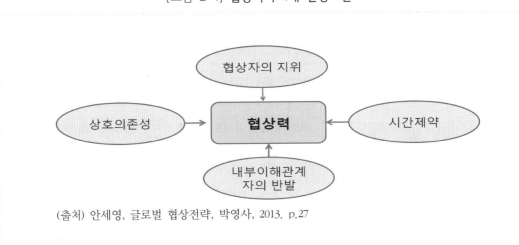

(출처) 안세영, 글로벌 협상전략, 박영사, 2013. p.27

---

32) Shell, G. R.,(1999). p.24

① 협상자의 지위(Position Power)

협상자가 자신이 속한 조직 내에서의 지위(Position)가 높을수록 협상상대에 대해 강한 협상력을 가진다. 퍼트남(Puntnm)이 말하듯 국제협상이란 2단계 게임(Two Level Game)이다. 테이블에서 외국기업이나 외국정부와 합의에 도달하는 1단계 대외협상게임(level Ⅰ)과 합의된 사항을 내부적으로 승인 받는 2단계 내부협상게임(level Ⅱ)으로 이루어진다.

② 시간 제약(Deadline, Time Pressure)

협상자가 시간제약(Time Pressure)에 쫓길수록 협상력은 약해진다. 반대로 상대가 시간제약에 쫓기고 있다는 것을 알고 지연(delay)전술을 쓰면 협상자자의 협상력을 향상시킬 수 있다. 한국이나 중국 협상자 보다는 미국이나 유럽의 협상자가 시간제약에 더욱 민감하게 반응한다. 이는 협상테이블에 앉은 서양 협상자가 내부적으로 자신의 협상마감시한(deadline)을 정해 놓으면 가능한 한 이를 지키려한다는 것을 의미한다. 동양 협상자는 서양 협상자의 이러한 특성을 거꾸로 이용하면 자신의 협상력을 상당히 강화시킬 수 있다. 이는 시간관리(time commitment)에 대한 동서양간의 문화적 차이에 기인한다. 서양문화는 단일 시간(Mono chronic)문화로서 어느 일을 주어진 기한 내에 끝내려 한다. 반면 동양문화는 복수시간(Poly chronic)문화로서 여러 가지 일을 함께 하기에 마감시간이 큰 의미를 가지지 못한다.

③ 상호의존성(Interdependence)

협상력은 협상자간의 상호의존성에 의해 서로 영향을 받는다. '누가 더 상대를 필요로 하느냐'에 따라 상대에 대한 의존성이 큰 쪽의 협상력이 약하다.

④ 내부 이해관계자의 반발 (Tied - in hand)

까다로운 내부협상은 경우에 따라 협상력을 강화시킬 수 있다. �셸링(Schelling, 1960)[33]이 지적했듯이 내부 이해관계자의 반발 때문에 까다로운 내부 협상절차를 대외협상에 역이용하는 것이다. 이를 Tied-in hand라고 하는데 미국정부관리가 즐겨 쓰는 협상전략이다. 즉 외국정부와의 통상협상에서 "미국정부는 상대의 요구를 받아들이고 싶은데 의회의 반대 때문에 도저히 안되겠다"고 말하는 것이다. 비슷한 경우로 협상자에게 전혀 권한위임이 안 된 것처럼 행동해 협상력을 높일 수도 있다. 불리한 제안이 있는 경우 일일이 본사나 본국의 허락을 받아야 하는 것처럼 행동해 이를 핑계로 대답을 미루고 시간을 버는 것이다. 그러나 이는 일반화될 수 없는 경우이며, 아주 제한적인 경우에 한해 가능한 것이다.

---

33) Schelling, Thomas C., The Strategy of Confict, Cambridge, Mass : Havard University Press, 1960.

◆ **협상력 측정** : 협상력이 지금까지 살펴본 다양한 요인에 의해 결정된다고 할 때 현실적으로 협상테이블에서 '누가 더 강한 협상력을 가졌는가'를 측정하는 것이 아주 중요하다. 일반적 상식과 달리 협상력은 객관적 사실(fact)에 의해 결정되지 않는다. 즉, 큰 기업이나 강대국이 중소기업이나 약소국에 대해 당연히 큰 협상력을 가지는 것은 아니다. 따라서 협상력을 측정하는 방법에는 여러 가지가 있지만 가장 대표적인 것이 Shell의 'No Deal' 측정법이다. Shell[34]에 의하면 협상력을 측정하는 가장 손쉬운 방법은 협상이 이루어지지 않는 경우(no deal), 누가 더 큰 손실을 입느냐를 분석하는 것이다. No deal일 때 가장 손실을 많이 입는 협상자의 협상력이 가장 약하며 반대로 No deal일 때 가장 손실을 적게 입는 협상자의 협상력이 가장 강하다.

◆ **협상력의 가변성** : A와 B가 협상을 한다고 할 때 양자간의 협상력은 고정되어 있지 않다. 협상력은 시간의 흐름에 따라 수시로 변한다.

3) 협상의 제3요소 : 관계(Relationship)[35]

호혜적 관계(Supportive Relationship)란 서로 협상을 통해 상호이익을 얻을 수 있다고 생각하는 win-win적 상황이다. 이 경우 협상자간의 신뢰, 존경, 공감대 등이 형성되며 일반적으로 이 같은 관계는 장기간 지속된다. 거래적 관계(Transactional Relationship)란 일과성 관계를 말한다. 적대적 관계(Hostile Relationship)는 말 그대로 협상자가 서로를 적(enemy)이나 적대자(adversary)로 보는 관계이다.

한편, 개인적 관계(Interpersonal Relationship)란 말 그대로 개인적 요소에 의해 형성되는 관계를 말한다. 업무관계(Working Relationship)는 협상자가 오랜 기간 동안 같이 일을 하면서 형성된 관계를 말한다.

가. 관계의 5대 구성요소

협상자간에 깊은 관계가 형성되면 높은 협상성과를 기대할 수 있는데 레위키에 의하면 관계는 다음과 같은 5대 요소에 의해 영향을 받는다.

① **신뢰(Trust)** : 협상자간의 신뢰수준이 높으면 좋은 관계가 형성되고 협상테이블에서 서로 협조하려 한다.

② **공통점(Commonality)** : 협상자간에 취미, 가치체계 등에서 공통점이 많으면 관계형성이 쉽다.

③ **존경(Respect)** : 상대를 존경하면 관계형성이 쉬우며 상대의 입장을 잘 이해해 주고 잘 대해 주려는 경향이 강하다.

---

34) Shell, G. R.,(1999). p.26
35) Lewiki, R. J., Hiam, A. & Olandar K. W.,(1996), p.p.49-50

④ 상호관심(Multual concern) : 협상자가 상대로부터 정보를 얻기를 원한다거나 상품구입을 절실히 원한다던가 하여 서로간에 관심이 많으면 관계가 쉽게 형성된다.

⑤ 호의적 감정(Being emotional) : 협상자가 상대에 대해 호의적 감정을 가지면 관계형성이 쉽게 될 수 있다.

4) 협상의 제4요소 : BATNA

하버드대학의 휘셔(Fidher, R.)와 유리(Ury, W)[36]교수는 "좋은 BATNA를 가지면 가질수록 강한 협상력을 가지고 좋은 협상성과를 얻을 수 있다"고 말한다. BATNA(Best Alternative to a Negotiated Agreement)는 "협상자가 합의에 도달하지 못할 경우 택할 수 있는 다른 좋은 대안"을 말한다.

▶ BATNA의 역할
- 협상력 강화
- Poor Deal의 회피(이번에 꼭 협상을 성사시켜야 한다는 강박관념)
- Walk Away(위협전략 BATNA가 있으면 실제 협상을 결렬시킬 의사가 없더라도 협상과정에서 Walk Away 전략으로 상대를 위협할 수 있다.

5) 협상의 제 5요소 : 정보(Information)

협상과정은 일종의 정보수집과 정보교환의 연속이라고 할 수 있으며 이러한 협상 속 정보는 다음과 같은 내용을 우리에게 전달하여주는 역할을 수행한다.
- 상대의 협상목적(what they want)
- 상대의 약점과 강점
- 상대의 협상전략과 BATNA
- 상대의 내부이해관계자 간의 갈등(내부협상전략)
- 상대의 시간제약
- 상대 협상대표의 개인적 정보(조직 내 위치, 사생활 등)

▶ 정보의 3원칙
① 정보의 양 가능한 많은 정보수집 : 다양한 방법과 수단을 통해 가능한 한 많은 정보르 수집하는 것이 필요하다. 이 때 과거의 유사한 협상전례 그리고 협상상대의 과거 협상사례를 수집하는 것도 중요하다.

---

36) Fisher, R. & Ury W., Getting to Yes : Negotiating Agreement Without Giving In, Penguin Book, 1991, p.p. 97-98

② 정보의 질 (Reliable한 정보) : 잘못되거나 정확하지 않은 정보는 오히려 협상에 방해가 될 수 있다. 한미 통상협상에서 미국정부가 "한국정부가 발주하는 대규모 국책사업에 GE가 외국기업이라는 이유로 입찰에서 배제되었다."고 항의했다고 하자. 이 때 사실을 확인해보나 GE가 배제된 것은 외국기업이기 때문이 아니라 입찰요건을 충족하지 못했기 때문이었다. 입찰자격을 충족하 다른 유럽기업은 입찰에 이미 참여하고 있다는 사실이 드러났다. 이렇게 되면 미국정보는 잘못된 정보 때문에 오히려 체면을 손상하는 꼴이 된다. 따라서 수집된 정보의 지위를 판단해 신뢰할 수 있는 (reilable) 정보만을 협상에 활용해야 한다.

③ 정보의 교환 : 많은 협상자가 가장 흔히 범하는 실수는 상대의 정보는 수집하며 자신의 정보는 주지 않으려 하는 점이다. 정보의 흐름은 양방향이다. 즉, 자신의 정보를 주어야 상대도 정보를 제공한다. 이 같은 의미에서 협상에서의 정보 수집은 정보교환이라고 말하는 것이 정확할 것이다.

📋 협상의 과정을 끝까지 주시하라

≫ 두산타워전경

협상 상대의 입장에서 생각할 수 있다는 것은 매우 중요하다. 또한 이것은 협상과정에 있어서 가장 중요한 부분이기도 하다. 하나의 예를 들면 기업들의 M&A에서 쉽게 볼 수 있다.

두산중공업과 대우종합기계(현재 두산인프라코어) 인수합병 관련 내용이다. 공적자금관리위원회는 2004년 11월 한국자산관리공사와 두산중공업(주) 컨소시엄의 대우종합기계 인수·합병(M&A)과 관련해 1조8,973억원의 주식양수도 계약체결 안을 심의·의결했다고 밝혔다.

한국자산관리공사는 이에 따라 가능한 한 빨리 두산중공업과 매각관련 본 계약을 체결한 뒤 두산중공업의 실사를 거쳐 2005년 3월까지 매각작업을 마무리할 계획이었다. 체결 안에 따르면 대우종기의 최대주주인 한국자산관리공사는 보유지분 34.2% 가운데 31%, 산업은행은 보유지분 21.9% 가운데 20%를 각각 주당 2만2,150원씩, 총 1조8,973억원에 매각해 두산중공업으로 51%의 소유지분이 넘어가게 된다.

또 실사 결과를 통해 확정될 장부상 자산가치와 실제가치의 차액이나 우발채무에 따른 손해배상 등의 손실에 대해 매각가격의 13.2%인 2,500억원까지 보전해 주기로 했다. 이에 따라 실제 매각가격은 최대 1조8,973억원에서 최소 1조6,473억원 사이에서 결정될 것으로 보인다. 그러나 공정거래위원회가 두산중공업의 대우종기 인수와 관련해 자산 5조원 이상 기업의 다른 업종에 대한 출자를 제한하고 있는 공정거래법상의 출자총액제한 규정 위반 여부를 조사 중이며 이르면 3월쯤 결과를 발표할 예정이어서 최종 인수까지는 난관이 예상된다. 이렇게 협상 대상자 간에 합의가 이루어져도 예상 밖의 복병으로 인하여 협상이 실패할수도 있다. 그러므로 협상에 있어서는 끝까지 그 과정을 관리할 필요가 있다.

제2절
협상의 구조

📋 파이를 키운 후에 나누어야 한다.

협상을 잘하려고 노력하는 우리를 혼란에 빠뜨리는 것은 교과서에서 가르치는 것과 현실의 차이다. 서로가 함께 이기는 윈윈(Win-Win) 협상의 중요성을 강조하는 학자들은 상호 신뢰를 구축하고, 정보를 공유하고, 함께 머리를 맞대어 공통 관심사에 초점을 맞추도록 조언한다. 그러나 우리가 맞이하는 상대방은 내 이야기를 들으려고 하지 않는다. 끝까지 자기주장

을 하면서 나를 코너로 몰아넣고 자신이 원하는 것만을 얻어내기 위해 협상을 진행한다.

이런 상대방에게 나만 일방적으로 솔직하게 사정을 드러내고 협상을 진행한다면 협상이 타결된다 할지라도 결국 패자의 모습으로 협상테이블을 떠날 수밖에 없다.

또 다른 문제는 우리가 과거 경험해 온 협상 방법을 적용할 때 나타난다. 협상이란 상대방과 내가 경쟁을 하는 과정이기 때문에 한쪽이 이기면 다른 한쪽이 질 수밖에 없다는 것이 우리가 갖고 있는 협상에 대한 이해다. 이러한 전통적 방법으로 협상을 진행할 때 협상가는 경쟁에서 이기기 위해서 수단, 방법을 가리지 않고 상대방으로부터 많은 양보를 얻어내기 위한 방법을 택하지 않을 수 없다. 이러한 협상방법의 단점은 내가 원하는 것을 얻어낸 것처럼 보이지만 상대방과 장기적인 관계를 훼손함으로써 장래의 커다란 이익을 당장 눈앞의 작은 이익을 위해 희생한다는 것이다.

협상과정에서 서로의 파이를 키울 수 있는 윈-윈의 방법을 택하자니 공격적인 상대방의 희생물이 될 가능성이 있다. 또 상대방을 제압하는 경쟁적 모습을 택하자니 협상과정에서 창조될 수 있는 이익은 물론 향후 좋은 관계를 유지할 때 얻어낼 수 있는 것을 포기해야 하는 것이 문제다. 성공적 협상결과를 추구하는 과정에서 이러한 딜레마에 빠진 우리는 어떻게 대처해야 할까.

가장 먼저 윈-윈의 협상방법과 경쟁적 협상방법이 서로 배타적 방법이라는 생각을 바꾸어야 한다. 효과적인 협상방법은 두 가지 방법을 보완적인 도구로 이해하고 함께 사용하는 것이다. 이익극대화를 추구해야 하는 성공적 협상가는 파이를 키우기도 전에 누가 먼저 많이 가져가야 할 것인가에 대해서 다투지 말아야 한다.

작은 것을 놓고 다투기보다 커다란 것을 만들어 놓고 나누는 방법을 택할 때 많은 양보를 했음에도 불구하고 협상을 통해 얻어내는 절대적 크기가 커질 가능성이 생긴다. 그러나 우리가 인정해야 하는 냉정한 비즈니스 사회의 특징은 언제나 더 많은 결과를 얻어내기 위해 서로 경쟁해야 한다는 것이다. 따라서 파이를 크게 만든 후에는 더 많은 부분을 얻어내기 위해 경쟁해야 하는 모습에서 이길 수 있는 협상방법을 적용하지 않을 수 없다. 이렇게 협상을 이해할 때 우리가 택할 수 있는 가장 현명한 협상에 대한 접근방법은 먼저 파이를 키우는 것이다. 그리고 키워진 파이를 더 많이 가져가기 위한 경쟁에서 이기는 것이다.

배타적인 것처럼 보이는 윈-윈 협상전략과 경쟁적 협상전략을 상호보완적인 것으로 사용할 수 있도록 하기 위해 우리는 몇 가지 원칙을 기억할 필요가 있다.

가장 중요한 원칙은 '준비하지 않고는 협상테이블에 나가지 않는다'는 것이다. 파이를 키우는 가장 효과적인 방법은 나에게 덜 중요하고 상대방에게 더 중요한 것을 양보하고 반대의 것을 얻어내는 것이다. 철저하게 준비하지 않으면 나와 상대방의 중요도 우선순위를 정확하게 파악해 파이를 키우는 제안을 할 수 없다. 커져버린 파이를 나누는 협상과정이 작은 파이를 가지고 다투는 과정보다 훨씬 수월한 것이다.

'언제나 좋은 관계는 협상에 도움을 준다'는 거시적 시각을 유지하는 것이다. 고객만족을 위해 많은 비용을 투자하는 기업이 경쟁자들을 물리치고 장기적으로 성장하는 이유는, 눈앞의 이익만을 추구하는 것이 아니라 거시적 시각으로 접근하기 때문이다. 성공적 협상가가 되기 위해서는 아무리 마음에 들지 않는 상대방이라 할지라도 너무 쉽게 포기하지 말고 좋은 관계를 유지하기 위해 노력해야 한다.

'긍정적 태도는 언제나 보상을 가져다 준다'는 것을 명심해야 한다. 긍정적 태도는 두 가지 효과를 가지고 있다. 협상결과로 도출될 수 있는 긍정적 결과에 초점이 맞추어질 때 상대방을 쉽게 설득할 수 있다. 또 모든 협상은 내가 원하는 것 이상을 얻어내면서도 상대방과 좋은 결과를 유지할 수 있는 다른 종류의 게임이라는 긍정적 태도가 성공적 협상을 중도에 포기하지 않게 한다.

1. 협상구조의 결정요인과 효과

당사자간 상호작용과정으로서 협상은 당사자의 특성(당사지수, 그룹의견의 동질성 등), 협상의제의 특성과 합의의 성격에 따라 다음과 같은 구조(structure)로 분류할 수 있다.[37] 이러한 협상구조는 당사자간 상호작요의 성격과 협상과정 및 그 성과에 영향을 미치게 되어 협상의 성격을 규정하는 중요한 요인이 된다.

---

37) 본 분류는 Raiffa(1982)를 참고하였다.

1) 협상당사자의 수 : 양자간 협상 및 다자간 협상

협상은 상대방이 있다는 점에서 상대방을 고려할 필요가 없는 개인적인 의사결정과정과 다르다. 또한 당사자의 수가 2 당사자일 경우와 3 이상의 다자간 협상인 경우 그 성격이 다르다는 점에서 구분의 실익이 있다. 즉, 다자간 분쟁의 경우 연합(coalition)의 형성이 가능하다는 점이다. 협상상황을 게임으로 볼 때 게임이론에서와 마찬가지로 협상당사자는 게임참여자(player), 전략분석을 게임이론이라 할 수 있는데, 협상사안이 다수의 참여국들이 존재하는 경우 참여국들의 이해관계에 따라 선진국, 개발도상국들간의 연합이 이루어진 바 있다[38].

그러나 종종 협상참여자가 확실치 않아 당사자의 수가 불분명한 경우가 있다. 일례로 환경협상에서 개발자와 지역주민 또는 환경보호단체간에 개발의 허용 여부를 놓고 흔히 분쟁이 발생하게 되는데 개발자와의 협상 상대자로 누가 어떤 형태로 등장하는가는 지역주민들이 단체를 형성하는지의 여부와 이러한 단체가 어떻게 형성되는가에 달려있게 된다. 또한 분쟁당사자가 확실한 경우에도 협상테이블에 제3자가 개입되는 경우가 있는데 이 경우 제3자는 별도의 협상당사자로서 역할을 하게 된다.[39]

2) 당사자 내부의견의 동질성

기업, 정부 또는 노동조합 등 조직의 대표로 협상에 참여하는 경우 협상은 외부협상과 함께 조직의 내부의견을 동시에 조율해 나가는 상황이 발생하게 되는데 이러한 내부조율은 협상을 대단히 복잡하게 만들게 된다. 일반적으로 협상다사자의 내부의견은 갈라지게 되는데 이러한 내부의견의 다양성이 협상성과를 저해하는 것은 아니다. 오히려 내부의견의 조율과정에서 새로운 대안을 창조할 수도 있으며 협상과정에서 필요한 협상자를 의견을 달리하는 내부자로 대체할 수 있는 가능성 또한 부여하게 된다.

이는 협상과 같이 혼합동기상황(mixed-motive situation)[40]에서 경쟁동기와 협력동기간의 긴장관리를 위하여 합의대안의 개발과 특정합의안의 선택을 분리할 필요가 없는 경우[41] 그 방법으로 각각의 과업에 별도의 협상자를 선택할 수 있도록 하기 때문이다. 여기서 중요한 점은 조직 또는 기과의 대표로 협상에 참여하게 될 때 협상 상대방과의 외부적 갈등 뿐만 아니라 내부적인 갈등의 존재를 인식하여야 한다는 사실이다.

---

38) 국제해양법(Law of the Sea)협상시 선진국 개도국간의 이해관계에 따른 연합이 이루어진 경우가 있음
39) 제 3 자는 그 역할과 권한에 따라 조정자(mediator), 중제자(arbitrator) 및 규정조작자(rules manipulator)로 구분할 수 있다. 여기서 규정조작자는 당사자간 자원의 분배방법을 지정해 줄 수 있는 최대의 권한이 부여된 제 3 자를 말한다. 나머지 2개에 대하여는 본장의 〈표 2-1〉 참조.
40) 혼합동기상황(mixed-motive situation) : 경쟁하려는 동기와 협력동기의 공존 상황
41) Lax and Sebenius(1986)는 이러한 경우가 발생하는 이유를 협상자들의 선입적인 판단(judgment)이 상상력을 저해하기 때문이라고 설명하고 있다. 이러한 긴장관리를 위하여 Fisher and Ury(1981)는 양과업간 시간을 두고 진행하는 방법을 권고하고 있다.

3) 분쟁의 횟수 : 1회적, 반복적 및 순차적 협상

1회적 협상은 중고자동차 구매나 주택구입 등에서 보는 바와 같이 한 번 협상으로 당사자 관계가 종료되는 협상이다. 이 경우 협상자는 단기적인 안목(short-run perspective)을 갖게 되어 자신의 입장을 과장하거나 책임없는 태도를 취하는 경향을 띠게 된다.

한편, 순차적(sequential)인 협상은 다수의 관련된 의제에 대해 시간을 두고 진행하는 협상상황을 말한다. 따라서 전번 협상종효시의 분위기와 결과가 다음 협상의 분위기에 영향을 주게 된다. 당사자는 그의 평판(requtation)에 유의하게 되어 협상분위기는 협조적인 경우가 많다. 그러나 당사자간에 협상과 관련한 서로 상의한 정보를 접하게 됨으로써 항상 예기치 않은 갈등의 소지가 있다.

반복적(repetitive)인 협상은 주거래 은행과 기업고객과의 관계에서와 같이 동일인과 동일의제에 대해 반복적으로 협상이 이루어지는 경우이네 협상자는 초기에 자신이 거칠다(tough)는 평판을 구축하려는 경향을 갖는다.

4) 연계효과의 존재 여부

연계효과(linkage effect)란 금번의 협상이 유사한 의제를 다루는 다음의 협상에 영향을 미치게 되는 경우를 말한다. 반복적인 협상은 동일 상대방과의 협상인 데 반하여 연계효과가 있는 협상은 협상 상대방이 다르다는 점에서 차이가 있다. 1970년대 미국의 필리핀과의 군사기지협상은 이후의 스페인 및 터키와의 군사기지협상이 남아 있는 미국으로서는 그 협상결과가 선례(precedence)를 제공하게 되어 대단히 중요한 의미를 부여하였던 바가 있다고 한다. 이러한 연계효과의 존재 여부는 협상을 복잡하게 하는 한편, 이를 난국에 빠진 협상상황을 타개하는 수단으로 활용할 수 있도록 전략을 마련하는 것이 필요하다는 점이 있다.

5) 협상의제의 수 : 1의제 또는 다수의제 협상

1의제 협상은 주택. 자동차, 기업의 인수 및 합병, 노사분제 등의 협상에서 가격, 임금들 협상의제(issue)가 하나인 협상을 말하는데, 이 경우 당사자의 이해관계(interests)는 정면으로 충돌(direct conflict)될 가능성이 크다. 따라서 협상이 분배적 경쟁으로 치닫게 되며 협상당사자들은 투쟁적인 전술을 사용할 가능성이 높다.

그러나 외견상 1의제로 보이는 경우에도 이를 다수의제화할 수 있는 가능성이 열려 있는 경우가 많다. 예를 들어, 자동차를 구입할 때 보통은 가격만이 협상대상이 되는 것 같지만 연료효율, 운전자 안락도, 보증수리의 범위와 연한 등 다수의제로 협상상황을 전환할 수 있다는 것이다.

복잡한 갈등상황의 대부분은 상호 관련있는 다수의 의제를 포함하고 있는데 이 경우 협상당사자간의 협력적 행동을 통한 상호 이득의 실현가능성이 높다. 분쟁당사자는 여러 가지 최동합의 대안에 대한 분석작업을 통하여 가지절충(value trade-off)을 검토해야 하는 과제에 직면하게 된다. 이러한 과정을 통하여 협상자는 당사자간 서로의 이익을 증진함으로서 총후생수준을 확대할 수 있게 된다.

이를 위하여 협상자는 자신의 근원적 관심사항의 성취에 대하여는 원구(firm)해야 할 필요가 있지만 그 실현방법에 대하여는 융통성(flexi-ble) 있게 대응할 필요가 있다.

6) 합의 의무

경찰, 소방서, 행정기관 공무원 등과 같이 업무의 중단이 시회 전체의 질서 및 후생에 커다란 장애요인으로 작용하는 경우 법에 의해 협상타결이 강제되거나 조정(mediation) 또는 중재(arbitration)가 의무화되어 있는 경우가 많다. 이러한 합의의무의 존재는 협상자들로 하여금 중재자의 의견에 접근하는 대안을 모색하도록 하게 한다. 미국의 여러 주에서는 최종제안중재(final offer arbitration)제도를 채택하고 있는데 이는 전통적인 중제재도에 비하여 협상을 당사자간에 조기에 타결하도록 하는 효과가 있다(표 2-1).

반면에 합의가 강제되지 않는 일반적인 협상에서 분쟁당사자는 협상 이외의 대안으로부터의 최소보상수준이 협상으로부터 주어지는 보상수준을 초과할 때 협상의 결렬을 결정하게 된다. 그러나 실제로 협상자들은 이러한 최소보상 수준인 BATNA의 산정이나 이를 개선하기 위한 노력을 기울이지 않는다는 데 문제가 있다.

<표 2-1> 조성, 전통적인 중재와 최종제안중재 비교

	조정	중재	최종제안중재
개입자의 권한	합의를 강제할 권한 없음	있음	있음
개입단계	당사자간 협상의 장 마련, 협상분위기 조성 등 어느 단계에도 개입 가능	당사자간 1차 협상	좌동
개입 및 합의 유도 방법	당사자간 합의 또는 법에 의해 개입, 합의를 유도	합의 강제, 제1단계 : 당사자간 협상 (합의가 안될 경우) 제2단계 : 개입하여 사실 확인 후 자신의 의견을 강조	합의 강제, 제1단계 : 당사자간 협상 (합의가 안될 경우) 제2단계 : 당사자들에게 최종 제안 요청, 사실 확인 후 당사자들의 제안 중 하나를 선택, 이를 강제

7) 인준의무의 존재

국제조약의 체결이나 노동조합 대표의 노사협상에서 당사자간 합의에 대한 최종적인 효력은 국회 또는 노동조합원의 의결을 통하여 발생한다. 이를 인준과정이라 하는데, 이러한 인준과정의 존재는 인군기간동안 상대측으로부터 최후 순간의 양보를 얻어낼 수 있도록 하여[42] 인준(ratification)이 의무화되어 있는 당사자의 협상능력을 강화시키게 된다. 따라서 협상자료 하여금 고의로 인준을 의무화하도록 하는 전략을 구상하세 하는 효과가 있다.

그러나 이러한 인준의무를 전제로 협상을 끌어가게 되면 협상이 경직되며 분위기를 딱딱하게 하여 상대방을 오히려 완고하게 만들 수 있다는 사실을 염두에 둘 필요가 있다.

8) 협상시간의 제약 또는 시간경과에 따른 비용의 존재

협상에서 서두르는 당사자는 불이익을 보기 쉽다. 협상자가 서두르는 이유로는 협상당사자 내부에서 협상시한이 주어졌다든가, 협상신간이 경과함에 따라 커다란 손실이 발생하는 경우가 있으며 협상당사자 개인이 조급함 등도 원인이 될 수 있다. 제 1 장에서 소개한 루즈벨트 대통령의 선거전 사례에서 살펴본 바와 같이 George perkins가 상대방의 관점에서 보는 능력을 발휘하지 못하였다면 시간제약으로 인하여 선거운동본부는 300만달러에 가까운 비용을 지불하였던지 루즈벨트는 대통령 선거에서 패배하였을 것이라는 예상을 할 수 있다.

월남전 종결 당시 미국의 하노이 당국과의 협상에서 미국은 구내정치적인 여건으로 인하여 서둘러 협상을 마무리 짓고자 하였고 결국 하노이 당국의 요구에 대부분 굴복할 수 밖에 없었다. 이에 따라 세계 최대의 경제 및 군사대국인 미국이 패전국의 불명예를 수용할 수 밖에 없었던 예가 있다.

9) 협상의 공개성

일반적으로 다수의제 협상에서 협상자들은 자신에게 덜 중요한 의제에 대하여 양보를 하고 상대방으로부터 중요한 의제에 대한 양보를 얻어내는 전략을 사용한다.[43] 이 과정에서 협상자들은 자신이 양보한 의제의 가치를 과장하려는 경향을 지니게 된다.

문제는 이러한 양보가 공개될 경우 협상자 내부의 승인을 얻기가 곤란하다는 데 있다. 특히, 국가간 또는 일국내에서도 국가적으로 중요한 협상인 경우 언론의 특성상 진실을 확인하려는 욕망과 함께 뉴스거리가 될 요소를 찾아내려고 하기 때문에 양보란 의제가 과

---

42) 이러한 최후 순간의 양보를 얻어내는 전략을 salami tactics라 한다.
43) 이러한 전략을 Raiffa(1982)는 보상적 타협(compensating compromise)이라 불렀다. 다수의제 협상에t의 창조적 문제해결방법에 대하여는 제 4 장을 참조할 것.

장될 우려가 존재한다.

이에 따라 협상자들은 합의내용을 언론에 공표함으로서 전략적으로 상대방의 약속에 대한 신뢰성을 확보하려는 경우가 있으며 일방 당사자에 의한 언론에의 공개는 다른 당사자의 내부협상을 쉽게 할 수 있게 한다.

10) 협상자의 문화적 동질성 : 국제협상의 경우

협상에 임할 때 협상자들이 상대방에 대해 상정하는 인간형은 특별히 예외적인 경우가 아닌 한 협조적 적대자(cooperative antagonists)이다. 즉, 협상자는 상호간에 이해차이가 있음을 인식하고 타협안을 찾으려 노력하며 악의를 품고 있지는 않지만 이타주의적으로 무조건 상대방에게 양보하려 하지는 않는 인간형을 가정한다는 것이다. 또한 상대방에 대해 약간의 의심과 상대방이 자신의 이익을 위해 전략을 구상할 것이 라는 가정도 하게 된다.

그러나 이러한 일반적인 가정은 문화적 배경이 다른 이문화간 협상의 경우 많은 부분을 수정해야 할 필요가 있다. 이는 이문화협상에서 동일문화간 협상에서와 달리 협상자들의 인간형이 갑자기 바뀐다기보다 협상자가 가지고 있는 규범, 협상을 보는 시각, 기형성된 예상(sche-ma) 및 기대행동(scripts)에 있어 문화간 차이가 존재하기 때문이다. 그 결과 이문화협상에 있어서 협상자들은 동일문화간 협상과는 다른 행동을 보이며 이는 협상과정에 영향을 미치게 된다.

국내협상과 비교하여 국제협상은 일반적으로 조기에 종결되는 경향을 보이며, 협상성과에 있어서도 국내협상의 경우보다 열등한 경우가 많다. 그 주된 이유는 협상성과의 제고를 위해 필요한 정보의 탐색, 교환 및 문제해결을 향한 당사자 상호간의 집요한 추구가 분화차이에 근거한 의사소통의 곤란과 협상과정상의 차이로 인해 실현되기 어렵다는 데 있다고 볼 수 있다.

2. 협상의 유형과 주요 협상이론

협상에 대한 이론적 연구의 역사는 짧지만 나름대로 다양한 협상이론이 있다. 특히 국제관계, 동서냉전, 남북관계 등에 관한 국제협상에 대해선 많은 이론의 소개되고 있다. 그러나 이 장에서는 다양한 협상이론 중 국제통상 협상과 국제경영 협상에 도움이 되는 두 가지 협상이론을 제안 한다.

1) 휘셔-유리 협상이론 : Hard-soft-Principled 협상

하버드대학의 휘셔-유리(Fisher & Ury 교수는 협상을 강성입장 협상(Hard Positional Negotiation), 연성입장 협상(Soft Positional Negotiation), 원칙협상(Principled Negotiation) 으로 나눈다. 강성입장 합상과 연성입장 협상은 포지션(Position) 협상인 반면 원칙협상은 비포지션 협상이다. 즉, 앞의 두 종류 협상에서 협상자는 협상목적, 상대방에 대한 인식 등에서 자신의 고유한 포지션을 가지고 이에 근거하여 협상을 진행시킨다. 이 세 가지 협상의 특징은 상대에 대한 인식, 협상목적 등 7가지 측면에서 다음과 같이 요약할 수 있다

<표 2-2> 휘셔-유리 협상이론

구분	강성입장 협상	연성입장 협상	원칙협상
상대에 대한 인식	적대자(adversary) 상대를 불신	친구 상대를 신뢰	문제해결자(problem solver) 신뢰 여부와 관계없이 협상진행
협상목적	승리	합의	현명한 합의
합의에 대한 인식	합의 대가로 일방적 양보요구	합의를 위해 일방적 양보	상호이익을 얻는 방법 모색
관 계	관계를 담보로 양보를 요구	관계를 돈독히 하기 위해 양보	관계로부터 협상을 분리(negotiation from relationship)
포지션의 변화	초기 입장을 고수	입장을 자주 바꿈	입장보다는 협상이익에 초점을 둠
협상자의 태도	상대와 협상이슈에 대해 강경한 태도 (Be hard on the issues & people)	상대와 협상이슈에 대해 부드러운 태도 (Be soft on the issues & people)	협상이슈에는 강경하나 상대에는 부드러움 (Be hard on the issues,but soft on the people)
협상전략	위협과 압력	위협에 굴복	이성에 따른 뿐 압력에 굴복하지 않음

① 상대에 대한 인식

세 협상 사이의 가장 큰 차이는 '상대를 어떻게 보느냐?'이다. 강성입장 협상에서 협상자는 상대를 적대자(adversary)로 보고 무조건 불신한다. 반면 연성입장 협상에서는 상대를 친구와 같이 우호적으로 보고 무조건 신뢰한다. 원칙협상에서는 냉정하게 친구도 적대자도 아닌 문제 해결자(problem solver)로 본다. 이의 좋은 예가 한미 통상협상에서 양국정부의 상대에 대한 인식차이이다. 전통적 동맹관계에도 불구하고 미국정부는 통상문제에 관한 한 한국정부를 '불공정 무역관행'(unfair trade practices)을 상습적으로 행사하는 상대로 보고 불신한다. 반면 한국정부는 미국을 최대 경협파트너이자 맹방으로서 너무 우호적으로 본다. 이 같은 연성입장적 인식때문에 협상테이블에서 미국정부에 대해 '아니오'라고 말하는 것을 상당히 부담스러워 한다.

② 협상의 목적과 합의에 대한 인식

강성입장 협상에서 목적은 승리이기 때문에 "합의해 줄테니 양보하라"는 식으로 상대의 일방적 양보를 요구한다. 연성입장 협상에서 목적은 합의에 도달하는 것이기 때문에 합의를 위해서라면 일방적 양보를 서슴지 않는다. 한국의 협상가들이 이 같은 협상태도를 많이 보인다. 즉 외국기업이건 외국정부이건 일단 협상을 시작하면 뭔가 합의에 도달하는 것이 잘한 협상이라고 생각한다. 또한 상대와의 합의를 이끌어 내야 한다는 강박관념을 가진 협상자도 양보를 쉽게 하는 연성입장 협상을 하는 경향이 강하다.

③ 관계

강성협상자는 관계를 담보로 양보를 요구한다 즉, "거래관계를 계속 유지할테니 이번 협상에서는 양보하라"는 식이다. 연성협상자는 상대를 친구로 보기에 우호적 관계를 위해서라면 양보를 서슴지 않는다. 관계를 중시하는 중국, 한국 등 동양권 협상자에게서 흔히 볼 수 있는 협상유행이다. 원칙협상자는 관계와 협상을 별개의 문제로 취급한다. 되도록 상대와 좋은 관계를 유지하려고 하지만 일단 협상테이블에 앉으면 관계에 구속되지 않고 자신의 협상이익을 최대한 얻어 내기 위해 협상한다. 숙련된 미국의 협상가가 이러한 협상태도를 많이 보인다.

④ 협상 포지션(position) 변화와 협상자의 태도

강성협상자는 초기 포지션을 끝까지 고수한다. 즉 처음의 자기주장을 끝까지 하는 것이다. 이같이 협상이슈에 대해 강경할 뿐만 아니라 상대에 대해서도 강경한(때로는 거친)태도를 보인다. 연성협상자는 합의를 위해 포지션을 쉽게 그리고 자주 바꾼다. 이같이 협상이슈에 대해 부드러울 뿐만 아니라 상대에 대해서도 지나칠 정도로 접대를 잘 해주는 등 부드러운 태도를 취한다. 원칙협상자는 포지션에 얽매이지 않고 현실적인 협상이익에 초점을 둔다. 따라서 협상이슈에 대해선 강경하나 상대에 대해선 부드럽다(Be hard on the issues, but soft on people). 협상테이블에서 최대한의 협상이익을 얻기 위해 강경한 태도를 취하나, 상대에 대해선 개인적으로 아주 우호적이고 부드럽게 대한다. 일반적인 국제협상을 할 때 한국의 협상가는 상대를 아주 잘 대접해 우호적인 관계를 유지하고 이를 협상테이블로까지 연장시키는 경향이 있다. 연성협상을 하려는 경향이 강한 셈이다. 그러나 미국 협상가는 개인적으로는 아주 친절하지만 일단 협상테이블에 앉으면 태도가 돌변하여 동양협상가를 당황하게 하는 경우가 많다.

⑤ **협상전략**

강성협상가는 협상목적을 달성하기 위해 상대를 위협하고 압력을 가하는 것을 마다하지 않는다. 뒤에서 살펴볼 투쟁적 협상전략, 경쟁(competitive)협상전략 같이 win-lose 협상전략을 즐겨 사용한다. 반면 합의도달에 집착하는 연성협상가는 이 같은 위협에 쉽게 굴복하는 경향이 있다. 또한 연성협상가는 수용(Accommodating) 협상전략을 자주 사용한다.

3. 레위키(Lewicki)협상이론 : 투쟁적 협상—호혜적 협상

레위키(Lewicki)는 협상을 투쟁적 협상 또는 분배적 협상(Distributive Negotiation)과 호혜적 협상 또는 결합적 협상(Integrative Negotiation)으로 나뉜다. 투쟁적 협상은 win-lose게임 또는 제로섬 게임이며 휘셔—유리 모델에서 강성입장협상에 해당한다. 또한 경쟁협상과 유사하다. 호혜적 협상은 win-win 게임 또는 positive-sum 게임이며 원칙협상, 공조(collaborative) 협상과 비슷하다.

1) 투쟁적 협상

투쟁적 협상이란 한쪽이 얻은 만큼 다른 쪽은 손해를 보는 협상을 뜻한다. 투쟁적 협상 상황은 협상가 양쪽의 목표가 직접적인 갈등상태에 있는 것을 말한다. 자원이 제한되어 있는 투쟁적 상황에서 협상가들은 자신들이 얻을 수 있는 몫을 극대화하려고 한다. 결국 당사자 모두 최대한의 이익을 얻기 위한 전략을 사용하게 된다.

투쟁적 협상상황에서 채택되는 대표적인 전략 가운데 하나는 상대에게 제공되는 정보를 적절하게 통제하는 것이다. 자신에게 이득이 보장되는 정보만을 상대가 접할 수 있도록 전략적으로 정보제공 과정을 통제하는 것이다. 그 대신 상대로부터는 필요한 정보를 최대한 유도하여 협상력을 높이려고 한다.

이렇듯 투쟁적 협상은 기본적으로 제한된 자원(흔히 돈)을 최대한 얻어 내려는 사람들 간의 경쟁과정이다. 서로의 목적을 이룰 수 있는가는 이들이 어떤 전략과 전술을 사용할 것인가와 관계가 있다.

대다수의 경우 투쟁적 협상의 전략과 전술은 우리가 보통 경험하게 되는 협상에 대한 모든 것이라고 해도 과언이 아니다. 어떤 사람들은 이런 경쟁적인 협상장면에 매력을 느끼고, 강성의 협상기술을 배우고 싶어 할 것이다. 반면에 어떤 사람들은 투쟁적 협상에 염증을 느껴서 이런 자세로 협상하느니 차라리 협상을 포기해 버리겠다고 할 것이다. 이들은 투쟁적 협상이 구식이고 남성우월주의적이며, 파괴적이라고 주장한다. 그러면 왜 모든 협상가들이 투쟁적 협상에 익숙하고 이를 잘 알고 있을까? 두 가지 이유가 있다.

첫째, 협상가들이 경험하는 대부분의 상호의존적 상황이 투쟁적이기 때문이다. 이런 상황에서 협상을 잘하려면 투쟁적 상호의존적 상황이 어떻게 진행되는지를 이해할 수 있어야 한다.

둘째, 대부분의 사람들이 투쟁적 협상전략과 전술을 사용하기 때문이다. 따라서 협상가들은 상대의 전략과 전술에 대응하는 법을 아는 것이 중요하다는 사실을 알게 된다.

사실 투쟁적 협상전략과 전술은 매우 유용한 측면이 있지만, 비생산적이고 비용이 많이 드는 측면도 부정할 수 없다. 투쟁적 협상상황에서 협상가들은 상대와의 공통점에 주목하면서도 좀 더 상대와의 차이점을 부각시키는 전략을 사용한다. 이런 부정적 측면이 있음에도 불구하고 투쟁적 전략은 다음 상황에서 매우 유용하다.

> 일회성 거래에서 얻을 수 있는 가치를 극대화할 때
> 상대와 관계가 중요하지 않을 때

이런 투쟁적 전략과 전술을 확신하게 이해한다면, 투쟁적 협상에 익숙하지 못한 협상가들이라도 그런 상황에 처할 경우 부드럽게 대처할 수 있게 될 것이다.

2) 호혜적 협상

비록 훌륭한 협상가라 하더라도 다음 세 가지 실수 중 한 가지 이상을 종종 범하게 된다. 첫째, 반드시 성공해야 할 때 협상에 실패하거나, 둘째, 반드시 하지 말아야 할 때 협상을 하거나, 셋째, 반드시 필요할 때 협상을 하지만 부적절한 전략을 선택하는 경우이다.

호혜적 협상은 스스로의 이득은 물론 상대의 이득에도 관심을 기울이는 것이 문제를 해결할 수 있는 적절한 전략이 된다. 많은 협상에서 승자와 패자가 반드시 구분될 필요는 없다. 모두가 이득을 얻을 수 있으면 된다. 협상가들은 모든 협상에서 반드시 승패가 갈린다는 고정관념에서 벗어나 윈-윈 전략으로 눈을 돌려야 한다. 그리고 보통은 그 방법을 찾을 수 있다. 호혜적 협상은 협동전략, 협력협상, 윈-윈 협상, 상호이득 등 그 어느 이름으로 불러도 무방하다.

위에서 살펴본 투쟁적 협상의 경우 모든 참여자들의 목표가 다르다. 아니면 전체로서 최소한 그렇게 보인다. 반대로 호혜적 협상에서는 모든 참여자들의 목표가 상호배타적이지 않다. 한쪽이 자신의 목표를 이루게 되더라도 다른 한 쪽이 지는 것은 아니기 때문이다.

호혜적인 협상의 기본적 구조는 양측 모두의 목표 달성을 허락하는 것이다. 비록 협상의 논쟁은 처음에 승-패 구도로 나타나겠지만, 토론과 상호발견을 통해 보통 '윈-윈'이라는 대안을 찾을 수 있다. 아래의 요소들은 협상을 호혜적으로 이끌어 나가는데 가장 기본이 되는 필수불가결한 요소이다.

> ❥ 차이보다는 공통점에 초점을 맞춘다.
> ❥ 양측의 강점과 약점이 아닌, 필요와 관심에 관해 논의한다.
> ❥ 모든 참여자들의 필요를 충족시키려 노력한다.
> ❥ 정보와 생각을 교환한다.
> ❥ 서로 이득이 될 수 있는 길을 찾으려고 노력한다.
> ❥ 모든 참여자들이 동의할 수 있는 객관적인 기준과 척도를 사용한다.

[그림 2-5] 호혜적 협상

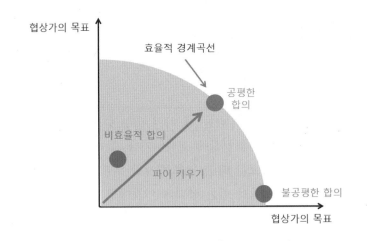

3) 상호비교

〈표 2-3〉 투쟁적 협상과 호혜적 협상의 차이

구분	투쟁적 협상	호혜적 협상
협상상황	• 직접적인 갈등 상황	• 공동 목표 달성을 위한 필요와 관심 제고
협상목표	• 제한된 자원의 최대한 획득 (Win-Lose) • 정해진 협상이익의 배분	• 파이의 확대를 통해 필요를 충족시키고 공동 이익을 추구 (Win-Win) • 협조를 통한 협상이익 자체 카우기
자기주장 방식 및 상대이익	• 자기 입장을 주장 • 상대이익에 대한 고려없이 자지 주장만을 구소	• 차이보다는 공통점에 노력 • 상대 요구사항과 입장을 이해하려 함.
협상결과	• 제로섬 게임(Zero-Sum) • 영합게임	• 포지티브섬(Positive sum) • 변동합 게임(Variable-Sum)
정보의 이용	• 정보를 숨기고 선택적으로 활용함 (정보공개를 안함)	• 정보를 개방적으로 공유함 (원활한 정보 공유)
커뮤니케이션 절차	• 통제 • 유일 대변인 • 밀실 간부희이 활용	• 공개 • 복수 발언권의 허용 • 하부위원회 활용
협상 전략	• 비도덕적 및 기만적 술책의 활용	• 도덕적, 협조적 협상전략
인간관계	• 낮은 신뢰 • 일회성 관계	• 높은 신뢰 • 장기적 관계를 고려

① 협상형태 및 협상이익의 배분

투쟁적 협상에서는 협상이익이 정해져 있다고 본다. 따라서 협상은 양당사자가 이 정해진 이익을 '누가 많이 뺏느냐'하는 피자 나누어 먹기(pizza-cutting)라고 생각한다. 협상이란 상대방이 많이 얻으면 자신이 그만큼 손해를 보는 win-lose 또는 제로-섬 게임인 셈이다. 반면 호혜적 협상은 협상이익은 정해져 있지 않고 양 상대자가 서로 협력하면 얼마든지 크게 만들 수 있다고 생각한다. 따라서 서로 협조해서 더 큰 피자를 만들면(larger pizza-cooking) 양 당사자에게 돌아가는 몫이 커지는 win-win 게임 또는 포지티브-섬 게임을 할 수 있다고 생각 한다. 예를 들어, 임금협상에서 노사양측이 투쟁적 협상을 하고 있다고 가정하자. 이 때 노조와 회사대표는 주어진 회사수익을 임금과 이윤의 형태로 서로 많이 차지하려고 다툰다. 노조의 입장에서는 거친 투쟁을 해야만 회사 측에 돌아갈 이윤을 좀더 임금의 형태로 가져올 수 있다. 그러나 양측이 호혜적 협상을 하면 임금협상을 보는 시각이 달라진다. 눈앞의 임금인상이나 이윤 확보에 매달리기보다는 노사가 협조하여 내년에 더 많은 수익을 내면 그만큼 노사에 돌아오는 몫이 커진다고 본다. 따라서 노사는 가능한 한 win-win게임을 하고자 협력한다.

② 정보의 흐름

두 가지 협상을 갈라놓는 차이는 정보에 대한 양 당사자의 인식이다. 호혜적 입장에서는 원활한 정보의 교환이 서로에게 좋은 win-win 게임을 도출하는 밑거름이 된다고 생각한다. 따라서 양 당사자는 서로 최대한 자신들의 정보를 공개한다. 정보의 공개는 협상상대국으로 하여금 통상협상에서 통상정책기조, 통상이익, 협상상대 등에 대해 보다 잘 이해토록 한다.

투쟁적 입장에서 정보는 협상에서 우위를 점할 수 있는 좋은 전략적 수단이라고 생각한다. 따라서 가능한 한 자신의 정보는 적게 노출시키고 상대방의 정보는 수단과 방법을 가리지 않고 많이 수집하려고 한다. 여기서 수단과 방법을 가리지 않는다는 말은 필요하다면 상대방 협상팀에 대한 도청도 서슴지 않는다는 것을 의미한다. 언뜻 보면 자신은 숨기고 상대를 알려고 하는 이 같은 협상을 하는 것이 유리한 것처럼 보인다. 하지만 양 당사자간 정보의 흐름이 차단되어 서로가 무엇을 원하는지에 대한 생산적인 접근이 어렵다. 따라서 상대의 협상목적, 이해 등을 발견하는 데 과도하게 많은 시간을 낭비한다.

③ 상대의 이익에 대한 배려

투쟁적 입장에서는 자기 이익과 주장에만 집착하고 이를 상대에게 관철시키려 한다. 휘셔—유리 모델에서 강성입장 협상과 유사하다 그러나 호혜적 입장에서는 상대가 무엇을 요구하는지, 상대의 입장은 어떠한지에 대한 배려를 많이 한다. 이러한 배려를 통해 양 당사자 사이의 공동이익을 찾아내고자 노력한다.

④ 협상전략

투쟁적 입장에서 협상자는 많은 협상이익을 얻기 위해 거짓말, 허위정보 제공 등 비도덕적 협상전력이나 위협, 의도적 지연 등의 다양한 기만적 술책(dirst tricks)을 불사한다. 일반적으로 바자르에서의 가격협상이 전형적인 투쟁적 협상이다. 반면 호혜적 입장에서는 서로가 협조해 나누어 가질 협상이익을 크게 할 수 있다고 믿기에 도덕적이고 협조적인 협상전략을 펼치고자 한다. 전략적 제휴, 합작투자 등은 서로의 강점을 찾아내 시너지 효과를 얻고자 하는 것이다. 따라서 협상상대자의 정보를 모두 공개해 서로의 강점과 약점을 모두 찾아내 협상을 통해 새로운 가치를 창조하는 것이 중요하다.

3) Lewicki-Hiam의 R-O 모델

(1) Lewicki-Hiam의 R-O 모델속 협상 상황

R-O모델에 의하면 협상상황은 협상 상대와의 기대되는 관계의 중요성(perceived Importance of relationship), 협상으로부터 얻어 낼 것으로 기대되는 성과(perceived Importance of outcome) 라는 두 가지 요인에 의해 결정된다. 이 같은 R-O모델에 의할 때 협상상황은 다음과 같이 5가지로 분류될 수 있다.

[그림 2-6] R-O모델로 본 협상상황

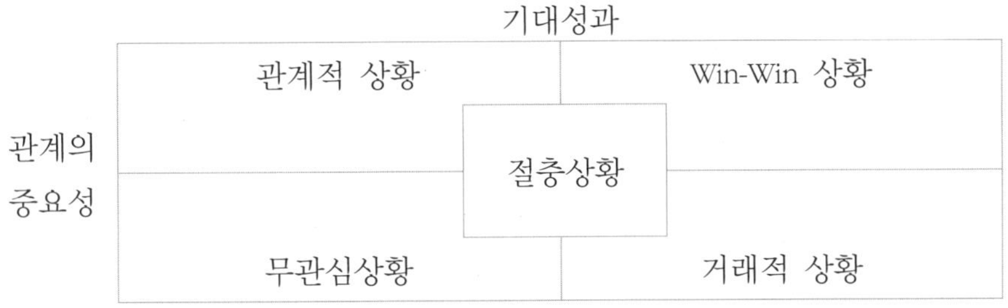

	기대성과	
	관계적 상황	Win-Win 상황
관계의 중요성	절충상황	
	무관심상황	거래적 상황

① 관계 상황(Relationship Situation)

상대와의 관계형성이 상당히 중요하다고 예상되는 반면 협상으로부터 얻어 낼 성과는 그리 크지 않다고 생각하는 경우이다. 이러한 관계상황에 협상자는 눈앞의 협상이익은 다소 양보하더라도 협상 상대방과의 좋은 관계를 형성하는 것이 장기적으로 유리하다고 생각할 것이다.

② 거래적 상황(Transactional Situation, Pizza-cutting)

당장 협상으로부터 얻을 것으로 기대되는 성과는 큰 반면 상대와의 관계형성은 그리 중요하지 않다고 판단되는 상황이다. 이 때 협상자는 당연히 관계를 훼손하더라도 수단, 방법을 가리지 않고 눈앞의 협상에서 많은 성과를 얻어 내고자 할 것이다. 이러한 거래적 상황에서 협상자는 협상을 마치 '피자 나누기'로 본다. 즉, 경쟁적 협상 상황으로서 '상대의 몫을 빼앗아야만 나에게 돌아오는 협상성과가 크다'. 'I win, you lose'라고 생각하는 것이다.

③ 무관심 상황(Indifferent Situation)

상대방과의 관계도 중요하지 않고 기대되는 협상성과도 크지 않는 경우이다. 이러한 상황의 경우 협상 자체는 지지부진하고 회피적 성향이 나올 가능성이 큰 상황이다.

④ Win-Win 상황

윈-윈협상은 창조적 협상으로서 합작투자, 전략적 제휴 등에 주로 활용되며, 화기애애하고 웃으면서 협상하는 것을 의미한다. 상대와의 관계도 중요하고 기대되는 협상성과도 클 경우이다. 이 경우 협상 당사자들은 장기적 거래관계를 형성하고자 한다. 이 경우 협상을 통한 거래를 성사시킨다면 상당한 협상성과가 될 것이다. 이런 상황에서 협상당사자들은 적극적으로 협상에 임하려 들것이다. 이 같은 Win-Win 상황에서 협상자는 협상을 '피자 굽기'로 본다. 즉 서로 협력하여 피자 자체를 크게 키우며 서로 나누어 가지는 몫이 크다고 생각하는 것이다. 즉 적극적인 정보 공유를 통해 파이 키우기적 접근이 가능하다고 볼 수 있다.

⑤ 절충상황(Compromise Situation)

앞의 4가지 협상상황의 중간에 위치한 경우이다.

(2) Lewicki-Hiam의 R-O 모델과 협상전략

Lewicki-Hiam의 R-O모델에 의하면 일반적으로 앞의 5가지 협상상황에 따라 협상자는 다음과 같은 5가지 협상전략을 채택한다.

① 수요협상전략(Accommodating Strategy) - lose to win

관계 상황에서 협상전략이다. 설사 협상자에게 다소 불리하거나 다른 생각을 가지고 있더라도 상대의 주장을 받아들여 주는 전략이다. 이번에 양보를 하더라도 상대와의 관계형성을 통해 앞으로의 협상에서 더 큰 것을 얻어 내겠다는 "lose to win" 협상전략이다.

이 같은 수용협상전략이 성공하기 위해서는 협상상대와 '교환의 법칙(Rule of Exchange)이 형성되어야 한다. 즉, "이번에 내가 양보하면 다음번에는 상대가 양보한다"는 암묵적 교환관계이다. 이 같은 교환의 법칙은 미국이나 유럽 같은 서양협상문화보다는 동양협상문화에서 일반적으로 통용된다. 달리 말하면 수용협상전략은 관계지향적(Relationship oriented) 협상을 하는 한국, 중국 등 동양 협상가가 선호하는 전략이다.

② 경쟁협상전략(Competitive Strategy) - win to lose

거래적 상황(pizza-cutting)에서의 협상전략이다. 이는 휘셔-유리 모델에서의 강성입장(Hard Position) 협상, 레위키의 투쟁적 협상과 유사하다. 가능한 한 큰 협상성과를 얻기 위해 수단방법을 가리지 않는다. 물론 상대방을 위협, bluffing, 거짓정보 흘리기 등 비윤리적 협상행위도 서슴지 않는다.

물론 자신의 정보는 감추고 상대의 정보를 많이 얻어 내고자 수단, 방법을 가리지 않는다. 또한 서로 상대의 의중(bottom line)을 파악하려고 많은 노력과 시간을 투자한다. 때로

이 같은 경쟁협상전략은 협상자에게 많은 협상 성과를 가져다 줄 수도 있다. 하지만 이 같은 경쟁협상전략에서는 비용 및 시간낭비가 있어 비생산적이며, 이는 제로섬 편견에 빠진 미숙한 협상초보자가 선호하는 전략이다. 또한 상대방이 협조적인 협상을 하려하는데 섣불리 경쟁협상전략을 쓰면 상대로 하여금 그들의 전략을 경쟁협상전략으로 바꾸게 할 가능성이 크다. 이 경우 서로 lose-lose 협상게임을 하게 된다.

③ 협동협상전략(Collaborative Strategy) - win-win 게임

win-win 상황(pizza-cooking)에서의 협상전략으로 서로 정보와 의중(bottom line)을 공개하고 상호 신뢰의 바탕하에 협상을 하는 전략이다. 이는 휘셔-유리의 원칙협상과 레위키의 호혜적 협상과 유사하다.

④ 회피협상전략(Avoiding Strategy) - lose-lose 게임

무관심 상황에서의 협상전략이다. 이는 협상 자체를 하지 않으려는 전략인데 이에는 다음과 같은 세 가지가 있다.

- ◆ 암시적 회피전략(take no action) : 이의 좋은 예가 1997년 한국정부의 대미협상전략이다. 한미 자동차협상 이후 불과 2년도 안된 1997년 초에 미국 USTR이 다시 협상할 것을 요구해 왔다. 한국 내 수입차 판매가 기대한 만큼 증가하지 않자 미국측이 협상재개를 요청한 것이다. USTR과 협상을 해보았자 미국측의 통상압력만 받을 것이 뻔한 협상상황에서 한국정부는 협상할 의사가 없었다. 그렇다고 밖으로 대놓고 협상을 거부할 수도 없었다. 이에 한국정부는 국내사정 등을 이유로 수차례 협상개시 자체를 연기하였다.
- ◆ 명시적 협상거부 : 명시적으로 상대와 협상할 의사가 없음을 알리는 것이다.
- ◆ 협상철수 : 진행 중인 협상테이블에서 갑자기 협상팀이 철수하여 협상을 회피하는 전략이다. 이는 예기치 못했던 새로운 협상상황이 발생하던지 지금까지의 협상에서 얻고자 하는 것을 획득해 더 이상 협상을 계속할 필요성을 느끼지 않을 경우이다.

⑤ 타협협상전략(Compromise Strategy) - split the difference

이것이 현실적으로 가장 많이 채택되는 협상전략이다. 예를 들어 판매자는 240만원을 구매자는 200만원을 고집할 때, 반반씩 양보해 220만원에 타협하는 것이다. 이 같은 타협협상전략이 선호되는 이유는 다음과 같다.

- ◆ 서로 공평하다고 느끼기 때문이다.(Sense of Reciprocity)
- ◆ 이해하기 쉽다. 본사에 들어와 타인에게 쉽게 협상결과를 설명할 수 있다.
- ◆ 가장 간편하고 빠른 의사결정이다(Quick Settlement).

4) 다자간 협상 모형[44]

협상에는 협상파트너가 한 사람인 경우와 다양한 이해관계자들이 참여하는 다자간협상 (Multi-Party Negotiation)인 경우가 있다. 다자간협상일 경우에는 협상의 진행순서를 정하는 것이 중요한 전략적 수립이다. 예를 들어, 쇼핑몰 개발업체인 A와 대형할인점인 B와의 협상이 이루어질 경우에는 다양한 이해관계자들과의 순차적 협상이 필요할 것이다. 그러므로 A는 B와의 협상을 유리하게 전개하기 위해서는 다음과 같은 순서로 협상을 진행하는 것이 효과적이다[45]([그림 2-6] 참조).

[그림 2-7] 다자간 협상시의 순차적 협상 진행

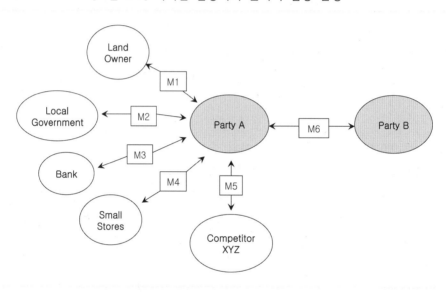

Source : Watkins, Breakthrough Business Negotiation, 2002.

▶ M1 : 토지 소유자와의 협상을 통해 쇼핑몰 부지를 확보한다.

▶ M2 : 지방정부와의 협상을 통해 주변도로 및 인프라개발을 위한 재정지원을 얻어낸다.

▶ M3 : 은행과의 협상을 통해 시설투자 및 운영자금에 대한 융자를 받는다.

▶ M4 : 소규모 영세업체들과의 협상을 통해 입주조건·시기 등에 대해 원칙적인 합의를 본다.

▶ M5 : 대형할인점 B의 경쟁업체인 XYZ와의 초기접촉을 통해 입주가능성 및 조건에 대해 논의한다.

▶ M6 : 대형할인점 B와 입주조건·시기 등에 대해 최종합의를 본다. 합의가 이루어지지 않을 경우 경쟁사 XYZ와 협상을 시작한다.

---

44) 이승주, 「전략적 리더쉽」, 시그마인사이트컴, 1998, p.168.
45) Watkins, Breakthrough Business Negotiation, 2002.

제 **3** 장

협상자와 협상력

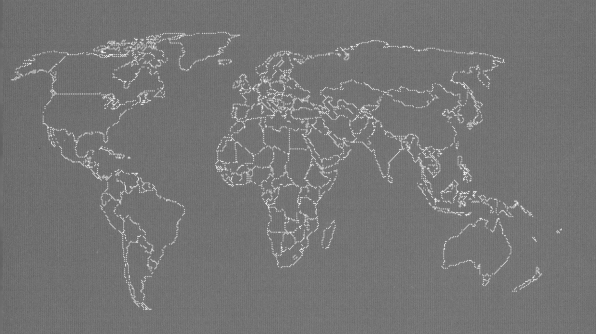

📋 인간적으로 상대방의 마음을 사로 잡아라

'욕금고종(慾擒故縱)'의 전술은 상대를 제압하고자 하는 경우, 상대를 물리적으로 제압하는 것이 능사가 아니라 상대가 스스로 무릎을 꿇게 만드는 것이 보다 고도의 전략이라는 것이다. '욕금고종'의 전술을 말할 때 많은 사람들이 삼국지에 나오는 제갈량과 맹획의 이야기를 떠올릴 것이다. 제갈량이 압도적으로 우세한 군사력으로 맹획을 패퇴시키기는 너무나 쉬운 일이었을 것이다. 그러나 제갈량이 진정으로 원했던 것은 단순한 군사적 승리 이상의 것이었다. 맹획을 가슴으로부터 감동시킴으로써 남만과 촉의 항구적인 평화 체제의 구축을 목적으로 했던 것이다.

일반적으로 사람들은 자동차를 구매한다거나 할 때 여러 영업소를 돌아다니면서 가격이나 부대조건 등을 비교해 보고 최종적으로 결정을 내리곤 한다. 이럴 때 종종 영업사원의 태도나 친절함에 호감을 느껴 몇 만 원정도의 가격 차이는 감수하면서라도 친절한 곳에서 구매하게 된다. 이렇듯이 협상에 있어서는 눈에 보이지 않는 협상 당사자 간의 관계 형성이 매우 중요하다.

어떻게 상대방이 자신에게 호감을 가지도록 하는가가 눈에 보이는 사안들 못지않게 협상의 성공을 보장하는 열쇠가 되는 것이다.

경제가 어려워지면서 임대료를 내지 못하는 사람들이 늘어나고 있다. 임대료를 제 때 지불하지 못하는 입주자를 내보내기 위하여 건물주는 두 가지 유형으로 협상을 한다. 하나는 건물주가 가지고 있는 당연한 법적 권리를 주장하며 언제까지 임대료를 지급하지 않으면 법적인 소송을 시작하겠다는 통고를 하는 '권리주장형'이다.

둘째 유형은 자신이 법으로 보장된 권리를 가지고 있음에도 불구하고 세입자에게 건물주로서 어려움을 설명하고 스스로 올바른 결정을 하도록 유도하는 '사정설명형'이다. 건물주가 만약 두 가지 중 하나를 택해야 한다면 반드시 먼저 '사정설명형'을 택하도록 권고한다. 건물주는 법으로 보장된 권리를 가지고 있다. 그러나 임대료를 내지 않는 사람이 스스로 나가지 않아 쫓아내야 하는 경우에는 건물주는 많은 경제적, 심리적, 시간적 고통을 감수해야 하기 때문이다. 자신이 확실한 힘의 우위에 있음에도 불구하고 상대방을 인간적으로 감복시킬 수 있는 사람이 훌륭한 협상가다.

협상은 왜 하는가? 협상을 통하여 유익한 것을 얻어내기 위해서다. 자신의 비용을 최소화하며 무엇인가 얻어내기 위해서는 협상을 진행하면서 힘의 우위를 이용하여 굴복시키거나 상대방을 기만하기보다는 상대방에게 믿음을 심어 주어 마음을 사로잡는 것이 중요하다.

1. 협상자의 역할

비즈니스협상을 수행하는 협상자(negotiator)는 협상상황에 따라 협상팀의 일원(negotiating team member)으로서 또는 단독협상자(solo negotiator)로 협상에 참여한다.

협상자가 수행해야 하는 가장 중요한 역할은 자신이 속한 기업 또는 조직을 위해 성공적인 협상결과를 이끌어내는 것이다. 협상의 단계별로 협상자는 다음과 같은 역할을 담당한다.

> ◆ 협상의 준비 : 사전협상의 단계에서 설명한 바와 같이, 본협상을 성공적으로 수행하기 위해서는 협상자는 철저하게 협상을 준비하여야 한다.
> ◆ 본협상의 수행 : 협상자는 본협상을 수행하면서 성공적인 협상결과를 도출하여야 한다.
> ◆ 협상 이후의 최종 마무리와 추가적 준비 : 본협상의 타결 또는 결렬, 그리고 추가협상 및 정기적 협상의 필요성 제기 등과 같은 본협상 이후의 상황에 따라 협상자는 최종적으로 협상을 마무리하거나 추가적으로 협상을 준비할 필요가 있다.

협상자가 협상팀의 일원인가, 아니면 단독으로 협상을 후생하는가에 따라 서로 다른 심리적 과정(psychological process)이 나타날 수 있다[46]. 심리적 과정은 개별적 과정, 그리고 집단 내부적 과정(당사자 소속집단 내부) 및 집단 간 과정(당사자 간)으로 구분 될 수 있다. 특히, 개별적 과정은 단독협상자의 심리적 과정과 관련되어 있는데, 여기에서 이러한 과정은 인지적-정보적, 그리고 사회적-인지적 관점에서 파악될 수 있다.

2. 협상자의 자질

협상자는 협상을 준비, 수행 및 종결하는 협상의 전 과정에서 걸쳐서 다양한 상황에 부딪히게 된다. 이러한 다양한 상황에 잘 대처하면서 협상 상대방을 대상으로 성공적인 협상결과를 도출하기 위해서는 무엇보다도 협상자의 자질이 중요하다. 협상자에게 요구되는 주요 자질은 다음과 같이 요약될 수 있다.[47]

---

46) Brodt, S. and Thomoson, L.(2007), p.316 이하.
47) 안세영(2017), p.90 이하;베놀리엘/캐시댄(2013), p.168 이하;김태훈 역, Diamond, S. 저(2011), p.128이하; 김병국(2009), p.115 이하;박노형(2007), p.278 이하.

1) 지적 능력(intellectual ability)

협상자는 협상상황에서 나타날 수 있는 여러 가지 문제점들을 인식하고 해결할 수 있는 지적 능력을 갖출 필요가 있다. 특히, 협상자는 협상을 유리하게 이끌어가기 위해 상황에 적합한 다양한 아이디어를 창출하여야 할 뿐만 아니라, 어떤 사실을 기반으로 추론할 수 있는 능력을 보유하여야 한다. 유능한 협상자는 협사의제 또는 이슈에 대하여 완벽히 파악할 수 있는 인지 능력을 갖추어야 할 뿐만 아니라, 협상과 관련된 방대한 정보를 분석하고 조합할 수 있는 지적 증력을 보유하여야 한다.

2) 감정적 능력(emotional ability)

협상수행의 과정에서 표출되는 감정적 행동은 효율적인 협상의 걸림돌이 될 수 있으며, 경우에 따라서 협상을 결렬시킬 수 있는 돌발변수가 될 수 있다.[48] 성공적인 협상응ㄹ 수행하기 위하여 협상자는 감정을 통제하고 절제할 수 있는 감정적 능력을 갖출 필요가 있다. 감정적 능력은 다음과 같은 것들을 포괄하는 개념이다.[49]

- ❥ **자신을 아는 능력** : 자신의 생각, 기분, 충동, 행동 등에 대하여 인식하는 능력
- ❥ **자기 통제** : 자신의 감정을 통제하고 절제할 수 있는 능력
- ❥ **자신에 대한 동기부여** : 목표달성을 위해 자신에게 동기부여를 할 수 있는 능력
- ❥ **인내** : 자신을 만들어내는 동기부녀을 끈기 있게 유지하는 능력
- ❥ **감정이입** : 상대방의 감정을 이해하여 제안할 전략을 수입하는 데 필요한 능력

협상음 수행하는 과정에서 협상 상대방이 다음과 같은 행동을 할 때 협상 당사자는 감정적으로 반응할 가능성이 높다[50]

- ❥ 거짓말을 하거나 모욕할 때
- ❥ 약속을 깨거나 거부할 때
- ❥ 권위나 신뢰성에 의문을 제기하면서 공격적으로 나올 때
- ❥ 이기적인 태도로 과도한 요구를 하거나 일방적인 혜택만을 누리려 할 때
- ❥ 원칙 없이 굴면서 자제력을 잃을 때
- ❥ 기대에 어긋나는 모습을 보일 때

또한 협상 상대방이 감정적으로 행동할 때, 다음과 같이 대응할 필요가 있다.[51]

---

48) Diamond, S.(2010), p.135.
49) 베놀리엘/캐시딘(2013), p. 169 이하.
50) 김태훈 역,Diamond, S. 저(2011), p.131
51) 전게서, p.135 이하.

◆ 상대방이 감정적으로 변하는 순간을 포착하라.

◆ 상대방이 감정과 인식을 이해하려고 노력하라.

◆ 상대방이 감정과 목표의 근원을 파악하라.

◆ 자신의 협상 스타일이 상대방을 자극하는지 살펴보라.

◆ 사과, 양보, 공감을 통하여 상대방의 감정에 호응하라

◆ 신뢰를 쌓기 위해 노력하라.

◆ 극단적인 발연을 삼가라.

◆ 제3자의 도움을 받아라.

◆ 잘못된 사실이 있으면 즉시 바로 잡아라

협상요소별 부정적 감정과 긍정적 감정의 효과를 살펴보면, 부정적 감정의 효과는 협상에 매우 부정적인 영향을 미칠 수 있기 때문에 협상자는 부정적 감정을 자제하면서 협상에 임할 필요가 있다.

3) 대인관계(interpersonal relation)

대인관계는 자신과 다른 사람과의 관계를 말하며, 사회적 관계(social relation)라고도 한다. 협상자의 대인관계 능력은 협상 상대방을 이해할 수 있게 하고, 동기부여를 해주는 역할을 한다. 원만한 협상을 수행하기 위하여 협상자는 다음과 같은 대인관계를 유지하는 방법을 활용할 필요가 있다.

◆ **상대방의 관점에서 생각함** : 협상 상대방과 좋은 대인관계를 유지하기 위해서 협상자는 상대방의 관점에서 생각하여야 한다.

◆ **상대방의 장점을 인정하고 칭찬함** : 대인관계가 좋은 협상자는 대부분 상대방의 장점을 잘 파악하여 이를 진심으로 존중하고 칭찬해주는 사람이다. 반면 대인관계가 좋지 않은 협상자는 대부분 상대방의 단점만 지적하고 비판하는 경우가 많다.

◆ **상대방의 말을 경청함** : 협상 상대방의 말을 잘 들어주는 협상자는 상대방으로부터 신뢰를 얻을 수 있다.

◆ **효과적인 의사소통 방법을 활용함** : 좋은 대인관계를 맺기 위해서는 협상자의 의도가 협상 상대방에게 잘 전달되어야 한다. 이를 위해서 협상자는 자신의 견해를 솔직하고 명확하게 밝히는 것이 중요하다.

4) 학습 기술(learning skil)

협상자는 경험으로부터의 학습을 통하여 자신의 경험을 전문지식으로 변화시켜 협상자로서의 자질을 향상시킬 수 있을 뿐만 아니라, 협상에 대한 이론적 교육 또는 독자적 학

습을 통하여 협상자로서의 자질을 함양할 수 있다. 학습을 통하여 협상의 경험을 전문지식으로 전환하기 위해서는 다음과 같은 세 가지 절차를 밟아야 한다.[52]

- ◆ 협상에서 경험한 내용에 대한 정리 : 협상자가 과거에 참여한 협상에서 어떤 것들을 경험하였는지에 대한 구체적인 정리가 필요하다. 협상자는 본협상을 계획하고 준비한대로 잘 수행하였는가를 확인하고 검토하기 위해서 협상 전반에 대한 결과보고 및 평가를 하여야 한다.
- ◆ 협상의 실패 또는 성공의 경험 구분 : 협상자가 수행한 협상이 실패하였는지 또는 성공하였는지를 정확하게 평가하여야 한다. 어떤 협상자는 실패한 협상을 성공한 협상으로 착각하기도 한다.
- ◆ 앞의 두 과정에 대한 개념적 분석 : 협상에 실패한 경우, 협상자는 왜 실패하였는지를 분석하여야 한다. 또한 협상에 성공한 경우, 성공요인이 무엇인지 확인하는 것이 바람직하다. 협상자는 과거에 수행한 협상의 실패하거나 성공한 요인들을 개념적으로 분석함으로써 다음에 수행할 협상에 필요한 전문지식을 쌓을 수 있다.

또한 협상자는 협상에 대한 이론적 교육 또는 독자적 학습을 통하여 협상에 대한 전문지식을 습득할 수 있다.

- ◆ 이론적 교육 : 대학에서의 협상 교과목 수강, 협상 전문가가 제공하는 협상교육 또는 세미나 참가, 협상관련 인터넷 강의 수강 등
- ◆ 학습 : 협상관련 서적을 통한 독자적 학습

5) 듣는 기술(listening skill)

이것은 협상자가 협상 상대방의 말을 경청하는 것과 관련되어 있다. 협상 상대방의 말을 경청함으로써 협상자는 상대방으로부터 신뢰를 얻을 수 있다. 이러한 신뢰에 기초하여 협상이 원활히 수행될 수 있다. 또한 원만한 대인관계를 유지하고 협상을 성공적으로 수행하기 위해서 협상자는 협상 상대방의 말을 끝까지 경청한 다음 자신의 의견을 제시하는 것이 중요하다. 협상자가 협상 상대방의 말을 잘 듣지 않고 자신의 말을 많이 한다면, 협상에 불리란 말을 할 수 있는 가능성이 있으므로 주의해야 한다.

---

52) 안세영(2017), p.93.

3. 국제협상자의 역할과 자질

국제협상(international negotiation)은 서로 다른 국적의 협상 당사자들 간의 협상을 의미한다. 국제협상을 국적을 달리하는 개인 가의 협상, 기업 간의 협상 및 국가 간의 협상을 포괄한다.[53] 특히 국제 비즈니스협상을 수행하는 협상자는 협상 상대방이 속한 국가에 대한 문화적 환경을 이해하는 것이 중요하다.

국제협상자(international negotiator)는 국제협상을 담당하는 협상자를 말하며, 국제협상에서 다음과 같은 역할을 수행한다.

- ▶ **문화 간 원활한 커뮤니케이션 수행** : 국제협상자는 협상 상대국에 대한 문화적 지식 및 언어능력(협상 상대방이 속한 국가의 언어,영어,외국어 등의 구사능력)에 기초하여 커뮤니케이션을 수행한다.

- ▶ **문화 간 갈등의 해결** : 국제협상자는 국제협상을 수행하는 과정에서 나타날 수 있는 문화 간 갈등(예를 들면, 현지 자회가의 노사협상을 진행하는 경우, 본사파견 관리자와 현지 근로자 간의 갈등)을 해결한다.

- ▶ **다른 국가 또는 지역에 대한 문화의 해석** : 국제 협상자는 서로 다른 문화에 대한 해석을 통하여 문화 간의 차이점과 유사성을 파악한 후 협상을 수행한다.

국제협상자가 갖추어야 할 자질은 앞서 논의한 협상자의 자질(3.1.2 참고)과 동일하지만, 국제협상자는 기본적으로 다음과 같은 세 가지의 자질을 갖추는 것이 중요하다.

- ▶ **문화에 대한 해석 능력** : 국제협상에서 협상 당사자 간의 문화적 차이는 협상의 진행을 가로막는 장애물로 작용할 수 있기 때문에, 국제협상자는 문화가 갖는 의미(예를 들면, 가치관, 취향, 전통 등)에 대하여 정확한 해석을 할 필요가 있다.

- ▶ **문화 간 커뮤니케이션 능력** : 국제협상은 다문화적 관점에서 수행되기 때문에 협상 당사자들의 커뮤니케이션 능력이 무엇보다도 중요하다. 문화 간 원활한 커뮤니케이션을 방해하는 대표적인 요인은 언어장벽이다. 언어장벽을 극복하기위하여 국제협상자는 협상 상대방이 속한 국가의 언어, 영어, 지역별 통용 외국어(예를 들면, 중남미의 스페인어, 중화권의 중국어 등) 등을 능통하게 구사하여야 한다. 만일 국제협상자가 협상에서 사용하기로 합의한 관련 외국어 능력이 부족하다면, 전문 통역자를 활용하는 것이 바람직하다.

- ▶ **신속하고 유연한 판단력** : 국제협상자는 협상의 수행과정에서 발생할 수 있는 다양한 상황에 대하여 신속하고 유연하게 대처할 수 있는 판단력을 보유하여야 한다. 또한 국제협상자는 협상 상대방의 다양한 문화적 측면들에 대하여 성급한 판단을 하지 않기 위해서 다음과 같은 '5R'을 실천할 필요가 있다.[54]

---

53) 김기홍(2012), p.232.

- **판단하고자 하는 자연스런 경향을 인식함(recognize)** : 협상 상대방에 대하여 '전형적인 선입견'을 가지고 자연스럽게 일방적으로 단정(예를 들면, 독일인은 보수적이라고 생각하는 것)하는 것을 인식하고 자제한다.
- **판단하는 것을 억제함(refrain)** : 판단하기 전에 한발 물러서서 협상 상대방에게 의심하거나 생각할 기회를 준다.
- **자신 속에 있는 외국인을 대하는 태도를 되돌아봄(retrace)** : 협상 상대방을 판단하기에 앞서 자국의 문와, 태도 및 취향 등과 같은 문화적 요인들을 생각한다.
- **자신의 태도를 고침(reclaim)** : 협상 상대방의 잘못만을 보지 말고 자신의 잘못된 태도가 있다면 고친다.
- **새로운 자세로 임함(resurface)** : 협상 상대방은 자신과 크게 다르지 않다는 것을 인식하고 협상에 새로운 자세로 임한다.

4. 협상가의 유형

협상가도 사람이다. 이점은 중요한 사실임에도 불구하고 자주 간과되곤 한다. 협상가는 기계나 컴퓨터가 아니다. 따라서 사람의 수만큼이나 협상가의 협상방식도 매우 다양하다. 그러나 그 유형을 큰 범주로 분류해 볼 수 있다.

우선 루빈(Rubin)의 5가지 협상 기본유형을 살펴보면, 순응형 협상가(Accommodator), 문제해결형 협상가(Problem Solver), 타협형 협상가(Compromiser), 회피형 협상가(Avoider), 경쟁형 협상가(Competitor)로 다음과 같이 도출하였다([그림 3-1] 참조).

[그림 3-1] Five basic Negotiation styles

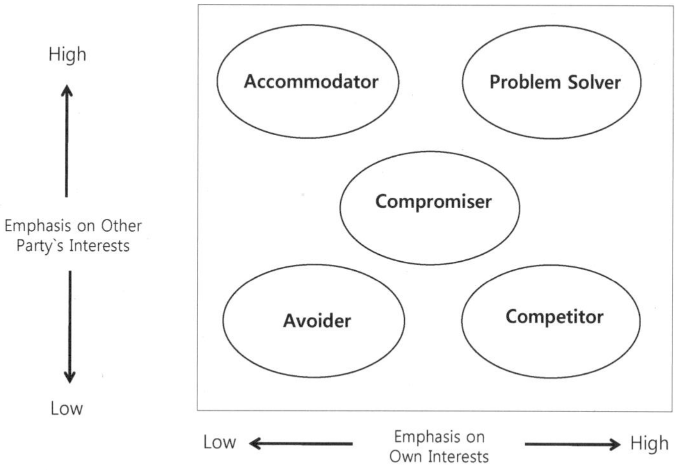

Source : Rubin, *Social Conflict,* McGraw-Hill, 1994.

---

54) 백종섭(2015), p.101 이하 재인용;Hindle, T.(1998), p. 20 이하.

협상당사자 간의 이익과 갈등을 조정하고 해결하는 협상 유형의 방법을 보면 다음과 같다.

경쟁형(competitor)은 자기의 입장에만 집착하고 상대방에 대한 고려가 부족하다. 협상이 자주 난관에 부딪치게 되고 갈등이 더욱 커져 좋은 협상결과를 기대하기 곤란하다.

순응형(accommodator)은 상대방의 이해관계에 지나친 배려를 하고 자기의 이익을 소홀히 하는 경우이다. 지나치게 우호적인 방식으로서 상대방의 페이스에 휘말려 자기에게 유리한 결과를 얻기 힘들다.

회피형(avoider)은 갈등과 협상 자체를 기피하는 소극적인 자세를 가진 사람이며, 타협형(compromiser)은 상대방과 자기입장의 중간에서 타협을 하는 형이며, 문제해결형(problem-solver)은 상대방과 자신의 입장을 충분히 고려하면서 갈등과 문제를 정면으로 해결하는 합리적인 유형의 협상가라고 볼 수 있다.

그리고 로져 피셔와 윌리엄 유리의 협상가에 대한 분석을 살펴보면 다음과 같다.

▶ 강경한 협상가

강경한 협상가는 다음과 같은 특징이 있다.

- 어떠한 대가를 치루더라도 이기려 한다.
- 상대방에게 양보를 요구한다.
- 자신의 입장을 정해 놓고 좀처럼 타협하지 않는다.
- 다른 사람의 말은 무조건 믿지 않는다.

▶ 온건한 협상가

협상 상대와 친구가 되기를 원하는 온건한 협상가는 다음과 같은 특징이 있다.

- 정면 대결을 피한다.
- 상호우호의 관계를 도모하기 위해 양보한다.
- 생각을 쉽게 바꾼다.
- 상대방의 말을 액면 그대로 받아들인다.

▶ 분석가형 협상가

협상 과정을 통제하고 싶어하는 분석가형 협상가는 다음과 같은 특징이 있다.

- 모든 진술에 대해 그 근거가 되는 사실과 수치를 요구한다.
- 협상을 일종의 체스 게임으로 여긴다.
- 가차없이 논리와 합리성을 적용한다.

❖ 조화추구형 협상가

로저 피셔와 윌리엄 유리가 공저한 『YES를 이끌어내는 협상법 Getting to yes』에서 제시한 '원칙에 따른 협상(Principled Negotiation)'을 수행하는 조화추구형 협상가는 다음과 같은 특징이 있다.

- 서로 신뢰하는 관계를 구축한다.
- 모두에게 만족스러운 합의를 이끌어 낸다.
- 상대방의 말을 경청한다.
- 표면적 입장이 아닌 실제의 이해관계에 초점을 맞춘다.

강경한 협상가와 온건한 협상가는 상극관계라고 볼 수 있다. 분석가형은 강경한 유형처럼 경직되어 있지는 않지만 공격적 유형에 가깝다. 조화추구형은 순응형만큼 포용적이진 않지만 유연한 협상가 유형에 속한다.

이 모든 유형의 협상가를 한 회의실에 모아 놓으면 어떻게 될까? 아마 서로 다른 유형 사이에 충돌이 일어날 것이다. 강경한 유형은 온건한 유형 사이에 충돌이 일어날 것이다. 강경한 유형은 온건한 유형의 친절한 방식에 금세 질려버릴 것이고, 조화추구형은 분석가형의 고집스럽고 일차원적인 협상 방식에 좌절감을 느낄 것이다. 이러한 충돌로 인해 하나의 안건을 제대로 토의해 보기도 전에 협상이 결렬될 수도 있다.

인간의 본성과 협상하는 방식이 복합적으로 얽히게 되면 협상 자체에 방해가 될 수 있다. 따라서 협상에 있어 이 두 요소를 서로 분리하고, 협상을 성격이나 유형의 충돌로부터 서로에게 유익한 합의 도출의 장으로 유도하는 능력이 필요하다.

협상가 유형의 설명을 바탕으로 자신의 협상 방식은 어떤지 살펴보고, 자신과 동료 그리고 협상 상대의 유형은 어디에 속하는지 정보를 수집할 필요가 있다. 이러한 과정을 통해 그들의 행동 방식은 어떤지, 그들의 동기는 무엇인지, 그들의 생각을 바꾸게 하려면 어떻게 해야 할지에 대해 좀 더 잘 파악하여 준비할 수 있다.

협상유형의 충돌을 피하려면 특정한 협상유형 하나만이 가장 강력하다는 생각을 버려야 한다. 아무것도 양보하지 않으면서 자신의 이익만을 추구하기 위해 일방적으로 상대방을 밀어붙인다면 생산적인 대화와 협의는 불가능해진다. 이와 마찬가지로 상대의 선의만을 믿고 따르는 것도 최선의 방식은 아니다. 결국, 상황에 따라 자신의 협상 유형을 다르게 조정할 수 있어야 한다. 협상에서는 이러한 유연성이 반드시 필요하다.

제2절

협상팀의 구성

1. 협상 팀의 구성

비즈니스협사의 성격에 따라 단독협상자(solo negotiation) 또는 협상팀(negotiation team)이 협상을 준비하고 수행한다. 경우에 따라서 단독협상자가 협상을 먼저 수행한 후, 협상팀이 그 협상을 마무리할 수도 있다. 협상의 규모가 크고 그 내용이 중요하다면, 단독협상자보다는 협상팀이 협상에 참여할 가능성이 높다. 또한 단독협상을 할 것인가. 아니면 팀협상을 할 것인가에 대한 사항은 협상 당사자들 간의 합의에 의해 결정된다. 협상팀이 협상을 진행할 경우, 다음과 같이 협상팀(협상조 또는 협상단이라고도 함)이 구성될 수도 있다.[55]

협상상황에 따라 참여 인원수 역할 등이 각각 다르게 구성되고 설정될 수도 있다.

▶ **협상 리더(negotiation leader)** : 협상을 총괄하며, 협상과 관련된 주요 사항들과 협상진행에 대하여 최종적 책임을 진다.
▶ **착한 역할 협상자(good guy)** : 협상장에서 협상 상대방이 착한 사람으로 인식하게 하여 그들의 방심을 유도하여 전열을 무너뜨리는 역할을 한다.
▶ **나쁜 역할 협상사(bed guy)** : 협상자에서 협상 상대방이 나쁜 사람으로 느끼게 만들어 협상장 분위기를 험악하게 만들고, 상대방의 약점을 노출시키거나 양보를 강요하는 역할을 담당한다.
▶ **강경파 협상자(hard liner)** : 협상장에서 자신들의 협상 최저선을 고수하거나 유지하도록 만들어 협상이 자신들에게 유리하게 수행되도록 하는 역할을 한다.
▶ **협상 조절자(sweeper)** : 협상의 진행과정에서 자신들 또는 협상 상대방이 협상의 주제 또는 논점에서 벗어나는 경우 이을 지적하거나 수정하는 역할을 수행한다.

---

55) 윤홍근/박상현(2010), p. 108 이하.

2. 국제협상팀의 역할과 구성

국제협상팀(international negotiation team)의 역할은 앞서 논의한 국제협상자의 역할과 동일하다(3.1.3 참고). 국제협상팀은 국제적 협상을 수행하기에 앞서 협상 상대방이 속한 국가의 환경에 대한 거시적 정보뿐만 아니라 협상환경에 대한 미지적 정보를 수집하고 분석하여야 한다. 국제적 협상의 주제, 내용 및 상황에 따라 국제협상팀이 수집하고 분석해야 할 거시적 및 미지적 정보는 달라질 수 있다. 예를 들면, 합작투자와 관련된 국제적 협상을 수행하기 위하여 필요한 정보는 다음과 같이 요약될 수 있다.[56]

- ▶ **거시적 정보(macro information)** : 정치, 경제, 언어, 정부의 의사결정, 정부의 상태, 법체계 등
- ▶ **미시적 정보(micro information)** : 목적, 협상범위, 법률적 합의, 자금조달, 이윤배분, 경영구조, 수명주기, 협상의 종결 등

국제협상팀을 구성하기 위해서는 먼저 협상팀의 규모(예를 들면, 팀원 또는 구성원의 수)를 결정하여야 한다. 일반적으로 국제협상을 수행하는 팀원의 수가 너무 많으면 협상이 신속하게 진행되지 않을 수 있기 때문에 적절한 규모의 협상팀을 구성하여야 한다.[57] 국제협상팀은 앞서 살펴본 일반적인 협상팀의 구성과 동일한 방식으로 구성될 수 있다(3.2 참고)

국제협상팀의 구성을 위하여 가장 중요한 의사결정의 하나는 리더(협상대표)를 선정하는 것이다. 국제협상 리더는 국제협상자가 갖추어야 할 자질(3.1.3참고)을 갖추어야 할 뿐만 아니라, 리더의 지위에 상응하는 권한을 보유하여야 한다. 국제협상 리더가 협상을 진행하면서 단독으로 결정할 수 없는 사항은 최종 의사결정자(예를 들면, 최고경영자)와 상의한 후 결정하게 된다. 국제협상 리더에게 주어지는 권한의 정도에 따라 다음과 같은 상황이 발생할 수 있다.[58]

- ▶ **국제협상 리더에게 전권이 부여된 경우** : 협상을 탄력적으로 수행할 수 있으나, 협상 상대방으로부터 최종 결정의 압력을 받을 수 있다.
- ▶ **국제협상 리더에게 권한이 제한적으로 부여된 경우** : 협싱 상대방으로부터 양보 또는 최종 결정의 압력을 받을 때 자신에게 권한이 없음을 협상 상대방에게 확인시키고, 양보 또는 최종 결정을 미루면서 최종 의사결정자로부터 단계적으로 승인을 받는다.

---

56) Munns,A.K, Aloquili, O. and, Ramsay, B.(2000)
57) 강영문(2010), p.177
58) 전게서, p.179 이하

국제협상팀을 효과적으로 구성사기 위해서는 다음과 같은 사항들을 고려하여야 한다.

❧ 리더에게는 기획력, 실무진에게는 추진력, 그리고 협상 창구역할을 하는 담당자에게는 교섭력이 요구된다.[59]
  - **리더의 기획력** : 어떤 사안을 종합적으로 보고 판단하는 능력
  - **실무진의 추진력** : 어떤 일이 곤경에 처했을 때 포기한지 않고 돌파하는 능력
  - **담당자의 교섭력** : 자신이 속한 기업 또는 조직과 상대방의 기업 또는 조직을 넘나들며 탄력적으로 협상을 수행하는 능력
❧ 국제협상의 주제와 내용에 적합한 팀원을 선발한다.
❧ 최종 의사결정자는 국제협상 리더에게 위임하는 권한을 명확하게 설정하여야 한다.
❧ 국제협상의 진행상황에 따라 가능하다면 팀원을 교체하거나 보강하여야 한다.
❧ 국제협상 리더가 속한 기업 또는 조직에서의 지위는 협상 상대방 리더가 속한 기업 또는 조직에서의 지위와 동일하거나 높은 것이 바람직하다.

---

59) 전게서, p.181 이하

협상력의 의의와 구성요소

1. 협상력의 의의

협상력(bargaining power)은 협상자가 특정 시안에 대하여 협상 상대방과 협의하고 서로의 이해관계를 조정하여 합의를 도출해 내는 능력을 의미한다. 협상 당사자들이 각각 갖고 있는 협상력의 차이는 협상의 결과에 직접 또는 간접적으로 영향을 미칠 수 있다. 일반적으로 협상의 결과는 협상 당사자들이 보유하고 있는 협상력의 상호작용에 의해 좌우되기 때문에 상대적 관점에서 이해되어야 한다. 협상력을 결정하는 주요 변수를 살펴보면 다음과 같다.[60]

▶ 협상자의 지위 : 협상력은 협상 당사자가 차지하고 있는 기업 또는 조직 내의 지위와 관련되어 있다. 협상자의 지위는 협상에서 어느 정도 영향력을 미칠 수 있는가를 보여주는 대표적인 요인일 뿐만 아니라, 협상의 중요한 도고로도 활용될 수 있다.[61]

▶ 자원 및 역량 : 협상을 준비하는 과정에서 투입되는 인적 및 물적 자원, 그리고 기업 또는 조직의 역량 등이 협상력에 큰 영향을 미친다. 즉, 어떤 기업 또는 조직이 보유한 자원이 풍부하고, 역량이 뛰어나다면, 이 기업 또는 조직의 협상자는 협상에서 우위를 점알 수 있다.

▶ 상화적 변수 : 협상에 영향을 미치는 상황적 여건에 따라 협상력이 달라질 수 있다. 예를 들면, 협상 상대방에 대한 의존성이 높거나, 시간 압박의 상황에 노출되어 있는 협상자의 협상력은 약화될 수 있다.

▶ BATNA의 존재 여부 : 협상이 합의에 이르지 못할 경우에 선택할 수 있는 최선의 대안인 BATNA를 보유한 협상자는 그렇지 못한 협상 상대방보다 더 큰 협상력을 보유할 수 있다.

---

60) 윤홍근/박상현(2010), p.332 이하.
61) 김정수 역, Karrass, C.L. 저(2007), p.112 이하; 이진원 역, Fisher, R. and Shapiro, D. 저(2007), p 139.

2. 협상력의 구성요소와 작용 메커니즘

1) 협상력의 구성요소

비즈니스협상뿐만 아니라 정치, 무역, 외교 등과 같은 다양한 분야의 협상에 영향을 미칠 서 있는 협상력의 구성요소는 다음과 같이 분류될 수 있다.[62]

▶구조적 요인 : 이것은 종합적 물리력(힘), 이슈 관련 능력 및 규범적 요소(권리)등으로 구성되어 있다.

▶상황적 요인 : 이것은 정보요인, 관계요소 및 인지심리적 요소 등을 포함한다.

2) 협상력의 작용 메커니즘

협상력은 앞서 논의한 다양한 구성요소의 상호작요에 의해 그 힘이 발휘될 수 있다. 협상력의 작용 메커니즘은 다음과 같은 두 가지 관점에서 설명이 가능하며, 이러한 메커니즘은 협상력이 상대적이고 주관적이라는 가정을 전제로 설명이 가능하다.[63]

▶갈등(conflict)과 협력(cooperation) : 협상의 필요성을 제기하는 갈등(예를 들면, 현실적으로 표면화된 노사관계의 갈등적 상황)과 협상의 수행과정에서 발생하는 갈등(예를 들면, 협상장에서의 갈등상황)은 협상 당사자들이 해결하여야 하는 핵심 과제이다. 협상력은 갈등을 해결하는 과정에서의 협력을 통하여 그 힘을 행사하는 경향이 있다. 그러므로 갈등과 협력은 상호의존적인 측면에서 이해되어야 한다.

▶불확실성(uncertainty) : 협상 당사자들 간의 협상에 있어서 협상력은 미래 시절에 타결 또는 부결되는 불확실한 협상결과와 관련되어 있다. 그러므로 협상수행 과정에서의 협상력은 미래에 수용 가능한 협상결과에 대한 불확실성을 통제 또는 제거하려는 목적으로 행사된다.

---

62) 윤홍근/박상현(2010), p.326 이하

63) Rojot, J.(1991), p54 이하.

제 **4** 장

게임이론과
협상자 딜레마

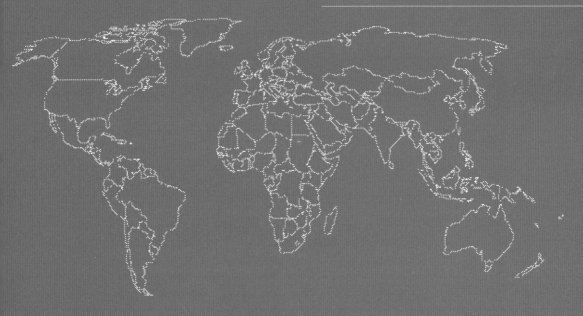

MS와 야후의 M&A 협상이 시작되면서 주주행동주의를 표방하는 적극적인 투자세력들이 야후 주식을 매집하기 위해 대거 몰리면서 불과 며칠 새 야후 주가는 급등했다. 그러나 2008년 5월 3일 MS가 야후 매수 포기를 발표하면서 야후 주가는 15% 폭락한 23.37달러로 마감했다. 시가총액 60억달러가 증발한 것이다. 제리 양 CEO는 이날 성난 주주들을 달래느라 진땀을 빼야 했다. 너무 뻣뻣한 자세로 협상에 임해서 결국은 다 된 밥에 코를 빠뜨렸다고 주주들은 항의했다. 이에 따라 MS는 "더 이상의 가격협상은 없다"고 선포하며 야후의 주가하락을 관전했다. 야후 이사진이 곧 협상을 재개하라는 주주들의 반발을 이기지 못할 것임을 알고 있었기 때문이다.

MS와 야후의 M&A 협상은 전형적인 투쟁적 협상의 예를 보여줬다. 치열한 산업 내 견제구도 내에서 양사뿐 아니라 구글, 뉴스코퍼레이션 등의 다른 경쟁사들이 이 협상에 많은 영향력을 가하면서 협상은 더욱 자사의 이익만을 극대화하려는 방향으로 흘러갔다. 그 결과 야후는 구글의 하청업체 수준의 협약으로 만족해야 했으며, MS는 구글의 독주를 어쩌면 영원히 넘어설 수 없게 되었다. 양사가 조금 더 Win-Win게임의 시각으로 이 메가 머져를 진행했다면 서로의 경쟁력에 보완점을 더해 정말 메가 컴퍼니가 되었을 것이다.

(출처 : 연합뉴스, 야후, MS사 홈페이지 참조)

게임이론의 정의와 구조

1. 게임이론 개관

게임이론은 "이해관계가 얽혀있는 상황에서 어떠한 선택과 판단이 가장 합리적인 결과를 가져오는지에 대해 과학적·체계적으로 연구하는 학문이다(김영세)". 즉, 개인 또는 개별집단에 있어서 행공의 결과가 게임에서와 같이 참여자 자신의 행동에 의해서만 결정되는 것이 아니고 동시에 다른 참여자의 행동에 의해서도 결정되는 상황에서, 자기에 최대의 이익이 되도록 행동하는 것을 분석하는 수리적 접근법이다. 게임이론이란 상충적이고 경제적인 조건에서의 경쟁자 간의 경쟁 상태를 모형화하여 참여자의 행동을 분석함으로써 최적전략을 선택하는 것을 이론화 하는 것이다.

게임이론은 1994년 Johann Ludvig von Neumann과 O. Morgenstern이 함께 『게임이론과 경제행위(Theory of Games and Economic Behavior)』이라는 책을 저술하여 현대게임이론의 이론적 기초를 확립하였다. 그 후에 John F. Nash는 1950년부터 1953년까지 비협조적 게임이론과 교섭(bargaining)이론에 관한 일련의 논문을 발표하였다.

수학자인 Nash는 게임에서 각 경기자들이 어떤 특정한 전략을 선택하여 하나의 결과가 나타났을 때, 모든 경기자가 이에 만족하고 더 이상 전략을 변화시킬 의도가 없을 경우를 균형(equilibrium)이라고 하고, 이를 'Nash Equilibrium'이라고 한다. 즉, Nash Equilibrium은 상대방의 최적전략에 대한 본인의 최적전략이라는 성격을 갖는데, 이후 게임이론에서 해답을 찾는 중심개념이 되었다(게임의 따라 복수의 내시 균형점이 존재할 수도 있고, 내시 균형접이 존재하지 않을 수도 있다).

2. 게임의 요소 및 분류

1) 게임이론의 정의

- ❥ 게임 : 전략적 행위를 하는 경기자들의 상호작용
- ❥ 게임이론 : 사회현상을 게임 상황으로 모형화하고, 그 게임에서 경기자의 전략적 행동을 논리적으로 이해하는 틀

2) 게임의 요소

- ❥ 경기자 : 2명 이상, 각 경기자의 합리성, 완비성, 이행성이 가정되고, 합리성이 주지의 사실이며 경기자 가운데는 자연법칙(nature)도 포함 될 수 있다.
- ❥ 게임규칙 : 순서와 선택할 수 있는 대한 등을 제시, 의사결정 순서에 따라 동시게임(simulation game)과 순체게임(sequential game)으로 나누어진다.
- ❥ 경기자의 전략 : 게임에서 경기장가 직면하게 될 여러 상황에 따른 행동계획으로 상대방의 존재를 전제로 한다. 전개형 게임에서는 전략과 행동(action)이 확연히 구분된다.
  - • **순수전략** : 일어날 개연성이 있는 모든 경우에 대해서 해당 경기자가 취할 행동이 완전한 계획(complete contingent plan)을 말한다.
  - • **혼합전략** : 여러 개의 행동 가운데 하나를 선택하되 주어진 확률분포에 따라 임의로 선택한다.
- ❥ 정보에 대한 기술 : 경제학의 기본 패러다임 중 하나는 경제행위의 주체인 경제인 합리적인 의사결정을 한다는 것이다. 합리성(rationality)이란 의사결정에 있어서 내적 일관성으로 정의되는데, 보편적으로 경제인의 선화가 완비성(completeness) 및 이해성(transitivity)의 두 성질을 만족하는 것으로 이해된다. 게임이론에서는 게임의 주체인 경기자의 합리성에 더 강한 추가적 가정을 필요로 하는데, 이는 모든 경기자의 합리성이 상식이라는 것이다.
  - • **주지의 사실(common knowledge)** : 무한명제와 대칭적 무한명제
  - • **완전정보게임(perfect information)** : 자신이 전략을 선택할 때 상대방의 행동(action)을 알고 하게 되어 있는 게임
  - • **완전회상(perfect recall)** : 경기자가 자신의 과거의 선택에 대해서는 완전히 알고 있다고 가정
  - • **완비정보게임(complete information)** : 상대방의 특성(type)을 알고 하는 게임
  - • **정보집합(information set)** : 전개형 게임에서 정보집합이라는 개염을 사용하여 표시

◆ 경기자의 보수(payoff)

- **결과** : 규칙에 따라 게임을 수행할 때 얻어지는 최종적인 상태. 전개형 게임에서 결과를 보이는 것이 필요
- **보수** : 게임에서 경기자가 궁극적으로 얻게 되는 금액 또는 효용. 폰 노이먼과 모르겐슈테른의 기대효용가설을 사용

3) 게임의 분류

◆ 경기자 수에 따른 분류 : n명 게임, 2명인 경우와 3명 이상의 게임 등의 양태는 달라짐. 내부담합(coalition)의 가능성이 있다.

◆ 경기자의 행동순서에 따른 분류

- 동시선택 게임(정적 게임) : 경기자가 자신의 전략을 선택할 순간에는 상대방이 어떤 전략을 선택했는지 알 수 없다.
- 순차게임(동적 게임) : 선행자 이점, 후행자 이점

◆ 정보에 따른 분류

- 완전정보게임과 불완전정보게임 : 경기자가 대한을 선택해야 할 때 상대 경기자가 무슨 대안을 선택했는지를 알고 있느냐 혹은 모르고 있느냐에 따른 구분
- 완비게임과 불비(不備)게임 : 상대 경기자의 보수함수(또는 경기자의 유형)을 알고 있느냐에 따른 구분

◆ 분배되는 보수의 성격에 따른 분류 : 영합세임, 양합게임, 음합게임

◆ 게임이 반복여부에 따른 분류

- 일회 게임
- 반복게임 : 유한반복게임, 무한반복게임

◆ 협조게임과 비협조게임

◆ 게임이 몇 단계로 나누어지는가에 따른 분류 : n-단계 게임

1. 죄수의 딜레마

범죄사실에 대한 용의자로 A와 B가 검찰에 소환되어 조사받고 있는 상황을 상정해 보자. 검찰은 이 두 사람으로부터 자백을 받아내고자 심문하고 있다. 감찰은 이 두 사람이 협의하여 범죄사실을 은폐하지 못하도록 분리하여 심문하면서 각각 다음과 같은 제안을 하였다. 자백을 하면 자백한 용의자에 대하여는 수사에 협조한 점을 참작하여 무혐의 처리를 하지만 자백하지 않은 자에 대하여 5년의 중형을 구형한다. 둘 다 자백을 하지 않을 경우 증거 불충분으로 각각 1년의 형을 구형한다. 만약 둘 다 자백을 하면 각각 3년의 형을 구형한다. 이러한 검사의 제안은 다음의 [그림 4-1]과 같이 표시할 수 있다.[64]

여기서 용의자 A와 B는 [그림 4-1]과 같이 각자에게 알려진 형량 정보 하에서 서로가 협력(cooperate), 즉 자백하지 않든가 배반(defect)하든가를 선택하여야 하는 기로에 서 있다. 문제는 용의자 A와 B는 분리심문을 받고 있으므로 상대방이 어떤 선택을 할 것인지 알 수 없다는 데 있다. 자신이 배반을 선택하면 자신은 무혐의로 처리되어 석방이 보장되지만 상대방이 협력을 선택할 경우 상대방은 중형을 받게 된다. 만약 상대방이 자신과 같이 배반을 선택하면 1년을 구형받아 배반이 상대방의 어떠한 선택하에서도 작은 구형량을 가져다주기 때문이다. 따라서 A는 배반을 선택하게 된다. 이러한 선택은 B의 경우에도 마찬가지임을 알 수 있다. 이는 형량구조가 A, B 모두에게 대칭적(symmetric)으로 주어져 있기 때문이다.

[그림 4-1] 죄수의 딜레마

		B	
		협력	배반
A	협력	1년 1년	5년 0년
	배반	0년 5년	3년 3년

---

64) 이러한 형식의 표현을 게임이론에서는 정규형태(normal form)라 부른다.

결과적으로 이 죄수의 딜레마게임이 의미하는 것은 양자가 서로 협력하여 자백을 하지 않으면 두 사람 모두 1년의 경미한 형량으로 끝날 수 있는 상황에서 배반을 선택함으로써 둘 다 3년형을 받게 된다는 것을 보여준다. 이제까지 살펴본 죄수의 딜레마는 협력할 필요성이 있는 상대방이 존재하는 경우 실제 경제 및 기업 경영현장에서 그 함의가 크고 응용범위가 넓은 게임이다. 앞에서 살펴보았듯이 죄수의 딜레마에서는 분리심문으로 두 용의자간에 의사소통 기회가 주어지지 않았으며 이에 따라 용의자간 의사결정에 있어 협력이 필요함도 그것이 불가능하였다. 그리하여 두 용의자들의 의사결정 결과는 나중에 검사의 구형량을 통하여만 알 수 있게 된다. 수인의 딜레마는 시장에서 상대방과의 의사소통이 없이 사후의 행동(action)으로 상대방의 의사결정 결과를 판단하게 되는 경우 기업 자신으로서는 합리적인 의사결정이지만 산업 전체 또는 그룹 전체적인 입장에서 보면 비합리적인 결과를 초래하는 경우가 발생하게 된다는 사실을 시사해 주고 있다.

이것은 행동을 통한 협상으로서 실제로 국가간 경제정책의 협조에 있어서나 기업경영현장에서 많이 관찰되는 상황이다. 다음과 같은 기업의 광고의사결정 사례를 살펴보자.[65]

2. 죄수의 딜레마 상황 응용

식기세척제 마케팅을 담당하고 있는 경영자가 있다고 하자. 시장에는 경쟁상대 기업이 하나만 존재한다고 할 때 이 경영자가 결정해야 할 당면과제는 광고를 통하여 소비자로 하여금 경쟁제품에 대한 부정적인 정보를 갖게 하느냐 하는 것이다. 여기서 문제는 상대 기업 또한 동시에 이 기업제품에 대한 부정적인 광고를 고려하고 있다는 사실이다. 따라서 이 기업의 미래 수익성은 자신의 의사결정뿐만 아니라 경쟁 기업의 의사결정에 의해서도 영향을 받게 된다. 이들 각각의 의사결정에 따른 이윤행렬(profit matrix)은 [그림 4-2]와 같다고 하자.

결국 이 경우에도 기업은상대방 제품에 대한 부정적인 광고를 하게 된다. 이 사례가 의미하는 것은 경쟁환경에서 각 당사자가 우월전략(domi- nant strategy)을 가지고 있을 때 딜레마가 발생하게 된다는 사실이다. 결국 그 우월전략은 자신에게는 우월한 전략이 될지라도 당사자 전체의 시각에서 보면 각 당사자가 우월전략을 사용하지 않는 것이 최선이라는 딜레마를 낳게 된다.

---

65) 본 사례는 곽노성(1999)에서 Bazerman and Neale(1992), p, 161을 인용한 것을 재 인용한 것임. 행동을 통한 협상만이 가능한 이유로는 독과점금지법에 의해 담합이 불가능하든가 상대방과의 신뢰(trust)가 확보되어 있지 않은 경우를 들 수 있다.

[그림 4-2] 식기세척기 회사 : 퐁퐁 vs 트리오

		퐁퐁	
		비방광고 안함	비방광고 함
트리오	비방광고 안함	100억 100억	200억 −200억
	비방광고 안함	−200억 200억	−100억 −100억

3. 사회적 비용 이론(Social Cost Theory)

　사회 구성원 각자가 자신의 이익(self-interest)에 따른 경제행위를 한 결과가 사회 전체에 경제적 손실(cost)을 가져오는 경우를 설명하는 경제학이론으로 사회적 비용이론이 있다. 흔히 드는 사례는 자동차 엔진오일의 교환사례이다. 엔진오일을 교환하지 않으면 자동차에 손상을 가져오고 자동차의 손상은 개인적 손실이 되므로 자동차의 손상이 엔진오일의 가격을 초과하기 전에 자동차 엔진오일을 교환하는 것이 합리적인 경제행위이다. 그러나 자동차의 손상이 엔진오일 가격을 초과하기 전에 엔진오일을 교환하는 것은 엔진오일 교환비용을 과나하게 시술하는 것이므로 합리적인 경제행위가 될 수 없다. 결론적으로 자동차 손상비용이 엔진오일 교환비용과 일치하는 시점에 엔진오일을 교환하는 것이 자동차 소유자의 입장에서는 가장 합리적인 선택이 될 것이다.

　그러나 이러한 선택에는 교환 후 버리게 되는 엔진오일이 초래하는 환경비용은 고려되지 않았기 때문에 사회 전체의 관점에서는 합리적이 경제행위가 될 수 없다. 사회 전체의 관점에서 본다면 엔진오일 교환비용 + 환경비용의 합이 자동차 손상비용과 일치하는 시점에 엔진오일을 교환하는 것이 가장 효율적인 것으로 된다. 즉, 개인적 비용만을 고려한 엔진오일 교환시점보다 늦은 시점에서 엔진오일 교환이 이루어져야 한다.

　이러한 사례에서 개인적 비용과 사회적 비용이 일치하지 않았을 때 구성원 각자의 개인적 비용을 최소화하는 경제행위가 사회 전체의 손실(cost)을 초래함을 설명할 수 있는데, 이러나 손실을 막는 제도적 장치로는 엔진오일가격에 환경비용을 반영하여 가격을 높이는 방법이 있다(방법에는 엔진오일 생산업자에게 폐오일 처리 책임을 부과하는 방법과 정부가 처리 책임을 지고 환경비용을 조세 또는 부담금의 방법으로 회수하는 방법이 있다). 국가의 규제가 사회의 경제적 효율을 가져오는 한 예가 될 것이다.

제3절

협상자 딜레마

1. 협상자 딜레마

협상에 임하는 당사자들은 협상을 통하여 자신 이득을 극대화하거나 조직내 또는 상대 방과의 갈등을 최소화하려 한다. 그러나 협상은 상대방이 존재하기 때문에 이러한 목적을 달성하기 위해서는 당사자간의 협력이 필수적이라 할 수 있다. 즉, 협상에서 당사자들은 협력을 통하여 결합이득을 극대화함으로서 자신에게 돌아올 잠재적인 몫을 키울 필요가 있다는 것이다. 그러나 이와 동시에 협상자들은 주어진 파이에서 자신의 할당액을 극대화 하려는 동기가 동시에 존재한다. 따라서 협상은 협력과 경쟁이 동시에 존재하는 혼합동기 게임이라 할 수 있다.

이러한 협력(cooperation)과 경쟁(competiton)이 함께 존재하는 협상상황에서 당사자 상 호간의 정보교환과 문제해결과정을 통하여 당사자 모두에게 이득이 되는 합의를 이끌어 내는 것이 이성적인 협상자들의 과제라 할 수 있다.

그러나 이러한 합의는 협상자 상호간 의사소통상의 장애나 의심이 존재할 때 또는 당사 자 모두에 의한 적극적인 문제해결 노력이 없을 때 달성하게 어렵게 된다. 문제는 협상과 같은 혼합동기게임에서 협력보다는 자신의 가치를 청구하는 경쟁전술이 우월한 결과를 얻을 수 있다는 사실이다.[66] 이는 일방 당사자가 협력적인 태도로 나올 때 상대방은 이러 한 태도를 추후에도 더 양보할 수 있다는 신호로 받아들여서 계속 양보를 요구하게 되기 때문이다.

협상에서 일방 당사자가 청구전술을 사용하게 되면 협상은 협력욕구를 제약하는 분위 기로 진전된다. 이에 따라 상대방에 대한 상호간의 불완전한 정보하에서 자신의 사적인 정보를 솔직히 공개하지 않게 되어 다음의 사례 1이 보여주는 바와 같은 이른바 협상자 딜레마(negotia-tor's dilemma)에 빠지게 된다.[67]

---

66)Lax and Sebenius(1986), p. 36 참조.
67) Myerson(1972)은 불완정정보하에서 협상자들의 사적 정보에 대한 솔직한 공개와 파레토최적은 동시에 달성될 수 없음을 보여주었다.

어느 소도시에 케이블TV 도입을 위한 협상이 진행되고 있었다. 케이블TV사의 협상대표는 김동국 씨이며 소도시의 협상대표는 현시장인 이서국 씨이다. 협상제의는 가구당 가입(시청)비용(price : P), 완공시기(completion date : C)와 채널의 수 (number of channels : N)이었다. 이협에서 현시장인 이서국 씨와 케이블TV 대표 김동국 씨의 근원적인 이해는 다음과 같다.

이서국 시장 : C > P, N   김동국 대표 : P > C > N

즉, 재선을 원하고 있는 이서국 시장에게는 다음 선거가 도래하기 전에 완공하는 것이 가장 중요하며 가입비용과 채널수에 대하여는 적정한 수준만 보장된다면(여기서 시장은 비용은 싸게, 채널수는 많기를 원한다) 거의 동일한 수준의 중요성을 부여하고 있다는 것이다. 한편, 김동국 대표에게는 수익과 직결되는 가입비용이 중요하고 공기단축으로 초래되는 비용증가를 우려하여 완공시기에 그 다음의 중요성을 부여하고 있다. 한편, 채널수를 늘리게 되면 보다 많은 가구에 시청하게 되어 채널수의 증가에 따라 부가되는 비용을 충분히 회수할 수 있을 것으로 예상하여 별 중요성을 부여하지 않고 있다. 문제는 상대방의 이러한 선호체계에 대한 불충분한 정보로 인해 당사자들이 확신을 가지지 못하는 데 있다. 다라서 협상 중 이서국 시장은 자신이 공개적으로 조기 완공을 원할 때 김동국 대표가 비용증가를 이유로 내세워 높은 가입비용과 작은 수의 채널공급을 요구할 것이라는 염려를 할 수 있으며 이는 케이블TV사에 큰 이득을 줄 것이라는 추측을 할 것이라는 예상할 수 있다. 김동국 대표 또한 자신이 완공시기보다는 가입비용에 관심이 있으며 채널수에 대하여는 오히려 더 많은 수로 합의되기를 원한다는 것을 이서국 시상에게 공개할 때 자신의 협상력이 현저히 약화될 것을 우려하게 된다. 이 경우 협상은 자신이 진정으로 선호하는 의제가 아닌 다른 의제의 중요성을 강조할 것이며 당사자들은 자신을 방어하기 위한 가치청구전략을 구사함으로써 긴장이 조성될 가능성이 크다. 이는 자신의 근원적인 이해를 공개할 때 이를 상대방이 이용할까 두려워하기 때문이다. 따라서 협상 당사자는 외견상 서로에게 공평한 분배로 보이는 각 의제별로 양자가 제시한 중간수준에서 타협함으로써 협상을 끝내게 될 가능성이 높다. 이 사례에서 실제로는 양당사자 모두 최대의 채널수를 선호하고 있었으며 양자 모두 조기완공의 대가로 보다 비싼 가입비용을 치룰 준비가 되어 있었으므로 결합이득(joint gains)을 협상테이블에 그대로 남겨둘 필요가 없었다. 즉, 양자간 원활한 정보의 공유가 이루어졌다면 그대로 남겨 둘 필요가 없었다. 즉, 양자간 원활한 정보의 공유가 이루어졌다면 많은 채널수, 조기완공과 상대적으로 비싼 가입비용이라는 양자 모두에게 이득이 되는 합의가 가능하였다는 사실이다.

---

68) 곽노성, 전게서, 1999

위의 사례가 보여주는 바와 같이 협상자들간의 충분한 정보교환과 상대방의 존재를 고려하지 않은 의사결정은 협상자 개인으로 볼 때 가가 합리적인 결정이지만 협상자그룹 전체로서는 바람직하지 않은 결과를 초래하게 됨을 알 수 있다. 이러한 현상은 게임이론의 고전적인 예로 경제적인 면에서 그 응용범위가 넓은 수인의 딜레마(prisoner's dilemma)로 설명할 수 있다.

2. 사회적 딜레마

1) 특징

죄수의 딜레마는 당사자가 둘인 경우에 발생하였다. 그러나 앞서 사회적 비용이론에서 살펴본바와 같이 당사자가 3 이상인 경우에는 이를 사회적 딜레마(social dilemma)라 부른다. 사회적 딜레마에 대한 고전적인 설명으로 G. Hardin[69](1968) 공유지의 비극(tragedy of commons)을 살펴보자. 일군의 목부들이 일정 규모의 목초지에 공동으로 방목하고 있다고 하자. 여기서 개인 목부의 입장에서는 소떼의 방목규모를 늘리면 개인적인 이윤은 증가한다. 그러나 목부들에 의한 이러한 방목 소떼 규모의 증가행위는 목초지의 재생가능수준을 초과하게 되어 공유목초지는 결국 파괴되고 만다. 따라서 목부들의 결합이득을 극대화하기 위해서는 개인별 방목규모를 제한할 필요가 생긴다. 여기서문제는 사회 전체적인 측면에서 개인의 방목 소떼규모를 재생가능한 규모로 제한하는 것이 장기적으로 바람직하지만 개인적으로는 그 한계를 초과하여 사육하는 것이 이득이 되어 공유목초지는 결국 파괴된다는 데 있다[70].

이러한 사회적 딜레마는 해양수산자원의 이용과 같은 소진자원(exhaustible resources)의 문제, 공해문제에서 볼 수 있는 바와 같이 사회적 비용과 개인적 비용이 불일치되는 부의 외부성(negative externality)이 존재하는 경우에 나타난다. 이러한 사회적 딜레마 발생의 공통적이 특징으로 들 수 있는 것은 개인으로는 합리적인 행동이 사회 전체로는 비합리를 초래한다는 점이다.

일반적으로 사회적 딜레마는 죄수의 딜레마보다 구성원간 협력의 유도가 어렵다. 그 이유로는 개인의 합리적인 결정에 의한 부정적인 영향이 사회적으로 확산되며 사회구성원 중에서 누가 자신의 이득만을 추구한 사람인지를 구분할 수 없게 되는 소위 익명성의 증가로 인해 배반이 확대되기 때문이다.

---

69) Hardin, G., 1968, "The Tragedy of the Commons," Science 162, pp. 1243-1248을 참조할 것.
70) 중국의 '황사' 사회적 딜레마의 결과로 공유지의 비극을 단적으로 보여주는 현실적인 예임. 즉, 신장 위구르 지역 생계를 위한 양 사육으로 목초지 감소 사막화초래 한국, 일본 그리고 중국 내적으로도 황사의 피해 초래

2) 구성원간 협력의 유도전략과 사례

그러나 실제로 미국의 경우 사회구성원간 협력수준이 높아 사회적 딜레마 문제를 잘 해결해 온 것으로 평가되고 있는데, 그 이유는 다음과 같이 설명되고 있다. 즉, 협력이 옳은 일이라는 인식이 사회적으로 확산되어 있다는 점과 사회구성원들간에 이러한 사회적 딜레마에 대한 의사소통이 원활하여 협력이 실제로 이루어진다는 것이다. 이 점은 사회적 딜레마 문제로 곤란을 겪고 있는 개발도상국들에게 시사하는 바가 크다고 볼 수 있다.

결국 경쟁상황에서 상대방의 반응을 고려하지 않고 하는 의사결정은 갈등의 증폭을 통하여 사회 전체의 공멸을 가져온다는 점을 인식하고 이러한 딜레마의 해결을 위한 사회 전반적인 협력유도 전략을 마련해야 할 필요가 있다.

다음의 사례들은 산업내 기업들 간의 협력과 경쟁관계 속에서 기업들이 행동을 보여주는 것으로서 사회적 딜레마 문제를 성공적으로 해결한 경우와 그렇지 못한 경우 그 결과가 어떻게 되는지 극명한 대비를 보여준다.

📑 산업내 기업들간의 협력과 경쟁관계 속에서 사회적 딜레마 사례[71]

실패사례 1980년대 미국 항공사들간의 상용고객프로그램(Frequent-flier program)

1981년 미국의 아메리칸항공사(American Airlines)는 마케팅계획의 일환으로 상용고객에 대하여 누적된 이용거리에 비례하여 주는 다음 여행시 활용할 수 있도록 하는 혜택을 주는 프로그램을 도입하였다. 이러한 고객 유인계획은 시장점유율을 증가시키기 위한 목적을 지니고 있었다. 이 프로그램의 도입은 여타 항공사들은 이용거리의 두 배에 해당하는 혜택(double mileage)을 제공하기 시작하였으며 여기네 호텔숙박, 자동차 렌트 등의 서비스를 추가하기도 하였다. 항공사늘간의 이러한 경쟁석인 혜택무여로 항공사들은 대규모 적자를 기록하는 결과를 초래하였다.

1987년 12월 델타항공사(Delta Airlines)는 아메리칸 익스프레스(American Express) 카드로 결제한 티켓에 대하여 1988년 동안 3배의 혜택을 부여하기로 하였는데 이는 당시 고객들에게 약 15억달러에서 30억달러 상당의 무료여행 혜택을 주는 것으로 추산되는 금액이었다.

이 사례는 사회적 딜레마 문제로 분류할 수 있다. 즉, 개별 항공사의 입장에서는 자신의 사장점유율 확대를 통한 이윤증가를 위해 상용고객프로그램을 도입할 유인(incentive)이 존재하지만 결과적으로 산업전체가 붕괴되는 효과를 가져왔다는 사실이다.

이 사례를 통하여 우리는 결국 항공사들이 목표설정을 잘못하였다는 평가를 할 수 있다. 항공사들의 궁극적인 목표는 시장점유율의 확대가 아닌 이윤의 증대였어야 했다. 이윤의 증대를 목표로 하였다면 의사결정시 상대방의 반응을 고려하였을 것이다.

---

71) 곽노성, 전게서, 1999

이러한 잘못된 목표의 설정은 실제로 협상현장에서 많이 발견된다. 이는 많은 협상자들이 협상에서 심리적 함정 또는 편의(bias)에 빠지게 되어 비합리적인 행동을 하게 되기 때문이다. 따라서 협상자들은 실제 협상시 자신의 의사결정에 있어 항상 이러한 심리적 함정에 유의할 필요가 있으며 자신뿐만 아니라 상대방 또한 의사결정시 함정에 빠질 수 있다는 사실을 염두에 둘 필요가 있다. 결국 이러한 심리적 함정에 의해 항공사들 전체로 약 120억달러에 달하는 부채를 지게 되었다.

다음의 사례는 유사한 상황에서 합리적인 협상자가 어떻게 상호 패배의 고착상태를 해결하였는지 보여주고 있다.

해결사례 **미국 자동차 빅3의 제조업체 환불계획 경쟁과 크라이슬러 아이아코카의 행동**

1980년대 미국 자동차업계는 자신들의 판매증가와 시장점유율 확대를 위해 경쟁적으로 환불계획(rebate program)을 시행하고 있었다. 이에 따라 환불액수는 계속 증가하였으며 경쟁 3사의 이윤은 급속도로 잠식되고 있었다. 기업들은 또한 환불을 대신하여 금융비용 할인을 선택할 수 있는 혜택을 추가하였다. 이러한 치열한 경쟁으로 미국 자동차회사들은 자동차 판매가 증가할수록 손실이 증대되는 수준에까지 이르게 되었다.

이러한 상황은 1986년 크라이슬러(Chrysler)사의 회장인 리 아이아코카(Lee Iacocca)에 의해 해결되었다. 그는 가까운 미래에 자동차 3사가 환불계획을 철회할 계획으로 있으며 크라이슬러사 또한 더 이상 환불계획을 지속할 의사가 없음을 선포하였다. 그러나 만약 나머지 두 회사가 환불계획을 지속한다면 크라이슬러는 그보다 더 높은 수준의 환불액으로 대응할 것이라고 하였다. 아이아코카의 이러한 선언은 경쟁사인 포드(ford) 및 지엠(GM)이 협력할 겨우 전쟁으로 끝낼 것이며 환불계획을 지속하면 보복할 것이라는 위협의 메시지였다.

이러한 메시지를 받은 포드와 지엠은 환불 및 금융할인계획을 취소함으로써 비합리적인 비용상승 경쟁이 끝나게 되었다.

위에 소개한 항공사들간의 경쟁사례와는 달리 아이아코카는 경쟁사들의 입장을 고려하여 이를 관리할 수 있는 협상전략을 선택함으로써 결국은 전체적인 입장에서 합리적인 결과를 얻을 수 있었다는 사실을 알 수 있다.

협상자 딜레마의 해결

1. 협상자 딜레마와 죄수의 딜레마의 차이점과 유사점

죄수의 딜레마는 위에서 설명한 바와 같이 다음과 같은 상호 작용 원칙 에 의하여 발생하였다. 첫째, 양당사자간에 의사소통이 불가능하였다. 따라서 용의자들은 상대방이 어떻게 행동할 것인지에 대한 기대를 할 수 없었으며 검사에 의해 상황별로 주어진 형량에 입각하여 선택을 할 수밖에 없었다.

둘째, 죄수의 딜레마에서는 상대방과의 신뢰(trust)의 조재를 전제로 하지 않기 때문에 일방 당사자에 의한 협력의 약속(commitment)을 보장할 수 없었다. 그러나 협상의 경우 일단 협상테이블에 나온 협상자들은 당사자간 의사소통을 통하여 상대방의 선호(preferences) 및 의제간 우선순위(priority)를 파악할 수 있다. 또한 협상과정에서 특정 사안 또는 의안(agenda)에 대한 합의와 협력이 가능하다는 차이가 있다. 이는 협상이 일반적으로 준비과정, 예비협상, 본협상, 합의 후 합의(post-settlement settle-ments) 등 여러 과정을 거치게 되며 따라서 다수라운드(multiple round)적인 성격을 지니게 되므로 협력의 불이행은 다음 단계에서 그 당사자에 대한 신뢰를 해치고 평판에 영향을 주게 되기 때문이다.

협상자간의 관계가 적대적이거나 상호 신뢰가 형성되어 있지 않아 원활한 의사소통이 불가능한 경우 협상자들은 수인의 딜레마와 동일한 결가를 갖게 된다. 또한 협상당사자간에 신뢰가 형성되어 있지 않은 경우에도 일방에 의한 약속이 이행될 것인지 불투명하고 의심을 하게 되어 정보교환에 왜곡이 존재하게 된다.

2. 장기경쟁정략

1) Axelrod의 실험

협상자간의 관계가 적대적이거나 상호간에 신뢰가 형성되지 있지 않아 의사소통이 불가능한 경우에도 협상이 중단되지 않고 계속 진행될 경우 협상은 상대방 행동의 지속적 관찰에 의해 의사소통이 이루어지는 경우가 있다.

이러한 반복게임 형태의 협상은 대부분의 공유지 딜레마(dilemma of commons)나 경영 의사결정에서 나타난다. 이 상황에서 협상자들은 그들의 현재 행동이 미래에 가져올 결과를 고려해야 하며 따라서 장기적으로는 협력(cooperate)할 유인이 존재하게 된다.

Rebort Axelrod는 1981년 W. D. Hamilton과 공동 연구한 논문 "The Evolution of Cooperation"에서 게임의 규칙은 두 사람이 각자의 손에 '협력(cooperation)'과 '배신(defect)'이라고 표시된 두 장의 카드를 갖고 동시에 각자의 손에 있는 카드 한 장을 뽑아 탁자 위에 내는 것이다. 1회 게임의 결과는 단 4가지만 있을 수 있는데 진행자는 다음과 같이 돈을 지급하거나 벌금을 부과한다. 이 게임을 단 1회만 한다면 죄수의 딜레마 게임과 동일하다. A와 B는 모두 '협력' 카드를 내어 각자 $300을 벌 수 있지만, 상대방의 태도를 알 수 없으므로 모두 '배신' 카드를 선택하여 $10의 벌금을 내게 된다.

그러나 게임이 1회로 끝나지 않고 반복된다면 어떠한가? Axelrod는 이 반복게임에서 최선의 전략을 찾아내기 위하여 컴퓨터를 이용하였다. 게임이론 전문가들로부터 14가지 전략을 공모 받은 후 Random이라는 15번째 전략을 추가하여 게임의 규칙과 15개의 전략을 컴퓨터 프로그램화하였다. 각각의 전략은 다른 전략과 200라운드 대전을 벌여 그 득점을 합산하였다.

<표 4-1> Axelrod의 실험 사례

B \ A		A의 카드	
		협력	배신
B의 카드	협력	A, B 각자에게 $300 포상	A에게 $500 포상 B에게 $100 포상
	배신	A에게 $100 벌금 B에게 $500 포상	A, B 각자에게 $10 벌금

Axelrod(1984)[72]는 2차에 걸친 실험을 통하여 다수라운드(multiple-round) 딜레마 상황에서 협력과 맞대응전략(tit-for-tat strategy)이 가장 성공적인 장기경쟁전략이라는 사실을 확인하였다.

Axelrod는 1차실험에서 14개의 우승 후보전략들과 무작위전략을 가지고 다수회 경쟁을 시키고 누적점수를 가지고 평가하였는데, 이 실험에서 첫 번째 라운드에서 협력을 선택하고 그 이후의 라운드에서는 상대방이 협력으로 나올 경우 협력을, 반대로 상대방이 배반을 선택한 경우 배반으로 맞대응하는 전략, 즉 협력과 맞대응전략이 가장 많은 점수를 얻음을 확인하였다. 이러한 결론은 보다 많은 후보전략들(62개)을 가지고 시행한 2차실험에서도 마찬가지였다.

---

72) Axelrid, Robert, 1980, "Effective Choice in the Prisoner's Dilemma," Journal of Conflict Resolution 24, pp. 3-25.

그 결과 최고의 득점을 올린 전략은 유명한 심리학자이자 게임 이론가인 Toronto 대학의 Anatol Rapoport 교수가 제안한 '맞대응(tit for tat)'이라는 전략이었는데, 최초의 카드는 '협력'으로 시작하여 그 이후에는 단순히 상대방의 이전 카드를 따라 내는 것뿐이었다. 상대가 '협력'카드를 내면 다음에 '협력' 카드를 내고, 상대가 '배신' 카드를 내면 다음에 '배신' 카드를 내는 이 단순한 전략이 정교하게 기교적으로 짜여진 모든 전략보다 우위의 성적을 거두었다.

이러한 Axelrod의 실험결과를 토대로 우리는 다음과 같은 결론을 얻을 수 있다. 즉, 협력과 맞대응전략이 우승한 것은 상대방이 협력할 경우 자신도 협력하고 상대방이 배반할 경우 자신 또한 배반하여 협력에 따르는 성과가 배반을 선택했을 때의 성과보다 우월하다는 것을 상대방에게 인식시킴으로써 협력을 유도하는 전략이 된다는 것이다. 이렇게 유도된 협력은 결국 협상자 상호간의 이득이 되는 결과를 창출하게 된다.[73]

3. 비용과 위험

1) Zero-sum게임과 비용 및 위험과의 관계

전통적으로 법사회학자는 재판을 Zero-Sum 게임으로 보고, 예외적으로 이혼재판은 Non-Zero-Sum 게임으로 보았다. 원고의 승소는 피고의 패소와 동의어이고, 원고가 패소하는 만큼 승소하는 것이 재판이므로 재판을 Zero-Sum 게임으로 보는 것이 타당해 보일 수 있다.

그러니 재판이 항상 Zero-Sum 게임인 것은 아니다. Non-Zero-Sum게임이라 할 수 있는 사례 중에서 최근 미국에서 발생했던 담배 소송을 들 수 있다. 주정부는 담배회사들을 상대로 의료비용 손해를 청구하였고, 담배회사들은 조정을 통하여 주정부의 천문학적인 손해배상에 합의하였으므로 외견상 담배회사가 Zero-Sum 게임에서 크게 패배한 것처럼 보이다.

이 결과 단순히 담배회사의 손해로만 볼 수 없다는 것을 이해하기 위해서는 경영학에서의 비용(cost)과 위험(risk) 개념을 먼저 설명하여야 할 것 같다. 모든 사업에는 위험이 따르는데 위험을 정확히 애견하고 측정할 수 있어서 그 위험에 비용을 반영할 수 있다면 그 위험은 더 이상 위험이 될 수 없다. 위험이 높은 사업이라고 할지라고 그 위험을 비용으로 관리할 수 있다면 그 사업은 보험적일 뿐 위험하다고 말할 수 없다.

---

73) 이를 협상에서는 통합적 합의(integrative agreement)라 부른다. 이는 위에서 논의한 바 있는 협상의 두 가지 측면, 즉 배분적 측면(distributive aspects)라 통합적측면(integrative aspects) 중 협상자들이 자신의 가치청구(value claiming)전략보다는 상호협력을 통한 가치창출(value claiming) 측면이 강조되어 얻어진 결과이기 때문이다.

위험을 측정하여 비용에 반영함으로써 위험을 관리하는 가장 좋은 사례는 보험제도이다. 보험제도를 이용하면 장래의 위험은 보험료라는 현재의 비용으로 전환되므로 합리적인 관리가 가능해지기 때문이다. 선진 경영기법을 구사하는 기업이 엄청나게 많은 변호사 비용(cost)을 부담하면서도 안정적으로 많은 이익을 취하고 있는데 그 이유는 법률 자문료라는 현재의 비용을 통하여 장래의 사법적 위험을 성공적으로 비용화 할 수 있기 때문이다.

경제가 발전할 수 록 개인을 고객으로 하는 변화사의 총소득은 삼소하고 기업을 고객으로 하는 변화사의 총소득은 증가하는 현상을 설명할 수 있다(경제법칙에 따라 개인을 고객으로 하는 변호사의 수는 감소하고 기업을 고객으로 하는 변화사의 수는 증가하여 소득이 일치하는 점에서 균형을 찾게 되는데 그 변화가 빠른 경우에는 시차에 의한 소득 불균형이 발생한다).

이제 담배소송으로 돌아가 보자. 소송을 제기당한 담배회사의 파산은 승소한 주정부의 이익에도 반영된다.

이 경우 담배회사와 주정부가 합의하여 건강비용의 부담을 일정기간 유예하여 장기간에 얻게 된다. 담배회사는 파산을 면하고, 주정부는 황금알을 낳은 거위를 잡아버리는 어리석음을 피할 수 있게 되어 상호이익(mutual interest)이 발생한다.

결국 장래의 흡연자가 과거의 흡연자의 건강비용까지 부담하는 결과가 되는데, 이러한 정책이 성공할 수 있는 이유는 담배의 중독성 때문에 담배소비의 가격 탄력성이 크지 않다는 점과 흡연자들의 기호가 쉽게 변하지 않는다는 점 때문이다. 그렇지 않고 담배가격의 상승으로 소비가 급격히 감소하거나, 기존의 담배사업자가 과거비용을 부담하지 않아도 되는 새로운 담배사업자와 가격경쟁을 하게 된다면 위와 같은 정책은 성공할 수 없을 것이다.

2) 경제적 합리성과 심리적 합리성

게임이론은 경기자가 항상 경제적 합리성에 따라 행동한다는 것을 가정한다. 그러나 실제의 인간은 반드시 경제적 합리성에 따라 행동하는 것은 아니고 가끔은 심리적 합리성을 추구하여 비경제적 행위를 선택하게 된다.

즉석에서 500원은 당첨금을 지급하는 1,000원짜리 복권을 사려는 사람은 아마도 없을 것이다. 그러나 10명 중 1명을 추첨하여 5,000원을 지급하기로 약속하고 복권을 1,000원에 판다면 장사는 될 것이며, 100만 명 중 1명을 추첨하여 5억 원을 지급하는 1,000원짜리 복권을 판다면 꽤 수입이 좋은 사업이 될 것이다.

앞에서 예를 들었던 모든 경우에 복권 1장의 수학적 기대치는 500원이다. 따라서 어느 경우에나 500원짜리 복권을 1,000원에 구입하는 것은 경제적으로 손해인 거래가 된다. 그렇지만 1,000원 정도는 포기하여도 좋다는 심리상태와 500원 정도는 별로 도움이 되지 않는다는 심리상태를 전제하면 심리적 합리성의 관점에서 복권의 기대치가 높다고 볼 수 있다.

4. 협상에의 시사

이상의 논외결과로부터 우리는 협상에 있어 상호 이득이 되는 좋은 성과를 얻기 위하여는 협상이 지속적인 의사소통을 통한 정보교환과정이 되어야 하며 협상자 상호간의 신뢰가 형성되어 협력의 약속이 가능해야 한다는 사실을 알 수 있다. 이를 위하여 협상은 결합이득의 극대화와 상호이득이 되는 합의안을 창출하기 위해 협력하는 과정이 되도록 설계되여야 한다고 볼 수 있다.

Bazerman과 Neale(1992)[74]은 협상에서 협력을 유도하기 위한 방법으로 다음과 같은 네 가지 처방을 제시하였다.

첫째, 상대방의 성과를 시기하지 말 것. 이는 이러한 시기가 감정에 근거한 비합리적 대응과 맞대응을 낳아 결국 자신을 파멸시키는 결과가 되기 때문이다.

둘째, 먼저 배반하지 말 것. 단, 상대방과의 장기적 관계가 중요하지 않을 경우와 다른 모든 사람이 배반전략을 항상 사용할 경우는 이 원칙을 적용하지 않아도 되는 예외가 된다.

셋째, 협력과 함께 상대방이 배반할 경우 배반으로 맞대응하여 보복할 것. 이는 보복을 위한 보복이 아니라 상대방의 배반을 협력으로 대응할 경우 상대방은 계속배반을 사용할 것이며 이에 따라 협상이 배분적 협상으로 상호 만족하는 합의를 이끌어낼 수 없게 되기 때문이다. 즉, 배반을 상대방으로부터 협력을 유도하기 위한 방안으로 사용하라는 것이다.

넷째, 너무 약게(not too clever) 굴지 말 것. 즉, 고정된 파이(fixed-pie)상황, 다시 말하여 배분적 요소만이 있는 1의제, 1회적 구매-판매협상인 경우를 제외하고는 자신의 의도(intention)를 분명히(clear) 표시할 필요가 있다는 것이다.

여기서 주목해야 할 것은 협상상황에서 협력이 발생하는 근거가 신뢰로부터라기보다는 협상당사자들간의 관계의 지속가능성 여부에 있다는 사실이다. 따라서 현재의 당사자간 신뢰보다 안정적인 협력여건을 성숙하도록 마련하는 것이 협상에서 장기적으로 중요하다고 할 수 있다.

> ❖ Bazerman & Neale의 협력을 유도하기 위한 4가지 방법
> - **Don't be jealous!** … 비합리적인 대응과 맞대응 초래 자신을 파멸시킴
> - **Don't betray at first!** … 단, 장기적인 관계가 중요하지 않을 경우와 다른 모든 사람이 항상 배반 전략을 사용할 경우는 의미 없음.
> - **Use the multiple tactic! cooperation and betrayal** … 즉, 배반을 상대방의 협력을 유도하기 위한 수단으로 사용하라
> - **Not too clever!**... 단, 최대 양보점은 공개하지 말 것!

---

74) Bazerman, Max H. and Margaret A. Neale, Negotiating Rationally, Free Press, 1992

제 5 장

협상자의 인지적 편향과 의사결정

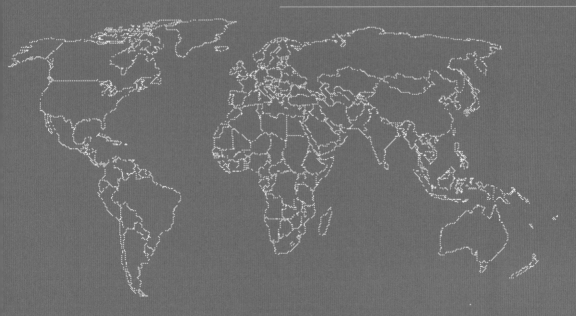

📋 마케팅의 핵심은 인식의 싸움

마케팅의 핵심은 제품이나 서비스의 싸움이 아니라 인식의 싸움이다. 누가 소비자의 마음을 차지하느냐가 핵심이다. 소비자들이 볼보자동차 하면 '안전', 질레트하면 '최초의 안전면도기', 펩시콜라 하면 '젊음', 맥도널드하면 '일관된 품질'을 떠올리는 것도 소비자들에게 그러한 인식을 심어주기 위한 마케팅 활동 덕분이다.

구글사는 최근 스마트폰의 선두주자 애플사의 아이폰에 맞서 넥서스원(Nexus one)을 공개하면서 '스마트폰'이라는 이름대신에 '수퍼폰(Superphone)'이라는 용어를 사용했다. 중앙 연산장치(CPU)처리속도가 1GHz로 600MHz 아이폰을 '열등 폰'으로 인식시키기 위한 전략이다.

인식의 싸움에서 승리하려면 최고, 최대, 최초라는 인식을 심어 주는 것이 좋다. 허츠(Hertz)는 미국 사람들이 가장 많이 이용하는 렌터카 회사, 게토레이는 최초의 스포츠 음료, 미국 포드사는 세계에서 가장 오래된 자동차 회사라는 사실을 소비자에게 인식시켜 시장점유율을 확대하고 있다. 최초나 최대가 될 수 없으면 새로운 영역을 개척하면 된다. 예를 들어 미국 델컴퓨터 회사는 최초의 PC업체는 아니지만 제품을 중간상이나 대리점을 거치지 않고 직접 판매하는 최초의 PC업체라는 사실을 소비자에게 인식시켜 PC의 강자로 자리매김 했었다. 이처럼 마케팅활동을 통해 성능이나 품질이 비슷하더라도 소비자가 이들 상품을 어떻게 인식하느냐에 따라 비즈니스가 크게 성공할 수도 있고 실패할 수도 있다.

마찬가지로 협상도 인식의 싸움이라고 볼 수 있다. 협상 당사자들끼리 가장 흔하게 벌이는 협상 중의 하나가 가격협상이다. 가격협상을 해본 경험이 있는 사람들 대부분이 생각보다 협상이 어렵다고들 한다. 사는 사람은 가격이 비싸다고 하고 파는 사람은 싸게 판다고 생각하기 때문이다. 당연히 사는 사람은 가격이 너무 비싸다고 가격을 내려달라고 하고 파는 사람은 그렇게 많이 깎아주고는 팔 수 없다고 한다. 서로 밀고 당기다가 중간가격에서 합의가 이루어지거나 서로 의견을 좁히지 못해 협상이 결렬되기 일수다. 조금이라도 싸게 사고 싶은 구매자와 조금이라도 더 받고 팔고 싶은 판매자 사이에 필연적으로 생길 수밖에 없는 갈등이다.

그러나 엄밀히 말해서 이것은 흥정일뿐 진정한 의미의 협상이라 볼 수 없다. 이런 협상은 협상당사자 모두 불만족스러운 결과를 얻을 가능성이 많다. 판매자는 생각보다 싼 가격에, 구매자는 비싼 가격에 거래를 했기 때문이다. 그러나 사실은 가격이 싸다, 비싸다는 의미도 결국은 인식의 문제다.

예를 들어 극장에서 주차료 3,000원을 지불하고 나오면서 주차료가 너무 비싸다고 불평을 하는 사람이 100만 원짜리 노트북을 싸게 잘 샀다고 만족해 한다. 주차 요금은 자기 회사 부근 빌딩 주차요금 보다 천원이 비싸기 때문에 3천원이 비싸다고 인식하는 것이고 노트북 100만 원은 150만 원하는 것을 특별할인 기간에 50만을 할인받아 샀기 때문에 싸다고 인식한다. 이처럼 가격이 '싸다', '비싸다'에 대한 판단은 결국 판매되는 가격이 아니라 그 가격에 대한 인식의 결과일 뿐이다.

그렇다면 어떻게 하면 가격에 대한 인식을 바꿀 수 있을까? 상품이나 서비스 가격이 비싸지 않다는 것을 논리적인 근거를 통해 상대방에게 알려주어야 한다. 루이비통 (louisvitton) 가방은 다른 유사 제품에 비해 비싸게 팔리고 있지만 단골 고객들은 가격이 비싸다고 생각하지 않는다. 지불한 가격 이상의 가치, 즉 품질이나 브랜드 가치가 가격 이상의 가치를 제공한다는 논리적 판단 때문이다. 바로 이러한 논리적 근거를 제공하기 위해 루이비통은 유통망 관리, 가격 정책, 품질관리, 마케팅 측면에서 차별화된 전략을 구사한다. 이러한 논리적 근거를 통해 가격이 결코 비싸지 않다는 것을 인식시키는 것이 바로 협상의 능력이다. 유능한 협상가는 싸다 혹은 비싸다고 생각하는 상대방의 인식을 나에게 유리하게 바꿀 수 있는 사람이다.

(출처 : 협상은 인식의 싸움이다 작성자 fun_consult)

제1절
지각 및 인식 과정(Cognitive Process)

1. 지각과정

지각이란 인간이 사람 또는 사물을 평가할 때 오감기능을 총 동원하여 외부로부터 들어오는 감각적 자극을 선택, 조직, 해석하는 과정을 의미한다. 따라서 개인은 사실 그 자체를 인식하는 것이 아니라 본인이 지각한 바에 따라 현실세계에 대한 하나의 관점을 갖게되고 이를 기초로 하여 행동을 하게 되는 것이다[75].

이러한 지각과정을 협상자들의 개인적 차원에서의 지각과정에 대한 시스템적 접근을 하여 보면 다음과 같은 그림으로 설명할 수 있다.

[그림 5-1] 시스템으로서의 지각과정

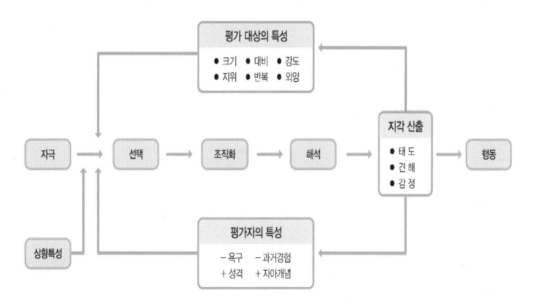

(출처) K. H. Chung and Leor C. Megginson, Organizational Behaviro : Developing Managerial Skills(New York : Harper & Row, Pubishers, 1981), p. 112.

---

75) K. H. Chung and Leor C. Megginson, Organizational Behaviro : Developing Managerial Skills(New York : Harper & Row, Pubishers, 1981), p. 112.

지각의 과정은 특ㄹ정 자극에 대하여 선택, 조직화 및 해석의 과정을 거쳐 특정 태도와 견해가 형성되고 이를 통해 행동으로 이어진다고 볼 수 있다. 아울러 이러한 지각과정에는 지각대상의 특징, 지각자의 특성, 지각환경이라는 3가지 주요 요인에 영향을 받는다.

1) 선택(selection)

선택이란 많은 감각적 정보 가운데 필요한 것만 골라서 흡수하는 것을 의미한다. 많은 아이들 틈에서도 어머니가 자신의 자식을 쉽게 찾아낼 수 있는 것이 이런 예라고 할 수 있는데 우리는 어떤 사물을 볼 경우에 의미 있게 눈에 띄는 부분은 쉽게 드러나고 그렇지 않은 부분은 배경으로의 역할을 하게 된다. 이러한 원리를 배경-그림의 원리(figure-ground principle)라고 한다. 아래 그림은 무엇을 배경으로 바라볼 것인가에 따라 포도주잔 혹은 사람이 마주 보고 있는 모습으로 지각할 수도 있다.

[그림 5-2] 전도형태 : 배경형

2) 조직화

조직화란 선택한 자극을 인간에게 의미 있는 정보로 조직하는 작용을 의미한다. 지각대상은 분리된 자극이나 조각된 정보로는 존재하지 못하고 하나의 완전한 그림으로 조직화되는데 이와 같은 과정을 게쉬탈트 과정(gestalt process)이라고 한다. 조직화의 과정은 크게 집단화, 폐쇄화, 단순화 등의 과정이 있다.

집단화 과정이란 같은 유니폼을 입은 사람들을 동일한 집단으로 지각하는 경향과 같이 시간적, 공간적 접근성 혹은 유사성을 근거로 하나로 묶는 경향을 의미한다.

폐쇄화 과정이란 빠뜨린 정보를 채워서 하나의 완벽한 정보로 이해하려고 하는 경향으

로 아래의 그림을 완벽한 원이나 사각형으로 받아들이려는 경향을 예로 들 수 있다. [76)

　단순화란 지각하려는 대상이 너무 많거나 복잡하게 되면 지각자가 이해가능하고 중요하다고 생각하는 것만을 골라서 정보를 받아들이고 이해하기 힘들거나 지각자의 눈에 잘 띄지 않는 정보를 빼버리려는 경향을 의미한다.

[그림 5-3] 폐쇄화(closure)의 사례

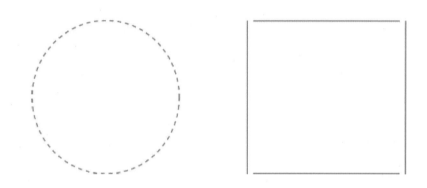

(출처) D. D. White & D. A. Bednar. Organizational Behavior(Boston Allyn and Bacon., Inc., 1986), p 168.

3) 해석

　해석이란 선택, 조직화된 자료를 주관적인 판단과정을 거쳐 자기 나름의 의미를 부여하는 과정인데 지각 과정의 특성상 쉽게 왜곡되어 해석될 수 있다. 지각의 해석 패턴은 크게 스키마, 맥락효과, 기대의 세 가지로 구분할 수 있다.

　스키마(schema)란 사람이 경험을 통해 특정의 사건이나 자극을 머리속에 가지고 있는 형태로 사건이나 사람에 대하여 갖고 있는 인지적 그림을 의미한다. 사람들은 모호한 감각에 대해서는 스키마를 이용하여 판단하게 되는데 특정 상표에 대한 많은 모호한 정보를 입수하게 되면 그냥 기존 정보를 바탕으로 판단해서 구입의사결정을 해버리는 것도 스키마를 이용한 예라고 할 수 있다.

　맥락효과란 전체의 맥락 속에서 부분의 의미를 해석하는 것을 의미한다. '아버지가방에 들어가신다'는말을'아버지 가방에 들어가신다'라고 해석하는 경우는 흔치 않고 대부분 '아버지가 방에 들어가신다'라고 해석할 것이다. 이와 같은 것을 전체 맥락상 해석한 것이라고 할 수 있다. 인간의 과거의 경험은 인간의 기억속에 스키마를 만들어 놓기도 하지만 미래에 어떤 상황이 발생할 수 있을 것이라고 기대하게 만들기도 한다. 가령 초등학생에게 엄마가 "너 이번에 시험 못보면 혼날 줄 알아"라고 한 말은 시험을 못 본 초등학생에게

---

76) D. D. White & D. A. Bednar. Organizational Behavior(Boston ： Allyn and Bacon., Inc., 1986), p 168.

'엄마에게 혼날 거구나' 하고 기대하게 하고 그러한 기대감은 엄마가 "시험 잘 봤니"라고 그냥 물어보는 말도 '엄마가 나를 혼내고 있구나' 라고 해석할 수 도 있게 된다.

4) 지각에 영향을 미치는 요소

지각에 영향을 미치는 요소는 지각대상의 특징, 지각자의 특성, 지각환경이 있다.

[그림 5-4] 지각과정에의 영향요소

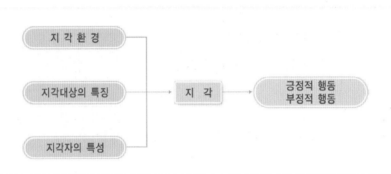

▶ 지각대상의 특징

지각대상의 특징이란 자극의 특징(규모, 강도, 동작, 반복 등)을 말하는 것으로 현저한 자극일수록 선택적 주의를 유발하게 하며 전경으로 조직화 될 가능성이 높아지게 된다. 가령 누군가가 큰 소리로 불만을 표시하면 그 사람의 불만의 정도가 더 높다고 생각을 하고 빨리 대응하기 위해서 노력하게 될 가능성이 높아지게 된다.

▶ 지각자의 특징

동일한 자극에 대해서도 사람마다 다르게 지각하게 되는 이유는 지각자의 특징(과거의 경험, 자아개념, 성격, 욕구 등)이 서로 다르기 때문이다. 맛없는 음식이 앞에 있다고 해도 밥을 오랫동안 굶은 사람이 이 음식에 대해서 지각하는 것과 방금 배부르게 밥을 먹은 사람이 이 음식에 대해서 지각하는 것이 다른 것도 지각자의 특징이 다르기 때문이다.

▶ 지각환경

동일한 자극이 동일한 사람에게 주어진다고 해도 그 상황에 따라서 인지를 다르게 할 수 있다. 상사가"빨리 일을 처리 하세요"라고 한 말이 여러 부하 직원이 있는 앞에서 큰 소리로 한 상황에서는 핀잔으로 들릴 수도 있지만 사원에게 다가가 조용하고 부드럽게 한 상황에서는 부탁하는 말로 들릴 수도 있게 된다.

2. 사회적 지각이론(타인평가이론)

사회적 지각이란 상대방을 지각하고 판단하고 해석하는 일련의 과정을 의미하는 것으로 대표적인 유형으로는 인상형성이론과 귀인이론이 있다.

1) 인상형성이론(S. Asch)

인상형성이론이란 타인을 처음 만났을 때 그를 전인적으로 지각하고 판단 내리는 과정으로 애쉬가 체계적인 연구의 기초를 제시하였다.

- ◈ 첫인상 효과 : 첫인상효과란 어떤 사람을 처음으로 보았을 때 형성된 인상이 강력한 영향을 미쳐 계속 그런 식으로 그 사람을 평가하는 경향을 의미한다.
- ◈ 일관성원리(consistency principle) : 일관성원리란 인상형성 시 단편적인 정보를 통합하여 타인에 관해 어느 한쪽 방향으로 일관성 있는 특질을 형성하려는 경향을 의미한다.
- ◈ 중심특질과 주변특질 : 인상형성 시 중심적인 역할을 수행하는 특질과 주변적인 역할밖에 하지 못하는 특질이 있는데 중심특질은 어느 한 사람의 전부를 평가해 버리는 중요한 역할을 수행하는 특질을 의미한다.
- ◈ 평균원리와 합산원리 : 합산원리란 전체인상이 여러 특질들의 단순한 합계라는 것이고 평균원리란 모든 정보가 동시에 들어오고 그 정보의 무게가 같으면 단순평균의 형태로 인상이 형성된다는 원리이다.
- ◈ 부정성 효과(negative effect) : 부정적 특질과 긍정적 특질이 있을 경우 부정적 특질이 긍정적 특질보다 인상형성에 더 큰 영향을 미치는 효과를 의미한다.

2) 귀인이론(F. Heider)

귀인이론은 타인을 지각할 때 사람들은 타인의 행위를 보고 그 행위의 원인을 추리하여 타인에 대한 지각을 한다는 이론으로 하이더가 창시하고 켈리가 발전시킨 이론이다. 타인 행동의 원인을 추리하는 방법으로는 크게 내적귀속과 외적귀속으로 구분할 수 있다.

내적귀속이란 어떤 행위의 원인을 능력, 동기, 성격 등 내적요인으로 규명하려는 경향을 의미하고 외적귀속이란 어떤 행위의 원인을 상황요인에 의한 것으로 규명하려는 경향을 의미한다.

[그림 5-5] 내적귀인과 외적귀인

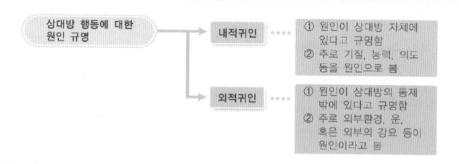

3) Kelly 입방체이론

켈리는 상대방 행동에 대한 원인을 추론함에 있어서 특이성, 합의성, 일관성의 세가지 요소로 내적으로 귀속할 것인가 외적으로 귀속할 것인가를 판단한다고 주장하고 있다.

▶ 특이성(distinctiveness)이란 다른사건의 결과와의 비교적 관점으로서 다른 상황에서도 똑같은 행동을 하는가를 판단하는 개념이다.

▶ 합의성(consensus)이란 다른사람의 결과와의 비교적 관점으로서 다른 사람들과 동일한 행동을 보이는가를 판단하는 개념이다.

▶ 일관성(consistency)이란 과거부터 계속되어오는 행동패턴인가를 판단하는 개념이라고 할 수 있다.

[그림 5-6] 귀인기준과 과정

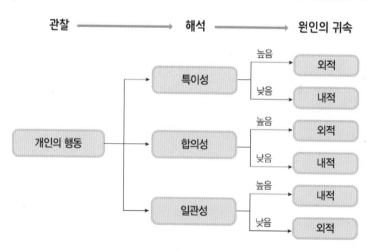

특이성, 합의성, 일관성이 모두 내적귀속이나 외적귀속으로 조합을 이루게 되면 귀인이 용이하지만, 외적귀속과 내적귀속이 갈라지게 되면 두 가지 귀인이 일치하는 쪽으로 판단을 하는 것이 일반적이고, 판단하기 어려운 경우에는 특이성이 주도적인 역할을 하는 것으로 연구되었다.

4) 귀속과정에서의 오류

▶ **자존적 편견** : 사람들은 내면에 있는 자존욕구로 인하여 성공한 결과에 대해서는 자신이 잘 해서 성공한 것이고(내적귀속) 실패한 결과에 대해서는 상황이 부득이해서 실패하게 된 것으로(외적귀속) 판단하는 경향이 있는데 이를 자존적 편견이라고 한다. 우리가 흔히 사용하는 말 중에'잘되면 내탓 잘못되면 조상탓'이라는 말은 자존적 편견을 잘 대변해주는 말이라 할 수 있다.

▶ **행위자-관찰자 편견** : 사람들이 자기행동에 대해서 평가할 때는 외적으로 귀속시키지만 타인행동에 대해서 평가할 때는 내적으로 귀속시키는 경향이 있는데 이를 행위자-관찰자 편견이라고 한다. 흔히 내가 하면 로맨스라고 하고 타인이 하면 바람피는 행위로 간주하는 것도 이 대표적인 예에 해당한다. 행위자-관찰자 편견이 발생하는 원인은 자신의 행동에 대해 설명할 수 있는 정보는 많아서 외적귀속 시키기 쉬우나 타인의 행동에 대해서 설명할수 있는 정보는 많지 않기 때문에 내적으로 귀속시키게 되는 정보의 비대칭성에 기인한다.

▶ **통제의 환상** : 자신이 잘 하면 모든 일이 성공할 것이라고 믿는 사람은 모든 결과를 내적으로 귀속시키는 경향이 있는데 이를 통제의 환상이라고 한다. 사업에 실패한 이유가 전반적인 경기침체 및 환율변동에 기인한 것임에도 불구하고 자신이 노력을 덜해서 그렇게 되었다고 귀속시켜 버리는 것이 그 예라고 할 수 있다.

3. 지각과정에서의 오류

1) 상동적 태도(stereotyping)

상동적 태도란 사람을 평가함에 있어서 그 사람이 가지는 특성에 기초하지 않고 그 사람이 속한 집단의 특징이나 그가 속한 집단에 대한 고정관념으로 그 사람을 평가하는 오류이다. "나이가 많은 사람은 성과를 잘 못 낼거야" "남자들은 다 늑대 같아"등이 스테레오타입의 예라고 할 수 있다.

2) 대조효과(contrast effect) / 대조오류(contrast error)

◆ 대조효과 : 시간적, 공간적으로 가까이 있는 대상과 비교하면서 평가하는 오류로 주관 식 시험답안지를 채점함에 있어서 앞 사람의 답안지에 영향을 받아 뒤 사람의 답안 지 채점이 달라지는 현상을 예로 들 수 있다.

◆ 대조오류 : 피고과자의 특성을 고과자가 지닌 특성과 비교하여 평가하려는 오류로 평 가자가 지닌 속성을 피평가자가 지니고 있을 경우 후하게 평가를 하는 현상을 예로 들 수 있다.

3) 순위효과

◆ 먼저효과(primacy effect) : 평가기간 동안 발생한 모든 정보로 평가하는 것이 아니라 처 음에 일어난 사건에 대한 정보에 의해 평가하려는 오류이다. 먼저효과가 발생하는 원 인으로는 초기정보가 그 이후 발생된 중간정보보다 더 기억에 오래 남고 일단 첫인 상이 형성되고 나면 그 이후에 발생되는 사건은 첫인상을 강화시키거나 첫인상과 어 긋난 정보는 무시하려는 경향이 있기 때문이다.

◆ 나중효과(recency effect) : 평가기간 동안 발생한 모든 정보로 평가하는 것이 아니라 나 중에 일어난 사건에 대한 정보에 의해 평가하려는 오류로 최근의 정보가 이전의(과 거의) 정보보다 더 큰 영향을 미치게 되는 현상이다. 인사고과 시 상반기 좋은 실적 보다는 하반기좋지 않은 실적이 고과에 더 큰 영향을 미치는 것을 예로 들 수 있다.

4) 규칙적 오류(항상오류)

◆ 관대화 경향 : 타인을 다소 긍정적으로 평가하려는 경향을 의미한다.

◆ 중심화 경향 : 중심화 경향이란 평가 시 긍정과 부정의 양 극단은 피하고 중간점수를 주는 경향을 의미한다.

◆ 가혹화 경향 : 타인을 다소 부정적으로 평가하려는 경향을 의미한다.

5) 기대의 오류

기대의 오류란 주위사람들이나 자신이 기대한 대로 행동함으로써 결국은 기대대로 이 루어 진다는 것으로 피그말리언 효과(the pygmalion effect), 자기충족 예언(self-fulfilling prophecy) 이라고도 불리운다. 부하직원에 대해서 상사가 잘 할 것이라고 기대하고 있으 면 부하직원은 상사의 기대를 저버리기 싫어서 더욱 열심히 일을 하여 정말 좋은 결과를 이끌어 내는 것을 예로들 수 있다.

6) 후광효과(현혹효과, halo effect)

후광효과란 현혹효과(halo effect)라고도 불리우는 것으로 특정 개인의 능력, 지능, 용모 등 특정 부분에서의 인상으로 그 사람의 전반적인 특성을 평가하려는 경향을 의미한다. 수학선생님이 특정 학생이 수학을 잘 하니까 그 학생은 영어성적도 좋을 것이라고 생각하는 것을 예로 들 수 있다.

7) 선택적 지각(selective perception)

선택적 지각이란 지각자의 내적 상태에 따라 듣고자 하는 것만을 듣고 다른 정보는 관심에 두지 않는 경향을 의미한다.

8) 지각방어(perceptual defense)

지각방어란 개인에게 불유쾌하거나 개인의 습관이나 고정관념에 어긋나는 정보는 회피하고 자신이 이해할 수 있고 받아들이고 싶은 정보만을 받아들여서 지각하는 오류이다.

9) 투사의 오류(projection)

투사의 오류란 상대방의 행동에 대한 원인을 자신의 특성이나 경험에 비추어 평가하는 경향을 의미하는 것으로 늘 늦잠을 자서 지각하는 사람이 집이 멀어서 지각하는 사람을 보면서 '저 사람도 늦잠을 자서 늦은 것이 틀림없어'라고 판단하는 것을 예로 들 수 있다.

10) 유사효과(similar to me effect)

유사효과란 평가자가 자신과 태도, 취미, 종교 등이 유사한 사람을 후하게 평가하는 경향을 의미한다

11) 논리적 오류(logical error)

논리적 오류란 고과요소들 간에 논리적 상관관계가 있을 경우에 논리적 상관관계에 따라 발생하게 되는 편견으로 '저사람은 농구선수니까 운동신경이 뛰어나서 골프도 잘 할거야'라는것도 논리적 오류의 예라고 할 수 있다

12) 구체적 정보의 과대 사용

구체적 정보의 과대사용이란 통계나 기록 같은 것은 무시하고 실제 있었던 구체적인 사

건 정보만을 중요하게 여기는 오류로 면접 시 그 사람의 자기소개서, 학점 등의 통계적 기록은 무시하고 자신과 면접 시 나누었던 짧은 대화 및 인상만을 기초로 그 사람을 평가하는 것을 예로 들 수 있다.

4. 인식과정(Cognitive Process)

대체로 과거와 현재의 어떤 경험이나 행위를 통해 형성된 인식에 따라 협상가는 협상에 있어서 여러 가지 접근방법을 사용한다. 앞으로 어떤 결과가 나올지, 상대가 어떻게 행동할지에 대해서 예측하는 일은 많은 부분에 있어서 협상가의 직·간접적 경험과 관찰을 통해 얻은 인지적 정보에 기반을 둔다.

인식이란 개인들이 자신의 주변 환경에 연결되는 과정을 말한다. 전달된 메시지에 의미를 부여하는 과정은 전달받은 사람의 현재 심리상태, 역량, 이전의 의사소통에 대한 이해 정도에 따라 영향을 받는다. 상대의 인식, 환경, 전달받은 사람의 성향 등, 이 모든 것들이 상대의 말에 의미를 부여하는 방법뿐만 아니라, 상대가 정확히 어떤 말을 어떤 의미로 하는지 결정하는데도 영향을 끼친다.

인식은 복잡한 물리적이고 심리적인 과정이다. 인식은 "외부로부터의 자극을 걸러내고 선택하며 해석하고 의미를 부여하는 과정"이다. 일종의 의미형성 과정인 것이다. 사람들은 자신의 환경을 해석하고 이에 따라 적절한 반응을 할 수 있다([그림 5-7] 참조).

[그림 5-7] 인식과정

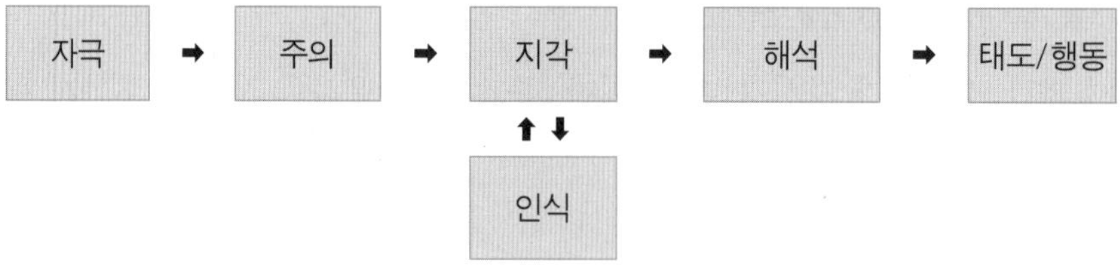

대부분의 환경은 매우 복잡하다. 이러한 복잡한 환경은 다양하고도 수많은 자극을 제공하고, 각각의 자극들은 크기, 색깔, 형태, 질감, 상대적인 참신성과 같이 서로 다른 속성들을 가지고 있다. 이러한 복잡한 환경때문에 모든 활용 가능한 정보를 처리하는 것이 불가능해지고, 결국은 선별적으로 인식하게 되는 것이다.

다시 말해서 어떤 자극에는 관심을 두지만 어떤 자극은 무시하게 된다. 결과적으로 자신이 정보를 쉽게 처리할 수 있는 몇 가지의 간단한 방법을 갖게 된다. 외부환경으로부터의 자극이나 정보를 잘못 판단하거나 간단한 방법을 사용해 왜곡하여 받아들이게 되면, 인식의 오류라는 대가를 치르게 된다. 그러나 사람들은 그런 오류를 범했는지조차 알지 못한다.

1) 해석의 틀(Framing)

인식과 협상에서 또 다른 중요한 문제는 바로 '해석의 틀' 해석의 설계이다. 사람들은 프레이밍을 통해 상황을 이해하고 평가하며, 이후 적절한 후속 행동을 한다. 프레이밍은 이 모든 것을 가능하게 해주는 주관적 메커니즘이다.

프레이밍이 있기에 협상가들은 '과거의 경험에 비추어 현재의 진행상황을 판단' 하게 된다. 해석의 틀 그리고 그 틀을 통해 정보와 상황을 평가하는 작업은 정보의 처리, 메시지 패턴, 언어적 힌트 그리고 사회적 의미 등의 요소들에 묶여 있다. 해석의 틀을 통해 우리는 주변 세계를 보는 초점을 맞추고, 형태를 잡으며, 받아들인 정보를 조직화한다. 우리로 하여금 복잡한 현실을 이해하게 도우며, 의미를 갖게 해 준다.

인식의 틀을 이야기하는 데 가장 중요한 것 중 하나가 바로 '인지적 잠정추론'이다. 협상과정에서 정보를 판단해 결정을 내릴 때 체계적인 오류를 범하는 원인이 되기도 한다. 협상을 하는 사람들은 종종 결정과정에서 빠른 판단을 위해 지금까지의 경험에 근거해 잠정추론을 한다. 이는 위험하다. 최고의 결론에 못 미치는 판단을 내리게 되는 경우가 자주 있기 때문이다. 심지어는 황당한 의사결정으로 이끌 수도 있다.

예컨대 결정을 내려야 할 상황에서 쉽게 접근할 수 있는 정보가 있다면 그들은 여기에만 의존하려 하기 때문에 접근이나 이해가 어려운 추가 정보를 찾는 데는 실패한다. 따라서 상대에게 이득을 주는 방향에서 결정의 틀을 잡게 되는 것이다.

우리는 협상에 임하는 사람들이 어떻게 인지적 잠정추론 과정을 통해 위험성에 대한 정보를 지각하고 판단하는지를 알아볼 필요가 있다. 또한 그들이 왜 업데이트되는 정보와 사건을 고려하지 않고 처음의 생각을 밀고 나가려는 경향을 보이는지에 관해서도 살펴보아야 한다. 이러한 종류의 틀은 편견이 원인을 제공한다. 이러한 틀은 협상가가 결과와 대안을 판단, 결정을 내리는 과정에 커다란 그러나 잘못된 영향을 미친다. 이러한 인지적 편견들에 관해서 보다 자세하게 알아보자.

2) 협상을 방해하는 인지적 편견

협상가는 정보를 완벽하게 처리했다고 생각하지만 오히려 체계적으로 오류를 범하는 경향이 있다. 이러한 모든 오류를 '인지적 편견'이라고 부른다. 협상가들이 인지적 편견을 갖게 되면 협상을 성공적으로 이끌지 못하는 경향이 있다. 이처럼 협상가가 범할 수 있는 오류에는 다음과 같은 것들이 있다.

◆ 협상 상황에 매몰되어 있을 때

◆ 협상 쟁점이 모두 고정된 파이라는 생각

◆ 결정과정에서 기준점 설정과 조정

◆ 쟁점과 문제의 틀 짜기

◆ 정보의 유효성

◆ 승자의 저주(The winner's curse)[77]

◆ 협상가의 지나친 자신감

◆ 소수의 법칙

◆ 이기적인 편견

◆ 상대의 인지 무시

◆ 반발적 평가절하

3) 인지적 편견을 어떻게 다룰 것인가

협상가들은 정보를 수집하고 처리하는 과정에서 의식적으로 자각하지 못한 채 자동적으로 오해와 인지적인 편견을 가질 수 있다. 이러한 부정적인 결과에 대해 어떻게 대응하는 것이 최선일까? 이에 답하기는 쉽지 않다. 한 가지 방법은 인식이 잘못될 수 있을 뿐만 아니라 편견이 있을 수 있다고 깨닫는 것이다.

그러나 깨닫는 것만으로는 충분하지 않다. 많은 연구에 따르면 순순히 오해와 인지적인 편견을 깨닫는 것과 실제로 어떤 대응을 하는 것은 별개의 문제이다. 예컨대 어떤 협상전문가들은 학생들에게 가상의 경매과정에서 '승자의 저주'를 피하도록 가르쳤다. 이들은 학생들에게 4주 동안 128번이나 경매의 결과에 대해 설명했지만, 이것이 승자의 저주를 줄이는 데는 거의 아무런 효과가 없었음을 알게 되었다.

와이트와 세비뉴스도 비슷한 주장을 한다. 이들은 첫 제안가격, 요구수준, 최대 양보가격 등을 정하는 법에 대하여 팀멤버들과 여러 번 논의한다고 해서 첫 제안가격을 설정하고 이를 조정하는 데 별다른 영향을 주지 못한다는 것을 알아냈다.

따라서 향후에 협상과정에서 오해와 인지적 편견의 부정적인 효과에 잘 대처할 수 있는 방법에 대해 더 많은 연구가 이루어져야 할 것이다. 현재 협상가들에게 해줄 수 있는 충고는 부정적인 측면을 인식한 상황에서는 자기 팀과 그리고 상대와 함께 건설적인 태도로 논의하라는 것뿐이다.

---

77) 승자의 저주는 경쟁에서는 이겼을지 모르지만, 너무 많은 것을 쏟아 부어서 결과적으로 많은 것을 잃어버리는 현상을 뜻하는 말이다. 승자의 저주는 치열한 M&A 경쟁이나 경매 등에서 자주 볼 수 있는 것으로, 협상가가 어떤 물건을 놓고 경매했을 때 예상했던 것보다 너무 쉽게 낙찰된 후 갖게 되는 불안한 느낌을 말한다.

4) 협상에 있어서의 심리적 편견

앞에서 설명한 지각 및 인식의 오류에서 협상과정에 영향을 미치는 심리적인 편견을 정리하면 다음과 같다

첫째, 스테레오타이핑(stereotyping)

둘째, 선택적 인지(selective perception)

셋째, 주관의 객관화(projection)

넷째, 한정된 가치분배과정(fixed pie assumption)

다섯째, 집단적 사고(group think)

여섯째, 집착의 심화(escalation of commitment)

등이 있으며, 이러한 요소로 인하여 협상을 실패하는 경우가 종종 있다([그림 5-8] 참조).

[그림 5-8] 협상에 있어서 심리적 편견

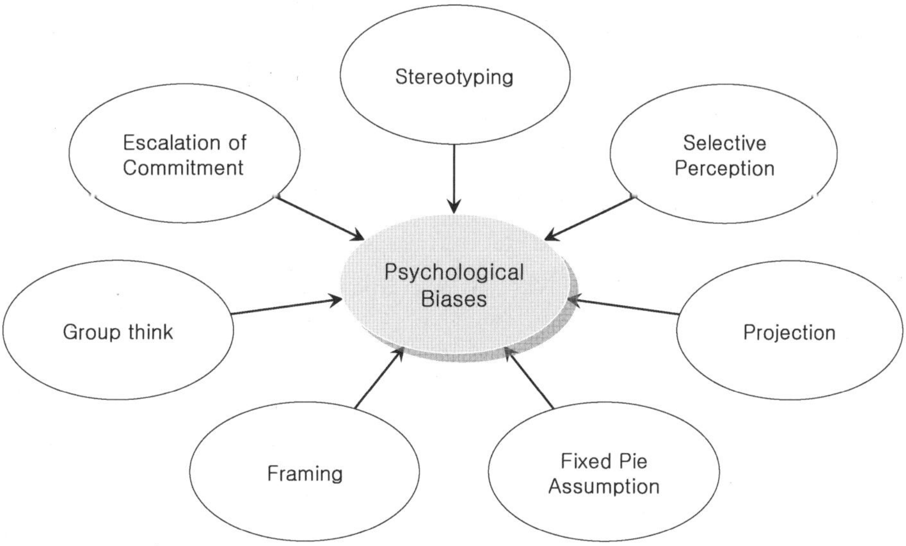

Source : Lewicki, Negotiation, McGraw-Hill, 1999.

협상자의 인지적 편향

사람들이 실제 협상에서는 타결에 실패하는 경우가 빈번한 까닭은 무엇일까? 의사결정 분석 접근은 또한 쌍방 모두에게 가치가 높은 합의를 도출하는 전략들도 제시한다. 그런데 왜 이러한 접근을 아는 사람들조차 협상에서 파레토 효율적인 결과를 끌어내지 못할까? 특히, 의사결정에 필요한 정보를 확보하지 목하는 이유로는 크게 정보 획득에 필요한 시간과 비용의 제약, 의사결정자들의 활용 가능한 기억 용량의 한계 및 의사결정자들의 지적능력과 인식의 한계 등을 들 수 있으며 이는 협상자들에 있어서 협상자 개인의 인지적 오류, 경쟁적 환경하의 오류 및 협상자의 감정과 관계에서 발생하는 오류

이 장은 사람들이 협상에서 범하는 가장 흔한 인지적 편향(cognitive bias)들을 살펴보고자 한다.

구체적 내용은 협상가들에게 영향을 미치는 (1) 가공적 고정파이 가정(mythicalfixed-pie assumptions), (2) 협상자들의 판단에 미치는 프레임(framing) 효과, (3) 불합리한 갈등증폭현상, (4) 협상자의 자기과대평가 즉, 과신(overconfidence), (5) 자기위주편향, (6) 기준점 설정(anchoring)과 조정(adjustment) 측면에서의 닻 내림(anchoring) 효과 등 여섯 가지 요인이다. 각 절에서 우리는 전형적인 협상자들이 의사결정을 내리는 과정에서 어떻게 규범적 행복모형을 벗어나는지 살펴보고 협상자로서 우리가 어떻게 하면 그러한 바람직하지 못한 행동을 고칠 수 있는지 논의한다.

이러한 일반작인 실수를 잘 이해하면 협상 능력을 향상하는 데 두 가지 중요한 도움을 받을 수 있다.

첫째, 이러한 실수들에 대한 이해는 중요한 협상에서 그런 실수들을 피하기 위한 노력의 필수적인 단계이다.

둘째, 자신의 행동에서 이러한 실수들을 파악할 수 있게 되면 협상에 참여하는 다른 사람들의 결정에서도 그런 실수들을 예상하는 능력이 향상된다.

1. 고정파이신화

사람들은 협상에서 쌍방 모두에게 가장 높은 가치를 창출하는 합의를 도출하지 못하는 경우가 매우 흔하다. 여러 가지 이유가 있으며 그 중 한 가지 주된 이유는 나누어 가질 파이의 크기가 고정됐다는 가정이다. 고정파이 사고방식으로 협상에 임하는 사람은 자신의 이해와 상대방의 이해가 반드시 정면으로 충돌한다고 가정한다. 비유적으로 말하면, 쌍방은 자신과 상대 둘 다 일정한 크기의 파이를 두고 더 큰 조각을 차지하려고 싸운다고 생각한다.

특히, 경쟁적 상황에서 "상대방에게 좋은 것은 나에게 나쁘다."는 직관적 편향(intuitive bias)을 가진다. 협력과 경쟁동기가 공존하는 협상상황에서는 이러한 경쟁동기가 우월한 전략으로서 협상자들은 투쟁전술을 사용하기 쉽다. 이에 따라 당사자들은 절충(trade-off) 가능성을 인식하지 못하고 win-win 해법 창출에 실패하기 쉽다.

쌍방의 이해는 당연히 상반된다는 생각 때문에 외교문제, 이혼분쟁, 전략적 제휴 협상이 합의에 이르지 못하는 경우가 빈번하다. 쌍방이 쟁점들 간에 맞교환할 여지를 발견하면 창의적인 합의가 이루어진다. 하지만 파이의 크기는 바꿀 수 없다고 믿으면 협상 당사자들은 이러한 맞교환 여지를 찾으려 하지 않는다.

고정파이 가정 때문에 사람들은 대부분의 경쟁상황을 이기지 못하면 지는 시합으로 여긴다. 실제로 운동경기, 입시, 기업 간 시장 쟁탈전 등 많은 경쟁은 승부를 가린다. 사람들은 이와 같이 누가 보아도 이기지 못하면 지는 상황들을 일반화하여 반드시 승패를 가르지 않아도 되는 상황에 대해서도 비슷한 생각을 한다. 협상처럼 가치를 창조하고 또한 가치를 차지해야 할 수밖에 없는, 상반된 동기가 혼재하는 상황에 직면하면 가치 차지라는 경쟁적 측면이 우세하게 다가와 대다수 사람들은 파이의 크기가 고정됐다고 지각 하면서 그 파이에서 가능한 더 큰 몫을 차지할 전략을 세우려고 한다. 이렇게 대결적 시각에 빠지면 맞교환을 통해 서로에게 유익한 창의적 해결책을 찾으려는 노력은 어려워진다.

고정파이 가정의 파괴성은 공화당 소속 사우스캐롤라이나주 하원의원 플로이드 스펜스(Floyd Spence)의 냉전시대에 무기감축조약안에 대한 다음 말에 잘 나타난다. "나는 한동안 전략무기감축협정SALT의 원리에 대해 어떤 믿음이 있었는데 그것은 다음과 같다. 어떤 안이든지 소련은 그것이 자기들에게 아주 유리하지 않으면 받아들이지 않을 터이고, 반대로 그들에게 유리하면 우리에게는 썩 유리할 수는 없어 보였다(로스, 스틸린저, 1991[78])에 인용된 것을 재인용)." 소련에게 유리한 것은 무엇이든지 미국에게는 불리할 수밖에 없다는, 위험하고 잘못된 논리는 신화 같은 고정파이 가정의 특징이다. 21세기인 지금 뒤돌아보면, 우리는 전략무기감축협정과 같은 협정들이 낭비투성이 방위비용과 핵전쟁의 공포를 줄여서 미국과 구소련 양측 모두에게 도움이 됐다는 점을 쉽게 알 수 있다.

---

78) Ross, L., & Stillinger, C. (1991). Barriers to conflict resolution. Negotiation Journal 7(4), 389-404.

하지만 톰슨(2001[79])의 연구에 따르면 냉전종식처럼 양측이 원하는 결과가 완벽하게 일치하는 경우에도 쌍방 모두가 합의를 위해서는 타협할 수밖에 없다고 생각하기 때문에 협상은 다른 결과를 낳거나 결렬되고 마는 경우가 빈번하다. 고정파이신화 때문에 사람들은 소위 톰슨이 '불양립편향incompatibla bias'이라고 부르는, 자신의 이해와 상대방의 이해는 양립할 수 없다는 가정의 피해자가 될 수도 있다.

고정파이 가정 때문에 우리는 또한 상대방이 제시한 어떤 양보도 단순히 그것이 적에게서 나왔다는 사실 때문에 그 가치를 충분히 생각해 보지도 않고 '반사적으로 과소평가'하기도 한다(스틸린저, 이펠바움, 켈트너, 로스, 1990[80]). 커핸, 닐, 로스(2004[81])는 한 연구에서 사람들에게 협상에 참여하기 전과 후에 여러 가지 가능한 결과의 가치를 추정하게 했다. 협상자들은 자신이 제안했던 결과를 더 좋아하는 경향을 보였다. 또한 상대방이 제안했던 결과는 덜 좋아하는 경향을 보였다. 우리는 같은 합의조항이라도 자기가 제안했을 때에는 유리하게 생각하고 상대가 제안했을 때에는 불리하게 생각하는 모순에 빠지기 쉽다. 어떤 쟁점에 대해 상대방이 양보를 하는 순간 곧바로 "저들이 순순히 양보하는 것으로 보아 이 쟁점은 별로 중요하지 않음에 틀림없다."고 그 쟁점의 가치를 깎아 내린다.

상대방의 관심사에 대해 그렇게 가정하면 사람들은 서로에게 유익한 맞교환을 찾으려는 노력을 하지 않게 된다. 사실, 맞교환은 적극적으로 노력만 하면 꽤 쉽게 찾을 수 있다. 하지만 직장생활 경험이 있는 학생들도 모의협상에서 맞교환을 하지 못하는데 그 이유를 물어보면 한결같이 맞교환이 가능하다는 사실 자체를 알지 못했다고 대답한다. 고정파이 가정 때문에 맞교환을 찾으려는 생각조차 하지 못하기 때문이다.

❖ 협상에의 영향

　A. 의제간 효율적인 거래를 방해한다.

　B. 당사자들간 이해관계의 상충이 없는 의제 발견을 방해(참고 : 비양립 편향)

　C. 상대방의 양보에 대해 그 가치를 평가절하한다.

---

79) Thompson, L. (2001) The mind and the heart of the negotiator. Upper Saddle River, NJ : Prentice Hall.

80) Stillinger, C., Epelbaum, M., Keltner, D., & Ross, L.(1990). The reactive devaluation barrier processes and resolution. Unpublished manuscript, Stanford University.

81) Curhan, J. R., Neale, M. A., & Ross, L. (2004). Dynamic valuation : Preference change in the context of active face-to-face negotiations. Journal of Experimental Social Psychology, 40, 142-151.

2. 협상자의 판단과 프레임효과

다음 시나리오를 생각해보자.

> 당신은 2005년에 25만 달러를 주고 콘도를 한 채 구입했다. 이 콘도를 당신은 29만 9천 달러에 팔려고 내놓았다. 당신의 실제 목표가격은 당신이 실제 시장가격이라고 추정하는 29만 달러이다. 어떤 원매자가 28만 달러를 제시했다. 이 금액은 당신의 구입가격과 비교해 3만 달러의 이익을 나타내는가. 아니면 현재 당신의 목표가격과 비교해 1만 달러의 손실을 나타내는가?

이 질문에 대한 답은 '둘 다'이다. 합리적 관점에서 볼 때, 그리고 직관에 의하면, 두 관점의 차이에 대한 논의는 무의미하다고 쉽게 결론내릴 수 있다. 카네만과 트버스키(1982a[82])는 프로스펙트 이론을 통해 손실 프레임 질문과 이득 프레임 질문에 대한 사람들의 반응에는 중요한 차이가 있음을 보였다. 이 차이는 협상에 참여하는 사람들의 행동을 기술하는 데 매우 중요하다.

의사결정자들이 특정 대안을 검토할 때 어떤 준거점(referent point)과 비교하여 잠재적 이득으로 평가되느냐 혹은 손실로 평가되느냐에 따라 행동이 달라지며 동일한 의사결정 과제라도 긍정적 대안을 제시한 경우 확실한 대안을, 부정적 대안을 제시한 경우 불확실한 대안을 선호한다.

프레임 효과가 협상오류로 되는 것은 협상자가 비합리적인 준거점에 입각하여 과제구조를 설정하는데 있으며 이는 의사결정 사안과 관계없는 정보 혹은 상대방이 제시한 준거점에 근거하여 과제구조를 설정하는 경우가 많다. 여기서 낮은 준거점에 근거한 협상자는 긍정적인 과제설정을 하게 되어 많은 양보를 하며 협상타결의 가능성 또한 높으나, 높은 준거점에 근거한 협상자는 부정적인 과제설정으로 그 반대의 결과를 갖게 된다.

협상에서 프레임의 중요성을 이해하기 위해 다음과 같은 노사 간 협상을 생각해보자. 노조는 사측이 노조원의 시간당 임금을 16달러에서 18달러로 인상해야 하며 이보다 적은 금액은 인플레이션을 고려하면 사실상 노조원에게는 임금 인하라고 고집한다. 사측은 시간당 16달러를 초과해 인상하는 것은 받아들일 수 없는 비용증가라고 주장한다. 각 측에게 시간당 17달러로 임금을 정하는 안(확실한 합의안)과 구속력 있는 중재안(위험이 따르는 합의안) 사이에서 선택하도록 하면 결과는 어떠할까? 양측 모두 현재의 갈등을 손실을 입어야만 하는 상황으로 보므로 트버스키와 카네만(1987[83])의 연구결과에 의하면 양측 모두 위험을 추구해 확실한 합의안을 받아들이려 하지 않으리라고 예측할 수 있다. 하지만 협상 당사자들의 프레임을 부정적인 것에서 긍정적인 것으로 바꾸면 예상할 수 있는 결과

---

82) Kahneman, D., & Tversky, A. (1982b). The simulation heruistic. On D. Kahneman, P. Slovie, & A.

83) Tversky, A., & Kahneman, D. (1981). The framing of decisions and the psychology of choice. Science, 185,1124-1131.

는 아주 달라진다. 만약 노조가 임금이 시간당 16달러를 넘으면 어떤 인상도 이득으로 보고, 사측도 시간당 18달러에 못 미치는 어떤 인상도 이득으로 보면, 양측은 위험기피적으로 되어 협의를 통한 합의가 이루어질 가능성이 높다. 닐과 배저만(1985[84])은 협상에서, 부정적 프레임을 지닌 사람들에 비해 긍정적 프레임을 지닌 사람들이 양보할 가능성도 높고 서로에게 더 많은 혜택이 돌아가는 합의를 할 가능성이 훨씬 높음을 발견했다.

협상 참여자들이 긍정적 프레임이나 부정적 프레임을 가지도록 하는 조건은 무엇일까? 사측과 임금협상 중인 노조간부가 채택할 수 있는 다음과 같은 닻들을 생각해보자

  (1) 지난해의 임금
  (2) 사측의 최초제안액
  (3) 노조가 추정한 사측의 유보점
  (4) 노조의 유보점
  (5) 노조원들에게 공표한 최초요구액

통상 사측의 제안액은 지난해 임금보다는 높겠지만 노조 측에서 처음부터 공개적으로 요구한 목표액보다는 낮다. 이 제안액에 대한 노조대표의 인식은 그가 사용하는 닻이 닻 1에서 닻 5쪽으로 옮겨가면서 약간의 이득에서 손실로 바뀌고, 이에 따라 노조대표의 프레임은 긍정적에서 부정적으로 바뀐다. 구체적으로 보기 위해 노조원은 현재 시간당 16달러를 받으면서 2달러 인상을 요구한다고 치면, 사측이 제시한 시간당 1달러의 인상액은 지난해의 임금(닻 1)과 비교하면 시간당 1달러의 이득으로 보일 수 있지만 노조의 목표액(닻 5)와 비교하면 1달러의 손실로 여겨질 수도 있다.

프레임은 협상전술 채택에 중요한 의미를 내포한다. 상대의 양보를 유도하려면 상대가 긍정적 프레임을 채택하도록 닻을 설정해야 한다. 이렇게 하는 데 익숙해지면 우리는 상대방이 반드시 받게 될 이득을 주로 언급하면서 협상하여 맞교환과 타협의 가능성을 높이게 될 것이다. 또한 상대방이 부정적 프레임을 채택하고 있다고 파악되면 그들에게 확실한 이득이 가능한데도 위험한 전략을 채택했음을 스스로 깨닫도록 도와주어야 한다.

마지막으로 프레임의 영향은 조정자에게도 중요한 함의가 있다. 제안된 목표가 타협이라면 조정자는 쌍방이 긍정적 프레임으로 협상을 바라보도록 설득해야 한다. 하지만 이것은 까다로운 일인데 그 이유는 한쪽을 긍정적 프레임으로 유도할 닻이 다른 쪽은 부정적으로 유도할 가능성이 있기 때문이다. 이런 모순은 조정자가 쌍방을 따로따로 만날 때 각 측에게 서로 다른 닻을 제시해야 함을 시사한다. 다시 한 번 강조하면, 프레임에 영향을 미치려면 조정자 또한 주어진 상황의 현실적 위험을 강조해야 하며 그리하여 쌍방이 상황의 불확실성에 주목하고 확실한 타결안을 선화하도록 유도해야 한다.

---

84) Neale, M. A. & Bazerman, M. H. (1985). Perspectives for understanding negotiation : Viewing negotiation as a judgement process. Journal of Conflict Resolution, 29, 33-55

◆ 협상에의 시사

협상에 있어서 협상자들이 상대방으로부터 양보를 유도하기 위해 상대방이 긍정적인 과제를 설정하여 협상을 잠재적 이득의 실현과정으로 생각하도록 준거점을 만들어 주는 것이 필요하며, 제시된 합의안이 분명히 이득이 되므로 본 합의안의 거부는 상대방을 미래의 불확실한 위험에 빠뜨릴 것이라는 확신을 불어넣어 주어야 함을 시사해 주고 있습니다.

① 상대방의 양보를 얻어내기 위해서는 합의안이 분명히 이득이 된다고 생각하도록 긍정적인 대안의 제시가 필요하다.
② 협상을 잠재적 이득의 실현과정으로 생각하도록 (낮은) 준거점을 제시한다.
③ 합의 안의 거부로 상대방은 미래의 불확실한 위험에 빠질 것이라는 확신을 준다.

🗒 아시아 질병에 대한 대책

미국은 아시아병(Asian disease)의 발생으로 600명이 사망할 것으로 예상하여 두 종류의 대책 프로그램을 준비 중에 있습니다. 실험 대상자들을 두 그룹으로 나누고 다음과 같은 질문을 하였습니다.

- 그룹 1 : 프로그램 A 채택 : 200명이 구조됨.
  프로그램 B 채택 : 1/3의 확률로 모두 구조되고, 2/3의 확률로 아무도 구조할 수 없음.
- 그룹 2 : 프로그램 A 채택 : 400명이 사망할 것임.
  프로그램 B 채택 : 1/3의 확률로 아무도 사망하지 않으며, 2/3의 확률로 모두 사망할 것임.
- 결과 : 그룹 1 => A=76%, B=24%
  　　　　그룹 2 => A=13%, B=87%

제1그룹		제2그룹	
프로그램A	프로그램B	프로그램A	프로그램B
200명 구조	1/3의 확률로 모두 구조, 2/3의 확률로 아무도 구조할 수 없음.	400명 사망	1/3의 확률로 아무도 사망하지 않으며, 2/3의 확률로 모두 사망할 것임.
76% 선택	24% 선택	13% 선택	87% 선택

- 시사점 : 과제구조 설정효과의 존재는 협상자들로 하여금 잠재적인 이득을 평가할 때 보다 위험회피적(risk-averse)으로 행동하게 만들어 미래의 불확실한 협상상황을 회피하고 현재 제시된 합의안을 수용하게 한다는 것을 의미합니다.
반면, 잠재적인 손실을 평가할 때, 위험추구적(risk-seeking)으로 되므로 미래의 추가적인 양보를 기대하고 현재 제시된 합의안을 수용하지 않을 것임을 의미합니다.

3. 불합리한 갈등의 증폭(Non-rational escalation of conflicts)

　　수십 년 동안의 반목 뒤 1990년 3월 18일 미국 프로야구 팀 구단주들과 선수들은 4년 동안 파업을 피하기로 합의했다. 파업을 했더라면 그 해 야구시즌은 취소될 우려도 있었다. 이 무파업협정은 1993년 12월 31일에 만료됐고 1994년 시즌은 새로운 노사협약 없이 시작됐다. 첫 제안은 구단주 측에서 1994년 6월 14일에 내놓았는데, 그 내용은 흥정구간을 훨씬 벗어났다. 협상은 삐걱거렸고 4월 12일 선수들은 파업에 돌입했다.

　　그 파업으로 1994년 야구시즌은 사실상 끝났으며 구단주들과 선수들은 총 10억 달러에 이르는 금전적 손실을 입었다. 음식물 판매업자, 소매상, 야구카드회사 그리고 팬들도 파업기간 중 여러모로 고통을 겪었다. 파업으로 인한 피해가 커지자 법원이 구단주들에게 협상은 계속하되 1995년 시즌에는 이전의 단체협약을 적용하라고 했다.[85]

　　1986년에서 1993년 사이 미국 야구 메이저리그는 흑자를 냈으며 1993년에는 이익이 3천 6백만 달러로 증가했다. 하지만 파업 때문에 상황이 역전됐다. 구단주들은 1994년 3억 7천 5백만 달러, 1995년 3억 2천6백만 달러, 1996년에는 1~2억 달러의 적자를 보았다(그래비너, 1996[86]). 한편, 선수들도 돈, 지위, 협상력 모두를 잃었다. 최소한 수년 동안 미국의 국가적 오락으로서의 야구의 지위는 퇴색되었다. 그 파업은 엄청난 손실을 초래했고 불합리한 확적 회오리에 휩쓸린 갈등의 생생한 실례이다.

　　논쟁의 한가운데에서 세비니우스와 휠러(1994[87])가 그 불화를 해결할 가망성이 높은 제안을 했다. 시즌은 계속하되 구단주 측과 선수들 모두 돈을 받지 못하게 하고 모든 수입금은 양측이 합의에 이를 때까지 모으자는 의견이었다. 그러는 동안에 쌓여가는 돈이 양측이 합의하도록 하는 자극제가 될지도 모르는 일이었다. 세비니우스와 휠러는 한걸음 더 나아가 적절한 시기까지 합의에 이르지 못하면 수입의 일부를 장애인 특별올림픽과 같은 행사나 자선단체에 기부하는 것도 괜찮다고 주장했다. 역시 사회에 부정적이 아니라 긍정적인여론을 조성하면서 양측이 타협을 하도록 격려하자는 뜻이었다. 전체적으로 세비니우스와 휠러는 파업보다는 훨씬 생산적일 수도 있었던 매우 현명한 전략을 간단하게 제시했다.

　　그러면 왜 양측은 이 조언을 따르지 않았을까? 우리가 보기에는 각 측은 거의 전적으로 상대방을 공격하는 데 집중했기 때문에, 처음의 방침을 계속 고수하고 강화할 수밖에 없었다. 구단주들은 1994년 월드시리즈의 취소에 대해 매우 기뻐했는데 이런 반응은 쌍방이

---

85) 이 절에서 소개하는 1994년 미국 프로야구 파업에 대한 내용은 노스웨스턴대학교의 캘로그경영대학원 석사과정 협상과목 수업에서 당시 학생이었던 크리스 맥시, 리사 음로즈, 키츠 라코우, 신시아 새포드가 제출한 과제에 근거함.

86) Grabiner, D. (1996). Frequently asked questions about the baseball strike.

87) Sebenius, J. K., & Wheeler, M. (1994, October 30). Let the game continue. The New York Times, Sect. 33, p. 39.

잘못된 목적에 사로잡혔음을 보여주는 한 가지 징후다. 그들은 자신들의 단결을 자축하느라 정신이 없어서 자기들이 10억 달러에 달하는 이익을 잃으면서 그 잔해 위에서 결속하고 있다는 사실을 깨닫지 못했다. 이런 일로부터 겨우 4년이 지난 뒤, 미국농구협회도 야구계의 실수에서 아무것도 배우지 못했음을 분명히 드러내는 일을 했다. 비슷한 확전 양상을 답습하여 농구리그도 202일 동안의 경기중단으로 구단주들은 10억 달러 이상 수입손실을 보았으며 선수들은 5억 달러 이상의 연봉을 날렸다.

디크만, 텐브런셀, 샤, 슈로, 배저만(1996[88])은 직접 협상 맥락에서 확전을 연구했다. 부동산 매매에서 판매자와 구매자 모두 판매자가 이전에 구입할 때 지불한 가격에 영향을 받는다는 사실을 밝혀냈다. 이 매몰비용은 각 측이 그 재산의 가치를 평가할 때는 영향을 미치지 않지만, 그들의 가격예상, 유보가격, 최종협의가격에는 실제로 영향을 미친다. 이와 같은 확전에 대한 이해는 협상에서 상대방의 행동을 예상하는 데 크게 도움이 될 수 있다. 상대방은 자신의 주장을 포기하기에는 '너무 많이 투자했으면' 계속 버틴다. 자신의 입장을 공개적으로 표명하면 불합리하기에 확전할 경향이 높아진다.(스토, 1981[89]).

이것은 상대방이 대담하고 확고하게 입장을 밝히도록 몰아붙이는 일은 삼가 상대방이 구석에 몰렸다고 느끼지 않도록 해야 한다는 전략적인 시사점을 던진다. 상대방이 어떤 쟁점에 대해 조금도 융통성을 보이지 않는다면 그가 양보할 수 있도록 창의적인 방법을 찾아내어 타결을 이끌어낼 수도 있다. 예를 들면, 우리의 동료 한 사람이 시카고에 콘도미니엄을 한 채 구입하고 위해 협상을 하고 있었다. 콘도 주인은 가격에 대해 다음과 같이 완고한 입장을 취했다. "나는 35만 달러 밑으로는 팔 생각이 없습니다. 이 가격은 최종제안입니다." 동료는 역시 협상을 가르치는데 다른 방법으로 집주인의 양보를 끌어냈다. 최종적으로 동료는 집주인에게 그이 요구대로 35만 달러를 지불했지만 그를 설득하여 콘도를 여기저기 개조하고 업그레이드하도록 했으며, 꽤 가치 있는 주차공간을 공짜로 받아냈다.

📋 **달러-경매 게임**

30명 정도의 사람들이 있는 한 사무실에서 어떤 사람(경매자)이 앞으로 나와 20달러를 꺼내면서 다음과 같은 제안을 했다고 가정해 봅시다.

"본 20달러를 경매에 붙이겠는데 참여하든지 남들의 경매상황을 구경하든지 그것은 자유입니다. 경매방법은 1달러의 곱으로 상향 응찰하되 최고 응찰자가 낙찰자가 되고 낙찰자는 20달러 중 응찰액을 제외한 금액을 가져갑니다. 단, 이 경매에서는 전통적인 경

---

88) Forsyth, D, R., & Schlenker, B. R. (1977). Attributional egocentrism following a performance of a competitive task. Journal of Social Psychology, 102, 215-222

89) Staw, B. M. (1981). The escalation of commitment to a course of action. Academy of Management Review, 6(4), 577-587.

매와 달리 차점응찰자도 자신이 응찰한 금액만큼 지불하여야 한다는 점입니다."
예를 들면, 최종적으로 A가 4달러, B가 5달러를 응찰하였고 A가 더 따라오지 않았다면 B가 최종 낙찰자가 되며 B는 20달러에서 5달러를 뺀 15달러를 가져가고 A는 경매자에게 4달러를 지불하는 게임입니다.

이 실험은 여러 학자들에 의해 기업경영자, 학부생, 대학원생 및 경영대학원 교수등 여러 계층의 사람들을 대상으로 실시되었는데 그 결과는 다음과 같은 패턴을지니며 대동소이하였습니다. 즉, 초기단계에 경매가 빠르고 치열하게 진행되다가 10달러에서 17달러 수준에 이르면 2인의 최고응찰자만이 남고 나머지는 포기하는 경향을 보였습니다. 이후의 경매상황은 남아 있는 경매참여자가 함정에 빠져있음을 느끼면서도 계속 참여하는 행태를 보여 보통 30달러에서 70달러에 이르러서 낙찰되었으며 최고 204달러까지 기록하였습니다.

이 게임에서 사람들은 현재의 금액을 확실히 포기하는 것보다 상향 응찰하는 것이 불확실하지만 승산이 있다고 생각하여 사람들이 계속 경매에 참여하게 됩니다. 그 결과 사람들은 경쟁상대방이 아닌 경매자에게 대단한 수익을 안겨 주게 됩니다. 이러한 비합리적인 행위가 발생하는 것은 사람들이 처음에 누가 20달러 이상 응찰하겠느냐는 단순한 생각으로 경매에 참여하였다가 경매가 진행되면서 기존의 응찰금액을 확실히 잃는 것보다 남아 있는 것이 승산도 있고 추가금액 또한 작기 때문에 계속 경매에 남아 있게 됩니다.

- 발생 원인
  첫째, 협상자들이 어떤 행위를 하기로 결심하게 되면 이는 협상자들로 하여금 자신이 내린 최초의 평가를 합리화시키는 정보만을 찾게 한다는 것입니다.
  둘째, 새롭게 주어지는 정보에 대해서도 자신의 기존의 입장을 정당화하는 방향으로 해석하게 되기 때문입니다.
  셋째, 협상자들은 자신의 초기의 결정을 정당화하는 방향으로 후속 의사결정을 함으로써 인지적 균형(cognitive balance)을 이룩하려 합니다.
  넷째, 본질적으로 경쟁적인 요소가 있는 협상상황에서 최초의 요구를 포기하는 것은 패배로 보이기 때문에 대부분의 협상자들이 철회에 따르는 확실한 손실보다는 계속 참여함으로써 불확실한 미래를 선택하게 됩니다.

4. 자기과대평가

2006년 야구시즌이 끝났을 무렵 당시에 193cm 키에 몸무게는 95kg이 나가던 22세의 우투수 매트 해링턴은 센트럴리그의 포트워스캣츠에서 4년 동안의 선수생활을 했다. 이 4년 동안 해릴언의 수입은 한 달에 800달러도 안 되었다. 비시즌 중에는 해링턴은 식료품체인점인 타겟에서 선반에 물건을 채우는 일을 했다. 지금까지 그는 전형적인 무소속선수처럼 보인다. 하지만 18세이던 2000년에는 전국 신문 유에스에이 투데이와 야구 전문잡지 베이스볼 아메리카의 표지에 실렸으며, 언론에서는 그를 성실하고 온화한 젊은이며 메이저리그 드래프트에서 아마 최상의 투수일 거라고 기술했다.

그 해 해링턴과 그의 가족은 선수 에이전트로 유명한 토미 텐저를 고용했다. 자금력이 달리는 팀들의 접근을 막기 위해 텐저는 드래프트 선택권이 높은 팀들에게 해링턴과 계약하려면 계약금으로 최소한 4백95만 달러는 제안해야 한다고 말했다. 콜로라도 로키즈가 해링턴을 일곱 번째 지명으로 선택하고는 텐저가 요구한 가격은 지불할 수 없다고 주장했다. 드래프트 후에 로키즈는 해링턴에게 8년계약에 4백9십만 달러를 불렀다가 계약이 성사되지 않자, 8년 계약에 5백3십만 달러로 올렸으며, 최후에는 단지 2년 동안에 대해 4백만 달러를 제시했다. 이런 금액들은 일곱 번째로 지명된 선수의 연봉으로는 전형적이었지만 해링턴과 그의 부모 그리고 텐저는 로키즈의 제안을 모욕적이라면서 차례로 거부했다. 이 힘든 협상은 몇 개월 동안 계속되다가 결국 결렬되고 말았다. 해링턴은 그 해에 어떤 메이저리그 팀이나 마이너리그 상위팀에서도 뛰지 못했다. 그는 독립 리그 팀 세인트폴세인츠에 입단했으며 다음해에는 좀더 성공적으로 협상을 할 수 있을 것으로 기대했다.

그 해 세인츠에서의 성적은 실망스러웠지만 해링턴은 200ㅂ년 메이저리그 드래프트를 위해 새로운 에이전트 스캇 보라스를 고용했다. 샌디에이고 파드리스가 그를 58번째 지명자로 택했다. 해링턴은 이번에는 4년간 125만 달러와 계약금 30만 달러를 주겠다는 제안을 거부했다. 그 다음해인 2002년에는 그의 순위는 374번이었다. 그는 템파베이데블레이로부터 10만 달러에도 못 미치는 제안을 받고 거부했으며, 2003년에는 신시네티 레즈가 그를 24번째 그라운드에서 711번째로 택했지만 협상은 실패했다.

이 무렵 해링턴은 미국 야구역사상 계약을 못하고 가장 오래 버틴 선수가 되었고 그의 모험은 여전히 계속 되었다. 2004년에는 뉴욕 양키즈가 36라운드에 그를 지명했으며 그때 그의 지명순위는 1,089번이었다. 하지만 뉴욕 양키즈는 계약을 제안하지 않았다. 2005년에는 50라운드 동안 메이저리그 30개 팀 중 어느 하나도 그를 지명하지 않았다. 이리하여 그는 자신에게 관심이 있는 어느 팀과도 계약을 맺을 수 있는 자유계약선수가 되었다. 2006년 10월에 시카고 컵스가 해링턴을 마이너리그 선수로 지명했다. 그는 언젠가 메이저리그에 진입하려는 희망을 품고 스프링 훈련캠프에 초대받았으나 연봉에 대해서는 아무런 보장도 받지 못했다. 해링턴은 훈련캠프에 참가했으나 2007년 시즌이 시작되기 전에 방출되고 말았다. 그는 원래 소속팀 세인트폴세인츠로 돌아갔다가 2007년 6월에 다시 방출되었다.

협상에서 언제까지 버티는 것이 좋을지 알 수 있다면 분명히 유익하다. 하지만 유능한 협상자는 어느 순간에는 제안을 수락해야 한다는 사실도 안다. 해링턴과 그의 부모 그리고 그의 에이전트들은 몇 해에 걸쳐 단순하지만 치명적인 실수를 범했다. 다름 아니라 예스라고 말하는 것을 잊어버린 것이다. 해링턴의 합의대안은 좋게 말하면 위험했고 나쁘게 말하면 끔찍했다. 그러나 자신을 대리하는 협상전문가가 있었음에도 그는 자기과신 때문에 거금을 거머쥘 기회를 날려버렸다.

협상에서 상대방이 내가 원하는 것을 줄 가능성을 과대평가하면 끔찍한 실수를 범할 수 있다. 매트 해링턴의 일화는 극단적이다. 하지만 모든 구직자들은 상대방이 줄 보수를 과대하게 예상한다. 좀더 일반적으로 말하면 협상에서 자기 몸값을 지나치게 높게 평가하는 사람들은 합의에 실패하고 엄청난 기회를 놓친다.

연구결과에 의하면 사람들은 협상에서 양보하거나 포기하지 않고 계속 버텨서 자기의 입장이 더 유리해질 가능성을 과대평가하는 경향이 있다. 이와 유사하게, 최종제안중재에서도 자신의 최종제안이 채택될 확률을 과대추정하는 경향이 매우 강하다(배저만, 닐, 1982[90]). (최종제안중재에서 각 측은 자기의 최종제안을 제출하며 중재자는 이들 최종제안에서 한 가지를 뽑는다. 판사와 조정자와 달리 중재자는 제3의 안을 제안할 수 없다.) 실험실에서 수행된 연구들에서 평균적으로 자신의 최종제안이 채택될 확률은 50%에 불과했는데도 자신의 최종제안이 채택될 확률을 이보다 훨씬 높게(68%) 추정했다.

자기가 획득할 가치를 과대평가하는 협상자들은 양의 흥정구간이 존재하는 경우에도 여러 가지 해결을 놓칠 수 있다. 자기가 받을 수 있는 가치를 더 정확하게 평가할 수 있는 협상자들은 성공확률에 대해서 확신이 더 줄어들고 더 불안해져서 타협을 받아들일 가능성이 높아진다. 닐과 배저만(1985[91])은 자신감이 적당한 사람들이 자신감이 넘치는 사람들에 비해 더 쉽게 양보하고 성공도 더 많이 하는 경향을 발견했다. 사람들은 협상대상이나 상황에 대해 아는 것이 적을수록 자기가 획득할 가치를 과대추정할 가능성이 높다. 제2장에서 배운 바와 같이 대다수 사람들은 "확실히 모르겠으면 자신을 믿어라."라는 직관적 인지규칙을 따른다. 이러한 과대추정을 극복하는 한 가지 방법은 중립적인 제3자의 객관적인 평가를 구하는 것이다. 자신의 직관적 예측보다 중립적 입장에 있는 사람의 객관적 평가가 상대방의 입장에 더 가까울 수 있다.

---

90) Bazerman, M. H., & Neale, M. A. (1982). Improving negotiation effectiveness under final offer arbitraion : The role of selection and training. Journal of Applied Psychology, 67, 543-548.

91) Neale, M. A. & Bazerman, M. H. (1985). Perspectives for understanding negotiation : Viewing negotiation as a judgement process. Journal of Conflict Resolution, 29, 33-55

5. 자기위주편향

협상에서 자기의 몸값을 과대하게 평가하는 현상과 밀접한 관계가 있는 개념이 자기위주편향이다. 협상자가 자기의 몸값을 과대하게 평가하는 현상은 자기가 필요불가결함을 과장하는 경향을 가리키는 반면, 자기위주편향은 사람들이 공정성을 자신에게 유리하게 규정하는 경향을 가리킨다. 쌍방이 쌍방 모두에게 '공정'한 결과를 원한다고 주장하고 그 주장이 진실이더라도, 자기위주편향의 영향 때문에 공정성에 대한 쌍방의 생각이 달라서 협상이 결렬될 수 있다.

톰슨과 로웬스틴(1992[92])은 갈등 상황에서 협상 당사자는 주어진 정보 가운데 자기위주로 선별하여 주목하는 경향이 있으며, 주목하는 정보에 따라 합의안의 공정성에 대한 지각이 달라짐을 발견했다. 구체적으로, 모의 노사협상에서 이러한 편향이 심할수록 파업기간이 길었다. 뱁콕, 로웬스틴, 이사하로프, 케머러(1995[93])는 자동차와 오토바이 충돌사고로 인한 한 건의 소송에 관련된, 목격자 진술, 의사 및 경찰의 조서 등 여러 가지 자료를 연구에 참가한 사람들에게 제시했다. 참가자들은 원고 역 또는 피고 역을 맡고 합의를 보도록 하라는 지시를 받았다. 참가자들은 합의에 실패하면 상당한 불이익을 당할 것이며 또한 똑같은 자료를 보고 공정한 판사가 피고가 원고에게 지불해야 할 배상금을 이미 결정했다는 말도 들었다. 참가자들은 협상에 앞서 판사의 결정액을 추정하라는 지시도 받았다. 각자의 추정액은 상대방에게는 알려주지 않는다는 말도 들었다. 그럼에도 불구하고 원고는 피고에 비해 판사가 결정한 배상액을 훨씬 높게 추정했으며, 양측의 추정액 차이를 보면 합의 가능성을 꽤정확하게 예측할 수 있었다. 참가자들의 공정성 평가는 그들이 맡은 역에 유리하게 편향되었다.

자기위주편향을 줄이려는 여러 가지 실험이 뒤를 이었다. 뱁콕과 로웬스틴(1997[94])은 상대방의 관점을 논리적으로 지지하는 글을 써보도록 시키기도 했고 판사의 판결을 정확하게 추정한 참가자들에게 현금을 상으로 주기도 했지만 자기위주편향을 줄이는 데 가시적인 효과가 없었다. 참가자들은 여전히 공정한 판정에 대한 판사의 생각이 자기의 생각과 같을 것이라고 믿었다. 이외에 이들 실험에서 밝혀진 것들은 협상에서 나타나는 자기위주편향에 대한 신빙성 있는 심리적 기제를 보여준다. 각 참가자에게 자신이 맡은 역에 유리한 주장 여덟 가지와 상대 역에 유리한 주장 여덟 가지를 제시한 다음 중립적인 제3자 입장에서 이 주장들의 중요성을 평가하도록 했더니 자기의 입장을 뒷받침하는 주장이

---

92) Thompson, L., & Loewenstein, G. (1992). Egocentric interpreations of fairnesss and interpersonal conflict. Organizational Behavior and Human Decision Processes, 51(2), 176-197.

93) Babcock, L., Loewenstein, G., Issacharoff, S., & Camerer, C. F. (1995). Biased judgements of fairness in bargaining. American Economic Review, 85(5), 1337-1343.

94) Babcock, L., Loewenstein, G. (1997). Explaining bargaining impasse : The role of self-serving biases. Journal of Economic Perspectives, 11 (1), 109-126.

더 근거 있다고 보는 경향이 매우 강했다. 이는 각자가 증거를 왜곡하여 해석하기 때문에 편향이 작동함을 의미한다. 이 결과를 뒷받침하는 다른 실험결과가 있는데, 참가자들에게 자료를 먼저 읽게 한 다음 각자 원고와 피고 중 한 가지 역에 배정했을 때는 편향이 현저히 줄어들었으며, 거의 대다수가 재빨리 배상금에 합의했다.

이해 당사자가 둘보다 많은 다자간 분쟁에서도 자기위주편향은 마찬가지로 일반적인 현상이며 합의를 어렵게 한다. 다자간협상과 자기중심주의에 관한 연구의 많은 부분은 '사회적 딜레마social dilemmas'에 연관된 사람들의 의사결정을 다룬다. 하딘(1968[95])은 공유 초지에 소를 방목하는 목축업자들의 행동에 관한 우화를 제시해 사회적 딜레마를 생생하게 보여주었다. 소가 많을수록 수입이 증가하므로 각 목축업자가 자기 소의 수를 늘리는 것이 자기에게 유리하다는 점을 안다. 하지만 초지가 입는 손상은 모든 목축업자들이 함께 부담한다. 그러나 소들은 그 수가 너무 많아지면 채 자라지도 못한 풀까지도 뜯어먹게 되어 초지는 결국 황폐해진다. 그러므로 풀이 고갈되지 않고 안정적 수준이 유지될 수 있도록 각자 소의 수를 제한하는 것이 집단적 이해에 부합한다. 하지만 이와 동시에 각 목축업자 입장에서는 자신에게 허용된 두수보다 조금이라도 늘리는 것이 자기이해에 부합한다.

오늘날 사회가 당면한 많은 천연자원 부족과 공해문제는 하딘의 '공유지의 비극'을 닮았다. 웨이드-벤조니, 텐브런셀, 배저만(1996[96])은 한 집단이 희소자원-구체적으로 바다의 상어-을 공유하고 그것을 각자 수확하는 사회적 딜레마 시뮬레이션을 개발했다. 이 시뮬레이션은 지나친 포획으로 고갈된 주요 어종이 언제 어떻게 안정적인 수준으로 회복될지 매우 불확실한 미국 북동부의 한 어장에 드리워진 실제 위기를 토대로 개발되었다. 어장관리에서 두 가지 가장 중요한 쟁점은 (1) 위기를 극복하는 데 드는 비용을 누가 지불할 것인가와 (2) 위기극복 후 혜택은 누가 누릴 것인가이다. 그러므로 이 어장문제는 공유자원을 관리하는 데 내재된 모든 쟁점을 보여준다. 모든 사회적 딜레마에서처럼 참가자들은 개인적 이해와 집단적 이해 사이에서 선택해야 한다. 집단 전체의 이해를 고려하면 포획량을 제한하는 선택이 바람직하지만 사람들은 욕심 때문에 지나치게 많이 잡을 수도 있다.

이 상어 시뮬레이션에서 참가자들을 상어잡이로 돈을 버는 조직이나 집단을 대표하는 협상자 역할을 했다. 대표자들은 대형 연안 상어의 고갈이라는 공동의 문제를 해결하기 위해 회의를 열었다. 모든 협상자들에게는 두 가지 목표가 있는데 그것들을 보면, (1) 미래의 상어잡이가 불가능할 수준까지 상어를 고갈시키지 않으면서 현재 이익을 최대한 많이 니며, (2) 자신이 대표하는 조직에게 돌아갈 이익의 순현재가치를 최대한 크게 하는 것

95) Hardin, G. (1968). The tragedy of the commons. Science, 162, 1243-1248.

96) Wade-Benzoni, K. A., Tenbrunsel, A. E., & bazerman, M. H.(1996). Egocentric interpretations of fairness in asymmetric, environmental social dilemmas : Explaing harvesting behavior and the role of communication. Organizational Behavior and Human Decision Processes, 67(2), 111-126.

이다. 이 이익은 현재의 포획으로 버는 이익과 미래의 포획에서 기대되는 이익으로 나눌 수 있다. 참가자들에게 일정수준의 포획량을 제시하고 그만큼 잡으면 현재의 총개체수가 유지되며, 그보다 더 많이 잡으면 총개체수는 더 줄어들 것이라고 알려주었다. 지속 가능한 수준 이상 포획하면 미래의 포획기회가 줄어들어 총이익이 감소한다.

사실상 모든 사회적 딜레마의 한 가지 특징은 각 이해 당사자가 문제발생에 끼친 누에 비해서 제안된 해결책에 협력할 의지가 미흡하다는 사실이다. 이와 같이 문제에 끼친 책임과 해결을 위해 협력할 의지 사이에 비대칭이 존재하면 협상자들은 자원배분의 공정성에 대한 판단을 하는 과정에 자기위주편향을 보일 가능성이 높다. 이 비대칭을 확보하기 위해 참가자들에게 자기가 대표하는 조직이나 집단은 미래 상어 포획량의 중요성을 각기 달리 평가한다고 말해주었다. 구체적으로 보면, 수산회사들은 이미 상어를 많이 잡았으며 미래의 상어수에 대해서는 상대적으로 관심이 낮은 반면, 레크리에이션으로 상어 낚시를 하는 단체들은 상어를 별로 많이 잡지 않았으며, 앞으로의 상어 수에 관심이 매우 높다. 또한 참가자들은 현실에서와 마찬가지로 수산회사들은 레크리에이션 단체들에 비해 장지를 잘 갖추고 있어서 상어가 고갈되면 다른 어종으로 전환하기가 상대적으로 쉽다는 말도 들었다.

실험에 참가한 사람들은 이런 정보를 모두 들은 다음 회의를 하기 전에 이 위기에 대해 각자 나름대로의 공정한 해결책을 적었다. 그런 다음 30분 동안 관련 쟁점들과 현실적인 해결책들에 대해 논의했지만 구속력 있는 결론은 내지 않았다. 회의 후 참가자들에게 각자 나름대로 공정한 해결책을 다시 적으라고 했다. 참가자들이 제출한 자료를 분석해 보니 그들은 일반적으로 자기위주로 공정성을 해석했으며 기존의 포획량과 자기위주편향 사이에 양의 상관관계가 발견됐다. 또한 쟁점의 대한 논의가 자기위주편향을 줄였으며, 그 결과 협력이 늘어났다.

이 연구는 문제에 끼친 책임과 문제해결을 위해 협력할 의지 사이의 비대칭이 자기위주편향과 과잉포획의 주요 요인임을 강력히 시사한다. 자원사용을 둘러싼 실제의 딜레마들은 그 상황의 모호성 때문에 사람들이 당연히 실천해야 하는 자율규제 대신 제한된 자원을 조금이라도 더 많이 차지하려는 자신의 욕망을 합리화할 수 있는 대표적인 경우이다. 문제가 발생하는 근원적 이유는 사람들이 불공정하고자 원하기 때문이 아니라 정보를 비편향적으로 해석하기 어렵기 때문이다(메식, 센티스, 1983[97]). 질의, 맞교환 추구, 양보 등을 비롯한 소통 구축 노력은 자기위주편향을 줄이고 협상 쌍방뿐만 아니라 사회전체에도 득이 되는 해결책을 찾는 열쇠다.

---

97) Messick, D. M., & Sentis, K. P. (1983). Fairness, preference, and fairness biases. In D. M. messick & K. S. Cook (Eds)., Equity theory : Psychological and sociological perspectives (pp. 61-94). New York : Praeger.

6. 협상에서 닻 효과

사람들의 최초의 닻에 지나치게 영향을 받는 경향이 있고 또한 이러한 효과를 깨닫지도 못한다. 노스크래프트와 닐(1987[98])은 매물의 가격을 실제 가격이나 감정가의 5% 오차범위 내에서 산정할 수 있다고 주장하는 부동산중개업자들을 상대로 닻효과를 조사했다. 그 부동산중개업자들은 한 사람도 빠짐없이 자기는 매물로 나온 실제 주택의 가격을 산정할 때 집주인이 요구한 금액은 전혀 고려하지 않는다고 말했다. 그래서 노스크래프트와 닐은 대학생들과 면허를 소지한 부동산중개업자들에게 실제 주택 한 채의 가격을 산정하도록 하는 실험을 했다. 참가한 대학생들과 부동산 중개업자들은 모두 무작위로 네 개의 그룹으로 나누었다. 모든 그룹의 참가자들에게 매물로 나온 주택에 대한 상당히 자세한 정보와 그 주택이 소재한 지역에서 최근에 거래된 주택들에 대한 정보와 거래가격이 포함됐다. 내용 중 유일하게 그룹별로 다른 것은 그 주택의 주인이 제시한 가격인데, 실제 감정가보다 11% 또는 4% 높거나, 4% 또는 11% 낮았다. 모든 참가자들은 자료를 읽은 다음 실제로 그 주택과 인근을 답사한 후 각자 그 주택의 가격을 산정했다.

부동산중개업자들과 대학생들이 산정한 가격을 보면 양집단이 모두 닻, 즉 집 주인이 제시한 가격에 우의미하게 큰 영향을 받았음을 알 수 있다. 대학생들은 가격산정과정에서 집주인이 제시한 가격의 영향을 받았다고 순순히 시인한 데 반해, 부동산중개업자들은 결과가 시사하는 강력한 증거에도 불구하고 집주인인의 제시가를 기준으로 사용하지 않았다며 닻효과를 단호하게 부인했다.

리토프(1996[99])는 협상에서 참가자에게 작용하는 닻을 조금만 변화시키더라도 최종결과가 크게 바뀔 수 있음을 발견했다. 그녀는 대학생들이 판매자와 구매자로 나뉘어 거래를 하는 시뮬레이션을 실시했다. 시뮬레이션에 앞서 각 역할을 맡은 참가자에게 거래에서 제시할 수 있는 여러 가지 가격을 나열한 표를 나누어 주었다. 이 가격표는 두 가지였는데 하나는 구매자 이익의 내림차순으로, 즉 첫 행에 구매자에게 가장 유리한 가격이 오고 마지막 행에 판매자에게 가장 유리한 가격이 쓰여 있었으며, 다른 표는 판매자 이익의 내림차순이었다. 각 협상 조(組)에게 두 가지 가격표에서 무작위로 하나씩 뽑아서 주었다. 리토프는 이 표가 놀랄 만큼 큰 효과를 발휘함을 발견했는데, 협상은 주로 흥정구간의 극단에 가까운 값에서 타결됐다. 그런데 이 흥정구간 극단 값은 표의 첫 행에 제시된 가격이었다. 실제 연구내용을 단순화해 예를 들면, 1,000달러, 800달러, 600달러, 400달러, 200달러 순으로 나열된 가격표를 받은 협상조들은 그 역순으로 된 가격표를 받은 협상조들에

98) Northcraft, G. B., & Neale, M. A. (1987). Experts, amateurs, and real estate : An anchoring-and-adjustment perspective on property pricing decisions. Organizational Behavior and Human Decision Processes, 39, 228-241.

99) Ritovem I. (1996). Anchoring in simulated competive market negotiation. Organizational Behavior and Human Decision Processes, 67(1), 16-25.

비해 평균적으로 높은 가격에 합의했다. 이외에도 리토프는 최초제시액과 최종결과 사이에 양의 상관관계가 있음도 발견했는데 이에 대해서 좀더 살펴보겠다.

협상에서 누군가는 먼저 제안을 해야 한다. 판매자일까 아니면 구매자일까? 당신일까 아니면 상대방일까? 외쉬와 갈린스키(2003[100])에 따르면 좋은 대안이 있는 측이 열등한 대안이 있는 측보다 먼저 제시할 가능성이 높다. 마찬가지로 권한이 센 측이 약한 측보다 먼저 제시할 가능성이 높다. 그들은 또한 첫 제안이 극단적일수록 결렬될 가능성이 크지만 타결될 경우 먼저 제시한 측에게 유리하게 결정됨을 보여주었다. 첫 제안은 협상과정을 그 제안 부근에 붙잡아 두는 힘이 있지만 터무니없는 첫 제안은 상대방이 질려서 도망가게 할 수도 있다. 이상적으로는 첫 제안이 효과적이려면 적절한 수준이어야 하며 또한 흥정구간에서 자신에게 유리한 가장자리에 가까워야 한다.

갈린스키와 머스와일러(2001[101])는 상황이 매우 모호하면 첫 제안이 매우 강력한 닻 구실을 한다는 사실을 보인다. 상대가 흥정구간에 대해 감을 잘 잡고 있거나 거래대상이 자기에게 얼마나 값어치가 있는지 알고 있다면 내가 먼저 제안하더라도 별 소용이 없다. 하지만 협상대상의 가치를 판단하는 데 필요한 정보가 없다면 상대는 실제로 나의 첫 제시액을 토대로 그것의 가치를 추정할지도 모른다.

어떻게 하면 자신에게는 불리하고 상대에게는 유리한 첫 제안으로부터 자신을 보호할 수 있을까? 갈린스키와 머스와일러(2001[102])에 따르면 자신의 대안들과 목표들에 집중하면 상대방의 첫 제안은 거의 효과가 없다. 협상을 진행하는 과정에서 거래대상의 가치에 대해 많이 알게 되는 것은 사실이지만 그래도 상대가 먼저 내놓은 금액에 이끌려 상황을 판단하는 일은 피해야 한다.

100) Oesch, J. M., % Galinsky, A. D. (2003). First offers in negotiations : Determinants and effects. Paper presented at the 16th Annual IACM Conference, Melbournce, Austailia.

101) Galinsky, A. D., & Mussweiler, T. (1002). First offers as anchors : THe role of perspective-taking and negotiator focus. Journal of Personality and Social Psychology, 81(4), 657-669.

102) Galinsky, A. D., & Mussweiler, T. (1002). First offers as anchors : THe role of perspective-taking and negotiator focus. Journal of Personality and Social Psychology, 81(4), 657-669.

제2절

협상자 오류의 극복과 딜레마 관리

1. 협상과정별 협상자 오류의 극복

협상은 대단히 복잡한 사회현상으로서 각 협상마다 그 구조와 협상 상대방의 특성 등에 있어서 독특한 성격을 지니고 있어 일률적인 협상규칙을 제시하는 것은 불가능하다. 그러나 앞서 검토한 바 있는 협상자들이 개인적 또는 경쟁적 환경에서 빠지기 쉬운 오류들을 확인하고 합리적으로 협상을 진행하기 위한 구조를 검토하는 작업은 협상자들로 하여금 보다 나은 협상자로 나아가게 하는 초석이 될 것이다.

이러한 관점에서 협상을 합리적으로 이끌기 위한 가장 확실한 길은 협상에 임할 때 어떻게 보다 나은 준비를 하는가에 달려 있다. 협상을 준비하는 것은 이제까지 즉흥적으로 협상테이블에 앉아서 협상이 타결되든가 아니면 결렬되든가 하는 관행에 익숙한 협상자들에게는 이상하게 들릴 수도 있으나 합리적인 협상결과를 도출하기 위한 협상의 준비는 다음과 같은 이득을 준다.

▶ 협상 전에 협상에 관련된 질문을 던지고 이에 대한 해답을 미리 얻어 놓으므로서 충분하고 또한 체계적인 사고를 가질 수 있으며 이는 협상자의 판단에 있어서의 오류들을 감소시킬 수 있게 한다.

▶ 협상에 대한 충분한 준비는 협상과정 중에 필요한 정보가 무엇인지를 확인해 주며 어떤 정보가 현재 자신에게 부족한지를 지적하여 준다.

▶ 충분한 준비는 또한 협상자들로 하여금 훌륭한 합의안을 나쁜 합의안으로부터 구분할 수 있도록 하여 주며 협상에서 어떠한 일들이 전개될 것인지 예측가능하게 함으로써 협상자들로 하여금 보다 합리적인 대응을 할 수 있도록 하는 장점이 있다.

이러한 준비 과정에서 중요한 것은 자신은 물론 협상상대방에 대한 준비가 필요하다는 사실이다. 즉, 자신의 제안에 대한 협상상대방의 반응을 예측하고 이들이 협상에 어떠한 영향을 줄 것인지 평가하는 작업이 합리적 협상을 위한 중요한 요소가 된다.

Bazerman & Neale(1992)이 지적한 바와 같이 일반적으로 협상에서 발견되는 큰 실수들은 질문에 대한 잘못된 답변으로부터라기보다는 협상에서 올바른 질문을 하지 않는데서 발생한다는 사실을 명심할 필요가 있다. 협상을 합리적으로 구조화하기 위해 구체적으로 협상 전에 어떤 질문을 할 것이며 협상과정에서 무슨 작업이 필요한지, 그리고 협상자로서 협상성과를 제고하기 위하여 필요한 사항은 무엇인지 다음과 같이 정리 하였다.

1) 협상 전 준비

합리적인 협상을 위한 협상 전 준비작업은 다음과 같이 집약 할 수 있다. 즉, 협상자들의 의사결정과정에서의 오류를 분석하고 평가하기 위한 질문사항과 협상에서 합리적으로 사고하기 위해 필수적으로 밟아야 하는 단계들이다. 이 단계들은 협상자가 자신에게 스스로 물어볼 필요가 있는 질문이 무엇인지를 제시하여 준다.

(1) 협상자 오류를 회피하기 위한 질문들

협상자들은 의사결정에 있어 여러 가지 오류를 범하기 쉽다. 이러한 개인으로서 혹은 경쟁상대가 있는 경우 발생하기 쉬운 오류 오류들을 극복하기 위하여 협상 전 다음과 같은 질문 목록을 만들고 이를 점검하여 보아야 한다.

① 자신은 협상자로서 이전의 의사결정을 정당화하기 위한 협상행동을 추구하고 있지 않는가?

② 자신에게 이로운 것은 반드시 상대방에게 해롭거나 그 반대로 생각하고 있지는 않은가?

③ 자신이 설정한 최초의 기준점(anchor)에 의해 협상행동이 비합리적으로 영향을 받고 있지는 않은가?

④ 협상에 대해 또 다른 시각을 제시해줄 별도의 과제구조(framing)은 없는가?

⑤ 정보의 구득가능성에 의해 영향을 받고 있지는 않으며, 협상에서 중요하나 접근하기 어려운 정보를 무시하고 있지는 않은가?

⑥ 당신은 상대방의 의사결정이 협상에 미칠 영향과 그 과정 및 빠질 수 있는 오류 등을 충분히 고려하고 있는가?

⑦ 자신의 판단에 대해 지나친 확신을 가지고 있지는 않은가?

(2) 협상을 합리적으로 구조화하기 위한 질문들

협상자들의 합리적인 협상행동을 유도하기 위하여는 협상자들의 의사결정상의 오류를 점검하기 위한 질문들 외에 따라야 할 단계들이 있다. 이 단계들을 통하여 협상자들은 협상전에 자신에게 협상에 필요한 올바른 질문을 할 수 있게 된다.

① 자신의 유보가치(reservation value)가 어떠한가? 즉, 양보할 수 있는 최저치는 어디인가?

② 자신의 근원적 이해(real interests)는 무엇인가?

③ 각 협상의제가 자신에게 상대적으로 얼마나 중요한가?

④ 상기한 ①, ②, ③에 대해 협상 상대방은 각각 어떠한가?

⑤ 상대방의 협상중단 위협에 대해 어떻게 대처할 것인가?

2) 협상 중 : 정보의 재평가와 전략 수정

위에서 설명한 협상준비를 마치고 협상이 시작되었다고 협상에서 할 일이 끝난 것은 아니다. 협상을 위한 준비는 바로 실제 협상에서 합리적인 합의안을 창출하기 위한 이름 그대로 준비에 지나지 않는다. 협상자들은 협상과정을 자신이 준비단계에서 수집한 정보를 수정하고 보완하는 기회로 삼아야 한다. 협상과정 중 협상자들이 유의하여야 할 사항을 정리하여 보면 다음과 같다.

① 자신이 최초에 준비한 전략을 고수함으로써 비합리적인 갈등의 증폭이 있는지 살펴볼 필요가 있다.

② 협상이 진행되고 있는 기간 중의 휴식시간을 자신이 가지고 있는 기존의 정보를 재평가하고 새로운 정보를 수집하는 기회로 삼아야 한다. 즉, 협상 중 상호작용을 통하여 상대방의 유보가치와 근원적 관심사항 및 의제간 상대적 중요성이 어떻게 재평가 되는지, 새롭게 협상 가능지역은 어떤지, 절충 가능성이 있는 부분은 어딘지 등에 대해 지속적인 재평가 작업이 협상과정의 제고를 위해 필요하다고 볼 수 있다.

③ 기존 정보의 수정과 수집된 새로운 정보를 활용하여 전략을 재정립할 필요가 있다. 특히, 협상에서 상대방의 비합리적인 반응에 대하여는 자신의 입장을 내세우기보다 휴식을 요청하여 대응전략을 구상하는 것이 우월하다는 것이 이제까지의 연구 결과가 보여주는 결론이라고 할 수 있다.

3) 협상 후 평가와 합의안 관리

협상을 통하여 일단 합의안에 동의하였다하더라도 협상이 완전히 종결된 것은 아니다. 협상자들은 자신이 합의한 합의안에 대한 평가를 할 필요가 있으며 합의 후 합의 가능성을 찾아보아야 한다. 특히, 현대와 같이 경제활동 중 서비스산업의 비중이 커져가고 있는 상황에서 서비스 계약은 그 특성상 합의 후 합의의 여지가 대단히 크므로 합의안에 대한 평가를 통하여 추후 협상에 활용하든가 기존의 합의안을 수정하는 기회로 삼아야 함.

2. 협상자 딜레마의 관리

협상에는 협상자들의 가치창조(value creating)욕구와 가치획득(value claiming)욕구간에 긴장관계가 존재. 그러나 협상에서 가치를 창조하기 위해서는 협상자들간의 협력이 요구됨. 이는 협상자의 개방적인 태도, 원활한 의사소통, 학습, 협상기술, 공동 문제해결 및 갈등 증폭 방지노력 등 협상자들간의 협력을 통해서 협상자 상호간 이득의 극대화가 실현되기 때문이다. 한편 협상자들은 자신의 가치획득을 위하여 협상 가능범위에 대한 상대방의 인지를 형성하는 등의 경쟁전략을 사용하려는 욕구를 지니게 된다.

협상자들은 상대방 인지를 유리하게 형성하기 위하여 대안과 욕구수준을 조작하기도 하며 보상과 위협 등 긍정적인 또는 부정적인 언명(commitment)을 하기도 함.

협상에는 본질적으로 협력과 경쟁의 두요소가 함께 존재하는 것으로서 협상자 딜레마에서 살펴본바와 같이 협상자가 자신에게 합리적인 선택인 가치획득 전술을 사용하게 되면 협상당사자 모두에게 저급한 성과를 가져오게 되는 딜레마에 빠지게 된다.

문제는 협상에서 협력을 우선가치로 하여 가치창조 전술을 사용하는 협상자가 상대방이 가치획득전술을 사용하는 경우 불리한 성과를 갖게 된다는 것과 이러한 가치획득전술의 사용은 협상에서 가치창조 욕구를 저해하게 된다. 따라서 협상을 통하여 양쪽 모두에게 만족하는 성과를 실현시키기 위하여는 이러한 두가지 욕구간의 긴장을 해소하는 전략이 필요하다는 결론을 내릴수 있다. 협상자 긴장의 관리는 기본적으로 협상자 모두에게 만족할 만한 협상성과를 획득하기 위해 당사자간 협력을 유도할 수 있는 전략으로서 다음과 같이 설명할 수 있다.

1) 협상자 개인 차원의 관리

협상자 긴장관리를 위한 최선의 전략은 Axelrod(1984)의 다수라운드 딜레마 실험결과 로부터 유추 가능. 이 실험에서 1회적이 아닌 복수의 반복된 협상이 보장되고 상대방의 배반이 바로 감지되고 각 라운드별 수익이 알려져 있으며 변하지 않는 경우 최초의 협력과 이후 맞대응(tit-for-tat)이라는 조건부 개방전략이 상대방의 과도한 가치청구전략에 굴복하지 않고 충분한 협력을 유도 할 수 있는 최선의 방안이 된다는 사실을 밝혀낸바 있다.

문제는 이러한 반복성, 배반의 신속한 감지 및 수익에 대한 지식 및 그 불변성이 실제 협상에서 보장되지 않는다는데 있음. 따라서 협상자 개인의 차원에서 필요한 것은 상대방으로 하여금 가치 창조가 가치청구보다 낮다는 사실을 인식시켜 협력을 유도하기 위한 전략을 마련하는 것이라 할 수 있다. 가치창조가 가치청구보다 유리하다는 인식을 갖게 하기 위하여는 다음과 같은 세가지 방법을 제시할 수 있다.

① 상대방으로 하여금 먼저 각 협상의제에 대한 입장을 개진하도록 하는 것 보다는 협상자 스스로 자신은 협상에서 서로의 근원적인 이해를 설명하는데 관심이 있다고 선언하는 것이다. 이는 당사자간 입장의 충돌이 협상의 배분적 측면을 부각시키게되며 각자의 신뢰성에 손상을 입힐 수 있기 때문이라고 할 수 있다. 이와 관련하여 Fisher & Ury(1981)는 Brainstorming 모임을 가질 것을 권유하고 있는데 이 모임에서 당사자가 아이디어를 제시하고 이를 상호간 교환함으로서 대안을 개발하되 비판은 허용하지 않도록 한다는 것이다.

② 협상과정을 분리하여 협력으로 유도하도록 한다는 것.

협상은 사실상 여러 단계에 걸친 일련의 선택과정이라고 할 수 있다. 일반적으로 협상과정은 의제에 대한 전반적인 토의에 이어 제안과 역제안을 교환하게 되는데 이 과정에서 결합이득을 창조하기 위한 노력과 함께 설득 및 언명이 포함된다. 이는 각 단계에서 협상자들이 어떤 전략ㄷ을 선택할 것인지 딜레마에 빠질 수 있음을 의미한다. 따라서 협상자들이 초기에 몇 가지 의제에 대한 양보를 통하여 호의를 보이게 되면 이는 나중 단계에까지 협력적인 분위기를 유지하도록하는 효과를 가지게 되어 어려운 의제에 대하여도 양자 모두에게 바람직한 합의를 유도할 수 있도록 한다.

③ 협상이 반복될 수 있음을 환기시키는 것.

이는 앞으로 계속 거래가 지속되리라는 예상을 하는 경우 협상자들이 신뢰구축과 관계 형성에 관심을 기울이게 되며 협력을 기대하게 되기 때문이다. 이러한 반복적인 협상에서는 초기에 이득에 대한 배분원칙을 합의하는 것이 이후 협상에서 당사자에 의한 가치청구 욕구를 완화 할 수 있게 된다.

2) 게임의 룰 변화 방법

(1) 조정자(mediator)의 도입

조정자는 협상 당사자들에게 자신의 의견을 강제할 권한은 없으나 당사자들이 합의에 이르도록 도와주는 역할을 하는 제3자를 말한다. 조정자는 협상에서 다음과 같은 역할을 함으로서 가치창조와 청구욕구간의 긴장을 해소하는데 도움을 준다.

❥ 정보의 흐름과 의사소통을 원활하게 하며 학습을 촉진할 수 있다.
❥ 협상당사자 또는 조정자 자신이 창조적인 제안을 할 수 있도록 유도할 수 있다.
❥ 협상자들의 입장변화에 따르는 비용을 축소해 줄 수 있다.
❥ 협상당사자간의 갈등의 증폭을 차단하여 줄 수 있다.

(2) 단일 협상안(single negotiating text)

원래 국가간 분쟁해소를 위하여 협상에서 조정을 돕기 위하여 사용되던 것으로써 현재는 다양한 형태의 중재도구로 사용

[그림 5-9]

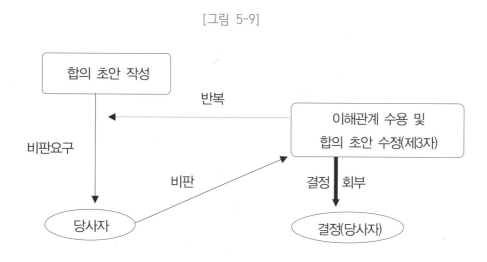

❖ 위와 같은 절차를 통해 만들어지는 단일 수정안은 협상자들로 하여금 양보 또는 합의 수용의 약속을 강요하지 않음으로서 당사자간 입장 차이에 의한 상호간 갈등의 증폭을 막을 수 있다.
❖ 그러나 합의 초안을 작성하는 과정에서 제3자는 당사자에게 대부분의 정보를 의존하게 되므로 정보가 왜곡될 수 있으며 제3자가 특정 당사자에게 치우쳐 있는 경우 그에게 유리한 초안을 작성하게 될 가능성 또한 존재.

(3) 합의안 개발과 결정의 분리

❖ 기본적으로 협상자들은 경쟁적인 협상과정을 겪으면서 상대방은 물론 협상 자체에 대한 판단을 하게된다는데 그 근거를 두고 있음.
❖ 이러한 판단은 상상력을 저해하므로 가능한 여러 가지 합의안을 개발하는 과정을 그 중에서 특정 합의안을 선택하는 과정과 분리하는 것이 필요. 즉, 비판과 결정이 배재된 브레인스토밍 모임을 통하여 합의안들을 먼저 개발하고 이후에 결정을 한다는 것임.
❖ 이를 실천하기 위해서는 양 과정간 시간 격차를 두고 진행하는 방법과 각각의 과업에 별도의 협상자를 배정하는 방법이 있을 수 있다.

(4) 합의 후 합의(Post-Settlement Settlement : PSS)

◆ 당사자간 관계가 적대적이거나 서로를 신뢰하지 않아 관계를 단절하고자 할 때 창조적인 합의안을 개발하기 위한 노력은 상호간 가치청구욕구가 창조욕구를 지배하게 되기 때문에 좌절될 가능성이 크고 갈등이 증폭될 위험이 크다.

◆ Raiffa(1985)에 의해 제안된 합의 후 합의 방법은 이러한 경우 완전한 형태의 합의안은 불가능하게되므로 우선 당사자간 가치창조 노력이 배제된 단순한 합의안을 만들고 제3자의 도움을 받아 합의 후 합의안을 개발하자는 것.

◆ 즉, 제3자가 개입하여 당사자들을 면담하고 사안을 분석한 다음 보다 나은 대안을 제시하도록 하는 것.

◆ 만약 이 제안이 당사자들에 의해 거부되면 이전의 단순한 합의로 만족하고 종결되지만 이를 수용하면 개선된 합의안을 만들고 그 과정을 반복함으로서 최선의 합의안에 이르게 된다.

[그림 5-10]

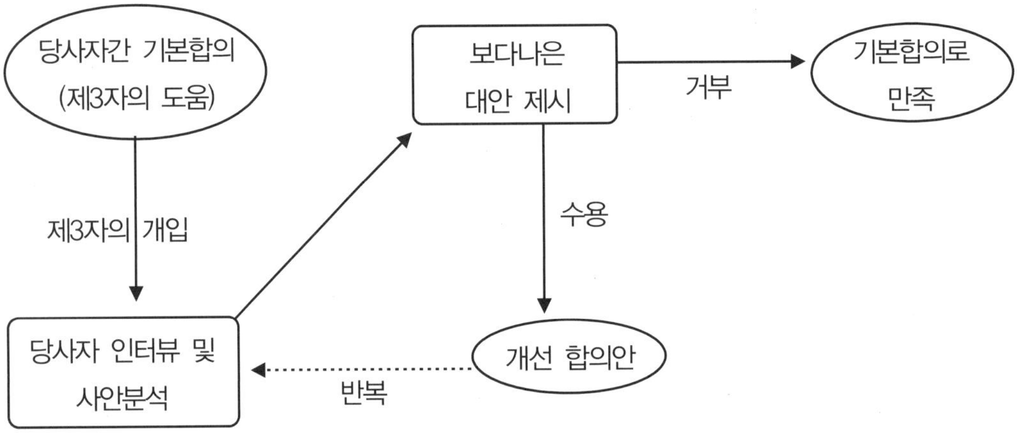

◆ 이러한 합의 후 합의방법은 당사자가 이득을 얻을 수 있을 때까지 더 이상의 창조과정을 연기함으로서 가치창조와 청구를 분리할 수 있다.

◆ 경제의 선진화가 진행됨에 따라 서비스 산업의 비중이 증대되면서 이러한 PSS 방법은 더욱 그 유용성을 인정받고 있다. 이는 서비스 산업의 고객 지향성이 크고 당사자간 지속적인 상호 의존관계를 갖게 하며 성과의 불확실성과 복잡성이 큰 특성을 지니고 있으므로 이후의 계약수정을 통하여 보다 효율적인 합의를 달성할 수 있기 때문이다.

3. 문제해결 접근 방법

협상자간 갈등이 증폭되어 협상이 난국에 처하였을 때 이를 타개하기 위해 최종적으로 사용할 수 있는 전략으로 문제 해결이란 당사자간 분쟁의 해결을 위하여 상호 수용할 수 있는 해법을 찾기위한 과정으로서 당사자의 근원적 이해에 초점을 맞추어 접근하는 노력이라고 할 수 있다.

1) 문제해결 접근 방법의 장점과 위험

(1) 장점

문재해결 접근 방법은 협상당사자간 감정적인 갈등의 증폭을 감소시켜주고 타협점을 찾도록 하며 당사자의 근원적 관심사항을 충족시켜주는 통합적인 합의안을 발견할 수 있도록 하는 장점이 있다.

(2) 위험

- ▶ 상호 수용할 수 있는 해법을 추구하는 협상자의 입지를 약하게 하고 이것이 상대방에게 알려질 우려가 있음. 따라서 당사자는 이 방법을 자신이 먼저 사용하려 하지 않을 가능성이 있다.
- ▶ 일방 당사자에게 상대적으로 더 유리할 수 있다. 즉, 화술과 논리적인 설득력이 뛰어난 당사자는 이 방법을 사용할 때 상대방에 비해 보다 나은 성과를 올릴 수 있음.
  예) 노사협상 시 일반적으로 노측은 사측에 비해 논리적으로 설득력이 약하여 문제해결 과정 중에 피업이라는 위협능력을 사용

2) 문제해결 접근에 따르는 성과

(1) 타협(compromise)

당사자간 상응하는 양보를 통하여 합의에 이르게 된다는 의미

(2) 승자결정 절차에의 합의

- ▶ 협상당사자간 공평한 합의에는 위에서 언급한 타협 이외에도 특정당사자에게 그가 원하는 것을 모두 주고 다른 당사자는 양보하도록 하는 규칙을 정하는 방법이 있다.
  예) 동전던지기, 필요의 비교, 제3자의 결정에 의뢰 및 투표방법 등
- ▶ 이러한 절차는 서로 양립할 수 없는 두 가지 대안만이 존재할 때 어쩔 수 없이 사용하여야 하는 경우도 있지만 대부분의 경우 당사자가 추구하려는 의사만 있으면 이 방법이 아닌 통합적인 해결책의 마련이 가능하다는 점에서 최선의 해결책은 아님.

(3) 통합적 해결안

당사자 모두에게 가장 큰 이익을 제공해주는 합의안이라는 점에서 최선의 접근방법임.

▶ 장점
- 당사자 모두의 욕구수준이 높은 경우 양보가 힘들기 때문에 합의를 위해서는 새로운 방법을 찾는 수밖에 없다.
- 당사자들의 결합이득이 높은 합의가 안정성이 높다.
- 상호 보상적이므로 당사자간 관계를 강화시킴.
- 당사자는 물론 보다 넓은 사회에 도움이 되는 합의안임.

▶ 조건
- 당사자들의 욕구수준이 높아야 하며 시간적 제약이 작아야 한다.
- 당사자들이 갈등에 대한 두려움이 낮아 갈등은 해결을 위하여 존재하는 것이라는 적극적인 생각이 필요
- 공평성 기준으로 균등 분배에 대한 중요성을 과도하게 부여하지 않을 때.

의사결정

1. 의사결정의 과정

의사결정이란 일정한 목표를 설정하고 그 목표를 달성하기 위해 몇 가지 대체안을 선정하여 이들 중 가장 좋은 대체안을 선택하는 행동과정을 의미한다.

[그림 5-11] 의사결정의 과정

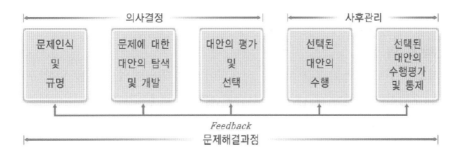

① 문제의 인식 및 규명

의사결정과정에서 협상자가 가장 먼저 해야 할 일은 문제를 면밀히 파악하고 인식하는 것이다. 문제의 규명 단계는 확인된 문제의 양상과 본질을 평가하는 과정이다. 따라서 협상자는 문제의 상황을 합리적으로 평가하고, 표면으로 노출된 현상 이상의 실제적인 문제를 파악하여야 한다.

② 대안의 탐색 및 개발

문제를 인식하고 규명한 이후에 의사결정이 필요할 것이다. 그러므로 대안을 탐색·개발하는데 필요한 각종 정보를 수집하여야 한다. 그런 이후 규명된 문제의 원인분석결과를 바탕으로 실제상황과 이상적인 상황간의 차이를 해소시킬 수 있는 행위나 조치, 즉 대안을 탐색·개발하는 단계이다. 대안의 포괄적인 탐색 및 개발을 위해서는 창의성이 특히 중요하며, 이를 위하여 브레인스토밍(brainstorming)기법 등과 같은 창의적 의사결정기법을 활용하기도 한다.

③ 대안의 평가 및 선택

탐색된 대안들 중에서 어떤 것이 가장 좋은 대안인가를 평가하고 선택하는 단계이다. 대안의 평가 및 선택은 의사결정 문제와 목적에 따라 그 기준이 달라진다. 어떠한 의사결정기준 혹은 의사결정 모형을 사용하는가에 따라서 선정되는 대안이 달라질 수 있다. 협상가는 각 대안의 결과를 추정하고 비교·평가하여 선택하게 되는데, 각 대안을 비교·평가할 때 고려해야 할 사항은 다음과 같다.

> ❥ 대안의 효과 : 대안이 조직의 목표와 자원에 대하여 어느 정도 실제적이며, 문제해결에 기여할 수 있는가를 고려해야 한다.
> ❥ 대안의 수행가능성 : 대안의 수행가능성 여부를 평가하여야 한다. 선택된 대안의 궁극적인 성공은 실현 가능성에 달려 있기 때문이다.
> ❥ 대안의 조직에 대한 영향 : 그 대안이 조직에 불필요한 문제점들을 야기시킬 수 있는지를 검토해야 한다.

④ 선택대안의 실행

문제해결을 위한 대안이 최종적으로 선택되어 결정되면 이의 실행을 위한 구체적인 행동계획을 수립하여야 한다. 왜냐 하면 선택된 대안의 궁극적인 성공은 실행여부에 달려있기 때문이다.

⑤ 대안실행의 평가

의사결정의 마지막 단계로 실행된 대안의 결과를 평가하는 것이다. 실행 결과의 평가는 실행방법 및 목표달성에 있어 선택된 대안과 그 수행이 효율적이었는가에 대한 관련 정보를 수집하여 검토함으로써 이루어진다. 또한, 실행결과의 평가에서는 대안의 긍정적인 측면과 부정적인 측면이 모두 고려되어야 한다.

2. 의사결정의 유형

의사결정의 유형은 학자에 따라 그 견해가 다양하나 일반적으로 사이먼(H.A. Simon)이 주장한 정형적 의사결정과 비정형적 의사결정, 앤소프(H. I. Ansoff)가 주장한 전략적 의사결정, 관리적 의사결정, 업무적 의사결정, 구텐베르그(E. Gutenberg)가 주장한 확실성하의 의사결정, 위험하의 의사결정, 불확실성하의 의사결정 등으로 구분할 수 있다.

1) 정형적 의사결정과 비정형적 의사결정(H.A. Simon)

(1) 정형적 의사결정(programmed decision)

정형적 의사결정이란 사건이 반복해서 발생하므로 의사결정을 함에 있어서 절차, 규정, 방침을 사전에 만들어 놓은 표준화된 의사결정 기법이다. 일반적으로 단순하고 일상적인 과업으로 과거로부터 지침을 얻을 수 있는 명백하고 확실한 상황에 적용된다.

(2) 비정형적 의사결정(non-programmed decision)

비정형적 의사결정이란 비일상적이고 비반복적인 업무 상황에서 이루어지는 비구조적인 의사결정기법이다. 일반적으로 일회적이며 동태적이고 불확실한 상황에서 충분한 자료가 없는 가운데 수행하여야 하는 의사결정 과정이라 할 수 있다.

<표 5-1> 정형적 및 비정형정 의사결정의 비교

	정형적 의사결정	비정형적 의사결정
특 징	① 일상적·반복적·단기적 의사결정 ② 하위계층의 의사결정 ③ 의사결정방법·절차의 명확성 ④ 정보자료의 명확성	① 불규칙·특수적·장기적 의사결정 ② 상위계층의 의사결정 ③ 의사결정방법·절차의 불명확성 ④ 정보자료의 불확실성
문제의 유형	빈번한 반복적인 일상적 인간관계에 관한 상당한 확실성	새로운 비구조적인 인과관계에 관한 상당한 불확실성
절 차	방식·규칙 및 명확한 절차에 의존	창의성과 직관에 의존
각종의 예	기업 : 재고품의 주기적 실태 대학 : 성적관리 의료기관 : 환자의 등록절차 정부 : 공무원 승진용 인사고과	기업 : 제품다각화와 시장변화 대학 : 새로운 강의실의 건축 의료기관 : 실험 기자재 구입 정부 : 지방정부기관의 재조직

2) 전략적 의사결정, 관리적 의사결정, 업무적 의사결정(H. I. Ansoff)

(1) 전략적 의사결정(strategic decision)

전략적 의사결정이란 최고경영층이 기업의 외부환경 변화에 대해 기업전체의 방향을 결정하는 의사결정이라고 할 수 있다. 이러한 의사결정의 예로는 신제품 개발, 해외시장 진출여부, 다각화 여부 등을 들 수 있다.

(2) 관리적 의사결정(administratic decision)

관리적 의사결정이란 중간관리층이 수행하는 의사결정으로 자원을 활용함에 있어서 성과가 극대화될 수 있는 방향으로 의사결정을 내리는 것으로 조직편성, 유통경로 결정, 입지 결정 등을 예로 들 수 있다.

(3) 업무적 의사결정(operating decision)

업무적 의사결정이란 하위 관리층이 내리는 구조적 의사결정과정으로 전략적 의사결정과 관리적 의사결정의 내용을 더욱 구체화하여 자원의 효율성을 최대화 하려는 것으로 가격결정, 생산일정 결정, 재고수준 결정 등을 예로 들 수 있다.

[그림 5-12] 경영위계에 따른 의사결정의 성격비교

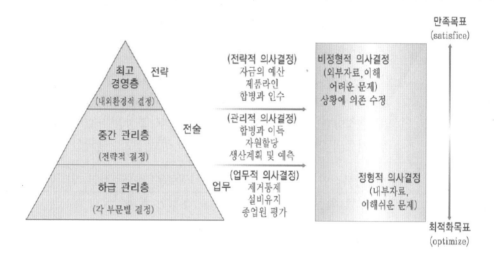

3) 확실성하의 의사결정, 위험하의 의사결정, 불확실성하의 의사결정(E. Gutenberg)

(1) 확실성하의 의사결정

확실성하의 의사결정이란 의사결정에 필요한 모든 정보를 알고 있고 그 발생결과를 확실하게 예측할 수 있는 상태의 의사결정을 의미한다. 모든 정보 및 그 결과에 대한 예측을 확실하게 할 수 있으므로 최적해의 선택이 가능한 의사결정으로 주로 하위관리층에서 이루어지는 정형적 의사결정과 유사한 특징이 있다.

(2) 위험하의 의사결정

위험하의 의사결정은 의사결정에 대한 정보가 불완전하게 있는 상태로 경영자는 문제의 해결 가능한 대체안을 파악할 수 있고 그 대체안을 선택하였을 경우 발생할 수 있는 상황에 대한 정보를 객관적인 확률 수치로 알 수 있을 경우의 의사결정이다.

(3) 불확실성하의 의사결정

불확실성하의 의사결정은 그 결과가 상황에 따라 변화하게 되며 상황이 발생할 확률을 객관적으로 알 수 없을 경우의 의사결정으로 이는 사이먼이 주장한 비정형적 의사결정과 유사한 상황이라고 할 수 있다. 따라서 불확실성하의 의사결정을 수행할 때는 주로 확률을 가정하고 의사결정을 하는 기법들이 사용될 수 있다.

4) 비합리성 관점의 의사결정이론

(1) 쓰레기통 모형(garbage can model)

쓰레기통 모형에서는 실제로 의사결정이 어떤 일정한 규칙에 의하여 발생하는 것이 아니라 쓰레기통처럼 뒤죽박죽 움직인다는 것이다. 올슨(Olson), 마치(March), 코헨(Cohen)이 주장한 이 모형은 매우 높은 불확실한 상태(조직화된 무정부 상태(organized anarchy)에서는 합리적인 시각으로 문제를 해결하지 못하고 문제, 해결책, 참가자, 선택기회가 뒤죽박죽 섞여서 무원칙적으로 결정된다는 이론이다.[103]

① 불확정적선호

개인의 의사결정은 개인이 의사결정 시 본인의 목적을 분명히 알고 있으며, 조직의 의사결정도 개인들이 어떤 목적을 가지고 의사결정에 참여하는지 안다고 가정하고 있다. 하지만 개인들은 자기가 어떤 목적을 가지고 조직의 의사결정에 참여하는가 알지 못한 채 의사결정에 참여하는 경우가 많다. 가령 어떤 안건을 가지고 집단회의를 할 경우에 집단구성원들은 그 회의에 참여하여 회의의 안건을 알게 되는 경우가 허다하다.

② 불명확한 기술목표와 수단 사이의 인과관계

의사결정에 참여하는 의사결정자가 본인의 목적을 분명히 알고 있다고 할지라도 목적을 실행할 수 있는 구체적인 수단을 잘 모르는 경우가 많다. 이러한 수단들은 시행착오를 통하여 파악되는 경우가 많다. 가령 잘 살아보자는 목표는 있지만 어떻게 잘살 수 있는지 그 수단은 잘 모른다.

③ 일시적 참여자

동일한 개인이 시간이 변함에 따라 어떤 경우는 의사결정에 참여하였다가 어떤 경우는 참여하지 않는 경우가 있다. 이런 경우에 회의 시에 토론에 참여하는 사람이 바뀌게 되어

---

103) Richard L. Daft, Organization Theory and Design (1995), P. 365

전의 내용을 알 수 없게 된다.

④ 의사결정

쓰레기통 모형에서는 의사결정에 필요한 구성요소로는 문제, 해결책, 참가자, 선택 기회가 있는데 이들(쓰레기)이 서로 다른 시간에 통(can) 안에 들어와 우연히 한 곳에서 만날 때 결정이 이루어진다고 본다.

[그림 5-13] 의사결정의 쓰레기통 모델에 있어 의사결정요소들의 독립적 흐름

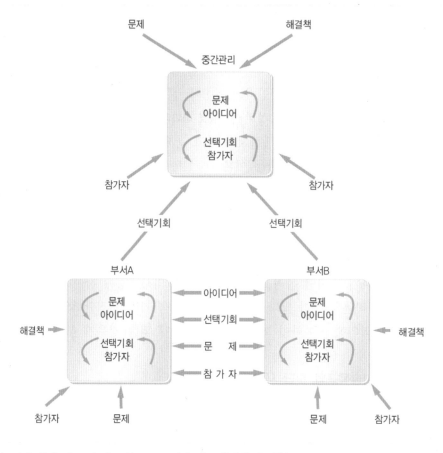

자료 : Richard L. Daft, Organization Theory and Design (1995), P. 365

(2) 암묵적 선호모형

암묵적 선호모형은 의사결정 초기에 의사결정자가 암묵적으로 어떤 대체안을 선호하게 되면 이후 다른 대체안들은 이미 선택된 대체안보다 못한 이유들을 찾아서 기 선호한 대체안이 최적의 대체안이라고 정당화시키는 현상을 의미한다.

3. 개인 의사결정과 집단 의사결정

1) 개인 의사결정

　개인 의사결정은 한 사람이 자신이 가지고 있는 정보를 활용하여 독자적으로 해결 대안을 선택하는 것으로 짧은 시간에 신속한 의사결정을 할 수 있는 장점이 있으나 충분한 정보를 확보할 수 없다는 단점이 있다.

2) 집단 의사결정

　집단 의사결정은 구성원들을 의사결정에 참여시켜 상호 협의 하에 의사결정을 하는 것으로 이는 개인적 의사결정보다 장점이 많을 것이라고 일반적으로 생각하고 있으나 개인적 의사결정보다 더 좋지 않은 결과를 가져온다는 연구결과가 발표되기도 하였다. 따라서 우리는 아래에서 집단의사결정의 장점과 단점에 대해서 살펴보고 어떻게 하면 개인 의사결정보다 더 효과적인 의사결정을 할 수 있는가에 대해서 알아보기로 한다.

<표 5-2> 집단의사결정의 장단점

집단의사결정의 장점	집단의사결정의 단점
많은 지식, 사실의 이용 구성원 상호간의 지적 자극 일의 전문화가 가능 커뮤니케이션 및 교육 기능 수행 참여한 구성원의 만족과 지지 향상	시간과 비용의 과다사용 집단사고 발생가능성 최적안의 폐기 가능성 의견불일치로 인한 갈등 신속한 행동 방해

3) 집단사고의 유형

(1) 도덕적 환상

　개인의 의사결정에 대해서는 도덕적일까 그렇지 않을까를 생각해보지만 집단이 제시하는 의견은 당연히 도덕적이라 간주하는 경향이 있다.

(2) 만장일치 환상

　자기 의견이 다수 의견과 다를 때 다수에 포함되어 가는 것이 편하여 자기의 의견을 개진하지 않고 집단에 동조하려는 경향이 있다.

(3) 과도한 모험선택

개인 의사결정 시에는 결과에 대한 책임을 혼자 지게되므로 위험스러운 대체안들은 선택하지 않았으나 집단 의사결정 시에는 책임이 분산되므로 위험스러운 대안을 과감하게 선택하는 경향이 있다.

(4) 집단양극화

의견차이가 없던 사람들 간에 토론 후 의견의 극한 대립을 보여 토론 후 완전히 갈라서는 경우가 있다.

(5) 정당화 욕구

집단 내에서 자신이 제안한 의견은 설사 잘못되었다고 해도 그것을 인정하지 않고 자신의 의견이 옳다고 계속 주장하려는 경향이 있다.

4) 집단의사결정 기법

(1) 브레인스토밍(brainstorming)

미국의 오스본(A. F. Osborn)에 의해 창안된 아이디어 창출기법으로 두뇌에 폭풍을 일으킨다는 뜻으로 두뇌폭풍 또는 두뇌선풍이라고 한다. 이 브레인스토밍은 10여 명 이내의 집단을 대상으로 10~60분 간에 걸쳐 한 주제에 대하여 다각적인 토론을 통하여 대량의 아이디어를 얻는 자유연상법의 전형적인 방법이다. 처음에는 광고 분야에서 창조적인 아이디어를 개발하기 위하여 사용되었으나 오늘날은 광고뿐만 아니라 신제품개발, 신용도개발, 새로운 판매방법, 작업방법개선 등 기타 모든 경영 문제해결 또는 아이디어 창출방법으로 널리 사용되고 있다.

> ❱ 브레인스토밍의 4대 원칙
> ① 아이디어 제안을 많이 할수록 좋다.
> ② 제안은 자유롭게 이루어져야 한다.
> ③ 다른 사람의 아이디어에 대해 비판을 해서는 안 된다.
> ④ 제안된 아이디어 간의 결합을 통한 아이디어 개선을 권장해야 한다.

(2) 기재식집단기법(Nominal Group Technique)

구조화된 회합에서 제시된 문제에 대해 다양한 참석자들이 자신의 아이디어를 글로 써낸 뒤에 제출된 모든 아이디어를 칠판이나 차트에 기록하여 장·단점에 대한 토론을 거쳐 투표로 최종안을 선택하는 창의적인 기법을 말한다. 이 집단기법은 보통 다음과 같은 4단계를 거치게 된다.

① 1단계 : 7~10명으로 이루어진 집단의 각 구성원이 제시된 문제에 대해 상호 간의 토의 없이 자신의 아이디어를 작성한다.

② 2단계 : 아이디어를 제출하게 되면 기록원으로 지정된 사람이 그것을 칠판이나 차트에 기록하고 누구의 것인지 모르게 한다.

③ 3단계 : 칠판이나 차트에 적힌 모든 아이디어에 대해 그것들의 장점, 타당성, 명료성 등 여러 가지 측면에 대해 토론한다.

④ 4단계 : 각 아이디어의 선호도에 대한 우선순위를 묻는 비밀투표를 실시하여 가장 많은 수를 얻은 것을 집단의사결정으로 한다.

(3) 델파이기법(delphi technique)

고대 그리스의 옛 도시인 델파이(delphi)에서 유래된 델파이기법은 전문가로 구성된 위원회의 합의에 기초를 둔 의사결정기법이다. 전문가들은 합의에 도달할 때까지 자신들의 의견을 단계별로 검토해 나간다. 이 기법은 미래예측 의사결정에서 빈번히 활용되는 기법이다.

❖ 델파이기법 5단계

① 1단계 : 전문가에게 잠재적인 해답을 요구하는 설문지가 배부된다.
② 2단계 : 각 전문가는 설문지를 완성하여 무기명으로 돌려준다.
③ 3단계 : 그 결과를 수집·요약한 두 번째 설문지를 완성하여 무기명으로 돌려준다.
④ 4단계 : 각 전문가는 첫 번째 설문지의 결과를 참고하여 두 번째 설문지를 완성한다.
⑤ 5단계 : 합의에 도달할 때까지 이러한 과정이 계속 반복된다.

(4) 변증법적 토의(Dialectical Discussion)

토론집단을 대립적인 두 개의 팀으로 나누어 토론을 진행하는 과정에서 합의를 형성해 내도록 하는 기법이다. 한 팀은 특정 대안에 대해 찬성하는 역할을 맡고, 다른 한 팀은 반대하는 역할을 맡는다. 두 팀이 자기역할에 충실한 토론을 하는 과정에서 특정 대안의 장점과 단점을 최대한 노출시킴으로써 의견수렴의 과정을 거치면 더욱 온전한 대안을 선택할 수 있다는 것이 변증법적 토론기법의 전제이다.

❖ 변증법적 토의 5단계

① 1단계 : 의사결정에 참여할 집단을 둘로 나눈다.
② 2단계 : 한 집단이 문제에 대하여 자신들의 대안을 제시한다.
③ 3단계 : 타 집단에서는 본래 대안의 가정을 정반대로 바꾸어 그에 기초한 대안을 마련한다.

④ 4단계 : 양 집단이 서로 토론을 한다.
⑤ 5단계 : 이 토론에서 살아남은 가정이나 자료를 가지고 의견을 종합하여 결정을
내린다.

(5) 캔미팅(Can Meeting)

일정 조직원들이 일상 업무장소를 떠나 외부와 단절된 상태에서 정해진 경영과제에 대해 격의 없이 자유 토론하는 것이다.

SK그룹의 최종현 회장이 미국유학시절에 익혀 1984년부터 그룹에 도입하기 시작, 1986년에 전 계열사로 확대했고 최 회장이 전경련 회장에 선임된 후 전경련에도 도입한 바 있다.

처음에는 10여 명이 둘러앉아 캔 맥주를 마셔가면서 업무에서 빚어지는 인간적 갈등이나 조직 내의 문제를 털어놓자는 뜻에서 업무관련 내용은 이야기하지 않았다.

결국, 캔미팅이라는 것은 일반적인 회의와는 달리 일상적인 업무는 물론 외부와는 차단된 장소에서 전 부서원이 부서장과 함께 어떠한 과제든 격의 없고 허심탄회하게 논의하는 회의다. 여기서는 어떠한 의견도 자유롭게 개진할 수 있으며 회의를 마친 뒤에는 절대로 그 때 발언을 문제 삼지 못하게 되어 있다.

협상과 의사결정

1. 협상과 의사결정

선호체계가 서로 다른 둘 혹은 그 이상의 이해 당사자들이 공동으로 결정을 내려야 하면 협상이 필요하다. 그들은 협상테이블에 둘러앉지 않을 수도 있고, 명시적으로 제안과 맞제안을 제시하지 않을 수도 있으며, 심지어는 한편임을 시사하는 말을 할지도 모른다. 그러나 공동결정에 대한 서로의 선호체계가 일치하지 않는 한 상호 합의할 수 있는 결과에 이르려면 협상을 할 수밖에 없다.

경영활동에서 많은 결정은 다른 사람들과 함께 내리며 그 과정에서 관여하는 주체들은 흔히 이해가 다르다. 이런 점에서 협상은 조직생활에서 아주 중요하다. 하지만 독자적으로 내리는 결정과 마찬가지로 협상을 통한 결정도 비합리적이기 쉬우며 그 원인은 이들 두 가지 결정유형에서 많은 부분이 동일하다. 이러한 사실 때문에 협상에서의 결정은 독자적인 결정보다 더욱 복잡할 수 있다. 합의하는 것이 현명한 경우에는 협상 당사자들이 결정의 합리성을 향상시키면 합의에 이를 가능성이 높아지고 그 결과의 질도 향상된다.

사람들은 흔히 협상의 결과를 두고 그럴 수밖에 없었다고 믿는다. 사실은 대부분의 협상은 그 결과가 매우 다양할 수 있다. 경영학 석사과정 학생들과 경영자들에게 협상에 대해 가르칠 때 우리가 활용하는 전형적인 방법은 수강생들을 둘씩 짝을 지어 서로 상대역을 하도록 하는 모의협상이다. 모든 쌍들은 동일한 자료와 문제를 받으며 협상이 타결되거나 결렬되면 그 결과를 칠판에 적는다. 수강생들은 상당히 균일한 집단인데도 불구하고 그들의 협상결과는 크게 달라서 매우 놀랍다. 각 협상 당사자이 결정과 행동에 다라 결과에 차이가 난다.

이 장은 양자간 협상 맥락에서 유용한 사고의 틀과 결정을 향상하기 위한 규범적 조언을 제시하는 것이 목표이며, 협상의 일방인 당신에게 돌아갈 결과를 향상하기 위한 방법에 치중한다. 또한 사회적 이득, 즉 모든 당사자들에게 돌아갈 종합적 결과를 향상하기 위한 방법도 제시한다. 협상의 타결이 양자 모두에게 유리한 경우에 결렬 가능성을 줄이는 방법을 배우고, 쌍방이 받을 수 있는 전체 혜택의 범위를 확장함으로써 이들 목표를 달성할 수 있다.

협상에 관하여 규범적 조언을 가장 먼저 제시한 사람들은 경제학자들이다. 이 분야의 경제학에서 가장 발전된 부분은 게임이론이다. 게임이론은 수학모델을 개발하여 다자간

의사결정 맥락에서 모두가 합리적으로 행동할 때 나타날 결과를 분석한다. 게임이론을 사용하려면 결정방식을 정의하는 구체적인 조건들-예컨대, 참가자들 사이의 행동순서-을 정하고, 참가자들이 취할 수 있는 모든 행동조합마다 각 참가자들에게 돌아갈 결과와 그에 따른 효용을 매겨야 한다. 실제분석은 합의에 이를지 여부를 예측하고, 합의에 이를 경우 그것의 구체적 성질을 규명하는 데 집중한다. 게임이론의 장점은 합리성이 완벽하게 보장되면 협상자에게 가장 엄밀한 규범적 조언을 제시할 수 있다는 점이다. 게임이론의 단점은 두 가지다. 첫째, 특정 상황에서 취할 수 있는 모든 행동대안의 조합과 각 조합에 따르는 결과를 기술할 수 있어야 한다. 이들을 기술하는 일은 운이 좋은 경우에는 따분하며, 최악의 경우는 무한정 복잡하다. 둘째, 모든 참가자들이 합리적으로 일관성 있게 행동해야 한다. 그렇지만 이전의 장들에서 이미 보았듯이 사람들은 합리적 분석으로는 쉽게 이해할 수 없지만 일관성 있게 예측 가능한 양상으로 비합리적인 행동을 하는 경우가 많다.

1) 의사결정의 오류와 극복방안

일반적으로 의사결정은 문제인식, 대안탐색, 대안의 평가, 선택, 시행, 결과에 대한 평가 등의 단계로 이루어진다. 의사결정을 하는 방식에는 합리적 모형, 제한된 합리성 모형, 직관적 모형, 카네기 모형, 점진적 모형, 쓰레기통 모형 등 다양한 유형이 존재한다. 이들은 나름의 논리와 방식으로 의사결정을 수행하는 과정을 설명해준다. 그러나 이들 중 어떠한 모델을 사용하더라도 의사결정에서의 오류를 완벽히 피하는 것은 불가능에 가깝다.

이하에서는 의사결정에서 발생하는 오류를 Tversky & Kahneman의 논의에 입각하여 살펴보고, 각각에 대한 극복방안을 검토한다.

① 과신오류 overconfidence bias

이는 의사결정자가 미래에 일어날 의사결정 결과들에 대해 예측을 충분히 할 수 있다고 자신의 능력을 과신할 때 일어난다. 미래에 대한 예측능력을 과신하는 사람들은 조직에서의 여러 협상 상황에서 실패할 가능성이 높다.

의사결정을 할 때 시간을 충분히 가지고 자신의 판단을 보다 현실에 근접하게 하도록 노력해야 할 것이다.

② 유용성 오류 availability heuristics

이는 의사결정자가 과거에 자신이 수집한 정보, 즉 기억되기 쉬운 정보만을 가지고 의사결정을 하는 경향을 말한다. 여기서 활용되는 정보란 최근에 발생한 것, 비행기 사고와 같이 현저성이 높은 것, 사건이 강렬한 감정을 야기 시킨 것(사회적 논란이 되는 사건 등) 등과 같은 정보가 의사결정자의 기억에 남아 이것이 의사결정에 영향을 끼치는 경우를 말한다.

이를 방지하기 위해서는 정보수집의 범위를 확대할 필요가 있다. 최근 중요하게 부각되고 있는 증거기반경영(EBM, evidence-based management)은 최상의 사실과 근거에 기초하여 보다 정보 집약적이고 지능적인 의사결정을 내리고자 노력하는 관리관행을 의미한다.

③ 대표성 오류 representativeness heuristics

이는 과거의 어떤 사건이 현재의 비슷한 다른 상황에서 같은 효과를 낼 것이라고 생각하는 데서 발생한다. 즉 과거의 사건이 대표성을 가지게 되고 의사결정자는 이를 기준으로 다른 의사결정에 적용하는 것이다(국내에서 호응을 얻은 제품이 해외에서도 잘 팔릴 것이라 생각하는 경우 등). 이를 줄이기 위해서는 각 상황에 적합한 정보를 수집하기 위한 노력이 필요하다. (해외에 소량 판매 후 결과 비교하여 판매에 적합한 나라 탐색)

④ 기준점 설정과 조정 오류 anchoring and adjustment heuristics

이는 의사결정을 위해 정보를 수집할 때 처음 수집된 정보가 의사결정의 기준이 되어 다른 의사결정에 영향을 미치는 것이다. 이는 최초 정보에 약간의 오차가 있더라도 결과치에 상당한 오차를 가져오기 때문에 오류의 심각성이 크다고 볼 수 있다.

이를 극복하기 위해서는 영기준 사고(zero-based thinking)가 필요하다. 사람들은 무의식적으로 이미 주어진 정보를 사용하여 의사결정을 내리려는 습관이 있으므로, 현재의 조건들이 존재하지 않는다는 가정하에 새로이 의사결정에 임할 경우 무엇을 근거로 삼아 의사결정을 할 것인지를 새로 정해야 한다.

⑤ 인지오류 framing bias

정보를 인지적으로 처리하는 과정에서 발생하는 오류로서, 특정 사건 내지 문제가 제시되는 형태에 따라 의사결정이 달라지는 것을 말한다.

(동일제품이지만 20% 세일 문구 붙은 2만원 가격표 붙인 상품과 그냥 2만원 가격표 붙인 상품의 매출 차이)

이를 극복하기 위해서는 정보가 제공될 때의 여러 상황들을 종합적으로 검토할 필요가 있다. 정보제시의 형태, 정보전달의 수단, 정보의 양, 정보제공의 시점 등을 다방면에서 고려해야만 비로소 인지오류를 최소화할 수 있을 것이다.

⑥ 몰입의 심화 오류 escalation of commitment

이는 경영자가 어떤 의사결정이 잘못되었음을 인지한 후에도 시간, 노력, 자원을 계속 투입하여 결국에 가서는 조직에 큰 해를 입히는 경우를 말한다. 이러한 오류는 다음의 단계를 거치면서 나타난다.

첫째, 의사결정자는 부정적 결과를 가져다주는 의사결정을 한다.

둘째, 의사결정이 잘못되었음을 알고도 자원을 더 투입한다.

셋째, 결국 큰 손해가 발생한다.

대표적인 예로 수 년 전 미국정부가 각계의 반대에도 불구하고 GM社에 130억 달러를 지원하였으나, 결국 그 회사가 재무적인 개선에 실패한 것이 있다.

몰입의 심화가 발생하는 원인으로는 의사결정자의 자기 합리화, 도박에서처럼 승률에 대한 착각, 지각의 결함, 매몰비용에 대한 집착 등을 들 수 있다. 이를 줄이기 위해서는 다음의 몇 가지를 제안할 수 있다.

첫째, 의사결정을 할 때 한번에 커다란 결과가 나올 수 있는 것을 피하고 목표를 여러 작은 것들로 쪼개어 설명한다.

둘째, 의사결정 권한을 분산한다.

셋째, 비용을 단기적 측면보다는 장기적 관점에서 분석한다.

2. 협상을 위한 의사결정분석적 접근

완벽하게 합리적이고 더할 나위 없이 명석한 사람들이 사는 세계에서 벌어지는 협상을 분석하는 데 사용하는 게임이론의 대안으로서 래이파(1982[104] ; 2001[105])는 협상을 위한 의사결정분석적 접근을 개발했다. 이 접근은 "우리가 좀더 현명하고, 더 많이 생각하고, 더 합리적이고, 모든 것을 안다면, 우리는 어떻게 행동해야 하는가"보다 "당신과 나처럼 실수에서 자유롭지 못한 보통사람들이 실제로 어떻게 행동하는가(1982, p.21)"에 집중한다. 그래서 래이파의 접근은 조언을 받는 측의 관점에서 보면 규범적이며 그 상대방의 관점에서 보면 기술적이다.

래이파는 협상분석을 위한 뛰어난 틀을 제시한다. 이 분석틀의 토대는 다음과 같은 세 가지 핵심정보를 평가하는 일이다.

◆ 합의에 이르지 못할 경우에 대비하여 각 측이 가지고 있는 대안

◆ 각 측의 속내들

◆ 각 측이 가지고 있는 속내들의 상대적 중요

---

104) Raiffa, H. (1982). The art and science of negotiation.Cambridge, MA : Belknap.

105) Raiffa, H. (2001). Collaborative decision making. Cambridge, MA : Belknap.

이 세 가지 정보가 종합적으로 협상이라는 게임의 구조를 결정한다(랙스, 세비니우스, 1987[106]). 협상분석은 합리적 협상가라면 협상의 구조와 협상의 상대를 어떻게 생각해야 하는지(래이파, 2001[107]), 그리고 양측이 범하는 흔한 실수들(배저만, 커핸, 무어, 2000[108]; 배저만, 커핸, 무어, 밸리, 2000[109]; 배저만, 닐, 1992[110]; 톰슨, 2001[111])을 다룬다.

1) 합의대안

중요한 협상이라면 시작에 앞서, 합의에 이르지 못할 경우 취할 행동을 반드시 생각해 두어야 한다. 다시 말해서 협상을 통한 합의를 대신할 최선의 대한Best Alternative to a Negotiated Agreement(줄여서, '합의대안 BANTA')을 반드시 정해야 한다(피셔, 유라이, 1981[112]). 합의대안은 협상에서 합의를 통하여 거두고자 하는 결과의 하한 역할을 하므로 매우 중요하다. 우리는 협상에서 도출할 수 있는 어떤 합의안의 가치가 합의대안의 가치보다 크면 결렬보다는 그 합의를 선호해야 한다. 마찬가지로 합의대안보다 가치가 낮은 합의안은 거부해야 한다. 이와 같은 분석은 논리적으로 협상의 유보점reservation point 또는 다른 말로 무차별점indifferent point, 즉 협상자의 입장에서 볼 때 협상이 결렬되든지 타결되는지 무방한 결과를 결정한다

당신이 생각하기에 상대는 최종제안을 했고 이제 당신이 할 일은 그것을 수용하든지 거부하든지 둘 중 하나라고 상상해 보자. 이때 어떻게 결정을 내리겠는가? 합의대안이란 개념을 사용하면 답은 분명해진다. 그 제안이 당신의 합의대안보다 나으면 받아들이고, 그렇지 않으면 거부하면 된다. 그러나 많은 사람들이 자신의 합의대안보다 나은 최종제안을 거부하기도 하고 자신의 합의대안보다 나쁜 최종제안을 받아들이기도 한다. 그 이유는 자신의 합의대안을 신중하게 고려하지 않으면 감정의 지배를 받기 쉽기 때문이다.

합의대안에는 여러 가지가 형태가 있다. 예를 들어, 어떤 특정 새 차를 구입하는 대신 대중교통을 이용하겠다고 결정할 수 있다. 아니면, 이미 서면으로 가격을 제안한 자동차 대리점에서 똑같은 새 차를 구입할 수도 있다. 첫 번째보다 두 번째 경우에 유보가격 reservation price을 결정하기가 훨씬 쉽다는 점에 주목하라. 그러나 평가가가 쉬운 유보가

106) Lax, D. A. & Sebenius, J. K. (1987). Measuring the degree of joint gains achived by negotiations. Unpublished Manuscript; Havard University.
107) Raiffa, H. (2001). Collaborative decision making. Cambridge, MA : Belknap.
108) Bazerman, M. H., Curhan, J. R., Moore, D. A., & Valley, K. L. (2000). The death and rebirth of the social psychology of egotiaition. In G.J.O. Flercher & M. S. Clark (Eds.), Blackwell handbook of social psychology : Interpersonal processes (pp. 196-228). Oxford : Blackwell
109) Bazerman, M. H., Curhan, J. R., Moore, D. A., & Valley, K. L. (2000). Negotiation. Annual Review of Psychology, 51, 279-314.
110) Bazerman, M. H., Neale, M. A. (1992). Negotiating rationally. New York : Free Press.
111) Thompson, L. (2001) The mind and the heart of the negotiator. Upper Saddle River, NJ : Practice Hall.
112) Fisher, R., Ury, W., & Patton, B. (1981) Getting to yes. Boston : Houghton Mifflin.

격이 있든지. 아니면 사과와 오렌지를 비교하는 것 같은 상황에 있든지 상관없이, 반드시 자신의 합의대안을 결정하고 상대방의 합의대안을 가능한 한 정확하게 추정해야 한다. 이렇게 분석하는 일은 어려울 수도 있지만 이렇게 하면 직관적 평가나 준비가 미흡한 평가보다 나은 협상의 토대가 마련된다. 어떠한 협상에서든지 당신이 사용할 수 있는 기본적인 지렛대는 협상장을 박차고 나가겠다는 위협입니다. 자신의 합의대안이 무엇인지 분명하게 알지 못하거나, 도중에 협상테이블을 떠나고 싶을 때 합의대안이 가지는 의미를 모르는 상태에서는 결코 협상에 임하지 말아야 한다.

2) 협상 당사자들의 속내

협상을 분석하려면 모든 협상 당사자들의 속내를 파악할 필요가 있다. 그렇지만 실제로는 상대방의 속내를 모르는 경우가 흔하다. 협상 당사자가 겉으로 드러낸 입장과 겉으로 드러내지 않은 속내가 다르기 때문이다. 입장은 상대방에게 요구하는 것이고 속내는 그 입장 이면에 자리 잡은 동기이다. 앞으로 그 중요성을 명백하게 설명할 예정인데, 겉으로 드러나지 않은 더 중요한 깊은 속내에 집중하면 때로는 창의적인 해결책이 떠올라 각 측이 원하는 바를 더 많이 얻는 데 도움이 된다.

우리가 자문하는 포천 100대 기업군에 속하는 한 회사의 구매담당 관리자가 최근에 새로운 건강식품에 들어갈 성분을 확보하기 위해 그 성분의 유일한 생산자인 유럽의 어떤 회사와 구매협상을 했다. 가격에 대해서는 양측이 연간 백만 파운드에 대해 파운드당 18달러로 합의했다. 하지만 독점구매권을 두고 갈등이 생겼다. 유럽 회사는 우리 고객에게 그 성분을 독점적으로 공급하는 데 동의하려 들지 않았다. 경쟁자들도 이 성분을 구할 수 있으면 우리 고객은 이 성분을 사용한 신제품 생산에 투자할 형편이 아니었다. 구매담당 관리자가 유럽에 도착한 후에도 독점구매권에 대한 갈등은 계속되었다. 그래서 마지막으로 그는 상대 회사 사장에게 대기업이 생산 전량을 구매하겠다고 제안하는데도 독점권을 허용하지 않으려는 이유가 뭐냐고 물어보았다. 이에 그 사장은 유럽에서 사업을 하는 자기 사촌에게 연간 250파운드씩 팔기로 이미 약속했기 때문이라고 말했다. 이 사정을 알고 나서 구매담당 관리자는 원료생산자의 사촌에게 그 정도를 공급하는 예외를 인정하고 독점권을 보장받는 조건으로 합의하고 계약 조인식을 했다. 이 갈등을 푼 열쇠는 구매담당 관리자가 상대방에게 독점권을 허용하지 않겠다는 드러난 입장에 계속 구애받지 않고 속내(사촌에게 소량 판매하는 것)를 물어보기로 한 결정이다. 이 구매담당 관리자은 사내에서 협상 귀재로 통하는데, 이 계약의 성사가 이런 명성을 얻는 데 한몫했다는 사실이 흥미롭다. 하지만, 그 계약의 성사는 다음과 같은 그 관리자의 말처럼 전혀 대단한 일이 아니었다. "나는 독점권을 제공하지 않으려는 이유를 물어보았을 뿐이다."

협상자들이 각 측의 속내들을 알더라도, 각 속내의 상대적 중요성을 언제나 철저히 검토하지는 않는다. 협상에 충분히 대비하려면 자신에게 각 속내가 얼마나 중요한지 파악해야 하며 또한 상대방에게도 얼마나 중요한지 감이 있어야 한다. 상대적으로 덜 중요한 사안은 양보하고 더 중요한 사안은 확보할 때 최선의 합의에 다다른다. 예를 들어, 새로운 일자리를 두고 협상하는 경우 의료비 지원 혜택이 추가 3일 휴가보다 더 중요함을 깨닫거나 첫 해 휴가를 며칠 적게 받더라도 첫 출근일을 늦추는 데 더 관심이 있을 수도 있다. 자신의 선호체계가 어떻든, 스스로 미리 준비해 어떤 맞교환이 더 매력적이고 덜 매력적인지 파악해야 한다.

4. 협상 상황 하에서의 가치창출

1) 협상에서 가치 차지하기

다음 예를 생각해 보자.

> 막 경영대학원을 졸업한 어떤 사람이 매우 전문적인 일을 맡기로 하고 어떤 회사에 입사하려고 하고 있다. 연봉을 제외한 모든 사항은 합의가 끝났다. 회사는 연봉으로 9만 달러를 제안했고 이 학생은 10만 달러를 맞제안했다. 양측은 모두 자기의 제안이 공정하다고 생각하면서도 합의를 간절히 원한다. 학생은 겉으로 말은 하지 않지만 9만 3천 달러 이상이면 받아들을 준비가 되어있다. 회사도 9만 7천 달러까지는 줄 마음이 있다.

이 문제는 흥정구간bargaining zone 개념으로 단순화하여 다음과 같이 기술할 수 있다. 흥정구산 도식은 각 측이 사라리 결렬을 택할 어떤 짐보다 높거나 낮은 어떤 유보짐을 가진다고 가정한다. 협상 당사자의 합의대안이 유보점이 된다. 그래서 쌍방이 모두 결렬보다는 선호하는 타결책들이 존재한다. 이 예의 경우 93,000~97,000달러 사이의 모든 금액은 타결책이 된다. 이 구간은 양(陽)의 흥정구간positive bargaining zone이라고 불린다. 양의 흥정구간이 존재하면 타결하는 것이 현명하다. 쌍방의 두 유보점이 겹치지 않으면 음(陰)의 흥정구간이 있다고 불린다. 이런 경우에는 쌍방이 모두 받아들일 수 있는 합의점이 존재하지 않으므로 타결은 있을 수 없다.

많은 사람들은 흥정구간 개념이 반(反)직관적이라고 생각한다. 살아가면서 다양한 협상에 참가하면서 사람들은 협상 당사자들의 유보점들은 결코 겹치지 않으며 그저 밀고 당기다가 합의점에 이를 뿐이라고 단정한다. 하지만 이런 생각은 틀렸다. 사실은 쌍방이 결렬보다는 타결을 택한 합의점에서 양측의 유보점이 겹친다. 이 합의점은 흔히 흥정구간 내에 존재하는 여러 점들 중 하나일 뿐이다. 대다수 사람들은 자기목표가 무엇인지 어느 정도 알고 협상에 임한다. 하지만 대다수 협상자들은 자기의 유보점과 상대방의 유보점에 대하여 충분하게 생각하지 않으며 이들 유보점은 쌍방의 합의대안을 평가해보면 알 수 있다.

연봉협상으로 돌아가서 보면 흥정구간은 93,000달러와 97,000달러 사이의 구간임을 알 수 있다. 회사가 지원자에게 93,100달러가 최종제안이라고 확신시킬 수 있으면 지원자는 그 제안을 받아들이고 회사는 거의 합의금액을 최대한 낮추게 된다는 사실을 우리는 알 수 있다. 마찬가지로, 지원자가 96,600달러가 자신이 받아들일 수 있는 최저연봉이라고 회사를 설득할 수 있으면, 회사는 이 제안을 받아들이고 지원자는 합의금액을 거의 최대로 올리게 된다는 사실을 우리는 알 수 있다. 그러므로 핵심적인 협상기술 중 하나는 상대방의 유보점을 알아내어 상대방이 가까스로 받아들일 수 있는 타결책을 적중시키는 수완이다. 어느 일방 또는 쌍방이 상황을 잘못 판단하면 상대방의 유보점 너머에 있는 흥정안을 융통성 없이 고집할 가능성이 있고 결과적으로 협상이 결렬될 수 있다. (예를 들어, 이 예에서 서로 상대가 굴복하리라고 믿으면서 지원자는 98,000달러를 고수하고 회사는 92,000달러를 고집하면, 바로 이런 일이 벌어진다.) 이런 일이 벌어지면 양의 흥정구간이 존재해서 충분히 가능한 타결도 불가능하게 된다. 이런 경우는 다음과 같이 벤자민 프랭클린도 언급했다(레이파, 1982[113])에서 재인용).

당사자들에게 유리하지 않은 거래는 일어나지 않는다. 물론 자신의 입장에서 최고인 거래를 성사시키면 좋다. 하지만 쌍방 모두에게 득이 될 수 있는 거래가 어느 한쪽 또는 모두가 욕심을 너무 부린 나머지 깨쳐 아무런 결과를 이루지 못하는 것은 최악이다.

2) 협상에서 가치 창조하기

방금 논의한 분석은 쟁점이 하나(즉, 연봉)인 협상상황을 다루었다. 쟁점이 하나뿐인 협상은 그 특성 상 가치 차지하기만 중요하지 가치의 창조는 논외다. 대부분의 중요한 형상은 흔히 이보다 더 복잡하여 쟁점이 여러 가지이다. 쟁점을 파악하고 새로운 쟁점을 추가하는 과정에서 쌍방은 가치를 창조할 수 있을 것이며 그래서 모두에게 돌아갈 혜택을 늘릴 수 있을 것이다.

(1) 가치창조 : 1978년 캠프 데이비드 협정 사례

1978년에 타결된 캠프 데이브 협정을 살펴보자(프루이트, 루빈, 1985[114]).

이집트와 이스라엘은 시나이 반도의 지배권에 대해 협상하려고 했는데, 양측의 목표가 정면으로 충돌하는 듯했다. 이스라엘은 1967년 전쟁에서 이집트로부터 뺏은 시나이반도를 돌려줄 생각이 없는데 이집트는 시나이반도를 완전히 돌려받고자 했다. 어느 쪽도 시나이반도를 분할하는 안은 받아들일 수 없다고 생각했다.

113) Raiffa, H. (1982). The art and science of negotiation.Cambridge, MA : Belknap.
114) Pruitt, D. G., & Rubin, J. Z. (1985). Social conflict : Escalation, impasse, and resoulution. Reading, MA : Addison-Wesley.

이 분쟁을 검토해보면 처음에는 양의 흥정구역이 존재하지 않으므로 협상을 통한 해결은 불가능했을 것으로 보인다. 다시 말해서, 양측의 입장을 하나의 자(尺)위에 표시하면 유보점들이 겹치지 않으므로 결렬은 피할 수 없어 보인다.

이와 같은 비관적이고 잘못된 예측과는 달리 여러 가지 쟁점이 있었으며 그 쟁점들 사이에 창의적인 맞교환을 찾을 수 있어서 결국은 캠프 데이비드에서 협상이 타결되었다.

협상이 계속되면서 양측의 입장은 대립했지만 그들의 속내는 양립할 수 있음이 분명해졌다. 이스라엘의 속내는 지상 혹은 공중 공격으로부터 자국의 안보를 유지하는 것이었다. 이집트의 주된 관심사는 수천 년 동안 자국 영토의 일부였던 땅에 대한 주권이었다. 진정한 쟁점은 처음 생각과는 달리 한 가지가 아니라 두 가지인 것으로 드러났던 것이다. 그것들은 바로 주권과 군사적 안보였으며, 이 두 가지는 각측에게 중요도가 달랐다. 그래서 이들 두 쟁점을 맞교환한 해결책이 부상되었는데 이스라엘은 시나이반도에 비무장지대와 새로운 공군기지를 확보했고 이집트는 시나이반도의 영토권을 돌려받는 것으로 타결되었다.

이 해결책은 이집트로서는 어느 모로 보나 거부할 이유가 없었지만 이스라엘로서는 결코 받아들일 수 없었다. 이스라엘이 그 땅을 계속 점령하면서 완전한 지배권을 행사하는 해결방안이다. 이 해결책은 이스라엘레게는 더할 나위 없이 좋았지만 이집트는 결코 받아들일 수 없었다. 아주 단순한 타협안으로는 양 측이 그 땅을 반반씩 지배하는 것이다. 그러나 이 타협안은 어느 나라의 유보점도 충족하지 못한다. 이집트에게는 영토권을 주지 않고, 이스라엘에게는 충분한 안보를 보장하지 않는다. 그러나 최종타결책은 영토권과 안보라는 두 차원에서 양측의 유보점을 충족하는 해결책이 존재하는 한 양의 흥정구간은 존재한다 양측의 유보점들이 충족되는 영역이다.

양측이 상대가 드러낸 입장만이 아니라 드러내지 않은 속내를 고려함으로써 양의 흥정구간이 있음을 깨달을 것으로 보인다. 이러한 속내가 밝혀지자 각 측은 맞교환, 즉 자신이 중요하게 여기는 쟁점은 고수하고 덜 중요하게 여기는 쟁점은 양보함으로써 합의안을 도출할 수 있었다.

(2) 쟁점들 간 맞교환으로 가치 창조하기

쟁점들 사이의 맞교환은 이 예에만 국한되지 않는다. 사실 업무상 중요한 거래들의 대부분에는 가치를 창조할 기회가 있다. 양측 사이에 두 가지 쟁점이 있고 각 측이 더 중요하게 생각하는 쟁점이 서로 다르다면 단순히 각 쟁점별로 타협하기보다는 쟁점들을 맞교환하면 양측 모두에게 더 유리한 해결책을 발견할 기회가 있다. 이러한 사실과 달리, 경영대학원에서 학생들과 고위경영자들을 가르치면서 겪은 경험을 토대로 우리는 실제 협상에서 많은 사람들이 흔히 가치를 창조할 기회를 간과한다고 믿게 되었다. 쟁점들 사이의 맞교환을 통하여 가치를 창조하지 못함으로써 기업에 엄청난 손실을 입히는 경우가 많이 있다.

협상에서 상대방의 생각이 자신의 생각과 다르면 사람들은 일반적으로 그러한 차이를 문제로 여긴다. 협상가들은 가치를 창조하기 위한 모든 기회를 포착해야 한다. 상대가 어떤 것을 당신보다 더 중요하게 여기면 그것을 상대가 어떤 것을 당신보다 더 중요하게 여기면 그것을 상대가 가지게 하라. 하지만 그냥 주지 말고 그 대신 당신이 중요하게 생각하는 것을 그 대가로 받아내라. 유능한 협상가들은 가치가 다른 쟁점들을 맞교환하는 것이 가치를 창조하는 가장 쉬운 방법임을 잘 안다. 자신에게 중요한 것을 파악하고 상대방이 중요시하는 것을 알아내면 이들 차이점을 토대로 가치를 창조할 준비가 된다. 상대방을 진실로 배려한다면 당신은 더욱더 가치를 창조해야 할 이유가 있다. 하지만 가치창조란 그저 '사람 좋은' 협상가가 상대방을 배려할 때 하는 것이 아니라, 합리적인 협상가라면 서로 나누어 가져야 할 파이의 크기를 늘리기 위해 반드시 해야 하는 것이다.

가장 흔한 맞교환은 한 가지 쟁점에서 양보를 받는 조건으로 다른 한 가지 쟁점을 상대방에게 양보하는 것이다. 예컨대, 가격을 깎는 조건으로 물건을 더 많이 사거나 대금을 빨리 지불하는 것이다. 좀더 복잡한 맞교환은 위험이나 시간과 같은 요인도 고려한다. 제4장에서 우리는 사람들의 위험감수성향 차이가 의사결정에 영향을 미침을 보았다. 위험은 협상에서도 매우 중요한 역할을 하기도 한다. 위험한 사업을 시작하려는 두 동업자를 상상해 보자. 한 사람은 위험기피적이며 어느 정도 안정된 수입이 필요한 반면, 다른 한 사람은 위험을 더 수용하는 편이며 수입보장이 덜 필요하다. 이 동업자들은 한 사람은 수입을 더 많이 가지고 다른 한 사람은 지분을 더 많이 가지기로 맞교환하면 모든 자산을 단순히 반반씩 나누는 것보다 두 사람 모두 더 만족할 수 있다. 이와 같이 위험 공유전략을 택함으로써 다른 방법으로는 불가능한 맞교환을 도출해낼 수 있다.

시기 선호체계의 차이도 협상에서 타협안을 도출할 수 있는 토대가 된다. 시기 선호체계의 차이다. 협상 상대가 특정 예산주기를 고집한다면 우리는 그것을 그런 회사들은 거의 틀림없이 중요한 양보를 해줄 의향이 있기 때문이다. 미래에 걸쳐서 발생할 일들을 시기적으로 돈이 더 급한 측에게 유리하게 해주고 여유가 있는 측은 나름대로 자신에게 유리한 양보를 얻어낼 수도 있다.

다양한 쟁점에 대한 당사자들의 차이가 협상의 결과를 향상시킬 수 있다. 노스크래프트와 닐(1993[115])은 어떤 프로젝트에 협력하고 있는 당사자들-예컨대, CEO와 최고재무관, 책을 공동 집필하고 있는 두 학자. 전략적 제휴 중인 두 회사-의 서로 다른 능력은 흔히 프로젝트의 성공에 도움이 된다고 지적한 바 있다. 이들의 상호 보완적인 능력들은 양측 모두에게 혜택이 돌아가도록 업무를 분장할 기회를 가져온다. 랙스와 세비니우스(2002[116])

---

115) Northcraft, G. B., & Neale, M. A. (1993). Negotiationg sucessful research collaboration. In J. K.

116) Lax, D. A. & Sebenius, J. K. (2002). Dealcrafting : The substance of three dimensional negotiation. Negotiation Journal, 18(1), 5-28.

는 '거래 빚기dealcrafting'라는 글에서 경매회사 버터필즈Butterfields와 인터넷 경매사이트 이베이의 합작사업을 가치창조에 기초한 제휴의 성공적인 사례로 꼽았다. 버터필즈의 고 가품 취급능력과 이베이의 새로운 유통방법이 결합되어 양측 모두 가치가 높아졌다. 랙스 와 세비니우스(2002[117])는 세금, 회계처리, 유동성 등 측면의 차이를 포함한 아주 다양한 차이를 활용하면 이득을 볼 수 있는 다른 여러 가지 거래들을 지적한다. 이제 이 절에서 전달하려는 일관된 메시지는 분명하다. 훌륭하게 준비된 협상가에게 쌍방의 차이는 장애 물이 아니라 기회라는 교훈이다.

(3) 조건부 계약을 통한 가치창조

협상에서 가치를 창조하는 가장 흔한 방법은 자신에게 중요한 쟁점은 고수하고 덜 중요 한 것은 양보하는 타협이지만 조건부 계약contigent contract을 통해서도 가치를 창조할 수 있다. 우리는 미래에 전개될 불확실한 결과에 대한 예측을 두고 쌍방 간에 벌이는 불필요 한 논쟁을 제거하는 것이 많은 협상에서 교착을 타개하는 열쇠라는 사실을 발견했다. 쌍 방 간에 예측이 서로 다른 경우에는 불필요한 논쟁을 벌이기보다는 자신의 믿음에 운을 거는 것이 매우 효과적인 기법이 될 수 있다.

당신은 아마 제4장의 소유효과에 대한 논의에서 사람들은 흔히 자기가 소유한 것의 가 치를 지나치게 높게 평가한다는 사실을 기억할 것이다. 무엇을 팔려는 사람은 자신도 이 러한 경향에서 자유롭기 어렵다는 사실을 인식하고 자신의 기대치를 조정할 줄 알아야 한 다. 소유효과를 반영하여 기대치를 조정하더라도 의견 차이를 해소할 수 없는 경우, 쌍방 은 그 차이를 이용해 각 측이 자신의 견해에 운을 거는 조건부 계약을 개발할 수도 있다.

맬호트라와 배저만(2007[118])은 조건부 계약이 흔히 사용되는 예로 소송에서 자기가 고 용한 변호사의 승산을 확신할 수 없을 때 맺는 계약을 든다. 이 경우 의뢰인은 승소할 경 우에는 변호사에게 큰 보수를 보장하지만 패소하는 경우에는 전혀 지불하지 않는 계약을 맺는다. 이런 조건부 계약은 법률시장에서 흔한 방식이다. 이와 유사하게 출판사들도 저 자에게 책의 판매에 앞서 일정금액을 선지급하고 책을 출시한 후 선지급금이 회수되면 매 출의 일정비율을 인세로 지불하는 경우가 흔하다. 출판사는 저자의 능력에 확신이 서지 않으면 선지급금을 줄이고 인세비율을 높이려 할 것이다. 이때 저자는 자신이 있으면 이 런 계약에 동의할 것이다.

이번에는 미국의 어느 텔레비전 프로그램 제작회사가 황금시간대 방영을 막 종료한 한 인기 높았던 시트콤을 두고 3대 주요 방송시장 가운데 한 곳의 어느 한 독립방송사와 벌 인 방영권 판매협상 사례를 보자(텐브런셀과 배저만이 1995년에 작성한 사례를 토대로 배

---

117) Lax, D. A. & Sebenius, J. K. (2002). Dealcrafting : The substance of three dimensional negotiation. Negotiation Journal, 18(1), 5-28.
118) Malhotra, D., & Bazerman, M. H. (2007). Negotiating genius. New York : Bantam.'

저만과 질레스피가 1999년에 정리한 것임). 양측은 시청률 예측이 달랐다. 판매자인 제작사는 시청률이 최소한 9%는 되리라고 주장했고 구매자인 방송사는 아무리 높아도 7%를 넘지 않으리라고 주장했다. 양측은 1%의 시청률이 광고수입 백만 달러의 값어치가 있다는 데 의견이 일치했다. 미래 시청률 전망을 두고 여러 차례 열띤 논쟁을 벌인 다음 협상은 결렬됐다. 결국 그 방송사는 이 시트콤을 포기하고 인기가 약간 낮은 프로그램을 구입했다. 이 협상은 양측의 고의적으로 시청률 전망을 부풀리거나 축소하였기 때문이 아니라 양측 모두 각자의 입장에서 정직하게 예측했지만 둘 사이의 예측이 달랐기 때문에 결렬됐다. 배저만과 질레스피는 방송사가 시청률 실적에 따라 지불할 용의가 있는 가격을 양측이 도출했어야 한다고 말한다. 다시 말하면, 가격을 시청률에 연동하기로 합의했더라면 시청률 전망에 대한 이견으로 인한 문제는 해결됐을 수도 있다.

배저만과 질레스피(1994[119])는 조건부 계약이 쌍방 모두에게 유리한 결과를 가져오는 이유를 여러 가지 제시하는데 그 가운데 네 가지를 간략히 소개하면 다음과 같다.

◆ **의견의 차이를 이용해 전체 가치를 높인다.**
조건부 계약은 미래의 불확실한 사건에 대한 논쟁을 단축하는 데 지극히 유용할 수 있다. 서로의 예측이 다를 수 있다는 데 동의하면, 양측은 그 차이를 토대로 조건부 계약을 고안할 수 있다.

◆ **판단편향으로 인한 장애물을 우회할 수 있다.**
이전의 장들에서 우리는 자기과신, 소유효과, 공정성에 대한 이기적 해석 등을 포함해 사람들이 흔히 범과하는 여러 가지 판단편향들을 보았다. 제10장에서는 더 자세히 살펴볼 예정인데 이러한 편향은 협의를 통해 합의에 이르는 데 커다란 장애물을 형성한다. 쌍방에게 그러한 편향들에서 벗어나도록 요구하는 대신, 조건부 계약은 쌍방이 각자의 (편향된) 믿음에 운을 걸게 해준다.

◆ **불성실한 측을 진단할 수 있다.**
조건부 계약은 상대방의 허풍과 거짓주장을 파악하는 강력한 수단이다. 누군가 어떤 주장을 하고 당신은 그 주장이 틀릴 경우에 대비해 (비싼) 보장을 요구하는 경우 만약 그 사람이 허풍을 떨고 있다면 일반적으로 그는 자기의 주장을 거두어들일 것이다. 흥미롭게도 당신이 조건부 계약을 제한할 때는 상대방의 예측이 진심인지 알아야 할 필요는 없다. 상대방의 예측이 진심이라면 당신은 제안을 잘한 셈이다. 그렇지 않으면 상대방은 당신의 제안을 거부할 것이므로 그의 허풍이 드러난다

◆ **성과를 높이는 유인책 구실을 한다.**
조건부 계약은 또한 쌍방이 계약에 명시된 수준 이상의 성과를 달성하려고 노력하도

---

119) Bazerman, M. H., Gillespie, J. J. (1999, September-October). Betting on the future : The virtues of contigent contracts. Havard Business Review, 155-160.

록 하는 훌륭한 유인책이라. 영업수당제도는 매출을 늘리려는 유인책으로써 영업사원들에게 실적에 연동하여 보상하는 조건부 계약의 흔한 예이다.

5. 가치창조를 위한 수단

우리가 고위경영자들과 경영학 석사과정 수업에서 학생들에게 모의협상을 시켜보면 그들은 서로에게 유익한 거래를 하지 못하는 경우가 자주 있다. 우리가 그들에게 서로에게 유리한 맞교환이 가능했음을 분명하게 보여주는 자료를 제시하면 그들의 즉각적인 반응은 상대방의 입장과 속내를 파악하는 데 필요한 핵심적인 정보가 없을 때 가치를 키울 수 있는 방법이 무엇인지 묻는 것이다. 본 절에서 우리는 그러한 정보를 수집하기 위한 여섯 가지 전략을 살펴본다. 특정 구체적 상황에서 어느 한 가지 전략도 반드시 통한다는 보장은 없지만 이 전략들을 함께 잘 구사하면 파이를 최대화할 가능성이 높아진다. 이 목록은 상대를 신뢰할 때 가장 효과적인 전략들로 시작한다. 이 전략들을 하나씩 짚어가면서 우리는 상대방과의 관계가 서로 경쟁적인 경우나 심지어는 적대적인 경우에도 가치를 창조하는 데 도움이 되는 전략들까지 다룬다.

1) 신뢰를 구축하고 정보를 공유하라

서로 겨루는 쌍방이 가치를 창조하는 가장 쉬운 방법은 각자의 쟁점별 중요성을 상대와 공유하는 것이다. 이러한 정보를 드러내면 쌍방은 서로에게 돌아갈 전체 혜택을 최대화할 수 있다. 하지만 불행히게도 정보공유란 말처럼 쉽지 않다. 사람들은 서로 신뢰힐 때 훨씬 편하게 정보를 공유한다. 하지만 자기의 정보를 상대방에게 주면 자기 몫을 확보할 수 없게 된다고 생각하기 때문에 상대방을 쉽게 믿으려 하지 않는다. 예를 들어, 우리가 협상 수업에 사용하는 시뮬레이션에서 학생들은 동일한 회사의 서로 다른 사업부를 대표하는 역을 맡는다. 거의 대부분의 학생들은 파이를 최대한으로 키우지 못한다. 그들은 같은 회사에 속하면서도 정보를 공유하는 데 실패한다. 놀랍게도 많은 고위경영자들은 외부의 공급자나 고객과의 협상보다도 회사 내부에서의 협상이 더 어렵다고 말한다. 같은 조직에서 구성원들이 정보를 공유하지 못하고 결과적으로 조직을 무너뜨린다면 무언가가 잘못됐다. 조직과 조직 사이에서뿐만 아니라 조직 내부에서도 훨씬 더 많은 정보가 공유되어야 한다.

더욱이 맬호트라와 배저만(2007[120])은 협조적 행동이 상대에게 자기위주적으로 해석되지 않을 때 신뢰축적이 효과가 있다고 주장한다. 신용이 없는 사람도 무언가를 얻을 심산

---

120) Malhotra, D., & Bazerman, M. H. (2007). Negotiating genius. New York : Bantam.'

으로 좋은 사람처럼 보일 수 있다. 하지만 합리적인 협상가들은 경제적으로나 정치적으로 분명한 이유가 없더라도 다른 사람들과 관계를 유지하며 그 관계를 돈독히 한다. 다른 사람들과 이렇게 관계를 구축하면 나중에 협상이 필요한 경우 운 좋게도 그 상대가 당신을 신뢰하는 사람일 가능성이 높아진다. 마지막으로 신뢰를 구축하는 최선의 방법은 실제로 신뢰할 만한 사람이 되는 것임을 잊지 말라!

2) 질문을 하라

모든 정보를 공유하는 것이 항상 당신에게 유리하지는 않다. 어떤 정보는 상대방이 알면 당신에게 해가 될 수도 있다. 마찬가지로 상대방도 모든 기밀의 완전한 공개를 꺼릴 수 있다. 이러한 경우에는 질문을 하라. 대다수 사람들은 협상을 상대방에게 영향력을 행사하는 기회로 여기는 경향이 있다. 그 결과 사람들은 대부분 말을 많이 하고 듣는 데는 소홀하다. 심지어 상대방이 말을 하는 중에도 우리는 다음에 자신이 할 말이 골똘한 나머지 새로운 정보를 귀담아듣지 못한다. 이와 같은 설득과정은 대부분의 영업사원 훈련의 기본이며 말을 많이 하면 듣는 사람이 말하는 사람에게서 정보를 수집하는 데 도움이 된다. 그러나 협상에서는 말을 많이 하기 보다는 가능한 한 상대방의 진정한 관심사를 이해하는 것을 목표로 삼아야 한다.

질문을 하면 중요한 정보를 알아내어 현명하게 거래할 수 있을 가능성이 높다. 사람들은 협상에서 상대가 대답을 하지 않을 것이라고 생각하여 질문을 하지 않는 경우가 흔하다. 상대방이 질문에 대답을 한다는 보장은 없지만 그래도 질문을 하지 않을 때보다는 질문을 할 때 상대방이 대답할 가능성이 훨씬 높다. 물론 상대방의 유보가격을 묻는 것은 대체로 도움이 되지 않는다. 그런 질문을 하고 유용한 대답을 들을 가능성은 희박하다. 하지만 다음 예들처럼 ㅁ상대가 대답할 가능성이 훨씬 높은 중요한 질문들도 있다.

> ▶"우리 제품을 어떻게 사용하려고 하십니까?"
> ▶"이상적인 공급자라면 어떻게 할 것이라고 생각하십니까?"
> ▶"우리가 우리의 경쟁자보다 나은 제안을 하려면 어떻게 하면 되겠습니까?"

사람들은 자기의 제품이나 서비스가 아주 뛰어나다고 상대방을 설득하기 바빠서 이와 같은 질문을 하지 않는 경우가 너무나 흔하다. 앞에서 언급한 바 있는 주요 원료의 독점 구매 협상 일화에서 동료가 해결하지 못한 문제를 최고 구매관리자가 해결할 수 있었던 것은 바로 유럽의 원료 생산회사 사장에서 독점공급을 할 수 없는 이유를 물어보았기 때문이다.

적극적으로 질문하고 경청하는 것이 상대방에게서 새로운 정보를 얻는 열쇠이다. 협상을 시작하기 전에 상대에게서 수집해야 할 정보가 무엇인지 파악한 다음 그것을 수집하기 위해 필요한 질문들을 하라. 우리가 가르친 어떤 학생들은 현실에서는 질문을 하더라도 상대방이 항상 대답하려 하지 않는다고 지적한다. 맞는 말이다. 하지만 질문을 하는 편이 안 하는 편보다 대답을 들을 확률이 높은 것은 사실이다!

3) 정보를 전략적으로 노출하라

서로 신뢰하는 분위기도 아니고 질문을 던져도 어떤 유익한 대답도 들을 수 없을 때는 당신의 정보를 약간 흘려라. 물론 당신의 유보점은 말하면 안 된다. 그렇게 하면 당신에게 돌아올 최종결과를 미리 제한하는 셈이 된다. 당신이 주고받을 용의가 있는 쟁점에 대한 비교적 덜 중요한 정보를 노출시켜라. 이때 목표는 서로 주거니 받거니 하면서 조금씩 조금씩 정보를 공유해 나가는 것이다. 이렇게 하면 당신의 위험을 최소화할 수 있다. 상대가 여전히 중요한 쟁점에 대해 논의하기를 꺼린다면 당신도 말을 하지 않으면 된다.

사람들은 자기의 비밀을 노출하면 상대에게 힘을 주게 된다고 믿기 때문에 정보를 노출하라는 조언을 들으면 흔히 의아해 한다. 사실 당신의 유보가격 정보를 주기만 하면 힘을 상대에게 넘겨주는 셈이다. 여러 쟁점들 사이에 서로가 가지고 있는 관심의 정도가 다름을 알게 되면 쌍방 모두에게 도움이 된다.

전략적으로 정보를 노출할 때 따르는 한 가지 혜택은, 그렇게 하면 당신과 상대방이 협상결과의 파이를 키울 수 있다는 점이다. 상대방이 현명하다면 그들도 당신이 제공한 정보를 활용하여 키울 수 있다는 점이다. 상대방이 현명하다면 그들도 당신이 제공한 정보를 활용하여 서로에게 유리한 거래를 만들기 위해 노력할 것이다. 또 다른 혜택은 협상에서 당사자들의 행동은 흔히 상호적이라는 데서 온다. 당신이 상대에게 고함을 치면 상대도 맞고함을 친다. 실수나 실례에 대해 사과하면 상대도 그렇게 할지 모른다. 이러한 상호주의는 쌍방 모두에게 유리한 합의를 이루는 데 반드시 필요한 정보공유를 낳을 수 있다.

4) 여러 가지 쟁점을 동시에 협상하라

우리는 흔히 고위경영자들에게 다음과 같은 질문을 받는다. "협상에서 어떤 쟁점을 가장 먼저 논의해야 하는가?" 어떤 사람들은 가장 중요한 쟁점을 처음에 해결하는 것이 매우 중요하다고 생각한다. 이런 사람들은 다른 어떤 전략도 문제 해결을 지연시킬 뿐이라고 주장한다. 쉬운 쟁점부터 시작하는 편이, 신뢰를 구축하고 어려운 쟁점들을 향해 힘을 모으는 데 필요한 시간적 여유를 주므로, 최선이라고 믿는 사람들도 있다.

우리는 이 두 가지 견해 모두에 반대한다. 우리는 오히려 여러 가지 쟁점을 동시에 협상하는 편을 강력하게 지지한다. 다른 쟁점들이 어떻게 풀려나갈지 알기 전에 한 가지 쟁점에 합의를 하면 어떤 일이 벌어질지 생각해보라. 한 가지 쟁점에서 상대를 심하게 압박하여 원하는 바를 얻었다면 상대방에게 거의 아무것도 남기지 않아서 상대방이 다른 모든 쟁점에서 전혀 유연하게 대응하지 않게 되어 결국 전체 판이 깨질 수도 있다. 이와는 대조적으로 사람들은 여러 쟁점을 동시에 협상할 때는 쟁점들 사이에서 가치를 창조하는 거래를 발견할 수 있다. 판매자와 구매자가 쟁점마다 생각이 다를 수 있더라도 각 측이 모든 쟁점에 똑같이 중요하게 매달리지는 않는다. 모든 쟁점을 동시에 다룰 때만 각 쟁점에 대한 각 측의 상대적 중요성이 분명하게 드러난다.

모든 쟁점에 대하여 한꺼번에 논의하는 것은 일반적으로 가능하지 않음을 감안할 때 어떻게 하면 당신은 여러 가지 쟁점을 동시에 다룰 수 있을까? 협상할 때 모든 것이 타결되기 전에는 아무것도 타결되지 않는다는 주장을 고수해야 한다. 서로 다른 쟁점들을 한 번에 하나씩 논의해도 좋고 나아가서 잠정적으로 가능한 타결들을 논의해도 좋다. 그러나 실제 결과들에 대해 논의할 때에는 쟁점들을 패키지들로 묶어서 다루어야 한다. 즉, 각 패키지는 모든 쟁점들을 포함해야 하며 모든 쟁점들에 대해서 당신이 선호하는 결과가 반영되어야 한다. 여러 쟁점을 패키지로 묶어서 제안을 하면 상대방이 그 패키지에서 특별히 문제가 되는 측면을 집어내고 수정안을 제시하는 데 도움이 되며 이 과정에서 그가 어떤 쟁점에 매달리면서 다른 어떤 쟁점에서 유연성을 보일지 감을 잡을 수 있게 된다.

우리가 가르치는 경영대학원 학생들은 입사를 앞두고 회사 측이, 원하는 연봉의 하한선을 구체적으로 말하라고 하면 어떻게 대답해야 하는지 묻는 경우가 자주 있다. 우리는 사실대로 말하라고 조언한다. 즉, 연봉은 계약금, 입사보너스, 복리후생, 직무, 직위, 승진 전망, 기타 아주 많은 것에 따라 다르다고 말하는 것이다. 입사제안과 함께 제시될 세부사항들을 모르고 희망연봉의 하한선을 구체적으로 말하기란 불가능하다. 같은 이유로, 다른 사안들에 대한 논의를 하지 않으면서 연봉에 대해 협상하는 것은 실수이다. 만약 새로운 회사가 연간 최소한 백만 달러의 보너스를 주겠다고 제안할 준비가 되어 있다면 당신은 월급을 받지 않고도 기꺼이 그 회사에서 들어가려고 할지 모른다. 다시 한 번 강조하는데 모든 것이 타결되지 않으면 어느 것도 타결해서는 안 된다.

5) 여러 가지 제안을 한꺼번에 제시하라

많은 사람들은 협상 초기에 어떤 제안을 하여 그것을 논의의 출발점이나 논의를 어느 정도 제한하는 닻으로 삼으려 한다. 하지만 불행하게도 가치를 늘리려는 충분한 노력 없이 이런 제안을 하는 경우가 흔하다. 닻효과는 너무나 강력하여 뒤에 알게 되는 정보의 가치를 떨어뜨릴 수도 있으므로 적극적으로 정보를 수집하기도 전에 미리 어떤 제안을 하는 일은 피해야 한다. 심지어 적극적으로 정보를 수집한 후에도 쌍방에게 가치가 있는 단일 안을 제시할 수 없는 경우도 있다. 이런 경우에는 여러 가지 제안을 한꺼번에 제시하는 방안을 고려하라. 대다수 사람들은 한 가지 않을 제시하고 그것이 거부되면, 그 제안을 하기 전에 비해 상대방에 대해 더 알게 된 게 별로 없다.

더 나은 전략은 당신 입장에서는 동일한 가치를 지니는 여러 제안을 한꺼번에 제시하는 것이다. 상대방은 당신이 제안한 모든 제안들을 모두 받아들일 수 없다고 나올 수 있다. 이런 경우에 낙담하지 말고 다음과 같이 질문들을 던져라. "어느 제안이 가장 마음에 드십니까?" "내가 좀 수정한다면 어느 제안에서 시작하면 좋겠습니까? 그 제안의 좋은 점은 무엇입니까? 그 제안이 마음에 들지 않는 점은 무엇입니까?" 당신이 제시한 제안들에 대한 상대방의 선호체계는 가치를 만들기 위해 어디에서 거래를 해야 할지 판단하는 데 소중한 단서가 된다.

여러 가지 패키지를 동시에 제시하면 당신은 상대방에게 유연한 사람으로 보일 수 있다. 여러 대안을 제시하는 것은 상대를 배려할 용의가 있으며 상대의 선호체계와 필요를 알고 싶어 한다는 신호를 보내는 셈이다. 그러므로 이 다음에 어떤 제안을 하기 위해 준비할 때는 단 한 가지만 준비하지 말고 당신에게는 가치가 같은 여러 가지 제안을 준비하여 동시에 제시하라.

6) 합의한 후에도 더 나은 합의를 찾도록 노력하라

지금 막 복잡한 계약서에 서명을 했다고 상상해보라. 당신은 그 계약이 흡족하며 상대방도 마찬가지다. 대부분의 사람들은 이제 협상이 종료됐다고 믿는다. 하지만 지혜로운 협상가들은 파이를 확장할 방법을 계속 모색한다. 계약서에 서명한 뒤에도 상대방에게 혹시 합의안을 개선하기 위해 다시 한 번 검토할 용의가 없는지 물어 보는 걸 고려하라.

래이파(1985[121])는 쌍방이 수용할 수 있는 합의안을 도출한 다음에도 제3자의 도움을 받아 파레토 우위 합의안-양측 모두에게 기존의 합의안보다 더 나은 합의안-이 있는지 찾아보는 것이 바람직하다고 말한다. 이런 상황에서는 어느 측도 제3자가 제시하는 새로운 제안을 거부하고 기존의 합의안으로 돌아갈 권한을 가질 수 있다. 래이파는 이런 안전장치가 있으면 협상 당사자들은 제3자에게 더 나은 합의안을 도출하도록 하는 데 적극적일 수 있다고 강력히 주장한다. 이렇게 하여 얻은 새로운 합의를 '합의 후 합의post-settlement settlement(PSS)'라고 한다 래이파의 통찰에 따르면 협상에서 가치를 창조하는 마지막 단계로서 합의 후 합의를 찾기 위해 노력하는 것이 바람직하다(배저만, 러스, 야쿠라, 1987[122]). 이 과정에는 꼭 제3자의 도움이 필요한 것은 아니다.

일반적으로 장기간의 협상을 마친 다음 다시 논의를 재개하고 싶지는 않을 것이다. 그러면 합의 후 합의 찾기를 제안하는 것은 어떨까? 합의가 이루어지고 나면 계약내용 중 어느 쪽에게도 최적이 아닐 수 있는 부분을 파악해 개선할 기회가 아주 많은 경우가 종종

---

121) Raffia, H. (1985). Post-settlement settlements. Negotiation Journal 1, 9-12.
122) Bazerman, M. H., Russ, L. E., & Yakuwa, E. (1987, July). Post-settlement settlements in two-party negotiations. Negotiational Journal, 283-391.

있다. 합의에 서명했다는 사실은 쌍방이 서로를 신뢰하며 서로 생산적으로 협력할 수 있음을 확인한다. 합의내용이 파레토 효율적이라는 자신감이 들지 않는 경우, 더 나은 합의안을 찾을 수 없으면 양측이 처음의 합의를 따르기로 하고, 상대방에게 합의 후 합의 찾기과정을 제안해 매우 큰 이득을 실현할 수 있다. 하지만 이 과정에서 더 나은 합의안을 도출하면 추가이득은 쌍방이 나누어 가진다. 합의 후 합의 찾기는 합의를 번복하거나 마지막 이득은 쌍방이 나누어 가진다. 합의 후 합의 찾기는 합의를 번복하거나 마지막 순간에 한 번 더 상대에게서 양보를 짜내려는 시도가 아니며 그렇게 생각해서도 안 된다. 맬호트라와 배저만(2007[123])은 합의 후 합의 찾기가 모두에게 유리하게 진행될 것임을 상대에게 전달하려면 다음과 같이 대화를 시작하는 것이 좋다고 말한다.

> 축하합니다. 저는 우리가 열심히 노력한 결과 훌륭한 합의를 이루었다고 생각합니다. 우리는 아마 오늘 우리가 할 일을 다한 것 같습니다. 하지만 선생님께서 모든 아이디어에 마음을 열어 줄 수 없으신지요? 우린 합의에 만족하지만 어쩔 수 없이 제 생각에는 좀더 나을 수 있었던 측면도 남아 있는 것 같습니다. 아마 선생님께서도 같은 생각이 드실지 모르겠습니다. 잠깐 동안 시간을 내어 합의안에서 우리 모두에게 유리하게 개선할 점이 없는지 살펴보면 어떻겠습니까? 어쩌면 더 개선할 점이 없을지도 모르겠습니다만 혹시나 빠뜨린 점이 없는지 한 번 더 검토하는 것도 좋은 생각이 아닐까요? 물론 더 이상 개선할 점을 찾을 수 없다면 우리는 더할 나위 없이 훌륭한 합의를 이루었다는 자신감이 들겠지요. 선생님께서도 찬성하신다면, 한번 시도해보는 것이 …….

합의 후 합의 찾기 과정은 각측에 위험이 없이 처음의 합의가 실제로 파레토 효율적인지 확인하는 최후의 기회다. 이 과정은 다음과 같은 래이파 (1985[124], p.9)의 설명처럼 앞에서 설명한 다섯 가지 정보수집전략을 사용해 초기 합의를 본 후에 시도할 수 있다.

> [우리는] 많은 분쟁이 냉정하고 결연한 흥정으로 해결된다는 사실을 인정할 수밖에 없다. 그렇게 해결은 된다. 하지만 효율적인 해결인가? 그렇지 않은 경우도 많고 …… 사람들은 파이를 차지하기 위해 다투지만 함께 노력하면 파이를 늘릴 수 있다는 점은 깨닫지 못하며 …… 신중하고 세심하게 노력하면 이미 이룬 합의보다 양측 모두가 선호할 새로운 합의를 빚어낼지도 모른다.

---

123) Malhotra, D., & Bazerman, M. H. (2007). Negotiating genius. New York : Bantam.
124) Raffia, H. (1985). Post-settlement settlements. Negotiation Journal 1, 9-12.

6. 시사점

우리는 성공적인 협상에 필요한 능력을 향상시키기 위한 여러 가지 방법을 보았다. 첫째, 협상을 위한 의사결정분석 접근을 개략적으로 설명했으며, 이 접근은 정보수집에 초점을 맞춘다. 구체적으로 유보점 설정과 협상 참가 당사자들의 속내에 대한 탐색, 그리고 그 속내들 사이의 상대적 중요성에 대한 평가의 중요성을 설명했다. 가치의 창출과 분배를 생각해야 하는 필요성에 대해 논의했으며 쌍방간의 차이(미래에 결과에 대한 예측, 위험 성향, 시기 선호체계의 차이)를 활용한다는 개념을 새로운 거래에 발굴하는 전략으로 소개했다. 또한 협상에서 가치를 창출할 가능성을 찾기 위한 여섯 가지 정보수집전략을 개략적으로 설명했다. 이들 여섯 가지 전략은 신뢰 구축, 질문 던지기, 정보의 전략적 노출, 복수쟁점 동시 논의, 복수제안 동시 제시, 합의 후 합의 찾기이다. 이들 전략의 혼용은 실제협상에서 합리적으로 사고할 수 있게 하는 훌륭한 규범적 틀이다.

협상에 대해 가르치는 사람으로서 우리는 협상 시뮬레이션에서 철저하게 준비하지 않은 학생들은 거의 언제나 무참하게 당하는 현상을 목격해왔다. 직관이 뛰어나면 협상에서 순항할 것이라는 가정은 여러 말 필요 없이 틀린 생각이다. 준비가 승패를 결정한다. 준비를 잘하려면 몇 가지 간단하지만 중요한 질문을 신중하고 꼼꼼하게 생각해 보아야 한다. 다음 목록은 모든 협상상황에 충분하지는 않지만 우선적으로 점검할 기본적인 질문으로서 유용하다.

① 나의 합의 대안은 무엇인가?
② 나의 유보가격은 얼마인가?
③ 이 협상의 쟁점들은 무엇인가?
④ 각 쟁점은 나에게 얼마나 중요한가?
⑤ 상대방의 합의대안은 무엇일까?
⑥ 상대방의 유보가격은 얼마일까?
⑦ 각 쟁점은 상대방에게 얼마나 중요할까?
⑧ 가치를 창출할 수 있는 실용적인 거래들이 있는가?
⑨ 나와 상대방 사이에 미래 사건들에 대한 이견이 있는가? 그렇다면 조건부 계약이 실용적인 해결책인가?
⑩ 현재 내가 모르는 정보는 어떻게 하면 파악할 수 있을까?

이런 질문들에 대한 답이 성공을 보장하지는 않겠지만, 성공 가능성은 높다.

우리가 살고 있는 세상은 완벽하게 합리적이지 않으며, 우리 자신의 의사결정과정은 더욱 합리적이지 않다. 이 책의 주된 교훈은 사람들은 의사결정분석 접근과 같은 합리적인 조언이 있을 때조차도 마음에 깊숙이 밴 편향 탓에 그러한 조언을 잘 따르지 못한다는 사실이다. 그런 의미에서 의사결정분석 접근은 다자간 협상 맥락에서 더 나은 결정을 내릴 수 있도록 돕는 데 첫 단계 역할을 할 뿐이다. 따라서 이 접근이 실제로 사용되려면 사람들이 협상에서 자신의 행동과 상대방의 행동을 더 잘 예상할 수 있도록 도움을 주는 기술적 모델이 절실히 필요하다. 자신과 상대방이 온전하게 합리적으로 행동하지 않는다면, 체계적으로 범하는 불합리한 행동들에는 무엇이 있는가? 상대방의 실제 행동은 어떻게 하면 더 정확하게 예상할 수 있으며, 의사결정분석 접근을 따르지 못하도록 하기도 하는 자신의 심리적 걸림돌은 어떻게 파악하고 극복할 수 있을까? 의사결정분석 접근을 제대로 활용하려면 상대방의, 반드시 합리적이지만은 않은, 실제 의사결정을 고려해야 한다. 이 접근에 유용한 추가 사항은 자신과 상대방의 의사결정에서 예상할 수 있는 구체적인 불합리성을 파악하는 것이다. 이것이 다음 장에서 다룰 주된 내용이다.

제 6 장

갈등관리와 협상

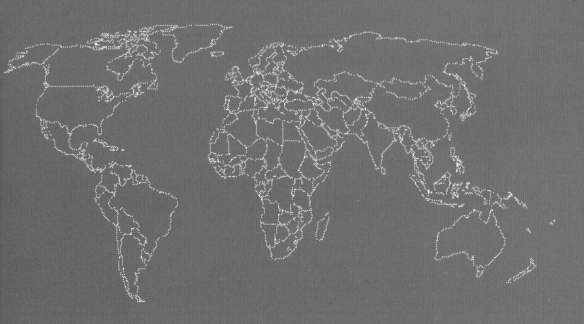

📋 기업의 최종 결단 「직장폐쇄」

자동차 부품 공장인 경북 경주 발레오전장시스템스가 2010년 2월 16일 오전 6시 30분 직장폐쇄를 단행했다. 사측은 이날 경주 황성동 승용차 및 상용차 공장 정문에 대표이사 명의로 직장폐쇄를 공고하고 정문을 잠근 채 노조원들의 출입을 통제하였다.

회사 측은 공고문에서 "2월 4일부터 전국금속노동조합 발레오만도지회의 노동쟁의 행위로 정상적인 회사의 경영이 불가함에 따라 회사의 재산과 시설을 보호하기 위해 노동조합 및 노동관계조정법 제46조의 규정에 의거 부분적으로 직장을 폐쇄한다"고 밝혔다. 직장폐쇄 기간은 무기한으로 발레오전장시스템스코리아㈜ 승용공장과 상용공장 전체에 대한 조합원들의 출입을 금지하였고, 노사는 경비원 외부용역 시행과 노사합의사항 이행 문제 등으로 갈등을 겪어왔으며 노조는 최근부터 정상적인 근무를 하면서 생산수량은 줄이고 품질은 높이는 품질강화운동의 태업을 벌여온 것으로 전해졌다.

프랑스계 다국적기업인 이 회사는 종업원 수 875명, 조합원 수 621명으로 국내 완성차 업체에 스타트 모터, 교류발전기 등의 부품을 납품하는 1차 밴더이다. 1986년 만도기계㈜ 경주공장으로 설립되어 1999년 7월 프랑스 자동차부품 전문그룹인 발레오에서 인수, 현재 회사명으로 설립되었으며 작년 매출이 3천57억4천만 원으로 경주지역 자동차 부품 회사 중 2번째로 규모가 큰 업체다.

직장폐쇄 소식이 알려지면서 조합원들이 속속 공장 앞으로 집결하고 있으며 사측은 정문을 잠근 채 노조원들의 출입을 통제하였고, 노조 관계자는 "설 연휴 특근을 하겠다고 했지만 사측이 거부했고 설 휴가가 17일까지인데 16일 직장폐쇄에 들어갔다"면서 "조합원들에게 직장폐쇄를 휴대전화 문자로 통보하는 등 적절한 절차를 거치지 않고 일방적으로 직장폐쇄를 강행했다"고 주장하였다고 한다. 노조 측은 회의를 열고 앞으로 대응 방안에 대해 논의를 계획하였다.

사측은 "외부 요인과 노조의 불법파업에 따른 경쟁력 상실, 누직직자 등으로 경영이 악화되고 있고 노조활동으로 정상적인 경영이 불가능한 상태여서 직장폐쇄를 결정했다."라고 말하였다.

위의 사례는 노사 간의 갈등이 심화되면 그 극한 상황이 어디인지를 여실히 보여주었다. 그러므로 노사의 갈등이 심화되는 현실의 상황에서 갈등의 해결 방안을 모색해 보는 것은 어떨까?

갈등의 개념과 유형

상호의존적인 관계에서 일어날 수 있는 결과는 바로 갈등이다. 갈등의 원인은 실체적인 현상이라기보다는 당사자들의 마음속에 있는 욕구와 일치하지 않거나 오해가 생길 때, 혹은 몇 가지 보이지 않은 무형의 요소들 때문에 발생한다.

갈등은 두 당사자가 똑같은 목적이나 결과를 위해 함께 일할 때나 서로 완전히 다른 해결책을 원할 때도 일어날 수 있다.

협상은 갈등의 원인을 해결하는 데 중요한 역할을 한다. 사실 협상을 하게 되는 많은 기회는 결국 갈등 때문에 주어진다. 따라서 갈등에 관한 정의, 개념, 용어, 모델 등에 대해 개괄적으로 이해하는 것이 중요하다.

1. 갈등의 개념과 영향

갈등에 대한 정의는 매우 다양하다. 웹스터 사전에서는 갈등을 '서로 다른 사상이나 이해관계, 혹은 서로 다른 사람에 대한 적대적인 상태나 행동'이라고 정의한다. 갈등의 개념은 다음의 세 가지 사실에 초점을 맞추면서 발전해왔다.

첫째, 갈등이란'다소 적대적인 행동'이다.

둘째, 갈등은 '이해관계나 생각 등에 첨예한 불일치나 반대'와 같은 심리학적인 개념을 포함한다.

셋째, 갈등은'이해관계를 인식하는 차이, 혹은 서로의 현재 목표를 동시에 달성할 수 없다'는 예측에 기초하다. 동시에 갈등은 '목표를 달성하는데 있어서 서로 방해가 되거나 목표가 서로 일치하지 않는다고 생각하는 상호의존적인 사람들 간의 상호작용'이라고 말할 수 있다.

아울러 갈등이란 순기능적 갈등과 역기능적 갈등으로 분류하여 볼 수 있다,

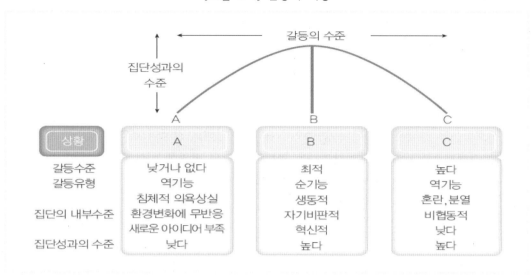

[그림 6-1] 갈등의 기능

상황	A	B	C
갈등수준 갈등유형	낮거나 없다 역기능	최적 순기능	높다 역기능
집단의 내부수준	침체적 의욕상실 환경변화에 무반응 새로운 아이디어 부족	생동적 자기비판적 혁신적	혼란, 분열 비협동적 낮다
집단성과의 수준	낮다	높다	높다

1) 갈등의 순기능

갈등은 문제의 인식과 문제해결 방안을 모색하도록 도와주고 조직 내부의 변화와 혁신의 분위기를 유발하고 집단 외부와의 갈등은 구성원간의 결속력을 강화시키는 기능을 하는 등 집단에 좋은 영향을 끼치기도 한다.

2) 갈등의 역기능

갈등이 격화되면 개인의 심리상태에 부정적 영향을 미치고 이성에 대한 신뢰를 줄이고 감정적 행동을 일으키고 불안정과 혼돈을 초래하는 등 조직에 부정적인 영향을 미치기도 한다.

따라서 갈등의 문제는 갈등의 존재 그 자체가 아니라 갈등이 보다 순기능을 발휘하도록 관리하는 것에 있다.

2. 갈등에 대한 견해 변화

1) 갈등에 대한 견해의 변화

(1) 전통적 견해

갈등에 대한 전통적 견해는 1930년대에서 1940년대에 주로 다루어진 견해로 갈등을 조직과 개인에 악영향을 미치는 요인으로 보고 갈등은 회피하여야 하는 것으로 간주하고 있다.

(2) 행동주의적 견해

행동주의적 견해는 1940년대에서 1970년대에 다루어진 견해로 갈등은 모든 집단에 서자연스럽게 발생하는 것으로 완전히 회피할 수 없는 것이므로 조직의 성과에 도움이 되도록 갈등을 관리하는데 초점을 두어야 한다는 견해이다.

(3) 상호작용적 견해

상호작용적 견해는 1970년대 중반 이후 등장한 견해로 갈등이 조직의 성과를 향상시키는데 절대적으로 필요하다고 강조하는 견해로 조직의 발전에 바람직한 형태의 갈등은 조장시키고 조직의 발전에 해를 미치는 갈등은 제거시켜야 한다는 견해이다.

2) 갈등에 대한 현실적 접근

대부분의 사람은 갈등을 해롭고 부정적인 것이라고 생각한다. 그 이유는 두 가지 측면에서 이해할 수 있다.

첫째, 갈등은 무엇인가 잘못되어 있거나 개선이 필요한 문제가 있다는 징조이기 때문이다.

둘째, 갈등은 대규모의 파괴적인 결과를 초래하기 때문이다.

여러 학자들이 갈등의 파괴적인 이미지를 생성하는 여러 요소들에 대해 수 많은 연구를해 왔다. 핵심적인 내용을 요약하면 아래와 같은 여덟 가지로 나눌 수 있다.

(1) 경쟁과정

사람들은 자신이 세운 목표가 상대와 대치하거나 그 목적을 이룰 수 없다는 생각 때문에 경쟁한다(그러나 앞에서도 설명한 것처럼, 실제로 서로의 목표가 대치되지 않는다면 서로 경쟁할 필요도 없을 것이다). 게다가 경쟁과정은 그 자체로서도 부작용이 따를 수도 있다. 따라서 경쟁을 불러일으키는 갈등은 더 나쁜 상태로 발전할 수 있다.

(2) 오인과 편견

갈등이 심화되면 인식이 왜곡된다. 갈등상황에서는 계속 자신의 관점에서만 사물을 판단하기 때문에 사람이나 어떤 중요한 일, 사건 등을 자기편과 다른 편으로 나누어 해석한다. 그런 과정에서 생각은 더욱 고정관념과 편견에 휩싸이게 된다.

갈등상태에 있는 당사자들은 자기를 지지해주는 사람이나 쟁점에 대해서는 바로 받아들이지만, 자신과 반대의 입장을 취하는 사람이나 쟁점에 대해서는 바로 거부감을 나타낸다.

(3) 감정의 격화와 의사소통의 감소

감정이 격해지거나 절망적일 때 혹은 좌절할 경우 갈등상황은 더욱 감정적으로 변하게 된다. 감정이 이성을 지배하는 경향으로 발전하면서 갈등이 증폭됨에 따라 더욱 감정적이고 비이성적으로 변하게 된다.

아울러 상대가 자신의 의견에 반대하면 의사소통의 폭이 줄어들고 찬성하면 그 폭이 늘어나게 된다. 분쟁 중인 당사자들이 의사소통을 하는 목적은 상대의 의견을 좌절시키고 품격을 떨어뜨리거나 자신의 주장이 중요하다는 사실을 부각시키기 위해, 혹은 상대의 견해 중 나쁜 점을 폭로하기 위해서다.

(4) 애매한 쟁점들과 경직된 입장표현

분쟁의 핵심적인 쟁점들이 애매하거나 정확히 정의되어 있지 않을 경우가 있다. 모든 것이 일반화되어 있는 상황에서 갈등은 쟁점과 관련된 주변의 무관심환 방관자들까지 끌어들이게 되면서 자연스럽게 전혀 무관한 새로운 쟁점들까지 가세해 확산하게 된다. 이렇게 되면 어떻게 논쟁을 시작하고, 무엇을 논쟁할 것이며, 문제해결을 위해 어떤 행도을 해야 할지가 모호해진다.

또한 사람들은 각기 자기 나름대로의 입장의 봉착해 있다. 상대가 도전해올 때 자기 집단의 관점에서 입장을 표명하게 된다. 동시에 체면을 잃거나 어리석게 보이지 않을까 두려워하여 자신들의 관점을 더욱 고수하게 된다. 이렇게 되면 생각하는 과정이 경직되기 때문에, 집단들은 쟁점을 복잡하고 다차원적인 문제로 보기보다는 단순히 '양자택일'의 문제로 인식하게 된다.

(5) 차이점의 극대화, 공통점의 최소화

자신의 명백한 입장에 발목이 잡히고 쟁점이 모호해지면 집단들우 상대를 반대편으로 인식하게 된다. 이렇게 되면 각 집단을 구분하고 나눌 수 있는 모든 요소들이 강조되고 부각된다. 동시에 모든 공통점들은 최소화되거나 지나치게 단순화된다. 이렇게 인식이 왜곡되면 집단들은 실제보다 더 큰 거리감을 느끼게 된다. 따라서 갈등상황에서 승리하기 위한 노력을 더하게 되고, 공통점을 찾는 노력은 덜하게 된다.

3) 갈등의 악화

갈등상황이 악화되면 협상당사자들은 자신의 입장을 더욱 견고히 하게 된다. 다시 말해 상대의 입장을 수용하는데 인색해지면서 더욱 방어적인 상태로 변하게 된다. 이렇게 되면 의사소토의 길은 좁아지고 감정만 격분된 상황으로 치닫는다. 그리하여 양쪽 모두 일방적인 승리를 위해 자신의 입장만 강하게 주장하게 된다,

또한 어떻게 해서든지 이기려는 생각으로 수단과 방법을 가리지 않게 되고, 다급한 상태에서도 자신의 입장에서 한걸음도 움직이지 않으려고 한다. 조금만 더 많은 압력(자원, 헌

신, 열정, 에너지 등)을 가하면 상대를 무찌르고 굴복시킬 수 있을 것으로 생각한다.

그러나 이러한 파괴적인 갈등은 결국 해결방안과 더욱 거리가 멀어지는 결과를 낳을 뿐이다. 승리하기 위해 자기주장만 펼치게 되면 갈등의 수위는 더 높아진다. 이보다 더 심각한 상황이 되면 더 이상의 협상을 기대하기는 어렵다.

위에서 설명한 갈등은 우리가 보통 경험하게 되는 과정이다. 그러나 이런 상황은 파괴적인 갈등일 때에 나타나는 특징들이다. 그러나 앞서 언급한 상호작용적 견해 등과 같은 입장에서 볼때 사실 갈등은 일부 전문가들이 제시한 것처럼 생산적일 수 있다. 갈등을 단순히 이분법적으로 분리해 파괴적, 생산적으로 나눌 수 없다고 볼 수 있다.

오히려 갈등은 협력과 경쟁이 섞인 상태, 즉 파괴적이면서 생산적이라고 많은 학자들은 주장한다. 여기서의 목적은 갈등을 제거하는 것을 배우는 것이 아니라, 갈등의 파괴적인 측면을 통제해 생산적인 측면을 강조함으로써 이를 잘 관리하는 법을 배우는데 있다. 이런 측면에서 보면 협상을 이렇게 정리할 수 있을 것이다. "협상은 갈등을 생산적으로 관리하는 전략이다."

📋 갈등의 기능과 장점

- 갈등에 대해서 논의를 하다보면 조직구성원들은 문제를 더 잘 인식하고 해결할 수 있게 된다. 상대가 절망적인 상태에 있고 변화를 원한다는 사실을 알게 되면, 근본적인 문제를 해결해야겠다는 자극을 받게 되기 때문이다.
- 갈등은 조직이 변화되고 급변하는 환경에 잘 적응할 수 있도록 해준다. 갈등은 절차, 과제, 예산, 할당 그리고 기타 조직의 관행들이 변하도록 도와준다. 갈등이 발생하면 직원들을 좌절시키고 방해할 수도 있는 쟁점들에 대해 관심을 불러일으킬 수 있다.
- 갈등은 사기를 높이고 인간관계를 돈독히 해준다. 갈등을 통해 사람들은 자신을 화나게 하고 좌절하게 하고 두렵게 만드는 요소가 무엇인지, 그리고 자신에게 중요한 것이 무엇인지를 배우게 된다. 우리가 무엇을 위해 기꺼이 싸울 것인지를 아는 것은 우리 자신에게 많은 것을 시사해 준다. 자신과 동료들을 불행하게 만드는 것이 무엇인지를 아는 것도 주변을 이해하는 데 도움이 된다.
- 갈등을 통해 인성이 개발된다. 관리자들은 자신들의 스타일이 부하직원들에게 어떻게 영향을 미치는지를 갈등을 통해서 발견한다. 직원들은 자신을 한 단계 더 향상시키기 위해 어떤 대인관계의 기술이 필요한지를 배운다.
- 갈등은 사람들의 심리를 발달시켜준다. 스스로를 평가함으로써 더욱 정교하고 현실적으로 변하게 된다. 갈등을 통해 사람들은 상대의 관점을 수용하고 보다 덜 자기중심적이 되며, 스스로 삶을 통제할 수 있는 능력과 힘이 있다고 생각하도록 도와준다. 단순히 적대감을 참고 좌절을 견딜 필요가 있는 것이 아니라, 자신들의 삶을 향상시키기 위해 행동할 수 있다.

- 갈등은 자극적이고 재미있다. 사람들은 갈등을 통해 흥분하고, 소속감과 생기를 느낀다. 동시에 갈등을 통해 안이함을 물리칠 수 있고, 직원들이 다른 관점을 가지게 되며 인간관계를 좀 더 정교하게 하도록 해준다.

이러한 맥락에서 갈등을 분석하고 진단하는 데 도움이 되는 기준에는 어떤 것들이 있을 것인가를 살펴볼 필요가 있다. 갈등해결이 어려울지 수월할지를 결정할 수 있는 기준은 무엇일까? 아래의 〈표 6-1〉은 갈등관리를 어렵게 만드는 요소들이 무엇인지 설명해주고 있다. 해결하기 어려운 갈등과 쉬운 갈등으로 나누어 설명했다.

〈표 6-1〉 갈등진단 모형

갈등의 차원	해결하기 어려운 갈등	해결하기 쉬운 갈등
• 문제의 쟁점	• '원칙'의 문제 : 중요한 쟁점의 가치, 윤리 또는 선례	• 작은 부문이나 작은 단위로 쪼갤 수 있는 쟁점
• 걸려 있는 이해관계의 크기	• 크고 중대한 결과	• 작고 사소한 결과
• 당사자 간 상호 의존성 : 서로의 이익에 영향을 주는	• 제로섬 상태 : 한 쪽이 승리하면 다른 쪽은 패배	• 윈-윈 상태 : 이익의 단순한 분배보다 더 잘할 수 있다는 생각
• 상호작용의 연속성 여부 : 앞으로도 계속 협력할까?	• 단 1회의 거래관계 : 과거나 미래는 없다.	• 장기적 관계 : 앞으로 기대되는 협상가 간의 상호작용
• 협상팀의 구성 : 협상 팀의 응집력 정도와 조직력 정도는?	• 비조직적 : 응집력이 떨어지고 약한 리더십을 보유	• 조직적 : 응집력이 있고 강한 리더십을 보유
• 제3자의 개입가능성 : 갈등해결에 도움을 주기 위해 제3자가 개입할 수 있는가?	• 중립적인 제3자 부재	• 신뢰받고 강력하며 권위 있는 제3자가 있다.
• 갈등 상황 지속성에 대한 인식 : 균형(동등한 이득과 손실)적 인가? 불균형(동일하지 않은 이득과 손실)적 인가?	• 불균형적 : 한쪽이 더 큰 손해를 입었다고 느껴 복수를 원하고, 강한 상대자는 통제력을 유지할 때	• 균형적 : 양쪽이 똑같이 손해와 이득을 보는 것으로 인식하고, 이를 '운'으로 부를 때

3. 갈등의 여러 유형

갈등은 어디에서나 존재한다. 이를 다음과 같이 네 개의 수준으로 나누어볼 수 있다.

1) 개인의 내적 갈등

이는 한 개인 내면에서 일어나는 갈등이다. 갈등의 원인에는 갈등이 일어나도록 하는 사상, 생각, 김장, 가치, 성질, 혹은 본능적 요구 등이 포함될 수 있다. 우리는 아이스크림을 먹고 싶어도 마음속으로는 살찔 것을 걱정한다. 직장상사에게 화가 나면서도 그 감정을 쉽게 표현하지 못한다. 순종적이지 못하다는 이유로 해고당할 수 있다고 생각하기 때문이다.

2) 개인 간의 갈등

이는 개인 사이에서 일어난다. 상사와 부하직원, 부부, 형제 혹은 방을 함께 사용하는 룸메이트 사이에서 일어나는 갈등 등이 개인 간의 갈등에 해당한다.

3) 집단 내부의 갈등

이는 작은 집단에서 일어나는 갈등이다. 가족, 학급, 친목회, 직장과 같이 작은 집단 안에서 발생하는 갈등을 말한다. 우리는 작은 집단 내부에서 분쟁을 해결하는 갈등이 어떤 영향을 주는지, 이 집단이 추구하는 목표를 효율적으로 달성하는데 어떤 영향을 주는지 분석하는 것이다.

4) 집단 간의 갈등

노조와 경영자, 전쟁 중인 국가들, 반목적인 집단 간, 혹은 지역의 실력행사 단체들, 정부 기관들 사이의 갈등을 말한다. 이 수준에서의 갈등은 이해하게에 대단히 어렵다. 많은 사람들이 얽혀 있을 뿐만 아니라 서로 상호작용이 가능하기 때문이다. 아울러 집단 간의 갈등 발생시 적대심과 부정적 태도가 크게 나타나며, 부정적 상동적 태도 및 타 집단에 대한 엄격한 감시 등이 나타날 수 있다. 더 나아가 집단 간에 커뮤니케이션 자체가 단절 내지는 감소하여 다양한 왜곡 현상과 갈등의 증폭 현상 등이 나타날 수 있다.

아울러 집단간의 갈등 발생시 집단내에서는 내적 응집성이 강화되며, 집단내에서 강력한 리더십이 요구되며 집단내 충성심이 강화되는 요인이 발생할 수 있으며, 외부적으로 집단간 의사소통의 단절과 상대 집단에 대한 부정성 효과가 강하게 나타날 수도 있다.

집단간의 갈등의 발생 원인을 살펴보면 다음과 같다.

① 작업흐름의 상호 의존성 : 한 개인이나 집단의 과업이 다른 개인이나 집단의 성 과에 의해 좌우될 때

② 불균형 : 개인이나 집단과 권력, 가치, 지위 등에 있어서 차이가 있을 때

③ 영역모호성 : 한 부서나 개인이 역할을 수행함에 있어 방향이 분명치 못하고 목표나 과업이 명료하지 못할 때

④ 자원부족

갈등해결 방법과 전략

1. 갈등해결을 위한 접근 방법

1) 이해관계 중심적 해결방법(interests-oriented resolution)

이 방법은 협상 당사자들이 상호 호혜적인 관점에서 이해관계를 조정하여 갈등을 해결하는 것이다. 협상 당사자들 간의 이해관계는 쉽게 조정될 수 없는 것이기 때문에, 협상을 통하여 서로가 주고받을 것들이 결정된다. 이 방법은 비용이 적게 들고, 협상결과에 대한 협상 당사자들의 만족도가 높고, 협상 당사자들의 관계에 긍정적인 영향을 미치는 장점을 갖고 있다. 그러나 협상 당사자들의 이해관계가 상황에 따라 변화될 경우, 갈등이 재발될 가능성이 높은 단점을 갖고 있다.

2) 권리 중심적 해결방법(rights-oriented resolution)

이 방법은 어느 협상 당사자의 권리(예를 들면, 사용자의 권리 또는 노동자의 권리)가 더 정당한가를 판단하여 갈등을 해결한다. 즉 이 방법은 인지된 합법성(legitimacy) 또는 공정성(fairness)을 갖는 독립적 표준에 기초하여 누가 더 정당한가를 판단한다. 이러한 권리는 법 또는 계약에 의해 공식화되거나 사회적으로 수용되는 규범 또는 행동에 의해 부여된다. 이해관계 중심적 해결방법과 권력(힘) 중심적 해결방법의 효율과 비교해 볼 때, 이 방법은 중간 정도의 효율을 보여준다.

3) 권력(힘) 중심적 해결방법(power-oriented resolution)

이 방법은 강력한 권력(힘)을 갖고 있는 협상 당사자가 그 권력에 기초하여 주도적으로 갈등을 해결하는 것을 말한다. 이 방법은 협상자에게 부여된 권력을 통하여 갈등이 신속하게 해결될 수 있기 때문에 갈등이 재발할 가능성이 매우 낮고, 권력을 보유한 협상자가 느끼는 만족도가 매우 높은 장점을 지니고 있다. 그러나 이 방법은 비용이 많이 들고, 상대방이 느끼는 결과에 대한 만족도가 낮으며, 협상 당사자들이 관계가 부정적인 영향을 미치는 단점을 갖고 있다.

갈등을 해결하는 중요한 기준이 되는 권력은 다음과 같은 다섯 가지로 구분될 수 있다.[125] 협상 당사자들이 각각 갖고 있는 다양한 종류의 권력은 협상의 결과에 직적 또는 간접적으로 영향을 미칠 수 있다

- ◆ 보상적 권력(reward power) : 보상을 해 줄 수 있는 자원과 능력에 기초하여 상대방에게 이익(예를 들면, 최종 조립업체의 공급업체에 대한 납품 승인)을 줄 수 있는 권한
- ◆ 강압적 권력(coercive power) : 강압적인 힘을 행사(예를 들면, 위협,처벌, 정신적 압박 등)하여 상대방을 강제적으로 통제하는 권력
- ◆ 합법적 권력(legitmate power) : 합법적으로 부여(예를 들면, 협상팀 대표 또는 노동자 대효에게 위임된 의사결정권) 된 정당한 권력
- ◆ 준거적 권력(referent power) : 개인의 힘 또는 능력(예를 들면, 협상팀 대표의 카리스마 또는 대인관계 능력)이 상대방에게 영향을 주고 본받게 하는 기준이 될 수 있는 권력
- ◆ 전문적 권력(expert power) : 기술 또는 전문지식(예를 들면, 기술도입 관련 협상에 참가한 기술전문가의 탁월한 전문지식)에 기초한 권력

<표 6-2> 프랜치와 레이븐의 권력 유형 분류

구 분	권력의 유형	내 용
조 직 중심적 권 력	보상적 권력	어떤 일을 한 것에 대한 대가로 보상이 주어지는 경우에 발생하는 권력
	강압적 권력	권력행사자에게 복종하지 않으면 처벌이 가해질 수 있다고 인식함으로 발생하는 권력
	합법적 권력	권력수용자가 권력행사자의 정당한 영향력 행사권을 인정하고 그것에 복종하는 것이 마땅하다고 스스로 인정함으로 발생하는 권력
개 인 중심적 권 력	준거적 권력	어떤 사람의 특질을 닮아가고 싶어서 발생하는 권력
	전문적 권력	특정 분야에 대한 전문적인 지식으로 발생하는 권력

---

125) French, Jr., J. R. P and Raven, B.(1959), p.150 이하

2. 갈등 해결 전략

1) 스스로 갈등을 관리하는 방법

협상가 스스로 갈등을 관리하기 위해 사용하는 다양한 방법을 어떻게 정리할 수 있을까? 많은 사람들이 이를 설명하기 위해 노력해왔다. 루블과 토마스(1976)[126]는 [그림 6-2]에 나타나 있는 여러 가지 방법에 대하여 대체로 양쪽 측면을 고려하는 기본 틀(2차원 그래프)을 바탕으로 개인차원의 갈등 문제에 대한 해결 방안을 제시하고 있다. 나아가 이러한 다섯 가지 상황을 설정하고 이에 따른 각각의 전략을 수립한다.

[그림 6-2] 갈등관리 유형

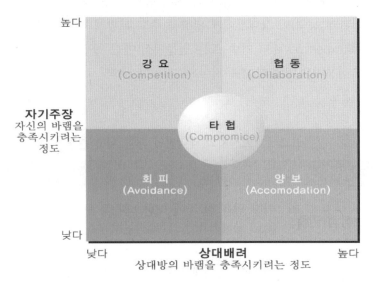

출처 : T.L. Ruble and K. Thomas, "Support for a Two-Dimensional Model of Conflict Behavior,"Organizational Behavior and performance, Vol. 16(1976), p.145

특히, 프루이트-루빈(1994)[127]은 협상으로 확대 연결하여 갈등에 처한 협상가들이 다음 두 가지 사항에 의해서 영향을 받는다고 설명한다.

사실 자신과 상대가 어떤 이익을 추구하는지 그 정도를 점으로 표시할 경우, 이론적으로는 위의 2차원 그래프 공간 안에서 많은 점들을 자유자재로 찍어 볼 수 있을 것이다. 그러나 위의 [그림 6-2]처럼 갈등을 해소하기 위한 전략은 대략 다섯 가지로 정리해 볼 수 있다.

---

126) T.L. Ruble and K. Thomas, "Support for a Two-Dimensional Model of Conflict Behavior,"Organizational Behavior and performance, Vol. 16(1976), p.145

127) J. Rubin, D., Pruitt and S. H. Kim, Social Conflict : Escalation, Stalnmate and Settlement(2ndad.), McGraw-Hill, 1994.

(1) 경쟁전략/ 강요(competition)

강요는 상대방에게 피해를 주어서라도 갈등에서 이기고자 하는 방법을 말하며 자기주장을 강력히 하고 상대방의 주장은 거의 배려하지 않기 때문에 승-패(나-타인)의 강한 형태라고 할 수 있다.

거래 상황에서의 전략으로써 경쟁, 지배적, 강성입장의 전략이라고도 한다. 이 전략을 사용하는 사람들은 가능한 한 큰 이익을 얻는데 초점을 맞출 뿐, 상대가 원하는 이익을 얻었는지에 대해서는 관심을 갖지 않는다. 프루이트-루빈(1994)은 이렇게 설명한다. "이 전략을 사용하는 사람들은 자신의 욕구를 유지하고 상대가 포기하도록 설득시키려고 한다." 이를 위해 수단과 방법을 각리지 않고 상대를 위협상거나 처벌하고, 으름장을 놓거나 일방적인 행동을 한다. 경우에 따라서는 거짓으로 정보를 흘리는 행위도 서슴치 않는다.

(2) 양보(accommodation) 전략

양보는 자신의 관심사는 고려하지 않고 상대방의 요구를 수용하는 형태로 패-승(나-타인)의 유형이라고 할 수 있다. 상대와의 관계를 중요하게 여기는 상황에서의 전략으로, 수용 또는 양보전략이라고 부른다. 이 전략을 사용하는 사람들은 자신이 어떤 이익을 달성했는지에 대해 관심의 더 많다. 즉, 자신에게는 다소 불리하거난 상대가 자신과 다른 생각을 갖고 있어도 상대의 입장을 수용해주는 전략이다. 이번에 양보를 해주더라도 상대화의 관계 형성을 통해 향후 더 좋은 결과를 얻어내겠다는 목적을 가질 때 사용한다. 다소 생소한 전략으로 보일지도 모르지만 관계상황에서 큰 장점을 갖고 있다.

(3) 회피전략(avoidance)

회피란 당사자들의 바람에 대한 관심사가 적을 때 나타나는 것으로 갈등상황 자체를 피하거나 감추고 원만히 넘어가려는 방법으로 양쪽 모두 얻는 것이 없으므로 패-패(나-타인)의 유형이라고 할 수 있다.

무관심 상황에서의 전략으로서 이 전략을 사용하는 사람들은 상대의 이익뿐만 아니라, 목표달성 여부도 거의 관심이 없다. 협상을 해봐야 관계가 좋아질 것 같지도 않고 얻을 수 있는 것도 없을 경우 협상 자체를 하지 않으려는 전략을 말한다. 회피라는 어휘는 철회 혹은 수동적이라는 의미로 사용된다. 다시 말해 물러나거나 침묵하는 것이, 혹은 아무런 행동도 하지 않는 덧이 더 좋을 경우에 사용된다.

(4) 문제해결전략/협동(collaboration)

협동이란 창의적인 아이디어에 입각하여 문제 해결을 통해 상호 이익이 되는 해결방안을 찾는 것으로 양측의 관심사를 모두 충족시킬 수 있는 승-승(나-타인)의 유형이라고 할 수 있다.

윈-윈 상황에서의 전략으로 협동, 통합 또는 호혜적 전략이라고도 부른다. 이 전략을 사용하는 사람들은 자신의 이익달성뿐만 아니라 상대의 이익달성 여부에도 높은 관심을 보인다. 이 상황에서 협상가들은 갈등을 풀기 위해 양쪽모두 '이길 수 있는' 공통의 이익을 극대화화기 위한 전략을 적극적으로 추구한다. 서로 정보와 의중을 공개하고 신뢰를 바탕으로 협상을 하는 전략이다.

(5) 타협전략(compromise)

타협이란 양측 모두의 바람을 중간 정도로 고려하는 방법으로 당사자 간의 주고-받기 (give and take)가 이루어지는 상황이다. 이는 절충상황(1/2로 나누는 것)으로 서로 공평하다고 느끼고 이해하기 쉬우며 가장 간편하고도 의사결정이 빠르기 때문에 현실적으로 가장 많이 사용되는 전략이다. 타협전략은 갈등을 해소하기 위한 전략의 하나로, 자신의 이익을 위해 적절한 노력을 할 뿐만 아니라 상대가 이익을 달성할 수 있도록 적당히 도와주는 것을 의미한다.

프루이트-루빈은 타협전략을 발전적인 전략으로 보지 않는다. 이들은 타협전략을 서로의 이해관계를 만족시키기 위해 최선을 다하지 않은 나태한 전략이거나, 아니면 서로에게 단순히 양보해 버리는 것으로 간주하기 때문이다.

이처럼 갈들을 해소하기 위한 각각의 전략들은 나름대로의 장점과 단점이 있다. 특히 어느 상황이 어떻게 변화하느냐에 따라서 어떤 전략으로 대응해야 할지에 초점을 맞추어 발전해왔다. 즉, 협상전략은 협상자가 세우 놓은 협상가들 사이에 놓여 있는 논쟁의 본질에 따라 선택되어야 한다는 것이다.

현재의 상황이 어떻게 변하느냐에 따라서 갈들을 완벽하게 관리할 수 있는 전략은 없다. 그럼에도 불구하고〈표 6-3〉에서 보여주고 있는 것처럼, 어떤 상황에서 어떤 전략들이 적절하고 부적절한지에 대한 대략적인 조건들의 윤곽을 그리려는 시도가 많이 진행되고 있다. 현재의 상황을 파악하고 이에 따라 협상을 기획하는 과정에서 방향성을 잡는데 많은 도움이 될 것이다.

<표 6-3>

갈등 상황	적절한 상황	부적절한 상황
윈-윈 상황 : 통합/협동 전략	• 이슈가 복잡할 때 • 좀 더 나은 해결책을 고안하기 위해 상대화 아이디어를 종합하는 것이 필요할 때	• 과제나 무제가 단순할 때 • 즉각적인 결정이 요구될 때 • 상대의 이익에 대해 관심이 없을 때

갈등 상황	적절한 상황	부적절한 상황
	• 성공적인 실행을 위해 상대로부터 확약이나 약속이 필요할 때 • 문제해결을 위한 시간적 여유가 있을 때 • 한 쪽만으로는 문제를 해결할 수 없을 때 • 공동의 문제를 해결하는데 상대가 소유한 다양한 자원이 필요할 때	• 상대가 문제해결 기술이 없을 때
관계상황 : 양보/수용 전략	• 자신이 틀렸다고 생각할 때 • 상대에게 쟁점이 더 중요할 때 • 향후 어떤 중요한 거래를 위해 어떤 것을 상대에게 포기할 필요가 있을 때 • 자신이 약자의 입장에서 쟁점이 다룰 때 • 관계가 중요하다고 인식할 때	• 쟁점이 복잡할 때 • 스스로가 옳다고 생각할 때 • 상대가 옳지 않거나 비윤리적일 때
거래상황 : 투쟁/경쟁 전략	• 쟁점이 사소할 때 • 빠른 결정이 필요할 때 • 평판이 좋지 않은 행동을 실행해야 할 때 • 단정적이고 억지를 부리는 부하직원들을 압도할 필요가 있을 때 • 상대가 내린 불리한 결정이 자신에게 큰 피해가 될 수 있을 때 • 기술적인 결정을 내리는데 부하직원들의 전문성이 결여되어 있을 때 • 쟁점이 자신에게 중요할 때	• 쟁점이 복잡할 때 • 쟁점이 자신에게 중요하지 않을 때 • 상대가 옳지 않거나 비윤리적일 때 • 결정을 빨리 내릴 필요가 없을 때 • 부하직원들이 높은 경쟁력을 갖고 있을 때
무관심상황 : 회피전략	• 쟁점이 사소할 때 • 관계와 이득 두 가지 모두 자신이 없을 때 • 냉각 시간이 필요할 때	• 쟁점이 자신에게 중요할 때 • 자신에게 정책결정의 책임이 있을 때 • 상대가 미루고 싶어 하지 않을 때 그러나 쟁점이 해결되어야 할 때 • 신속한 관심이 필요할 때

갈등 상황	적절한 상황	부적절한 상황
절충상황 : 타협전략	• 목표가 상호 배타적일 때 • 양측이 동등한 힘을 가질 때 • 합의가 이루어지지 않을 수 있을 때 • 호혜적 또는 상압적인 협상스타일이 성공적이지 못할 때 • 복잡한 문제에 대한 일시적인 해결책이 필요할 때	• 한쪽의 힘이 더 강력 할 때 • 문제가 너무 복잡해서 '문제 풀기식'접근방법이 필요할 때

출처 : M.A. Rahim, Organization Conflict Inventories : Professional Manual, Consulting Psychologists Press, 1990.

2) 타인에 의해 갈등을 관리하는 방법

앞에서 설명한 2차원적 설명의 틀과 다섯 가지 전략은 여러 가지 갈등상황에 있을 때 스스로 이를 해결하고 관리하기 위해서 어떻게 행동해야 하는지에 대해 잘 설명해 주고 있다.

그러나 갈등을 직접 해소하기 위한 당사자들의 내부나 외부의 노력이 실패했을 경우에는 어떻게 해야 할까? 그런 경우에는 갈등을 스스로 풀어가는 전략보다 조금 넓g은 개념의 두가지 방법이 있다.

(1) 제3자 개입시키기

협동 당사자들이 스스로 논쟁을 해결하지 못할 때, 이들은 바로 그 자리에서 제3자를 개입 시킬 수 있다. 어떤 쟁점에 대해 의견이 다른 두 협상자는 모두 각자의 상상에게 도움을 청할 수 있다. 그리고 제3자는 갈등상황이 합리적인 선을 넘어서서 해결책 없이 악화되고 있다고 판단하면 독립적으로 개입할 수 있다.

(2) 갈등관리 시스템

이 방법은 앞에서 설명한 제3자라는 개인이 개입하는 방식과는 다르다. 즉, 갈등에 대해 경청해주고 이를 해결하기 위해 만들어진 시스템을 말한다. 우리 사회에서 갈등을 해결하는데 가장 일방적이고 가시적인 형태로는 사법체계를 이러한 방식으로 볼 수 있다.

이웃 간 사유재산 분쟁, 부부 간의 불화, 기업 간의 특허권 분쟁 등에 이르기까지 거의 모든 종류의 분쟁에 대해 당사자들은 변호사를 선임할 수 있다. 혹은 공정한 공청회나 문제를 해결할 수 있는 시스템을 통해 자신들의 문제를 다룰 수도 있다.

협상 당사자들 간의 분쟁 또는 갈등이 협상을 통하여 합의에 이르지 못하게 될 경우, 협상 당사자들은 법적인 소송을 할 수 있다. 그러나 이러한 방법은 시간과 비용이 많이 소요될 뿐만 아니라, 기업 또는 조직의 이미지가 악화될 수 있기 때문에 협상 당사자들은 소송외적인 접근을 통하여 분쟁을 해결하는 것이 바람직하다. 이러한 접근을 '대안적 분쟁해결방안(alternative dispute resolution, ADR)'이라고 하며, 협상, 조정 및 중재 등이 이러한 방안에 해당된다. 먼저 소송에 대하여 간략히 살펴본 후, 제3자가 개입하는 대표적인 분쟁해결방법으로 인정되고 있는 조정과 중재에 대하여 논의하기로 한다.

기업 또는 조직이 본국 또는 현지국에서 협상 당사자들 간의 법적 분쟁에 휘말릴 경우에는 소송, 조정 및 중재를 통하여 이러한 분쟁이 해결될 수 있다.[128]

① 소송(litigation)

본국 또는 현지국에서 어떤 법적인 문제가 발생하였을 때, 기업 또는 조직은 본국 또는 현지국 법원에 소송을 제기할 수 있다. 그러나 이 해결방법은 최후의 수단으로 사용되어야 한다. 왜냐하면 소송은 비용이 많이 들고, 오랜 시간이 걸리고, 기업의 이미지가 악화될 수 있고, 본국이 아닌 현지국에서 소송이 제기되는 경우 현지국 법정에서 차별대우를 받을 수 있는 단점이 있기 때문이다.

② 조정(mediation)

조정은 법적 분쟁의 당사자들이 비공식적 또는 자발적으로 합의하여 분쟁을 해결하는 방법이며, 조정을 통하여 타협(conciliation)이 도출된다. 조정을 담당하는 조정관은 권한이 없는 제3자의 역할을 담당한다. 이 방법은 분쟁을 평화적으로 해결할 수 있는 장점을 갖고 있으나, 조정 또는 타협에 실해할 경우 중재 또는 소송으로 이어질 수밖에 없는 단점을 갖고 있다.

③ 중재(arbitration)

중재는 분쟁의 당사자들과 이해관계가 없고, 전문성을 보유한 제3자 또는 기관을 중재자를 선정하여 분쟁을 해결하는 방법이다. 중재를 수행하는 중재자는 권한을 위임받은 제3자의 역할을 담당한다. 이 방법은 시간이 적게 걸리고, 비용이 적게 들며, 기업 또는 조직의 이미지를 손상시키지 않는 장점을 갖고 있다. 그러나 분쟁 또는 갈등이 법률문제와 관련되어 있을 때 중재의 판단능력이 떨어질 수 있다는 것과 신속한 중재를 위해 분쟁 당사자들이 출석하지 않더라도 심리가 진행되는 절차상의 문제가 발생할 수 있다는 것이 중재의 단점으로 지적될 수 있다.

국제적으로 인정받고 있는 중재기관으로 1923년에 설립된 국제상공회의소 산하의 국제중재법원(International Court of Arbitration)을 들 수 있다. 본국 또는 현지국에서의 법적 분쟁이 소송으로 이어지는 것을 방지하기 위하여 기업 또는 조직이 체결하는 모든 계약의

---

128) 박주홍(2012), p. 108 이하 수정 재인용; 김성형/이은우 역, Brett, J. M. 저(2011), p.268 이하; Czinkota, M.R. et al.(2005), p 125 ; Ball, D. A al. et.(2004), p.367.

중재조항(arbitration clause)을 삽입하는 것이 바람직하다. 이것은 계약서 또는 합의서에 삽입하는 중재합의에 대한 조항이다. 즉, 이것은 계약 또는 합의와 관련된 분쟁이 발생할 경우, 법원의 재판을 통하지 않고, 중재를 통하여 분쟁을 해결하겠다고 약속하는 것을 의미한다. 또한 합의 당사자들은 표준중재조항(standard arbitration clause)을 계약서 또는 합의서에 삽입할 수 있다. 대한상사중재원과 국제상공회의소가 각각 제시하는 표준중재조항은 다음과 같다.[129]

　▶ **대한상사중재원 표준중재조항** : "이 계약으로부터 또는 이 계약과 관련하여 당사자들 간에 발생하는 모든 분쟁, 논쟁 또는 차이 그리고 계약위반은 대한민국법과 대한상사중재원 중재규칙에 따라서 대한민국 서울에서 중재로 해결된다. 중재인에 의해서 내려진 중재판정은 최종적이며 관련 당사자들을 구속한다."

　▶ **국제상공회의소 표준중재조항** : "현존하는 계약으로부터 또는 관련하여 발생하는 모든 분쟁은 국제상공회의소 중재규칙에 따라서 선임된 1인 또는 그 이상의 중재인에 의하여 동 규칙에 따라서 최종적으로 해결된다."

대안적 분쟁해결방안(ADR)의 주요 유형인 조정과 중재는 제3자의 개입을 통하여 분쟁을 해결하지만, 협상은 제3자가 개입하지 않고 협상 당사자들이 분쟁을 직접 해결한다.

<표 6-4> ADR의 주요 유형 비교[130]

비교 기준		협 상	조 정	중 재
절차개시에서 당사자의 합의		필수요건	필수요건/예외	필수요건/예외
제3자	개 입	불개입	개입	개입
	범 위	해당 없음	민간/공·사기관	민간/공·사기관
	선 정	해당 없음	쌍방합의	쌍방합의
	역 할	해당 없음	합의도출	일방적 결정
절차의 진행내용		이해/입장조정	이해/입장조정	확인/이해조정
절차진행의 주요 수단		협상	화해/조정협상	사실발견/협상
결정의 정형성		없음	대개 없음	조금 있음
결정의 근거		쌍방합의	제3자의 조언을 바탕으로 쌍방합의	쌍방 간의 증거자료와 중재인의 결정
결정의 구속력		쌍방의 동의 필요	쌍방의 동의 필요	구속적/예외

---

129) https://ko.wikipedia.org/wiki/%EC%A4%9E%AC%EC%A1%B0%ED%95%AD.
130) 자료원 : 이달곤(2005), p. 25 재인용; 우동기/장영두(1999), p. 47.

좀 더 간단한 방식으로 갈등이 해결되기를 바랄 때 그리고 사법시스템이 너무 관료적이거나 부담스럽고 더 이상 공정하지 못하다고 느끼는 상황에서는 좀 더 작은 규모의 갈등관리 시스템도 가능하다. 사실 이와 같은 많은 시스템들은 오랜 시간이 지나면서 제도화되고 합법화되었기 때문에 조직의 규칙이나 정책, 절차가 되어버린 또 다른 제3자가 개입 장식이라고 부를 수도 있다.

3) Joharis Window

심리학자인 조셉루프트(Joseph Luft)와 하리잉햄(Harry Ingham)에 의해 개발 되어 두사람 이름을 따서 요하리의 창이라 부른다. 아래 그림에서와 같이 상대방 과 자신의 관계에 있어서 상호 간에 마음의 문을 열어 공공영역을 넓힘으로써 갈등의 가능성을 예방하는 기법이다.

[그림 6-3] **Joharis Window**

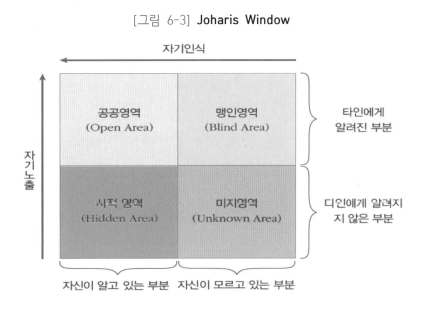

위의 그림에서 보는 바와 같이 갈등은 나만 아는 나로 대변되는 사적영역과 내가모르는 나로 표현할 수 있는 맹인영역에서 발생하며 이 경우 모두가 알고, 나아가 정보를 상호 공개 및 교환 함으로써 공공영역의 확대를 통하여 갈등역역인 맹인, 사적 영역을 줄이고 미지 영역으로 확대 할 수 있음으로서 미지역역을 줄여 새로운 파이를 창출함으로서 통합적 협상으로 갈등을 해결할 수 있다고 설명하고 있다.

이는 실례로 정보의 공유는 상호 신뢰를 높이게 되고, 새로운 아이디어와 해결책을 만들어 낼 원천이 된다고 볼 수 있다. 이처럼 통합적 협상을 통한 장기적이고 관계까지를 고려한 협상을 통한 갈등관리 시스템이 필요하다고 할 수 있다.

<표 6-5> 분배적 협상과 결합적 협상

구 분	투쟁적 협상·분배적 협상 (Distributive Negotiation)	호혜적 협상·결합적 협상 (Integrative Negotiation)
협상형태	win-lose zero-sum game	win-win positive-sum game
협상이익의 배분	피자 나누기 (fixed pizza-cutting) 정해진 협상이익을 분배	피자 만들기 (larger pizza-cooking) 서로 협조하여 협상이익 자체를 크게 함
정보의 흐름	정보를 공개 안 함	정보를 공개함
상대의 이익	자기주장만 함	상대의 요구사항과 입장을 이해하려 함
협상전략	비도덕적·기만적 술책	도덕적·협조적 전략

제 7 장

국제협상과 커뮤니케이션

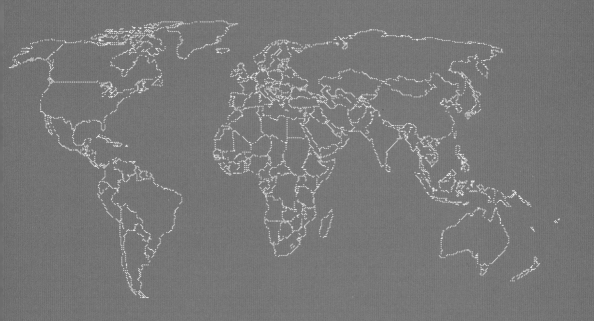

레위키(Lewiki)[131] 등이 지적하듯이 "협상 그 자체가 의사소통(communication)이다"라고 해도 과언이 아니다. 특히 다른 문화권 사이의 국제협상에서 발생하는 거의 대부분의 문제가 다른 문화권과의 Cross Cultural Communication 상의 문제라 해도 과언이 아니다. 모란(Moran)[132]이 지적하듯이 언어란 단순한 메시지 전달의 수단이 아니라 '생각의 형성틀'이기 때문이다. 즉, 언어 문화권이 다른 협상자들은 동일한 상황을 다르게 표현하고 다르게 인지(perceive)한다. 이 장에서는 국제협상에서 다른 문화권과의 의사소통에 대해 살펴보자.

📋 문화와 국제경영의 실패

문화는 오늘날의 특징적 현상으로서 시대의 산물이라 할 수 있다. 영어에서 'culture'는 문화라는 의미 외에도 '경작하다'라는 의미 또는 정신계발을 의미한다. 문화는 주로 정신문화를 의미하며, 문화인은 정신적으로 계몽된 인간을 의미한다. 문화는 기업이 글로벌 협상이나 경영을 하는 데 있어서 큰 비중으로 다루는 부분 중의 하나이다.

다음의 사례는 까르푸와 월마트가 한국시장 진출에 있어서 실패했던 원인이 되었던 이유를 잘 설명해준다.

까르푸, 월마트의 실패는 예견된 일이었다고 할 수 있다. 유통업계 전문가들은 까르푸와 월마트의 실패 원인으로 우선 한국의 문화와 소비자들의 선호도를 파악하는 데 실패한 점을 들었다. 이들 업체는 점포 구성에 있어 물건을 높이 쌓아놓는 창고형 매장을 고수했다. 화사한 분위기의 백화점식 매장에 익숙한 국내소비자들에게 삭막한 대형 매장에다 높이가 5~6m에 달하는 선반까지 진열된 상품을 대용량으로 판매하는 창고형 매장은 익숙지 않았다. 또, 이들은 할인점 성공의 주요 요인으로 꼽히는 점포의 접근성에서도 다른 할인점에 비해 크게 뒤졌다. 한 예로, 월마트의 경우 서울에는 강남점 1개만 있고 일산점·용인 구성점, 대전, 대구 등 경기도 외곽과 지방에만 점포가 위치해 접근성이 크게 떨어졌다는 지적이다. 현지화 노력을 게을리한 것도 실패 요인 중 하나다. 한국시장에 진출한 초창기부터 한국인 최고경영자(CEO) 및 임원을 거의 중용하지 않았다. 특히 프랑스 업체인 까르푸의 경우 사장과 대부분의 임원, 심지어 점장까지 프랑스인 일색으로 채워졌다. 임원급은 외국인, 직원은 한국인이라는 기형적 인력 배치로 조직융화에 실패했다는 분석이 나온다.

이렇게 까르푸는 주 고객층 주부들의 욕구를 채워주지 못했다. 저가 정책을 고집하며 높은 천장과 희미한 형광등으로 대변되는 창고형 매장에 연연해 쇼핑과 여가시간 활용의 두 가지 욕구를 채우려는 한국 주부들을 끌어들이지 못했다. 현대증권 리서치센터 연구원에서는 "소비자의 감성을 자극하지 못했다는 것이 가장 중요한 실수입니다."라고 말했다.

---

131) Lewiki etc. 1996
132) Moran etc., 1997

까르푸의 저가 정책 고집은 유행에 민감한 국내 소비자들이 그때그때 원하는 신상품을 구입하는 것도 어렵게 만들었다. 이와 함께 까르푸는 외국계 유통회사로서 우리나라의 음식문화에 대한 이해가 부족했다는 평가다. 채소와 곡류를 많이 소비하는 우리나라에서 까르푸는 공산품 중심의 매장을 운영하면서 상대적으로 신선 식품류 제공에 소홀했다는 분석이다. 신선식품을 제대로 관리해야 하는데, 그렇지 못한 문제점이 있었으며, 또한 상품을 공급하고 있는 중소업체들과의 잦은 분쟁과 다른 유통업체에 비해 상대적으로 부족했던 매장 내 서비스도 고객이 발길을 돌린 이유가 되었다. 이밖에 외국 본사와의 협의과정이 길어지면서 주요 정책에 대한 의사결정이 느린 점도 한국시장 정착에 실패요인의 하나이다.

위의 내용처럼 까르푸나 월마트는 한국이라는 나라의 독특한 문화적 특성을 잘 이해하지 못하고 시장에 진출하면서 크나큰 실패를 겪었으며 이 까르푸, 월마트 사례를 통해서 많은 기업들이 각 국가의 문화를 하나하나 세심하게 검토하고 연구에 열을 올리고 있다.

이처럼 문화는 어떠한 국제경영 및 협상에서도 성공과 실패의 요인이 되며 중요한 부분을 차지한다.

제1절
국제협상과 문화

1. 문화의 수준과 개념

1) 문화의 개념[133]

문화란 특정집단의사회적 정체성을 정의하는 복수수준의 다양한 지표들로 표현되는 양태(pattern)들의 집합으로서 다른 집단의 성원들과 구분할 수 있는 집합적 정신프로그램 즉, 가치 정향(value orientation) 이라고 할 수 있다[134].

가치정향(value orientation)이란 각 집단을 지배하는 우세한 가치군으로서 의미체계 및 무의식적인 선택규범이라고 할 수 있다. 다시말해 특정사회를 규정짓는 이러한 가치정향 패턴은 소속 성원들의 행동, 의사결정 및 감정과 사고에 영향을 미치고 그들이 자신 및 다른 사람들과 세계를 바라보는 관점을 결정하게 된다.

2) 문화와 인간

문화는 인간이 동물과 다른 존재이기 위해서 불가결한 요소이다. 인간은 문화를 구비한 인간사회에서 태어나 성장과 함께 문화를 새롭게 습득한다. 따라서 인간은 문화인이다. 그러므로 어떤 사회에나 문화는 존재한다. 단지 서로 다를 뿐이다. 이러한 이해 없이는 문화적 차이에 의한 문화마찰로 인하여 힘의 논리만이 난무할 뿐이다. 결론적으로 글로벌 비즈니스에 참여하는 비즈니스맨에게는 각 지역의 다른 생활양식의 차이를 이해하고 함께 하여야 할 것이다.

3) 문화의 3국면(정신문화, 행동문화, 물질문화)

‣ 정신문화 : 5감을 통한 자극으로 지각, 인지방식, 가치관, 세계관, 태도, 사고방식 등 내면활동
‣ 행동문화 : 정신문화를 의식적·무의식적으로 표현하는 행동양식
  • 언어행동 : 말을 사용하여 표현하는 행동양식
  • 비언어행동 : 얼굴의 표정이나 몸짓 등에 의한 행동양식

---

133) Deutch, 1973
134) Kluckhohn & Strodtbeck(1961)

♦ **물질문화** : 의식주라 할 수 있으며, 물질자체보다는 물질이 지닌 심벌성이나 목적 및 용도 등이 중요

문화란 단어는 유행처럼 번지고 있다. 그러나 문화에 대한 바른 이해 없이 마치 교양인이 되는 지름길인양 문화관이 정립되고 있다. 따라서 문화에 대한 정확한 이해가 필요하다. 특히 문화는 사회구성의 근원이 되는 것으로써 어느 곳이나 영향을 미치지 않는 분야가 없다. 따라서 글로벌 비즈니스를 담당하는 사람은 어느 분야에 있거나 비교문화에 대한 접근을 위해서는 바른 문화관을 정립하여야 하며, 특히 그 사회가 가지고 있는 일반문화에 대한 재인식이 필요하다. 문화 간의 차이가 크면 클수록 커뮤니케이션이 어려워진다.

2. 문화 표현

1) 문화 표현

대표적인 문화적 접근 이론으로는 중범위이론(mid-range theory)을 들 수 있는데 이 이론은 현상들의 집합 속에서 각 현상간의 관계나 그 인과관계를 설명할 수 있는 이론으로 문화는 상징, 의사소통양식, 가치, 행위, 제도, 사회체계 등 여러 가지 형태로 표현된다고 설명하고 있다. 이 이론을 바탕으로 Hofstede(1991)는 문화표현들의 수준을 다음과 같이 설명하고 있다.

[그림 7-1] 문화 표현의 수준

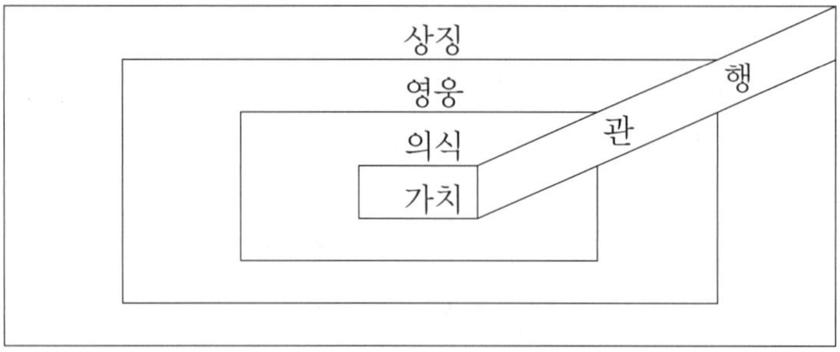

① **상징(symbol)** : 특정 문화를 공유하는 사람들에게만 통용되는 의미를 지닌 말, 동작, 그림 또는 대상으로 즉, 단어 및 은어, 허어스타일, 국기, 코카콜라 등이 여기에 속함.
② **영웅(heroes)** : 특정 문화를 높이 받드는 특징을 지니고 있어 행동의 귀감이 되는 사람을 일컫는다. 예로 미국의 슈퍼맨, 베트맨 등이 있다.
③ **의식(rituals)** : 가시적인 목표의 달성을 위해 필요하지는 않지만 특정문화에서 없어서

는 안 될 것으로 간주되고 있는 집합적인 행동으로서 인사법, 사화-종교적인 의식 등이 여기에 속하는데 이러한 의식은 의식 그 자체를 목적으로 거행된다.

④ **가치(value)** : 어떤 상태보다 다른 상태를 선호하는 경향성을 의미

또한 문화는 양태(pattern)들로 정의되며, 다양한 지표들을 상징적으로 표현될 뿐만 아니라 둘 또는 그 이상의 사람들에 의해 공유되는 특징을 가지고 있다. 특히 Schein은 조직문화에 대해 '한 집단이 다양한 환경에 대하여 어떻게 지각·사고·반응할 것인지 정하는 요인으로써 조직구성원들 사이에 공유되어 당연시되는 내재적 가정, 일정한 패턴을 갖는 조직활동의 기본가정과 신념'이라 정의한 바 있다.

Schein은 이러한 조직문화의 구성요소를 기본적 가정, 가치, 인공물로 보았다. 이들 구성요소는 상하관계와 인과관계를 가지기 때문에 조직문화의 계층을 구성하는 요소로 보기도 한다.

기본적 가정(underlying assumption)이란 해당 문화권에 속한 사람들이 당연한 것으로 받아들이는 기본적 믿음으로서, 무의식적이며 관찰이 어렵다. 일반적으로 창업자의 철학이나 가치관이 여기에 개입하게 된다.

가치(value)는 기본적 가정이 표출되어 인식의 수준으로 나타나는 것으로서, 구성원들이 상황, 행동, 대상, 사람들을 판단하는 데 근거가 되는 평가기준이 된다.

인공물(artifacts)은 가치관이 표출되어 형성되는 기술이나 예술 또는 어떤 특정한 행동양식들을 의미한다. 이는 가시적 공간이나 산출물 또는 조직구성원들이 사용하는 언어와 행동을 통해 파악할 수 있다(ex. 이야기, 신화, 상징, 조직구조, 통제시스템, 권력관계, 의례와 의식).

[그림 7-2] Schein의 의식수준상의 문화수준과 구성요소

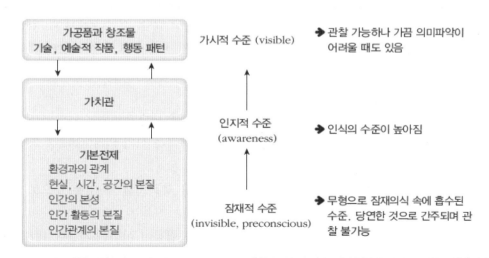

(출처) Edgar H Schein(1984), 'Coming to a New Awareness of Organizational Culture', Sloan Management Review, Winter, p.4

2) 문화와 세계관

세계관은 창조자와 피조물간의 관계를 어떻게 설정하고, 무엇에 관심을 갖는가에 따라 형성된다고 할 수 있다. 즉, 세계전체의 의의, 가치 등에 관해 가지는 철학적 견해로써 인류공통의 보편적 측면과 각 문화의 근저를 특정지우는 독특한 측면을 가지고 있다.

▶ 보편적 세계관과 한국적 세계관

보편적 세계관은 인간, 자연 및 신의 3가지 요소와 그 상호관계에 의해 유지되고 있다. 이들 요소에서 무엇이 가장 관심을 끄는가에 따라 각 세계관의 독특한 성격이 부각된다.

한국적 세계관은 신, 인간, 자연의 상하관계를 엄격히 구별하지 않는 경계의 탄력성이 존재한다. 특히 한국은 과거를 바탕으로 미래를 지향하고, 존재의 의미를 인지한 행동지향이 필요하다.

세계관의 차이는 문화를 특징지우는 중요한 기본적 요소로써 비교문화 이해에 관한 가장 난해한 문제라고 할 수 있다. 또한 그 지역인의 세계관은 종교, 역사, 정치 등의 영향을 받음으로 인하여 이에 대한 연구가 충분히 이루어져야 한다. 협상가가 국제협상을 할 때에 갖게 되는 세계관은 글로벌 시대에 어떻게 적응할 수 있는가가 중요한 논제가 될 수 있다.

3) 가치관

가치관은 문화의 근저로서 정신문화에 기반하여 인간의 행동을 규정하는 기능을 가진다고 할 수 있다. 더욱이 국제적인 이해나 문화교류의 경우에도 문화의 근저인 가치관의 차이에 기인하여 여러 가지 문제의 원인이 된다고 볼 수 있다. 결국, 가치관은 인간의 행동을 규정하는 주요요인으로써 인간이 자기를 포함하여 세계나 그 속의 만물에 대하여 가지는 평가의 근본적인 태도나 그것을 바라보는 방법이라 할 수 있으며, 가치는 "구체적 사물에 대한 가치"로써 경제학적 용어이다.

아들러(S. Adler)는 가치에 대하여 다음과 같이 정의를 내렸다.

첫째, 가치는 영속적 개념(eternal ideas)으로 부분적으로는 신의 의지(mind of God)와 같은 절대적인 것

둘째, 가치는 인간의 욕구와 욕망(need and desire)을 충족시킬 수 있는 것으로 어떠한 사물 또는 객체의 고유한 본질

셋째, 선천적이냐 학습에 의한 것이냐를 막론하고 사람들이 어떠한 사물에 대해 '좋다', '나쁘다', '옳다', '잘못이다'를 나타내는 경향

넷째, 가치는 신념이나 기대 등과 같이 행위로부터 관념화시킬 수 있는 것

이것은 사람들이 그들의 행위를 객관적으로 평가하고 판단할 수 있는 기초를 제공한다. 이렇게 가치관은 문화로부터 주어진 일상의 행동을 방향짓는 요인이라 할 수 있다. 인간은 문화의 가치관에 의해 행동을 계획, 실행, 평가하면서 일상생활을 영위해 나간다고 할 수 있다. 당연히 각 문화에는 독특한 가치관과 거기에 근거하는 행동양식이 존재하게 된다. 가치는 문화의 핵으로 어떤 한 상태보다 다른 상태를 선호하는 포괄적인 경향성을 말한다. 가치는 화살표가 달린 감정이다. 즉, 가치는 긍정적인 면과 부정적인 면을 지니고 있다.

선 ⟷ 악

깨끗함 ⟷ 더러움

아름다움 ⟷ 추함

자연스러움 ⟷ 부자연스러움

정상 ⟷ 비정상

논리성 ⟷ 비논리성

합리성 ⟷ 비합리성

이러한 가치정향은 정신문화의 기반으로서 습득되어 인간의 행동을 규정하는 기능을 가진다. 인간의 가치관에는 비교적 변화하기 쉬운 것과 표면적으로 변화하고 있는 것처럼 보이면서도 본질적으로 변화하지 않는 것이 있다. 가장 큰 문제는 전통적인 가치관이 현재 어떻게 변화하고 있느냐는 것이다.

3. 문화에 대한 접근방법

1) 공유된 가치관으로서의 문화(culture as shared value)

이 접근법은 문화적 환경으로부터 형성된 사고패턴으로 인하여 행동의 차이가 발생한다고 보고 이문화 간 또는 집단 간 가치관이나 규범의 차이를 밝히고자 하였다. 여기서 얻은 결론은 서로 다른 문화를 갖고 있는 협상자들은 가치관의 차이로 인하여 서로 다른 협상스타일을 갖는다는 것이었다(Young, 1968).

공유된 가치관으로서의 문화라는 접근법은 앞의 "학습된 행위로서의 문화"라는 접근법과 마찬가지로 설득력이 있는데, 이는 이러한 접근법이 국제협상에서 상대방의 협상 행위를 쉽게 예측할 수 있는 협상 행위의 패턴을 설명할 수 있기 때문이다.

문화와 협상의 관계에 대한 이러한 접근법의 또 다른 변수는 문화라는 측면보다는 이데올로기라는 측면이 더 부각되는 경우가 있다. 따라서 이것은 국가적 협상스타일로 나타나게 된다. 자유주의, 파시즘, 공산주의라는 3가지 현대시스템은 이데올로기의 한 예이다. 영(Young)은 중국인의 협상 행위 패턴을 연구하기 위하여 미국인과 중국인 간의 협상의 역사에 대하여 조사하였다. 이들 협상에서 중국인들의 행동은 미국인 상대방에 대하여 높은 적대감을 나타냈으며, 빨리 합의에 도달하고자 하는 미국인 협상자와는 반대로 합의에 도달하는 것에 대하여 매우 무관심하였다.

이렇게 하나의 공유된 가치관이든 공동으로 소유하고 있는 가치관의 집단이든 또는 이데올로기이든 어느 하나는 전형적인 협상스타일을 가지고 있다고 생각하는 사람들의 생각은 협상 행위의 패턴에 대한 단순한 설명이 아니라 그러한 행위에 대한 문화의 역할을 설명하고자 한 것이다.

그럼으로써 동일 문화집단의 가치관과 협상행위의 인과관계를 보여 줄 수 있기 때문에 첫 번째의 "학습된 행위로서의 문화"라는 접근법보다 높은 추론이라고 할 수 있다. 공유된 가치관으로서의 접근법은 협상자에 대한 개인적 선택의 역할을 최소화한다. 다시 말하면, 협상자는 어떤 특정한 문화권에 소속되어 있거나 어떤 특정 이데올로기에 집착하고 있기 때문에 그의 협상 행위는 특정패턴을 형성한다는 것이다. "학습된 행위로서의 문화"라는 접근법에서와 동일하게 협상자가 소속되어 있는 문화는 그 협상자의 협상행위에 많은 영향을 미친다는 것이다.

2) 학습된 행위로서의 문화(culture as learned behavior)

이 접근법은 협상자들이 어떠한 생각을 갖고 협상에 임하느냐 하는 것보다는 협상테이블에서 어떠한 행동을 보이느냐에 관심을 갖고 분석한 것으로 주로 외국인과 협상시 '해야 되는 것'과 '해서는 안 되는 것'을 제시하고 있다. 이는 문화를 학습된 행위 또는 공유된 가치관으로 정의하였다. 하나의 문화는 나름대로의 독특한 가치, 즉 문화적 패턴을 지니고 있다고 보았으며, 이러한 독특한 문화적 패턴으로 인해 외국의 협상자들은 협상테이블에서 독특한 협상스타일을 가진다는 가정 하에 각국의 협상스타일을 서술하고 있다.

예를 들어 빈 쟌트(Van Zandt, 1970)는 자신의 경험을 토대로 일본인의 협상스타일에 대하여 조사하였는데, 미국인들이 일본인과의 협상시 공동으로 부딪치게 되는 일본인의 협상스타일을 13가지 소개하였다. 주요 내용은 다음과 같다.

일본인은 부정적인 감정을 숨기고 긍정적인 감정만 표현하며 논쟁을 좋아하지 않는다. 따라서 'No'라고 말하는 것과 같은 직접적인 대결국면은 피하고, 협상과정에서 어려운 문제에 직면하게 되면 오랫동안 침묵을 지켜 서구 협상자들을 당황하게 만들며, 당사자 간 의견이 일치되지 않을 경우 이러한 불일치한 견해를 조정하고자 종종 제3자를 끌어들인다.

주로 일본의 협상자들은 협상 당사자들 간의 신뢰를 바탕으로 하여 장기적인 관계를 유지하고자 글로벌 비즈니스에 있어서 협상 시 매매조건보다는 당사자들 간의 관계를 중요시한다. 또한 이러한 관계를 중요시하는 일본인과의 협상에서는 선물이 중요한 역할을 하며, 일본인들은 일반적으로 의사결정이 느리다. 이러한 요소는 일본인들로 하여금 비업무적인 문제에 많은 시간을 소비하도록 하기 때문에 일본인들과의 협상은 장시간을 요하게 된다.

그리고 협상의 결과인 합의에 대한 견해에 있어서도 미국인과 일본인 간에 차이가 존재한다. 즉, 미국인들은 전형적으로 협상의 결과를 가능한 한 서면 계약서로 작성하여 엄격히 지켜지는 것을 기대하는 반면, 일본인들은 협상결과를 후일 상황의 변화가 있을 경우에 재협상할 수 있는 것으로 간주하여 서면 계약서를 그다지 중요하게 여기지 않는다. 이러한 점들 때문에 반 쟌트는 미국인들이 일본인들과의 비즈니스 협상에서는 이러한 일본인들의 협상스타일을 잘 숙지하여야 한다고 하였다.

허비그와 크래머(Herbig and Kramer, 1992)는 서로 다른 문화체제는 다른 협상 관행을 낳기 때문에 자국에서 효율적인 협상 관행이 다른 문화적 배경을 가진 사람들과의 협상에서는 비효율적인 협상 관행이 될 수도 있다고 하였다.

따라서 서로 다른 문화적 배경을 갖는 협상자와의 협상에서 성공하는 방법은 각 당사자가 협상으로부터 원하는 것을 실현하기 위하여 자기 자신 및 상대방에 대해 완전히 이해하고 협상상황을 협조적 상황(승-승)으로 전환시키는 것이며, 이러한 상황을 만들기 위하여 협상당사자들의 행동규범을 제시하고 있다. 즉, 협상 당사자들이 서로 다른 문화적 배경을 갖는 글로벌 비즈니스 협상에서 성공을 거두기 위해서는 다음과 같은 문화적 차이를 인식해야 한다는 것이다. 첫째, 외국의 협상 상대는 인식, 동기, 신념 및 전망 등이 자신과는 다르다는 것을 인식하여야 하며, 둘째, 협상장소가 외국인 경우에는 그 나라의 관습에 따라야 하며, 셋째, 상대방의 문화적 규범을 존중해야 한다고 하였다.

이 접근법은 외국인과의 협상시 행동규범을 제시함으로써 협상 실무자들에게 협상을 성공적으로 수행할 수 있도록 해 준다. 그러나 이러한 접근법들은 동일 문화권 내에 존재하는 모든 사람들은 동일한 협상스타일을 갖는다고 가정함으로써 개인적인 특성이나 시간적 요소를 고려하지 않았다는 한계가 있다.

3) 변증법으로서의 문화(culture as dialectic)

변증법으로서의 문화 접근법은 '동일 문화는 동일한 행동양식을 갖는다'는 전술한 두 접근법과는 다른 협상자들의 개인적 특성의 차이로 인하여 동일 문화 내에서도 협상자마다 다른 행동양식을 보인다고 하여 특정 문화의 양면성을 밝히고자 하였다(Kammen, 1972; Blaker, 1977).

"공유된 가치관으로서의 문화"라는 접근법을 선호하는 분석가들은 "동일 문화권 내의 협상자들은 동일한 가치관을 가지고 있다"고 하는 가정에서 출발하였다. 그러나 카멘에 의하면, 미국 내에서의 역사적 경험으로 볼 때 같은 미국인 사이에서도 두 가지 가치관이 공존한다고 하였다. 예를 들면, 미국인들 중에서도 집단적 개인주의, 보수적 자유주의, 실증주의 및 물질주의 등이 동시에 공존하고 있다는 것이다.

"공유된 가치관으로서의 문화"라는 접근법에서는, 동일 문화권 내에서의 협상자들이 다른 협상 행위를 하는 것에 대하여 시간이 경과함에 따라 가치관이 변할 수 있다는 측면으로 설명하였다. 그러나 그 이론만 가지고는 두 가지 가치관이 공존할 수 있다는 것, 즉 특정 문화 내에 있어서도 개인적 특성에 따라 협상 행위가 달라지고, 또한 시간의 경과에 따라 동일 문화권에 있는 협상자들의 협상 행위가 변화되고 있는 현실을 동시에 설명하기에는 합리성이 부족하다.

이에 대하여 블레이커(Blaker, 1977)는 일본인들은 협상을 하는데 있어서 두 가지 가치관을 가지고 있다고 한다. 즉, 조화로운 협력과 전사의 윤리라는 가치관을 갖고 있다고 지적하였다. 일본인들은 많은 대가를 지급하더라도 불협화음을 피하고자 하는 성향을 가지고 있는 반면에 특정사안에 대해서는 위험을 감수하면서도 이를 성사시키고자 하는 성향을 갖고 있다고 하였다. 블레이커는 일본인 성향을 국내적 반대를 극복, 서구인의 저항을 털어 버림, 비밀, 주의 깊은 심사숙고 및 상황에 적응하는 것 등으로 특징지었다. 그는 또한 일본인 협상행위와 관련하여 낙천주의, 운명주의 및 비도덕적인 실용주의의 3가지 규범이 있다고 하였다.[135]

이러한 변증법적 접근법은 특정문화의 협상자들이 동일한 가치관을 갖고 있다는 가정 하에서의 접근법으로 앞의 두 가지 접근법들의 문제점을 해소하는 데에는 기여하였다. 그러나 글로벌 비즈니스 협상이 외국에 상대방과의 협상이며, 국가를 달리하는 이문화 간의 협상이라는 점을 감안할 때 과연 협상자들의 문화적 특성이 협상자들의 협상 행위에 얼마나 영향을 미치는가에 대한 설명이 결여되어 글로벌 비즈니스 협상에서 상대방의 정확한 협상 행위를 예측하는 데에 한계가 있는 것으로 보인다.

4) 맥락으로서의 문화(culture-in-context)

맥락으로서의 문화 접근법은 인간의 행동양식은 단순히 한 가지 원인을 가지고 설명할 수 없으며 상호의존적인 원인에 의하여 결정된다고 보았다. 사회심리학자인 소이어와 구츠노우는 협상자 개인의 특성과 상황적 제약조건(문화적 차이와 사회적 환경)이 복합적으로 협상과정 및 협상결과에 어떻게 영향을 미치는가를 보기 위한 모델을 제시하였다.

그래엄의 연구에 의하면 협상 당사자들의 문화적 차이가 판매협상의 과정 및 결과에 어떻게 영향을 미치는가 하는 것을 살펴보고자 미국인과 일본인을 대상으로 가장 단순한 관

---

135) M. Blaker, *Japanese international negotiating style*, Columbia University Press, 1977, p.23.

계인 두 개인 간의 매매계약에 있어 상호작용 관계를 집중적으로 연구하였다.

이론적 기반은 국제협상의 모델을 토대로 아래의 [그림 7-2]와 같이 변경하여 연구모델을 설정하고, 변수를 설정하여 마케팅에 있어 교환 이론, 문화 인류학 및 이문화 간 의사소통에 관한 이론으로부터 가설을 유도하였다.

판매협상 결과를 3가지 변수, 즉 협상과정, 상황적 제약 및 개인적 특성의 함수로 보았으며, 개인적 특성보다는 당사자 간의 문화적 차이, 즉 미국인과 일본인의 의사결정과정의 차이에 초점을 맞추었다.

[그림 7-3] 그레엄의 이문화 간 협상모형

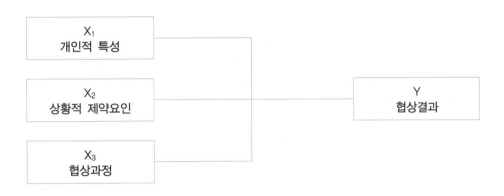

그래엄에 의한 모의실험(laboratory experimentation)의 결과는 일본인과 미국인의 협상스타일에 있어 몇 가지 차이를 보여 주었다. 미국인 협상에서는 상대방으로부터의 정직한 정보가 협상자의 실적에 중요한 영향을 미치는 반면, 일본인 협상에서는 정직하고 신뢰감을 주는 상대방은 협상자의 실적에 영향을 미치지 않았다. 그래엄에 의하면 이는 일본인의 '혼네와 다테마에'라는 이중적 가치관과 매우 관련이 있다고 하였다. 또한 일본인들은 '다테마에'라는 가치관 때문에 미국인들의 정직하고 솔직한 협상스타일에 대하여 불편함을 느낀다고 하였다.

일본에서 협상자의 역할은 실적과 정의 관계를 가진다. 또 일본인은 지위관계에 있어 수입자는 수출자보다 우위에 있으며 이러한 지위관계로 협상결과가 정해진다. 미국인의 협상은 "형제 간의 협상"으로 표현되는데 지위관계는 상대적으로 평등하여 양자 간의 의견 불일치는 뜨거운 논쟁을 통해 해결되는 반면, 일본인의 협상은 "부자 간의 협상"으로 표현되어 지위관계가 명백하며 이것이 협상결과에 중요한 영향을 미친다.

한편, 연구의 중심적인 관심분야, 즉 문화(culture) → 협상과정(process) → 협상결과(outcome)의 관계에 있어서는 당사자의 문화적 변수는 두개의 협상과정, 즉 인상형성과정의 정확성 (impression formation accuracy) 및 표상적 협상전략(representational bargaining strategies)에 영향을 미쳤다. 즉, 협상 상대방에 대한 인상은 이문화 간의 판매협상에서 정확하게 형성되기 힘들었으며, 이문화 간 협상에서 당사자들은 표상적인 협상전략을 사용하기보다는 도구적 협상전략(instrumental bargaining strategies)을 사용하는 경향이 있었다.

그래엄이 얻은 결론은 관리자로 하여금 효과적으로 영업사원 및 협상팀을 선정할 수 있도록 도움을 주며 또한 협상자에게는 이문화 간 협상을 효과적으로 수행하는 데 도움을 주어 미국의 일본에 대한 만성적인 무역수지 적자를 해소하는데 이바지할 것이라고 하였다.

무역협상연구에 있어서 이러한 실증적인 연구들은 협상의 과정 및 결과를 이해하는 데에 한 가지 원인만 가지고는 설명할 수 없으며, 몇 가지 상호의존적인 원천들을 가지고 설명하는 것이 완전한 설명을 할 수 있다.

<표 7-1> 맥락으로서의 문화적 접근법에 관한 연구의 예

연 구 자	피실험자	실험설계	실험적 변수	결 과
Graham (1980)	일본인 52명 미국인 46명	Kelly의 모의실험	• 결과변수(개인의 이익, 공동의 이익, 시간, 만족도) • 과정변수(협상전략, 매력, 영향력, 신뢰성, 인상형성의 정확성) • 상황적 제약요인(국가문화, 개인문화, 역할) • 개인적 특성(개인에 대한 자부심, 업무에 대한 자부심, 성격, 조직 간 접촉빈도, 경험, 나이)	• 일본인 : 2중적 가치관, 수입자 우월, 협상자의 역할 중요, 수직적 관계 • 미국인 : 정보중요, 수평적 관계
Graham (1984)	일본인 6명 미국인 6명 브라질인 6명	상 동	• 언어 및 비언어적 행위협상자의 특성(나이, 경험, 외부와의 접촉 빈도)	• 일본인 : 비언어적 의사 소통전략 • 미국인 : 언어적, 공정한 가격을 제시 • 브라질인 : 매우 공격적
Adler, Graham & Gehrke (1987)	미국인 138명 멕시코인 68명 캐나다인 148명	상 동	• 협상결과(협상자의 이익, 상대방의 만족) • 과정변수(이해적 전략, 상호 간 매력) • 집단특성(경험)	• 미국인 미국계 캐나다인 : 이해적 전략 • 프랑스계 캐나다인 : 도구적 전략 • 멕시코인 : 관계와 역할이 중요
Graham, Kim, Lin and Robinson (1988)	중국인 54명 일본인 42명 한국인 38명 미국인 138명	상 동	• 협상결과(개인의 이익과 상대방 만족) • 과정변수(문제해결전략, 상호 간 매력) • 상황적 제약요인(역할) • 개인적 특성(나이, 경험)	• 중국인 : 경쟁적 전략 • 일본인 : 역할중요 • 한국인 : 미국과 일본의 결합 • 미국인 : 문제해결전략

연 구 자	피실험자	실험설계	실험적 변수	결　　과
Adler and Graham (1990)	미국인 190명 일본인 72명	상　동	• 협상결과(개인적 이익, 공동의 이익, 만족) • 과정변수(문제해결접근) • 상황적 제약(상호 간 매력, 시간)	• 협상자는 다른 문화수용 • 일본인이 지위 지향적
Graham, Evemko and Rajan (1990)	러시아인 56명 미국인 160명	상　동	• 협상결과(협상자의 이익, 상대방 만족) • 협상과정(문제해결전략, 상호 간 매력) • 협상자특성(나이, 경력)	• 러시아인 : 개인적　이익을 위해 경쟁적 행위 • 미국인 : 상호 간 이익을 위해 협력적 행위

4. 문화에 대한 주요 연구

1) Hall의 문화 연구 : 고맥락과 저맥락 문화

(1) 고맥락과 저맥락 문화 개념과 차이

홀은 문화적 차이를 구분짓는 개념으로써 앞서 언급한 맥락(context) 또는 배경이라는 용어를 상용하고 있다. 여기서 맥락이라는 것은 인간이 의사소통을 행함에 있어서 자신이 지니는 정보나 의사를 전달하기 위해 사용하는 메시지가 내포하는 여러 가지 의미를 포함한다. 아울러 홀은 각 국가의 문화를 고맥락 문화(high-context culture : HCC)와 저맥락 문화(low-context culture : LCC)의 개념으로 이원화하였다. 여기서 HCC란 커뮤니케이션을 비언어적인 행동에 의존하고 있는 문화를 말하고, LCC란 커뮤니케이션을 주로 언어, 즉 실제의 대화에 의존하고 있는 문화를 말한다

고맥락 문화(high-context culture)와 저맥락 문화(low-context culture)의 차이점은 한마디로 말하면 커뮤니케이션 과정이 다르다는 것이다. 즉 저맥락 문화의 경우에서는 의사소통을 행함에 있어서 모든 의사나 정보를 언어, 몸짓, 표정 등의 메시지를 통하여 전달한다. 그러므로 저맥락 문화의 의사소통은 언어에 의존하며 전달되는 대부분의 정보는 문서나 언어의 형태로 전달되며 언어로 표현한 그 이상의 의미를 지니지 않는다. 따라서 저맥락 문화의 경우에서는 메시지를 통하여 전달되는 정보의 양이 한정될 수밖에 없다.

그러나 고맥락 문화에서는 메시지를 통하여 전달하고자 하는 정보이외에도 다른 정보들이 의사전달자의 사회관계, 경력, 가치관, 유머감각, 상황 등과 같은 의사소통과정상의 배경에 담겨져 있는 것이다. 고맥락 문화와 저맥락 문화의 구체적인 차이는 〈표 7-2〉와 같이 요약할 수 있다.

<표 7-2> 고맥락 문화와 저맥락 문화의 비교

	저맥락 문화	고맥락 문화
법, 변호사	덜 중요하다.	아주 중요하다.
개인의 말	개인에 대한 보증이다.	서면으로 남기는 경우만 신뢰한다.
공 간	같이 공유한다.	개인의 공간은 서로 침해하지 않는다.
시 간	인생의 모든 일은 시간이 해결해 준다.(polychronic)	시간은 돈이며, 매사는 하나씩 매듭 짓는다.(monochronic)
협 상	시간이 걸리며, 협상과정을 통해 서로를 이해한다.	신속하게 해결되며, 협상자체의 목적 이외의 목적은 없다.
책임소재	초직의 최고책임자	업무담당자 또는 최하급자
경쟁입찰	빈번하지 않다.	아주 흔하다.

자료 : W. J. Keegan, Multinational Marketing Management(Englewood Cliffs, NJ : Prentice-Hall, Inc, 1984), p.110

한편 고맥락 문화와 저맥락 문화에 있어서 각자 사용하는 메시지가 지니는 의미와 이를 전달하는 데는 고맥락 문화에서는 의미전달을 위하여 언어의 사용을 자제하며, 반대로 저 맥락 문화에서는 언어를 많이 사용하고 있음을 알 수 있다. 고맥락 문화로서는 인도네시 아, 사우디아라비아, 이집트, 일본, 한국 등을 들 수 있으며 저맥락 문화로서는 미국, 캐나 다, 독일, 스칸디나이바를, 중간수준의 문화로서는 중국과 몽고를 들 수 있다.

[그림 7-4] 저맥락 문화와 고맥락 문화의 특성

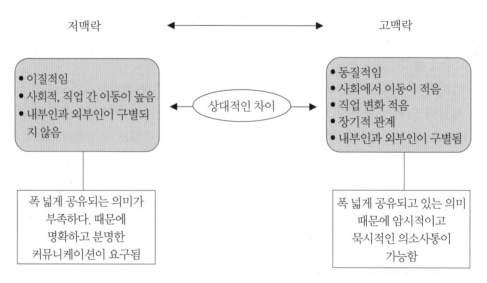

자료 : David Holt, (2002) *International management : text and cases* (Fort Worth, TX : Dryden, Inc.) p. 322.

이러한 커뮤니케이션의 문화적 차이는 협상을 하는데 있어서도 서로 다르게 반영된다. 예를 들면, 미국과 같은 저배경 문화에서는 협상을 하는데 있어서 주로 명백하게 서면으로 작성된 규칙에 의존하는 경향이 강하다. 그리고 이러한 기업은 경영자나 종업원에 대한 상벌의 표준으로서 특정한 과업목표의 달성 정도가 중요하게 반영된다. 미국의 대규모 기업 또한 전문화된 경영자나 종업원들 간에 공식적인 관계에 의해 연계된 많은 기능과 활동을 명시적으로 규정하고 있다.

(2) 저맥락 문화와 고맥락 문화의 커뮤니케이션 특성

커뮤니케이션의 특성을 보면 저맥락, 고맥락 사회에서 상당한 차이를 느낀다. 특히 침묵의 의미에 대해서 상당히 주의를 할 필요가 있다. 만약, 협상이나 상담을 할 때 상대방의 침묵에 대해서 부정적인 대응을 예상하고 추가로 양보하는 조치를 취한다면, 이는 커뮤니케이션의 실수로 손실을 보는 것이다. 실제로 미국과 일본인의 협상과정에서 이런 일화가 많이 나타나고 있다(아래 〈표 7-3〉 참조).

〈표 7-3〉 커뮤니케이션 특성 차이 비교

	저맥락 문화(LCC)	고맥락 문화(HCC)
일반적 접근	직접/명확한	간접/복잡한
정확도	글자대로/정확함	대략/상대적
언어에 대한 의존성	높음	낮음
비언어적 표현에 대한 의존도	낮음	높음
침묵의 의미	부정적/의사소통 무	긍정적/좋은 의사소통 방식
세부사항에 대한 관심	높음	낮음
의도에 대한 가치	낮음	높음

자료 : D. A. Victor, (1992) *International Business Communication*, New York : Harper Collins, p. 153.

일본과 같은 고맥락 문화 국가에서의 경영자와 종업원의 행위는 문화 형성과정을 통하여 내면화된 기업의 가치관과 직무수행방식에 관한 묵시적 규칙에 의하여 지배된다.

따라서 자신들의 기업문화에 전적으로 동화되어 있는 경영자와 종업원들은 상대방의 조직 내 역할에 대한 상호이해와 협조를 통하여 직무를 수행하는데 이는 미국기업이 강조하는 경영자와 종업원 간의 공식적 관계나 성과목표와는 확실한 대조를 나타낸다.

다시 말하면, 일본기업에서는 규칙이나 역할 그리고 직무기대 등의 메시지가 실제의 대화를 통해서 보다는 맥락(context)을 통하여 더욱 효과적으로 전달된다. 또한 일본기업의 최고경영자들은 경영자와 종업원이 그의 기업을 위하여 독특한 기술을 습득하여야 하며 이러한 기술은 기업의 직무를 통해서만이 습득될 수 있다고 믿는다.

일본기업의 경영자나 종업원들은 기업의 사업이념을 깨달을 수 있어야 한다. 그러므로 기업은 전문적 기술보다는 오히려 조직에 적합한 사람으로 인정되는 젊은이들을 더욱 선호하는 경향이 있다. 고배경 문화의 기업은 창업단계를 제외하고는 경영자나 종업원을 거의 외부로부터 영입하지 않는다. 이들 기업의 기본적인 조직 원칙은 모든 종업원이 기업의 장기적인 복지를 증진시키는데 있어서 공동의 책임이 있음을 강조한다.

의사결정은 광범위한 참가에 의하여 이루어지며 심지어는 하부계층의 종업원들까지도 기업의 장기목표에 관심을 가질 수 있도록 고무된다. 이러한 장기적 발전을 위해 기업은 그의 경영자 및 종업원들에게 직무상의 안전을 보장해준다. 종업원들은 또한 그들의 사회생활은 기업을 중심으로 하여 이루어지며 기업에 대한 종신적 충성으로 기업의 은혜에 보답하려고 한다(아래 〈표 7-4〉 참조).

〈표 7-4〉 비즈니스 관행의 차이 비교

구 분	고맥락 문화(HCC)	저맥락 문화(LCC)
법 률	중요도가 떨어짐	매우 중요
개인의 약속	매우 중요하며 보증의 역할	서면으로 보증
공간개념	서로 함께 어울리는 공간을 중요시	개인적인 공간을 중요시
소재책임	최고위층이 책임	담당자 책임
시 간	시간구분이 명확치 않음	시간은 돈
협 상	신뢰와 이해를 구축하기 위해 오랜 시간이 소요됨	매우 신속하게 진행됨 협상 자체의 목적 이외 없음
입 찰	빈번하지 않음	일반적

자료 : W. Keegan & M. Green, (2005) *Global Marketing*(Englewood Clif, NJ. : Prentice Hall), p. 133.

이상에서 우리는 고맥락 문화와 저맥락 문화의 커뮤니케이션의 특성과 이로 인해 나타나는 각종 조직 활동의 차이점을 미국과 일본기업을 예로 들어 알아보았다. 그러나 여기서 보다 중요하게 강조되어야 할 것은 고맥락 문화나 저맥락 문화기업의 커뮤니케이션 특성이 어느 정도까지 상대적인 문화 환경 하에서 효과적으로 이루어질 수 있느냐 하는 것이다.

아래 [그림 7-4]는 국가별 비교를 보여주는 것이다. 일본 등 아시아권 국가, 중동국가 및 남미권이 고배경 사회로서 묵시적 커뮤니케이션이 강한 성향을 보유하고 있고, 미국, 독일과 북유럽 국가 등은 저배경 사회로서 명시적인 커뮤니케이션이 강한 특성을 보이고 있다.

[그림 7-5] 고맥락 vs 저맥락 문화에 대한 국가별 비교

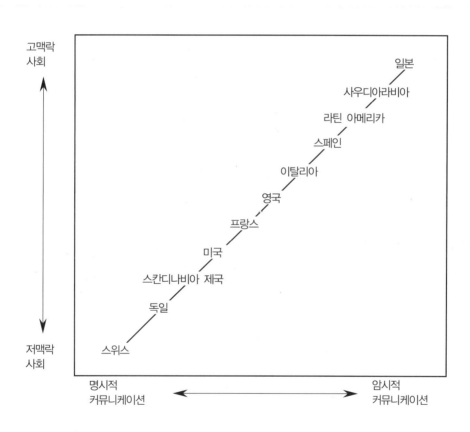

자료 : Martin Rosch. (1987), "Communications : Focal Point of Culture", *Management International Review*, Vol. 27, No 4, p. 60.

2) Hofstede(1980)의 연구

문화를 특정집단의 사회적 정체성을 규정하는 상호 연관된 양태들 또는 차원의 집합으로 개념화할 때 우리는 이러한 서로 다른 차원을 구분해 냄으로써 근원적으로 복잡한 개념인 문화를 조작적으로 정의 할 수 있다. Hofstede(1980)는 전세계 50개국과 3개의 다국적 지역들(아랍권, 동-서 아프리카)의 IBM 근무자 116,000명을 대상으로 설문조사를 실시하고 연령별, 성별, 국적별로 분석한 결과 네 가지의 국가 사회 문화유형을 발견하였다.

(1) 권력거리, 계층문화와 평등문화

권력거리란 '힘을 덜 가진 조직이나 가족 같은 단체의 구성원이 그 사회에 존재하는 불평등을 받아들이는 정도'에 차이가 있음을 말한다. 불평등을 당연한 것으로 받아들일 경우 계층문화로 부를 수 있다. 반면 상사와 부하직원 사이에 거의 차이가 없는 경우 평등문화라고 말한다.

일반적으로 권력거리가 큰 계층문화에서는 중앙집권적 통제가 강하고 같은 조직 내에서도 권한이 상부에 집중된다. 반면에 권력거리가 작은 평등문화에서는 조직이 기능별 권력분산 구조의 모습을 보이고, 권한이 잘 위임되며, 토론 등을 통해 의사전달이 원활하게 이루어지고 그 결정에 대해 쉽게 의문을 제기할 수 있다.

권력거리 작은 평등문화를 갖고 있는 국가로는 민주주의가 발달한 노르웨이, 스웨덴, 영국 같은 곳이다. 결과적으로 국제협상을 할 때, 권력거리가 큰 계층문화의 협상가들은 상사에게 협상쟁점에 대해 다른 의견을 말하는 것을 두려워하고 가부장적인 결정을 내리는 상사를 더 선호한다. 또한 협상과정도 느리게 진행된다.

(2) 개인주의와 집단주의

개인주의와 집단주의 차원은 그 사회가 어느 정도 개인 중심적인지 또는 어느 정도 집단 중심적인지를 구별하는 것이다. 개인주의 사회는 젊은이들에게 독립적으로 자기 스스로를 돌볼 것을 장려한다. 집단주의 사회에서 개인은 복지를 책임지는 단결된 집단 속에 통합된다. 개인주의 문화에는 미국, 영국, 오스트레일리아 등의 국가들이 있으며, 집단주의 문화에는 인도, 파키스탄, 코스타리카 등이 포함된다.

집단주의 사회에서 협상할 때는 관계가 결정적인 역할을 한다. 이전에 잘 알고 있는 협상가와의 협상은 오래 지속되지만 협상가가 바뀌면 관계가 변화되어 이를 회복하는 데는 또 다시 오랜 시간이 걸릴 수 있다. 한편 개인주의 사회에서 협상가들은 관계보다는 능력을 중요하게 생각한다.

결론적으로 집단주의 문화에서는 장기적인 관계를 형성하고 유지하는 데 신경을 쓰는 반면, 개인주의 문화에서는 아무리 단기적인 기준이라도 적합하다면 사용하는 경향이 있고 협상당사자를 쉽게 바꾸기도 한다.

(3) 남성문화와 여성문화

이것은 문화의 차이에 따라 사람들이 남성다움이나 여성스러움으로 받아들여진 가치를 수용하는 정도가 다르다는 것을 의미한다.

남성성이 강한 문화에는 사회적, 지배적 가치는 강인함, 남성과 여성의 역할 구분이 극대화된 문화를 특정지을 수 있다. 반면, 여성성 문화의 특징은 관계, 양육, 삶의 질에 대한 관심이 높고, 사회적 역할이 극소화된 문화권을 말한다.

남성다움이 높은 국가로는 일본과 오스트리아, 베네수엘라를 꼽을 수 있고, 여성스러움이 높은 국가로는 코스타리카와 칠레, 핀란드 등을 들 수 있다. 따라서 남성문화에서 온 협상가를 만나면, 그 협상은 경쟁이 더욱 심해지는 반면 여성문화에서 온 협상가들은 상대를 더욱 친밀하게 대하고 합의를 이끌어내려는 경향이 강하다.

(4) 불확실성 수용성향과 불확실성 회피성향

불확실성을 회피하려는 정도란 "불확실한 상황이나 미지의 상황에서 구성원들이 불편함이나 편안함을 느끼는 정도"라고 말할 수 있다. 확실한 상황은 안정적이고, 안전하며 절대적인 것으로 특정지을 수 있는 반면, 불확실한 상황은 급속한 변화와 새로움으로 특정지을 수 있다. 불확실성을 회피하려는 국가들로는 그리스, 포르투갈, 과테말라 등이, 불확실성을 수용하려는 국가들로는 스웨덴, 홍콩, 아일랜드 등이 있다.

불확실한 상황을 회피하려는 문화의 협상가들은 모호한 상황에 불안감을 느끼게 되고, 협상할 때 확실한 규칙과 과정에 의존하는 경향을 띤다.

반대로, 불확실한 상황을 수용하려는 문화에서는 위험을 회피하기보다는 감수하고, 변화하는 상황에 쉽게 적응하며, 사회구성원의 자유로운 행동을 구속하는 규칙과 격식을 비생산적인 것이라고 생각한다.

홉스테드의 연구는 다문화 분야와 글로벌 비즈니스의 분야에서 많은 관심을 불러일으켰다. 물론 이에 대한 비판도 있지만 글로벌 비즈니스에 대한 다문화적 연구에 큰 영향을 주고 있다. 홉스테드의 네 가지 문화적 차원이 협상할 때 어떤 영향을 주는지에 대해 일부 연구가 진행되고 있지만, 이러한 문화적 차원이 다문화권 협상과 동일문화권 협상에 얼마나 영향을 주는지에 대해서는 연구가 더 필요하다.

아울러 이후 Hofstede & Bond(1988)는 동아시아제국의 역동적인 성장을 주목 이를 다시 아래와 같이 5가지의 차원으로 구분함.

❖ 5가지 문화적 차원들 : Hofstede(1980) 및 Hofstede & Bond(1988)
  ① 평등(eqalitarian)문화와 수직적 계층문화(hierarchical) : 권력거리(Power Distance)에 따른 구분

<표 7-5> 권력거리가 작은 사회와 큰 사회의 주요 차이점

권력거리가 작은 사회	권력거리가 큰 사회
• 인간간 불평등은 최소화 되어야 한다.	• 인가간 불평등은 당연하며 바람직한 것으로 여겨진다.
• 약자와 강자 사이에 상호의존이 있어야 하고 어느 정도는 그런 상호의존이 존재 한다.	• 약자는 강자에게 의존해야 한다. 실제에서는 약자는 의존과 반의존으로 양극화된다.
• 부모는 자식을 자신과 동등한 존재로 대한다.	• 부모는 자식에게 복종을 가르친다.
• 자식은 부모를 동등한 존재로 대한다.	• 자식은 부모를 존경심으로 대한다.
• 수업시간에 교사는 학생이 주도적으로 나올 것을 기대한다.	• 수업시간에 교사가 모든 것을 주도한다.
• 교사는 객관적 진리를 전달하는 전문가이다.	• 교사는 자신의 지혜를 전달하는 스승이다.
• 학생은 교사를 동등한 존재로 대한다.	• 학생은 교사를 존경심으로 대한다.
• 교육수준이 높은 사람은 낮은 사람보다 덜 권위주의적인 가치를 지닌다.	• 교육수준이 높은 사람이나 낮은 사람이나 비슷한 정도로 권위주의적인 가치를 지닌다.
• 조직 안의 위계는 편의상 만들어진 역할의 불평등을 뜻한다.	• 조직 안의 위계는 고위간부와 하위직원간의 존재적 불평등을 반영하다.
• 조직에서 권력분산이 흔하다.	• 조직에서 권력집중이 흔하다.
• 고위간부와 하의직원간의 임금격차가 적다.	• 고위간부와 하위직원간의 임금격차가 크다.
• 부하직원과도 상의해야 한다.	• 부하직원은 지시에 따라 일을 한다.
• 이상적인 상사는 수단이 좋은 민주주의자이다.	• 이상적인 상사는 선의의 전제자 또는 착한 아버지이다.
• 특권이나 지위상징을 언짢게 여긴다.	• 경영자에게 부여되는 특권이나 지위상징은 당연한 것으로 여겨지며 인기가 있다.

<표 7-6> 50개 국가 3개 지역에 대한 권력거리지수 (PDL)

점수순위	국가/지역	PDL점수	점수순위	국가/지역	PDL점수
1	말레이시아	104	*27/28*	*한 국*	*60*
2/3	과테말라	95	29/30	이 란	58
2/3	파 나 마	95	29/30	대 만	58
4	필 리 핀	94	31	스 페 인	57
5/6	멕 시 코	81	32	파키스탄	55
5/6	베네수엘라	81	33	일 본	54
7	아 랍 권	80	34	이탈리아	50
8/9	에콰도르	78	35/36	아르헨티나	49
8/9	인도네시아	78	35/36	남아프리카	49
10/11	인 도	77	37	자마이카	45
10/11	서아프리카	77	38	미 국	40
12	유고슬라비아	76	39	캐 나 다	39
13	싱가포르	74	40	네덜란드	38
14	브 라 질	69	41	오스트레일리아	36
15/16	프 랑 스	68	42/44	코스타리카	35
15/16	홍 콩	68	42/44	독 일	35
17	콜롬비아	67	42/44	영 국	35
18/19	살바도르	66	45	스 위 스	34
18/19	터 키	66	46	핀 란 드	33
20	벨 기 에	65	47/48	노르웨이	31
21/23	동아프리카	64	47/48	스 웨 덴	31
21/23	페 루	64	49	아일랜드	28
21/23	태 국	64	50	뉴질랜드	22
24/25	칠 레	63	51	덴 마 크	18
24/25	포르투갈	63	52	이스라엘	13
26	우루과이	61	53	오스트리아	11
27/28	그 리 스	60			

② **개인주의 문화와 집단주의 문화** : 내집단에 대한 의존도를 나타냄.

Hofstede(1991)의 연구는 권력거리와 집합주의간에 양의 상관관계가 있음을 밝혀 주었다. 즉, 권력거리가 큰 나라일수록 집합주의적 성향을 보인다.

<표 7-7> 집단합주의 사회와 개인주의 사회의 주요 차이점 (일반적 규범, 가정, 학교, 직장)

집합주의 사회	개인주의 사회
• 사람들은 확대가족 또는 기타 내집단 속에 태어나서 충성심을 바치는 대가로 계속 보호를 받는다.	• 모든 사람은 자기 자신과 직계 핵가족만을 스스로 돌볼 수 있도록 성장한다.
• 정체감의 근원은 개인이 속해 있는 사회적 그물망 속에 있다.	• 정체감의 근원은 개인 안에 있다.
• 어린이는 '우리'라는 틀 안에서 생각 하는 법을 배운다.	• 어린이는 '나'라는 의미 안에서 생각하는 법을 배운다.
• 언제나 조화가 유지되어야 하며 직접적인 대립은 피해야 한다.	• 자신의 생각을 그대로 말하는 것이 정직한 사람의 특성이다.
• 높은 맥락의 의사소통	• 낮은 맥락의 의사소통
• 규칙위반을 하면 자기 자신과 집단에 대해 수치감과 체면손상을 느끼다.	• 규칙위반을 하면 죄책감과 함께 자기 존중감 상실을 느낀다.
• 교육의 목적은 어떻게 행동할 것인가를 배우는 것이다.	• 교육의 목적은 어떻게 학습할 것인가를 배우는 것이다.
• 졸업장은 보다 높은 지위의 집단에 들어갈 자격을 부여한다.	• 졸업장은 경제적 가치와 자기존중을 높여준다.
• 고용주–종업원간 관계는 가족관계와 같이 도덕적인 측면에서 지각된다.	• 고용주–종업원간 관계는 상호 이익에 기반을 두는 일종의 계약이다.
• 고용 여부와 승진결정에 종업원이 속해 있는 내집단이 고려된다.	• 고용 여부와 승진결정은 오로지 기술과 규칙에 근거해서반 이루어진다.
• 경영은 집단의 경영이다.	• 경영은 개인의 경영이다.
• 인간관계가 일보다 우선이다.	• 일이 인간관계보다는 우선이다.

<표 7-8> 50개 국가 3개 지역에 대한 개인주의 지수치(IDV)

점수순위	국가/지역	IDV점수	점수순위	국가/지역	IDV점수
1	미 국	91	28	터 키	37
2	오스트레일리아	90	29	우루과이	36
3	영 국	89	30	그 리 스	35
4/5	캐 나 다	80	31	필 리 핀	32
4/5	네덜란드	80	32	멕 시 코	30
6	뉴질랜드	79	33/35	동아프리카	27
7	이탈리아	76	33/35	유고슬라비아	27
8	벨 기 에	75	33/35	포루트갈	27
9	덴 마 크	74	36	말레이시아	26
10/11	스 웨 덴	71	37	홍 콩	25
10/11	프 랑 스	71	38	칠 레	23
12	아일랜드	70	39/41	서아프리카	20
13	노르웨이	69	39/41	싱가포르	20
14	스 위 스	68	39/41	태 국	20
15	독 일	67	42	살바도르	19
16	남아프리카	65	43	한 국	18
17	핀 란 드	63	44	대 만	17
18	오스트리아	55	45	페 루	16
19	이스라엘	54	46	코스타리카	15
20	스 페 인	51	47/48	파키스탄	14
21	인 도	48	47/48	인도네시아	14
22/23	일 본	46	49	콜롬비아	13
22/23	아르헨티나	46	50	베네수엘라	12
24	이 란	41	51	파 난 마	11
25	자마이카	39	52	에콰도르	8
26/27	브 라 질	38	53	과테말라	6
26/27	아 랍 권	38			

③ **남성적 문화**와 **여성적 문화** : 사회마다 사람들의 자기주장적 행동과 겸손한 행동 중 어느 것이 바람직하게 여기느냐에 있어서의 차이에 따른 구분.

<표 7-9> 여성적 사회와 남성적 사회의 주요 차이점(일반적 규범, 가정, 학요, 가정)

여성적 사회	남성적 사회
• 사회의 지배적인 가치는 다른 사람을 돌보는 것과 보호하는 것이다.	• 사회의 지배적인 가치는 물질적 성공과 진보이다.
• 모든 사람이 겸손하다고 가정된다.	• 남성들은 자기주장적이고 야심만만하며 거칠다고 가정된다.
• 남성과 여성이 모드 부드러워도 되며, 인간관계에 관심을 가져도 된다.	• 여성들은 부드러우며 인간관계를 돌보아야 한다고 가정된다.
• 가정 안에서 아버지와 어머니가 모두 사실과 감정을 공히 다룬다.	• 가정 안에서 아버지는 사실을, 어머니는 감정을 다룬다.
• 소년·소녀들이 모두 울어도 되며, 소년이든 소녀든 싸워서는 안 된다.	• 소녀는 울고 소년은 울지 않는다. 소년은 공격을 받을 때 맞서 싸워야 하며, 소녀는 싸워서는 안 된다.
• 약한 자에게 공감한다.	• 강한 자에게 공감한다.
• 평균 수준의 학생이 규범이 된다.	• 뛰어난 학생이 규범이 된다.
• 학교에서 낙제하는 것은 사소한 일이다.	• 학교에서 낙제하는 것은 엄청난 재앙이다.
• 다정다감한 교사들이 인정받는다.	• 명민한 교사들이 인정받는다.
• 소년·소녀가 같은 과목을 공부한다.	• 소년·소녀가 다른 과목을 공부한다.
• 살기 위해 일한다.	• 일하기 위해 산다.
• 경영자는 직관을 이용하며, 합의점을 찾는다.	• 경영자는 결정을 내려야 하며, 자기 주장적일 것으로 기대된다.
• 동등, 단결, 작업생활의 질을 강조한다.	• 형평, 동료간의 경쟁, 업적을 강조한다.
• 화해와 협상에 의한 갈등 해결	• 투쟁하며 물리침으로써 갈등 해결

<표 7-10> 50개 국가 3개 지역에 대한 남성성 지수치(MAS)

점수순위	국가/지역	MAS점수	점수순위	국가/지역	MAS점수
1	일 본	95	28	싱가포르	48
2	오스트리아	79	29	이스라엘	47
3	베네주엘라	73	30/31	인도네시아	46
4/5	이탈리아	70	30/31	서아프리카	46
4/5	스 위 스	70	32/33	터 키	45
6	멕 시 코	69	32/33	대 만	45
7/8	아일랜드(공화국)	68	34	파 나 마	44
7/8	자마이카	68	35/36	이 란	43
9/10	영 국	66	35/36	프 랑 스	43
9/10	독 일	66	37/38	스 페 인	42
11/12	필 리 핀	64	37/38	페 루	42
13/14	콜롬비아	64	39	동아프리카	41
13/14	남아프리카	63	40	살라도르	40
13/14	에콰도르	63	41	한 국	39
15	미 국	62	42	우루과이	38
16	오스트레일리아	61	43	과테말라	37
17	뉴질랜드	58	44	태 국	34
18/19	그 리 스	57	45	포루투갈	31
18/19	홍 콩	57	46	칠 레	28
20/21	아르헨티나	56	47	핀 란 드	26
20/21	인 도	56	48/49	유고슬라비아	21
22	벨 기 에	54	48/49	코스타리카	21
23	아 랍 권	53	50	덴 마 크	16
24	캐 나 다	52	51	네덜란드	14
25/26	말레이시아	50	52	노르웨이	8
25/26	파키스탄	50	53	스 웨 덴	5
27	브 라 질	49			

④ 불확실성 수용과 회피 문화

불확실성 회피란 한 문화의 구성원들이 불확실한 상황이나 미지의 상황으로부터 위협을 느끼는 정도를 의미하며, Hofstede(1991)는 불확실성 회피를 측정하기 위하여 직업스트레스를 받는 정도, 규칙을 지켜야 한다고 생각하는 정도, 근속지향성을 질문하여 그 차이를 확인하였다..

<표 7-11> 불확실성 수용문화와 불확실성 회피문화의 주요 차이점(일반적 규범, 가정, 학교, 직장)

불확실성 수용문화	불확실성 회피 문화
• 불확실성은 생활의 일상적 특징이며 하루하루를 되는 대로 살아간다.	• 생활 속에 내재해 있는 불확실성은 극복되어야 하는 지속적인 위협요인으로 느낀다.
• 낮은 스트레스 : 주관적 행복감	• 높은 스트레스 : 주관적 불안감
• 공격성과 감정을 드러내어서는 안 된다.	• 공격성과 감정은 적당한 시기와 장소에서 분출시켜도 좋다.
• 애매한 상황과 익숙하지 않은 모험에 대해 평하게 느낀다.	• 익숙한 모험을 받아들인다. 애매한 상황과 익숙하지 않은 모험을 두려워 한다.
• 더러운 것과 꺼리는 것에 대해 아리들에게 요구하는 규칙이 융통성 있다.	• 더러운 것과 꺼리는 것에 대해 아이들에게 요구하는 규칙이 엄격하다.
• 다른 것에 호기심을 갖는다.	• 다른 것에 위험하게 생각한다.
• 학생들은 개방적인 학습상황을 편하게 느끼며, 좋은 토론에 관심을 갖는다.	• 학생들은 구조화된 학습상황을 편하게 느끼며, 정답을 찾는데 관심을 갖는다.
• 교사들도 '나는 모른다'고 말할 수 있다.	• 교사들은 모두 정답을 알고 있는 것으로 가정된다.
• 반드시 필요한 규칙 이외의 규칙은 둘 필요가 없다.	• 별로 실효가 없는 규칙이라도 감정적으로 규칙을 필요로 한다.
• 시간은 행동의 방향제시를 위한 틀이다.	• 시간은 돈이다.
• 게으름을 피워도 편안하게 느낀다. 필요할 때에만 열심히 일한다.	• 감정적으로 바빠야 한다는 필요를 느낀다. 열심히 일해야 한다는 내적 압력을 느낀다.
• 명료성과 정확성을 학습해야만 한다.	• 명료성과 정확성이 몸에 배어 있다.
• 엉뚱하고 혁신적인 생각과 행동에 대해 수용적이다.	• 엉뚱한 생각과 행동을 억누른다. 혁신에 대한 저항이 있다.
• 성취와 자존 또는 소속에 의해 동기화된다.	• 안정과 자존 또는 소속에 의해 동기화된다.

<표 7-12> 50개 국가 3개 지역의 불확실성 회피 지수치(UAI)

점수순위	국가/지역	UAI점수	점수순위	국가/지역	UAI점수
1	그리스	112	28	에콰도르	67
2	포루투갈	104	29	독 일	65
3	과테말라	101	30	태 국	64
4	우루과이	100	31/32	이 란	59
5/6	벨 기 에	94	31/32	핀 란 드	59
5/6	살바도르	94	33	스 위 스	58
7	일 본	92	34	서아프리카	54
8	유고슬라비아	88	35	네덜란드	53
9	페 루	87	36	동아프리카	52
10/15	프 랑 스	86	37	오스트레일리아	51
10/15	칠 레	86	38	노르웨이	50
10/15	스 페 인	86	39/40	남아프리카	49
10/15	코스타리카	86	39/40	뉴질랜드	49
10/15	파 나 마	86	41/42	인도네시아	48
10/15	아르헨티나	86	41/42	캐 나 다	48
16/17	터 키	85	43	미 국	46
16/17	한 국	85	44	필 리 핀	44
18	멕 시 코	82	45	인 도	40
19	이스라엘	81	46	말레이시아	36
20	콜롬비아	80	47/48	영 국	35
21/22	베네주엘라	76	47/48	아일랜드(공화국)	35
21/22	브 라 질	76	49/50	홍 콩	29
23	이탈리아	75	49/50	스 웨 덴	29
24/25	파키스탄	70	51	덴 마 크	23
24/25	오스트리아	70	52	자마이카	13
26	대 만	69	53	싱카포르	8
27	아 랍 권	68			

⑤ **장기지향문화와 단기지향문화** : 유교적 역동성

캐나다인인 Michael Bond가 연구자의 문화적 편견을 해결하기 위해 조직한 Chinese Culture Connection이라는 연구 팀에 의해 작성된 질문지인 'CVS : Chinese Value Survey'를 통해 도출하였다. 아울러 Hofstede(1991)는 동아시아 경제의 급속한 성장의 배경에는 이러한 유교적 역동성에 근거한 장기 지향적인 문화가 있다고 주장하였다.

<표 7-13> 단기지향 사회와 장기지향 사화간의 주요 차이점

단기지향 사회	장기지향 사회
• 전통에 존중	• 전통을 현대 맥락에 접목
• 비용에 구애됨 없는 사회 및 지위의무의 존중	• 사회 및 지위 의무의 제한적 존중
• 과소비가 되더라도 '이웃에지지 않아야 한다'는 사회적 압력	• 절약, 지원을 아낌
• 낮은 저축률, 투자할 돈이 적음	• 높은 저축률, 투자할 돈이 많음
• 빠른 결과를 기대함	• 느린 결과에 대한 참을성
• '체면'에 대한 관심	• 목적을 위해 자신을 기꺼이 희생
• 절대 진리 소유에 대한 관심	• 절대적 미덕 요청의 존중에 대한 관심

<표 7-14> 23개국에 대한 장기지향 지수치(LTO)

점수순위	국가/ 지역	LTO점수
1	중 국	118
2	홍 콩	96
3	대 만	87
4	일 본	80
5	한 국	75
6	브 라 질	65
7	인 도	61
8	태 국	56
9	싱가포르	48
10	네덜란드	44
11	방글라데시	40
12	스 웨 덴	33
13	폴 란 드	32
14	독 일	31
15	오스트레일리아	31
16	뉴질랜드	30
17	미 국	29
18	영 국	25
19	짐바브웨	25
20	캐 나 다	23
21	필 리 핀	19
22	나이지리아	16
23	파키스탄	00

5. 가치정향과 협상행태

문화는 그 문화에 소속되어 있는 사람들에게 경험 및 행위를 해석하는 틀로서 뿐만 아니라 적절한 행동 규범으로서 가능하다. 각 문화차원의 스펙트럼상의 위치와 이들 간의 조합은 그 문화가 협상이라는 당사자간 상호작용과정을 어떻게 보고 있으며 협상의 목적과 의제간 우선순위 및 협상에서의 전술적 행동을 결정하게 된다.

이에 따라 각 문화에 소속되어 있는 협상자들의 협상스타일은 그 나라 문화를 체계적으로 고찰함으로서 예측이 가능하다고 볼 수 있다. 단, 문화의 일반적 정향에서 이탈되어 있는 협상자 개인의 특성이 존재하기 때문에 완전한 예측은 불가능하다. 또한 협상자 개인의 특성이 일반적인 문화적 정향을 지배하여 협상 상대방으로 하여금 판단 오류에 빠지게 할 수 있음을 명심하여야 한다.

각 문화적 차원의 특성에 근거한 각 문화에 소속된 협상자들이 협상에서 행동 정리하여 보면 다음과 같다.

1) 평등문화와 수직적 계층문화

권력거리가 큰 수직적 계층 문화의 협상자들은 의사결정 권한이 집중되어 있어 협상시 최고 지도자의 의견에 의존하게 될 것이다. 반면, 권력거리가 작은 평등 문화의 협상자들은 상대적으로 많은 재량권을 부여 받으며 따라서 극단적인 결정을 하게 될 가능성은 적을 것으로 예상할 수 있다.

2) 개인주의-집단주의 차원

집단주의 성향이 강한 나라의 협상자들은 일보다는 집단내의 인간관계를 우선시하며 따라 의사소통 방법에 있어서도 간접적인 방법을 주로 사용한다. 이는 자기 생각을 명확히 표시하는 것이 규범으로 정착되어 있는 개인주의 문화의 협상자들과의 협상에서 오해가 발생될 소지가 크다고 할 수 있다. 집단주의문화의 협상자들은 소위 '감'으로 협상자들의 의중을 파악하기를 기대하는 반면 개인주의의 협상자들은 명백히 자기의 의견을 표현하기를 기대하기 때문에 집단주의 문화의 협상자들의 그 맥락을 파악하기 힘든데서 나타난다. 집단주의 문화의 협상자들이 고맥락 의사소통을 사용하는 이유는 집단내의 원활한 인간 관계를 위해서는 서로의 체면을 세워주는 일이 중시되기 때문인데, 이로 인해 고맥락 집합주의 문화의 사람들은 협상에 임하여서도 체면을 잃지 않고 협상을 하려고하여 제3자를 중개인으로 내세워 협상하려는 경향이 있다.

3) 남성성-여성성 문화차원

남성적 문화의 협상자들이 갈등을 투쟁으로 해소하려는 반면, 여성적 문화의 사람들은 협상과 타협으로 해소하려는 성향이 있음을 볼 때 여성적 문화의 협상자들이 협상에 있어 보다 협력적인 태도를 보이려는 경향이 있다. 또한 죄수의 딜레마에서 살펴본 바와 같이 경쟁적인 남성적 문화의 협상자들에 있어 협조적인 태도를 보이는 여성적 문화의 협상자들은 협상성과에 있어 상대적으로 불리할 것이라는 추측도 가능하다.

4) 불확실성 수용-회피 문화

협상상대방이 불확실성뿐만 아니라 합의에 따라 미래에 어떤 결과가 초래될지 예측하기 어려운 근원적인 불확실성에 둘러싸여있다고 볼 수 있다. 따라서 협상과정은 이러한 불확실성을 최소화하기 위한 상대방 및 결과에 대한 정보의 수집과 보완과정으로 볼 수 있다. 이와 같은 협상의 성격으로 미루어 볼 때 불확실성 수용문화의 협상자들은 협상에서의 이러한 불확실성을 자연스러운 것으로 보는 반면 회피문화의 사람들은 이를 위험한 것으로 본다. 이에 따라 협상과정에서 회피문화의 사람들은 불안해하고 긴장하는 태를 보이기 쉽다. 이는 국제협상에서 불확실성 수용문화의 협상자들끼리 협상할 때가 불확실성 회피에 대한 태도가 서로 다른 협상자들간의 협상의 경우보다 협상 분위기와 그 성과에 있어 우수할 것이라는 예측을 할 수 있다. 이와 함께 최종 합의안을 창출하는 방식에 있어서도 불확실성 회피 문화의 사람들은 모든 합의사항에 대한 자세한 규정과 문서화 하려는 성향을 보일 것이며, 불확실성 수용문화의 사람들은 대략적인 큰 테두리만 규정하고 세부적인 사항에 대하여는 미래의 진전 상황을 보아가며 추후에 대처하자는 태도를 보일 것이라는 예상을 할 수 있다.

5) 장기지향-단기지향 문화차원

장기지향의 내재 가치인 끈기, 인간관계의 서열화와 그 질서의 존중, 절약 및 염치를 아는 것 등이 암시하고 있는 바와 같이 장기지향적인 아시아 협상자들은 협상에 있어서 현재보다는 미래의 좋은 결과를 기대하려는 태도를 보일 것이며 만족할 만한 협상성과가 있을 때 까지 참을성 있게 협상을 진행할 것이라는 예측을 할 수 있다.

6) Hofstede(1989)의 주장

일국의 각 문화차원에서의 위치를 확인하면 그 나라 협상자들의 협상스타일에 대해 다음과 같은 예측이 가능해진다고 주장하였다.

① 권력거리가 큰 국가 즉 수직적 계층문화의 협상자는 중앙집권화된 통제를 선호할 것이며 의사결정구조 또한 중앙집권화되어 있을 것임.

② 집합주의 국가의 협상자는 안정된 인간관계의 유지를 필요로 하기 때문에 협상도 잘 아는 사람들 사이에서 오랜 기간 동안 진행됨.

③ 남성적인 국가의 협상자는 자기과시 행동을 나타내기 쉬우며 협상시에도 자기보다 우월한 상대에 대해 공감하는 경향이 있음. 남성적인 문화의 협상자들은 타협보다는 투쟁을 통해 갈등을 해결하고자 하는 반면 여성적인 국가의 협상자들은 눈에 띄는 행동을 하지 않으려고 하며 약자에게 공감한다. 적어도 협상당사자중 한 당사자의 문화가 여성적인 경우보다 당사자 모두가 남성적인 문화를 가지고 있는 경우 협상에 더 큰 어려움을 겪게됨

④ 불확실성 회피 경향이 강한 나라는 애매한 것을 참지 못하며 자기가 잘 모르는 낯선 행동을 보이는 상대를 불신한다. 불확실성 회피문화의 협상자들은 협상 시에도 고도로 구조화되고 격식을 갖춘 절차를 선호하는 경향이 있음.

⑤ 유교적 역동성, 즉 장기지향성이 강한 나라의 협상자는 희생을 감수하더라도 바라는 결과를 얻을 때까지 참을성 있게 버틸 가능성이 높다.

<표 7-15> O Brake et al.(1995)의 문화정향과 협상스타일 : 10가지 차원, 36가지 정향

정 향	협상에 주는 영향	문화권
1. 환경(environmental)		
통제(control)	"회의를 끝내기 전에 책임소재와 실행지침 및 스케줄을 확실히 하자"	북미, 서부유럽
조화(harmony)	"먼저 서로 의논해 본 다음 중요 결정을 해야 한다"	아시아
제약(constraint)	"그렇게 세밀하게 결정해 놓으면 파탄이 올 것이다. 왜 운명을 그런 길로 유인하는가? 될 일은 어떤 식으로든 되게 되어 있다."	중동, 라틴아메리카, 남부유럽, 동유럽

정 향	협상에 주는 영향	문화권
2. 시간(time)		
단일초점 (single-focus)	"의논할 게 너무 많으니 하나씩 논의하고 넘어 가자"	북미, 서부유럽
복수초점 (multi-focus)	"흐름을 최대한 지키면서 자유롭게 솔직하게 의논하여 어떤 문제들이 있는지 점검해 보자"	중동
고정적(fixed)	"오전 8시 30분 정각에 회의를 시작하자. 15분 동안 문제제기를 하고 이어서 30분간은 첫 주제를 다루자. 10분 휴식하고 나서 1시간 동안 두 번째 주제를 논의해 보자"	서부유럽, 북미
유동적(fluid)	"흐름이나 시간계획에 너무 구애되지 말고 천천히 진행하자"임의의 스케줄로 협상과정을 제한할 이유가 뭐 있는가?	남부유럽, 라틴아메리카, 중동
과거(past)	"당신의 안은 우리 전통과 전적으로 배치된다. 당신 얘기에 동의하리라곤 꿈도 꾸지 마시오"	중동, 일부 유럽, 아시아 국가
현재(present)	"당신 안으로는 빠른 보상을 받게 될 것 같지 않다. 우리 주주들에게도 설득력이 없을 것 같다"	북미
미래(future)	"하지만 그 안에 장래 어느 부분에서 우리에게 이익을 줄 수 있는가? 장기적 이익이 없을 것 같다"	아시아 (과거와 현재)
3. 행동(action)		
상태(being)	"구체적인 작업에 들어가기 전에 우리 사이를 편하게 만들고 서로를 알 수 있게 하려고 사교모임을 계획하고 있다"	남부 유럽, 라틴아메리카
동작(doing)	"이번에 끝내야 할 일이 많다. 우리가 볼 때 주요 과제는 이러이러한 것들이다"	북미

정 향	협상에 주는 영향	문화권
4. 커뮤니케이션(communication)		
높은 정황의존 (high context)	"지금부터 문제의 연원과 협상선례들에 대해 자세히 설명하겠다"	아시아 라틴아메리카
낮은 정황의존 (low context)	"여기 모인 여러분들은 모구 문제를 잘 이해하고 있을 줄 안다. 협상에서 다룰 주요 문제들로 바로 들어가는 게 어떻겠는가?"	중동, 북미, 서부유럽
직접적(direct)	"내 말은 이 뜻하고, 내 뜻은 이러저러하다. 동의하는가, 못하는가?"	북미
표현적(expressive)	"왜 이러는가? 당신 얘기는 절대 불가능하다. 그런 제안으로 날 모욕하려는건가?"	남부유럽 라틴아메리카
도구적(instrumental)	"모욕할 뜻은 없다. 우리가 합의 볼 수 있도록 더 나은 길을 찾고 있을 뿐이다"	북비, 서부유럽
형식적(formal)	"존경하는 내 동료들을 소개하겠소. 오른쪽은 위원회 대표이사이고 왼쪽 편은 하원의원이시오"	아시아, 라틴아메리카, 유럽일부
비형식적(informal)	"안녕하시오, 여러분, 그냥 앉아 게시오. 내 왼쪽은 존 두 씨요. 서유럽 사업담당이자 일류재담가죠"	북미
5. 공간(space)		
사적(private)	"여기 말고 좀 조용한 곳 없소? 아무 방해받지 않고 문제에만 신경쓸 수 있는 곳 말이오"	북미
공적(public)	"여긴 아주 유명한 음시점이죠. 사업을 떠나 편안하게 서로를 알 수 있는 장소로 최고입니다"	아시아, 라틴아메리카
6. 권력(power)		
평등(equality)	"이제 모두 둘러앉아서 각자의 생각을 들어봅시다"	북미, 유럽
계급(hierarchy)	"우리 생각에는 참석자 전원의 얘기를 다 듣는다는 것은 시간낭비요"	중동, 아시아, 라틴아메리카

정 향	협상에 주는 영향	문화권
7. 개인주의(individualism)		
개인주의적 (individualistic)	"나 혼자서 작업하고 결정한다"	북미
집합주의적 (collectivist)	"우리끼리 논의해서 결정한다. 관련자 한 사람도 빠지지 않는다"	아시아
보편주의적 (universalistic)	"협정은 반드시 지켜져야 하다. 상황에 따라 바뀌어서는 안된다"	북미
특수주의적 (particularistic)	"하지만 상황이 변했다. 주변상황이 변했는데도 그대로 적용하길 기대하는가?"	아시아, 중동 라티아메리카
8. 경쟁(competitives)		
경쟁적(competitive)	"사람은 자신을 위해 산다고 생각한다. 다른 일에서도 다 마찬가지다"	북미
협력적(cooperative)	"함께 노력해서 우리 모두에게 이익이 될 결과를 찾아보는 것이 어떻겠는가?"	북유럽
9. 구조(structure)		
명령적(order)	"모든 사항을 반드시 문서화하고 정확하게 기록하자. 어떤 돌출상황도 바라지 않는다"	북유럽
탄력적(flexibility)	"요점만 말하시오, 세부적인 것까지는 필요 없소"	아시아, 중동
10. 사고방식(thinking)		
연연적(deductive)	"협상지침이 될 일반원칙에서부터 시작하자"	유럽
귀납적(inductive)	"가격, 품질과 같은 구체적인 것에서 시작하지. 그러다 보면 전체적 모양을 알 수 있을 것이다"	
직선적(linear)	"직선적이고 논리적으로 내 생각을 말하겠소"	북미
체계적(systemic)	"이 문제는 다면적이고 복잡해서 직선적으로 접근하면 방향이 빗나가기 쉽소. 전체를 봅시다"	아시아

6. 이문화 관점에서 본 각국의 협상 유형

국제협상자에게 있어서 외국인과의 협상은 피할 수 없는 가장 중요한 과업이라고 할 수 있다. 예를 들면, 현지정부로부터 주요한 사업계획에 대한 승인을 받으려 한다든지, 현지 기업을 인수합병 한다든지, 현지인과의 합작투자를 통하여 기업을 설립하려고 한다든지, 또는 해외에 어떤 사업적인 시도를 계획하고 있다면 이러한 일련의 국제적인 사업계획들은 외국인과의 성공적인 협상을 통해서만 실현될 수 있는 것이다. 따라서 외국인과 효과적으로 협상을 진행할 수 있는 능력은 국제경영자에게 있어서 가장 필수적인 것이다

모든 사업상의 협상은 협상 쌍방 간의 공통적 관심(common interests)과 상충적 관심 (conflicting interests)을 모두 포함한다. 그러므로 협상은 쌍방이 그들 간의 공통적이고 상충적인 양면의 관심사에 대한 차이점을 이해하고 타협할 수 있다는 전제 하에 성립될 수 있다. 유능한 협상자는 상대방의 강점과 약점뿐만 아니라 상대방이 협상을 어떻게 보는지에 대하여 간파할 수 있는 능력을 갖추어야 한다. 이러한 감정이입을 통하여 협상자는 상대방의 의도와 문제점을 보다 잘 이해할 수 있으며 또한 유리한 협상전략을 수립할 수 있다.

그러나 상대방을 이해하기 위한 감정이입을 얻는다는 것은 쉬운 일이 아니다. 국제협상자가 감정이입을 통하여 협상을 효과적으로 수행하기 위해서는 먼저 자신의 문화는 물론 상대방의 문화에 대해서도 올바르게 이해하지 않으면 안 된다. 그렇지 않으면 그가 아무리 노력을 한다고 할지라도 상대방의 입장을 이해하기는 어려울 것이다(Root, 1987).

외국인과의 협상은 쌍방이 모두 협상을 통해 얻을 것이 많은 경우에도 당사자 간의 비효과적인 커뮤니케이션 때문에 실패하는 경우가 종종 있다. 또는 쌍방 간의 협의가 그 이후에도 실제로 잘 이행되지 않고 형식적인 것이 되어버리는 경우도 있다. 이러한 현상은 협상 쌍방이 모두 상대방을 올바르게 이해하지 못한 상태에서 협상을 진행한 결과에 기인하는 것이라고 볼 수 있다.

1) 미국과 일본의 협상단계의 차이

협상에 있어서는 실용적인 접근 방식을 사용하는 미국식의 협상방식이 많은 성과를 보일 것으로 기대되나, 협상은 어디까지나 상대적인 게임이어서 일본 방식에 적응하지 못하면 협상결과가 불리하게 나올 수도 있다. 일부 미국 연구자들의 분석에 따르면, 1980-90년대 미국의 대일본 무역 적자에 대한 원인을 규명할 때 일본과의 협상에 실패했던 것도 중요한 원인 중 하나였기 때문이라는 연구결과가 나왔다.

<표 7-16> 미국과 일본의 협상기법의 차이

항 목	미 국	일 본
기본적 가치관	• 경쟁심 • 개인에 의한 의사결정과 행동 • 횡적인 비즈니스 관계 • 독립심	• 협조의 정신 • 집단적인 의사결정과 행동 • 종적인 비즈니스 관계 • 의타적
협상 과정 1) 잡담에 의한 서로의 탐색	• 짧은 시간에 끝낸다. • 격식에 매이지 않는다.	• 오랜 시간이 걸리고 접대 • 격식에 매인다.
2) 일에 관한 정보교환	• 공정가격주의 (처음부터 공정가격으로 산정한다.) • 전체적인 결정권을 갖는 사람이 참석한다.	• 바나나 덤핑전술 (처음에 할인가로 시작하여 점차 가격차를 좁혀간다.) • 부분적으로만 결정권을 갖는 사람이 참석한다.
3) 설득공작	• '본심'을 표출하는 방식 • 분명한 의사전달 • 공격적 설득전술(위협, 약속, 논쟁, 논리로 따짐 등) • '이렇게 해야 할 것이다.'라는 어투	• 표면상과 본심의 이중구조 • 함축적인 의사전달 • '사전교섭'전술과 '중개자'이용 • 의리와 인정이 있는 보편적이면서도 예의 바른 어투
4) 양보와 합의	• 순차적인 결론 방식(계약서) • 좋은 조건의 거래가 목적	• 포괄적인 결론 방식 • 장기적 관계구축이 목적

자료 : J. R. Graham & Y. Sano, (1991) 「미국, 일본 간의 교섭 전략」 HED 번역 (서울 : 한교원) p. 56.

이에 따라 협상 스타일은 문화에 따라 현저한 차이를 보일 수밖에 없음을 알 수 있다. 문화는 인간의 사고, 감정, 가치관 및 행위방식에 영향을 미치며, 이러한 문화적 영향을 받아 형성된 인간의 심리적, 행위적 특성은 대부분 사람들 간의 커뮤니케이션을 통하여 이루어지는 협상행위에 그대로 반영되기 때문이다.

그러면 문화는 실제로 사람들의 협상행위에 어떻게 영향을 미치는가? 여기서는 북미인, 아랍인, 그리고 러시아인들을 예로 들어 이들의 문화적 특성에 기인하는 그들의 독특한 협상스타일을 살펴보도록 한다.

아래의 <표 7-17>는 북미인·아랍인·러시아인의 협상진행과정에 있어서의 설득방식에 대한 차이점을 비교한 것이다.

<표 7-17> 설득방식의 국별 비교

	북 미 인	아 랍 인	러 시 아 인
협상스타일과 진행과정	사실적 : 논리적 호소	감정적 : 감정적 호소	원천적 : 이성적 호소
충돌 : 상대방의 주장에 대한 반응	객관적 사실에 근거하여 대응함	주관적 감정에 근거하여 대응함	단언적 이상에 근거하여 대응함
양 보	관계수립을 위해 협상 초기에 작은 양보를 함	협상과정의 일부로서 전 협상과정을 통해 양보함	양보를 하지 않거나 극히 작은 양보를 함
상대방의 양보에 대한 반응	일반적으로 상대방의 양보에 보답함	거의 항상 상대방의 양보에 보답함	상대방의 양보를 약점의 노출로 여기며 거의 보답하지 않음
상대방과의 관계	단기적	장기적	관계를 지속하지 않음
권한 위임	광범위함	광범위함	제한적임
협상초기의 태도	온건함	극단적	극단적
마감시한	매우 중요시함	무관심함	무시함

자료 : E. S. Glenn, D. Witmeyer & K. A. Stevenson, (1977), "Cultural Style of Persuasion," *International Journal of Intercultural Relations* (Vol. 1, No. 3, Fall), pp. 62-66.

위의 <표 7-17>에서 보는 바와 같이 러시아인들은 협상에 대하여 원칙적인 접근방법 (axiomatic approach)을 이용한다. 즉, 그들은 단징직인 이상에 근서하어 상내방을 설득하려고 노력한다. 러시아인들은 일반적으로 협상상대방과의 지속적인 관계유지를 기대하지 않음으로써 상대방과의 관계개선에 대한 필요성을 거의 느끼지 않는다. 따라서 그들은 협상과정에서 거의 양보를 하지 않으며, 상대방의 그들에 대한 양보는 상대방의 약점이 노출된 것으로 간주한다. 또한 러시아인들은 종종 매우 극단적인 태도로 협상을 시작하며, 협상의 마감시한을 무시하고, 또한 협상자에게 위임된 매우 제한적인 권한으로 인하여 빈번히 그들의 상부에 보고하고 확인하는 절차를 밟는다.

러시아인들과는 대조적으로 아랍인들은 협상에 대하여 전형적으로 감정적인 접근방법 (affective approach)을 사용한다. 즉, 그들은 상대방의 주장에 대하여 주관적 기분에 근거하는 감정적인 호소의 방법으로 대응한다. 아랍인들은 일반적으로 상대방과의 관계가 지속적으로 유지되기를 원한다. 그러므로 그들은 종종 협상과정을 통하여 기꺼이 양보하며 언제나 상대방의 양보에 대해 보답하려고 노력한다. 또한 대부분의 아랍인들은 시간이나 권한위임에 제약을 받지 않으므로 마감시간에 대해 무관심하게 대처하며 협상자는 쌍방 간의 모든 논쟁점들에 대해 토의하고 합의하는 데 필요한 권한의 부족을 느끼지 않는다.

미국인들의 협상스타일은 러시아인들이나 아랍인들과는 또 다른 특성을 나타낸다. 미국인들은 협상에 대하여 사실적인 접근방법(factual approach)을 취한다. 즉, 그들은 상대방의 주장에 대하여 객관적 사실에 근거하는 논리적인 호소의 방법으로 대응한다. 미국인들은 협상초기에 작은 양보를 통하여 상대방과의 관계를 수립하려고 노력하며, 상대방도 그렇게 해주기를 기대한다. 그들은 시간에 대해 매우 민감하여 협상의 마감시한을 상당히 중요시하며, 협상자는 일반적으로 광범위한 권한을 가지고 협상에 임한다.

2) 이문화와 각국의 협상유형

각국에 협상자의 협상스타일은 그 나라의 문화적 특성에 따라 상당한 차이를 나타낸다. 따라서 각국 협상스타일의 총제적인 이해는 글로벌 협상에 임하는 실무자에게 상당히 중요한 의미가 있는 것이다. 아래의 〈표 7-18〉은 종합적으로 각국의 스타일을 비교한 것이다. 흥미로운 사실은 각 요소별로 각국의 스타일에 차이가 많이 나고 문화적 영향요인의 뿌리가 깊다는 것을 이해할 수 있다. 즉, 팀의 구성부터 4개 국가의 접근 방식은 전혀 다르다. 협상 팀의 인원에 있어서 일본, 아랍권에서는 많은 숫자를 선호한다. 좌석배치 방식도 다양하고 화합 분위기 확립, 정보교류 방식, 설득도구도 국가별로 차이가 많다. 대안을 주고받을 때 아랍인은 양보의 범위가 최초 제안의 50-70%까지 후퇴하고 변화하지만, 일본은 2번째까지 최대 25%정도의 양보를 준비하고 있다.

〈표 7-18〉 이문화적 관점에서 본 각국의 협상 스타일

요소	미국	일본	아랍권	멕시코
협상 팀 구성	마케팅 지향	각 기능별 구성 지향	전문가 위원회	친분관계지향
협상 팀 인원	2-3	4-7	4-6	2-3
좌석배치	마주보는 대면방식	화합하는 관계연출	서열	친밀도 위주로 가까이
화합분위기 확립	단기 : 과업에 직접돌입	장기 : 화합할 때까지	장기 : 신뢰 확보까지	장기 : 가족관계까지 협의
정보교류	문서, 단계별 접근 멀티미디어	광범위함 정보입수에 집중	기술관련 보다는 대인관계 강조	기술 관련보다는 대인관계 강조
설득도구	시간압박, 금전손실/이익추구	대인관계 참조, 집단관계유지	중재인, 친절함	가족과 사회적 관심사에 집중, 온정/호의는 대를 이어서

언어 활용	직설적, 공개적 위기의식	간접적, 감사하는 협동·협조적	추켜세우기, 감정적, 종교적	정중함, 품위
첫 번째 제안	공정함 ± 5~10%	± 10~20%	± 20~50%	공정함
두 번째 제안	패키지 포함, 달콤한 협상안	−5%	−10%	인센티브를 추가
최종 협상안	총체적 패키지	더 이상 양보 없음	−25%	1-2차 제안 합계
의사결정 과정	최고경영진	집단적	협상 팀에서 대안 추천	고위경영자와 서기/간사
의사결정자	최고경영진	팀의 합의를 얻은 중간관리자	고위경영자	고위경영자
위험감수	치밀하게 계산되고 개인적인 책임	집단 책임 (낮은 수준)	종교에 기초 (예, 인샬라)	개인적으로 책임

자료 : Lillian H. Chaney & Jeanette S. Martin, (2004) *International Business Communication*, 3rd ed. (Upper Saddle River, NJ : Pearson Education, Inc.)

국경을 넘나들고 다문화 및 다양한 민족들과 국제협상을 하면서 나타나는 다양한 거래에 대한 연구가 많이 소개되었다. 그러나 한 개인이 다른 문화권에서 온 누군가와 협상할 때 구체적으로 무엇을 해야 되는지에 대해서는 자료를 찾아보기 힘들다.

직접적이든 간접적이든 국제협상전문가들이 조언하는 협상전략은 다음의 격언으로 집약할 수 있다. "로마에서는 로마인들이 하는 대로 하라." 다시 말해서, 협상가들은 문화적 차이가 협상에 어떤 영향을 주는지를 잘 이해하고 협상할 때 이런 점들을 고려해야 한다는 것이다. 여기서 다루고 있는 많은 내용들이 문화적 차이에 관한 것이다.

어떻게 하면 국제협상을 가장 잘 관리할 수 있을까? 전문가들의 답변은 두 가지이다. 하나는 협상상대의 문화에 친밀해지려고 노력하라고 충고한다. 상대의 문화에 맞게 당신의 전략을 수정하라는 것이다. 또 하나는 문화적으로 덜 친숙해지라는 충고다. "세계 어디서나 비즈니스는 비즈니스다!" 상대가 자신의 협상스타일을 받아들일 수도 있고, 협상스타일은 중요하지 않을 수도 있다. 심지어 자신의 협상스타일을 통해 상대를 통제하라고 충고한다.

협상을 할 때 문화적 결례를 피하는 것은 중요하다. 그렇다고 상대의 접근방법에 맞추도록 자신의 전략을 수정하는 것이 최고의 전략일까? 이는 분명하지는 않다. 국제협상가들이 상대의 접근방법에 맞추어 전략을 수정해서는 안 된다는 이유를 몇 가지 변수들을 중심으로 살펴보자.

협상가는 자신의 접근방법을 효과적으로 수정할 수 없다. 상대의 문화를 깊이 이해하는 데 몇 년이 걸릴 수도 있고, 협상을 시작하기 전에 이를 이해하는 데 몇 년이 걸릴 수도 있고, 협상직전에 이를 이해하기 위한 충분한 시간을 확보하지 못할 수도 있다. 물론 상대의 다른 문화를 조금이라도 이해하는 것이 전혀 모르는 것보다는 도움이 되는 것은 분명하지만, 그렇다고 이것이 자신의 협상전략을 효과적으로 수정하도록 할 만큼 충분한 이유는 되지 못한다.

상대의 다른 문화에 맞추어 협상전략과 전술을 수정하는 노력의 일환으로 상대의 언어를 유창하게 구사해야 한다고 생각해보자. 정말로 겁이 나고 부담스러울 것이다. 반대로, 협상자가 자신의 접근방법을 효과적으로 수정할 수 있다고 가정해보자. 그렇다해도 실제로 자신에게 더 유리한 결과를 얻는 것은 아닐 것이다. 자신이 접근방법을 수정할 때, 상대도 수정 할 수 있다.

이처럼 상대의 입장을 생각한다는 취지로 서로 협상전략과 전술을 수정하다 보면 서로를 더 이해하지 못하게 되고 결국 협상은 파국으로 흐르게 된다.

미국인과 일본인의 협상스타일을 예로 들어보자. 미국인들은 상대로부터 양보할 공간을 남겨놓기 위해 과도한 제안을 하는 경향이 있다. 일본인들은 협상상대와의 관계와 거래를 조금이라도 잘 이해하기 위해 정보수집으로 협상을 시작하는 경향이 있다.

미국인 협상가와 일본인 협상가가 서로의 문화적 성향을 잘 이해하고 있다고 가정해보자. 물론 이렇게 가정하는 것에는 무리가 있지만, 서로 상대를 존중하고 상대의 접근방법을 받아들이기로 결정했다고 한다면 정말로 혼란스러운 결과가 나올 것이다.

미국인 협상가는 과연 일본인 협상가에 대한 정보를 수집할 때 정말로 관심을 갖고 할까? 분명한 사실은 미국인 협상가는 진짜 미국인처럼 행동하지는 않으려고 하겠지만, 이들이 사용하는 전략까지 바꿀 수는 없다.

한편 미국인 협상가는 일본인 협상가의 행위를 어떻게 해석할까? 협상준비를 잘 해온 미국인 협상가는 일본인 협상가가 협상초기에 극단적인 행동을 하지 않을 것으로 이해한다. 그런데 일본인 협상가가 미국식 협상스타일을 존중해 협상 초기에 미국인처럼 과도한 제안을 한다면 미국인 협상가는 이를 어떻게 해석할까? 이렇게 생각하기 쉬울 것이다. '그건 그들이 정말로 원하는 것임에 틀림없다. 원래 일본인들은 그렇게 과도한 제안을 하지 않기 때문이다.'

따라서 상대의 접근방법을 받아들인다고 반드시 협상에서 성공하는 것은 아니다. 상대의 접근방법에 따라 전략과 전술을 수정하는 일이 당신의 스타일대로 행동하는 것보다 더욱 큰 혼란을 줄 수 있다.

많은 연구를 통해 다른 문화권에서 온 사람들과 협상할 때 보다 자기 문화권에서 온 사람들과 협상할 때 훨씬 다양한 방식으로 자연스럽게 협상하는 것을 알 수 있다. 이는 일본인들끼리 협상하는 것을 잘 이해하고 있다고 해서 이것이 미국인과 일본인이 협상하는 데 큰 도움이 되지 않는다는 것을 보여준다(아래 [그림 7-5] 참조).

[그림 7-6] 협상방식의 이문화적 차이

● U.S. Negotiator

Preparation	Bidding	Info. Using	Info. Gath.	Close	Implementation

● Japanese Negotiator

Relationship Building	Preparation	Info. Gath.	Info. Using	Bid-ding	Close	Implementation

● Ideal Model

Preparation	Relationship Building	Information Gathering	Information Using	Bidding	Closing the deal	Implementation

Source : Greenhalgh, *Managing Strategic Relationships*, Free Press, 2001.

프랜시스(Francis)는 로마인들처럼 행동하는 방식보다 중간 정도로 알맞게 적응하는 것이 훨씬 효과적일 수 있다고 주장한다. 그는 모의실험을 통해 다른 국가에서 온 협상가들에 대한 미국인들의 반응을 조사해 보았다. 그 결과 미국 협상가들은 미국 문화에 전혀 적응을 하지 않거나 너무 많이 적응한 협상가보다 어느 정도 미국문화를 이해하고 있는 협상가를 훨씬 긍정적으로 인식하고 있음을 알게 되었다.

이 실험을 한국 문화에 덜 친밀한 협상가들에게 적용해보지는 않았지만, 이러한 결과가 왜 나왔는지를 이해하기 위해 더 많은 연구가 있어야 할 것이다. 최소한 이 연구의 결과들은 국제협상가들이 상대의 문화에 과도하게 적응하는 것이 언제나 긍정적인 효과를 주지 않는다는 사실을 보여주고 있다.

문화 반응적 전략은 상대 문화에 대한 친밀도의 수준에 따라 낮은 친밀도, 중간의 친밀도 , 높은 친밀도 등 세 개의 그룹으로 정리할 수 있다. 각각의 수준에서 협상가가 개별적으로 사용할 수 있는 일방전략과 상대를 참여시키는 공동전략으로 나눌 수 있다. 실제로 국제협상가들이 활용하는 데 많은 도움이 될 것이다.

(1) 낮은 수준의 친밀도

협상 상대방의 문화에 대한 친밀도가 무척 낮을 때 활용할 수 있는 방법은 아래와 같다.

❥ 대리인이나 자문역의 고용(일방전략)

상대의 문화에 대한 친밀도가 아주 낮을 때는 양쪽 모두의 문화에 친숙한 대리인이나 자문역을 고용한다. 이들의 역할은 자신의 감독 하에 협상을 대리하는 일부터 협상 중 자신에게 정기적 혹은 부정기적으로 자문을 해주는 것이다. 사실 이들 대리인이나 자문역이 협상 상대와 어떤 문제를 불러일으킬 수도 있지만, 상대의 문화를 잘 알지 못하거나 문화를 이해할 시간이 없는 협상가들에겐 상당히 유용한 전략이다.

❥ 중재인 활용(공동전략)

다문화 협상에서 여러 유형의 중재자를 활용할 수 있다. 이들은 누군가에게 자신을 소개만 해주는 역할에서 계속 동석하면서 이 역할을 수행할 수 있다. 중재자는 상대에게 어느 특정의 문화적 접근방법이나 중재자 본국의 문화와 같은 제3의 접근방법을 받아들이도록 할 수도 있다.

❥ 상대에게 자신의 접근방법을 사용하도록 하기(공동전략)

세 번째 옵션은 상대가 자신의 접근방법을 사용하도록 설득하는 것이다. 이때 정중하게 부탁하는 것부터 자신의 방법이 최선이라고 무례하게 주장하는 것까지 많은 방법이 있다. 좀 더 자세히 설명하면, 상대의 부탁에 대해 자신의 모국어로 대응할 수 있다. 상대의 언어로 자신이 원하는 바를 충분히 표현할 수 없기 때문이다.

이 전략은 친밀도가 낮은 협상가들에게는 많은 장점들이 있는데 반해 단점도 있다. 자신의 문화적 조건에 따라 거래를 성공하기 위하여 추가로 노력해야 하는 것이 상대는 모욕감을 느끼거나 짜증이 날 수도 있다. 게다가 상대에게 오히려 전략적인 장점이 있을 수 있다.

상대가 좀 더 극단적인 전술을 사용했지만 자신이 이를 거부한다면 상대는 자신이 사용할 전술에 대해 '문화적 무지'라고 변명하려고 할 수도 있다. 결국 자신이 비즈니스를 하려는 모든 것에 대해 상대가 이해할 것이라고 기대할 수 없다.

(2) 중간정도의 친밀도

협상상대방의 문화에 대한 친밀도가 중간 정도일 때 활용할 수 있는 방법은 아래와 같다.

❥ 상대의 접근방법에 적응하기(일방전략)

이것은 자신의 전략에 의식적인 변화를 줌으로써 상대의 마음에 호소하는 것이다. 다시 말해서 이 전략을 사용하는 협상가는 자신의 접근방법을 확고하게 유지하지만, 상대와의 관계를 위해 이를 조금 수정하게 된다. 예컨대 덜 극단적으로 행동하기, 일부 행위를 제거하기, 상대방의 행위 중에서 일부를 자신의 행위에 포함시키는 선택이 포함된다. 이 전략을 사용하는데 관건이 되는 점은 어떤 행위를 수정하고 제거하거나 받아들일지를 알아내는 것이다. 게다가 상대가 자신이 의도했던 방식으로 자신이 수정한 내용을 해석할 것인지도 분명하지 않다.

▶ 상호적응의 조정(공동전략)

이 전략은 양쪽 모두 협상과정에서 공통점을 찾아내기 위해 서로 조정을 하는 것이다. 이는 간접적인 방법보다 직접적인 방법으로 이루어지기가 더 쉽다. "당신은 협상을 어떻게 진행하길 원하십니까?" 이렇게 직접 물어보는 방법이다. 협상과정을 협상하는 것으로 이해하면 된다.

이 전략은 상대 문화에 대해 중간수준의 지식과 최소한의 상대의 언어에 어느 정도 유창한 수준을 요구한다. 만약 말할 능력이 안 된다면 이해력이라도 있어야 한다. 이 방법은 두 개 언어를 사용하는 몬트리올에서는 매일 일어난다. 몬트리올 사업가들은 본격적인 토론이 시작되기 전에 협상과정을 협상하는 것이 관행화되어 있다. 즉, 협상을 영어로 할지 아니면 프랑스어로 할지를 먼저 논의한다. 대부분 어떤 언어를 사용해도 무방하다는 결론이 나온다.

몬트리올에서 협상가들은 양쪽 모두의 언어를 자주 사용한다. 흔히 협상을 촉진하기 위해 제2언어를 잘하는 사람이 자기 언어 대신 상대의 언어로 협상하자고 제의하기도 한다. 또한 제2언어로 말하는 양쪽 모두 상대에게 존중을 표한다. 영어 사용자가 프랑스어로 협상하는 동안 프랑스어 사용자는 영어로 협상해 주기도 하는 것이다. 상호적응 조정전략의 또 다른 유형은 양쪽의 협상가가 협상을 촉진하기 위해 제3자의 문화를 받아들일 때 일어난다.

(3) 높은 친밀도

협상 상대방의 문화에 대한 친밀도가 높을 때 활용할 수 있는 방법은 아래와 같다.

▶ 상대의 접근방법 포용하기(일방전략)

이것은 상대의 접근방법을 완전히 수용해주는 것이다. 이 전략을 성공적으로 사용하기 위해 협상가는 완벽하게 2개 국어를 사용할 수 있어야 한다.

이 전략을 사용하는 협상가는 로마인처럼 행동하지 않는다. 바로 자신이 로마인이기 때문이다. 이 전략은 준비시간이 많이 걸리고 비용도 비쌀 뿐만 아니라, 이 전략을 사용하는 협상가는 심각한 스트레스를 받는다. 다른 문화와 문화 사이를 빠른 시간 안에 이리저리 옮겨 다니는 것은 쉬운 일이 아니다. 그러나 이 전략을 사용하면 얻는 것이 많다. 상대가 당신의 조건을 완전히 따라주거나 이해할 수 있기 때문이다.

◆ 현장에서 새로운 접근방법 고안하기(공동전략)

이 전략은 협상상황, 협상상대, 협상환경에 알맞은 접근방법을 만들어내는 것이다. 이 전략을 사용하려면 양쪽 모두 상대의 문화에 대해 높은 수준의 친밀도와 개인적 특징에 대해 상당히 잘 알고 있어야 한다. 이 방법이 양쪽 모두 자신들의 문화에서 유용하다고 생각할 때 협상에 도움이 된다.

이것은 여덟 가지 전략들 중 가장 유연한 전략으로, 장점과 단점이 있다. 장점으로는 유연하다는 것을 들 수 있다. 그 이유는 환경에 맞는 접근방법을 바로 만들 수 있기 때문이다. 단점으로는 이 전략을 어떻게 사용할 수 있는지에 대한 규칙이 없다는 것이다.

◆ 완전한 조화(공동전략)

이 전략은 어느 한 쪽의 자국문화를 독점적으로 사용하는 것보다 더 좋은 방법을 찾는 것으로, 어느 한 쪽의 현지 문화를 포함하는 제3의 문화에서 일종의 관행으로 사용할 수 있는 방법을 찾는 것이다.

외교관은 국경을 넘어 자신의 관습, 규범, 언어를 사용하고, 그곳에서 자신의 문화나 외교가 자리를 잡도록 노력한다. 이 전략을 사용하는 것은 복잡할 뿐만 아니라 많은 시간과 노력이 들어간다. 이 전략은 당사자들이 서로에게 친숙하고, 양쪽의 현지 문화에 친숙하며 외교관들 같이 공통의 목표를 갖고 있을 때 가장 잘 기능한다.

그러나 단점도 있다. 많은 부분이 애매하고 시간이 많이 들어갈 뿐만 아니라, 이 전략이 작동하는데 많은 노력이 요구되어 전체적으로 볼 때 비용이 많이 들어간다.

3) 이문화와 협상자의 자질

협상자의 자질(qualities)은 협상의 성공여부에 영향을 미친다. 그러나 협상을 성공적으로 이끌 수 있는 협상자의 자질은 문화에 따라 상당한 차이를 보인다. 여기서는 그래햄 (Graham, 1985)의 연구결과를 중심으로 미국, 일본, 대만, 브라질 등 네 나라 경영자들이 중요시하고 있는 훌륭한 협상자의 자질을 비교하여 보도록 한다.

아래의 〈표 7-19〉에서 보는 바와 같이 미국의 경영자는 유능한 협상자를 매우 합리적인 사람이어야 한다고 생각한다. 즉, 준비 및 계획수립의 기술, 어려운 상황에서 생각할 수 있는 능력, 훌륭한 판단력과 이해력, 언어표현 능력, 제품에 대한 지식, 인지능력과 활용능력, 성실성 등을 갖춘 사람을 훌륭한 협상자로 생각한다. 브라질의 경영자들도 훌륭한 협상자가 지녀야 할 자질로서 성실성 대신 경쟁능력을 중시할 뿐, 그 외의 자질에 관해서는 미국의 경영자들과 같은 생각을 가지고 있다.

일본의 경영자들은 유능한 협상자의 자질에 대하여 미국이나 브라질의 경영자들과는 상당한 차이를 나타낸다. 즉, 일본인들은 합리성보다는 인간관계에 초점을 맞추고, 헌신적이고, 인지능력과 활용능력이 있고, 존경과 신뢰를 받을 수 있고, 성실성을 갖추고 있고, 상대방의 의견을 경청할 수 있으며, 넓은 안목과 언어표현 능력 등의 자질을 갖춘 사람을 유능한 협상자로 생각한다. 특히, 미국인들이 언어표현 능력만을 강조하는 반면에 일본인들은 언어표현능력과 청취능력을 함께 강조하고 있다.

미국인, 브라질인, 일본인들과는 또 대조적으로 대만의 중국인 경영자들은 협상자의 합리적 능력을 중시하는 동시에 인간관계의 능력도 어느 정도 중시하고 있다. 따라서 그들은 유능한 협상자는 재미있는 사람이어야 하고, 자기주장과 결단력이 있어야 하고, 존경과 신뢰를 받으며, 준비 및 계획수립의 기술을 갖추고, 제품에 대한 지식을 가지고 있으며, 훌륭한 판단력과 이해력을 갖추어야 한다고 강조한다.

<표 7-19> 협상자의 주요한 개인적 자질

미국 경영자	일본 경영자	대만 경영자	브라질 경영자
준비 및 계획 수립의 기술	직무에 대한 헌신	자기주장 및 결단력	준비 및 계획수립의 기술
어려운 상황에서의 사고능력	인지능력과 활용능력	존경과 신뢰의 획득	어려운 상황에서의 사고능력
판단력과 이해력	존경과 신뢰의 획득	준비 및 계획수립의 기술	판단력과 이해력
언어표현 능력	성실성	제품에 대한 지식	언어표현 능력
제품에 대한 지식	경청기술	흥미로움	제품에 대한 지식
인지능력과 활용능력	넓은 안목	판단력과 이해력	인지능력과 활용능력
성실성	언어표현 능력	-	경쟁력

자료 : Jonn L. Graham, (1985) "Brazilian, Japanese and American Business Negotiations", *Journal of International Business Studies* (Vol. XIV No. 1, Spring) pp. 47-61.

협상을 수행하는 개인적 자질도 문화에 따라 다르게 나타난다. 협상의 바람직한 결과인 성공여부에 있어서도, 브라질에서는 협상자 자신의 특질, 미국에서는 협상상대방의 특질, 일본에서는 협상에서의 역할(특히 구매자의 역할), 그리고 대만에서는 협상쌍방 특질의 배합에 의하여 영향을 받는다. 다시 말하면 브라질의 협상자들은 그들 자신이 보다 이기적이고 자부심이 강할 때, 그리고 상대방이 보다 정직할 때 비교적 유리한 협상결과를 얻을 수 있다고 생각한다. 미국인들은 그들의 협상상대방이 정직하고 이기적이지 않으며, 비교적 내성적이고, 특별히 가벼워 보이는 사람이 아닐 때, 그리고 상대방의 행위에 대해서 호감을 느끼는 사람일수록 보다 유리한 협상결과를 이끌어 낼 수 있다고 생각한다.

이와는 대조적으로 일본인들은 협상에서 구매자들(buyers)이 판매자들(sellers)보다 항상 유리하다고 생각한다. 특히, 이들은 협상에서의 자신들의 역할이 구매하려는 입장이든 또는 판매하려는 입장이든 간에 협상상대방을 좀 더 편안하게 해줌으로써 자신들의 입장을 강화시킬 수 있다고 생각한다. 또한 대만의 협상자는 상대방이 이기적이지도 않고 또는 특별히 매력적인 개성을 지니고 있지 않을 때, 그리고 자신들은 기만적이면서도 상대를 현혹시킬 수 있을 때 협상을 보다 유리하게 진행시킨다.

📋 문화를 이해하라

마케팅적인 의미에서 볼 때, 거시적인 관점 및 미시적인 관점에 대해 언급해 보기로 하자. 미시적인 관점에서의 마케팅이라 하면 기업이 제품이나 서비스를 판매할 때 직접적으로 영향을 미치는 요소들이다. 가령, 밀가루 가격이 미국에서 오르면 한국에서는 라면 가격이나 국수 가격이 다음날 바로 오르는 것을 볼 수 있다. 이와 같은 경우가 미시적인 관점에 해당되는 내용이다.

거시적인 내용은 종교, 정치, 인구통계적, 지리적, 기후풍토적인 것들을 포함한다. 이런 관점에서 살펴보면 문화적인 차이를 활용한 해외 마케팅의 예를 도출해 낼 수 있다. 색상, 문양에 대한 문화적인 차이로 성공하거나 실패한 사례를 보면 독일의 경우 '튼튼함', '네모 모양', '어둡고 칙칙한 색' 정도면 대부분의 경우 어떤 제품이든지 성공하기가 용이할 수 있다. 몇 년 전 실제로 수출된 MP3플레이어에 대해 살펴보자. 일본에서는 MD를 주요 미디어로 마케팅을 펼치고, 한국은 MP3플레이어를 주요 미디어로 채택하여 세계시장에 뛰어들 때의 사례이다.

MP3라는 것이 정확히 뭔지도 모르는 바이어에게 제공할 요량으로 독일 업체에 오퍼한 제품이다. 당시 G&P Telecom이란 회사에서 생산된 제품이지만, 최근에는 이런 디자인을 찾아보기 쉽지 않다. 디자인적인 요소로 보면, 세련되지 못한 투박하고 튼튼해 보이는 모델이었다. 색상은 단색인데 단순한 메탈실버 색상이다.

'튼튼해 보인다'라는 장점이 바이어나 소비자의 구매 욕구를 자극시킨 것이다. 초기 모델인데도 불구하고 독일에 판매된 수량은 대략 5만개 정도 된다. 바로 문화적인 여러 요소 중에서 모양, 색상 등이 현지인들에게 익숙하거나 선호하게 되어 성공한 케이스에 해당된다.

문화적인 측면을 고려할 때는 특히 해외시장에서는 이러한 거시적인 관점을 중요시하여 제품의 컨셉, 기능, 디자인을 설정해야 하는 것이 성공 요인이 된다. 각국의 국기에 포함된 색상이나 모양 등을 잘 활용하면 어떤 제품이 해외에 잘 팔릴 지 판단할 수 있는 기본적인 가치척도로 활용할 수 있다.

참고로 이 제품은 한국에서 판매가 매우 부진했으며 독일과 미국에만 팔렸다.

1. 고맥락(고배경) 커뮤니케이션과 저맥락(저배경) 커뮤니케이션

앞에서 살펴본 고배경 문화와 저배경문화는 Cross-Cultural 의사소통에서 각각 고배경 의사소통(High Context Communication), 저배경 의사소통(Low Context Communication)으로 연결된다. 일반적으로 고배경 의사소통은 일본식 의사소통, 저배경 의사소통은 미국식 의사소통이라고 할 수 있다.

<표 7-20> 고배경 의사소통과 저배경 의사소통 : 미국과 일본의 예

Low -Context Communication 미국식 의사소통	High-Context Communication 일본식 의사소통
명시적, 직접적 의사전달	암시적, 간접적 의사전달
차단적(Interruptive)의사소통	침묵적(silent)의사소통
주장하는 문화(lecturing culture)	들어주는 문화(listening culture)
변화가 많은 어조(tone of voice)	단일어조
Say "I" think	Say "We" think

1) 고배경 커뮤니케이션과 저배경 커뮤니케이션의 차이점

(1) 명시적·직접적 의사전달 VS 암시적·간접적 의사전달

이 때 A의 의사표현 방식에는 명시적이고 직접적인 미국식과 암시적이고 간접적인 일본식이 있다. A가 미국식으로 B에게 "창문을 닫아주시겠어요?"라고 말한다 하자. 이 때 B가 미국인이건 일본이이건 상대의 명시적 메시지를 정확히 이해하는 데 문제가 없다. 그런데 문제가 A가 일본식의 암시적, 간접적 의사전달 방식을 사용할 경우이다. 이 같은 High-context 의사소통 문화권에 속하는 일본이나 한국이라면 A의 말뜻을 알아차리고 창문을 닫을 것이다. 그러나 Low-context 의사소통문화권에 속하는 미국인이나 유럽인이면 A의 암시적 말뜻을 이해 못한다.

이같이 국제협상 테이블에서 미국인은 모든 것을 명시적(explicit)이고 직접적으로 말하기를 좋아한다. 의사소통 방향도 서로 대화하고 의견을 나누는 쌍방(dialogue)이다. 이에 반해 일본, 한국 등에서는 간접적이고 암시적인 의사전달 방법을 선호한다. 이는 상대와의 직접적인 갈등을 피하고 서로 간에 채면을 손상하지 않으려 하기 때문이다. 이 같은 이유 때문에 위의 사례에서 보듯이 일본인과 한국인은 협상테이블에서 상대방에게 명시적으로 '아니오'(no)라고 말하기를 꺼린다.

(2) 차단적(interruptive) 커뮤니케이션 vs 침묵적 커뮤니케이션

이는 차단적(Interruptive) 의사소통을 하는 서양인과 침묵적 의사소통을 하는 동양인의 차이 때문이다. 예를 들어, 제임스와 다니엘이 협상한다고 하자. 서양인에겐 제임스의 말이 끝나기 전에 다니엘이 대화차단(interruptive)을 한다. 당연히 다니엘의 대화중에 다시 제임스도 차단을 한다. 이같이 차단적 의사소통문화에 익숙한 서양인을 상대와 상호반응적(Interactive)으로 협상을 한다. 따라서 대화차단을 불쾌하게 여기지 않고 협상에 대한 열의라 생각한다.

침묵적 의사소통문화에 속하는 동양인은 상대방의 말을 들은 다음 자신의 입장을 정리해서 말을 한다. 상대의 대화와 자신의 대화 사이에 서로 생각하는 시간, 즉 침묵(silent)이 존재하는 것이다. 이들은 한쪽의 대화가 끝난 후 서로 '생각할 시간'을 갖는 것이 예의라고 생각한다. 즉 침묵을 대화의 일부라고 간주한다. 물론 서양식으로 상대의 대화에 끼어드는 것은 상당한 결례이다. 그러나 이 같은 동양식 '침묵'은 미국이나 독일 협상자의 눈에 의사소통의 실패 내지는 단절이다. 서양인의 침묵에 대한 이 같은 인식을 역이용해 종종 중국과 인도네시아 등의 협상자들은 전략적 침묵을 그들의 협상전술로 활용하기도 한다.

(3) 주장하는 문화 vs 들어주는 문화

이는 미국인의 의사소통은 주장하는 문화인 데 반해 일본의 그것은 들어주는 문화이기 때문이다. 이 같은 일본문화에서는 청중이 공개석상에서 질문하는 것을 꺼린다. 혹시 상대가 대답 못할 질문을 공개적으로 하는 것도 결례라고 생각하기 때문이다.

(4) 변화가 많은 어조 vs 단일 어조

미국인, 유럽인, 아프리카인들은 협상을 할 때 어조의 변화가 많다. 목소리를 높인다거나 낮추고 손짓, 몸놀림 등 비언어적 행위를 많이 한다. 특히 이 같은 성향은 멕시코 칠레 등 중남미 협상자에게 강하게 나타난다. 목소리를 높이는 것은 대화자의 열의와 열정으로 상대에게 비춰지는 것이다. 그러나 중국, 일본 등 동양문화권에서 목소리를 높이는 것은 자기자신에 대한 통제력을 상실한 것으로 받아들여진다. 따라서 동양협상자의 어조는 높낮이에 큰 변화가 없다.

2. 협상과 커뮤니케이션

협상에서 당사자간의 대화를 분석하기 위하여 Morley와 Stephenson(1977)은 의사소통 내용분석 기제(Conference Process Analysis : CPA)를 정의한 바 있는데, 그들은 협상에서의 의사소통에 있어서 다음의 세가지 차원이 있음을 확인

① 협상에서 정보가 어떻게 교환되는가 하는 양식(mode) 차원

　예) 제안, 수용, 거부 또는 상대방으로부터 반응의 추구 등

② 자원(resource) 차원 : 교환되는 정보의 기능을 말한다. 즉, 협상의 절차를 논하는 등의 협상의 구조화, 합의점 혹은 한계 등을 논하는 협상성과에의 집중, 비난 혹은 칭찬 등 상대방 행동의 인정, 사실 및 자료의 제공 등 정보의 교환 등이 의사소통에 있어서 이러한 자원 차원에 해당

③ 참조(reference) 차원 : 정보가 누구를 지칭하는가를 얘기하는 것

　예) 협상자인지 협상팀의 일원인지 혹은 협상당사자의 조직인지 등을 일컫는다.

1) 협상에서의 의사소통모형 : 국면모형

최근 협상연구에서 관심을 끌고 있는 국면모형(phase models)은 협상과정에서 당사자간 의사소통의 전 과정을 설명할 수 있는 사건들의 흐름을 확인해 줄 수 있다(Holms, 1992 참조). 그간 협상학자들에 의한 국면연구는 주로 시간경과에 따른 당사자간 상호행동의 변화, 상호행동구조와 투입 및 협상성과와의 관계, 당사자의 교체 등 협상전술 혹은 개입이 협상의 전개에 미치는 영향 등과 같은 문제들을 취급하였는데 Chatman et al.(1991)에 의하면 이들 연구는 다음과 같은 두 가지의 과정적 접근법 중 하나를 취하였다고 하였다.

① **상징 해석적 시각**(intepretive-symbolic perspective) : 협상자들 간의 상호작용을 통하여 의미가 어떻게 창조되고, 수정되며, 유지되는지를 연구하는 접근법

② **상호작용 체제적 시각**(systems-interactive perspective) : 협상자들이 언어적 혹은 비언어적 메시지를 어떤 순차적 패턴으로 발전시켜 나가는지에 대해 연구하는 것

이 중에서 협상의 국면모형의 발전에 보다 많은 기여를 한 것은 후자라 할 수 있는데, 이 상호작용 체제적 시각에서는 일반적으로 범주별 부호화를 통한 의사소통내용을 분석하여 시간의 경과에 따른 당사자간 상호행동의 변화를 찾아내고 있다.

국면모형은 논자에 따라 약간의 차이는 있지만 일반적으로 협상을 시초국면, 중간(혹은 문제해결)국면, 최종(혹으 해소)국면의 3국면으로 의사소통과정을 분류히고 있다.

① 협상의 시초단계에서 일반적으로 협상자들은 자신 혹은 자신이 속한 집단의 입장을 개진하고 변호하는 행위를 한다는 것으로, 이 단계에서 주목할 점은 협상자들이 강력한 주장을 하고 힘을 과시하려 한다.

② 시간이 경과하면 협상은 제2단계의 의사소통 국면으로 진행, 이 단계에서 협상자들은 자신의 원래 입장에 대해 덜 방어적이며 경쟁적인 성향 또한 감소하게 된다. 여기서 협상자들은 문제중심의 양식으로 변하며 이전 단계에서 정의한 바 있는 기준 혹은 한계에 비추어 가능한 해결책을 모색하게 된다는 것이다.

③ 최종단계 : 협상자들은 당사자간 합의안을 찾기 위해 노력한다. 이 단계에서는 자신들 및 자신이 대표하고 있는 집단을 만족시킬 수 있는 수준에서 합의에 노력하게 된다는 것이다.

이는 Holms(1992)가 지적하였듯이 성공적인 협상이 따르게 되는 과정이며, 협상이 실패로 끝나는 경우는 국면모형이 제시하는 과정을 따르지 못하고 중간국면내에서 또는 시초국면과 중간국면 사이에서 머뭇거리다가 끝내는 경향이 있다.

Holmes는 협상에서의 국면구조는 다음과 같은 세 가지 요인들에 의해 발생한다고 함.

① **국지적 과정(local processes)** : 이는 당사자들이 상호간 반응하고 사건에 대한 통제권한을 잡으려 노력하는 데서 발생

② **문화적 기대(cultural expectations)** : 당사자들이 적합한 협상행동이라고 믿는 것을 표현하고 주장하는 데서 발생

③ **글로벌과정(global processes)** : 당사자들이 협상을 시초로부터 최종국면까지 국면별로 진행시키고자 하는 데서 발생

이와 관련하여 Poole과 Doelger(1986)는 협상의 국면구조는 당사자간 과업을 완수하려는 공통심리와 대화교환에서의 확립된 법칙이라는 내재적인 구조들에 의해 발생한다고 제안한 바 있다. 결국 이들 구조가 잘 결합되면 협상이 성공적으로 종결되도록 진행되지만 이들이 서로 양립하지 못하게 되면 협상은 진전되지 못하고 혼란스러워지고 겉돌게 된다는 것을 보여주고 있다.

2) Cross-cultural 커뮤니케이션의 4단계 절차

앞에서 살펴본 바와 같이 고배경 의사소통문화권과 저배경 의사소통문화권 간에 협상을 할 때 의사소통 문제에 국면 한다. Lewicki에 의하면 두 문화권 간의 의사소통은 4가지 단계를 거친다. 이를 앞의 사례를 중심으로 분석해보자.

① **커뮤니케이션 1단계** : What he says

한국인이 "Where can I find water"라고 미국인 종업원에게 물었다

② **커뮤니케이션 2단계 ; What he means**

앞의 말은 한국인이 무엇인가를 의미한 것이다. 이 경우 '먹을 물'이 어디 있냐고 물었다.

③ **커뮤니케이션 3단계** : Message sending

미국인에게 미국 골프장에서 먹을 물은 보통 Ice water나 Mineral water라고 표현한다. 따라서 한국인의 단순한 water라는 표현은 '그냥 물'이 어디 있냐고 묻는 메시지로 미국종업원에게 전될 되었다.

④ **커뮤니케이션4단계 : What they think he said**

한국인이 말한 말을 미국인 종업원이 어떻게 받아들이느냐이다. 따라서 미국종업원은 골프장에서 물을 찾는 한국인의 질문을 "골프장의 연못이나 호수가 어디 있느냐?"는 의미로 받아들였다. 그래서 미국인은 근처의 연못을 가리키며 "Over there"라고 대답한 것이다.

3) 문화 색안경 이론 (Theory of Attribution)

트리안디스(Triandis)에 의하면 협상자는 자신이 속하는 문화권의 고유한 색안경을 끼고 상황을 인지(perceive)한다. 따라서 다문화협상에서 협상자는 각각의 고유한 문화 색안경을 끼고 같은 상황을 다르게 인지한다. 예를 들어, 같은 색이라도 이를 보고 인지하는 내용은 나라마다 다르다. 한국인은 백의민족이라 할 정도로 흰색을 순결함, 청결함의 상징으로 여기는 반면, 중국인은 매우 혐오한다. 이스라엘에서는 황색을 매우 금기한다. 과거부터 유태인이 탄압받을 때 강제로 황색 옷을 입어야 했기 때문이다. 그러나 말레이시아에서 황색의복은 회교군주만이 입는 권위의 상징이다.

[그림 7-7]

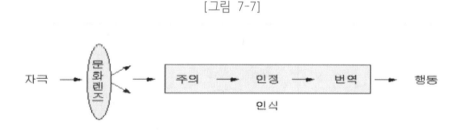

같은 문화 색안경이 왜곡된 의사전달을 통해 국제협상에 어떠한 영향을 미치는가를 살펴본다. 미국인 상사가 "이 보고서를 끝내는 데 얼마나 걸리겠는가?"라고 그리스인 직원에게 물었다. 평등 문화의 색안경을 쓴 미국인 상사는 부하가 참여의식을 가지고 스스로 보고서 작성일자를 대답하기를 원했다. 그러나 상사가 권위적으로 지시해 주는 계층 문화적 색안경을 쓴 그리스인 직원은 "미국인이 나의 상사인데 며칠 만에 해놓으라는 요구를 왜 하지 않는가?"라고 받아들인다. 그래서 그리스인 부하는 "잘 모르겠는데요. 얼마 만에 끝내면 됩니까? 라고 반문한다. 그리스인 직원은 이 말을 하면 '며칠 만에 하라는 지시'를 바라는데 미국인 상사는 그리스인 직원이 책임을 회피하는 것으로 받아들인다. 이는 그리스인 직원과 미국인 상사 간의 의사소통 과정에서의 문화 색안경 차이에 따른 갈등을 잘 보여준다.

이 같은 문화적 색안경이 다문화협상에서 원활한 의사소통의 중요한 걸림돌이 될 수 있다. 그런데 문화적 색안경과 자민족중심주의(Ethnocentrism)가 겹칠 때 협상자들의 판단을 왜곡하는 심각한 문화적 갈등을 유발할 수 있다. 중국인은 세계의 중심이 중국이라는 중화사상에 젖어 있다. 경제력뿐만 아니라 군사적으로 절대강국의 위치를 차지하고 있는 미국 협상자는 미국적 가치(American value)가 전 세계의 가치기준(global standard)이라고 생각한다. 따라서 이들 협상자들은 자신들의 문화가 우월하기에 자신들의 사고방식이나 행동양식에 상대방이 따라야 한다고 생각한다. 이는 당연히 상대방의 문화를 비하하고 잘못 이해하는 문화적 근시안을 유발한다.

[그림 7-8]

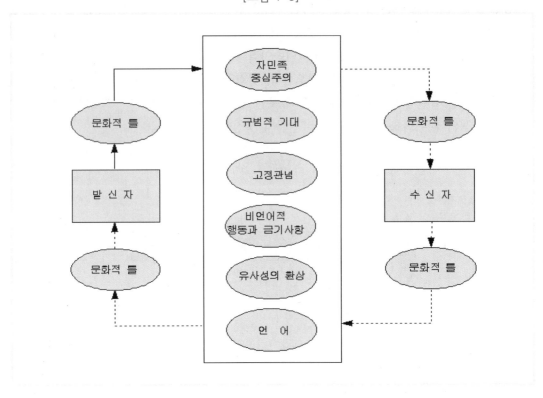

3. 언어(Language) 및 비언어적 행위와 국제협상

세계에는 3천여 개의 언어가 있다. 이 중 가장 많이 쓰이는 언어는 흔히 생각하는 영어가 아니다. 영어는 오늘날 세계 인구의 7% 정도만이 사용하고 있다. 중국어가 제일 많이 쓰이고 다음이 힌두어, 영어, 스페인어의 순서이다. 일본어는 10번째 ,베트남어는 11번째, 한국어 12번째이다. 대부분의 국민이 단일민족으로 단일 언어를 사용하는 나라는 한국, 일본, 베트남, 몽고 등이다. 인도에는 150개 언어가 있다. 아프리카의 조그만 나라 카메룬에는 200여 개 부족이 있는데 각 부족마다 고유한 언어를 가지고 있어 무려 200여 개 언어가 있는 셈이다.

<표 7-21> 가장 많이 사용되는 언어

순위	언어	인구	순위	언어	인구
1	중국어	1,050	7	독일어	229
2	힌두어	793	8	포르투갈어	213
3	영어	510	9	프랑스어	130
4	스페인어	430	10	일본어	127
5	러시아어	255	11	베트남어	75
6	아랍어	230	12	한국어	74

이 같은 이유 때문에 다문화협상에서 언어는 의사소통의 가장 큰 장애가 된다. 특정 언어 (A particular language)는 특정 문화(A particular culture)의 특성이 반영된 사고의 형성이기 때문이다.

1) 언어가 Cross-Cultural 커뮤니케이션에 미치는 영향

언어가 의사소통과 국제협상에 미치는 영향은 다음과 같이 세 가지로 요약할 수 있다.

① 언어권과 국제협상

다문화협상이라도 같은 언어를 사용하면 의사소통을 훨씬 원활히 할 수 있기 때문에 문화적 마찰을 훨씬 줄일 수 있다. 앞에서 살펴보았듯이 인도와 미국은 아주 다른 협상문화를 가지고 있다. 그러나 인도의 공용어는 영어이기에 미국인과의 협상에서 같은 언어를 사용함으로써 의사소통을 훨씬 원활히 할 수 있다. 반대로 한국과 일본은 같은 동양협상 문화권에 속하면서도 다른 언어를 사용하므로 의사소통이 미국-인도간 협상만큼 원활하지 않다. 더욱이 여기서 언어의 개념을 같은 언어권(language family)이라고 확대 해석해도 결과는 마찬가지이다. 프랑스인은 미국이나 독일인과 협상하는 것보다 이탈리아인이나 스페인과의 협상에서 더 편하게 의사소통을 한다. 왜냐하면 이탈리아어와 스페인어는 프랑스어와 같은 라틴 언어권에 속하기 때문이다.

② 동일한 어휘의 부재와 관용어

각 언어마다 그 지역과 문화적 특성을 반영한 고유한 어휘가 있다. 따라서 서로 상이한 언어간에는 아무리 유능한 통역사를 사용하더라도 협상자가 정확한 어휘로 의사소통을 하기가 힘든 경우가 많다. 더운 나라 인도의 대나무가 많은 지역에 사는 코카부족에게는 대나무를 표현하는데 7개의 단어가 있지만 눈을 표현하는 단어는 없다. 반면 북극 에스키모에게 눈을 표현하는 단어는 400여 개가 있는데 영어에는 'snow'라는 단어가 유일하다. 그리고 한국어의 정(精)의 의미를 정확히 표현할 수 있는 영어단어는 없다. 다문화 의사소통에서 겪는 또 다른 어려움은 관용어이다. 특히 미국식 영어에서는 관용어가 많다. 예를 들어, 국제협상테이블에서 미국 협상자가 "We're not going to throw in the towel"이라는 말을 가끔 한다. 우리말로 직역하면 "수건을 던지지 않겠다"이지만 이는 권투경기의 표현을 빌린 것으로 "우리는 이 협상을 포기하지 않는다."라는 뜻이다.

아울러 2차 세계 대전 당시 포츠담회담에서 연합군이 일본에게 항복을 요구하는 최후 통첩을 보냈을 때, 당시 일본의 스즈끼 수상은 기자회견장에서 "일본 정부는 그 통첩에 큰 의미를 부여하지 않는다. 우리가 해야 할 일은 그 통첩을 모쿠사츠(もくさつ)하는 것이다."라고 대답했다. 그러나, 이를 서구의 통역자들이 '묵살한다'로 번역하여 최후통첩이 거부된 것으로 해석되었고 전쟁은 세계 최초로 원자폭탄의 사용으로까지 이르게 되었다는 것입니다. 그러나 실제로 일본의 각료들은 당시 항복협상의 필요성을 느끼고 있었으며, 좀더 구체적인 논의를 위한 시간이 필요했기 때문에 현재로서는 "특별히 할말이 없다."는 또 다른 의미를 전달하려 했다는 것입니다.

③ 통일 단어에 대한 해석의 차이

K사무관은 미국에서 어렸을 때부터 교육을 받고 통상전문가로 몇 년전 특채된 미국문화에 젖은 공무원이다. K사무관은 일어를 못하기에 영어로 협상을 했다 영어의 'Yes' 단어의 해석을 싸고 일본측과 오해가 생긴 것이다. K사무관이 무슨 제안을 할 때마다 일본측 상대가 '하이'라고 대답한 것을 영어로 'yes'로 받아들인 것이다. 일반적으로 미국인 협상자는 상대의 의견이나 제안에 동의(agree)할 때 'yes'라 한다. 반면 일본협상자는 상대의 이야기를 알아들었다(understand)고 했다는 의미로 '하이'라고 말을 한다.

2) 비언어적 행위(Non-verbal Behavior)

국제협상에서 말이나 문자 등 언어로 전달되는 메시지는 25%에 불과하다. 나머지 75%의 의사소통과 메시지 전달(message-sending)은 몸짓, 얼굴표정 등 비언어적 행위에 의해 이루어진다. 국제협상에서 비언어적 행위는 언어 메시지를 강조하거나 지원하는 역할을 한다. 예를 들어 협상자가 테이블을 내리치면 이는 강조한다거나 화가 났다는 메시지를 전달하는 것이다. 그러므로 유능한 협상자가 되기 위해서는 상대방의 말뿐만 아니라 눈동자의 움직임, 손짓, 발짓까지도 정확히 포착하여 상대방의 의중을 파악하는 것이 중요하다.

동양협상문화권의 사람들은 상대방과 눈 맞춤을 그리 중요시하지 않는다. 연장자나 상급자와 눈 맞춤을 하는 것을 예절이 바르지 못하다고 생각하는 경향이 있다. 동양협상가는 눈 맞춤을 피하는(avoiding eye contact) 반면, 서양 협상문화권에서는 자연스러운 눈 맞춤(natural eye contact)이 국제협상테이블은 물론 일반 생활에서 아주 중요시된다. 한국에 주거하는 외국인이 가장 불편을 느끼는 것 중의 하나가 한국인이 눈 맞춤을 피한다는 것이다. 외국에서는 엘리베이터에서 모르는 사람을 만나도 '하이' 하며 자연스런 눈 맞춤을 한다. 이 같은 문화에 젖은 서양인에게 엘리베이터나 거리에서 상대방을 쳐다보지 않는 한국인은 이상하게 보이는 것이다.

① 카우보이 문화와 사무라이 문화

이 같은 차이는 여러 가지 요인에 의해 설명할 수 있겠지만 가장 설득력 있는 것은 '카우보이-사무라이 문화론'이다. 서부 개척시대 두 명의 카우보이가 카페에서 포커게임을 하고 있다 하자 이 때 한 명이 갑자기 상대와의 눈 맞춤을 피하면 상대의 손은 옆구리에 찬 권총으로 간다. 카우보이 문화에서 갑자기 눈 맞춤을 피한다는 것은 포커게임에서 뭔가를 속이고 이는 총격전으로 이어질 수 있다고 받아들여진다. 이 같은 서양협상문화권에서 눈 맞춤을 피하는 것은 상대방을 속이거나 협상할 의사가 없거나 협상에 아주 불성실하게 대하거나 자신을 무시하는 것으로 받아들인다. 반면, 봉건사회 평민이 사무라이나 영주의 눈을 빤히 쳐다보는 것은 반역과 도전의사로 받아들여졌다. 심한 경우 죽음까지도 각오해야했다. 한국도 양반사회에서 비슷한 문화를 가지고 있었다.

② 힘 있는 악수와 힘 없는 악수

사실 국제협상은 악수에서부터 시작한다고 말할 수 있다. 일반적으로 서양인과 악수할 때는 손을 세게 잡았다가 빨리 놓아야 한다. 이를 말하자면 firm and short handshake를 하는 경향이 아주 강하다. 특히 한국여성들이 그렇다. 우리나라 사람끼리는 여성이기 때문에 수줍어서 그런다고 대수롭지 않게 생각하지만 firm and short handshake에 익숙한 서양인들은 상대가 협상할 의사가 별로 없는 것으로 받아들인다. 이와 같이 국제협상에서는 악수하는 방법에서부터 문화적인 차이가 있는 것이다.

③ 절(bow)

절은 동양협상문화권에서 발달했다. 그런데 같은 동양 3국 가운데 일본인과 한국인은 절을 하는데 중국인은 하지 않는다. 일본인은 한국인보다 절을 깊고 오래하는 경향이 있다.

④ 껴안음(hug)

아랍인, 러시아인, 남미인들은 협상시작 전 껴안는다. 이는 협상자간의 우호와 신뢰의 상징으로 받아들여진다.

⑤ 웃음(smile)

웃음이란 국제협상뿐만 아니라 일상생활에서도 많이 반복되는 행위이다. 일본인의 웃음 (japanese smile)이란 말이 있듯이, 흔히 생각하듯 웃음이란 상대에 대한 긍정적 비언어적 행위만은 아니라는 것을 유의해야 한다.

⑥ 접촉문화(safety zone)

한국에 유학온 독일 여학생에게 물었더니 한국생활에서 가장 불편하게 느끼는 점은 개인 공간문화(safety zone)가 없다는 것이다. 즉 독일에서는 지하철을 탈 때 서로 상대의 공간을 존중해 몸을 부딪치지(touch)않는다. 그런데 한국 지하철이나 거리에서는 이 같은 공간에 대한 인식이 없이 상대와 자주 몸 접촉이 일어난다는 것이다. 사실 한국인만큼 자연스럽게 남을 만지고 남이 자기를 만지는 데 너그러운 사람들도 드물 것이다. 이같이 너그러운 접촉문화가 같은 한국인 사이에는 별 문제가 안 되지만 문화가 다른 외국인에 대해선 때론 심각한 문화적 마찰을 일으킬 수 있다는 점을 알아야 한다.

1. Cross-Cultural 협상전략

1) Cross-Cultural 3단계

문화적 배경이 다른 국가와의 협상전략인 다문화(cross cultural)협상전략은 다음과 같은 3단계로 요약될 수 있다.

> ◆ 문화적 차이의 인지(recognize cultural differences)
> ◆ 상대방의 문화를 존중(respect other peoples's culture)
> ◆ 문화적 차이를 고려한 협상전략(cross cultural negotiation strategies)

국제협상이나 국제경영에서 문화적 마찰이나 충돌(cross-cultural crash)은 당사자들 간의 '문화적 차이(cultural differences)보다 문화적 차이 자체를 인지하지 못하는 것(unawareness of cultural differences)'에서 발생하는 수가 더 많다. 특히 국가 간에 공간 문화에 대한 차이를 인지하지 못하는 경우가 있으며, 미국인이나 유럽인은 1미터 정도 떨어져 이야기할 때 편안함을 느끼고, 한국 중국 같은 동양인은 1미터 반 정도인 데 반해, 멕시코인 같은 중남미에선 0.5미터 정도로 가깝게 서서 이야기를 해야 편안함을 느낀다.

외국인과 협상을 할 때 막상 뭔가 불편함을 느끼거나 문화적 충동을 하면서도 이것이 문화적 차이에서 온다는 것 자체를 인지하지 못하는 경우가 있다. 이 같은 문화적 차이의 인지실패는 현실적으로 국제협상에서 심각한 문화적 마찰을 일으킬 수 있다.

동양인이 서양협상문화권과 협상할 때 인지해야 할 문화적 차이와 이를 극복하기 위한 다문화협상전략을 제시하고 있다. 서양협상자는 개인의 성과를 중시하고 모든 책임도 개인이 진다는 점을 이해해야 한다. 따라서 많은 수행원을 거느려야 권위 있다고 생각하는 동양협상대표와 달리 서양협상대표가 수행원 없디 단독으로 협상을 진행하는 것을 우습게 봐서는 안된다. 서양협상문화에서 단독으로 협상을 진행시킨다는 것은 조직내에서 신망을 받는다는 증거이다. 또한 서양의 협상대표는 개인적 능력에 바탕을 두고 존경을 받는다. 따라서 이들은 동양협상 대표가 과시하고 싶어 하는 권위와 높은 지위에 별 관심이 없다. 따라서 이 같은 서양협상팀에게는 자신의 협상팀이 충분한 정보와 전문지식을 가지고 그리고 상당한 전문가들로 구성되어 있음을 과시할 필요가 있다. 그리고 미국이나 프랑스 협상대표는 젊은 남자와 여성일 경우가 많다. 따라서 지위와 나이를 중시하는 동양 협상문화권의 색안경을 쓰고 상대가 젊거나 여성이라고 해서 과소평가하거나, 상대조직 이 해당 협상을 소홀히 다루고 있다고 오판해서는 안 된다.

한편, 서양인이 동양인과 협상할 때의 전략으로는 동양협상팀의 느린 의사결정에 대한 인내가 필요하며, 동양협상팀은 성과를 집단적으로 평가받고 그 책임 또한 공동으로 지기 때문에 능력이 우수한 특정인을 공개석상에서 칭찬하는 것을 피해야 한다. 이는 집단보상 을 원하는 동양협상팀에서 그를 질시의 대상으로 만들 수 있기 때문이다. 또한 동양협상 문화권에서는 인간적 행동이 평가받는다는 점을 이해해야 한다. 따라서 상대가 인간적 호 의를 보이면 설사 마음에 들지 않더라도 이를 정중하게 받아들여야 한다. 예를 들어 저녁 을 같이 하자고 하면 가능한 응해 주는 것이 좋다. 동양인에게 만찬도 협상에서 중요한 관계형성 과정이기 때문이다. 그리고 동양협상문화권에서는 계급과 직위에 바탕을 두고 협상대표를 존중한다는 점을 알아야한다. 동양협상자들은 협상대표의 직위가 높으면 신 뢰할 만한 상대라고 생각하는 것이다. 따라서 항상 협상을 시작할 때 자신의 협상팀이 조 직내에서 상당한 지위와 영향력을 가진 사람으로 구성되었다는 Position Power를 의도적 이라도 상대에게 과시해야 할 필요가 있다. 마지막으로 일본이나 중국 협상대표는 거의 중년남자이다. 그러므로 가능하면 비슷한 연배에 해당하는 나이의 남성을 협상대표로 보 내는 것이 상대를 편하게 한다.

2) 효율적 Cross-cultural 커뮤니케이션전략

① 협상가의 제의가 상대에게 매력적으로 보이게 하라.

협상가는 자신의 제의(offer)를 받아들이면 상대에게 얼마나 이익이 되는지를 강조해야 한다. 그런데 흔히 협상가는 제의가 자기 자신에게 얼마나 매력적인지를 설명하는 실수를 범한다. 반면 설득을 당하는 입장에 있을 때는 상대의 제안을 받아들여 얼마나 불이익을 볼지를 강조해야 한다. 쉽게 말하면 협상이란 제안의 매력을 강조하는 설득자와 제안의 매력 없음을 강조하는 피설득자간의 상호작용이다.

② 상대가 '예'라고 말하도록 하자.

협상의 시작에서 아무리 작은 이슈에 대해서라도 상대가 '예'라고 말을 하게 해야 한다. 실증 조사에 의하면 한번 '예'라고 말한 상대는 두 번째 큰 이슈에 대해서도 '예'라고 말할 확률이 크다 예를 들어 신제품 설명을 할 때 '디자인이 좋지요?'라고 물어 상대가 '그렇군 요'라고 말하게 만드는 것이다. 일단 디자인이 좋다고 생각하면 상대는 품질, 가격 등에 대해서도 긍정적 대답을 하는 경향이 강하다.

③ 우선 원칙합의(Agreement in Principle)에 도달하라.

많은 복잡한 이슈가 얽혀 있던지 협상타결이 쉽지 않을 때는 우선 상대가 협상진행에 대해 '원칙 합의'를 하도록 유도해라. 파리에 가서 신제품 판매협상을 하는데 가격조건, 인도조건, 금융조건 등에 이견이 많아 순조롭게 진행이 안된다고 하자. 이 때 양 당사자가 거래한다는 원칙 합의에 도달하고 나서 헤어진다. 그 이후의 협상에서 구체적인 가격, 금융조건 등을 차분히 협상해 나가면 된다. 완전 타결이 안된다고 파리에서 빈손으로 돌아오는 것보단 훨씬 나은 협상전략이다.

④ 효율적 메시지 전달전략

복잡한 협상일 경우 Cross-Cultural 의사소통에서의 메시지가 길고 복잡할 수가 있다. 이같이 산만한 메시지는 상대를 효율적으로 설득하지 못 할 뿐만 아니라 불필요한 오해를 불러일으킬 수도 있다. 이에 효율적인 메시지 전달전략을 다음과 같이 요약할 수 있다.

- ❥ 메시지 순서 : 협상자가 강조하고자 하는 중요한 핵심의제를 메시지의 어디에 넣느냐는 문제이다. 학자들간에 한 가지 일치된 의견은 이것이 메시지 중간에 들어가선 안된다는 점이다. 일반적으로 핵심의제가 상대에게 친숙하고 관심이 있을 때는 메시지 앞 부분에 넣는 것이 좋다. 상대는 앞 부분에서 이 핵심의제를 강하게(Primarily) 인식할 것이다. 반대로 상대가 관심이 없고 친숙하지 않을 때는 핵심의제를 뒷부분에 놓는 것이 좋다. 가장 최근(Recent)의 핵심의제를 상대가 가장 잘 기억할 것이기 때문이다.
- ❥ 일방 메시지와 양방 메시지 : 일방(one-side) 메시지는 자신의 메시지만 일방적으로 전달하고 상대의 견해나 의견에 대해선 언급을 안하는 것이다. 심한 경우 상대의 이름조차 거론하기를 싫어한다. 양방(Two-side) 메시지는 상대의 견해나 의견에 대해서도 언급하고 "하지만 나는 이렇게 생각한다"라고 자신의 메시지를 보내는 방법이다. 물론 실증연구에 의하면 후자가 훨씬 효과적이다. 특히 상대가 잘 교육받은 협상가일 경우 더욱 그러하다.
- ❥ 메시지 분해 : 프랑스 협상가는 자신이 전달하는 메시지를 '첫째', '둘째' 등으로 꼭 분해한다. Cross-Cultural 의사소통에서는 이같이 복잡한 메시지를 주제별, 또는 우선 순위별로 분해할 필요가 있다.
- ❥ 반복(Repetition) : 중요한 메시지는 반복해서 전달되어야 한다. 그런데 이러한 반복은 초기 몇 번에 한정해야 한다. 지나친 반복은 역효과를 가져올 수 있다.
- ❥ 결론도출 : 메시지의 결론을 반드시 협상자가 도출 할 필요는 없다. 실증연구에 따르면 상대가 아주 지적이고 협상의제에 대해 확고히 마음을 정하지 않았으면 협상자가 전달한 메시지를 가지고 상대가 스스로 결론을 도출하도록 하는 것이 좋다.

국제협상과 이문화 의사소통 전략과 관련하여 Brake et al.(1995)는 문화간 의사소통과정에서 손실을 극소화하기 위하여 다음과 같은 몇가지 방법을 제시하였다.

- ▶ 피드백(feedback)과정 활용 : 국제협상에서 자신의 의사가 명확히 전달되었는지를 파악하려면 이후의 반응을 주의 깊게 살펴보고 이를 확인한 다음 조정과정을 거칠 필요가 있다.

- ▶ 효과적인 이문화 의사소통을 위해서는 의사소통과정에서 의미의 소실을 극소화하기 위해 적극적인 노력을 해야 한다는 것이다. 의사소통 과정 중 난관에 봉착하였을 때 수동적으로 대충 이해하는 척하며 넘어가서는 안 된다는 것이다. 특히 외국인과의 협상은 언어문제 및 문화적인 차이로 상대방을 이해하기 어려운 경우가 많아 대충 듣고 넘어가려는 경향이 많이 있다. 미국 하버드대학의 Roger Fisher 교수는 협상에서 효과적인 의사소통을 위해 적극적 경청(active listing)를 추천한 바 있다.

- ▶ 이문화협상에서의 효과적인 의사소통을 위하여는 당사자간 갈등(conflict)이 확대되지 않도록 유의해야 한다는 것이다. 갈등의 확대는 협상자간의 관계를 적대적으로 만들녀 의사소통은 왜곡되는 심한 경우 의사소통의 단점을 가져올 수 있다. 따라서 이문화 협상자들은 상대방과 갈등이 생겼을 때 자신 또는 상대방을 불쾌하게 하거나 화나게 한 문화적 정향과 자민족 중심주의등 의사소통을 방해하는 요인들을 점검해 볼 필요가 있으며 상대방에게 마찰이 생긴 원인이 무엇인지 질문함으로써 상호 이해를 증진시켜야 한다.

- ▶ 문화적 실수에 의한 피해를 최소화할 필요가 있다고 한다. 이문화간 협상에 있어서도 협상자들이 상대방과 지극히 우호적인 관계가 형성되어 있거나 서로에 대한 이해가 높은 에외적인 경우에는 이러한 실수에 대한 처리가 반드시 어려운 것은 아니다. 그러나 그렇지 못한 경우 사과(apologize)함으로써 실수에 의한 피해의 확대를 막아야 한다는 것이다. 이 과정을 통하여 협상자 자신에 대한 신뢰가 쌓이며 상대방과 우호적인 관계를 구축할 수 있게 된다. 협상자의 영향력이란 의사소통을 원활하게 하는 협상자 자신에 대한 상대방으로부터의 신뢰(trust)를 말한다.

- ▶ 협상자 자신의 영향력을 확대하여야 한다.

⑤ 국제협상에서의 질문(Question)

국제협상에서 상대가 말하고 있을 때 적절한 질문을 하는 것은 의사소통의 효율성을 높인다. 동양협상문화에서는 상대의 발언중에는 질문을 하지 않는 것이 예의라는 통념이 있으나 이는 잘못된 인식이다. 질문은 상대에게 관심을 가지고 잘 알아듣고 있다는 메시지를 보낸다. 또한 상대의 발언에 미흡한 부분이 있으면 추가적인 정보를 획득할 수 있다.

- ▶ 친화적 질문(Confirming & Open Question) : 레위키(Lewicki)에 의하면 질문에는 친화적 질문과 도발적 질문의 두 가지 종료가 있다. 친화적 질문은 "나는 당신의 말을 A라고

이해하고 있는데, 내가 정확히 이해한 것입니까?" 또는 "당신은 나의 제안에 대해 어떻게 생각하십니까?"와 같이 자신의 이해를 확인하는 질문(confirming question)이나 상대의 의견을 구하는 질문(open question)이다.

◆ **도발적 질문** : 이에 반해 도발적 질문은 "당신이 수락할 수 있는 협상안은 이것뿐이냐?" 또는 "나의 제안을 받아들이겠느냐?" 또는 "변호사를 사겠느냐?"와 같이 상대를 몰아 부친다거나 위협하는 질문들이다. 이 같은 도발적 질문을 통해 당장에는 필요한 정보를 얻어낼 수 있다. 그러나 이는 상대의 감정적 반발을 초래하고 방어적으로 만들어 버려 추가 적인 정보획득을 어렵게 한다. 따라서 국제협상에서는 가능하면 상대를 자극하지 않으면서 필요한 목적을 달성하는 친화적 질문을 잘 하는 기술이 필요하다. 마지막으로 너무 많은 질문은 상대로 하여금 심문받고 있다는 반발심을 초래 할 수 있다.

◆ **상황 탈출 질문(Escaping Question)** : 다음으로 생각할 수 있는 것이 난처한 상황에 처했을 때 빠져 나오는 질문 수법이다. 예를 들어 미국에서 상대 협상팀과 고급 레스토랑에서 식사를 하고 있다고 하자. 이 때 웨이터가 샐러드에 무슨 소스를 치겠냐고 묻는다. 사실 미국에서 사용하는 소스의 종류를 전혀 모른다. 잘못하면 망신당할 상황이다. 이럴 때는 거꾸로 "이 식당에는 무슨 종류의 소스를 제공하는가?"로 묻는 것이다. 이때 웨이터가 소스의 종류를 열거하면 그 중 하나를 고르면 된다. 상대가 양자택일하라고 몰아붙일 때 질문을 통해, 난처한 상황을 피할 수 있다.

◆ **적극적 경청(Active Listening)** : 훌륭한 협상가는 말을 잘하는 사람이 아니라 상대의 말을 잘 들어주는 자(good listener)이다. 이는 국제협상에서 말하는 사람보다 듣는 사람이 더 유리하다는 것을 말해 준다. 상대를 말하게 함으로써 정보를 수집하고 더 많은 생각을 할 수 있기 때문이다. 듣기에는 소극적 듣기, 예의상 듣기, 그리고 적극적 경청의 세 가지가 있다. 소극적 듣기는 말 그대로 상대의 말을 아무런 반응 없이 듣기만 하는 것이다. 한 단계 나아간 것이 예의상 듣기이다. 발언자에게 결례가 되지 않을 정도로 듣는 흉내는 내나 속으로는 자신의 발언을 준비하는 등 다른 생각을 하는 것이다. 물론 가장 바람직한 것은 적극적 경청인데 이는 쉽게 말하면 잘 알아듣고 있다는 것을 상대에 알리는(feedback) 것이다. 이의 언어적 방법으로는 'see', 'Really', 'Go ahead' 등이 있다. 아울러 비언어적 행위로는 고개를 끄덕이던가 적당한 눈 맞춤(natural eye contract)을 하는 것이다. 이 때 주의해야 할 점은 이 같은 행위가 상대의 의견에 동의했다는 인상을 주지 않도록 하는 것이다.

2. 글로벌 기업의 협상전략

문화적 환경이 다른 여러 나라에서 활동을 하는 글로벌기업은 비즈니스 파트너뿐만 아니라 현지 노동자, 현지노조, 현지 정부, 현지 부품업체 등과 다양한 협상을 해야 한다. 이를 위해서는 현지국 상대와 테이블에 앉아 얼굴을 맞대고 잘 협상하는 것뿐만 아니라 평소부터 자사에 유리한 협상환경을 조성해 가는 것도 필요하다. 이는 다음과 같은 글로벌기업의 4가지 협상전략으로 요약될 수 있다.

1) 유연한 문화반응 협상전략

(1) 자국문화중심 협상전략

협상자는 상대의 문화를 잘 모르는데 상대방이 자국협상문화에 대한 친밀도가 높을 경우이다. 이 때는 상대방이 협상자의 문화에 따르도록 하는 것이다. 이 때 주의해야 할 점은 상대의 문화를 무시하기 때문이 아니라 협상진행의 효율성을 위해 자국문화중심의 협상을 한다고 상대를 이해시키는 것이다.

(2) 상대문화중심 협상전략

상대는 협상자의 문화를 잘 모르는 반면 협상자는 상대문화를 잘 알고 있을 때의 협상전략이다. 미국기업과 협상하는 대부분의 외국협상가는 미국문화를 따르는 이 전략을 따른다. 그런데 한 가지 재미있는 것은 서로가 상대문화를 모르고 있을 경우 한 협상가가 전략적으로 상대중심 협상방법을 쓸 수 있다는 점이다. 이의 좋은 예가 코라콜라의 중국진출 협상전략이다. 펩시콜라에 소련진출의 선두자리를 빼앗긴 코카콜라는 중국진출을 위한 협상을 사전부터 치밀히 준비해 왔다. 즉, 직원을 캠브리지대학에 보내 중국어와 중국문화를 배우게 한 후 중국정부와 10년 협상을 시작한 것이다.

(3) 제3자 활용 협상전략

서로가 상대의 문화를 모를 때는 제3자가 중개역할을 하도록 해야 한다 예를 들어 한국기업과 프랑스식민지였던 마다카스카르 기업 간의 협상에서 프랑스기업을 중개로 하여 협상하는 것이다.

(4) 보편문화 협상전략

서로가 상대의 문화를 잘 이해할 경우는 문화적 차이에 따른 부담 없이 보편문화협상을 할 수 있다. 이 때 두 협상당사자가 앵글로색슨권의 국가이면 미국 협상문화가, 불어권 국가이면 프랑스 협상문화가, 중화권이면 중국 협상문화가 보편문화가 된다.

2) 현지 문화적응의 5단계 전략

글로벌기업 갈등관리 협상의 두 번째 전략은 아예 현지에 파견된 관리자가 현지문화를 잘 이해하도록 하는 것이다. 현지관리자(Country Manager)가 현지문화를 잘 이해하면 불필요한 갈등 자체가 발생하지 않으니 최선의 갈등관리협상 전략인 셈이다. 모란 (Harris&Moran 1999)은 다음과 같은 5단계의 현지문화적응전략을 소개한다.

◆ 1단계 전략 : 현지국 문화에 대해 미리부터 공부할 것

인도네시아나 칠레지사로 발령을 받았으면 부임하기 전부터 해당 국가의 문화에 대해 공부하고 이해하려 노력해야 한다. 이 때 좋은 방법은 '문화선도자'(Cultural Mentor)를 활용하는 것이다. 이는 그 나라에서 근무했던 사람을 찾아 현지문화에 대한 이해를 높이는 방법이다.

◆ 2단계 전략 : 현지어를 배울 것

같은 언어를 사용한다는 것은 현지인과 동류의식을 느껴 갈등요인을 사전에 제거하는 가장 좋은 방법이다. 부임자가 영어나 중국어 사용권이면 당연히 현지어를 배우겠지만 동남아나 중동일 경우도 있다. 이 때에도 간단한 인사말에서 기초생활 현지어 정도는 배우는 노력이 필요하다.

◆ 3단계 전략 : 이(異)문화와의 접촉을 즐겁게 받아들일 것

이를 위해서는 첫째, 자국중심의 문화적 환상에 빠지지 말고 현지문화에 대한 '호기심'을 가져야 한다. 이 호기심은 현지문화에 대한 이해를 높일 것이다. 둘째, 문화석 차이에 따른 불편함을 참아야 한다. 이것이 싫으면 자신의 습과, 기호, 식성을 아예 현지문화에 맞추는 방법도 있다. 예를 들면, 한국음식을 구하기 힘든 지역에 파견되었을 경우 자신의 식성을 현지음식에 맞게 바꾸어 버리는 것이다. 셋째, 현지국에서 본국에서와 같은 생활을 기대해서는 안 된다. 동경에 파견된 미국인이 미국식의 넓은 집을 기대해서는 않되고 중동에 부임한 외국인이 파리에서와 같은 미식을 기대해서는 안 될 것이다.

◆ 4단계 전략) : 현지문화의 다양성(sub-culture)을 이해할 것

종교, 지역, 인종별로 현지문화의 다양성에 대한 세심한 이해를 해야 한다. 이는 현지문화 속에 각기 다른 특성을 지닌 하부문화(sub culture)가 존재한다는 것을 말한다. 같은 스위스라도 언어를 기준으로 하면 독어권, 불어권, 이탈리아어권, 로만쉬어권이라는 네 개의 하부문화가 있다. 예를 들어, 인도네시아에서도 발리는 힌두문화권이지만 자바섬은 이슬람문화권이다. 이를 혼동하여 발리에서 소고기를 찾거나 자바섬에서 근로자에게 돼지고기를 제공하면 심각한 갈등을 초래할 것이다.

❖ 5단계 전략 : 현지인과 적극 사귈 것

미국에 파견된 한국 외교관은 자기들끼리 골프를 치는 경향이 있다. 특히, 동남아나 중남미 같이 생활 여건이 열악한 지역에 파견된 한국인은 자기들끼리 모여 사귀는 경향이 아주 강하다. 그러나 현지국에서 국제경영상의 갈등을 사전에 예방하고 이를 최소화하려면 현지관료, 거래기업, 변호사에서 시작해 다양한 사람들을 사귈 필요가 있다. 특히 관계지향적 협상문화를 가진 중국, 한국, 동남아에 파견된 외국인에게는 이 같은 현지인과의 교류가 더욱 중요할 것이다.

3) 글로컬리제이션(Glocalization)전략

(1) 글로컬리제이션(Glocalization)전략

현지국에서의 갈등을 줄이는 가장 좋은 전략은 글로벌경영을 하면서 현지화 노력도 게을리하지 않는 Glocalization전략일 것이다. 다니엘스 등에 의하면 글로벌기업은 국제경영전략을 선택함에 있어 두 가지 압력에 직면한다. 원가절감압력과 현지국 요구에 대한 순응(local responsiveness)이다. 이 두 가지 압력 사이에서 글로벌기업은 세 가지 유형의 전략을 선택할 수 있다. 첫째, 글로벌전략은 현지국의 요구는 무시하고 원가절감만을 추구하는 전략이다. 원가절감은 각 해외자회사의 특성을 고려함이 없이 세계적으로 통일된 상품을 최적의 생산거점에서 대량생산하는 글로벌전략에 의해 구현될 수 있다. 그러나 현지소비자의 수요패턴, 현지국 정부의 요구 등을 무시한 이 같은 전략은 현지국과 다양한 갈등과 마찰을 유발한다. 둘째, Multi-domestic전략은 현지자회사의 생산 여건, 현지소비자기호, 현지국 정부의 요구 등 현지국 요구에 순응하는 전략이다. 현지국의 시장 여건에 맞는 다양한 제품을 판매하는 이점은 있으나 대량생산의 이점을 살리지 못해 고비용구조로 국제경쟁력을 상실하기 쉽다. 그러나 현지국의 입장에서 보면 현지자회사의 자신들의 요구에 순응하고 있어 그만큼 갈등이 발생할 소지가 적다. 마지막으로 글로컬리제이션(Glocalization)전략은 글로벌전략을 취하면서도 현지화(Localization)를 위한 노력을 병행하는 가장 바람직한 전략이다. 현실적으로 현지국의 다양한 요구에 순응하면서도 원가절감을 하기란 쉽지 않다. 하지만 글로벌기업이 가진 전세계적 차원의 생산네트워크를 잘 활용하면 원가절감을 하면서 현지국 요구에 순응하는 글로컬리제이션전략이 가능하다.

(2) 능력 위주의 인사관리 전략

앞의 국제경영의 갈등을 최소화하는 글로컬리제이션전략을 효율적으로 추진하기 위해서는 본사의 글로벌전략과 현지국의 요구를 모두 이해하는 관리자가 필요하다. 힐(Hill,2000)에 의하면 이는 글로벌기업 능력 위주의 인사관리전략(Geocentric Staffing Policy)에 의해 실현 가능하다.

첫째, 본국인 중심 인사관리(Ethnocentric Staffing)는 본사와 자회사의 요직을 모두 본국인으로 충원하는 인사관리 전략이다. 이 같은 인사관리는 현지자회사에 파견된 외국관리자가 현지문화를 잘못 이해해 불필요한 갈등과 마찰을 빚어내기 쉽다. 둘째, 현지인 중심 인사관리(Polycentric Staffing)는 본사는 자국인으로 채우고 자회사는 현지인으로 채용하는 인사관리전략이다. 유능한 현지인을 활용한다는 측면에서 앞의 본국인 중심보다 한 발 앞선 인사관리로서 현지문화에 대한 높은 이해로 불필요한 말찰을 사전에 방지할 수 있다. 그러나 이 제도는 조직 내에서 본사의 글로벌관리자와 자회사의 현지관리자간의 갈등이라는 새로운 문제에 직면한다. 즉, 해외자회사에 채용된 현지관리자는 본사에로의 승진기회가 막힐뿐더러 본사의 글로벌비전을 이해할 기회를 갖지 못한다. 따라서 앞의 multi-domestic전략에는 적합한 인사관리제도인지는 몰라도 글로컬리제이션전략에는 적합하지 못한 제도이다. 마지막으로 능력 위주 인사관리(Geocentric Staffing)는 국적에 관계없이 위주로 충원하는 인사관리전략이다. 이는 이론상 아주 이상적이지만 인사관리비용이 아주 높은 제도이다. 즉, 해외에서 채용된 현지인을 본사에 근무시키기 위해서는 교육훈련비와 이주비 부담이 크다. 반대로 잦은 인사 교류에 따른 비용부담이 큰 것이다. 그러나 유능한 관리자가 본사와 해외자회사 근무를 통해 글로벌비전을 가지고 현지의 수요에 효율적으로 대응해 현지국과의 갈등과 마찰을 줄일 수 있다.

세계 제1차 대전의 마지막 날은 세계 제2차 대전의 첫 번째 날이었다.

1919년 동맹군은 독일을 무찌르고 있었고, 동맹국 대표들은 후에 베르사유조약이 될 타협을 구술로써 명령하기 위해 패배한 독일지도자들을 프랑스 콩피에뉴(Compiegne)의 외곽에서 열차에 앉혀 놓고 진행하였다. 이것은 지령(dictate)이 적절하다고 할 수 있다.

윌슨대통령은 휴전(armistice)이라는 용어조차도 귀에 거슬려했으며, 또 귀에 거슬린다고 독일인에게 경고했다. 결국 독일 군대는 라인강의 끝 6마일 선상까지 철수해야만 했으며, 동맹군은 철수한 영역을 점령할 수 있도록 하였다. 실질적으로 5,000대의 대포, 25,000자루의 기관총, 5,000대의 기관차, 그리고 150,000대의 전차를 포함한 모든 군사물자를 동맹군에게 넘겨주었다.

그러나 가장 힘든 요구는 정치와 경제였다. 독일은 동맹군에게 현금, 자산, 자본재의 이동 및 이와 같은 형태로의 배상금을 지급할 것을 명령받았다. 독일은 전쟁 후 무능해진 경제로는 보상의 무거운 짐을 견딜 수 없다는 것이 곧 명확해졌다.

(Ronald M. Shapiro and Mark A. Jankowski; The Power of Nice, p.12).

제 **8** 장

협상과정과 전략

1. 협상 전략의 의의와 일반적 협상과정

1) 협상전략 개관

협상전략(negotiation strategy)은 '협상목표를 달성하고, 협상을 유리하게 진행하기 위한 협상전개에 방향과 틀'이라고 정의할 수 있다. 이러한 정의는 비즈니스협상에서도 동일하게 적용될 수 있다. 특히, 협상에서 전략이 차지하는 비중 또는 역할이 크고 다양하기 때문에 협상전략은 다음과 같은 다섯 가지 전략의 의미를 모두 포함하는 개념으로 볼 수 있다. 즉, 전략은 다섯 가지 범주로 분류될 수 있으며, 이것은 5P로 설명될 수 있다.[136]

> ◆ 계획(plan)으로서의 전략 : 이것은 환경에 대응하기 위하여 조직(예를 들면, 기업)이 의도적인 행동방향과 지침을 제공하는 것을 의미한다.

> ◆ 책략(poly)으로서의 전략 : 이것은 특정 경쟁상황에서 경쟁자를 압도하기 위한 의도된 구체적인 방책을 말한다. 어떤 측면에서 볼 때 협의의 전략, 즉 전술과도 비슷한 의미로 볼 수 있다.

> ◆ 행동패턴(pattern)으로서의 전략 : 이것은 사전에 의도된 것이든 의도되지 않은 것이든 특정조직과 그 구성원들에게 일관되게 나타나는 모든 행동방식을 뜻한다.

> ◆ 위치설정(position)으로서의 전략 : 이것은 조직의 내부와 환경을 결합시킴으로써 외부나 환경에서 조직의 위치나 지위, 이미지 등을 결정하는 수단으로서의 전략을 의미한다.

> ◆ 관점(perspective)으로서의 전략 : 이것은 전략결정자가 환경을 인식하는 관점을 의미한다. 이 정의는 가장 추상적이고 개념적인 것으로, 특정 집단이 공유하고 있는 문화, 가치관, 세계관 등의 개념과 유사하다.

---

136) http://dtims.dtaq.re.kr:8084/dictionary.do?meghod=main
http://100.daum.net/encyclopedia/view/196XXXXX15615.

2) 협상과정

일반적으로 협상은 사전협상, 본협상 및 사후협상의 과정(단계)을 거치게 된다.[137] 여기에서는 협상과정의 의미에 대하여 간략히 살펴보기로 한다.

> ◆ 사전협상(pre-negotiation) : 이것은 협상을 원활하게 수행하기 위한 계획이 수립되는 본협상 이전의 준비단계를 말한다. 무엇보다도 이 과정에서는 협상의 준비를 철저히 하여 본협상에 임하는 것이 중요하다.

> ◆ 본협상(main negotiation) : 이것은 협상 당사자들 간의 협상이 시작되고, 진행되고, 종결되는 단계를 포함한다. 이 단계에서 협상 당사자들은 그들의 협상목적을 달성하기 위하여 치열한 협상을 한다.

> ◆ 사후협상(post-negotiation) : 이것은 본협상이 종결된 이후 협상의 결과에 대하여 최종적으로 정리하는 단계를 의미한다. 특히, 이 단계에서는 협상을 통하여 도출된 결과를 어떻게 이행하여야 할 것인가에 대한 문제를 처리하여야 한다.

2. Win-Win 협상전략

1) Win-Win 협상의 개발

Win-Win 협상을 이끌어 내기 위한 전략적 단계로는 PRAM 단계적 접근을 하여야 한다. 즉, 자기와 상대편의 목표가 감안된 계획(Plan)단계와 이후 거래 상대방과의 관계(Relationships)형성 단계 및 각자의 목표에 대한 합의(Agreement) 형성 단계를 기친 후 이에 대한 적극적인 피드백과 약속의 이행단계인 유지(Maintenance)의 단계를 순환적으로 접근하여야 한다. 이를 구체화 시켜보면 아래와 같이 정리하여 볼 수 있다.

> ◆ P : Plans - 자기와 상대편의 목표가 감안된 계획 수립

> ◆ R : Relationships - 거래하는 상대방과 관계 형성

> ◆ A : Agreements - 각자 목표를 달성하는 합의 형성

> ◆ M : Maintenance - 적극적인 피드백과 약속 이행

---

137) 김기홍(2017), p.114이하; Rojot, J.(1991),p.174이하

<表 8-1> Win-Win 협상의 개발단계

단계	방법	수행
1단계 : Win-Win 계획 수립	자신 목표에의 동의	• 발생가능한 합의의 영역에서 상대방 목표에의 참여 결정 • 발생가능한 불일치의 영역에서 중재를 통한 해결책 개발
2단계 : Win-Win 관계 발전	적극적인 관계 발전을 위해 가능한 활동 계획	• 상호간의 신뢰 형성 • 본격적인 사업상의 토론 전에 관계의 발전 수락
3단계 : Win-Win 합의 형성	상호 만족할 만한 합의의 형성	• 상대방의 목표 확인 및 합의 영역 확인 • 차이의 인식과 공동 대안 개발 • 불일치 영역 중재를 위한 Win-Win 해결책 제인 및 협의
4단계 : Win-Win 유지 이행	의무이행 유지 및 관계의 유지	• 약속이행 기반의 의미있는 피드백 제공 • 계약유지를 통한 신뢰지속 • 연락 및 신뢰 재확인

추가적으로 Win-Win의 방법으로는 먼저 협상에서 원하는 모든 것을 얻기 위한 제일 좋은 방법은 상대방이 원하는 것을 얻도록 도와주는 것임을 숙지하여야 한다. 단 서제적으로 상대방의 니즈를 파라고하고 자신의 목표를 명확히 하여 둘 필요가 있으며, 좋은 거래는 특히 상호만족할 만한 Win-Win형태의 통합적/결합적 협상은 에코효과를 가져온다는 것을 잊지 말아야 한다.

2) Win-win의 현실(reality)

(1) 현실

협상 전문가는 물론 협상의 아마추어들이라 할지라도 언제나 윈-윈 협상을 강조하고 있다. 그러나 문제는 그것이 비현실적이라는 것이다. 윈-윈의 표현은 협상의 철학이기 보다는 통속화(pop cliché) 되어 가고 있다. 이것은 한 쪽으로 기울어진 승리에 대한 승자의 합리화, 또는 항복을 한 패자의 변명, 아니면 모두가 동등하게 불행할 때를 위한 협상 당사자 모두의 관용구라고 볼 수 있다.

협상 당사자 모두가 원하는 것을 똑같이 얻거나 이기는 경우는 없다. 심지어 협상 당사자 모두 결과에 만족한다고 해도, 어느 한 쪽은 더 많이 얻게 되어 있고 다른 한 쪽은 더 적게 얻게 되어 있다. 즉, 협상 당사자 모두 만족할 수는 있겠지만, 양쪽 모두 똑 같은 정도(degree)로 이길 수는 없다. 협상 당사자 모두가 이겼지만, 이익의 크기가 자신이 아니면 상대가 더 크게 이긴다는 것이다. 이것이 Win-win 협상의 현실이다.

Win-win이 일반적으로는 현실적이다. 그러나 쉽지가 않다. Win-win을 달성할 수는 있지만 집중력과 훈련이 필요하다. 이를 통하여 협상을 전쟁으로 바꾸지 않을 수 있다. 왜냐하면 협상을 한다는 것은 Win-Lose, Win-Clobber(참패), 또는 Win-Ransack(강탈) - Pillage(약탈) Obliterate(제거)하는 것이 아니기 때문이다.

협상에서는 협상 상대방을 완전히 망하게 할 필요는 없다. 왜냐 하면 비즈니스는 언제나 계속 이루어져야 하는 것이고 쌍방 모두가 이익이 지속되어야 하기 때문이다. 따라서 더 큰 이익을 위해서는 경쟁자 역시 잘 되도록 만들어야 한다.

(2) Win-Win의 방법

협상에서 원하는 거의 모든 것을 얻기 위한 제일 좋은 방법은 상대방이 원하는 것을 얻도록 도와주는 것이다.

- 상대방이 원하는 것을 파악한다. 알아내고(find out), 파고(dig), 질문하고(ask), 배운다(learn).
- 무엇을 원하는지 협상하기 전에 자신이 필요한 것과 원하는 것을 평가한다.
- 이익에 충분히 만족한다.
- 상대방 요구를 만족시켜준다. 좋은 거래는 에코효과를 가져온다. 더 많은 거래를 할 수 있도록 협상 파트너를 이끌어 준다.

(3) Win-Win은 Wimp-Wimp가 아니다.

- 소심한 협상으로 전환하지 않는다.
- 이기기 위해 패배하지 않는다.
- 요구를 위해 포기하지 않는다.

(4) 5가지 Wimp-Wimp의 유형

- 중독유형(Addicted) - 거래를 만들기 위해 모든 것을 거는 유형
- 근심·걱정유형(Anxious) - 거래 승낙에 실패할 것을 두려워하는 유형
- 냉담한 유형(Apathetic) - 노력과 정력을 쏟는 것 보다는 절약된 시간에 가치가 있다고 생각하는 유형

- ◆ 권위적인 유형(Aristocratic) - 흥정을 통한 협상보다는 상대의 제안을 보고 결정을 하려는 유형
- ◆ 부드러운 유형(Amiable) - 최선의 거래나 협상보다는 좋은 유대관계를 갖는 것이 더욱 중요하다고 생각하는 유형

(5) Win-Win의 장애물

원-원의 협상은 어쩌면 매우 단순하다고 볼 수 있다. 자신이 무엇을 원하고 있는지 파악하고, 상대가 무엇을 원하는지를 파악하면 된다. 자신이 협상에서 더 많은 것을 얻기 위해서는 상대방이 요구하는 것을 얻을 수 있게 도와주어야 한다. 미시적인 거래에만 집중하여 얼간이처럼 행동하지 말아야 한다. 협상과정에는 다음과 같은 장애물들이 곳곳에 도사리고 있다는 것에 유의해야 한다.

- ◆ 부족한 기획 : 일방이나 또는 쌍방이 협상에 대한 준비가 제대로 되어있지 않다.
- ◆ 부족한 커뮤니케이션 : 누군가가 경청하고 있지 않다.
- ◆ 부족한 경험 : 풋내기(novice)는 전쟁이나 영화 속에서 하는 방법으로 협상한다.

양쪽 모두를 위해 협상과정의 틀을 견고하게 만들어 나가는 것이 좋다. 협상에서 상대방에게 무조건 타격을 가한다고 해서 이기는 것은 아니다. 협상을 전쟁 모델(war model)로 이해해서는 안 된다. 최고의 협상 모델은 '협력적인 경쟁'(coopitition=cooperative+competition) 관계에서 만들어진다.

1. 협상 목표와 기대치의 설정

1) 목표 설정

목표를 세운다는 것은 목표와 초점을 맞추는 실질적인 행동이다. 목표 설정은 희망적 관측이 아니다. 그것은 공상이나 일장춘몽이 아니다. 목표는 자신이 얻으려고 애쓰는 어떤 대상이나 목적이다. 도전적인 특별한 목표를 설정한 사람이 그렇지 않은 사람보다 일을 더 잘 하는 것으로 나타난 조사 결과도 있다.

목표와 목적을 구분하는 일은 중요하다. 만약 인생의 목적이 세계최고의 갑부가 되는 것이라면, 자신의 모든 목표를 그 궁극적인 목적에 맞추어 마음 속에 설정해야 될 것이다. 어떤 분야에서 세계최고가 되는 길에는 여러 가지 단계가 있다. 인생에 있어서 목적이 무엇인지 생각해 둔다면 자신의 협상 목표는 거래 때마다 그 목적에 기여하게 될 것이다. 목표설정과 공개적인 제안으로 무엇을 내세울지를 결정하는 과정을 혼돈해서는 안 된다. 협상이 시작되기 전에 자신의 개인적 목표를 설정해야 한다. 얻을 수 있는 모든 정보를 얻도록 하고, 자신의 목표를 설정해야 한다. 협상이 진행되는 동안 자신의 목표에서 눈을 떼지 말아야 한다. 토론하는 동안에도 새로운 자료를 발견하면 기꺼이 수정하고 조정하고 바꾸어 나가야할 것이다.

(1) 팀 구성원의 능동적 참여(Active participation by every team member)

협상의 임무를 맡게 되었다면 협상목표를 설정하는 일이 가장 우선적이다. 그리고 팀 구성원들에게 협상목표의 실체를 확인시켜 주고 모두가 잘 이해할 수 있도록 도와 주어야 한다. 팀원 중에는 협상능력 부족으로 빼 버리고 싶은 사람도 있을 것이다. 즉, 협상과정에서 팀원으로 도움이 되기는 커녕 오히려 방해가 될 수도 있기 때문이다. 그러나 그 보다는 팀원 모두를 능동적으로 참여시켜 협상의 목표와 결과를 공유하는 것이 모든 측면에서 가장 바람직하다는 것을 간과해서는 안 된다.

(2) 특정한 협상과 관련하여(Related to this specific negotiation)

협상팀 이외의 사람들은 자기의견을 들어주지 않는 것에 실망할 수 있다. 만약 그들에게 목표설정에 참여하라고 부탁하면 신나게 참여할지도 모른다. 이미 이들의 목표리스트에는 설정된 협상의 범위를 벗어난 요구가 담겨져 있을 수 있다. 이런 예는 노사협상에서 쉽게 볼 수 있는데, 그 이유는 협상팀에서 제외되어 실망하고 있던 사람들이 협상에 기여할 것을 요청 받을때 좋은 기회라고 느끼기 때문이다. 그러나 이들이 제시할 특별한 안건 때문에 본래의 협상 목표를 잃어버리게 되면 오히려 소기의 성과를 얻지 못할 수도 있다.

'물어봐서 해로울 것이 없다'는 말이 있듯이 협상 목표가 특정한 내용과 관련된다면, 오히려 중요하지 않은 문제를 토론거리로 추가할 수도 있다. 그러나 빨리 취소할 준비가 되어 있어야 한다. 몇 가지 양념으로 끼워 넣은 이야깃거리 때문에 일을 망치게 하거나, 그 협상에서 얻으려고 하는 기본적인 목표를 놓쳐서는 안 된다.

(3) '많이' 보다는 '조금만'(Few rather than many)

간단한 협상을 통해서도 얼마나 많은 목표를 달성할 수 있는가를 알게되면 깜짝 놀랄 수도 있을 것이다. 한 번의 협상에서 모든 것을 얻어내려고 해서는 안된다. 예를 들어 만약 임금인상을 우선순위에 두고 협상을 할 때 자유근무시간제도나 보조원 등을 요구할 필요는 없다. 한꺼번에 너무 많은 요구를 협상테이블에 꺼내 놓음으로써 협상 상대자를 당혹스럽게 만들게 되고 결과적으로 아무것도 얻지 못하게 될 수도 있기 때문이다.

(4) 일반적인 것보다는 명시적인 것(Specific rather than general)

협상의 목표가 추상적이어서는 안 된다. 확실하지 않은 것은 피하고 가능하면 목표를 한정해야 한다. 예를 들어 집을 팔 생각이라면 '나는 가능한 한 많이 받고 싶다'는 방식은 좋은 목표가 아니다. 이는 본심이 그렇다 할지라도 협상의 목표를 달성하는 데에는 아무런 도움도 되지 않기 때문이다. 가격에 대한 좋은 목표는 예컨대 3억5천만 원 같이 정확한 수치를 정하는 방식으로 설정해야 한다. 만약 그렇게 명시할 수 없다면 더 많은 준비를 해 두는 것이 좋다.

(5) 아직 얻지 못한 것에 대한 도전(Challenging yet attainable)

협상에 있어서 목표한 이상의 것을 얻을 수 없는 것이 일반적이다. 따라서 현실에 입각하여 목표를 설정해야 한다. 그렇지 않으면 그것은 꿈일 수 밖에 없다. 예를 들면 집을 팔려고 할 때 집값을 3억5천만 원이라는 높은 가격으로 목표치를 설정해 놓았다고 하자. 그러나 주변에서 그만한 가격에 집이 팔린 예가 없다면 그렇게 집값을 설정한 것에 대한 타당한 이유를 찾아야 할 것이다. 높은 판매가격을 설정한 합리적인 이유가 있어야만 거래가 성사될 수 있기 때문이다. 특별한 이유도 없이 가격을 높이 잡았다면 시간 낭비만 할 뿐이다.

목표를 너무 낮게 설정해도 문제이다. 집을 사려는 사람이 스스로 알아서 더 많은 집값을 지불하려고는 하지 않기 때문에 집값을 너무 낮게 설정해서는 안 된다. 너무 높은 목표는 물론 너무 낮은 목표 역시 협상을 실패로 이끌고 좌절을 가져올 수도 있다. 그러나 어떤 때는 자신이 팔려고 하는 집이 어느정도 받을 수 있는지 그냥 확인해보고만 싶을 때도 있을 것이다. 그렇다면 주변 시세보다 더 비싼 값을 요구하는 이유를 정당화시킬 수 있도록 많은 근거를 제시해야 한다. 도전적 목표를 설정하고 그 목표를 이루려면 좋은 정보를 많이 갖고 있어야 한다.

(6) 목표의 중요도에 따른 분류(Weighted in terms of importance)

목표를 중요도에 따라 분류해야 한다. 목표의 중요도는 협상팀이 전원 100% 동의 하는 것이 가장 이상적이다. 그러나 서로 다른 개인들은 각자 다른 등급을 매길 수 있다. 그럴 경우에는 다수의 관점에 주목해야 한다.

목표를 모두 이루는 협상은 드물다. 어느 것이 가장 중요한지를 알아야 한다. 이런 결정은 논쟁이 될 수 있으나 논쟁은 팀을 더욱 돈독하게 할 수도 있다. 목표 리스트를 정리할 때 이 중요한 문제에 대해서 반드시 토론해야 한다.

2) 목표 조준

"당신은 꿈을 가져야 합니다. 만약 꿈을 갖고 있지 않다면, 어떻게 당신의 꿈이 이루어지겠어요?" 이 말은 Rodgers와 Hammerstein의 뮤지컬 South Pacific의 "Happy Talk" 라는 노래에서 나온 말이다. Bloody Mary는 Liat와 Lieutenant가 그녀에게 사랑에 빠졌다고 말하자 그들에게 이 노래를 불러 준다.

Lewis Carroll의 "이상한 나라의 앨리스(Alice's Adventures in Wonderland)에서, 앨리스는 교차로에 있는 자신을 발견하고 고양이 체서에게 묻는다. "고양이야, 여기서부터 내가 어디로 가야만 하는지 제발 이야기해 줄 수 있니?" 그 고양이는 "그건 당신이 어디로 가고 싶어 하는가에 따라 달라지지."하고 대답한다. "어디든지 상관없어."라고 앨리스는 대답한다. "그렇다면 아무데로나 가도 상관없잖아."하고 그 고양이는 대답한다.

유능한 협상가가 되기 위해서는 자신은 자신이 어디로, 왜, 가고 싶은지를 먼저 알아야만 한다. 이것은 스스로 명확하고 구체적인 목표를 가지고 있다는 것을 의미한다. 또한 자신의 단순한 목표를 정확하고 적절한 기대치로 전환하는 데에 시간을 가질 수 있다는 의미이기도 하다. 간단한 목표(simple goal)에서 진정한 기대치(genuine expectation)로의 발전은 어떤 차이이며, 무엇일까? 기본적으로 한 가지라고 할 수 있다. 자신의 태도와 목표는 이전에 경험했던 성공의 범위를 넘어서 얻고자 하는 한 단계 발전된 노력이라고 할 수 있다. 예를 든다면 투자 목표, 몸무게 감량, 운동 목표와 같은 것들이 전형적인 것들이다. 우리는 자신에게 방향을 제시하기 위해서 목표를 설정하지만, 목표치에 미달하더라도 크게 실망하지 않는다.

그에 반해 기대치(expectation)는 우리가 무엇을 합리적으로 달성할 수 있고, 또 해야만 하는지에 관하여 심사숙고하여 판단(judgment)한 결과이다. 만약 기대치에 미달된다면 정말로 실패했다는 것 때문에 실의에 빠질 수 있다. 즉, 우리의 아이가 아이비리그 대학에 들어가는 것을 목표로 설정할 수는 있지만 그 아이들이 어느 대학이라도 들어갈 것이라는 기대치를 가지고 있다. 그러므로 이 경우는 협상을 동반한다. 우리의 목표는 우리에게 방향을 제시하지만, 우리의 기대는 협상테이블에서 기대치를 이루게 할 수 있는 설명에 무게와 설득력을 실어 줄 것이다. 우리가 정당하고 가치가 있다고 느끼는 것을 달성하려고 노력할 때, 최선을 다하여 상대를 설득할 것이다.

협상에서 기대치라는 것은 시장가격, 규격의 선택, 경험, 상대방의 대안과 관계구조, 상대방과의 미래관계를 위한 우리의 잠재력, 그리고 협상이슈 등에서 이전의 성공과 실패를 포함한 요소(factors)의 수적 기능(function)이라고 할 수 있다. 왜냐 하면 기대치는 효율적인 목표의 성과와 직접적인 관련이 있기 때문이다.

> ### 📋 루즈벨트(Franklin D. Roosevelt) 대통령
>
> 유능한 리더의 가장 일반적인 특성 중의 하나는 야망이 있고 그에 맞는 목표를 설정하고 그것에 집중하면서 달성하려는 의지이다. 프랭클린 D. 루즈벨트는 특별한 목표에 집중하고 힘을 발휘할 수 있는 뛰어난 리더이다. 루즈벨트는 소아마비(polio)라는 장애를 극복하고 세계대공황과 세계2차대전을 승리로 이끈 용기와 결단력을 가지고 있는 리더였다. 그는 백악관으로 입성할 수 있는 정확한 진로를 설계하여 목표를 달성할 수 있도록 자신을 능력자로 바꾸어 놓았다.
> 루즈벨트는 1907년, 25세에 하버드 대학 동창인 Grenvill Clark에게 정치에 입문할 수 있는 방법과 구체적인 단계를 통하여 미국의 대통령이 되고 싶다는 자신의 의지를 털어 놓았다. 뉴욕의회의 의석을 차지하고 해군 차관보로 복무한 후, 뉴욕의 주지사가 되고 그리고 마지막으로 대통령이 되는 방법이다. 루즈벨트는 정말 기괴하게도 그 날 그가 상세히 설명한 그 계획대로 대통령 직무실로 갔다.

(1) 목표설정의 효과(The Goal Effect)

성공하는 협상에 있어서도 다른 성공의 영역들과 다르지 않다. 무엇을 조준하고 있다는 것은 바로 무엇을 얻을 수 있는가를 결정한다. 왜 그럴까? 그 이유는 다음과 같다.

첫째, 협상 쟁점의 명확한 규정이다. 협상의 목표는 자신이 요구할 수 있는 상한선(upper limit)을 설정할 것이다. 그리고 자신의 머릿속에는 상한 목표 이외의 다른 것에는 관심이 없을 것이다. 그러므로 자신이 기준으로 삼은 상한선보다 더 잘 할 수는 없을 것이다.

둘째, 협상에서 드러난 목표에 대한 재구성과 협상 대상의 분류 및 정리이다. 이를 통하여 철저하게 심리학자나 가르치는 사람이 되어서 설정한 목표에 대하여 동기를 부여하고 관심과 심리적인 성공에 초점을 맞추어 집중하도록 한다.

셋째, 설득력 있는 논점의 개발이다. 이해당사자가 아닌 사람에 의해 제안된 독창성(initiatives)에 대해서 냉랭하거나 거의 반응이 없을 수 있지만 목표를 공유한 사람들과는 어떤 특별한 목적을 달성하기 위해 헌신적일 때 더욱 설득력이 주어질 수 있다. 즉, 서로의 이해관계가 얽혀 있을 때 전념을 다해서 집중하게 되고 주변에서는 그 목표에 매력을 느끼게 된다.

이것이 목표관리에 대한 효과(goal effect)이다. 협상가는 명확한 목표를 달성하기 위해 끊임없이 노력하고, 활기가 넘치고(animated), 헌신적이고(committed), 그 목표를 위하여 준비하고 또 준비하게 된다. 효과적인 협상을 경험한 사람은 제한적으로 목표를 설정하지 않는다. 흥정을 통하여 목적을 달성하려고 노력할 때 심리적 우위를 점할 수 있다.

(2) 목표 대 최저선(Goals versus bottom lines)

협상에 임할 때 대부분의 협상 관련 논문, 서적 및 전문가들은 협상을 위해 "bottom line", "walk away" 또는 "reservation price"를 가지는 것이 중요하다고 강조한다. 사실상 bottom line은 협상에 있어서 기본적인 흥정 개념(bargaining concept)이라고 볼 수 있다. 이것은 자신이 협상에서 "yes"라고 말할 것을 요구하는 최소한의 수락 가능한 수준(minimum acceptable level)이라고 할 수 있다.

만약 자신이 설정한 최저선(bottom line)에서 협상에 의한 목표에 달성할 수 없다면 문제의 다른 해결책을 모색하거나 다른 기회가 올 때까지 기다리는 것이 보다 유리하다. 두 협상 당사자가 그들 사이에 어떤 점에서 계약을 수락할 수 있는 최저선을 가지고 있을 때 이론가들은 그것을 "협의 가능한 흥정지역(positive bargaining zone)"이 된다고 말한다. 최저선이 일치하지 않을 때는 "협의 불가능한 흥정지역(negative bargaining zone)"이라고 말한다. 예를 들면 이러한 경우는 구매자가 그의 예산선이 판매자의 최소한의 수락 가능한 가격과 만나기 어려울 때라고 할 수 있다. 물론 협상의 효율적인 목표는 최저선과는 상당히 다르다. "목표"라는 단어는 자신이 달성해야만 하는 가장 높고 합리적인 기대치(expectation)라고 할 수 있다.

[그림 8-1] 협의 가능한 흥정 지역

자신이 설정한 최저선이 자신의 준거점(reference point)이 되는 함정에 빠지는 것을 피하기 위해서는, 자신의 절대적인 저항점(absolute limits)을 알아야 하지만 거기에 초점을 맞추어서는 안 되며, 대신 자신의 목표를 효과적으로 체계화하는데 힘써야 한다. 목표와 한계점 사이에서 긴장감을 가지고 협상을 조절하기 위해서는 협상목표를 정확히 설정하여야 한다. 여러 경험과 더불어 목표에 초점을 맞추면서 동시에 최저선을 모두 유지할 수 있어야 한다. 또한 협상 상대의 최저선이 무엇인지도 측정하기 위해 노력해야 한다. 협상은 목표와 한계 사이의 긴장감을 조절하면서 보다 높은 기대치를 달성하도록 노력하는 과정이라는 것을 잊지 말아야 한다.

만약 목표를 설정하는 것이 효과적인 협상준비를 위해 매우 중요하다면 어떻게 해야 할까?

◈ 자신이 정말 무엇을 원하는지 주의 깊게 생각해본다. 그리고 돈은 수단이지 끝이 아니라는 것을 기억해둔다.
◈ 낙관적(optimistic)이지만 정당한(justifiable) 목표를 설정한다.
◈ 구체적(specific)으로 준비한다.
◈ 전념한다. 목표를 기록하고 만약 가능하다면 다른 사람과 그 목표를 검토한다.
◈ 협상에 자신의 목표를 가지고 임한다.

(3) 한계치 설정

한계치는 목표의 이면(flip side)이다. 한계를 명확히 설정해야 하는 확실한 이유 중 한 가지는 자신이 설정한 한계가 자동적으로 저항점을 규정한다는 것이다. 자신의 저항점은 한계에 가깝지만 자신의 한계를 침범하지 않고 거래를 타결할 수 있는 여지를 충분히 남겨놓고 있다고 할 수 있다. 저항점에서 상대방이 자신의 한계를 침범하려 한다면 자리를 떠날 수도 있을 것이라는 점을 상대방이 알도록 해야 한다.

즉, 상대방이 한계를 침범해서 협상을 깨버릴 때까지 기다리지 말아야 한다. 그런 순간이 오기 전에 먼저 의사개진을 해야 한다. 자신이 설정한 한계에 너무 가깝게 접근하는 모든 제안에 대해서 저항해야 한다.

만약 극히 평범한 사람의 경우라면 한계를 설정하지 않음으로써 너무 오래 관계를 끌었던 경험이 있을 것이다. 사람들은 한계에 충실할 수 없었기 때문에 자신이 원하지 않는 것에 동의한 적이 있을 것이다. 또 누군가가 자신의 한계를 분명히 설정하지 못한다고 해서 비난 받은 적이 있을 것이다.

협상에 들어가기 전에 한계치를 설정해 두는 것이 필요하다. 미리 한계치를 설정하면 선택의 폭을 알 수 있기 때문에 실제 협상에 들어가서는 많은 시간을 아낄 수 있다. 그리고 선택의 정도를 알기 때문에 토론 중에 확고한 태도를 취할 수 있다. 신속한 결정을 하도록 하는 것은 지성보다는 마음속에 한계치가 잘 설정되어 있느냐에 달려 있다.

한계치를 설정하고 난 후에는 자신의 협상 목표를 확립하는 것이 아주 쉬워진다. 한계와 목표는 똑같이 중요하다. 신중하고 현실적으로 자신의 한계치를 미리 결정한다면, 그 한계치는 거친 물살을 통과하며 협상을 안내해주는 방향타(rudders)의 역할을 수행할 것이다. 또한 한계를 설정하고 목표를 알게 되면 협상과정에서 야비한 수법이나 불공평한 술수 따위는 더 이상 통하지 않는다는 것도 잘 알 수 있을 것이다.

▶ 한계치 설정의 의미

한계 설정의 의미는 원하는 바를 얻기 위해 무엇을 기꺼이 포기할 것인지를 규정하는 것과 같다. 한계를 설정한다는 것은 어떤 협상에서 발을 빼야만 할 지점을 결정하는 것이기도 하다. 가령 차 값으로 지불할 수 있는 최고가격, 종업원으로서 받을 수 있는 최저의 급여, 10대 자녀에게 허용하는 통행금지 시간 등을 설정해 두는 것도 한계치 설정의 예가 된다. 일단 자신이 설정한 한계를 넘으면 자동차를 사지 않고, 취직하지 않으며, 어떤 약속도 허락하지 않는다. 즉, 안 되는 것이다.

비즈니스 협상에서는 시장 자체가 토론의 한계를 규정할 수 있기 때문에 한계설정이 불필요한 것처럼 보인다. 사람들은 일반적으로 제품이나 서비스의 가격에 대해 일정한 생각을 갖고 있다. 즉, 그들은 다른 사람들이 비슷한 집이나 자동차, 서비스에 대해서 얼마를 지불하는 지를 아는 것이다. 협상을 통해서 제품이나 서비스에 대한 공정하고 타당한 가격이라고 생각하는 범위를 뛰어넘지 못할 것이라고 가정한다. 그러나 사실은 그렇지 않다. 비즈니스 협상일지라도 틀을 벗어날 수 있다. 특히 지금 같은(2009년) 불황기에는 한계가 시험받는다.

불행하게도 한계설정은 대부분의 사람들에게 매우 어려운 일이다. 그것은 실천이 수반되어야 한다. 조그마한 것부터 시작하는 것이 좋다. 시간이 없는데 누군가 잡담하러 오면 60초의 한계를 설정해보라. 그러면 60초의 시간으로 그 사람과의 관계를 유지하는데 필요한 인사를 나누는 충분한 시간을 만들 수 있다. 한계설정은 그것을 위해 노력할 만한 가치가 있다. 언제나 불리한 거래를 맺는 사람들은 보통 협상을 시작하기 전에 한계를 설정하지 않는다. 그들은 언제 그 자리를 박차고 떠나야 하는지를 모른다. 자신이 한계를 알아야 하며 그것을 어떻게 지켜야 하는지도 알아야 한다. 설혹 상대방이 자신의 한계나 능력에 대해 모른다고 할지라도 자신이 일정한 시점에서는 기꺼이 자리를 박차고 일어나겠다는 마음의 준비가 되어 있으면 협상에서 힘과 확신을 얻을 수 있다.

▶ 한계치를 설정하지 못한 때의 결과들

자신의 한계를 설정하든 안하든 모든 협상에서 뛰어 넘을 수 없는 선이 존재한다. 마찬가지로 상대방도 뛰어넘을 수 없는 선을 갖고 있다. 만약 시간적 한계를 정해 놓지 않는다면 인내력의 한계상황에 봉착하게 될 것이다. 사람들은 이 선이 침범될 때 느낌이 온다. 대부분의 한계설정작업은 누군가 그것을 침범하기 전에 자신이 생각하는 한계가 무엇인지를 상정하는 것이다.

사람들은 사생활에서 자신의 울타리가 침범 받아 화를 낼 때 보통 자신의 한계를 발견한다. 만약 그러한 한계치를 인정한다면 자신의 한계를 말하고 다른 사람들이 그것을 지켜주도록 요청함으로써 화내는 것을 피할 수 있다.

대부분의 협상에서 한계는 결코 시험받지 않는다. 하지만 자신의 한계와 상대방의 한계는 먹이를 급습할 준비를 하면서 높은 곳에서 맴돌고 있는 송골매처럼 모든 협상에서 쉽게 모습을 드러낸다.

어느 일방의 요구가 상대방의 한계를 침범함으로써 협상이 끝난다면 그 종말은 뜻밖의 상황으로 발전될 수 있다. 양측 모두 배반당했다고 느끼거나 화를 내고 말 것이다. 사실 협상 시작 전에 자신의 한계를 상정해둔다면 그런 문제를 피할 수 있다.

(4) 한계치 설정의 4단계

어떻게 한계를 설정하는지 알고 한계설정능력에 대해서 자신감을 가질 때 협상과정은 바뀐다. 자신의 필요에 의해서 협상에 더 집착할 수도 있고, 협상을 끝낼 수도 있다. 케니 로저스(Kenny Rogers)의 도박판에 관한 그의 히트곡에서 한계설정의 의미를 잘 이야기하고 있다. 로저스(Rogers)는 이 같은 중요한 진리를 낮은 소리로 노래한다.

know when to hold'em (붙잡을 때를 알고)
know when to fold'em. (접을 때를 알고)
know when to walk away, and (일어설 때를 알고)
know when to run. (달려야 할 때를 안다)

모든 구절에서 나오는 "Know"에 주목해야 한다. 한계를 설정하는 능력은 곧 바로 지식에 달려 있으며 지식은 준비의 결과라고 할 수 있다.

◆ 다른 선택도 있다는 사실에 유념하라

삶의 신념(belief)이 확실하게 정립될 때까지 '항상 다른 거래가 다가온다'는 억만장자 넬슨 번커 헌트의 말을 생각해 보자. 번커가 항상 좋은 협상을 성사시킬 수 있었던 것은 만약 거래가 옳지 않으면 언제라도 기꺼이 포기했기 때문이라고 한다. 그는 자신의 한계를 잘 설정했으며 그 한계에 충실했다.

협상에 실패하는 사람들은 구매나 판매를 위한 모든 협상을 항상 타결해야 한다는 생각에 집착하는 경향이 있다. 반면에 훌륭한 협상자들은 손을 놓을 때를 잘 안다. 나쁜 거래에서 손을 떼는 것은 좋은 거래를 체결하는 것 못지않게 더 중요하다고 할 수 있다. 선택을 제한한다면 큰 감옥에 갇히는 것과 같다고 할 수 있다.

◆ 다른 선택이 무엇인지 알라

몇 년 전, 하버드협상연구소는 BATNA(the Best Alternative to a Negotiated Agreement)를 제안하였다. BATNA는 그들의 협상 교육과정의 핵심요소이다. 협상에 임할 때에는 차선책 뿐만 아니라 제2, 제3의 차선책을 개발해야 한다. 모든 유익한 대안들을 기록하고, 편집하지 말고 그대로 보관해야 한다. 인생은 언제나 선택의 연습이라고 할 수 있다.

◆ 자신의 차선책을 알라

대안 리스트를 작성하여 어떤 대안이 자신에게 가장 적합한지를 결정해야 한다. 개인적인 차선책을 선택하고, 협상이 타결되지 않는다면 어떻게 할 것인지를 결정해 두며, 행동과정에 대해 생각해야 한다. 마음 속에 시나리오를 잘 그려 두어야 한다는 뜻이다.

협상은 자신의 차선책을 확실히 이해하는 것으로부터 시작되고, 거래가 타결되지 않을 경우 자신이 선호하는 선택이 무엇인지 인지하고, 각 협상에서 자신의 한계를 규정해야 한다.

◆ 설정된 한계는 어떻게든 관철시켜라

한계는 너무 자주 내놓고 양보하면 별로 도움이 되지 않는다. 사실 너무 자주 양보하는 것은 앞으로의 관계에 중대한 영향을 미칠 수 있다. 예를 들어 아동교육에 있어서 장난꾸러기들을 조용히 하도록 하기 위해 몇 분 후면 사라질 규칙을 끊임없이 만들어 내면 나중에는 부모도 혼란스러워지고, 장난꾸러기 아이들도 불행해질 수 있다.

자신이 설정한 한계는 어떻게든 관철시키는 것이 좋다.

❯ 저항점(resistance point)을 설정한다

한계를 확실히 설정해야 하는 한 가지 이유는 자신이 설정한 한계가 자동적으로 저항점을 규정하기 때문이다. 저항점은 한계에 가깝지만 자신의 한계를 침범하지 않고 거래를 타결할 수 있는 여지를 충분히 남겨 놓고 있다. 저항점에서 상대방이 자신의 한계를 침범하려 하고 있으면 자리를 떠날 것이라는 점을 상대방이 알도록 해야 한다. 자신이 설정한 한계점에서 얼마나 멀리 저항점이 떨어져 있느냐 하는 문제는 자신의 개성과 쾌적점(comfort zone)에 관한 문제이다. 그러나 만약 스스로 한계를 갖고 있지 않다면 언제 어디에서 강력한 저항이 시작되는지를 알 수 없다. 상대방이 자신의 경고를 무시하고 더 진행한다면 자신이 자리를 떠날 때 실망할 것이라는 점을 확실히 밝힐 수 있다. 상대방도 협상이 끝나기 전에 협상이 저항점에 도달하고 있다는 사실을 알 필요가 있다.

2. 사전 협상 준비와 관계형성

1) 완벽한 준비

"준비에 실패하는 것은 실패를 준비하는 것이다."라는 말과 같이 어떤 협상이라도 성공을 원한다면 그 첫 단계(phase)는 준비단계이다. 준비는 아주 중요한 단계이지만 대부분 제일 무시되는 경우가 많다. 준비(preparation)는 협상을 완전히 통제할 수 있는 유일한 부분이다.

철저한 준비는 견고한 협상의 기초가 되며, 성공적으로 협상하는데 필요한 확신을 줄 것이다. 준비를 잘한다면 강자 입장에서 협상에 임하게 된다. 사실과 배경에 관한 정보로 무장한다면 협상에 있어서 약하다고 느끼는 부분을 고칠 수 있다.

준비행위는 어떤 협상을 진행하는 동안 그리고 협상의 처음부터 끝까지 계속된다. 만약 협상이 진행되는 동안에도 준비를 잘하면 다른 데서는 얻을 수 없는 정보를 얻을 수 있다. 그리고 향후 다른 비즈니스 거래에서 같은 주제를 접하게 될 경우 철저히 준비해 둔 덕을 톡톡히 볼 수 있으므로 특정협상이 끝난 후에도 '준비의 효과'는 오랫동안 지속된다고 할 수 있다.

평범한 사람들은 장애가 가장 적은 길을 선택한다. 준비는 바쁜 사람들이 시간을 절약하는 최초의 지점이다. 따라서 협상을 위해 철저하게 준비하는데 시간과 노력을 들임으로써 많은 이익을 얻을 수 있다.

(1) 가장 많이 아는 사람이 이긴다.

대부분의 사람들은 협상의 파워도 큰 체격, 거친 태도, 강한 말투에서 온다고 생각할 수 있다. 그러나 협상력을 키우기 위해 할 수 있는 가장 쉽고 효율적인 방법은 '준비'를 철저히하는 것이다. 어쩌면 세상에서 가장 훌륭한 협상자와 마주하여 협상을 하게 될 지도 모른다. 하지만 준비가 잘되어 있다면 협상에서 우위를 확보할 수 있으며 두려워할 필요는 조금도 없다.

그러나 사람들은 준비해야 할 때 스스로를 속인다. 경험이 많은 협상가 역시 너무 자신감에 차있거나 또는 바쁜 일정 때문에 실속있는 준비를 포기하는 경우가 종종 있다. 어떤 협상가들은 준비를 위해 시간과 노력을 들이는 일의 가치를 인정하지 않는 경우도 있다. 사람들에게 준비는 단조롭고 고된 일처럼 느껴지기도 한다.

협상을 시작하기 전에 협상의 모든 측면에 대해 알아 두어야 한다. 성공적인 협상을 위해 가장 중요한 아이템을 확인해야 할 것이다. 첫째, 협상의 쟁점으로 대화를 시작할 때 협상의 키 포인트에 대하여 상대방 보다 더 많이 알고 있어야 한다. 둘째, 협상의 상대방이다. 상대방에 대해서 그리고 그가 협상에서 얻고자 하는 바가 무엇인지에 대해서 가능한 한 많이 파악하고 있어야 한다.

> ▶ **가치의 비밀을 밝힌다**

대부분의 사람들은 본능적으로 협상에 임하기 전에 어느정도 준비를 해 두는 편이다. 그리고 개인적으로 전문조사원을 두고 있는 것처럼 준비를 철저히 하는 협상자도 있을 것이다. 이처럼 협상팀은 미리 협상에 대한 정보를 조사하고 수립한다. 그러나 어떤 사람들에게 준비는 본능적이지 못한 경우가 있다. 만약 준비 노하우가 저절로 떠오르지 않는다면 준비하는 노력이라도 해야 한다. 물건이나 서비스를 사고 팔기 위한 협상에 임하고 있는 경우라면 서비스의 가치는 무엇인가? 부르는 값은 잊어버리고 그것이 정말로 무슨 가치가 있는가만 생각하는 편이 더 낫다.

가치는 언제나 보는 사람의 눈 속에 있다. 협상준비를 위해 정보수집을 끝마칠 때는 오직 자신만이 서비스나 제품이 갖고 있는 궁극적인 가치를 결정할 수 있어야 한다. 협상자는 돈을 주거나 받는 당사자로써 가치를 결정해야 한다.

다이아몬드에서 10센트짜리 물건에 이르기까지 전문가들은 가격에 관한 조사자료를 모으고 그 품목의 가치에 대한 보고서를 만들어낸다. 이 자료들은 내부자들이 세상에서 일어나고 있는 일에 대해 어떻게 알고 있는가를 보여준다.

가치는 시간에 따라 변한다는 사실을 잊지 말아야 한다. 만약 자신이 구매자의 입장이라면, 구매결정시 고려해야 할 한 가지 중요한 사실은 구입하는 품목을 얼마나 오랫동안 간직할 것인가 하는 점이다. 구입품을 더 오래 간직할 계획이라면 그 구입품은 그만큼 오랫동안 가치를 유지해야 한다. 표준적인 가치 하락에 관한 정보는 현재의 가치에 관한 정보만큼 중요하다. 품목의 가치하락률을 아는 것은 확실히 그것의 현재 가치를 아는 것 못지 않게 중요한 것이다. 정보를 수집하면서 반드시 좋은 메모장을 가지고 다니면 유용할 것이다.

- 소비자 보고서 참고
- 온라인 서비스를 샅샅이 읽는다
- 도서관을 찾는다
- 윈도우 쇼핑을 즐긴다
- 질문한다
- 내부보고서를 읽는다
- 관련 정보에 밝아야 한다

◆ 상대방을 파악하라

철저하게 준비하는 훌륭한 협상가조차도 준비의 한 영역에서 자신을 기만하는 경우가 있다. 바로 자신과 협상할 상대방에 대한 충분한 정보를 수집하는 데에 실패하는 경우이다. 상대방의 기술, 강점, 약점, 특성 등에 대해서 연구하지 않고 시합에 임하는 권투선수나 레슬링 선수는 없을 것이다. 일반적으로 선수들은 보고서나 필름을 이용하여 상대선수에 대해 세심하게 연구한다. 그들은 상대방의 스타일을 흉내내는 파트너와 모의 시합을 한다. 중요한 협상에 임할 때에도 이와 같이 철저하게 사전 준비를 해야 한다. 상대를 철저하게 연구하는 일이 중요하다.

특히 협상의 주제가 무형의 것에 관한 것이라면 상대방을 파악하는 것은 결정적으로 중요하다. 서비스나 무엇인가를 할 수 있는 권리와 같은 무형의 상품일 때는 상대방 신용, 정직성, 능력 등에 관해 완벽하게 알아야 한다. 이런 것은 상대방이 어떤 사람인가에 따라 큰 영향을 받기 때문이다.

정보를 충분히 수집하고 수집한 정보를 과소평가해서는 안 된다. 수집한 모든 자료로 무엇을 할 것인가를 고민하고 앞으로의 협상 모형을 만들기 위해 적절한 정보를 이용한다. 협상에 관한 세미나에서 왜 정보가 결정적으로 중요하며 자신과 상대방의 지위를 파악함으로써 어떻게 완전한 협상이 이루어지는 지를 눈여겨 볼 필요가 있다. 또한, 상대방이 여성인지 남성인지를 고려하여야 한다. 이에 따라 협상의 진행에서 협상 방법을 특별하게 준비하는 것이 좋다.

(2) 협상상대를 구체적이고도 정확하게 확인한다.

만약 협상 상대방이 누구인지를 모른다면 그 사람에 대해서 제대로 조사할 수 없다. 누구와 협상할 것인지를 파악하는 것은 협상을 준비하는데 결정적으로 중요하다. 협상 상대방은 스스로 선택할 수도 있고 그렇게 하지 못할 수도 있다.

◆ 주어진 조건에서 일하기

대부분의 협상에서 협상할 사람을 스스로 지정해서 협상하지는 않는다. 오히려 지정된 사람과 협상하는 것이 일반적이다. 사람들은 지정된 협상자보다 더 높은 지위에 있는 사람과 협상하려고 한다. 하지만 그런 전술은 보통 그 기업의 문화를 무시하는 것이기 때문에 실패한다. 더구나 더 높은 지위에 있는 사람과 협상하는 것은 거의 불가능하다. 자신의 의지대로 협상자를 지정해서 협상을 진행할 수는 없다.

지정된 협상담당자는 최종적인 합의에 얼마나 열성적인지, 그 거래가 자기 회사나 의뢰인을 위해서 좋은 것이라고 믿고 있는지 확인해 둔다. 그리고 열심히, 친절하게 협상함으로써 그 사람을 통해 합의를 끌어낸다. 냉정을 잃지 말아야 한다. 협상상대 역시 합의에 도달한 후 자기 회사나 의뢰인에게 최종결과를 가지고 가야 하므로 상대방도 틀림없이 그 결과에 대해 긍정적으로 느낄 수 밖에 없도록 해야 한다.

◆ 협상상대를 선택하기

어떤 상황에서는 협상상대방을 지정하여 협상에 임할 수 있다. 예를 들면 조그만 가게에서 특별한 품목에 대해 협상할 작정이라면, 판매원이 아니라 직접 주인과 협상을 할 수도 있을 것이다.

만약 협상과정에서 최선의 사람과 협상하고 있는지를 잘 모르겠으면 쉬운 화제부터 시작하여 상대방을 파악할 수 있다. 그 사람이 얼마나 오랫동안 그 일을 했는지, 그 사람의 과거 경험이 무엇인지를 파악하는 과정에서 그 사람이 어느 정도의 권위와 재량권을 갖고 있는지를 알 수 있다. 그 조직에 소속된지 얼마 안 되는 사람이라면 오래된 사람보다 권위나 재량권이 적은 것이 보통이다. 또한 승진에서 계속 누락된 사람이라면 그는 회사에 실망하고 충성심이 없는 사람일 것이다.

◆ 협상 상대방을 위해서도 준비한다

상대방에 대해서 정보를 수집할 때는 하루하루가 달라진다. 아무리 그 사람을 잘 알더라도 특별한 준비 없이 협상을 시작할 수 있다고 가정해서는 안 된다. 예를 들어 아주 잘 아는 구매자와 정규판매원이 "요즈음 어떠세요?"라고 말한다면 이것은 의례적인 인사말인지, 아니면 협상의 준비인지를 눈치채야 한다. 또는 집 앞에 주차를 부탁하려는 이웃집 사람이 "가족들은 평안하십니까?"라고 말문을 열면 이것이 의례적인 인사말인지, 아니면 협상의 준비인지를 알아야 한다. 설혹 과거에는 이것이 의례적인 인사말이었어도 그것을 협상 준비의 일부로 만들고 그 사람의 대답에 따라서 그 사람을 대하기 시작하면 될 것이다. 그 사람의 답변이 시무룩하다면 협상을 중단해야 할 수도 있다.

❥ 감추어진 의도를 찾는다

협상을 준비할 때 모든 것이 겉으로 보이는 것과 일치하는 것이 아니다. 아마도 어떤 구매자는 구매하는 것 이외에 거래 회사와 좋은 관계를 맺기를 바랄지도 모른다. 구매자는 그 분야에 뛰어 들려고 거래상대방의 사업이 어떤지를 알고 싶어할지도 모른다. 또는 구매자는 다른 경쟁자에게 어떤 교훈을 가르치고자 할지도 모른다. 협상의 세계에서 이런 숨어있는 동기를 '감추어진 의도'라고 부른다.

감추어진 의도를 찾아내는 것은 어렵다. 그렇기 때문에 협상과정에서 드러난 주제에만 집착하지 말고 감추어진 의도가 있을지도 모르는 가능성을 늘 염두에 두어야 한다. 그것을 빨리 찾아내는 것은 어려운 일이나 준비의 일부로서 협상시의 동기에 대하여 충분히 수집을 하였다면 감추어진 의도를 찾아낼 수 있는 가능성은 더 높아진다. 상대방의 입장에서 거래를 추진하고 있는 것이 무엇인지를 많이 알면 알수록 그 거래를 유리하게 체결할 수 있을 것이다. 모든 협상에 적용될 수 있는 확정된 법칙은 없지만 다음과 같은 원칙은 일반적으로 적용된다고 할 수 있다.

"그들의 동기, 희망, 요구 등 협상 상대방에 관해 가능한 모든 정보를 수집하기 위해 준비의 안테나를 상대방에게 맞추어라". 또한 상대방이 바라는 것에 더 가깝게 주파수를 맞춤으로써 협상에서 원하는 바를 더 많이 얻을 수 있다.

2) 협상체크리스트 만들기

협상을 시작하기 전에 체크리스트를 만들어둔다. 아무리 좋은 아이디어라도 체크리스트에 기록해 두는 것이 좋다. 또한 아무리 단순한 협상일지라도 협상을 시작하기 전에 기본적인 사실들을 기록하는 것은 매우 유익하다.

(1) 메모하기

협상에 관해 수집된 정보를 기록하는 것보다 더 중요한 일은 상대방에 대해 무엇인가를 발견할 때마다 기록하는 것이다. 협상하고 있는 상대방에 대한 정보부족은 준비단계에서 범하기 쉬운 가장 일반적인 실패이다. 그런 함정에 빠지지 않기 위한 가장 좋은 방법은 상대방에 대한 어떤 정보도 잊지 않는 것이므로 메모해 둠으로써 해결할 수 있다. 더 필요한 것이 있으면 계속 추가하면 된다. 협상에서 자신이 메모해 둔 정보야 말로 최고로 값어치 있는 것이다.

왜 정보를 기록해 두어야 하는지 그 이유는 다음의 두 가지로 요약할 수 있다.

첫째, 기존 연구에 따르면 종이에 쓰고 나서 바로 그 메모지를 던져 버린다고 하더라도 무엇인가를 쓴다는 행동자체가 정보를 기억할 확률이 훨씬 높다는 것이다.

둘째, 정보를 기록하면 쉬운 검색체계를 갖게 된다. 만약 열정이 지나쳐서 판매자가 사실을 약간 왜곡하더라도 흔들릴 필요가 없다. 단지 '노트를 체크해보자'고 말하고 상대방이 원래 했던 말을 다시 읽어 봄으로써 쉽게 확인할 수 있으며, 그렇게 하는 것이 상대방을 덜 모욕하는 것이다.

그 다음 비즈니스 협상에 대해서 생각하고, 협상할 상대방에 대해서 알고 있는 것을 모두 메모해 둔다. 그리고 협상상대방에 관한 준비가 얼마나 광범위할 수 있는가를 보여주는 정보체크리스트를 검토해 준다. 물론 이 모든 정보가 모든 협상에서 필요하고 유익한 것은 아니다. 따라서 정보체크리스트를 자신의 협상상황에 맞게 수정하여 활용하면 된다.

(2) 정보체크리스트

다음 항목들을 중심으로 협상 상대방에 관한 정보를 체크해 둔다.

- 아젠다(Agenda)
- 풀어야 할 문제
- 핵심이슈
- 내가 원하는 목표, 나의 요구
- 구체적인 목표(우리측/상대방)
- BATNA(우리측/상대방)
- 이름
- 회사
- 이 협상자와 관계는?
- 그 조직에 몸 담은지 얼마나 되었는가?
- 그 회사와의 관계에 대한 장래계획은?
- 떠날 계획이라면 언제인가? 그리고 어떤 상황인가?
- 이 협상을 위해 이 사람은 어떤 권한을 받았는가?
- 이런 식의 협상과 관련한 회사정책은 무엇이 있는가?
- 협상자는 어떻게 보상받는가? 이 협상에서 돈이 절약되면 어떤 인센티브가 있는가?
- 그 보상은 커미션인가 아니면 봉급인가?
- 상대방에게 어떤 시간적 제약이 있는가?
- 협상자의 직장에서는 어떤 다른 압력이 있는가?
- 최종적인 결정을 내리기 전에 이 사람이 상담해야 하는 다른 사람이 있는가?
- 협상자의 권한에 한계는 없는가? 즉, 협상자가 계약을 맺을 수 있는 상한선이 있으며, 그 보다 더 높은 권한이 필요한가?
- 그 상한선은 무엇인가?
- 협상자가 상사에게 어떻게 인식되고 있는가?

- ◈ 당신에 대한 협상자의 태도는?
- ◈ 회사에 대한 태도는?
- ◈ 주제에 대한 태도는?
- ◈ 과거 이 사람과 비슷한 거래를 한 사람은 누구인가?
- ◈ 그 사람과 어떻게 만날 수 있는가?
- ◈ 그 사람은 이 협상자에 대해서 무엇을 말해 주는가?
- ◈ 이 협상자에 대한 전반적인 평가는 무엇인가?

3) 이문화 협상 준비

만약 국제적인 협상에 참가한다면 모든 관련 주제에 대해서 준비해야 한다. 대부분의 사람들은 국제적인 협상을 이끄는 입장에 있다면 더 많은 것을 알고 있을 것이다. 또한 미래에 글로벌 협상에 임하게 될 것이라면 일찍부터 그 나라의 문화와 법률, 그리고 비즈니스 실무에 대해서 많은 정보를 수집해 두어야 한다.

자기문화보다 이문화에서 최선의 협상을 하는 사람들은 보통 그 문화에서 직접 생활을 할 기회가 있었던 사람들이다. 만약 정말로 행운이 있는 사람이라면 젊었을 때 이문화를 자연스럽게 받아들일 기회를 만들었을 것이다. 협상상대와 같은 문화에서 생활할 기회가 없었다면 이문화를 이해하기 위해 그 만큼 더 노력해야 한다.

이문화에 관한 소개서를 읽는 것은 그런 노력 중 하나이며, 그러한 준비노력과 그 문화를 흡수하여 그 리듬과 규칙에 따라서 편안하게 움직일 수 있는 것은 전혀 다른 일이다. 어떤 문화를 존경하는 것을 배우기 위해서는 더 오랜 시간이 필요하다. 그 문화를 존경하고 그 사람들의 뿌리를 진실로 이해하게 될 때 비로소 그 그룹에 속하는 개인과 효율적으로 거래할 수 있는 유용한 협상기법을 발견할 수 있을 것이다.

(1) 어떻게 하면 현지인처럼 말할 수 있는가?

글로벌 협상은 특별한 준비를 필요로 하지만 그 도구는 밖에서 찾아야 한다. 협상하려는 사람들의 역사와 지리, 풍습, 신앙에 관한 책을 읽어두는 것도 필요하다. 그런 특별한 지식을 많이 축적해 둘 수록 글로벌 협상에 임할 경우 협상에서 덜 당황하고 더 많이 만족하게 될 것이다. 만약 협상 상대방 지역에 가서 협상을 진행한다면 협상을 준비하면서 얻은 지식을 그 여행에서 충분히 활용할 수 있다.

다음의 항목들에 유의하여 준비해 두면 될 것이다.

- ◈ 협상 상대국의 문화를 경험한 친구나 비즈니스 동료에게 도움을 얻어라. 우리 주변에는 여행에 대해 정보를 공유할 사람이 많다.

◆ 유익한 책을 많이 보라. 그리고 그 문화에 관한 비디오와 영화를 보라.

◆ 인터넷은 다른 문화로 가는 통로를 제공해 줄 수 있다. 다른 나라의 컴퓨터광과 잡담을 나눌 수도 있으며 웹 페이지를 찾아갈 수도 있다.

◆ 많은 도시에 외국정부의 지원을 받는 문화센터가 있으며, 방문하고자 하는 나라에서 파견된 사람들도 많이 있다.

◆ 민족 고유의 음식들을 체험하고 음식점 주인들과 이야기해보라. 그 나라의 음식에 대해 직접 배우는 동안 그 나라에 관한 풍부한 정보를 찾게 될 것이다.

(2) 공공기관의 도움을 받아라.

외국 정부기관들이 거래를 위한 협상테이블에 관여하는 수준에 대해서도 신경써야 한다. 미국의 기업 간부들은 비즈니스 규정에 대해서 많은 불평을 털어놓는다. 대부분의 미국인들은 연방정부, 주정부, 지방정부가 비즈니스를 감독하는 데 너무 많이 관여한다고 생각하기 때문이다. 미국인들은 종종 개인 간 비즈니스에 사사건건 관여하는 외국정부 때문에 귀찮아 한다. 미국인들은 미국에서 순전히 사적인 것으로 간주되었을 수많은 거래들을 협상테이블로 끌어내어 간섭하는 관리들을 잘 이해하지 못한다.

정부의 관여수준에 대해서 더 많이 알수록 그런 관여는 별로 문제가 되지 않을 것이다. 그런 일들을 비판하는 것은 협상 목적에 결코 도움이 안 된다. 그리고 세계 각국의 생활방식 또한 각기 다르다. 이런 다양성을 잘 연구해서 협상에서 원하는 것을 더 많이 얻어내는 것이 중요하다.

(3) 일반문화, 하위문화, 또는 개인에 대해 어떻게 조사할 것인가?

문화탐색을 시작하기 전에 어떤 문화를 다룰 것인지를 확실히 해야 한다. 우리는 어떤 사람이 마치 아시아의 모든 문화가 단일하다는 듯이 아시아에서의 협상에 관해서 물으면 움츠러든다. 일본과 중국, 한국의 문화차이는 매우 크다. 효율적으로 협상을 준비할 작정이라면 한중일 문화를 함께 묶어 생각하는 것은 불가능하다. 말레이시아에서 함께 살고 있는 이슬람교도와 크리스찬들은 같은 말레이시아인이기 때문에 일상적으로 관계를 맺고 있긴 하지만, 서로 매우 다른 가치관을 갖고 있다.

문화속에는 하위문화가 존재한다. 택시기사들이 선호하는 문화는 세계어디서나 같을 것이다. 중국의 인력거꾼이나 마닐라의 소형합승버스 기사 또는 세계각지의 택시기사들은 낯선 사람이 타면 가장 낯선 길, 그것도 많이 돌아서 가는 길로 안내하는 경향이 있다. 누구나 그런 일에 직접 부딪힌다면 준비 부족으로 요금을 모두 고스란히 지불할 수 밖에 없다. 그러므로 더 빠르고 더 저렴하게 더 상쾌한 길로 가려면 구체적으로 길을 미리 지정해 주어야 한다.

협상상대방의 문화에 대한 정보를 수집하면서 상대방 '개인'에 관한 정보도 준비해야 한다는 사실을 잊지 말아야 한다. 비록 그 문화에 대해 다소 모른다고 하더라도 상대의 스타일을 정확하게 알고 그에 맞게 행동하면 노련한 국제협상가가 될 수 있다.

(4) 준비가 덜 되어 있다.

준비가 완료될 때까지는 협상을 시작하지 않는 것이 좋다. 이것은 규칙은 아니지만 현실적인 문제이다. 어느 쪽도 너무 성급하게 협상을 시작하려고 하지는 않을 것이다. 준비없이 협상상대를 마주칠 수도 있지만, 준비되어 있지 않다면 효율적으로 협상할 수 없다. 아직 준비되지 않는데 누군가 협상을 시작하려고 한다면 "아직 준비가 덜 되었다"고 말하고 상대방의 말을 들어 주는 것이 더 좋다. 특히 협상의 시작단계에서 열심히 듣는 것은 준비의 연장일 경우가 많다.

다른 사람이 말할 때 듣기만 해도 잃을 것은 없다. 답변을 요구받는다면 아직 준비하지 못했으며 답변을 준비할 시간을 요청하면 된다. 상대방이 "더 할 말이 있는가?"라고 물을 때 몇가지 질문을 해서 더 많은 자료를 확보할 기회를 가질 수도 있다.

(5) 협상준비가 중요한 이유

협상의 준비(preparation) 과정에서 간과해서 안 되는 것 중의 하나는 협상 당사자들이 서로 동의하는 합의점에 이르기 위해서 무엇이 중요하고 무엇이 그렇지 않은 지를 알아내는 일이다. 협상준비를 잘 한다는 의미 중의 하나는 협상 도중에 발생할지도 모를 문제들을 예상하고 그러한 문제해결에 도움이 되는 정보를 미리 확인해 두는 것이다. 이로써 협상의 방향을 올바르게 설정할 수 있을 뿐만 아니라 협상의 효율성을 도모할 수 있다.

기본적으로 협상준비를 잘 해두면 협상의제의 범위를 벗어나지 않게 됨으로써 보다 효율적으로 협상을 진행할 수 있으며, 결국 협상자의 능력을 돋보이게 만든다. 협상준비가 잘 되어 있다면 협상자에게 자신감을 불어넣기도 하고 보다 침착하게 협상에 임할 수 있도록 도와준다. 특히 협상준비가 철저하다면 협상 도중에 냉정을 잃게 되는 일은 없을 것이며 협상에 따르는 공포감을 없애주기도 한다.

협상준비는 협상을 성공으로 이끌기 위한 초석(foundation)의 역할과 같다. 즉, 협상자로 하여금 자신감을 심어줌은 물론 협상 성공의 확신을 가질 수 있게 하며, 돌발적인 상황에 대한 대처능력을 높여주는 등 향후의 수많은 거래들을 성사시킬 수 있도록 협상력을 크게 제고시켜 줄 것이다. 철저한 협상준비는 곧 거래의 성공적 계약체결을 견인하는 기초작업이라는 점을 잊지 말아야 한다.

4) 첫 협상의 준비사항

어떠한 협상이든 그 협상의 첫 회의에서 논의될 수 있는 것들은 대부분 공통적인 문제이다. 처음으로 논의될 문제들은 언제 어디에서 만날 것인가의 문제와 어떠한 옷차림으로 협상장소에 임할 것인지 등과 같은 일상적인 문제들일 것이다. 그러나 아무리 협상준비를 철저히 한다 하더라도 돌발적인 문제들이 발생하는 경우는 항상 있다.

(1) 협상 여건 조성

협상을 위한 최선의 환경이 어떠한 상황인지 이를 잘 모르는 협상자들이 있다. 시간과 장소를 한 번 약속해 버리면 이를 변경하기 곤란하다는 점을 간과하지 말아야 한다. 협상 당사자들은 누구나 자신의 사무실에서 협상을 하게 되면 가장 편할 것이므로 자기 사무실을 선호하게 된다. 만약 음식점 같은 곳에서 협상을 진행하게 된다면 난처해질 수 있는 문제들이 많을 것이다. 따라서 어느 장소에서 협상을 하는 것이 유리한지 사전에 검토하고 조정해나가는 것이 중요하다.

> ▶ 홈그라운드가 유리

협상장소가 자신의 사무실이라면 아무래도 협상을 유리하게 진행할 수 있다. 우선 자신의 사무실에는 협상에 필요한 모든 자료들이 있다는 점과, 부하직원들이 있어서 그들의 전문적 지식이 필요한 경우 쉽게 활용할 수 있기 때문이다. 결국 협상의 주도권을 전적으로 잡게 되는 상황이므로 협상의 결과를 유리하게 이끌 수 있는 것이다. 그러나 협상 상대방의 입장도 고려해야 하므로, 자신의 홈그라운드에서도 상대방이 편안하게 느낄 수 있도록 협상 환경을 조성해 주는 일이 중요하다. 고객전용실을 만들거나 방문객을 전담할 직원을 배치하고 회사를 견학하게 하는 등 거래에 필요한 협상을 편안하게 진행할 수 있도록 여건을 조성해 나간다. 또한 숙박시설이나 식사를 비롯하여 협상을 위해 방문한 그곳의 도시에 머무는 동안 필요한 것들을 모두 편안하게 제공할 수 있어야 한다.

이와 같은 협상환경이 모두 조성되어야 비로소 자신의 홈그라운드에서 협상을 진행하는 것을 상대방이 이해해줄 것이며 다음 협상에서도 협상장소를 결정하는 데에는 별다른 이견이 없게 될 것이다. 그러나 협상에 관련된 여러 가지 기법을 잘 숙지할 수 있도록 많은 노력을 기울인다면 어디에서 협상을 진행하든 협상장소 결정의 문제는 그다지 중요하지 않을 수 있다.

만약 국가 간에 진행되는 특별 협상의 경우라면 협상장소를 결정하는 문제는 상당히 중요할 수 있다. 즉, 협상이 진행되는 국가의 유권자들에게는 매우 폭넓은 관점에서 정치적 의미를 부여할 수 있기 때문이다. 또한 협상 당사국의 지도자들은 협상결과들이 가져오는 바에 따라 강력한 이미지를 심어주어야 할 경우도 있으므로 협상장소를 결정하는 데에서는 보다 숙고할 필요가 있는 것이다.

▶ 자리배치

자석배치의 문제는 여러 가지 말썽거리를 야기시킬 수 있다. 특히 좌석배치가 매우 중요한 경우가 있으므로 신중을 기해야 한다. 좌석배치를 위한 고려사항들을 정리하면 다음과 같다.

- 개인적으로 긴급하게 조언해야 할 사람이 있다면 그 사람 바로 옆에 앉는다.
- 논쟁을 가장 많이 해야 할 사람이 있다면 그 사람의 맞은편에 앉는다. 만약 협상팀의 리더라면 상대방 협상팀의 리더 맞은편에 앉는 것이 좋다. 너무 정면으로 마주 앉는 것이 마음에 걸린다면 한두 자리 옆으로 비켜 앉는 것이 좋다.
- 누구를 문쪽에서 가장 가깝게 앉히도록 할 것인지, 또는 누구를 전화에 가장 가깝게 자리를 배치해둘 것인지도 고려해야 한다. 협상 도중에 전화를 사용해야 할 경우가 있다거나 협상장 밖에서 몇 사람만 모여서 긴급한 토론을 해야 할 경우에 대비하여 자리배치를 해둘 필요가 있다는 뜻이다.
- 창문의 위치와 햇빛이 비치는 반사각에 대해서도 고려하여 자리배치를 하는 것이 좋다.

▶ 소음 상태

협상 장소를 정할 때 상대방의 발언을 잘 들을 수 있도록 고려해야 하다. 만약 협상장에 장애물과 소음이 많다면 아무리 노력해도 상대방의 발언을 청취할 수 없게 되어 협상을 어렵게 만들 수 있다. 사람들은 중요한 상담 건을 가지고 점심 약속을 하는 경우가 많다. 특히 미국문화에서 식사는 사회적 활동의 중요한 부분이다. 점심식사 모임은 사람들을 사귈 수 있고 동시에 인간관계를 발전시켜 나갈 수 있는 기회를 제공한다. 그러나 주변이 너무 소란스러운 곳이라면 식사시간은 중요한 안건을 두고 협상하기에는 좋은 기회가 아니다. 협상을 성공으로 이끌기 위해서는 편안한 분위기를 만드는 장소이어야 하고 또한 소음이나 어떠한 방해도 없는 조용한 분위기를 제공할 수 있는 곳이어야 한다.

▶ 협상여건의 사전계획

만약 회사에 공간배치를 새로이 할 기회가 있다면 쾌적한 협상장소로서 회의실을 준비해둘 필요가 있다. 협상을 위한 회의실은 적당한 크기로 하여 휴게실 부근에 배치하는 것이 좋다. 회의실 사용빈도가 적다고 해서 협상공간을 줄일 필요는 없다. 아무리 젊은 협상팀이라 할지라도 장시간 업무를 수행하는 경우 육체적으로 휴식이 필요하고 에너지 재충전을 통해 회복되어야 한다. 휴게실 옆에 배치된 회의실은 비즈니스 협상의 심장 역할을 수행할 공간인 것이다.

❖ 협상참가자의 명단 점검

협상에 임함에 있어서 누가 참가하고 누가 참가하지 않는지의 문제는 그 자체로서 협상의 의제가 될 수 있다. 협상팀에서 회의를 준비할 때 참석인원이 예정된 인원과 어긋나서는 안 된다. 예정에 없이 협상 참가를 원하는 사람이 있다면 메모를 보내 정중히 참가할 수 없다는 점을 안내하도록 한다. 이들이 협상에 참여하여 다른 목소리를 냄으로써 협상을 지연시키거나 방해하는 행위를 사전에 예방하기 위함이다. 특히 참가자가 많아지면 의사진행을 조정해야 하는 문제가 생기게 되고, 그만큼 협상도 복잡해지며 불필요한 발언을 하는 사람이 많아질 가능성이 높아진다.

❖ 의사진행표 작성

의사진행표는 협상을 통제할 수 있는 훌륭한 장치들 중 하나이다. 이는 협상 상대방이 협상에 불리한 문제를 회피하거나 마음대로 처리하지 못하게 통제할 수 있다. 의사진행표를 준비해 두면 협상 책임자 역할의 여부와는 상관없이 협상을 유리하게 진행시킬 수 있다. 협상 과정에서 토론하고 싶지 않은 의제가 있거나 준비가 덜 된 의제가 있다면 의사진행표에서 빼버리면 되며, 반대로 선택적 의제를 의사진행표에 넣을 수도 있다.

우리 사회에서 문자화된 말은 매우 큰 힘을 갖는다. 어떤 모임에서든 참석자 모두가 동의하여 작성된 의사진행표는 모두에게 힘과 권위를 가지게 된다. 의사진행표는 협상 계획의 성격을 지니므로 협상의 성격을 명확히 해주기도 한다. 동시에 협상이나 모임의 윤곽을 제시해주기 때문에 협상 참가자 또는 모임의 당사자들로 하여금 앞으로 일어날 일에 대해 주의를 기울이도록 해준다. 의사진행표를 작성하는 것은 그 자체가 기술이라고 할 수 있으므로 다음과 같은 몇 가지 지침을 따르는 것이 좋다.

- 말하고 싶은 것과 알고 싶은 것을 빨리 메모한다.
- 의사진행표에 포함시키고 싶은 것을 체크해둔다. 상대방으로부터 끌어내고 싶은 정보는 모두에게 나누어주는 의사진행표가 아니라 개인노트에 기록해둔다.
- 말하고 싶은 주제의 순서를 정해 놓는다. 덜 감정적이고 합의를 이끌어내기 쉬운 것부터 회의를 시작하는 것이 가장 좋다.
- 회의에 참석하는 모든 사람들에게 나누어 줄 수 있도록 복사본을 충분히 만들어 둔다. 참석하고 싶지만 참석하지 못한 사람들을 위해서도 여분의 복사본을 만들어 둔다. 기록과 서류정리를 위한 것도 여분으로 준비해둔다.

협상계획과 관련하여 심리학에 관한 내용만 하더라도 몇 권의 책을 써도 부족할 정도로 많다. 그러한 내용을 가장 쉽게 압축하여 제시하는 방법이 바로 의사진행표를 작성하는 일이다. 그리고 눈을 감고 협상테이블을 머릿속에서 그려본다. 참석자들의 얼굴을 상상하고 협상의 시작단계를 생각한다. 그리고 그 모임에 알맞은 리듬을 구상해둔다.

이때 주의할 점의 하나는 의사진행표는 협상에서 논의될 이슈들의 순서를 제안하는 것이지 그 순서를 결정하는 것은 아니라는 것이다. 만약 특정 사안에 대해 논쟁이 벌어지게 되면 의사진행표에 따라 그러한 문제를 뒤로 미루거나 갈등양상을 가라앉힐 수 있도록 진행하면 된다. 또한 의사진행표는 협상 도중에 발생하는 민감한 사안들이 부주의로 인하여 영원히 묻혀 버릴 우려도 방지해준다. 만약 협상진행의 책임이나 모임을 주재하는 입장이 아니라면 누군가 의사진행표의 순서를 고친다고 해서 당황할 필요는 없다. 무엇보다 협상의 기본적 이슈들이 모두 포함되어 있는가를 확인하는 일이 중요하다. 협상의 통제장치 역할을 수행하는 의사진행표의 가치를 과소평가해서는 안 된다.

▶ 시간적 여유를 가지고 준비

협상회의의 시간을 결정하는 일이나 전체 협상일정을 결정하는 것은 중요하다. 협상 상대방을 통제하고 있는 상황은 아니므로 협상일정을 넘겨야 할 때는 직접 상대방에게 협상일정 연장에 대한 불가피성을 제시하는 것이 좋다. 일정 연기를 요구할 경우 타당한 이유가 있다면 그러한 이유를 정확하게 전달해야 한다. 협상에 필요한 시간보다 좀 더 여유를 두고 일정을 잡아두는 것이 시간적 여유가 없어서 일정에 좇기는 것보다는 훨씬 더 바람직하다. 만약 협상에 필요한 시간보다 턱없이 많은 시간으로 일정을 잡아두었더라도 나머지 시간을 다른 일정을 위해 사용할 수 있으므로 아무런 문제가 되지는 않을 것이다.

일반적으로 국제거래는 국내거래보다 더 많은 협상시간을 요구하므로 일정을 넉넉하게 잡아야 한다. 국내거래에 소요되는 협상일정보다는 아예 두배 정도 길게 잡아두는 것이 좋다. 시간적 여유를 두고 협상일정을 잡아야 하는 이유를 요약하면 다음과 같다.

- 협상 당사자는 서로 문화적 차이를 이해하면서 보다 조심스럽게 접근해야 하기 때문이다.
- 협상 당사자가 동일한 언어를 사용하더라도 액센트가 특이하거나 또는 방언을 사용한다면 언어적 차이를 이해하는 데에 시간을 요구할 수 있기 때문이다.
- 협상 주최측이 해외에서 온 방문객을 접대하면서 협상을 진행할 때 매일 저녁마다 회의를 개최한다면 상대방은 저녁행사로 인하여 피로가 누적될 수 있기 때문에 시간적 여유를 많이 두는 것이 필요하다.

한편 세계적으로 시간에 대한 태도나 관점 등 시간문화는 매우 상이하다는 점을 잊지 말아야 한다. 영국 사람들은 시간에 대해 매우 엄격한 편이다. 가령 공연시간이나 기차시간에 이르기까지 모두 정해진 시간에 정확하게 맞추지 않으면 안 된다. 그러나 멕시코 사람들은 시간관념이 다소 느슨한 편이어서 정해진 시간에 비슷한 시점에 맞추면 별 문제가 없다.

(2) 직접 준비

협상에서 협상팀의 일원으로 참가한다는 것 자체는 어느 조직에서든 매우 중요한 인적 자원임을 의미한다고 볼 수 있다. 설령 협상의 직접 당사자로서의 협상팀원이 아닌 협상의 보조자 역할을 수행한다 하더라도 그 자체로서 중임을 맡은 것이나 마찬가지이다. 담당 임무가 회의실을 마련하고 의사진행표를 준비하며 좌석배치 등과 같은 일이라 할지라도 이러한 협상준비를 경험해보는 것은 조직 내의 자신에 대한 미래비전 측면에서 매우 바람직스러운 일을 맡은 것이다. 이때 자신을 기만하지 말고 스스로 직접 협상 준비를 진행하면서 자신을 점검할 시간을 가지는 것이 좋다. 자신에 대한 관심이야말로 미래를 위해 정말로 수지가 맞는 중요한 투자라는 점을 간과하지 말아야 한다.

▶ 충분한 휴식과 약간의 긴장

협상에 최선을 다하기 위해서는 충분히 휴식하고 어느 정도는 긴장을 해야 한다. 긴장의 끈을 늦추지 않는 것은 상대방의 질문공세에 대해 재치있게 답변할 수 있도록 준비상태에 있음을 의미하며, 이로써 자신의 집중력과 청취력이 향상될 것이다. 또한 협상에서 무모하게 덤비지 않고 신중을 기할 수 있으며 충분한 휴식을 통해 협상으로 인한 고민으로 잠 못 이루는 경우를 덜어줄 것이다. 잠자리가 편안하면 충분한 휴식을 취할 수 있으므로 어떤 협상에서든 맡은 바 임무를 잘 수행할 수 있게 된다.

▶ 정중한 옷차림

누구든 권력과 존경을 얻기 위해서라면 어떤 옷을 어떻게 입어야 하는지의 문제는 상당히 중요하다. 비즈니스 분위기에 맞게 정중한 옷차림으로 협상에 임하는 것은 기본자세이다. 정중한 옷차림의 분위기에 맞게 언행은 속도를 약간 낮추고 세련된 매너를 보여주는 것이 좋다.

▶ 당당한 자세

협상에 임할 때에는 당당하고 확신에 찬 모습으로 회의실에 들어가도록 한다. 협상의 책임자가 아니더라도 회의실 문을 열고 당당하게 들어가는 모습을 보일 필요가 있다. 인사말은 잊지 않도록 하고, 최종협상이 성사되지 않고 끝나더라도 우선은 깨끗이 잊어버리는 것이 좋다. 상대방에 대해 나쁜 감정을 갖고 있다면 모든 대화가 흐트러질 수 있으며, 부정적인 생각 자체를 긍정적인 생각으로 돌려 놓도록 노력해야 한다. 협상테이블에 누가 와있든 먼저 반갑게 악수하는 자세가 필요하다. 협상을 보다 효율적으로 진행하기 위해서는 다음과 같은 점들에 유념해야 한다.

- 협상 참석 예정자들이 모두 참가했는지, 그리고 경청할 준비가 되어 있는지를 확인한다.
- 그 협상에 임하는 목적에 대해 미리 말해둔다.
- 의사진행표에 나와 있는 아이템과 각자 배당된 시간을 설명해둔다.
- 의사진행표에 대해 이의가 있는지, 그리고 그대로 진행하면 되는지에 대해 미리 동의를 구해둔다.
- 협상 참가자들이 자신의 협상목적과 관련하여 표출하는 태도와 느낌을 간파해둔다.
- 협상에서 희망하는 결과를 요약하고 의사진행표에 따라 협상을 시작한다.

5) 이문화 환경의 첫 협상 준비

협상의 제반 사전적 준비 이외에도 이문화권의 협상에서는 별도로 고려해야 할 부분들이 많다. 글로벌 협상이라 하여 일반적인 협상과는 다른 완전히 별개의 준비단계를 거쳐야 한다는 뜻은 아니지만 문화적 차이를 감안하지 않으면 안 된다. 글로벌 협상에서 문화적 차이로 인하여 잘 이해되지 않는 부분이 있다면 우선 자신의 문화에 따라 정중하고도 신중하게 대처해 나가는 것이 가장 좋은 방법이다.

(1) 초청 범위의 확정

협상 참가자로서 초청해야 할 범위를 결정하는 것은 쉬운 일이 아니다. 이때는 협상 이슈에 따라 관련 분야의 전문가로부터 도움을 받는 것이 좋다. 정부기관에서 근무하는 의전관에게 조언을 구하는 것도 좋을 것이다. 세계적으로 각양각색의 문화를 가지고 있기 때문에 이들 문화를 이해하려면 일차적으로 글로벌 문화에 관한 서적을 참조하는 것이 순서일 것이다. 더 직접적으로는 해당 문화권에 정통해 있는 협상 전문가로부터 조언을 받을 수 있다. 이 과정에서 이문화권의 협상가들과 친밀한 관계를 쌓아 가는 기회로 만들어 나간다면 일석이조의 효과를 거둘 수 있다.

(2) 통역 활용

협상에 있어서 양 당사자가 통역이 필요하다면 협상을 시작하기 전에 통역자를 고용하기로 의사표현을 해둔다. 만약 협상 도중에 통역을 고용하게 되면 상대방의 어학 수준을 무시하는 행위로 오해받을 수 있다. 협상 전에 통역을 고용하였다면 통역자를 활용하다가 협상 도중에 통역이 필요 없을 상황이 되더라도 상대방이 모욕감을 느낄 일은 없을 것이다. 동시통역은 협상상대를 압박하는 하나의 방법이 될 수 있으므로, 통역을 활용하는 데에 추가적 비용지출이 발생하더라도 너무 고민할 필요는 없다. 다음과 같은 방법으로 통역을 활용하는 것이 바람직하다.

- ◆ 통역 1인에 의존하여 상대방과 함께 활용해서는 안 된다.
- ◆ 협상을 시작하기 전에 미리 통역자에게 필요한 사항들을 충분히 설명해주고, 그 통역자를 프로처럼 대우해준다.
- ◆ 협상의 당사자로서 자신보다 통역자가 더 많은 휴식이 필요하다는 점을 잊지 말아야 한다.
- ◆ 통역자의 통역 내용에 대해 농담을 건네서는 안 된다.
- ◆ 속어적 표현을 사용하지 않는다.
- ◆ 간결하게 표현하고 단문으로 말하도록 한다.
- ◆ 자신의 목소리만 높이는 것은 좋지 않다.

협상에서 통역자에게 너무 많은 역할을 부여하는 것은 바람직하지 않으며 그렇게 될 가능성을 사전 차단하는 것이 좋다. 때로는 통역자가 브로커나 대리인의 역할을 하는 것처럼 보일 수 있는데, 이는 통역자가 협상 당사자인 자신과 무관하게 말하고 있는 경우 통역자 본연의 역할을 벗어나고 있는 상황으로 파악해야 한다. 이때 통역자에게 '앞서가지 말 것'을 주문하거나 '그렇게 하지 말'고 주의를 줌으로써 통역자 본연의 역할로 돌아가도록 일깨워 준다. 통역자는 협상을 위해 일시적으로 고용된 사람이기 때문이다.

(3) 본론으로 들어가기

협상테이블에서 비공식적 대화를 진행하다가 언제 본론으로 넘어가야 할 것인지 대화의 속도조절에 신경을 써야 한다. 모든 문화는 하위문화를 구성하고 있으며 그 중에서도 개인별로 또다른 문화적 차이를 가진다. 협상테이블에서 주도권을 잡아나가야 하는 데에도 상대방이 무엇을 요구하는지 제대로 파악하지 못하고 있다면 곧바로 본론으로 들어가지 말고 약간의 뜸을 들이는 것이 좋다.

미국사람들은 협상테이블에서 대화를 곧바로 비즈니스 수준으로 끌어올리고 싶어하며 계속해서 핵심을 찾으려 하는 경향이 있다. 그러나 일본사람들은 반대로 성급함을 보이면 무례한 것으로 간주하는 경향이 있다.

자연의 현상에서도 사전의식을 오래 끌다가도 마지막 순간은 매우 짧게 진행되는 경우를 흔히 볼 수 있다. 즉, 협상에서 본론으로 들어가게 되면 간단하게 협상이 마무리될 수 있다는 뜻이다. 이러한 경향은 문화의 장벽을 넘어 진행되는 이문화 협상에서 마음속 깊이 기억해두어야 할 부분이다. 본론으로 넘어가기 전에 비즈니스에 관한 토론을 충분히 하여 안정된 상태에서 핵심내용을 논의하는 것이 좋다. 그러나 성급하게 막바지 단계로 치닫지 말고 신뢰와 안정감을 심어주면서 협상에 임하는 것이 바람직하다는 점을 명심해야 한다.

(4) 식사예절

이문화권의 세계에서 식사예절은 중요하다. 비록 손으로 식사를 하면서도 손가락을 빠는 것은 매우 무례한 행동으로 받아들이는 나라가 있는가 하면, 오른손으로만 식사를 해야 하는 나라도 있고, 국물을 소리내어 마시지 않으면 요리에 대한 모독이라고 받아들이는 나라도 있으며, 음식을 반드시 남겨야 하는 것을 식사예절로 존중하는 나라도 있다. 이처럼 이문화권의 식사예절은 매우 복잡다양하므로 성공적인 협상을 위해서는 다른 문화권의 식사예절을 충분히 배워두어야 할 것이다.

2. 관계의 형성

📋 성공은 재능보다 태도의 문제다

오펜하이머는 랭건과 달리 부유한 가정에서 태어났다. 하지만 그에게는 평생 우울증이라는 고질병이 있었다. 그 때문에 박사학위를 받으러 케임브리지에 갔을 때 사고를 치고 만다. 이론 물리학에 재능이 있는 그에게 실험 물리학을 강요하던 지도교수를 독살하려고 한 것이다. 운 좋게 지도교수는 화를 면했고, 그는 심리치료사에게 보내졌다. 랭건과 오펜하이머는 둘 다 명석한 학생이었지만 두 사람의 위기관리 능력은 하늘과 땅 차이였다. 랭건은 고작 재정 지원 서류를 제출하지 못해서 학교를 그만두어야 했고 오펜하이머는 지도 교수를 독살하려고 했는데도 정기적인 상담을 받는 선에서 문제가 해결되었다.

게다가 오펜하이머는 20년 후에 제2차 세계대전을 종식시킨 맨해튼 프로젝트를 진두지휘해 '원자폭탄의 아버지'로 불리게 되었다.

《아웃라이어》의 저자 말콤 글래드웰은 로버트 오펜하이머와 그와 대적할 만큼 재능이 뛰어났지만 평범하게 살았던 크리스 랭건을 비교하면서 "성공은 능력이 아니라 성공에 필요한 태도를 갖추고 있느냐 없느냐에 달린 문제"라고 잘라 말한다.

성공으로 가는 길에 타고난 자질이 요구되는 건 사실이지만 성공으로 가는 수많은 벽을 넘어서기 위해서는 재능 이상으로 문제를 해결하는 태도가 중요하다는 것이다. 심리학자 로버트 스턴버그는 이러한 태도를 실용지능으로 설명한다. 실용지능이란 뭔가를 하려고 할 때 누구에게 말해야 하는지, 언제 말해야 하는지, 어떻게 말해야 최대의 효과를 거둘 수 있는지를 아는 것으로 이는 상황을 올바르게 파악하고 자신이 원하는 것을 얻기 위해서 어떤 방법과 태도를 취해야 하는지를 알고 실천하는 방법에 관한 것이다. 오펜하이머가 치명적 실수에도 불구하고 인생의 도전을 수월하게 헤쳐나갈 수 있었던 것은 그의 재능보다 태도가 더 많은 영향을 미쳤다. 그는 자수성가한 사업가의 아들로 태어나 어린 시절부터 불리한 조건 아래서 협상하는 법을 배울 수 있었고, 덕분에 케임브리지 교수들에게 기죽지 않고 자기의 실수를 인정하며 노련하게 선처를 구할 수 있었다.

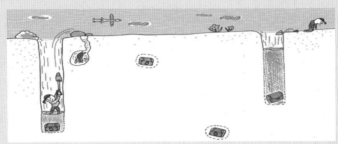

(출처 : 브레인 미디어)

직장에 가면 다양한 사람들과 여러 인격을 만나게 되며, 그러한 사람들을 다루는 법을 배워야 한다. 다른 사람들과 함께 일을 하면서 그 사람들에게 자신의 입장에서 상황을 볼 수 있도록 설득하는 능력이 필요한데 이렇게 하기란 절대로 쉬운 일이 아니다. 예를 들자면 다음과 같은 사람들이 있을 수 있다. 중역, 부장, 이사, 비서, 접수계원, 감독, 공급업자, 고객, 고용주, 동료들 등등. 하지만 이들에만 한정되지는 않는다. 정말로 쉽지 않은 주문이지만 충분히 해낼 수 있다.

사람들은 다른 사람과 접촉하게 될 때마다 그 만남에 관한 각자의 의견을 갖고 돌아선다. 협상가로서의 성공 여부는 자신이 원하는 모든 사람과 긍정적인 만남을 갖는 능력에 달려 있다. 자신의 대인관계 기술 정도에 따라 많은 것들이 달라질 수 있다. 효과적으로 협상하고 장기적인 관계를 쌓으려면 평균보다 뛰어난 대인관계 기술을 가져야만 한다. 여기에는 '만약'이니, '그리고'니, '그러나'니, '또는'이니 하는 군더더기가 따를 수 없다. 어떤 왕도도 없다.

1) 상호호혜의 규범

협상은 사람에 관한 것이다. 그들의 목표, 이익의 필요성, 협상테이블에서의 연합의 정도를 형성하고 관리하는 능력은 협상의 중요한 토대이다. 개인적인 관계는 불안을 완화하고, 커뮤니케이션을 촉진시키며, 믿음과 신뢰를 창조한다.

유능한 협상가로서의 목표 중 하나는 사람들을 적으로 대하기보다는 같은 편이 되도록 만드는 것이다. 이것은 상대방과 잘 지내게 되면 빠르고 효과적으로 쉽게 합의에 도달할 수 있음을 의미한다. 또한 그렇기 때문에 장기적이고 우호적인 사업관계를 수립하게 된다. 따라서 어떻게 하면 사람들이 자신을 동업자로 생각하게 되는지 알아야 한다. 또 이렇게 하려면 우수한 대인관계 기술을 보여주어야 한다. 대인관계 기술이란 무엇인가? 대인관계 기술이란 모든 대인 접촉에서 사용할 수 있는 상호호혜의 규범이다. 즉, 우리는 다른 사람들과 가졌던 상호작용 때문에 그들에게 특정한 것을 빚지고 있다.

협상에 있어서 믿음을 창조하고 유지할 수 있는 비밀은 무엇일까? 바로 신뢰이다. 신뢰가 필요한 이유들을 열거해 보면 다음과 같다.

- ❥ 사람들이 즐거운 마음으로 계약서에 서명하도록 하기 위해
- ❥ 다른 사람들이 자신을 좋아하게 만들기 위해
- ❥ 사람들을 자신과 협동하도록 설득하기 위해
- ❥ 자신이 그들에게 대단한 거래를 제시하고 있다는 것을 사람들에게 보여주기 위해
- ❥ 다른 사람들과 잘 지내기 위해
- ❥ 기존의 안 좋은 관계를 개선하기 위해
- ❥ 다른 사람에게 선의를 보여주기 위해
- ❥ 순수한 동정과 공감을 표현하기 위해

(1) 긍정적인 마음가짐

대부분의 사람들은 긍정적인 마음가짐을 가진 사람과 시간을 보내고 싶어 한다. 긍정적인 사람들은 친절하고, 사교적이고, 도움이 되고, 사려 깊고, 재미있고, 사랑을 알고, 낙천적이고, 공동체의 힘을 믿는다. 만약 자신의 사고가 긍정적이라면 다른 사람들은 방어 자세를 버리고 쉽게 같은 편이 된다. 긍정적으로 행동하면 사람들은 거래할 때 경계를 늦추게 되므로, 사람들의 경계심을 푸는 능력은 협상을 성공적으로 이끄는 중요한 열쇠 중 하나이다.

또한 상대방의 관점에서 이러한 관계를 고려해야 한다. 일반적으로 사람들은 장기적인 관계를 맺기를 고려할 것이다. 먼저 한 발 나서서 서로 함께 일하면 순조롭고, 우호적이고, 이익이 남을 것이라고 믿게 될 근거를 제시할 필요가 있다.

"당신의 태도가 당신의 발전을 결정한다."라는 말을 기억하라. 대단한 위치에 올라 다른 사람들이 자신과 협력하게 하려면 긍정적인 마음가짐을 개발하고 유지해야만 한다.

(2) 훌륭한 의사소통 기술

의사소통을 잘하는 사람들은 자신의 요점을 분명하고, 명료하고, 효과적이고, 효율적이면서도 간결하게 전달한다. 협상에 임해서는 훌륭한 화술을 구사할 필요가 있다. 이때 목소리 톤, 억양, 말 속도, 얼굴표정을 의식하고 있는 것이 좋다. 협상에 임하는 사람은 누구든지 다른 사람이 하는 말과 행동이 적합하고 일관성이 있는지를 밝히려 한다.

또한 어휘력을 높일 것을 권장한다. 상대방이 사용하는 말과 같은 수준의 어휘를 사용하면 더 끈끈한 관계를 맺을 수 있다. 절대 거만하게 행동하거나 남을 무시해서는 안 된다. 의사소통을 잘하는 사람들은 업계에서 존경심과 신뢰를 이끌어낸다.

(3) 신뢰성

좋은 관계란 하나같이 신뢰를 바탕으로 이루어진다. 신뢰를 가진 사람은 남을 신뢰하고, 믿을 만하고, 정직한 사람이다. 예를 들어 신뢰할 수 있는 사람이 새벽 3시에 오겠다고 한다면, 그가 오는 것을 보고 시계를 맞출 수 있을 정도다. 신뢰할 수 있다는 평판을 얻으면 경쟁자들 사이에서 두각을 나타낼 수 있다.

사람들에게 신뢰를 얻지 못하면 함께 사업을 할 수 없다. 왜냐 하면 신뢰부족으로 모든 협상 노력을 심드렁하게 생각하고 모든 일이 제대로 되었는지 변호사를 시켜 확인하느라고 진을 뺄 것이기 때문이다. 그들은 또한 거래 중에 속임수를 쓸지도 모른다는 생각에 상대의 모든 행보를 샅샅이 조사할 것이다. 신뢰를 쌓아나간다는 것은 돈으로 살 수 없는 귀중한 평판을 쌓아가는 것과 같다. 신뢰할 수 있는 사람들은 자신의 말을 실행한다. 그들이 한다면 하는 것이다.

(4) 좋은 청취자

상대방의 말을 귀담아들을 줄 알면 큰 이점을 얻을 수 있다. 왜 그럴까? 상대방의 말을 귀담아듣는 행위는 상대방에 대한 존경의 표시이다. 상대의 의견을 잘 들어준다는 것은 상대방의 의견에 신경을 쓰고 있음을 의미하며, 상대방의 말을 중요하게 생각한다는 뜻이다. 좋은 청취자는 상대방이 말하고 있을 때는 조용히 하고 눈을 잘 맞추고, 주의 깊게 듣고 있다는 표시로 고개를 끄덕이고, "상대방"을 진정으로 생각한다. 그들은 또한 잘 듣고 있다는 사실을 드러내기 위해 질문을 많이 하고 상대방의 말을 다시 반복한다. 좋은 청취자는 좋은 친구만큼이나 장기적인 사업 관계를 맺을 수 있는 아주 유능한 사람이다.

(5) 깔끔한 외모

유명한 대중 연설가인 짐 론은 사람들이 어떻게 사람을 평가하는가에 관해 아주 심오한 말을 남겼다. "신은 우리의 내면을 보지만, 인간들은 외면을 먼저 본다." 얼마나 멋진 말인가! "첫인상을 남길 수 있는 기회는 오직 한 번뿐이다."는 표현도 기억해 두면 좋겠다.

사람들은 헤어스타일, 패션, 액세서리, 청결 등을 보고 그 사람의 모든 것을 판단하게 마련이다. 협상할 때는 예리하게 생각해야 하는 것은 물론 예리한 사람으로 보여야만 한다. 외면적으로 예리해 보이면 예리한 사람이라고 짐작하게 되며, 더 진지하게 말을 받아들이고 함께 사업하기를 고대하게 될 것이다.

훌륭한 외모관리를 위한 간단한 도움말 7가지를 소개한다.

- ◆ 최소한 하루 한번은 샤워한다.
- ◆ 땀 억제제/향수를 사용한다.
- ◆ 머리를 깨끗하게 하고 단정하게 빗는다.
- ◆ 적합한 옷을 입는다(찢어지거나, 더럽거나, 구겨지거나, 잘 맞지 않거나, 지나치게 야한 옷은 안 된다).
- ◆ 장신구는 최소한으로 제한한다(상대방은 장신구를 보고 저런 것 때문에 돈이 더 들겠다고 생각할 수 도 있다).
- ◆ 적어도 하루에 세 번 양치하고 구강청정제를 사용한다.
- ◆ 눈썹이나 수염을 단정하고 깨끗하게 다듬는다.

이 모든 것들이 아주 기본적인 것처럼 들리겠지만, 실제로는 이런 사항을 제대로 실천하지 않아 실수를 저지르는 사람이 너무 많다. 언제나 작은 것에서 큰 차이가 난다.

(6) 끈기

지적인 끈기는 매우 존중되는 자질이다. 끈기란 자신이 확신하는 것을 확고하게 밀어붙이는 자질이다. 즉, 그것은 자신의 계획을 신뢰하고 그 계획을 사수하는 것이다. 자신이 믿는 바를 끝까지 옹호하는 사람은 극소수이다. 만약 자신에게 확신이 있고 상품이나 서비스가 누군가에게 도움이 된다고 굳게 믿는다면 상대방은 그러한 열정에 따라올 것이다.

(7) 자신감

자신감이 있는 사람들은 어떤 상황에서도 자신과 자신이 생각을 확신한다. 상황이 힘들어져도 압력에 굴하지 않고 언제나 문제가 되는 일이 완전히 끝날 때까지 그 문제에 달라붙는다. 협상할 때는 언제나 자신감을 가져야 한다. 그렇지 않고서는 절대 다른 사람에게 확신을 줄 수 없다. 협상에서 설득을 빼면 아무것도 아니라는 사실을 명심해야 한다. 스스로 확신을 갖지 못한다면 상대방 역시 그들의 문제와 과제에 대해 해결책을 확신하지 못할 것이다. 유능한 사람들의 특징 중 하나는 확고하고, 교양 있고, 영감 있고, 낙천적이고, 긍정적인 마음가짐을 지녔다는 것이다.

(8) 유연성

유연성은 상황에 따라서 본래의 전략을 수정할 수 있는 것이다. 이는 자신이 틀렸을 때 완고하게 계속 우길 정도로 바보스럽지 않다는 뜻이기도 하다. 유연성은 성공적인 협상가들의 가장 중요한 특징 중 하나이다.

(9) 친절

사람들은 친절하고 함께 지내기 편한 사람에게 자연스레 끌리는 경향이 있다. 또한 이런 사람의 적이 되기보다는 협력하는 경향이 있다. 사람들은 자연스럽게 친절하고 우호적인 사람이 목표를 성취할 수 있도록 도와주고 싶어 한다. 또한 그의 적이 되기 보다는 동업자가 되고 싶어 한다. 친절하게 행동하면 사업상 뚜렷한 이점을 얻게 된다. 거래가 잘안 되고 손해 보는 것처럼 보여도 계속 친절하고 우호적으로 행동하면 상황을 개선하기가 훨씬 쉽다. 친절한 사람들은 미소를 짓고, 악수를 하고, 다른 사람들을 인정해주고, 존경을 표하고 모든 협상에서 선의를 보인다.

(10) 동정

동정적인 사람은 남들이 침체되어 있거나 큰 문제나 과제에 직면해 있을 때 이해심을 보인다. 만약 운이 나쁜 사람과 협상하고 있다면 상대에게 너무 심하게 굴지 않도록 한다. 언제나 명심할 것은 이런 상황이 누구에게라도 일어날 수 있으며, 자신에게도 일어날 수 있다는 점이다. 많은 시나리오를 보고 확신할 수 있겠지만, 그 운이 나빴던 사람이 언젠가 다시 일어나서 은혜를 베풀어 그대로 되갚아줄 수 있다. 동정적인 사람은 남을 도와주고, 보살펴주고, 염려해주고, 편하게 해주며 다른 이들에게 친절하다. 그들은 순수하게 이를 돕고 싶어한다.

(11) 공감

공감하는 사람들은 다른 이들의 문제를 자신의 문제와 동일시하고 이해한다. 공감한다는 것은 잠시 다른 사람의 입장에 서게 되고 상대방의 감정을 느낄 수 있다는 뜻이다. 거래 진행과정에서 상대의 의견에 공감하면서 상대방의 관점을 고려해야만 한다.

불행한 상황은 누구에게나 닥치게 마련이다. 그러한 불행한 상황을 협상 도중에 일어날 수도 있다. 다음과 같은 상황을 가정해 보자. A는 공사 일정을 반드시 맞추어야 하는 건설서비스를 놓고 한 하청업자 B와 협상 중이었다(B는 특정 기술 분야에 최고였다). B는 협상 도중에 가장 많이 쓰는 손가락 3개가 부러졌다. B는 A에게 사과하며 회복되려면 두세 달이 걸리겠지만 계속 그 일을 맡고 싶다고 말했다. A는 그때 자신도 일하다 다쳤을 때가 있었음을 떠올렸고 그 당시에 일이 얼마나 소중했는지 되새겼다. A는 B가 회복될 때까지 기다려 일을 맡기기로 결정했다. 결과는 어땠을까? 그리고 이 예를 드는 이유가 무엇일까?

B의 회복을 기다리는 고객은 나 말고도 여러 사람이 있었다. 하지만 B는 A에게 제일 먼저 전화했다. 사실상 B는 즉시 일을 진행해 주었고 2주 안에 그 일을 끝내주었다. 그뿐만 아니라 기다려준 대가로 B는 A에게 원래 견적했던 가격의 1/3을 추가로 깎아주었다. 공감의 대가는 정말 컸다.

2) 피해야 할 대인관계 기술

긍정적인 대인관계 기술이 있는 것처럼, 피하고 싶은 부정적인 대인관계 기술도 있다. 다음은 협상을 궁지로 몰아넣거나 아예 망칠 수 있는 부정적인 대인관계 기술들이다.

(1) 부정적인 마음가짐

누구도 부정적인 사람과 시간을 보내거나 사업을 함께하고 싶어 하지는 않는다. 부정적인 사람은 모두의 기분을 상하게 할 뿐이다. 일반적으로 부정적인 사람과 협상하게 되면 자신의 모든 노력에 훼방을 놓고 모든 거래 절차를 더 어렵게 하며, 최소한의 예상보다 두 배 이상 오래 걸리도록 일거리를 만든다. 한편, 긍정적인 사람은 거래를 해낼 수 있다고 믿으며 또한 가장 효율적이면서도 이익이 남도록 정서에 맞추는 방식으로 거래해야 한다고 생각한다.

부정적인 사람들은 비관적이고, 성질이 나쁘고, 인상도 좋지 않다. 어떤 경우에도 이러한 사람들을 피하는 것이 좋다. 보통 장기적인 관계를 맺을 가치조차 없다. 만약 부정적인 사람과 협상할 수밖에 없는 상황이라면 다음과 같이 대처할 수 있다.

- ▶ 최대한 빨리 협상을 끝낸다. 부정적인 사람은 협상을 지연시키거나 일을 그르치게 한다.
- ▶ 긍정적인 마음가짐을 유지하고 상대방보다 더 열의를 갖도록 한다.
- ▶ 거래를 그만두고 다른 회사와 거래한다.
- ▶ 상대방에게 당신의 상품이나 서비스를 구매할 때 따르는 이득을 상기시킨다.
- ▶ 자신의 회사와 같은 좋은 회사와 거래를 갖는 중요성을 계속 암시한다.
- ▶ 냉정을 유지하고 압력에 굴하지 않는다.
- ▶ 상대방에게 긍정적인 마음가짐을 가지라고 말한다. 그러면 훨씬 빨리 해결책에 도달할 수 있다.

(2) 으스대기

으스대는 사람들은 보통 요구는 많은데 되돌려주는 것은 적다. 또한 평판이 나쁘고 팀워크이 엉망인 경향이 있다. 보통 일방적이고 다른 사람들 생각은 안 하고 자기와 자기 회사 생각만 한다. 으스대는 사람들의 특징으로는 부정적 마음가짐, 찡그린 얼굴, 논쟁하기 좋아하는 태도, 나쁜 자세, 절대로 자기가 받은 제안에 만족하지 않는 것 등이 있다. 그들에게는 뭐 하나 충분하게 만족스러운 것이 없다. 이런 사례들은 수없이 볼 수 있는데 으스대는 협상가들은 모든 거래를 다 망치는 경향이 있다.

(3) 잘난 척

이 범주에 드는 협상가들은 자신이 다른 누구보다 뛰어나거나 더 영리하다고 생각한다. 자신과 일하는 것이 큰 특권이나 되는 것처럼 행동한다. 이들의 접근방식은 "우리는 크고 강력한 회사이고 너희는 작고 하찮은 회사"라는 식이다.

하지만 크고 잘난 회사들이야말로 작은 회사에서 무언가를 필요로 한다. 그렇지 않다면 애초에 그 잘난 회사가 작은 회사와 협상할 이유가 없다. 이것은 지렛대 효과를 갖는데 엄청난 도구이다.

잘난 척하는 협상가들은 모든 것을 전부 다 요구하는 경향이 있다. 그들은 부엌 싱크대뿐만 아니라 욕실 수도꼭지, 전구, 밝기 조절 스위치까지 달라고 한다. 그리고 이런 요구를 너무나 당연하다는 듯이 말한다. 문제는 이들이 설사 보답한다고 하더라도 별 볼일 없다는 사실이다. 잘난 척하는 사람들과 협상할 때는 다음과 같이 행동하는 것이 좋다.

- ◆ 상대방의 자존심을 잘 달래서 당신이 원하는 것으로 보답하게 한다.
- ◆ 세게 나간다. 자신과 회사에 대한 비합리적인 요구에 굴복하지 않는다.
- ◆ 흔하지 않은 상품이나 서비스를 취급한다면 웃으며 돌아설 준비를 하고 상대방이 수정 제안을 해오는지 두고 본다.
- ◆ 상대방에게 더 이상 양보할 권한이 없다고 말하고 최종 의사결정자를 언급한다.
- ◆ 상대방이 제안한 조건을 들어줄 이유가 없다고 말하고 최종 의사결정자를 언급한다.
- ◆ 상대방의 자존심을 잘 달래서 나는 그가 원하는 것을 줄 능력이 없는 불쌍한 소시민에 지나지 않는다고 말한다.
- ◆ 상대방에게 우리의 상품이나 서비스의 이점을 상기시키고 장단기적으로 그들의 최종 이익에 어떤 영향을 미칠지 상기시킨다.

(4) 선입견

선입견이 있는 협상가는 결론을 너무 쉽게 내린다. 이런 사람들은 모든 문제에 선입견을 가진 경우가 많다. 이는 큰 문제이며, 선입견이 있으면 판단이 흐려지고, 과잉반응을 하게 되기 쉽고, 다른 사람들의 의도를 오해하기 쉽고, 다른 사람들을 방어적으로 만든다. 스스로 지나친 선입견에 사로잡히기 전에 먼저 상대방과 회사에 대해 탐문해둔다.

3) 승패는 협상 전에 결정된다

(1) 첫 만남에서 상대방을 내편으로 만든다

이렇게 상대방이 인간적으로 호의를 느끼게 되면 협상의 씨앗도 쑥쑥 자라게 된다. 첫 만남이라는 단 한번뿐인 무대에 멋지게 등장했는가 아닌가에 따라 그 뒤에 이어질 협상의 성공여부가 결정되는 것이다.

(2) 좋은 인상을 연출한다

타인에게 주는 인상은 타고난 것에 따라 결정되는 것이기 때문에 어쩔 수 없다고 미리 포기하는 사람들이 적지 않다. 매우 험악한 인상을 가진 한 젊은이가 있었다. 우선 자신에 대한 인식이 잘못되어 있다. '험악한 인상'이라고 단정하고 있지만, 자신이 다정스럽게 웃는 얼굴을 할 때도 있다는 것을 잊고 있다. 자기 자신을 폄하하는 사람은 대담하게 자기 자신을 되돌아볼 필요가 있다. 자기를 낮게 평가하는 사람은 스스로 자신에게 낮은 점수를 주었으면서도 그것을 남의 탓으로 돌린다. 자신을 낮게 평가한 것은 다름 아닌 바로 자기 자신이라는 것을 깨달아야 한다.

두 번째 잘못은 인상은 스스로 바꿀 수 없는 고정되어 있는 것이라고 생각하는 점이다. 남에게 어떤 인상을 줄 것인가는 스스로 얼마든지 조정할 수 있다. 우선, 남에게 어떤 인상을 주고 싶은지 결정한다. 그 다음에는 자신이 바라는 인상을 연출하면 되는 것이다.

위의 젊은이는 자신의 '험악한 얼굴'보다는 '정감 있는 웃는 얼굴'을 보여준다면 상대방이 받게 되는 첫인상은 놀랍도록 달라질 것이다. 사람에게는 누구나 매력 있는 부분과 호감이 가는 부분이 반드시 있게 마련이다. 먼저 바로 그런 점을 찾아내야 한다. 첫 만남을 위해 인상을 연출할 때 그 다음으로 주의해야 할 것은 상대방에게 '고단수'라는 인상을 주지 않는 것이다.

> ❧ 고단수의 말주변
> ❧ 엄청난 수완가
> ❧ 뛰어난 전문가

처음 보는 순간 '고단수'라는 인상을 주는 사람에게는 누구나 경계심을 갖는다. 자신이 없어 우물거리는 것도 곤란하지만 지나치게 자신만만하여 겸손함이 부족한 사람이 대개 이런 '고단수'의 태도를 취한다. 비즈니스를 하는 사람들 사이에 널리 알려져 있는 말들 중에 '협상을 잘 하는 사람일수록 평범하고 겸손하다'라는 말이 있다.

처음 만나는 사람이 과연 어떤 사람인지 파악하는 것은 불가능하다. 첫 만남을 기대할 만한 무대라고 생각하고 신경을 조금만 쓰면 상대방에게 신선한 인상을 줄 수 있을 것이다. 그러면 첫 만남에서는 어떤 인상을 주는 것이 바람직한가. 좋은 인상을 주기 위해 고려해야 할 가장 중요한 다섯 가지 요소들을 살펴보기로 하자.

> ❧ 밝은 표정
> ❧ 생생한 모습
> ❧ 진솔한 태도
> ❧ 절도 있는 태도
> ❧ 안정된 태도

(3) 첫 만남 때의 금기 사항

- ❥ 무뚝뚝한 태도
- ❥ 거만한 태도
- ❥ 지나치게 친근한 태도
- ❥ 형식적인 태도
- ❥ 침착하지 못한 태도

4) 첫 만남을 리드한다

(1) 선수필승의 원칙

- ❥ 밝은 목소리로 첫 마디를 꺼낸다.
- ❥ 상대방이 안고 있는 문제를 지적한다.

(2) 상대방을 리드하는 한마디

- ❥ 상대방의 관심사를 공략한다.
- ❥ 사전에 상대방의 관심사를 파악한다.
- ❥ 사전 조사가 불가능하다면 현장에서 주위를 관찰한다.

5) 첫 만남의 장벽을 없애는 방법

(1) '노'를 돌파하는 요령

협상에는 상대가 있다. 상대방이 응해주지 않으면 협상은 성립되지 않는다. 당연한 일이지만 이쪽에서 원한다고 모두 협상에 응해주는 것은 아니다. 협상을 시작하는 것 자체가 불가능하도록 아예 만나는 것조차 거절하는 사람도 있기 때문에 어떻게든 이 단계를 돌파하지 않으면 안 된다.

만나고 싶은 상대에게 우선 연락을 취한 다음, 상대방의 스케줄에 어긋나지 않는 범위 내에서 약속 시간을 정해야 한다. 무작정 상대에게 약속을 정하는 것은 상대에게 경계감 및 불쾌감을 심어줄 수 있기 때문이다. 상대와의 첫 만남을 시작해서 상대방의 '노'를 피할 수 있는 방법에 대해 알아보자.

- ❥ 기죽지 않는다.
- ❥ 좋은 인상을 준다.
- ❥ 상대방에 관한 것을 화제로 삼는다.

(2) 일찍 도착하여 기회를 포착한다

(3) 상대방의 심금을 울려라

5) 협상과 인간관계

(1) 원만한 인간관계와 성공적인 협상의 관계

　▶ 먼저 좋은 관계를 만들어라
　　• 좋은 인상을 주고, 원만한 인간관계를 맺기 위해 힘쓴다.
　　• 상대방이 어떤 사람인지 파악한다.

(2) 내편이 되어줄 사람을 만들어라

　▶ 협상에 들어가기 전에 인간적인 관계가 이루어질 수 있도록 지금까지 설명한 사항을 실천할 것
　▶ 협상 도중에 감정이 고조되어 상대방을 비난하고 공격하게 되었을 때에는 원래의 목적이 무엇이었는지 재확인할 것
　▶ 자신 안에 갇혀 있지 말고 평상시에 적극적으로 좋은 인간관계를 만들 것

3. 사전협상 단계의 전략적 실제

1) 사전협상시의 고려 사항

　사전협상의 단계에서는 본 협상을 성공적으로 수행하기 위하여 계획과 준비를 하는 것이 중요하다. 협상 당사자들 간의 본협상에 앞서 계획과 준비를 더욱 철저히 하는 협상 당사자가 그렇지 못한 협상 당사자에 비해 본협상에서 유리한 결론을 이끌어낼 가능성이 높다, 이론적 또는 실무적으로 정해진 규칙이나 순서는 없지만 사전협상의 단계에서 중요하게 고려하여야 할 측면들은 다음과 같이 요약될 수 있다.[138]

---

138) 윤홍근/박상현(2010), p. 91 이하; 박승주 역 Stark, P. B. and Flahety, J. 저(2007), p.134 이하; Simons, T. and Tripp, T.M(2007), p.74이하; Watkins, M. and Rosen, S(2001), p.19이하; Rojot, J.(1991), p.176이하.

◆ **협상계획의 수립** : 본협상을 수행하기에 앞서 협상의 시작부터 종료까지 협상과 관련된 모든사항에 대한 구체적인 계획이 수립되어야 한다. 무엇보다도 협상일정표를 미리 작성하여 본협상에 임하는 것이 중요하다. 또한 일정별 주요 목표를 설정하여 본협상이 진행되는 동안 설정한 목표와 도출된 결과를 지속적이고 주기적으로 비교(피드백)할 필요가 있다.

◆ **협상팀의 구성 또는 단독협상자의 선정** : 협상 상대방과의 협상을 수행할 협상팀 또는 단독협상자를 선정하는 것은 본협상의 성공적 타결을 위한 가장 중요한 의사결정의 하나이다. 협상팀 또는 단독협상자의 자질과 능력에 따라 본협상의 결과가 달라질 수 있다.

◆ **협상의제의 선택** : 협상의제는 협상의 주제 또는 이슈가 무엇인가에 대하여 명확한 정의를 내리는 것과 관련되어 있다. 일반적으로 협사의제는 협상 당사자들 간의 사전협상 또는 예비협상을 통하여 선택된다.

◆ **협상목표의 설정** : 협상목표는 협상계획의 수립단계에서 설정되어야 하며, 이것은 협상을 통하여 얻을 수 있는 이상적인 결과가 무엇인지를 미리 정하는 것을 의미한다.

◆ **협상 상대방에 대한 주요 정보의 수집과 평가** : 협상을 준비하는 협상팀 또는 단독협상자는 본협상을 성공적으로 수행하기 위하여 협상 상대방에 대한 다양한 정보를 수집사로 평가하여야 한다. 협상의제 또는 이슈에 따라 구체적인 체크리스트를 작성하여 정보를 수집 또는 평가한다면, 협상자는 본협상에서 이것을 유용하게 활용할 수 있다.

◆ **협상장소의 선택** : 협상장소가 본협상에서 결정적인 영향을 미치지 않을 수 있지만, 경우에 따라서 협상자가 정한 협상장고가 협상에 유리한 영향을 미칠 수 있도 있다. 일반적으로 협상자는 자기가 잘 아는 장소 또는 공간에서 협상을 할 경우 편안함을 느낄 수 있을 뿐만 아니라, 협상 상대방이 지정하는 다른 장소 또는 제3의 장소로의 이동에 따른 불편함 또는 불이익을 줄일 수 있다.

◆ **협상시한의 설정** : 대부분의 협상은 협상시한을 설정한 후 진행된다. 본협상이 수행되기레 앞서 협상 당사자들 간의 합의를 통하여 협상시한이 설정될 필요가 있다. 일반적으로 협상은 협상초반보다는 설정한 시한이 끝나갈 무렵 실질적 진전 또는 타결 가능성이 있다. 만일 협상시한이 없다면 협상이 신속하게 진행되지 않거나 실질적 진전이 없는 유명무실한 협상이 될 가능성이 높다.

아래의 〈표 8-2〉는 관점 질문서를 보여준다. 이 표는 협상을 준비하는 단계에서 나의 관점과 상대방의 관점에서 협상 당사자들에 대한 다양한 질문의 결과를 일목요연하게 기록할 수 있도록 도와준다.

나의 관점	상대방의 관점
주 제 :	주 제 :
비 전 :	비 전 :
정보의 출처 :	정보의 출처 :
입수 가능한 사실들 :	입수 가능한 사실들 :
협상할 수 있는 문제들 :	협상할 수 있는 문제들 :
협상 당사자들의 '드러난' 욕구 :	협상 당사자들의 '드러난' 욕구 :
협상 당사자들의 '내재적인' 욕구 :	협상 당사자들의 '내재적인' 욕구 :
개인인가 팀인가?	개인인가 팀인가?
협상 스타일 :	협상 스타일 :
선택사항 혹은 대안들 :	선택사항 혹은 대안들 :
사안에 대한 의견 :	사안에 대한 의견 :
전략과 기술 :	전략과 기술 :
최적 대안 :	최적 대안 :
논의 사항 목록 :	논의 사항 목록 :
장 소 :	장 소 :

〈표 8-3〉은 협상 체크리스트를 제시한다. 이 표는 협상을 준비하는 단계에서 검토해야 하는 여러 가지 질문의 결과를 일목요연하게 기록할 수 있도록 도와준다.

〈표 8-3〉 협상 점검리스트[140]

질문영역	체크리스트
나의 관점	1. 전반적인 목표는 무엇인가? 2. 이슈들은 무엇인가 3. 각 이슈는 얼마나 중요한가? 　　a) 모든 이슈들의 리스트 작성 　　b) 모든 이슈들의 순위 설정 　　c) 모든 이슈에 대한 점수 부여(100점 만점 기준 가중치 부여)

---

139) 박승주 역, Stark, P. B. and Flaherty, J. 저(2007), p. 141.
140) Simons, T. and Tripp, T. M.(2007), p. 75.

	d) 각 이슈별 합의 가능범위의 설정(해당 산업규범 및 최선의 기대치에 근거하여 실현 가능한 기대치, 낮은 기대치 및 높은 기대치 등으로 평가) e) 각 이슈별로 확인된 가능한 결과들에 대한 점수 부여 f) 부여된 점수의 정확성에 대한 재확인 g) 협상 테이블에서 제시되는 어떤 제안을 평가하기 위하여 스코어링 시스템 활용 4. BATNA(협상이 합의에 이르지 못할 경우에 선택할 수 있는 최선의 대안)는 무엇인가? 5. 협상에 대한 저항점(즉, 협상의 종결 이전에 받아들여야 하는 최악의 합의)은 무엇인가? BATNA가 애매하다면, 받아들일 수 있는 최소조건을 다시 확인하고, 더 많은 정보를 수집하기 위하여 협상 보류를 검토한다.
상대방의 관점	1. 각 이슈가 상대방에게 얼마나 중요한가(아울러 어떤 새로운 이슈들이 추가되는가)? 2. 상대방의 BATNA는 무엇인가? 3. 상대방의 저항점은 무엇인가? 4. 위의 질문들에 기초하여 나의 관점에서 목표는 무엇인가?
협상의 상황	1. 협상의 시한이 있는가? 누가 더 조급한 상황인가? 2. 적용할 수 있는 공정성 규범 또는 판단 기준은 무엇인가? 3. 나의 관점에서 회피하고 싶은 주제 또는 질문은 무엇인가? 상대방이 이에 대한 질문을 하면 어떻게 반응할 것인가?
협상 당사자들 간의 관계	1. 협상이 반복적인가? 만일 그렇다면, 나의 관점에서 고려하고 있는 각 전략, 전술 또는 행동으로 인한 미래의 결과는 무엇인가? 2. a) 상대방을 신뢰하는가? 상대방에 대해 알고 싶은 것은 무엇인가? b) 상대방이 나를 신뢰하는가? 3. 상대방의 스타일 및 전술에 대해 알고 싶은 것은 무엇인가? 4. 상대방의 권한의 한계점은 무엇인가? 5. 의제에 대하여 상대방과 미리 상의하라.

이 표는 앞서 제시한 〈표 8-2〉와 유사한 측면도 있지만 협상의 상황 및 협상 당사자들 간의 관계에 대한 추가적인 질문을 제시하고 있다.

2) 사전협상의 준비요소

아래의 〈표 8-4〉는 협상준비에 필요한 7가지 기본용소를 보여준다. 이 표는 협상을 준비하는 단계에서 검토해야 하는 다양한 질문을 통하여 본협상에서의 혼란을 방지하고 본협상을 원활히 수행하는데 많은 도움을 줄 수 있다.

〈표 8-4〉 협상준비를 위한 7요소[141]

기본요소	질문사항
관 계	1. 협상 당사자들의 기존 관계는 어떻다고 생각하는가? 2. 적대적인가 우호적인가? 3. 협상 당사자들 사이의 관계가 어떻게 되기를 바라는가? 4. 좀 더 나은 관계를 맺기 위해서는 어떻게 해야 할까? 5. 나란히 앉아야 할까? 친구들끼리 쓰는 말투를 사용해야 할까? 6. 우호적인 반응을 이끌어내려면 어떻게 해야 할까?
의사소통	1. 상대방의 말에 제대로 귀를 기울이고 있는가? 2. 무엇을 위해서 경청해야 하는 걸까? 3. 요점은 무엇인가?
관 심	1. 우리의 가장 큰 관심은 무엇인가? 상대방의 가장 큰 관심은 무엇인가? 2. 서로 화합할 수 있는 관심은 무엇이고, 갈등을 일으킬 가능성이 있는 관심은 무잇인가?
대 안	1. 협상에 참여한 양측이 받아들일 수 있는 합의점은 무엇일까?
공평성	1. 양측을 납득시킬 수 있는 선례나 합리적인 기준은 무엇일까?
가장 합리적 대안	1. 상대방과 합의에 이르지 못하면 우리는 어떻게 해야 하는가? 2. 상대방은 어떤 대안을 가지고 있을까?
결 정	1. 상대방의 결정 중에서 우리가 받아들여 볼만한 것이 있을까? 2. 합의에 도달하기 위해서 필요하다면 우리가 해야 하는 결정이 있는가? 3. 양측의 가능성 있는 결정을 나열해본다.

---

141) 이진원 역, Fisher, R. and Shapiro, D. 저(2007), p. 247 재인용; Fisher, R., Ury, W. and Patton, B.(1991).

3) 사전협상 전략

앞서 논의한 바와 같이 협상전략은 여러 가지 관점에서 그 의미가 해석될 수 있다(2.1참고). 아래에서 '책략으로서의 전략(예를 들면, 전술,방법,기법 또는 테크닉 등)'의 관점에서 사전협상과 관련된 다양한 전략을 서술하기로 한다.

(1) 협상의 테크닉 학습

본협상에 임하기 전에 협상자는 협상의 테크닉을 익힐 필요가 있다. 본협상에 임하기 전에 협상자가 갖춰야 할 기본적 테크닉 또는 자세는 다음과 같다.[142]

❥ 거래한다는 생각보다는 협상 당사자들 상호간의 이익에 우선적으로 관심을 가짐 : 이것은 나의 관점뿐만 아니라 상대방의 관점도 함께 고려하여 본협상을 수행해야 한다는 것을 의미한다. 이러한 마음가짐을 가지고 본협상에 임한다면 협상 상대방에게 신뢰를 줄 수 있는 관계가 형성될 수 있다.

❥ 상호 신뢰감을 높인 후 본협상을 시작함 : 협상 상대방에게 신뢰감을 높인 후 본협상을 수행하게 되면, 협상 상대방도 신뢰감을 가지고 본협상을 임하게 된다. 이러한 신뢰를 바탕으로 본협상이 진지하고 건설적으로 진행될 수 있다.

❥ 협상 상대방에 대한 정보를 수집하고 분석함 : 협상자가 협상 상대방에 대한 정확한 정보를 갖고 있어야 본협상에서 우위를 점할 수 있다. 무엇보다도 협상자는 협상 상대방이 원하는 것, 그리고 협상 상대방의 강점과 약점이 무엇이고, 언제까지 협상시한을 정하고 있는가를 파악하는 것이 중요하다.

❥ 시간을 효율적으로 활용하고, 때를 기다릴 줄 알아야 함 : 본협상을 수행하는 경우에 있어서 협상자는 주어진 시간을 잘 활용하여야 한다. 또한 협상자는 협상의 상대방에게 자신이 가진 협상 마감시한을 절대 노출해서는 안 된다. 협상 마감 시한이 노출되는 경우, 협상 상대방은 시간끌기를 하며 협상자를 초조하게 만들어 그들에게 유리한 결과를 도출하려고 한다.

❥ 커뮤니케이션 중에는 논쟁을 하지 말고 설득하는 자세를 보여야 함 : 협상자가 본협상에거 언성을 높이고 논쟁을 하는 것은 결코 좋은 결과를 가져다주지 못한다. 협상자는 협상 상대방을 편하게 대하고, 거래의 대상으로 보지 않고 상호 이익을 존중하는 자세를 가지고 접근하는 것이 바람직하다.

---

142) 이서정 편(2008), p.40 이하.

(2) 원칙중시

❖ 원칙에 충실해야 함 : 일단 협상의 원칙이 정해졌다면, 협상자는 이 원칙을 지키며 본협상에 임해야 한다. 협상자가 내세우는 원칙과 일관성은 협상 상대방으로 하여금 원칙을 중요성을 은연중에 깨닫게 한다. 편법과 무원칙을 본협상을 불리한 방향으로 이끌 수 있으므로 주의해야 한다.

(3) 사전협상의 전략

아래에서는 사전협상의 단계에서 협상자가 추구해야 하는 기본적 전략을 제시한다.[143]

❖ 협상준비를 철저히 함 : 사전협상의 단계에서 협상준비를 철저히 하여 본협상에 임한다면 협상자는 본협상을 원활히 수행할 수 있다. 앞서 설명한 '관점 질문서', '협상 체크리스트'와 '협상준비에 필요한 7가지 기본요소'를 활용하여 협상준비를 한다면, 협상자는 본협상의 주요 내용, 의제, 이슈, 흐름 또는 줄거리등을 쉽게 파악할 수 있다.

❖ 수집한 정보를 객관적으로 제시함 : 사전협상의 단계에서 수집되고 분석된 모든 정보는 객관적 관점에서 제시되어야 한다. 만일 수집되고 분석된 정보가 주관적이라면, 이러한 정보는 본협상에서 설득력이 있은 정보로 활용되기 어렵다.

❖ 목표를 명확히 설정함 : 협상자가 사전협상의 단계에서 해야 하는 가장 중요한 과업 주의 하나는 본협상에서 추구해야 하는 목표를 명확하게 설정하는 것이다. 협상목표는 정량적 및 정성적 관점에서 분명하게 제시되어야 한다. 일반적으로 협상목표는 높게 설정하는 것이 바람직하다. 만일 높게 설정된 협상목표가 본협상에서 달성되기 어렵다면, BATNA가 협상목표를 대신할 수도 있는 상황이 발생할 수도 있다.

❖ 상황보다 상황에 대한 인식이 중요함 : 본협상에서 가장 중요한 것은 협상의 당사자들이 각각 협상 상대방에 대하여 어떠한 인식을 하고 있느냐는 것이다. 예를 들면, 어떤 부품의 구매와 납품과 관련된 협상에 있어서 구매업체가 대기업이고 납품업체가 중소기업이라면 대기업이 납품단가를 낮출 힘을 갖고 있다고 중소기업이 생각할 경우에 그 힘은 효력을 발휘한다. 즉, 대기업이 힘을 갖고 있다는 사실보다는 중소기업이 그렇게 인식한다는 것이 중요하다. 그러므로 협상 상대방에게 이러한 인식을 심어주는 것도 하나의 협상전략이 될 수 있다.

❖ 협상타결에 인연하지 않음 : 예상되는 협상결과가 협상의 원칙을 침해하거나 이익을 가져다주지 못할 경우 협상타결에 연연하지 않ㄴ고 협상을 종결하는 것이 좋을 수도 있다.

---

143) 김기홍(2017), p.129 이하.

제3절

협상 단계별 전략적 접근 : 본 협상 단계의 전략

1. 본 협상과 적극적 경청

1) 적극적 경청

들는 것은 협상에 있어서 어쩌면 가장 낮게 평가되고 있는 기술 중의 하나이다. 대부분의 사람들은 듣기(listening)가 아닌 말하기(talking)를 통해 그들이 원하는 것을 얻는다고 믿는다. 그러나 사실 성공적인 협상가는 말하기가 아닌 듣는 데에 더 많은 시간을 할애한다. 듣기를 효과적으로 잘하려면 어떻게 할 수 있는지 살펴보도록 하자.

좋은 경청자(listener)가 되기가 어렵다는 것은 의심할 여지가 없다. 월 스트리트 저널에 의하면 "지금의 시대는 끊임없는 재잘거리는 소음에 의해 제대로 경청을 하기 어려운 시기로 빠져들고 있다"고 보고하고 있다. 대부분의 사람들은 분당 평균 120에서 150단어를 말하는 것으로 추정하고 있다. 이 속도는 제법 빠른 것처럼 느껴지지만, 인간의 두뇌는 분당 500단어 이상을 처리할 수 있는 능력을 가지고 있다. 이렇게 말과 뇌의 정보처리 능력에서의 차이 때문에 많은 사람들이 정신적인 조바심을 느끼게 된다. 따라서 듣는 동안 주제에서 벗어나게 하고 심리적으로 불안하게 하여 사람들을 바람직하지 못한 경청자로 만든다.

(1) 능동적인 듣기(Active listening)

귀와 눈과 그리고 신체의 모든 구멍을 통해서 경청한다. 경청은 모든 상황에서 조력이 되어 주는 기초적인 협상기술이다. 또 오감을 사용하여 경청한다. 모든 대인관계의 활동에 가장 기본이 되는 것은 경청이고 이를 통하여 사람관계의 긍정적인 부분에 힘을 주는 역할을 할 것이다. 건성으로 경청하는 행위는 협상 상대방이 중요하지 않고, 무시되고 있으며 관심 받지 못하고 있다고 느끼게 한다. 결국 협상의 실패를 가져올 것이다.

경청은 모든 협상의 필수조건이다. 어떤 사람이 개인적인 이유, 또는 사업상의 이유로 협상을 시작하였다면 협상을 통해 상대로부터 동의, 승인 혹은 어떤 행동을 구하고자 할 것이다.

듣기는 생각보다 쉬운 일이 아니다. 듣는 것은 수동적인 행위로 보이지만 실제로는 능동적인 활동이다. 어떤 사람은 남의 이야기를 느긋하게 적당히 듣고는 일어나면서 즐거웠다고 이야기 한다. 말을 재미있게 했다면 그럴 수 있지만, 듣는 것은 노력과 에너지가 소모되는 일이다. 특히 어떤 사람에게 듣는다는 것은 어쩌면 자신의 혼신을 다해서 참아야 할 경우도 있다.

듣는다는 것은 상대가 전달하고자 하는 것을 빼놓지 않고 이해하는 것이다. 능동적인 듣기는 상대방이 마음을 열어 더 많은 정보를 이야기하게 하고 또 그 사람에게 필요한 것 이상으로 자신의 생각을 분명히 말하도록 한다. 사람들은 상대방이 진실되게 듣고 있다는 이유만으로도 자신의 마음을 연다는 것을 명심할 필요가 있다.

협상에서 말하고 있지 않는 순간도 거래를 성사시키기 위해 무엇이 필요한지를 배울 수 있는 기회가 될 것이다. 제일 유능한 협상가는 유창한 연설자(talker)가 아니라 유창한 경청자(listener)이다. 적극적인 경청방법에는 다음의 두 가지가 있다. 협상에서 활용할 수 있다.

▶ **다시말하기** : 상대방이 방금한 짧은 말들을 한 단어씩 반복해 말한다.
▶ **고쳐말하기** : 상대방의 긴 이야기를 자신의 말로 차근차근하게 정리하여 말한다.

그리고 예의 바르고 유머있게 말한다. "내가 제대로 이해했는지요?"

(2) 당신은 좋은 청취자인가?

효과적으로 청취를 못하는 이유는 듣기를 원하지 않기 때문이다. 사람들은 말을 많이 하려는 속성을 가지고 있다. 그러나 듣는 것이 더 가치있는 일이라는 것을 알지 못한다. 적게 이야기할수록 다른 사람들이 말하는 것에 더 많이 집중할 수 있다. 말을 많이 한다고 해서 얼마나 많은 것을 배울 수 있겠는가? 말을 많이 하는 것은 알고 있는 어떤 사실을 반복만 하고 있는 것은 아닌지 생각해 보아야 한다. 그러나 상대방이 말하는 모든 것은 잠재적인 값어치가 있으므로 능동적인 경청자가 되어야 한다. 다른 사람들이 말하는 것에 에너지를 집중하는 것도 중요하다. 눈을 맞추고 기록을 한다. 이로써 그들이 중요하다고 생각하는 것을 의사표시하는 것에 대해 생각을 재정리할 시간을 버는 것이다.

뉘앙스(nuance)와 감정(emotion)을 읽는 것이 필요하다. 귀뿐만 아니라 눈으로도 들어야 한다. 상대가 어디를 보고 있는지를 살펴본다. 자신을 보는지, 서류를 보는지, 방을 둘러보고 있는지 살펴보고 반응을 보인다. 웃고, 눈살을 찌푸리고, 고개를 끄덕여 본다. 정보를 받아들이는 것은 더 많은 정보를 얻게 되는 것이다.

(3) 경청하는 법 배우기

경청은 신이 준 재능이 아니다. 더 나은 경청자가 될 수 있도록 간단한 연습을 통해 자신을 훈련시킬 수 있다. 경청함으로써 중요한 것은 받아들이고 관계없는 것들은 밖으로 내보내는 것을 배울 수 있다.

첫째, 누군가 자신의 이야기에 귀 기울이지 않을 때 어떤 느낌인지를 생각해 본다. 무시당하고 하찮게 생각한다고 느껴졌을 수도 있다. 그를 좋아 하는 대신에 무례하거나 자기 본위적이라고 생각할 것이다. 그러나 나의 말을 능동적으로 경청하는 사람에게는 좋은 느낌이 들고 타협하고 싶어질 것이다.

둘째, 다른 사람이 자신의 말을 듣고 있지 않다는 징후(signs)를 찾아본다. 두리번거리는 눈, 산만함, 옆길로 센 대화, 지루함, 동시에 두 가지 일을 하는 것 등이다. 집중하는 것을 연습하고 경청에 힘쓴다. 주제(subject)는 손에, 그리고 제일 중요한 주제(subject)는 마음에 두도록한다. 특히, 눈을 지속적으로 맞추도록 한다.

셋째, 이야기하지 않는다. 30초, 또는 1분 동안 아무 말도 하지 않겠다고 자신과 약속해 본다. 시도해보기 전까지는 그것이 그리 길게 들리지는 않는다.

넷째, 반응하지 말고 경청한다. 상대방이 무언가를 말하자마자 말 끝을 잡아 무언가를 말하고 싶어질 때가 있다. 대답, 말대꾸, 정정 등. 기다리고 간략한 기록을 한다. 상대방이 끝날 때까지 대답을 명확히 하는 것조차 참는다. 그리고 나서 돌이켜 생각해보면 대부분의 경우 당신이 방금 전까지 말하려고 했던 것은 스스로 모든 생각을 해본 다음에 말하려고 하는 것과는 다르다.

다섯째, 주의가 산만해 질 수 있는 요소는 제거해 나간다. 사무실 문을 닫고 전화는 다른 쪽으로 돌려 놓는다. 전화를 하고 있을 때에는 책상 위의 서류와 컴퓨터스크린 같이 주위를 산만하게 할 수 있는 요소들을 제거해 나간다.

여섯째, 과장해서라도 제스처를 취한다. 상대방이 말하고 있는 것에 흥미가 있는 것처럼 행동하면 실제 놀라운 일이 가끔 일어나며 실제로 흥미로운 세계로 빠질 수 있다.

일곱째, 상대방이 더 많은 이야기를 할 수 있도록 질문을 한다. 질문을 통해 아무것도 하지 않고도 많은 정보를 얻을 수 있다.

여덟째, 경청이 자동적으로 끝날 수 있도록 한다. 단지 상대방의 문제점을 잘 듣는 것은 협상의 해결책을 찾을 수 있을 뿐만 아니라, 그 자체가 해결책이 될 수도 있다. 사람들은 단지 상대방이 들어주기를 원할 수도 있다.

아홉째, 경청을 절대 멈추지 않도록 한다. 듣고 있는 모든 것은 모두 정보가 될 수 있으므로 상대방으로부터 배출되는 모든 정보를 자신에게 입력해둔다.

(4) 경청을 방해하는 6가지 요인

대부분의 사람들은 좋은 경청자가 되려고 노력하고, 또 그 노력이 성공적이라고 평가한다. 그러나 "당신은 내 이야기에 귀를 기울이고 있지 않아요!"라는 비난은 여전히 받을 수 있다. 불행하게도 경청에 있어서 모든 사람들이 겪을 수 있는 몇 가지 방해요인들이 있다. 물론 사람들이 선천적으로 경청을 잘하는 행운의 사나이라면 상관없지만, 만약 다른 사람들이 효과적으로 경청하게 하려면 다음을 유념할 필요가 있다.

❖ 방어 메커니즘 (The defense mechanism)

사람들이 협상을 하면서 주의 깊게 듣지 않는 한 가지 요인은 순전히 심리적인 것이다. 일반적으로 사람들은 나쁜 소식을 듣기를 꺼려한다. 어떤 사람은 이것을 "어! 그는 단지 그가 듣기를 원하는 것만을 듣는군!" 이라며 조롱하듯 말한다. 여기에는 핵심적인 진실이 담겨있다. 모든 사람은 정도의 차이는 있지만 나쁜 이야기는 걸러서 듣는다.

모든 동물은 생존 메커니즘에 있어서 놀라운 구조를 가지고 있다. 제일 중요한 생존 메커니즘들 중 하나는 위험, 즉 천적(predator)이 다가오는 것을 듣는 것이다. 포식동물은 불이나 폭풍 등의 위험을 피할 수 있도록 사전적으로 위험 신호를 감지할 수 있는 능력을 갖고 있다.

인간도 위험이 닥치면 육체적인 반응, 예를 들면 눈을 감는다든지, 몸을 움츠린다든지, 등을 뒤로하고 구부린다든지 하는 유용한 방어 장치를 갖고 있다. 그러나 매우 중요한 방어 장치라고 할 수 있는 '듣는 능력'을 잃어버린다면 매우 위험한 상황에 직면할 수 있다. 어쩌면 위험은 듣고 고심하는 것보다 차라리 듣지 않는 것이 낫다고 생각할 수도 있다.

그러나 그렇지 않다. 이 위험 감별능력은 다른 동물이 인간보다 더 발달해 있는 능력이라고 보기 어렵다. 위험은 듣고 제대로 가늠할 수 있어야만 피하거나 없앨 수 있는 것이다. 나쁜 소식이 잠복해 있다는 것을 알아차린다면 오히려 이를 더 깊이 알려고 해야 할 것이다.

❖ 약한 확신(초조함)

너무 말이 많은 것은 초조함 때문이다. 초초하게 되면 잘 듣지를 못한다. 다른 사람이 이야기할 때 어떤 사람은 초조함 때문에 자기 마음속으로 미리 해답을 구하고, 뜯어보고, 숨겨진 내용을 찾겠다는 생각에 여념이 없다. 마음의 움직임은 입의 움직임처럼 듣는 것을 방해한다. 말이 많은 사람은 아마 자신이 무슨 이야기를 하는지 잘 듣지 못할 것이다.

협상 중에 마음이 분주하면 좋지 않은 부수적인 결과가 생길 수 있다. 침묵하고 있다고 해서 상대방은 자신이 딴 생각을 하는 것으로 간주하지는 않는다. 그렇지만 부적절하게 잘못된 대답을 하거나 대화에 끼어든다면 상대방은 자신을 무시할 것이다. 초조함에는 공짜가 없으며, 초조함은 비싼 대가를 치를 것이다.

❖ 지쳐있는 상태(The energy drag)

가끔은 너무 피곤하거나 지쳐서 들리지 않는 경우도 있다. 듣는 것은 에너지를 요구한다. 누구나 지쳐있을 때는 다른 사람의 말을 제대로 들을 수 없다. 그럴 경우 노련한 협상가는 "좀 천천히 말해요. 오늘 나는 지옥 같은 하루를 보냈거든요"라고 말한다. 이처럼 충분히 생각하면서 주의를 기울이기 위해서 상대방에게 천천히 말해주기를 바란다면 의사표현을 하는 것이 좋다.

◆ 습관(Habit)

어쩌면 오래전부터 경청을 해야 할 때 먼저 이야기를 하거나 생각하는 습관을 길러왔는지도 모른다. 담배피는 버릇처럼 이런 습관은 스스로 고쳐야 하는 것이기 때문에 바꾸기가 쉽지는 않다. 그러나 이 습관은 결코 효과적인 듣기에 도움이 되지 않는다. 좋은 청취자가 되기 위해서는 소리 내어 말하지 말고 머릿속으로 이야기 하는 것이 필요하다. 이 기술이 직접적으로 듣기에 유용한 것은 아니지만 말을 줄임으로써 결과적으로 상대의 말을 잘 들을 수 있게 된다는 것이다. 사람들은 생각하면서 말하는 것에 능숙하다. 그러나 듣는 입장에서는 어떤 사람이 말하는 것보다도 빨리 생각할 수 있기 때문에 상대의 말을 중간에 자를 수 있다. 협상의 성공을 위해서는 상대방에게 초점을 맞추어야 한다.

◆ 선입견(The preconception)

선입견을 경계한다. 선입견은 마음을 열지 못하게 하는 경향이 있다. 선입견과 가정 둘 다 조심해야 한다. 선입견은 단지 예전에 경험했던 어떤 사람이 이러한 행위를 했기 때문에 그와 비슷한 경향의 사람이나 비슷한 외모를 보면서 다시 그런 식의 반응을 보일 것이라고 생각하는 것이다.

예를 들면 어떤 사람이 전에 부끄러워서 얼굴이 붉어졌다면 다음에 그 사람이 얼굴이 붉어질 때에 부끄러워서 그렇다는 결론에 도달할 수 있다. 그러나 진실은 그가 너무 화가 나서 얼굴이 붉어졌다면 그 협상은 실패할 것이다.

◆ 가치 있는 기대를 하지 않음(Not expecting value in others)

많은 사람들은 다른 사람이 가치 있는 이야기를 할 것이라고 기대하지 않기 때문에 잘 듣지 않는다. 모든 사람에게는 도움이 될 무언가가 있다. 그 무엇인가를 찾아내려 한다면 모든 사람에게는 자기 나름의 정보와 통찰력이 있는 법이다. 협상에서 상대방은 정도의 차이는 있어도 누구나 자신에게 유용한 정보를 가지고 있다. 그러나 '저 사람은 도움이 별로 안되겠다'라는 마음가짐을 가진다면 효과적으로 듣는 것은 불가능한 일이다.

듣는 것은 백사장의 모래를 거르는 것과 비슷하다. 협상테이블에서 보다는 칵테일 파티장 같은 곳에서는 더더욱 그렇다. 협상에서 최고의 청취자가 되려면 파티장 같은 곳에서 듣는 연습을 해본다. '이 잡담 속에도 도움이 되는 어떤 것이 숨어있다고 되뇌

어라. 당신이 찾고자 하면 찾을 것이다.'

2) 좋은 청취자가 되는 방법

(1) 추측은 금물(Stop guessing)

협상 상대방이 원하는 것을 확신하지 못하고 추측만 한다면 협상을 망칠 수도 있다. 물론 상대가 말하기 전까지는 그들이 필요로 하는 것을 알지 못하는 것은 당연하다. 올바른 질문을 하고 자신에게 득이 되는 정보를 찾아내도록 한다. 확신을 가지고 이용할 수 있는 유일한 정보는 그들이 말해주는 정보뿐이다. 기록을 하면서 설명하고 협상하는 동안 그들이 말하는 것을 알아내도록 한다.그들이 원하는 것을 상의해오면 협조적으로 반응한다.

(2) 상대방이 원하는 방향으로 향하라(Head their direction)

그들이 원하는 것이 무엇인지를 이해할 때, 협상상대방이 향하고 있는 방향으로 토론하기 시작한다. 말이 가고 있는 방향으로 말을 타라는 뜻이다. 일단 말 위에 오르면 새로운 질문과 새로운 정보를 제공함으로써 방향을 바꿀 수도 있다. 너무 위협적인 질문을 삼가하고 능동적으로 열심히 경청한다면, 협상상대방은 방어만 하려고는 하지 않을 것이다.

(3) 대화의 주도권을 장악하라(Drive the conversation)

경청자는 대화를 통제할 수 있다. 경청자는 다음에 무엇을 질문할지를 결정할 수 있다. 질문을 하는 사람은 대화의 방향을 결정한다. 질문거리를 잘 구상하면 협상상대방이 생각하고 있는 방향을 알아낼 수 있다.

(4) 가능한 한 빨리 목적을 달성하라(Get to your goal faster)

해결책에 초점을 맞추고 상대의 말을 들어보면 자연스럽게 해결책에 도달하기 위한 생각에 초점을 맞추게 될 것이다. 상대가 말하고 있는 내용을 잘 듣고 의견을 제시한다면 그 의견은 협상상대방에게 저항 없이 받아들여지고 실행될 것이다.

(5) 무엇을 놓치고 있는가?(What's missing?)

주어진 정보가 쓸모있다면 가능한 한 최고의 선택이 가능하다. 새로운 정보를 더 추가하면 협상에 있어서 새로운 대안을 만들어 선택을 할 수도 있다. 만약 스스로 결정을 할 수 없다면 자신이나 상대방은 어떤 것을 놓치고 있는 것이다. 그러므로 스스로 질문을 해본다. "나는 혼란스럽다. 어떤 정보를 놓치고 있는지 아니면 무엇을 오해하고 있는지?"

(6) 오해(Misunderstandings)

오해는 어떤 정보가 빠져있을 때나 양측이 다른 정보를 가지고 있을 때 발생한다.

3) 경청의 기본 원칙

경청은 3가지 원칙으로 이루어져 있다. 듣기, 이해하기, 그리고 기억하기이다.

(1) 듣기
- 협상 상대방의 말을 명확하게 들어야 한다.
- 집중한다.
- 빠르게 메모하고 다시 경청한다.

(2) 이해하기
- 협상상대자의 의견을 이해했다는 것을 피드백 시킨다.
- 언어적인 참여를 통해서 보여주거나 비언어적인 참여를 효과적으로 이용한다.
- 이해한 부분을 재확인해야 한다.

(3) 기억하기
- 정확하게 기억할 것을 요구한다.
- 재생 (recall) : 자극을 통하여 기억이 회복되는 것이다. 상황에 대한 인지를 통해서 가능하다.
- 기억하기(remembering) : 생각이 없이도 자신이 능동적으로 알고 있는 것이다.
- 혼자 기억하는 것에 절대적으로 의지하지 말아야 한다.
- 재빠른 재생을 위해 기록을 하고, 이용할 수 있는 가장 경미한 세부사항을 녹음한다.

(4) 경청자(listener)에 의해 만들어진 장벽 이해하기
- 태도(attitude)
- 주의 산만한 것들(distractions)
- 방해(interruptions)
- 개인적인 집착(personal tics)
- 건강(health)
- 가족적인 문제(family issues)
- 반응 없는 상대방(unresponsive counterpart)

- 타이밍(timing)
- 압력(pressure)
- 생각의 속도(speed of thought)
- 말할 필요성(need to speak)
- 전달 vs 내용(delivery versus content)
- 만약 ~라면(what if)
- 복잡성(complexity)
- 실언(misstatement)

(5) 이야기하는 사람(speaker)에 의해 만들어진 장벽 이해하기

- 모호한 진술(ambiguous statements)
- 가정(assumption)
- 불합리한 추론(non sequitur)
- 부정확한 해석(incorrect interpretation)
- 삭제(deletion)
- 일반화(generalization)
- 특별히 명시되지 않은 대명사(unspecified pronouns)
- 비교(comparisons)
- 모순(inconsistent)
- 판단(judgment)
- 왜곡(distortion)

2. 협상과정 관리

1) 가치창출을 위한 협상과정 관리

협상이란 여러 가지 가능성의 영역을 지속적으로 탐색하는 것이다. 대부분의 경우 성공여부는 역발상 능력에 달려 있다. 협상에서 상대에게 과도한 제안을 하게 된다면 협상상대는 전혀 받아들일 가능성이 없어지게 된다. 이 때 역발상의 능력이 필요하다. 자신의 제안을 거꾸로 생각해보고 상대가 받아들이기 쉽게 제안을 좀더 수정하는 것이다. 서로가 수용할 만한 해결책이 떠오를 때는 다양한 경우의 수를 고려해야 한다. 물속에 미끼를 많이 던질수록 물고기를 낚을 확률은 더 높아진다. 훌륭한 협상가가 되고 싶다면 창의력, 비판적인 태도, 정보수집능력, 그리고 다양한 경우의 수를 고려하여야 한다.

(1) 협상에 임하는 태도

협상을 이해하려면 다음의 세 가지를 알아야 한다. 첫째, 협상은 과학이 아니다. 둘째, 협상은 오직 승리가 전부는 아니다. 셋째, 협상은 연속성이 적용되는 하나의 사건이 아니다. 협상에 참여하는 이해당사자들의 동기와 목표는 모두 다르며, 협상이 진행되는 동안 어느 순간에라도 이 모든 것이 바뀔 가능성이 있다.

모든 사람이 협상에서 꼭 얻고자 하는 바는 바로 최종결과에 대한 만족감이다. 협상에서 성공하려면 상대를 설득하고 이끌어서 양측이 함께 만족을 얻도록 해야 한다. 그러나 만족감이라는 것은 주관적인 감정 상태이기 때문에 사람의 성격과 직접적인 관련이 있다. 협상에서 완벽하게 구체적이고 측정이 가능한 증명될 수 있는 결과를 얻기란 쉽지 않다. 협상에서는 절대적으로 옳거나 틀린 답은 있을 수 없다.

어떤 협상의 과정에서는 자신의 기대나 바람과 완전히 다른 결과가 도출되기도 한다. 하지만 자신이 치른 대가보다도 자신이 느낀 마음의 만족감과 평안이 더욱 중요하다는 사실을 발견하게 된다. 편안한 느낌은 최상의 가격을 얻는 것보다도 더 큰 의미를 지닐 수 있다. 만족감을 협상의 진정한 목표로 삼아야지 최고가격 혹은 자신의 모든 요구를 관철시키는 것을 목표로 삼아서는 안 된다. 협상은 상호작용에 의한 것이며 상호작용은 단순히 비용이나 성과에서 의견일치를 이루었다고 해서 충족되는 것은 아니다.

협상은 단순한 승패의 개념을 넘어서서 훨씬 더 많은 것들이 개입된다. 승패의 개념은 아주 구체적인 목표를 정하고 협상에 임해 극단적으로 '모'아니면 '도'라는 사고방식에 기초한 이분법적 접근이다. 협상에는 반드시 승자와 패자가 있다는 이러한 관점은 근시안적일 뿐더러 실패할 수밖에 없다. 진실로 성공적인 협상을 원한다면 자신의 신뢰와 우호적인 관계를 형성해야 한다. 그것은 협상과정의 한 부분인 동시에 협상결과의 중요한 요소이다.

협상은 그 각각이 다양한 규모와 모양새를 한 개별 협상들이 모여 구성된다. 협상은 시작과 끝이 명확한 담판의 토론이거나 회의가 아니다. 따라서 어떤 협상이든 과정에서 상황이 변하기 마련이다. 또 다른 요인으로 인해 이전과 다른 태도를 취할 수도 있다. 항상 어제 들은 이야기가 오늘도 유효할 것이라고 가정할 수는 없다.

(2) 협상을 성공으로 이끄는 요소

협상을 통해 어떤 성과를 거둘지는 확신할 수는 없다. 하지만 어떤 협상이든지 목표를 상정하는 것은 매우 중요하다. 아마 다음과 같은 협상요소들을 제대로 인식한다면 협상을 성공으로 이끄는 데에 많은 도움이 될 것이다.

◆ 협상을 통해 이익을 얻어라

이익은 금적적인 이익만을 뜻하는 것은 아니다. 협상을 통해 얻는 이익은 처음에 전혀 예상하지 못했던 것을 발견하는 것도 포함된다. 그러므로 개방적인 태도가 필요하다. 뜻밖의 필요한 정보나 결과를 얻을 수 있으므로 가능성을 염두에 두고 준비된 태도로 협상에 임하면 훨씬 더 많은 것을 배울 수 있다.

◆ 가능한 한 상대에 대해 확실히 파악하라

협상참가자들은 누구나 성격적 특성, 협상참가 이유, 방식 등을 가지고 있다. 만약 상대를 알고 협상과정을 유도한다면 협상은 자신에게 매우 유리하게 전개될 것이다. 협상상대의 성격, 협상주제에 대한 상대편의 지식정도, 교육배경, 협상능력 등을 최대한 많이 알아내야 한다. 이를 통하여 상대의 요구를 충족시켜줄 접근법을 선택한다면 그들과 신뢰를 바탕으로 한 우호적인 관계를 형성하게 되는데, 이는 바로 협상의 중요한 요소이다.

◆ 최소한의 요구조건을 파악하라

상대편이 협상에서 결코 물러설 수 없다고 생각하는 한계선이 무엇인가? 그 요구조건에 대하여 최대한 어디까지 허용할 수 있는가? 이 양극단 사이에 존재하는 모든 것들은 협상의 여지가 있다. 효과적으로 협상을 하고 싶다면 상대편에게 가장 중요한 조건이 무엇인지를 알아내고 불확정 지대가 어디인지를 바로 파악하는 것이 필수적이다. 그러나 협상상대방은 가장 중요한 최소한의 요구조건을 솔직하게 이야기하지 않는다는 사실을 명심해 두어야 한다. 대다수의 사람들은 상대편의 가장 중요한 조건이 무엇인지 정확히 알지 못하며, 안다고 주장하는 이들도 항상 정확한 것은 아니다. 따라서 상대편의 가장 중요한 조건이 무엇인지는 토론과 관찰을 통해서 파악하는 것이지 단순히 상대의 진술에서 파악할 수 있는 것은 아니다.

❖ 자기 협상팀에 대해 파악하라

이 협상과 관련하여 도움을 받을 수 있는 모든 사람을 철저하게 파악하여 효율적으로 대처해야 한다. 그렇지 않으면 협상을 하는 과정에서 자신이 직접 타협을 이끌어낼 수 없는 경우가 발생하더라도 팀원 중 다른 사람이 협상타결을 이끌어 낼 수도 있는 기회를 잘라버리는 셈이 된다. 협상팀이 서로 수긍할 타협점을 찾기 위해서 서로간의 이견을 줄일 방법을 찾아야 한다. 만약 협상테이블에서 협상팀원 간 의견대립이 발생한다는 것은 협상에서 자신의 위치를 약화시키게 되는 것과 마찬가지이다.

무엇이 공정하고 합리적인지에 대해 파악해 둔다. 협상에 참가하는 사람들은 모두가 협상과정이 공정하고 합리적이기를 바란다고 한다. 하지만 협상당사자들은 특정이슈를 해결하는데 적용할 '공정하고 합리적인 것'이 무엇인지에 관해 서로 다른 의견을 가지고 있다. 상대편이 인지하는 공정하고 합리적인 것이 무엇이며, 그것이 자신의 의견과 어떻게 다른지 알아내기 위해서 노력하여야 한다.

2) 협상과정에서 신뢰 형성

일반적으로 협상을 하면 자신의 요구사항을 목록으로 만들어 상대가 이에 동의하도록 설득한 후 서류를 주고 받고 일찍 귀가하는 것이라고 생각한다. 하지만 협상이란 그런 것이 아니다. 이런 식의 협상은 바람직하지 않으며 수준 높은 협상에는 충분한 시간이 필요하다. 협상이란 상대방에게 다가가서 이해하고, 양측 모두 진정한 이익을 창출해야만 하는 것이다. 일방적인 의사소통으로는 결코 좋은 협상을 이룰 수 없다.

(1) 협상의 목적

협상의 목적은 신뢰, 교감, 만족이라고 할 수 있다.

첫째, 신뢰는 사람들 사이에 이루어지는 모든 선의의 거래를 단단히 묶어주는 요소이다. 믿을 수 없는 사람과 거래하겠다는 생각은 추호도 하지 않는 것이 좋다. 도둑으로부터 자신을 보호하는 일이 어디 쉽겠는가? 서로 신뢰할 수 있는 분위기는 거래에서 의심과 회의를 떨쳐버릴 수 있게 해준다.

둘째, 상대방과의 교감은 얼핏 보기에는 협상과 무관해 보일 수 있다. 서로 친근감을 느끼지 못하면 성공적으로 협상할 수 없다는 것을 끊임없이 경험하게 된다. 교감을 할 수 있는 여러 가지 기법을 개발할 필요가 있다. 집으로 초대를 한다거나 상대의 어떤 협상결과나 그의 성과를 찾아서 찬사를 보낸다거나, 상당히 존중하는 태도를 보이면 보상을 받게 될 것이다.

셋째, 만족이다. 협상에 임하면서 냉혹한 목표, 유일한 목표인 승리를 쟁취한다고 생각한다면 결과가 좋을까? 이는 커다란 오해이다. 협상의 진정한 목표는 협상 쌍방이 함께 받아들일 수 있는 만족감을 성취할 때 훌륭한 협상이 되는 것이다. 협상을 마쳤는데 상대방이 배신당하고, 무시당하고, 부당하게 이용당했다고 느낀다면 앞으로 다가올 수 있는, 예상하지 못할 큰 협상의 기회를 잃게 되는 것이다.

(2) 신뢰, 교감, 만족을 위한 팁

- 상대편과 공통분모를 찾아라.
- 좋은 교감을 나누라.
- 거래하고 싶은 사람이 되라.
- 적절한 수준의 커뮤니케이션 방식을 찾아라.
- 상대편과 그들의 요구를 이해하라.
- 신뢰감을 탄탄히 구축하라.
- 융통성을 익혀라.
- '딜 브레이커'가 아니라 '딜 메이커'라는 평을 듣도록 하라.

(3) 협상테이블에서 알아야 할 것들

협상을 할 때 협상테이블 맞은 편에 앉은 사람을 움직이게 만드는 동기가 무엇인지 찾아내고자 노력해야 한다. 상대는 성공적인 결과를 얻을 것이라고 확신하는 낙관론자일 수도 있고, 자신을 깜박 속여서 결국 거래를 형편없이 마무리할 것이라고 믿는 비관론자일 수도 있다. 상대방의 요구를 인지하고, 약점을 떨쳐버리고, 중요한 정보를 찾아내는 것이 우선이다. 이를 위해서는 다음과 같은 규칙이 필요하다.

- 그 어떤 것도 보이는 대로 받아들이지는 않는다.
- 누군가가 준 정보를 있는 그대로 믿지는 않는다.
- 비관적인 소망은 협상쌍방에 불리하게 작용한다.
- 자신이 아는 것을 상대방도 알 것이라는 생각은 버린다.
- 그럴듯한 분위기를 경계한다. 협상의 함정 가운데 최악이다.
- 협상의 핵심인물을 파악한다
- 상대방의 숨은 약점과 정보를 찾아낸다.

3) 협상전술과 대응전술

협상과정에서 협상의 분위기와 속도를 조절할 수 있는 전술들에 대하여 살펴볼 필요가 있다. 아무리 비슷한 협상이라고 하여도 동일한 전술이 모든 상황에서 효과적일 수 없다.

또한 협상의 당사자들은 각양각색이다. 그리고 아무리 강력한 전술이라고 해도 윤리와 비윤리의 경계를 따져야 한다. 끝으로 모든 강력한 전술들에는 그에 상응하는 효과적인 대응전술이 있다는 사실이다.

(1) 압박전술 : 그보다 더 좋은 조건을 제시하시오.

협상을 하다보면 양측의 의견차이는 확인했으나 이를 어떻게 좁혀야할지 확신이 서지 않는 경우가 있다. 이런 상황에서 활용할 수 있는 훌륭한 테크닉 중 하나가 압박전술이다. 이 전술은 상대방이 최대한의 양보를 제시한 시점에서 가장 좋은 효과를 거둘 수 있다. 쌍방의 의견차이로 인하여 협상이 교착 상태에 빠졌을 때 협상을 중단하지 않고 더 많은 양보를 얻어내고 싶다면 이때 압박전술을 동원한다. "그 보다 좀 더 좋은 조건을 제시하시죠."

이러한 압박전술은 두 가지 구체적인 목표를 달성하기 위한 수단이 된다. 첫째, 더 좋은 조건으로 거래를 성사시키는 것이다. 둘째, 상대의 협상 최저선이 어디까지인지를 확인할 수 있다. 그 다음에 그 거래를 받아들이거나 또는 교착 상태 활용과 같은 또 다른 전술을 시도할 지를 결정해야 한다. 다시 압박전술을 재차 사용하는 것은 별로 의미가 없다.

그런데 만약 협상상대방이 오히려 압박전술을 사용하려고 한다면 어떻게 해야 할까? 그럴 때는 반격전술을 쓰면 된다. "저는 이미 정말 좋은 가격을 제시했습니다. 어째서 이보다 더 좋은 조건을 제시해야 하는지요? 저는 이미 다른 사람들에게 제시했던 가격보다 훨씬 낮은 가격을 제시했습니다. 제가 가격을 낮추는 대신 당신이 가격을 올려주셔야 되겠군요."라고 반격할 수 있다.

(2) 협상 중단전술 : 출구전략 활용

협상상대를 기분 나쁘지 않게 대화를 중단하는 방법이다. 최선을 다하여 협상을 했고 이제 양보의 한계점에 이르렀다는 뜻을 상대방에게 표현하고 싶을 때 이렇게 말하면 된다. "이게 저의 최선입니다. 이 제안을 받아들일지 말지 결정하셔야 합니다. 제가 할 수 있는 것은 모두 했습니다."

이 전술은 선을 긋는 훌륭한 방법이다. 적대적이고 공격적으로 말하는 대신 더 이상의 양보는 불가능하다는 선을 그으면서도 좋은 인상을 주는 것이다. 협상을 반드시 끝낼 필요는 없다. 이것은 일종의 전술로서, 상대방이 양보하지 않으면 거래가 성사되지 않을 것이라는 생각을 심어주는 것이다. 하지만 좀더 대화할 의지가 있다면 거래를 다시 시작할 수 있도록 상대방에게 희망을 줄 수 있다.

(3) 니블링(nibbling) 전술 : 티끌모아 태산

니블링 전술은 양측의 합의 이상으로 내가 원하는 것을 추가로 얻어오는 것을 말한다. 계약서에 서명을 한 이후에도 여러 가지를 니블링할 수 있다. 자동차를 구입하고 나서 세일즈맨에게 이렇게 말할 수 있을 것이다. "물론 깨끗이 세차하고 기름을 가득 채워서 넘겨주실 거죠?"

추가적인 것을 요구하는 것이 상도의나 협상 윤리에 어긋나는 것은 아니다. 또 다른 특혜를 강요하는 것이 아니라 그저 부탁하는 것이기 때문이다. 우호적으로 요구한다면 해가 될 일은 아무것도 없다. 계약이 완료된 후에 "제가 요청한 이런 사소한 것들을 제공하지 않으신다면, 이 거래를 이행하지 않을 것입니다"라고 말할 수는 없을 것이다.

협상 상대방이 니블링 전술을 사용할 때 활용할 수 있는 효과적인 반격전술이 있다. 니블링 전술에 가격을 매기는 것이다. "물론 그렇게 해드리지요. 하지만 세차비 3만 원, 유류비 5만 원이 추가됩니다."라고 말하는 것이다. 니블링 전술은 여러 문화권에서 받아들여지는 관행이다. 노련한 협상가들은 대부분의 협상에서 니블링 전술을 효과적으로 활용하고 있다.

(4) 페이스 조절

여러 가지 이슈에 대한 논의가 진행되고 협상양측이 서로 특혜를 제공하는 일이 많아지는 상황이 올 수 있다. 이런 경우, 나중에 기꺼이 포기할만한 것에 대해 시간을 끌면서 고집을 부림으로써 페이스를 조절하는 것도 훌륭한 전술이다. 이렇게 하는 것은 협상진행의 통제권을 쥐고 있는 동안 전반적인 진행 속도를 늦추어 본다. 페이스 조절이 상대방의 균형을 깨뜨린다는 사실을 이해한다면 협상은 확실히 유리하게 진행되고 있다고 보아도 좋다. 이처럼 페이스 조절은 협상에서 유용하게 활용할 수 있는 강력한 전술의 하나이다. 상대방으로서는 자신의 협상스타일에 어떤 패턴이 있는지 알아내지 못한다면 승산 있는 전략을 짤 수가 없을 것이다.

페이스를 조절하는 또 다른 방법은 애초에는 다룰 사안이 결코 아니었던 어떤 것을 복잡한 논의 속에 던져 넣는 것이다. 이런 사안에 관하여 논의하면서 페이스를 충분히 늦추다가 못이기는 척 그 사안을 포기하고 상대방에게 넘겨주면 된다. 그 목적은 협상이익을 얻는 데 있는 것이 아니라 협상 페이스를 조절하고 논의 주제를 늘리는데 진정한 목적이 있는 것이다.

그렇다면 상대방이 페이스를 조절하려고 하면 어떻게 반격할 것인가? 이에 대한 반격전술은 바로 상대방이 뭘 하고 있는지 묻는 것이다. 협상이 잠시 중단되어도 괜찮다. 중요한 것은 상대방이 달라진 이유가 무엇인지 알아내는 것이다. 그들이 거래에서 손을 떼려 하는지? 다른 구매자와 거래를 하고자 하는지? 아니면 또 다른 이유가 있는지? 상대방이 페이스를 조절하려고 하면 반드시 이의를 제기해야 한다. 허락이나 동의 없이 상대방이 페이스를 조절하지 못하도록 유념한다.

- 협상의 기본원칙과 지침에 대한 동의(Agree on ground rules and guidelines)
- 생각보다 더 많은 시간이 걸릴 것에 대비(It may take more time than you ever imagined)
- 말씨에 주의를 해야 한다(You cannot be too careful with wording)
- 올바른 결정을 내렸는지 확인한다 - 협상 케이스를 간결하게 만든다(Identify the true decision - make your case concise)
- 도움이 되는 모형을 이용한다(Use collaborative model building).
- 협상과정에 유머를 활용한다(Inject humor into the negotiation process).
- 협상가로서의 융통성과 적응력을 향상시킨다(Improve your flexibility and adaptability as a negotiator)
- 체면을 지키는 것의 중요성을 기억해둔다(Remember the importance of saving face)
- 계약을 성사시키기 위한 약속에 동의했다는 것을 확인해둔다(Make sure that you have agreement as to the commitment to carrying out the agreement)
- 판례의 위력을 활용한다(Use the power of precedent setting)

4) 일관성 유지

아무리 철저하게 협상을 준비한다 할지라도 협상 상대의 중요한 모든 요소들을 파악할 수는 없다. 이러한 경우 어떠한 확립된 기준(또는 가설)을 설정하는데 초점을 맞추어야 한다. 이런 기준은 자신만의 개인적 경험을 바탕으로 만들어질수도 있지만 특정한 협상 상대에 대한 정보를 구하기 위해 동료들에게 의존해야만 하는 경우도 있다. 또는 상대 회사의 시장 자본력의 내력이나 그들이 발간하는 출판물을 통해 자신의 기준에 기초가 될 정보를 얻을 수도 있다. 반면 다양한 가정을 세울 여유가 있다면 관련자의 이익뿐만 아니라 협상 상대방의 실질적인 이익을 파악함으로써 각각의 기준들을 세밀히 검증해야 한다. 이러한 기준을 중심으로 한 협상 준비는 전략을 발전시키고 가정의 현실성을 점검하기 위한 수단을 제공하는 중요한 기초 단계다. 정보는 협상에 있어서 중요한 요소이기 때문에 기준의 정확성을 검증하게 되면 모든 협상자들에게 현명하고 이행 가능한 합의에 필요한 개략적 정보를 제공할 것이다.

(1) 이해관계자 집단

협상에는 단지 둘 이상의 협상 집단이나 또는 직접적인 이해관계자만 존재할 때가 있다. 그러나 사업상의 협상에서 이러한 경우는 거의 일어나지 않는다. 더욱이 개인적인 협상에서는 더욱 드문 일일 것이다. 일반적으로 협상을 할 경우 직접적으로는 알 수 없지만 협상의 성과와 관련된 이차적 이해관계자들이 존재한다. 따라서 협상을 할 때 우리가 이끌어낸 합의의 결과를 통해 이익을 취하는 사람들이 누구인지 항상 고려해야 하며, 이중 이차적인 이해관계자의 이익은 우리가 모르는 사이에 발생할 지도 모른다. 만약 우리가 이차적인 이해관계자의 이익을 무시한다면 우리가 예상치 못한 순간 해를 입을 수도 있다.

(2) 직접적 이해관계자들

협상에서 누가 직접적인 이해관계자인지를 파악하기 위해서는 상상력을 조금 동원해 볼 필요가 있다. 여러 이해관계자들 중 충분한 조사를 거쳐 협상 주제와 관련이 없거나 협상 성과로부터 아무런 손실 관계가 없는 이해관계자라는 판단이 서면 이러한 관계자들을 언제든지 제외시켜버릴 수 있다.

(3) 이익지도 만들기

협상 결과로부터 영향을 받는 이해관계자가 누구인지 파악하기 위하여 이익지도를 만들어 보는 것이 좋다. 궁극적으로 이해관계자들과 연관관계를 찾고 가능한 한 이해관계자들의 이익을 충족시키며 합의에 도달하기 위해 이익지도를 활용하는 것이 효과적이다. 이익지도의 목적은 이해관계자들에게 그들이 원하는 모든 것을 보장하기 위한 것이 아니라 단순히 현실적으로 협상에서 취할 수 있는 최선의 목표를 성취하기 위한 보조수단일 뿐이다.

◈ 주위로부터 조언을 구한다 : 동료들과 함께 이익지도를 만들고 수정한 다음 협상 전반에 관련된 사람들의 이익항목들을 살펴보고 검토한다.
◈ 저비용 해결책 ; 다른 이해관계자들의 이익을 가능한 최소의 비용(현금 이외의 비용)으로 충족시키는 방법을 찾는 데 이용할 수 있다.

다음은 이익지도를 만들고 활용하는 방법을 기술한 것이다.

◈ 예상되는 이해관계자들의 명단을 만든다.
◈ 동료들의 의견을 들어보고 작성된 이해관계자들의 명단에서 필요한 경우 이해관계자의 일부를 추가하거나 삭제하도록 한다.
◈ 가능하면 가장 큰 도표속에 다양한 이해관계자들을 이해의 동질성에 따라 집단화하여 표기한다.
◈ 다양한 이해관계자들의 이익이 무엇인지 추정해 본다.
◈ 각각의 이해관계자들 밑에 추정한 이익 내용을 기입한다.
◈ 최대한 예측력을 발휘하여 이해관계자들의 이익에 우선순위를 부여한다.
◈ 이해관계자 간의 이해관계를 보여주는 선을 그려넣는다.

◆ 이익지도를 활용하여 가정의 현실성을 점검해 본다.
◆ 합의에 도달하는 데에 필요한 정보가 무엇인지 파악하기 위해 이익지도를 활용해본다.
◆ 이해관계자들에게 이익지도를 보여줄 것인지 아니면 자신이 추정한 이익에 관해 그
  들에게 직접적으로 질문을 할 것인지에 대하여 판단해본다(이를 이행할 때는 상대가
  흥미 없는 정보를 과다하게 접할 위험이 있으므로 상대가 부담을 가질 경우 어떻게
  대응할 것인지도 생각해둔다).

[그림 8-2] 이익지도

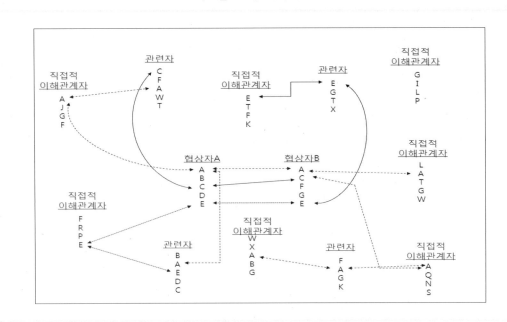

* 각각의 집단 아래 표시한 기호는 우리가 가정한 당사자들의 이익을 나타낸다.

위의 이익지도를 통해서 합의에 도달하게 되면 이해관계자들에게 이익지도가 어떻게
자신과 상대의 이익을 반영하고 있는지 보여주도록 한다.

3. 창의력 발휘와 BATNA의 개발

1) 창의력 발휘

협상관계자들의 요구와 이익을 합리적으로 만족시킬 수 없는 한 협상은 대부분 좌절된다. 따라서 해결할 수 없는 것처럼 보이는 많은 문제들을 창조적인 해결책을 만들어 해결하려고 노력한다. 이러한 모든 노력을 가지고 성공적인 협상가들은 보이는 많은 문제들을 해결하고 있다. 또한 이익을 더 크게 얻기 위해서 성공적인 협상가들은 가능한 한 창조적으로 생각하는 방법을 배워야만 한다. 우리는 틀을 벗어나 생각하고 다른 사람들의 창조적인 생각을 활용하여 보다 큰 이익을 얻기 위해 노력한다.

틀을 벗어나 생각해야 한다. 혁신, 융통성, 틀을 벗어난 대범함은 모든 협상가들과 문제해결자의 중요한 도구이다. 다행히도 이런 도구들은 익힐 수 있는 기술들이다. 협상이 막다른 골목에 이르렀을 때 자신이 틀에서 벗어나 생각할 수 있도록 도울 수 있는 다음의 5가지 방법이 있다.

> ❧ **과거의 창조적 해결책을 찾아본다**
>
> 글로벌 시대의 극도로 경쟁적인 시장에서 잡지를 발행하는 것은 누구나 할 수 있는 제일 쉬운 사업 중의 하나이다. 그러나 출판업이 성공하기란 매우 어렵다. Atlantic Progress가 성공한 이유 중 하나는 Neville Gilfoy(출판사의 사장)가 틀에서 벗어나 생각하는 능력을 가지고 있었기 때문이다.
>
> Atlantic Progress는 캐나다의 비즈니스에 영향력을 미치는 잡지로써 경영, 기업과 정치적 이슈들에 초점을 맞추는 전문직인 비즈니스 간행물이다. 이 잡지의 9월호는 7,8월에 편집을 구상하며, 이 시기는 일반적으로 대부분의 사람들이 휴가를 가는 때이다. 그러므로 광고를 끌어오기가 지옥처럼 힘든 시기다.
>
> 그러나 Neville는 9월호를 제일 인기 있는 이슈와 더불어 제일 많은 광고 수입을 모을 수 있는 전략을 구상했다. 이 불가능해 보이는 문제의 해결책은 "아틀란틱 캐나다에 있는 Top 101 회사들"을 9월호에 싣는 것이었다. 자연스럽게 자신의 회사와 그들의 경쟁자가 순위의 어디에 올라 있는지 보기를 원했다.
>
> 9월호는 이제 Atlantic Progress의 가장 거대하고, 그만큼 가장 이익을 많이 남기는 상품이다. 좋은 아이디어를 한 가지에만 활용하지 않고, Atlantic Progress는 또한 3월호에 "아틀란틱 캐나다에서 제일 빠르게 성장하는 100대 회사들"을 발행하였고, "아틀란틱 캐나다에서 일하기 제일 좋은 100대 회사들"의 내용을 담은 에디션(edition)을 런칭(lunching)할 계획이다.
>
> 이처럼 어려운 문제의 해답을 찾으려 노력하다가 틀에 갇혀서 꼼짝 못한다면, 어렵게 보이는 같은 문제들의 과거 경험에서 해결책을 생각해 보고 만약 그 해결책의 어떤

요소가 지금의 상황에 적용될 수 있는지를 찾아보면 유용할 것이다.

◆ 다른 창조적인 협상가와 상담해본다

우리는 모두 같은 방법으로 문제를 보는데 익숙해지고, 때때로 우리는 특정한 문제로부터 스스로 만든 경계에서 벗어나는 방법을 쉽게 찾지 못한다. 예를 들어, 안경이나 열쇠를 잃어버렸을 때 우리는 집을 샅샅이 수색하지만 어디에서도 잃어버린 물건을 찾을 수 없었던 경험을 가지고 있다. 이때 다른 사람에게 한번 찾아봐 줄 것을 부탁해서 짧은 시간 안에 그 사람이 잃어버린 물건을 찾을 수 있었던 경우가 많다. 이처럼 새로운 관점에서 문제를 보는 능력은 외관상으로 풀리지 않는 문제를 쉽게 푸는 열쇠가 되기도 한다.

◆ 적극적인 활동은 창조적인 해결책을 찾아낸다

창조적인 해결책에 관한 자료를 가능한 한 많이 읽고 가장 유용한 창조적 해결책에 대하여 리스트를 작성해 두면 좋을 것이다. 이에 관련된 각종 협상자료들은 하버드 대학 프로그램을 검색해보면 쉽게 찾을 수 있다.

◆ 창조적인 해결책을 산출하기 위해 사용된 Mental Model을 분석한다

1994~1995년 사이의 232일 동안 지속된 메이저 리그 야구의 동맹파업 협상의 해결을 돕기 위해 하버드 프로그램에서 내세운 창조적 해결책의 하나는 "가상 동맹파업"을 하는 것이었다. 가상 동맹파업 중에 선수들은 경기를 계속하지만, 단지 기본 경비에 해당하는 만큼의 돈만을 받았다. 그리고 선수와 구단주 사이의 중립적 입장에 있는 은행은 그 외 모든 여분의 돈을 보유하고 있었다. 선수들과 구단주가 분쟁을 해결하지 않는 기간 동안 모인 막대한 돈은 자선단체에 전달하기 위해 제3자에게 넘겨주었다. 이 돈이 5천 만 달러까지 축적되었을 때 그 금액의 반을 자선단체에 넘겨주기로 한 것이다. 이 때문에 선수와 구단주 모두 분쟁을 해결하기 위해 엄청 압박을 받을 수밖에 없었을 것이다.

향후에 이와 유사한 창조적 해결책을 찾아내는 방법 중에 하나는, 어떤 문제를 해결하기 위한 해결책에 어떻게 도달했는지를 세부적으로 천천히 분류하면서 파악해 보는 것이다. 앞의 야구단 동맹파업의 사례에서처럼 '무엇을 보고 어떻게 볼 것인가'(What to see, How to see). 최초의 상황이 전개되어 감에 따라 선수들과 구단주 쌍방은 일반대중들에게 더욱 더 탐욕스럽게 보여지는 이미지를 어떻게 긍정적으로 재구성할 수 있을까 하는 문제를 두고 고민했다. 즉, 부정적인 것을 긍정적인 것으로 재구성하는 방법을 고민함으로써 창조적인 해결책을 찾아낼 수 있었던 것이다.

◆ 향상된 브레인스토밍(brainstorming)을 활용한다

틀에서 벗어나 생각하도록 도와주는 방법 중의 하나로서 우리는 지금까지 브레인스토밍을 많이 활용해 왔다. 브레인스토밍의 기본원칙은 정해진 시간을 가지는 것이다. 예를 들어 30분 동안 전혀 비판 없이 마음에 떠오르는 어떤 생각을 말하게 한다. 발상이 나빠 보이는 아이디어라 할지라도 문제에 혁신적인 해결책이 되거나, 혁신적인 아이디어로 인도하거나, 다른 아이디어와 연결되어 문제의 해결을 도울 수 있다. 그러나 전통적 브레인스토밍 원칙은 보다 혁신적으로 개선될 필요가 있다.

첫째, 브레인스토밍 과정에서 약간의 비판을 허용하게 한다. 일반적으로 사람들은 어떤 원칙상 알고 있고 생각은 하고 있지만 자신의 의견제시는 꺼려한다. 그러면서도 다른 누군가가 제시한 의견에 대해서는 마음속으로 비판하려는 성향이 있다. 즉, 브레인스토밍 과정에는 다른 의견에 대해 직접적으로 비판하는 일을 금기시하고 있는 것이다. 그러나 타인의 의견일지라도 약간의 의견을 제시하게 하면 아이디어 완성에서도 브레인스토밍 효과를 크게 기대할 수 있을 것이다.

두 번째, 누가 아이디어를 제시 또는 소유하고 있는지에 따라서 가중치를 두는 경우가 있다. 예를 들어 캐나다 군대에서는 군인들의 이메일을 통해 브레인스토밍 회의를 관리하고 있다. 이런 방법으로 대령과 병사의 아이디어에 같은 무게를 두고 있다. 즉, 아무도 누구의 아이디어인지 모르게 되고, 계급에 따라 아이디어가 더 중시되거나 등한시 되는 일 없이 모든 아이디어들이 충분하게 검토될 수 있도록 보증하는 셈이 된다.

📋 선생 김봉두의 창조적 사고

조금 오래된 영화 중에 "선생 김봉두" 라고 있다. 영화배우 차승원이 시골학교 선생님으로 나오는 약간 코믹하면서도 감동적인 영화이다. 여기 한 장면이 창조적인 대안을 제시하고 있다. 시골 농부 한 분이 양수기를 이용하여 논에 물을 대고 있었다. 길 위로 호스를 연결해 물을 논으로 퍼 보내고 있는데 같은 마을에 사는 분이 급히 경운기를 몰고 시장에 가기 위해 길 위에 놓은 호스를 밟고 지나가야 할 상황에 처했다. 시장가는 길은 이 길 하나뿐이라서 다른 곳으  로 돌아갈 수도 없는 상황이다. 두 사람 간에 다툼이 시작됐다. 농부는 호스를 밟고 지나가면 터져서 안 된다고 하고 다른 사람은 경운기 타고 급하게 시장에 가야 한다고 하면서 다툼이 이루어졌다.

그 때 선생 김봉두가 등장해서 간단하게 문제를 해결했다. 물을 대고 있는 호스 밑을 조금 파서 호스를 묻으니까 경운기가 지나가도 문제가 없게 된 것이다. 서로 조금씩 양보해서 길 밑에 호스를 묻으니 서로가 원하는 것을 달성한 셈이다. 물론 길 파느라고

시간이 조금 걸리긴 했다. 하지만 결국 선생 김봉두가 두 사람이 원하는 것을 정확히 파악했기 때문에 일종의 창조적 대안을 제시할 수 있었던 것이다.

이처럼 요구만 가지고 이야기하면 점점 감정만 상하고 상대방 이야기를 들어주지 않게 된다. 하지만 상대가 정말로 무엇을 원하는 지(욕구)를 정확하게 파악한다면 양측이 완전 만족하지는 않더라도 어느 정도 받아들일만한 대안, 즉 창조적인 대안을 제시할 수 있는 것이다. 창조적인 대안이 제시되면 대부분 서로 조금씩 양보하여 받아들일 수 있게 되는 것이다.

(참조 : 강아지를 키우기 위한 협상법 , 네이버 블로그 , 네이버 이미지)

2) BATNA의 개발

상대방이 협상에서 더 유리한 입장에 있다면 이해관계, 옵션, 기준 등에 관해 이야기하는 것이 무슨 소용인가? 상대방이 더 부자이거나 더 좋은 연줄을 가지고 있거나, 혹은 더 많은 참모나 더 강력한 무기를 가지고 있으면, 우리는 어떻게 해야 하는가?

상대방이 가진 영향력이 훨씬 더 크다면 어떤 협상 방법도 성공을 보장할 수는 없다. 상대방이 가진 강한 힘에 대항하여 협상에서 최선의 성과를 얻기 위해서는 다음의 두 가지 목표를 성취해야 한다.

첫째, 거절해야 할 합의는 하지 않도록 자신을 보호하는 것이고, 둘째, 자신이 갖고 있는 유리한 조건들을 이용해서 타결된 합의가 가능하다면 자신의 이해관계에 부합하도록 하는 것이다.

그럼 이 두 가지 목표를 차례로 살펴보자.

◆ 거절해야 할 합의를 하지 않도록 자신을 보호하라

간신히 비행기를 놓치지 않고 타려고 할 때 그 목표는 매우 중요해 보인다. 그렇지만 다시 생각해 보면 다음 비행기를 탈 수도 있음을 알 수 있다. 이와 같은 상황은 협상에서도 자주 나타난다. 예를 들면, 오히려 많은 돈을 투자한 중요한 사업 거래에서 합의에 실패하지나 않을까 걱정하는 경우가 있다. 이런 상황에서 가장 큰 위험은 상대방의 의견을 지나치게 호의적으로 받아들이는 것이다. 즉, 너무 급하게 동의해버리는 것이다. 이 경우 "여기서 끝냅시다."하는 요청의 노래가 오히려 설득력 있게 들리고, 거절했어야만 할 계약을 거절하지도 못하고 체결해 버리는 경우도 있다.

◆ 최저선을 택하는 대가

협상가들은 흔히 사전에 받아들일 수 있는 최악의 결과(그들의 최저선)를 설정함으로써 위와 같은 위험으로부터 자신을 보호하려고 한다. 만약 구매자의 입장이라면 최저선이란 자신이 지불할 최고가이고, 판매자라면 최저선은 받아들일 수 있는 최저가일 것이다. 예를 들어, 집을 팔려고 할 때 집값으로 20억 원을 정해놓고 16억 원 이하는 받지 말자고 합의 할 수도 있다.

최저선을 정해놓으면 압력이나 순간의 유혹에서 쉽게 벗어날 수 있다. 집을 파는 예에서 구매자가 14억 4천만 원 이상 지불하는 것이 불가능할지도 모르고, 이 일에 관계된 사람들 모두가 작년에 이 집을 살때 13억 5천만 원을 주고 샀다는 것을 알고 있을 수도 있다. 이런 상황에서 합의를 이끌어낼 힘을 가지고 있고, 구매자는 그렇지 못하므로 협상할 때 중개인들이나 그 방 안에 있는 사람 모두가 자신의 결정에 매달리게 될 것이다. 이때 미리 최저선을 정해 놓음으로써 나중에 후회할 결정을 하지 않을 수 있다.

만약 자기 편에 두 명 이상이 있다면 함께 최저선을 설정하는 것이 상대방에게 그 최저선보다 낮게 합의해 주는 위험을 피할 수 있다. "할 수 있는 한 최고의 값을 받으시오. 그렇지만 당신에게는 16억 원보다 낮은 값에 팔 권한은 없소."하고 말할 수 있다. 그러나 최저선을 정하여 자신을 보호하는 데는 많은 대가가 따른다. 즉, 협상 과정을 통해 배울 수 있는 여러 가지 이점을 배울 수 없게 된다는 뜻이다. 분명히 최저선은 변경될 수 없는 입장이라고 정의할 수 있다. 최저선을 정하면 상대방의 어떤 말도 이미 결정해 놓은 최저선을 낮추거나 높일 수 없다고 미리 단정하기 때문에 그만큼 상대방의 말에 귀를 막게 된다.

최저선은 또한 상상력을 방해한다. 그것은 자신과 상대방 모두에게 유리한 방법으로서로 다른 이해관계를 조정할 수 있는 맞춤옷처럼 꼭 맞는 해결책을 창조할 가능성을 감소시킨다. 거의 모든 협상에는 하나 이상의 대안이 있을 수 있다. 땅을 단순히 16억 원에 파는 것보다는 마감을 연기해 주고 2년 간 헛간을 창고로 사용할 권리를 보장받거나, 인접부지를 다시 살 수 있는 옵션을 제안함으로써 자신의 이해관계를 더욱 충족시킬 수 있다. 그러나 계속하여 최저선만을 고집한다면, 이와 같은 상상력이 풍부한 해결책을 찾아낼 수 없을 것이다. 결국 최저선이란 그 자체가 "지나치게 경직된 것"임에 분명하다.

게다가 최저선을 너무 높게 설정하기 쉽다. 간단히 말해서, 최저선을 정하는 것은 협상에 임하여 매우 불합리한 합의를 받아들이지 않게 해주는 이점이 있는 반면, 더 나은 해결책을 창안해내는 일과, 적정선에서 받아들이는 것이 더 현명한 해결책에 동의하는 일, 이 두 가지를 다 방해할 수도 있다. 임의적으로 선택한 수치는 자신이 무엇을 또는 얼마나 받아야 하는가에 대한 궁극적 척도가 될 수는 없다.

최저선의 대안이란 무엇인가? 거절해야 할 합의를 받아들이는 것과 받아들여야 할 합의를 거절하는 것으로부터 자신을 보호할 수 있도록 합의안을 측정할 척도는 존재하는가? 그 척도는 존재한다.

◆ 자신만의 차별적인 BATNA를 찾아라

가족들이 식탁에 모여서 매매할 집의 최저가를 결정할 때 그들이 숙고해야 할 문제는 그들이 무엇을 얻을 수 있어야 하는가가 아니라, 만약 그들이 집을 팔지 못했을 때 어떻게 할 것인가 하는 것이다. 그들은 막연히 그것을 무한정 부동산 시장에 내놓아 둘 것인가? 아니면 땅을 임대할 것인가? 건물을 부수고 땅을 주차 부지로 만들 것인가? 아니면 주차장을 만들어 임대할 것인가? 페인트를 칠하는 조건으로 다른 사람에게 임대료 없이 살게 할 것인가? 아니면 또다른 무엇을 할 것인가? 모든 것을 고려할 때 대안들 중에 가장 매력적인 것은 무엇인가? 그리고 그 대안은 지금까지 집값으로 제안 받은 최고의 가격과 비교할 때 어떠한가?

어떤 대안은 16억 원에 집을 파는 것보다 더 매력적일 수 있다. 한편 12억 4천만 원밖에 안되는 적은 액수에 집을 파는 것이 최저선으로 무한정 지키려는 것보다 나을 수도 있다. 임의대로 선택한 최저선은 진정으로 가족들의 이해관계를 반영하지 못할 가능성이 대단히 크기 때문이다.

협상을 하는 이유는 협상 없이 얻을 수 있는 결과보다 더 나은 무엇을 얻기 위한 것이다. 협상 없이 얻을 수 있는 결과란 무엇인가? 무엇이 그 대안인가? 자신만의 고유한 BATNA (Best Alternative To Negotiated Agreement ; 협상 합의안이 아닌 최상의 대안)는 무엇인가? 이것이 제안된 합의안을 측정해줄 기준이다. BATNA란 매우 불리한 조건을 받아들이거나 받아들일 만한 유리한 조건을 거절하는 잘못을 막아줄 수 있는 유일한 기준이다.

자신만의 BATNA는 더 나은 척도일 뿐만 아니라 상상력이 풍부한 해결책을 찾아 볼 수 있을 만큼 융통성이 있다는 이점을 갖는다. 자신의 BATNA는 자신의 최저선에 못 미치는 어떤 해결책도 배제하는 대신에 상대방의 제안과 자신의 BATNA 중에서 어느 것이 자신의 이해관계를 더 만족시켜주는지 비교해 볼 수 있도록 한다.

◆ 알려지지 않은 BATNA의 위험성

협상에서 합의에 실패한다면 어떻게 할 것인지 깊이 생각해보지 않으면 눈을 감고 협상하는 것과 마찬가지다. 예를 들면, 어떤 사람들은 지나치게 낙관적이어서 다른 많은 선택을 할 수 있을 것이라고 생각하고 협상에 임할 수도 있다.

팔려고 내놓은 다른 집, 중고차를 살 만한 다른 구매자, 다른 배관공, 다른 가능한 직업, 다른 도매업자 등등, 심지어 협상 대상이 고정되어 있을 때에도 협상 합의에 실패할 경우 초래할 결과에 대해서 낙관적인 전망을 가질 수도 있다. 혹은 이혼 소송, 파업, 무기 경쟁, 또는 전쟁 등이 안고 있는 고통을 제대로 평가하지 못하고 있을 수도 있다. 흔한 실수 중 하나는 심리적으로 자신의 여러 가지 대안을 총체적으로 보는 것이다. 가령, 직장에서 임금 협상에서 합의하지 못한다면 타지역으로 전근가거나 또는 학교로 돌아가거나, 책을 쓰거나, 농장에서 일을 하거나, 이민을 가버리거나 그 밖에 다른 일을 할 수 있을 것이라고 스스로에게 말할지도 모른다. 어디에 가더라도 현재 일하고 있는 것보다는 낫겠지 하고 맹목적으로 생각하기 쉽다. 문제는 자신이 이 모든 대안을 동시에 다 이룰 수는 없다는 것이다. 합의에 실패한다면 그 중 단지 하나만을 선택해야 할 것이라는 점을 잊지 말아야 한다.

그러나 대부분의 경우 위의 위험보다 더 큰 것은 자신이 합의를 보는 데 너무 집착한다는 것이다. 협상을 통한 해결책에 대한 대안을 미리 생각해보지 않은 채, 협상이 깨졌을 때 벌어질 일들에 대해 지나치게 비관적인 태도를 취하는 것이다.

자신만의 BATNA가 가치 있다는 것을 아는데도 불구하고 그러한 대안에 대해 탐색하기를 주저할 수 있다. 단지 이번 사람이나 혹은 다음 사람이 집값에 대한 더 매력적인 제안을 하기만을 바란다. 그리고 합의가 이루어지지 않았을 때, 비로소 "무엇을 해야 할 것인가?"하는 질문을 할 수도 있다. 그리고 마음속으로 이렇게 말할 것이다. "우선 협상부터 하고 난 후에 일은 그때 가서 보자, 일이 뒤틀리면 그때 해결책을 찾도록 하자." 그러나 협상을 현명하게 처리하고자 한다면, 최소한 그 문제에 대한 임시 해답이라도 가지고 있는 것이 절대적으로 필요하다. 협상에서 어떤 것에 동의해야만 하는지 또는 동의해서는 안 되는지는 전적으로 자신의 BATNA가 얼마나 매력적인가에 달려 있다.

◆ 대안을 체계적으로 세워라

자신의 BATNA가 제안된 합의를 판단하는 데 쓰여야 할 최선의 척도임에도 불구하고 다른 척도를 원할 수도 있다. 현재 협상중인 합의 내용이 별로 매력적이지 못하다는 것을 자신에게 일찌감치 경고하기 위해서, 자신의 BATNA보다 낮지만 완전한 합의와는 거리가 먼 한 가지 대안을 확인하는 것이 유용하다. 이러한 올가미보다 더 나쁜 합의안을 받아들이기 전에 마찬가지로 이 올가미가 되는 대안 역시 대리인의 권한을 제한할 수 있다. "내가 지불했던 가격에 이자를 합친 15억 8천만 원보다 낮은 가격에 나와 상의 없이는 절대로 팔지 마시오."

이 올가미가 되는 대안은 예비로 얼마만큼의 여지를 열어놓고 있어야 한다. 협상할 때 자신의 올가미 안에 반영된 기준에 도달한 후에 중재자를 부르기로 한다면, 중재자에게 자신의 편에서 작업할 수 있도록 여지를 남겨주어야 한다.

◆ 자신의 협상자산을 최대한 이용하라

불리한 합의로부터 스스로를 보호하는 것과 유리한 합의를 도출하기 위해서 자신의 협상자산을 최대로 이용하는 것은 별개의 일이다. 어떻게 이렇게 할 수 있는가? 이것 역시 해답은 자신의 BATNA에 달려 있다.

◆ 자신의 BATNA가 좋으면 좋을수록 협상력은 강해진다

사람들은 협상력이 재산, 정치적 연줄, 물리적 힘, 친분관계 그리고 군사력 등과 같은 자원에 의해 결정된다고 생각한다. 사실상 양측의 상호 협상력은 주로 합의에 실패할 경우에 사용할 수 있는 옵션이 각자에게 얼마나 매력적이냐에 달려 있다.

뭄바이 역의 노점 상인으로부터 작은 놋쇠 항아리를 적당한 가격에 사려는 한 부유한 여행자를 생각해 보자. 노점 상인은 아마 가난할 것이다. 하지만 그는 시장의 원리를 알 것이고, 비록 그 항아리를 여행자에게 팔지 않더라도 다른 이에게 팔 수 있을 것이다. 언제 얼마에 다른 사람에게 그것을 팔 수 있을지 경험으로 어림짐작할 수 있다. 그 여행자는 부유하고 협상에서 우세해 보인다. 그러나 만일 그 항아리를 구하는 것이 얼마나 어려운지 정확하게 알지 못한다면 정보를 협상력으로 전환시키기 위해서 여행자는 그 항아리와 똑같거나 더 관심을 끄는 놋쇠 항아리를 어디에서 얼마에 살 수 있는지 알아보는 데에 그의 협상력을 발휘해야 할 것이다.

다른 어떤 취직자리도 제안 받지 못하고 단지 확실하지도 않은 가능성만 가지고 취업 면접 시험장에 들어갈 때의 기분을 잠시 생각해보자. 그리고 이제 자신이 두 개의 취직제안을 받은 상태에서 들어갈 때의 상황과 비교해 본다. 임금 협상이 어떻게 진행되겠는가? 그 차이가 곧 협상력이다.

개인들 간의 협상에 적용되는 것은 조직 간의 협상에도 똑같이 적용된다. 공장에 대한 세금을 인상하려는 중소도시 행정당국과 어느 커다란 산업체 간의 상대적인 협상력은 각각의 예산이나 정치적 힘에 의해서가 아니라 각자가 가진 최고의 대안에 의해서 결정된다. 한 예로, 어느 중소도시 행정당국은 경계선 바로 밖에 있는 한 공장과 일년에 30억 원에서 무려 230억 원에 이르는 '선의의 세금'에 합의를 보았다. 어떻게 이것이 가능했을까?

시 당국은 만일 어떠한 합의에도 이르지 못할 경우에 무엇을 해야 할지 정확하게 알고 있었다. 시 당국은 그 공장을 포함할 수 있을 만큼 시의 경계선을 확장하고 그 공장에 1년에 250억 원에 상당하는 지방세를 부과할 예정이었다. 그 회사는 그 공장을 유지하기로 결정했다. 그래서 그들은 합의를 보는 것 외에 어떤 대안도 생각하지 않고 있었다. 얼핏 보아서 그 회사는 대단한 힘을 가진 듯해 보였다. 회사는 경제적으로 어려움을 겪고 있는 그 시에 많은 일자리를 제공하고 있었다. 공장의 폐업이나 이전은 그 도시를 황폐화시킬 수도 있을 것이다. 더구나 회사가 이미 지불하고 있던 세금은 더 많은 세금을 필요로 하는 그 도시 지도자들의 임금 지불에 일조를 하고 있었다. 그러나 이런 모든 유리한 점을 가지고 있었음에도 불구하고 그런 것들이 훌륭한 BATNA로 전환되지 않았기 때문에 쓸모없는 것이 되고 말았다. 반대로 그 시 당국은 매력적인 BATNA를 가지고 있었기 때문에 세계에서 가장 큰 회사의 하나인 그 회사보다도 협상 결과에 더 큰 영향력을 행사할 수 있었다.

❖ BATNA 개발방법

만약 합의에 이르지 못했을 때 무엇을 해야 할 것인지 열심히 찾아본다면 자신의 입지를 상당히 강화시킬 수 있을 것이다. 관심을 끌만한 좋은 대안들은 가만히 앉아서 기다려 주지 않는다. 많은 경우의 수에 입각하여 BATNA를 개발해야 한다. 가능한 BATNA를 개발하는 것은 다음과 같은 세 가지 작업을 요한다. ① 합의에 이르지 못할 경우 취할 수 있는 행동 목록을 작성하는 것, ② 가능성 있는 아이디어를 개선해서 그것들을 실용적 대안으로 전환시키는 것, ③ 시험적으로 최고의 대안을 고르는 것 등이다.

첫 번째 작업은 목록을 작성하는 것이다. 만약 월말까지 X회사에서 자신에게 만족할 만한 일자리를 제공하지 못한다면 무엇을 해야 할 것인가? Y회사에서 직장을 구할 것인가? 그 외에 무엇을 할 것인가? 노동조합의 경우 그들에게 협상된 합의 이외의 대안으로는 아마도 파업결의, 재계약 없이 계속하는 노동, 60일 간의 파업 통보, 중재 요청 그리고 조합원들에게 요구하는 준법 투쟁 등이 있을 것이다.

두 번째 단계는 자신의 아이디어 가운데 가장 좋은 것을 더욱 발전시켜 그 중 가장 유망한 아이디어를 실현 가능한 대안으로 바꾸는 것이다. 만약 서울 거주자가 부산에서 일할 것을 생각하고 있다면, 적어도 그 곳에서 일자리 하나를 실제로 제안 받는 것으로 바꾸도록 노력하는 것이 더 낫다. 자신의 손에 부산에서 일자리 제의를 받아 쥐고 있다면(또는 반대로 직장을 구할 수 없음을 알았을 경우) 서울에서의 일자리에 대한 장점을 더 잘 평가할 준비가 되어 있는 구체적인 작전상의 행동으로 바꿔야 한다.

BATNA를 개발하는 세 번째 단계는 여러 대안들 중에서 가장 좋은 것을 선택하는 일이다. 만약 협상에서 합의에 이르지 못한다면, 지금 자신이 갖고 있는 실현 가능한 대안들 중 어떤 것을 추구할 계획인지 고민해보고 이러한 노력을 거친 후에 이제 하나의 BATNA를 갖게 되는 것이다. 모든 제안을 이 BATNA에 비교해서 판단하는 것이 좋다. 자신의 BATNA가 좋으면 좋을수록 협상에서 합의의 조건을 개선할 수 있는 협상 능력은 더욱 커질 것이다. 만약 협상이 합의로 귀결되지 않을 때 무엇을 해야 할지를 안다는 것은 협상 과정에서 더 많은 자신감을 불러 줄 것이다. 또 원하는 것이 무엇인지를 정확히 안다면 협상을 결렬시키기가 더욱 쉽다. 협상을 중단해도 좋다는 의지가 크면 클수록 합의안에 반영되어야 할 이해관계와 근거를 더욱 강하게 제안할 수 있을 것이다.

❖ 상대방의 BATNA를 고려하라

상대방의 BATNA도 생각해 보아야 한다. 상대는 합의가 이루어지지 않을 경우 자신이 할 수 있는 것에 대해서 지나치게 낙관적일 수 있다. 어쩌면 그는 매우 많은 대안들을 가지고 있고, 또 대안의 총체적인 영향에 대해 과신하고 있을 지도 모른다. 상대방의 대안에 대해 더 많이 알수록 협상을 더 잘 준비할 수 있다. 상대방의 대안을 알면 협상을 통해 얻을 수 있다고 기대하는 것을 현실적으로 평가할 수 있다. 만약 그가 자신의 BATNA를 과대평가할 것처럼 보이면 그의 기대치를 낮춰 주어야 할 것이다.

상대방의 BATNA는 자신이 상상하는 어떤 공정한 해결책보다 더 훌륭할 수 있다. 우리 자신이 지금 건설 중에 있는 전력회사에서 방출될 유해한 독가스에 대해 걱정하는 지역 공동체의 한 사람이라고 가정해보자. 그 전력회사의 BATNA는 우리의 항의를 전적으로 무시하는 것이거나 공장이 다 지어질 때까지 계속 항의하도록 내버려두는 것이다. 그들이 우리측의 관심사를 진지하게 받아들이도록 하려면 건설허가가 취소되도록 하는 탄원을 제출해야 할지도 모른다. 다시 말해서 만약 그들의 BATNA가 너무 좋아서 협상의 필요성을 느끼지 못할 때 우리는 그들의 생각을 바꾸기 위해 할 수 있는 모든 것을 고려해야 한다.

만약 양측이 모두 매력적인 BATNA를 가지고 있다면, 가장 좋은 협상 결과는 합의에 도달하지 않는 것이다. 그런 경우 자신과 상대가 우호적이고 능률적으로 각각의 이해관계를 증진시키는 가장 좋은 방법은 합의에 도달하려는 노력을 중단하고 각자 다른 방법을 찾는 일이 될 것이다.

▶ 상대방이 우세할 경우

만약 상대방이 강력한 협상 무기를 갖고 있는 경우, 우리는 협상에서 정면 대결하는 것을 원하지 않을 것이다. 상대방이 물리적 또는 경제적 측면에서 강하면 강할수록 이점에 근거해 협상하는 것이 우리에게 더 유리할 것이다. 상대가 협상력을 가지고 있고 우리가 원칙을 가지고 있는 경우라면 협상에서 원칙의 역할이 크면 클수록 우리의 상황이 더 나아질 것이다.

좋은 BATNA를 갖는 것은 협상에서 유리한 위치를 차지하도록 도와준다. BATNA를 개발하고 개선함으로써 가지고 있는 유리한 조건을 효과적인 협상력으로 전환시킬 수 있다. 상대방의 동의에 상관없이 지식, 시간, 돈, 사람, 연줄 그리고 기지 등을 최선의 해결책을 궁리하는데 투자를 아끼지 말아야 한다. 그러면 협상테이블에 보다 쉽고 행복하게 걸어나갈수 있을 정도로 협상 결과에 미칠 영향력은 커진다.

BATNA를 개발하는 것은 단지 자신이 수용할 수 있는 최저의 합의를 결정하도록 할 뿐만 아니라 그 최저 수준을 높여 줄 수도 있으며, 아마 겉보기에 자신보다 더 강력해 보이는 상대방을 다루는 가장 효과적인 방법이 될 것이다.

4. 상대 관심사 확인과 휴식시간의 활용

1) 상대 관심사의 확인

협상에서 기본적인 문제는 갈등의 입장이 아닌 각 측의 요구, 바람, 걱정 그리고 두려움 사이에서의 갈등이 존재한다는 것이다.

협상에서 입장을 설정하고 확인한다는 의미는 "당신은 무엇을 원하는가?"의 질문에 대한 당사자의 대답이다. 만약 스스로 견해를 바꾸지 않을 것이라는 입장을 채택하면, 자신이 사용하는 접근법을 철회해야만 할 때 상당한 체면을 잃을 수 있는 위험을 가지게 된다. 협상에서 수락 가능한 결론에 도달하는 더 효과적인 방법은 관계 당사자들의 관심사를 들여다보는 것이다. 누구든 협상에서의 관심사는 곧 "당신은 왜 원하는가(특정한 결과)?"라는 질문에 대한 대답이다.

▶ 자신의 관심사에 대해 조사한다

협상에서는 "왜?"라고 물을 때 많은 문제들이 발생한다. 그 대답은 달성될 필요가 있는 이익의 기대보다는 당사자의 입장에 대한 정당화일지도 모른다. 만약 "당신은 왜 원하는가?" 에 대한 대답이 "회사의 최고 관심사이기 때문에"라면, 그의 대답은 자신의 입장을 정당화시키지만 그것이 내재하고 있는 관심사를 사실상 설명하고 있지는 않다. 어떤 관심사가 중심에 있는지를 배우기 위해서는 "그 접근법은 당신이 찾고 있는 것을 어떻게 달성할 것인가?" 하는 방식으로 질문을 할 필요가 있다. 이런 접근법을 통해 우리는 연관된 이익에 비추어 볼 때 어떤 접근법이 더 많은 약속을 제공해 주는지를 들여다 볼 필요가 있다. 또는 만약 우리가 그렇게 하기로 동의한다면 자신의 어떤 목표로 그것을 만족시킬 것인가?

▶ 우리자신의 관심사를 이해한다

협상에서 자신의 관심사를 이해하는 것은 매우 어려운 일이다. 누구나 자신 스스로는 가장 좋은 사람이라고 생각하는 경향이 있기 때문에 "만약 내가 원하면, 그것은 최고의 해답이 되어야만 한다."는 생각의 함정에 빠지기가 쉽다. 그러나 자신이 무언가 하기를 원하는 방식이 최고의 접근법인지, 또는 협상의 다른 측의 관점을 취하는 것이 더 나은 결과로 이끌어 줄지를 자신에게 물어 볼 필요가 있다. 하지만 이것이 쉽지는 않다.

대부분의 경우 이익에 관심을 집중하다 보면 결과에서 아주 큰 차이를 가져오기 쉽다. 예를 들어 냉장고를 살 때 자신의 기준에 맞는 한 가지 모델만을 찾지만 자기 기준에 맞거나 혹은 더 나은 것이 있을 수도 있다. 한 가지의 특정한 결과를 들여다 보는 것보다는 자기의 관심사를 들여다보고 그런 다음 어떻게 자신의 관심사를 다룰지에 관해서 열린 마음을 유지하면, 협상의 목적을 이루는 데에 여러 가지 방법이 있다는 것을 발견하게 될 것이다.

우리는 어떻게 관심사를 인지할 수 있을까? 관심사를 인지하는 것은 협상에서 제일 힘든 부분 중의 하나이다. 우리 자신의 관심사를 인지하는 것은 도전일뿐만 아니라 지적으로 협상할 수 있는 우리 능력의 열쇠이다. "내 목적을 이루기 위해서 얼마나 많은 방법이 있는지, 그리고 이 대안에는 어떤 원하는 결과가 공통적으로 있는가?"하고 자신에게 물어본다. 희망했던 결과들 중에서 공통된 특징을 찾아내면 자신의 관심사에 관하여 더 많은 것을 이해할 수 있다. 다른 접근법은 "나의 목표가 달성되지 않은 경우, 나에게 올 수 있는 부정적인 것들을 찾아낸 경우, 자신이 추구하고 있는 관심사의 명확한 그림을 얻기 위해 부정적인 것들과 자신이 놓치고 있는 긍정적인 결과들을 서로 바꾸어 놓아보는 일이다.

2) 휴식시간의 활용 : Out of the Table

협상 진행시 의사소통의 결렬, 분노와 불신의 확대, 입장의 대립과 타협 거부, 최후통첩의 제시 등 양쪽 모두에게 불만족스러운 옵션에 봉착할 수 있다. 이렇게 되면 생산적인 대화는 중단된다. 협상가들은 계속 대화를 하지만, 상대에게 받아들이기 힘든 입장과 비협력적인 행위에 대해서만 말하게 된다. 그리고 위기상황이 도래하면 협상가들은 협상을 멈추고 잠시 휴식을 갖거나 흥분을 진정시키고 다음 날 다시 만나기로 해야 한다. 이런 휴식이 없이 협상을 계속 진행하다 보면 만족할 수 있는 합의점을 찾기 어렵다. 그러나 이들이 휴식 후 다시 논의할 방법이 있다고 개인적으로 생각할지 모르나 화해 방법을 알지는 못한다.

이 장에서는 외부의 도움 없이 협상가들이 스스로 시도할 수 있는 방법을 통해 생산적인 대화로 복귀하는 과정을 검토해 보았다. 이들이 할 수 있는 방법을 아래에 제시하였다.

- ▶ 격한 감정을 냉각시키기 위해 시간을 두거나, 감정과 느낌에 대해 말하거나, 갈등을 단계적으로 축소시킴으로써 자신과 상대를 격리하여 긴장을 완화한다.
- ▶ 역할 바꾸기를 통해 상대의 입장이 되어봄으로써 의사소통의 정확성을 향상시킨다.
- ▶ 새로운 쟁점이 추가되지 않도록 쟁점의 수를 통제하고 큰 쟁점은 작게 나눈다.
- ▶ 공통적인 입장, 양쪽의 협상가가 자신의 목적을 성취할 수 있도록 쟁점을 정의하는 방법(호혜적 틀), 협상가들을 공통의 목적으로 통합할 수 있는 상위의 목적을 다시 한 번 상기시킨다.
- ▶ 각자 자신이 원하는 선택사항을 다시 구성함으로써 상대의 마음에 더 들도록 한다.

여기서 우리가 제안하는 수단들을 폭넓게 응용할 수 있을 것이다. 교류가 정지되었거나 쟁점이 지나치게 많을 때 협상가들은 이런 수단들을 사용할 수 있다.

이들 대처 방법과 처방 중에 어느 하나도 만병통치약과 같은 것은 없다. 각각 주요 상황과 관련된 협상가들의 요구사항과 한계에 따라 적절히 선택해야 하고 응용해야 한다. 대립에 따른 협상결렬, 특히 영향력이 크거나 중요한 합의에서 협상이 결렬되는 경우 휴식을 취해야 한다는 것을 반드시 기억해야 한다.

📋 협상과 발코니(Don't React : Go to the Balcony)

어려운 상황에 맞닥뜨렸을 때 합리적인 생각을 거치기도 전에 즉각적으로 반응하며 반사적으로 거부하게 된다. 이런 반사적 반응은 크게 세 가지 유형으로 나눌 수 있다. '이에는 이, 눈에는 눈'이라는 식으로 상대의 반응에 대해 그에 상응하는 극단적인 입장(되받아치기)을 보이거나, 협상 결렬을 의식해 차라리 상대의 의견을 따르거나(양보하기), 아예 상대하기 어려운 사람이나 조직과 관계를 끊어버리는 것이다(단절하기).

그러나 반사적으로 반응하면 결국 작용과 반작용의 비생산적인 악순환의 고리가 만들어지게 된다. 이를 끊어버려야 한다. 발코니(잠시 떨어져서 혼자만의 시간을 가질 수 있는 공간)로 갔다고 상상하고, 제 3자가 되어 쌍방의 갈등을 차분하게 평가할 수 있게 해라. 잠시 말을 멈추고 침묵해라. 그리고 이전에 한 말을 음미해 보면서 대화의 속도를 늦추라. 생각할 시간이 더 필요하다면 휴식시간을 가져라. 그리고 중요한 결정은 즉석에서 내리지 마라. 협상에서 가장 큰 적은 바로 나 자신의 성급한 반응이나. 나중에 후회할 양보를 하는 사람은 다름 아닌 나 자신이기 때문이다.

(출처 : 윌리엄 유리의 돌부처의 심장을 뛰게 하라 中)

5. 본 협상 단계 전략의 실제

본 협상은 협상 당사자들 간의 협상이 시작되고, 진행되고, 종결되는 단계로 구성되어 있다.[144] 아래에서는 본협상의 단계별 주요 내용 및 고려사항들을 살펴보기로 한다.

1) 본협상의 시작단계(beginning phase)

협상 당사자들이 협상장소를 정한 후, 협상의제(주제) 또는 이슈 등에 논의를 시작하는 첫 만남(first meeting)이 이루어진다. 협상 당사자들은 비즈니스협상의 성격에 따라 협상팀 또는 단독협상자를 협상장으로 파견한다. 첫 만남에서의 주요 고려사항은 다음과 같다.

> ◆ 우호적 협상 분위기의 조성 : 대부분의 협상은 협상 당사자들이 그들에게 유리한 방향으로 협상을 주도하려고 하기 때문에 첫 만남부터 긴장이 고조되고, 갈등이 야기될 수 있다. 협상 당사자들은 이러한 긴장된 분위기를 누그러뜨려 협상분위기를 우호적으로 만들어야 협상을 순조롭게 진행시킬 수 있다는 것을 인식할 필요가 있다. 협상장에서 가장 먼저 해야 할 일들 중의 하나는 협상 당사자들 간의 냉랭한 얼음과 같은 분위기를 깨는 아이스브레이킹(icebreaking)이다.[145] 이것은 새로운 사람을 만났을 때 나타날 수 있는 어색하고 서먹서먹한 분위기를 깨뜨리는 것을 말한다. 협상 당사자들 간에 우호적이고 협동적인 분위기를 조성하기 위하여 서로의 협상 상대방에게 건네는 우호적인 인사, 유머 또는 농담 등을 통하여 아이스브레이킹이 성공적으로 이루어질 수 있다.

> ◆ 최초 제안의 중요성 인식 : 본협상의 첫 만남에서 협상이 바로 타결되는 경우는 거의 없다. 그러므로 첫 만남에서 협상의 주도권을 확보하기 위하여 협상 당사자들은 최초 제안의 중요성에 대해 관심을 갖게 된다. 즉, 협상 당사자들 중에 누가 먼저 최초 제안을 하는가에 대한 문제도 중요한 사항이 될 수 있다. 협상상황에 따라 첫 만남에서 최초 제안이 이루어지지 않을 수 도 있다. 최초 제안은 기싸움의 성격이 강하며, 향후 협상에서 서로에게 유리한 입지를 확보하려는 수단으로 활용될 수 있다.

> ◆ 협상 상대바의 협상 권한의 확인 : 협상의 준비단계 또는 첫 만남에서 최종협상권한을 누가 갖고 있는지를 파악하는 것이 중요하다.[146] 예를 들면, 우리 측의 협상자는 최종 협상 권한을 갖고 있는데 반해, 첫 만남에 참석한 협상 상대방이 최종 협상 권한을 갖고 있지 않다면, 최종 협상 권한을 가진 상대방 측의 협상자가 협상에 참석할 것을

---

144) Rojot, J.(1991), p. 188 이하
145) 김병국(2009), p. 212 이하.
146) 박노형(2007), p. 155 이하

요구해야 한다. 최종 협상 권한이 없는 협상 상대방과 협상을 지속한다면, 우리 측의 협상자는 향후 협상의 진행 중에 또 다른 협상 상대방과 다시 협상을 시작하게 되는 비효율적인 상황ㅇ직면하게 된다.

2) 본 협상의 진행단계(middle phase)

본 협상의 진행단계에서는 본격적으로 협상이 진행되며, 협상 당사자들 간에 제안 (proposal)과 대응 제의(counter-proporal),수정 제안과 수정 대응 제의 등의 절차를 거치면서 협상의제 또는 이슈에 대한 반복적이고 지속적인 협의가 이루어진다.[147] 이 단계에서는 협상 당사자 간의 정보교환과 설득이 중요한 역할을 한다.

(1) 정보교환과정

◆ **정보교환(information exchange)** : 성공적인 협상을 이끌어가기 위해서는 협상 상대방에 대한 정보수집이 매우 중요하다. 사전협상의 단계에서 수집되고 분석된 정보는 본협상에서 유용하게 활용될 수 있다. 만일 우리 기업이 협상 상대방과 관련된 더 많는 정보를 확보하고 있다면, 협상은 우리 기업에게 유리한 방향으로 진행될 수 있다. 또한 본협상이 진행되는 과정에서도 지속적인 정보는 협상 당사자 간의 정보교환은 협상의 흐름에 큰 영향을 미칠 수 있다. 다음과 같은 질문들을 통하여 본협상의 진행단계에서 협상 상대방에 대한 정보를 추가적으로 수집할 수 있다.[148]

- 예산규모와 최후의 양보선은 어디인가?
- 협상 권한과 조직 내의 역학구도는 어떠한가?
- 어떠한 경쟁구도로 협상을 진행하려고 계획하고 있는가?
- 어떤 시간 계획으로 협상을 진행하려고 하는가?
- 얼마나 협상타결을 필요로 하는가?
- 왜 우리와 협상을 하려고 하는가?

본협상이 진행되는 과정에서 협상 당사자들 간의 커뮤니케이션은 대화뿐만 아니라 프리젠테이션(presention)을 통하여 이루어질 수 있다. 협상 상대방을 효과적으로 설득하기 위해서 다음과 같은 측면들을 고려하는 체계적인 프리젠테이션이 필요하다.[149]
- 협상의 목표를 구체적으로 세운다.
- 협상 상대방에 대한 강점, 약점, 기회 및 위협에 대하여 분석한다.

---

147) 백종섭(2015), p.86;Rojor, J(1991),p. 191
148) 김병국(2009), p.218 이하.
149) 전게서, p.223.

- 협상 상대방이 가장 중요하게 생각하는 핵심가치를 파악한다.
- 협상 상대방이 핵심 가치와 행동의 불일치를 찾아낸다.
- 협상 상대방의 행동이 핵심가치와 일치되도록 설득한다.

(2) 설득의 과정

❖ 설득(persuasion) : 이것은 본협상에서 대회를 나누고, 커뮤니케이션을 수행하기 위하여 협상자가 정보를 있는 그대로 전달하지 않고 협상 상대방의 관점에서 정보를 가공하여 전달하는 것을 말한다.[150] 즉, 설득은 협상자가 협상 상대방에게 있는 그대로의 정보를 제공하는 설명(explanation)과는 다른 관점에서 이루어져야 한다. 설득에 영향을 미치는 요인들은 다음과 같이 요약될 수 있다.[151]

- 정보 발신자의 신뢰로 : 누가 협상 상대방에게 정보를 제공하는가에 제공되는 정보의 신뢰수준이 달라질 수 있다. 일반적으로 정보 발신자의 지위가 높을수록 정보의 신뢰도가 높아진다. 메세지의 내용 : 협상 상대방과 우리 기업의 차이점보다는 공통점을 부각시킬 수 있는 메시지를 제공할 경우, 협상 상대방은 더욱 쉽게 설득될 수 있다. 즉, 협상 상대방의 입장에서 전달해야 할 메시지가 가공되어야 한다.
- 설득의 방법 : 적절한 언어와 목소리(톤) 및 정보전달의 방법(예를 들면, 말만하는 숫자 설명이 아닌 도표나 그림으로 보여주는 경우 설득이 잘 될 수 있음)을 어떻게 선택하는가에 따라 설득의 효과가 달라질 수 있다.

3) 본협상의 종결단계(end phase)

본협상의 종결단계는 협상이 마무리되는 단계를 말하며, 이 단계에서는 협상이 최종적으로 타결이 되거나, 아니면 결렬될 수 있다. 본협상의 종결단계에서는 다음과 같은 측면들이 중요하게 고려되어야 한다.[152]

❖ 합의의 도출 : 협상의제 또는 이슈에 대한 협상 당사자들의 간의 최종 합의가 도출되어야 한다. 일반적으로 이러한 협상타결의 결과는 문서(예를 들면, 협상 체결문 또는 협상 합의문)로 작성하여 서로 교환하며, 경우에 따라서 법적인 효력을 높이기 위하여 공증을 받기도 한다. 합의문에는 합의된 모든 사항들이 포함되어야 하지만, 향후에 협상 당사자들 간에 일어날 수 있는 분쟁에 대비하여 분쟁해결방법 또는 규정에 대한 내용도 포함시켜야 한다.[153] 또한 합의문에 기록된 모든 사항들이 실행이 되어

---

150) 강영문(2010), p.119 이하.
151) 전게서, p.120이하
152) 백종섭(2015), p.88이하
153) 박노형(2007), p.203.

야만 협상이 온전하게 종결된다.

❧ **협상의 결렬** : 협상 당사자들 간의 의견의 차이로 인하여 협상이 결렬될 가능성은 항상 존재한다. 협상이 결렬될 경우, 협상 당사자들은 어느 정도 시간을 두고 조정 또는 재협상을 할 수도 있고, 제3장가 개입되는 중재를 선택할 수도 있다.

4) 본 협상의 전략

앞서 논의한 사전협상의 전략과 동일한 관점에서 본협상의 전략을 살펴보기로 한다. 즉, 아래에서는 '책략으로서의 전략(예를 들면, 전술, 방법, 기법 또는 테크닉 등)'의 관점에서 본협상과 관련된 다양한 전략을 검토하기로 한다.

(1) 협상전략의 종류

갈등관리에서 살펴본 이중이해관계 모형을 응용하여 살펴보면 협상전략은 결과에 대한 관심도(자기주장)와 관계(상대배려)에 대한 관심도를 기초로 하여 5가지로 구분될 수 있다. 즉, 두 가지 종류의 관심도를 기초로 협상전략이 분류되기 때문에 이것을 '이중이해관계 모형'이라고 한다. 이중 이해관계와 5가지 협상전략을 구체적으로 살펴보면 다음과 같다.[154]

❧ **회피전략(avoiding strategy)** : 이것은 관계와 결과에 대한 중요도가 모두 낮고, 자신과 상대의 이익에 대한 관심도가 모두 낮은 경우에 해당되는 전략이다. 이 전략은 상대에게 협상을 하지 않겠다고 하거나 협상을 고의로 지연시키는 것이다. 이 전략을 선택하는 상황은 다음과 같다.

• 협상 이외의 대한이 있을 때
• 협상이익과 상대와의 관계가 큰 의미를 없을 때
• BATNA가 더 좋은 결과를 가져올 수 있을 때

❧ **양보전략(accommodation strategy)** : 이것은 관계에 대한 중요도와 상대의 이익에 대한 관심도가 높고, 결과에 대한 중요도와 자신의 이익에 대한 관심도가 낮은 경우에 선택되는 전략이다. 이 전략은 자신의 실질적 성과보다는 상대방의 관계의 질을 유지하거나 개선하는 것이 좋다고 생각될 때 추구된다. 이 전략을 선택하는 상황은 아래와 같다.

• 단기 손실이 있더라도 장기 이익이 기대될 때
• 협상 상대와 더 깊은 상호 의존관계가 필요할 때
• 적대적이었던 관계를 개선할 필요가 있을 때

---

154) 윤홍근/박상현(2010), p.172 이하.

- 협상결과에서 이익을 취하는 것이 관계를 심각하게 악화시킬 때
- 협상목표가 관계 개선에 초점을 맞추고 있을 때

▶ **경쟁전략(competitive strategy)** : 이것은 결과에 대한 중요도와 자신의 이익에 대한 관심도가 높고, 관계에 대한 중요도가 상대의 이익에 대한 관심도가 낮은 경우에 채택되는 전략이다. 이 전략은 자신의 실질적 성과를 최대화하는 것이 중요하고, 상대방과의 관계를 고려할 필요가 없다고 판단할 때 선택된다. 이 전략을 선택하는 상황은 다음과 같다.
- 장래에 다시 협상할 가능성이 없는 일회적인 협상일 때
- 장래의 관계가 크게 중요하지 않을 때
- 과거부터 관계를 맺어오긴 했지만 그 관계가 큰 의미가 없을 때
- 상대가 이미 대결전략을 사용해 왔을 때
- 상대가 협상에 진정성을 갖고 임하지 않을 때

▶ **협동전략(collaborative strategy)** : 이것은 관계와 결과에 대한 중요도가 모두 높고, 자신과 상대의 이익에 대한 관심도가 모두 높은 경우에 추구되는 전략이다. 이 전략은 실질적 성과와 관계유지가 모두 중요하다고 판단할 때 채택된다. 이 전략을 선택하는 상황은 다음과 같다.
- 자신과 상대의 이익이 모두 중요할 때
- 상대와의 관계가 큰 의미가 있을 때
- 문제해결이 시급하게 요구될 때

▶ **절충전략(compromising strategy)** : 이것은 관계와 결과에 대한 중요도가 모두 중간 정도이고, 자신과 상대의 이익에 대한 관심도가 모두 중간 정도인 경우에 선택되는 전략이다. 이 전략은 협동전략이 선택되기 어려울 때, 그리고 어느정도의 결과를 추구하거나 관계를 유지하려고 할 때 채택된다. 이 전략은 선택하는 상황은 아래와 같다.
- 협동전략이 불가능할 때
- 당사자들 간의 관계가 너무 복잡하고 어려울 때
- 협력관계가 곤란하거나 상대와의 관계가 지나치게 긴장상태여서 협력관계가 쉽지 않을 때
- 협력전략을 채택하기에는 시간이 부족하고 필요한 자원도 부족할 때
- 협상 당사자가 관계와 결과 모두에게 전부가 아니더라도 조금이라도 이익을 확보하려 할 때

(2) 본 협상의 전략

아래에서는 본 협상의 단계에서 협상자가 선택할 수 있는 기본적 전략을 제시한다.[155]

◆ 전체 의제를 상정함 : 협상이 시작되면 협상에서 논의될 전체 의제를 상징하는 것이 중요하다. 또한 협상을 시작하기 전부터 상대방의 의제상징의 의도를 적극적으로 파악할 필요가 있다. 전체 의제를 상정하더라도 협상의 막바지에 이르게 되면 추가 의제가 상정될 수도 있으므로 아울러 이에 대한 대비가 요구된다.

◆ 첫 제안의 원칙을 고려함 : 첫 제안을 위해서 철저한 준비를 하여야 한다. 준비되지 않을 첫 제안을 하게 되면, 협상 상대방에게 우위를 뺏기는 상황이 발생할 수도 있다. 첫 제안을 누가 먼저 하느냐에 대한 논란은 있을 수 있지만, 협상준비가 잘 되었다면 상대방보다 내가 먼저 하는 것이 좋을 수 있다. 먼저 제안한 당사자의 의견이 협상의 시작기준이 될 수 있기 때문이다. 상대방이 먼저 첫 제안을 하는 경우, 그 제안의 수준이 긍정적 또는 부정적인가에 따라 협상결과의 도출속도에 영향을 미칠 수 있다. 상대방의 첫 제안을 받아들이면 처음부터 상대방이 너무 낮은 수준의 제안을 했다면 후회를 하게 만들 수 있고, 시작부터 상대방이 불만스러워 할 수 있다. 향후의 협상이 진행되는 동안 적절한 밀고 당기기를 하면서 협상자는 첫 제안을 받아들이거나 첫 제안보다 더 나은 결과를 도출하는 것이 바람직하다.

◆ 첫 번째 양보는 과감하게 하되, 그 이후의 양보는 현저히 줄임 : 첫 제안에서 높게 시작했다면, 첫 번째 양보는 과감하게 할 필요가 있다. 그러나 그 이후의 양보는 상황에 따라 조금씩 하는 것이 우리 측에 유리하다. 하지만 양보는 협상 당사자들이 서로 주고받는 상호주의의 관점에서 이루어져야 한다.

◆ 질문의 수준을 고려함 : 내가 대답하기 곤란한 것은 상대방에게도 질문하지 않는 것이 유리하다. 이러한 질문을 하는 과정에서 역으로 나올 수 있는 상대방의 공격적 질문이 우리 측 협상자를 당황하게 만들 수 있고, 우리 측의 답변이 상대방에게 유리한 상황을 제공할 수도 있다.

◆ 아직 일어나지 않는 일까지 합의함 : 일반적으로 협상의제 또는 이슈는 현재의 관점에서 상정되는 경향이 있다. 이러한 협사의제 또는 이슈가 타결되거나 해결되더라도 이래 시점에서 일어날 수 있는 일을 미리 예측하여 합의를 이끌어내는 것이 중요하다.

◆ 불확실한 큰 것보다는 작지만 확실한 것들을 선택함 : 협상이 시작되고 진행되는 과정에서 협상자는 작지만 확실한 것들에 대하여 일단 먼저 합의를 하고 협상에 임해야 한다. 불확실하고 큰 것에 대한 합의는 많은 시간이 걸릴 수 있으므로 협상자는 무리하지 않고 차분하게 협상에 임할 필요가 있다.

---

155) 이진주 역,Tanihara, M. 저(2010).p.82 이하; 조자현 역, Thompson, L. 저(2010), p.115 이하; 김병국(2009), p.230 이하; 김정수 역, Karrass, C.L. 저(2007),p.263 이하; 이현우 역, Thsmas, J.C.저(2007), p.49 이하.

◆ **협상의 마감시한을 활용함** : 협상의 마감시한을 협상 당사자들이 정하지 않았다면, 자신의 협상 마감시한을 상대방이 알게 해서는 안 된다. 상대방에게 이것이 알려지면 불리하게 압박을 받는 상황에 노출될 수 있다. 상대방에게 이것이 알려지면 불리하게 압박을 받는 상황에 노출될 수 있다. 만일 우리 측의 협상자가 상대방의 마감시한을 알고 있다면, 시간을 끌면서 상대방을 초조하게 만들어 우리 측에 유리한 협상 결과가 도출될 수 있도록 이를 이용한다. 또한 협상의 마감시한이 임박해오면 협상결렬에 대한 공포가 협상을 서둘러 끝내게 하는 계기를 만들기도 한다.

협상 단계별 전략적 접근 : 사후협상 단계의 전략

1. 사후협상

앞서 간략히 언급한 바와 같이 사후 협상은 본협상이 종결될 이후 협상의 결과에 대하여 최종적으로 정리하는 본협상 이후의 단계를 의미한다. 특히, 이 단계는 다음과 같은 두 가지 중요한 이슈와 관련되어 있다.[156]

◆ 합의의 이행(implementation) : 협상 당사자들 간에 합의된 사항이 법적인 공증을 받고, 협상 당사자들이 속한 기업 또는 조직의 최고경영자 또는 관리자로부터 합의문이 승인되었을지라도 본협상 이후의 단계에서 합의가 약속대로 이행되었는가를 확인하는 것이 중요하다. 만일 합의가 약속한대로 이행되지 않았다면 협상 당사자들이 다시 만나서 협상해야 하는 상황이 발생할 수 있다.

◆ 협상수행의 결과보고(debriefing) 및 평가(evaluation) : 본협상이 계획하고 준비한대로 잘 수행되었는가를 확인하고 검토하기 위해서는 협상 전반에 대한 결과보고 및 평가가 이루어져야 한다. 특히, 결과보고는 다음과 같은 두 가지 측면과 관련되어 있다.

• 결과(results) : 협상목표의 달성 여부, 협상전략 전술의 성공적 수행 여부, 당면한 문제와 해결 가능성, 예측하지 못한 사건의 발생, 협상 상대방과의 관계(변화 또는 개선) 등에 대한 결과가 최종적으로 피드백 과정을 거쳐야 한다. 이러한 결과를 검토함으로써 향후에 보다 효과적이고 효율적인 협상이 수행될 수 있다.

• 과정(process) : 협상력의 발휘 여부, 정보의 정확성, 협상조건의 실현 여부, 협상과정에서의 양보의 적절성, 협상 당사자들이 겪은 조직 내부적 문제점 발생 여부, 협상 스타일의 적합성, 협상팀의 문제점 발생 여부, 협상과정의 계획과 관리에 대한 융통성 발휘 여부, 협상 상대방 및 조직의 협상 스타일의 학습 여부 등과 같은 협상과정에 대한 다양한 측면들이 분석 또는 검토되어야 한다.

---

156) Rojot, J.(1991), p.195 이하

2. 사후협상의 전략

앞서 사전협상과 본협상과 관련된 전략에서 설명한 바와 같이 사후협상의 전략에서는 협상 이후에 협상 당사자들이 취할 수 있는 몇 가지 '책략으로서의 전략(예를 들면, 전술, 방법,기법 또는 테크닉)'에 대하여 논의하기로 한다.[157)

- ◆ **일방적 계약파기** : 본협상을 통하여 합의한 협상결과가 환경(상황)의 변화 때문에 이행할 수 없다면 일방적으로 파기하는 것이 바람직하다. 그러나 협상파기로 인하여 협상 상대방에게 손해를 발생시킨다면, 이러한 기업 또는 조직은 이에 대한 법적 책임을 질 각오를 해야 한다.

- ◆ **계약의 성실한 이행** : 본협상을 통하여 합의한 협상결과는 반드시 이행되어야 한다. 앞서 살펴본 일방적 파기의 상황에 해당되지 않는다면, 협상 당사자들은 계약을 성실히 이행하여 협상의 성과를 극대화시켜야 한다.

- ◆ **재협상의 시도** : 협상 당사자들이 최종적으로 합의한 협상일지라도 문제점이 발견되거나 어느 일방에게 불리하게 작용할 가능성이 높을 경우에는 재협상을 시도하는 것이 바람직하다. 협상 합의문에 재계약 관련 조항을 추가하여 협상을 타결한다면, 협상 당사자들은 큰 부담 없이 재협상을 할 수 있다.

- ◆ **관계형성으로의 협상** : 협상 이후의 단계에 협상 당사자들이 재협상을 하는 경우, 협상 당사자들 간의 관계형성이 중요한 문제로 부각된다. 이러한 관계형성은 본협상의 단계뿐만 아니라 협상 이후의 단계에서도 협상 당사자들의 만남(협상장)과 커뮤니케이션(예를 들면, 전화 이메일 SNS 등)을 통하여 우호적인 방향으로 촉진될 수 있다.

- ◆ **추가 협상 및 정기적 협상의 준비** : 협상이 최종 타결되었더라도 협상 당사자 간의 합의에 근거하여 추가 협상이 수행될 수 있기 때문에 이에 대한 준비가 요구된다. 또한 협상이 정기적으로 이루어지는 경우(예를 들면, 노동조합과 사용자 간에 매년 정기적으로 개최되는 임금협상)를 대비하여 협상 당사자들은 다음 협상을 준비하여야 한다. 특히, 추가 협상과 정기적 협상은 새로운 협상이라는 관점에서 준비되고 수행되어야 한다.

---

157) 김기홍(2017), p.152 이하;김병국)(2009), p.310 이하

제 **9** 장

국제협상과 전술

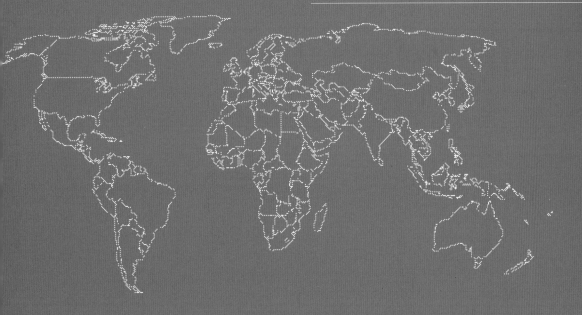

국제협상 상황의 전략

1. 전통적인 국제경제학 및 협상 분석론적 접근과 협상전략

1) 국제협상에 대한 시각

국제경제학과 협상분석론(negotiation analytic approach)관점에서 협상당사자간의 선호차이 혹은 국가간 부존자원의 차이가 교역을 통한 이득의 근원이 된다고 주장하고 있다. 협상은 이러한 교역으로부터 잠재적 이득을 실현하는 과정으로써 이들은 효과적인 협상전략으로서 통합적인 협상(integrative bargaining)을 제안하고 있다. 앞서 살펴본바와 같이 통합적인 협상에서는 당사자간 근원적 관심사항, 위험 및 시간에 대한 선호 또는 미래에 대한 예측 등에 있어서의 차이를 절충 과정을 통하여 해결함으로서 당사자 모두가 이득을 실현할 수 있다고 보고 잇다.

아울러 심리학과 사회학적 관점에서의 접근은 국가간 협상자의 문화적 차이가 협상자들간의 효과적인 상호작용을 저해하는 요인이 되어 가차창조를 방해한다고 주장하고 있으며, 협상자간 차이의 딜레마를 해결하는 것이 협상의 효율성을 제고하기 위한 전략의 요체로 보고 있다.[158]

2) 협상전략

협상에 대한 통합적 접근방식에서는 Trade-off 과정을 중시하고, 문화적 차이를 단순 인식의 차이로 보고 있다. 국제협상에서 통합적 협상 전략의 필요성은 사실이나 협상자의 문화에 대한 경시는 비효율적인 측면이 있다고도 볼 수 있다. 그이유는 다음과 같다.

❥ 문화에 대한 정보는 협상자들을 상호간 문화적으로 적절하며 이해될 수 있는 통합적 전략을 사용할 수 있도록 한다.
❥ 협상자의 문화에 대한 정보는 개인에 대한 지식을 확보하기 위한 기초가 됨.

---

158) 곽노성, 전게서

2. 차이의 딜레마(심리학 및 사회학적 접근과 협상 전략)

1) 발생 원인

차이의 딜레마가 발생하는 원인은 다음과 같이 정리하여 볼 수 있다.

① 당사자간 차이가 크기 때문에 협상성과를 제고할 수 있는 상호간의 매력을 저해

② Schema[159]의 차이

③ Scripts[160]의 차이로 인한 의사소통의 방해

④ 배경의 차이로 인한 경쟁관계 유발

⑤ 협상의제보다 절차에의 치중으로 인한 가치창조의 방해

2) 국제협상의 실현과 장애요인

국제협상의 장애요인으로 크게 개인적 차원과 사회적 차원으로 살펴볼 수 있다. 첫째 개인적 차원의 장애 요인이 발생하는 원인으로는 ① 당사자 상호간의 매력의 부족, ② 협상자간 서로 다른 관점 및 ③ 당사자간 서로 다른 행동 계획을 들 수 있으며, 두 번째로 사회적 차원의 장애 요인으로는 체제의 복수성과 상대방 정부 및 관료체제와의 협상에서 나타나는 차이의 딜레마를 들 수 있다.

3. 이중렌즈 접근법(DLA) : 통합론적 협상전략

협상전략적 관점에서의 문화적 차이 접근법은 '로마에 가면 로마법을 따르라'로 대변할 수 있다. Weiss(1994)는 문화에 대한 친밀도에 따른 8가지 문화반응적인 협상전략 제안하였으며, 이러한 Weiss의 상황대응적모형은 국제협상에서 일률적인 협상전략을 사용할 수 없음을 시사한다고 할 수 있으며, 당사자의 상대방 문화의 규범과 제도에 대한 이해를 기반으로 기존의 통합적 협상전략을 활용하는 일종의 통합론적 협상전략이라고 할 수 있다.

이러한 통합론적 협상전략이 국제협상 성과제고에의 이점으로는 상대방 예측에의 기초적인 이해 제공하여줄 수 있다는 것이며, 추가적으로 상대방의 개인적인 차원을 이해하기 위한 맥락제공하여 준다고 볼 수 있다.

이중렌즈 모형이 제공하는 협상전략은 다음과 같이 정리하여 살펴볼 수 있다.

(1) 당사자간 여러 수준에서 다양한 형태의 차이가 있을 수 있음을 인정할 것

---

159) 특정문화 속에 속한 협상자들이 이전의 경험에 근거하여 형성된 사고와 기대
160) schema와 같은 근거로 가지게 되는 행동계획

(2) 당사자간 선호와 능력에 있어서의 차이를 절충과정을 통하여 해결할 것

(3) 상대방의 관점을 충분히 이해하였는지 확인하기 위한 질문을 할 것

(4) 상대방의 협상행동 저변에 있는 의미를 탐구할 것

(5) 특정 사회체제의 옳고 그름에 대한 논쟁을 피할 것

(6) 상대방 정부의 관료체제와의 상호작용에 대비한 준비를 할 것

4. 협상에서의 전략과 전술의 의미와 윤리성

협상에서 전략(strategy)은 목적을 달성하기 위한 계획(plan and scheme)에서 기본적인 방향(direction)과 정책이나 방침(policy)을 포괄한다. 전술(tactics)은 전략을 성취시키게 해주는 방법(methods)과 수단(means), 도구(tools)이다. 전략은 일관되어야 하고 하나 또는 두 개, 많아야 세개를 넘어설 수 없고 규모가 큰 것이어야 한다. 아울러 변화가 없어야 하고 변화를 갖고자 한다면 목적의 변화가 전제로 되어야 한다. 반면에 전술은 다양해야 하며 변화무쌍해야 한다. 뿐만 아니라 전술과 전술 간에는 서로 모순되고 충돌하여 상대방이 도무지 감을 잡을 수 없을수록 전술은 탁월하고 효과가 클 수 있다. 교묘하면 할수록 전술은 빛이 나게 마련이다. 상대방에게 가장 잘 먹히는 전술이 무엇인지 협상전에는 잘 알수 없기 때문에 가능한 한 많이, 교묘하게 준비하여 시험해보아야 하고 그래야 상대방을 혼란에 빠뜨리는데 유용하다.

협상에서 규모에 따라 전술이 전략이 될 수도 있다. 규모를 크게 하면 전술이던 것이 규모를 작게하면 정책이나 방침이 되어버리기 때문에 전략이 되어 버린다. 전략과 전술은 고정되어 있는 것이 아니다. 목적을 달성하기 위한 전 과정에서 크게 보면 한두 개, 또는 두세 개의 전략이 존재할 수 밖에 없고, 중간 과정에서 작은 목표를 세우고 그 목표를 달성하기 위한 전략을 세우다 보면 전 과정에서 크게 보았을 때 전술이던 것이 중간 과정에서 작은 목표를 달성하는 데는 전략이 될 수 있기 때문이다. 협상에서 전략(strategy)의 유형은 크게 몇 가지로 나눌 수 있다.

1) Not to give now and take now 전략

아예 주지 않거나 주더라도 가능한 한 적게 주려고 하는 약자의 생떼와 억지, 똥뱃짱, 거부 등 얻기만 하려는 전략이다. 예를 들면 북한의 협상방식이나, 우루과이라운드에서 미국의 영화개방 압력에 대해 프랑스가 완강하게 거부했던 협상 등이다.

2) Give now and take now 전략

한마디로 타협이 빈번한 거래를 말한다. 온갖 술수와 술책, 속임수가 횡행하는 아수라장의 비즈니스 세계를 말할 수 있다. 대부분의 협상이 여기에 해당된다. 미국, 중국, 일본, 북한등의 협상 방식으로부터 적극적으로 배워야 할 필요가 있다.

3) Give now and take later 전략

한마디로 투자를 말한다. 장래의 이익, 관계 활용을 위한 배려, 양보와 타협, 혜택부여 등이 이에 속한다. 고차원적인 계산과 모험이 전제가 되어야 하며, 거래와는 전혀 다른 모습을 보인다. 비즈니스와 국제관계에서는 그리 흔하지 않으며, 정책적, 정치적 고찰이 전제가 되어야 한다. 예를 들면 현재 미국의 대 테러와의 전쟁에 대한 일본의 태도 등을 들 수 있다.

4) Give now and take all later 전략

사랑과 박애, 자비가 전제가 되어야 하며 승화하면 종교가 된다. 일상생활과 보통 사람들의 인간관계에서는 수용하기 어렵고 기대하기도 어렵다. 거래와 투자보다 훨씬 고차원적이다. 극히 작은 일면에서 보면 최상의 사기이며 리더십이 해당될 수 있다.

전술(tactics)은 한마디로 전략을 성공시키기 위한 속임수, 술수·술책, 책략 등 모든 수단과 방법, 도구들을 총체적으로 말한다. 협상에서 속임수란 마치 마술사가 부리는 마술과 같다고 생각하면 된다. 마술사가 주머니에서 비둘기를 꺼내고 만 원짜리를 줄줄이 꺼내는 것을 보고 그대로 믿는다면 믿는 사람이 바보라고 말할 수 있다.

그러나 협상에서는 속임수, 즉 전술의 사용은 비윤리적이라고 하기 어렵다. 무식과 탐욕, 어리석음과 초조함 때문에 이러한 속임수를 간파하지 못하는 것은 전적으로 간파하지 못한 사람의 책임일 뿐이다. 협상에서 전술로서 윤리적으로 허용되는 속임수에는 다음과 같은 것들이 있다.

- Trick(술수)
- Intrigue(음모)
- Wiles(간계, 농간)
- Cheat(속임수)
- Feint(양동작전, 견제행동)
- Juggle(조작, 획책)
- Fetch(홀리기)

그러나 협상에서 원천적으로 허용이 안 되는 비윤리적인 것이 있다. 처음부터 고의적으로 또는 계획적으로 허위(거짓)를 바탕으로 상대방으로부터 이익을 편취(일방적으로 속여서 빼앗는 것)하는 것이다. 결국 이는 위법한 행위이기 때문에 원천적으로 허용되지 않는 협상 전술이라 할 수 있다. 다음과 같은 전술들이 여기에 해당하는 것들이다.

▶ Fraud(사기)

▶ Swindle(야바위)

▶ Imposture(협잡)

1. 전략적 BATNA의 개발

BATNA(Best Alternative to Negotiated Agreement)는 성공적인 협상을 위하여 당사자들이 선택할 수 있는 최선의 대안을 말하며, 협상의 성공여부를 판단할 수 있는 기준을 제공한다. 협상에서는 BATNA가 가장 중요한 힘의 원천이라고 할 수 있다.

협상을 시작하기 전부터 BATNA를 명확히 하여 상대방의 제안을 수용할 것인지 아니면 거절할 것인지에 대한 기준을 명확히 할 필요가 있다. 합의를 하는 것이 꼭 최선의 방법은 아니며 BATNA보다 안 좋을 경우 합의를 안 하는 것이 나을 수 있다.

BATNA를 기초로 유보가치(reservation value)를 계산한다. 협상안의 가치가 유보가치에 미달하면 합의를 하지 않고 협상을 중단하거나 새로운 합의점을 모색하기 위해 협상을 재시도한다. 협상안의 가치가 유보가치보다 높을 때에만 합의를 한다. 특히 자신의 BATNA 뿐만 아니라 상대방의 BATNA도 파악하도록 노력해야 한다. BATNA가 좋을수록 보다 유리한 입장에서 협상을 할 수 있으며, 협상력을 키우기 위해 노력해야 한다.

BATNA에 대한 다음 대표적인 예를 알아보자. 실례로 칠레에서 세 번째로 규모가 큰 전력생산업체 콜번 SA(Colbun SA)는 1, 2위 업체와는 달리 자체 송전 시설을 가지고 있지 않았다. 따라서 1위 업체의 송전 시설을 이용하여 전력을 공급할 수밖에 없었다. 그 결과 콜번 SA는 송전 협상 테이블에서 늘 불리한 위치에 있었고, 송전 용량과 사용료 결정에 대해 전적으로 1위 업체의 요구에 따랐다. 콜번 SA에게는 다른 대안이 없었기 때문이었다.

이와 같은 상황 속에서 콜번 SA의 최고 경영자는 송전과 관련한 협상력(bargaining power)을 키우지 않고서는 더 이상 사업을 지속시키는 것이 어렵다는 결론에 이르렀다. 따라서 뭔가 새로운 대안을 찾기로 결정하였다. 그것은 자체적으로 송전 시설을 갖추는 것이었다. 1위 업체와의 협상을 계속 진행하면서도, 콜번 SA는 내부적으로 송전선 구축 계획을 구상하였고, 그 실행 방법을 검토하였으며, 심지어 건설 계약까지 입찰에 부쳤다. 이러한 콜번 SA의 움직임이 가시화되면서, 1위 전력생산업체는 점차 거래 가격을 낮추고 송전 용량을 늘려 주는데 기꺼이 합의하기 시작하였다.

이와 같이 최선의 대안을 설정하여 협상을 진행한다면 보다 나은 최선의 협상을 진행할 수 있을 것이다. 그러나 사전준비도 충실했고 협상기술도 좋았지만, 주요 사안에서 기대한 합의를 이끌어 내지 못하는 경우도 있다. 그런 경우에는 어떻게 해야 할까? 아무런 성과 없이 빈손으로 돌아가야 할까? 아마 초보 협상가라면 그렇게 할 것이다.

이런 상황에 대비하기 위해 BATNA를 마련해 놓을 필요가 있다. BATNA는 로저 피셔와 윌리엄 유리가 그들의 저서 『YES를 이끌어 내는 협상법』에서 만들어 낸 용어로, 가장 중요한 사안이 합의되지 못하는 경우를 대비해 미리 정해 놓는 제2의 입장이다. BATNA는 협상 준비의 질을 좌우하는 필수적인 협상 도구인 것이다.

❖ BATNA를 세울 때의 유의 사항

사람들은 일반적으로 BATNA의 뜻에 결국 문제에 대한 차선책이라는 의미가 함축되어 있다고 생각하는데, 이것은 틀린 생각이다. BATNA는 원래의 이해관계를 가장 근접하게 달성시켜 주는 또 다른 해결 방법이다. 따라서 협상의 최종 결과가 아닌, 합의에 도달하지 못할 경우의 위험에 대비한 가상의 해결책인 것이다.

BATNA를 세우면 한 계획이 실패해도 다른 복안이 준비되어 있기 때문에 차선이 아닌 강점을 바탕으로 협상에 임할 수 있다. 뒤에서 든든한 대안이 되는 BATNA는 강력한 협상 도구가 될 수 있으며, BATNA는 합의 여부에 지나치게 집착하지 않게 해 준다. 협상에서는 제2의 입장을 마련해 놓지 않으면 반드시 합의를 도출해야 한다는 심한 압박에 시달리게 된다. 또한 협상에서 빈손으로 물러나고 싶지 않은 절박한 마음에 쉽게 동의하게 되고, 결국에는 후회하게 되는 것이다.

BATNA는 인생의 다양한 상황에서 적절히 사용될 수 있다. 다시 한번 연봉협상의 예를 들어 보자. 자신에게 연봉 4천만 원의 취업 제의가 들어왔다고 하자. 한동안 실업 상태에 있었고, 갚아야 할 빚도 있기 때문에 반드시 직장을 잡아야 하는 처지이다. 하지만 취업을 제안한 회사는 사실 자신이 원하는 직장은 아니다. 게다가 그 회사에서 똑같은 일을 하고 있는 사람이 5천만 원의 연봉을 받는다는 사실도 알고 있다. 자신도 똑같은 연봉을 받아야 한다는 생각에 연봉 5천만 원을 요구했지만, 4천만 원 이상은 거절했다. 이럴 경우 어떻게 하겠는가?

BATNA가 없다면 취할 수 있는 방법은 두 가지밖에 없다. 4천만 원의 제안을 그대로 수락하든지, 아니면 연봉이 만족스럽지 않으므로 다른 직장을 알아보는 것이다. 그러나 BATNA가 있으면 불만족스런 두 가지 방법 중에 하나를 선택해야만 하는 곤경을 피할 수 있다. 연봉 협상 전에 BATNA를 준비하면 유리한 위치에서 협상에 임할 수 있다. 다음과 같이 BATNA를 설정하여 협상에 접근한다면 좀 더 유리한 결과를 도출할 수 있다.

연봉 4천만 원으로 그 취업 제안을 수락하되, 6개월 후에 연봉 재협상을 위한 실적 평가를 한다는 조건을 제시한다. 그 일을 잘 수행할 자신이 있으며, 일에 대한 열정으로 6개월 후에는 매우 좋은 실적을 올릴 수 있다고 제시하거나, 다음 달에 면접 볼 곳이 있다고 말한다. 사실 이 회사가 속한 업계는 확장 추세에 있고, 더 높은 연봉을 받을 수 있는 기회가 많다. 반드시 이 직장에서 일을 해야 할 필요는 없다는 정보들을 숙지하고 있다면 협상을 훨씬 더 유리하게 이끌 수 있다.

❖ 합의에 도달하지 못할 경우에 취할 행동을 세워라

대안을 미리 생각해 둔다. 그렇다고 무조건 반대의 입장으로 대응하라는 의미가 아니다. 자신의 이해관계를 만족시킬 수 있는 다른 방법을 생각하라는 것이다.

❖ 자원을 활용하라

BATNA를 세우는 일은 시간이 걸릴 수 있다. 협상에서 활용할 수 있는 자원들을 사용해 최대한 많은 방법을 검토해 둔다. 협상상대가 매우 강할 때는 특히 더 주의해야 한다. 최선의 BATNA를 세우기 위해 지식, 경험, 정보, 돈, 시간, 인맥 등 모든 자원을 투입해야 한다. 좋은 아이디어만으로는 충분하지 않다.

❖ 현실적으로 생각하라

생각해 낸 대안이 많을 수도 있고, 하나밖에 없을 수도 있다. 어느 경우이든, 각 대안의 성공 가능성에 대해 너무 비관적이거나 낙관적으로 생각하지 말고 현실적으로 접근해야 한다. 따라서 사전준비를 철저히 해야 한다. 자신의 BATNA가 한 편의 얘깃거리로 끝나지 않게 하기 위해서는 계량적 수치와 확실한 사실을 분석하고, 눈에 보이는 데이터를 근거로 결정을 내려야 한다.

❖ 최선의 대안을 선택하라

수집한 증거를 근거로 결정을 내려야 한다. 그러나 성공 가능성은 가장 낮지만 자신이 가장 좋아하는 대안을 선택하고 싶은 유혹이 생길 수 있다. 따라서 자신에게 최대한 솔직해야 하고, 자신에게 들어온 제안을 판단할 때처럼 자신의 대안을 판단해야 한다. BATNA가 좋을수록 실제로 실행할 수 있는 가능성도 높고, 압력 때문에 자신에게 불리한 조건을 수락하는 경우도 줄어든다.

❖ BATNA를 상대방에게 알려라

BATNA는 자신에게 들어온 제안에 대한 다른 매력적인 대안이 있는지 찾아봄으로써 불리한 조건을 반드시 수락해야 할 상황을 피하게 해 주는 도구이다. 자신에게 강력한 BATNA가 준비되어 있다면 상대방에게 알려주는 것이 좋다.

❯ 입지를 강화시켜라

상대가 자신에게 강력한 BATNA가 있다는 점을 알게 되면 자신의 협상 입지는 한층 강화될 수 있다. 앞의 예에서 최선의 BATNA는 경쟁회사로부터 취업 제안을 받았다는 사실이다. 4천만 원으로 연봉을 제한하는 회사에 대항해 다른 경쟁회사가 더 높은 연봉을 기꺼이 제시할 것이라는 말보다 더 강력한 무기가 있겠는가? 자동차 영업사원에게 그가 판매하는 자동차보다 더 낮은 가격으로 판매하는 영업사원이 있다거나, 부동산 개발업자에게 그가 현재 거래하는 은행보다 더 낮은 이율로 대출해주겠다는 투자은행이 있다면 이보다 더 좋은 BATNA는 없을 것이다.

❯ 허세부리지 마라

협상의 핵심은 상대에게 자신이 좋은 대안을 가지고 있으면, 그 대안을 실행할 의사가 있다는 사실을 알리는 데에 있다. 그러나 이것을 허세를 부리는 수단으로 사용해서는 안 된다. 자신에게 BATNA가 있고 필요하다면 그것을 실행할 준비가 되어 있다는 진정한 의사표현을 해야 한다. 예를 들어 협상 회의에 변호사를 동반하여 필요하다면 법적 조치를 취할 수 있다는 점을 암시하거나, 협상을 중지하여서 다른 대안이 있고 그것을 실행하겠다는 인상을 주는 것이다.

❯ BATNAs의 구성요소

- 마감시간(Deadlines)
- 대안(Alternatives)
- 자신의 자원(Your own resources)
- 상대방의 자원(Other parties resources)
- 정보(Information)
- 경험(Experience)
- 관심사(Interests)
- 지식(Knowledge)

2. 이익 가치의 창출

1) 협상이익 극대화를 위한 가치창조

　협상을 통해서 이익, 즉 목적을 극대화시키기 위한 가치창조 방법에는 공동의 이익을 추구하거나 상호 이익이 되는 것을 교환하는 방법이 있다. 공동의 이익을 추구하는 방법으로는 서로 유사한 자원을 합쳐 규모의 경제를 실현하거나 서로 보완적인 자원을 결합하여 범위의 경제를 실현할 수 있다. 상호이익이 되는 교환을 위해서는 자기보다 상대방에게 더 가치가 있는 것을 파악하고, 이를 상대방보다 자기에게 더 가치가 있는 것과 교환하는 것이다. 그러기 위해서는 협상의 각 이슈별로 양쪽이 생각하는 상대적 중요도 및 우선순위를 평가하여 이슈 간의 교환을 통한 가치창조 가능성을 모색할 수 있다.

　협상당사자 간의 시간, 리스크 및 미래에 대한 기대에 있어서 서로 차이가 존재하고, 이를 감수할 의향이 있으며, 미래에 대해 보다 낙관적인 기대를 갖고 있다면, 협상자는 보다 많은 리스크를 감수하고 미래성과에 따라 보상이 지급되는 불확정 성과급 계약을 체결할 수 있다. 물론, 이 협상자는 리스크 감수에 대한 반대급부로 다른 거래에서 양보를 요구함으로써 상호이익이 되는 협상안을 타결할 수 있다(아래 [그림 9-1] 참조).

[그림 9-1] Interest Value Creation Through Negotiation

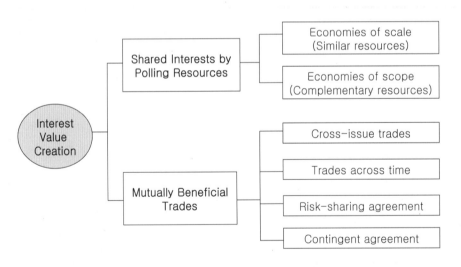

Source : Lax & Sebenius(1986), Watkins(2002)

2) 이익의 3Cs

협상에서 상호 수긍할 만한 결론을 도출해내는 것보다 효과적인 방법은 협상 당사자들이 생각하는 이익, 즉 목적을 우선 검토해 보는 것이다. 협상의 이익은 '왜 협상을 원하는가?'에 대한 답변을 말한다. '왜?'라는 질문을 할 때 직면하는 문제 중의 하나는 다음과 같다.

협상에서는 자신이 충족하고자 하는 스스로의 이익보다는 협상 상대방의 입장을 합리화해주는 답을 해 줄 수도 있다. 만약 '왜 그것을 원하는가?'에 대한 답변이 단순히 그것이 회사에게 최대의 이익이 되기 때문이라면 그것은 하나의 입장을 합리화해 줄 수 있겠지만 보다 근본적인 이익을 이해하고 있지는 못한 것이다. 이익의 핵심 내용을 이해하고 단순한 합리화를 극복하기 위해서 자신이 추구하는 것을 협상 결과를 통하여 어떻게 성취할 수 있을지에 대해 알아야 될 때 이로부터 어떠한 목적을 충족할 수 있는지도 스스로에게 물어보아야 한다.

❧ 자신의 이익을 이해하는 것

자신의 이익을 이해한다는 것은 매우 어려운 일 중의 하나다. 상대방과 내가 각자 서로 좋은 사람으로 협상에 임하였기 때문에 쉽게 다음과 같은 함정에 빠질 위험이 있다. '내가 원하면 그것은 상대에게도 최선의 해결책이 되어야 한다.' 그러나 힘든 일이긴 하지만 자신이 원하는 것이 진정 최선의 방식인지 또는 상대편의 입장을 고려하는 것이 상대편과 자신 모두에게 더 나은 결과를 낼 수 있을지 한번 자문해 볼 필요가 있다.

우리가 사전 조사를 통해 상품을 구매하고자 할 때 먼저 구매하고자 하는 상품의 모델을 결정하는 경우가 있다. 결정된 특성 모델을 구매하고자 하는 것은 우리의 입장이 될 것이다. 입장이 결정된 상황에서 어떤 상점에서 구입하고자 하는 모델을 가지고 있지 않다면 그 모델을 구하는데 시간이 낭비된다는 것을 알지만 반드시 그 모델을 구비하고 있는 다른 상점을 찾게 될 것이다. 또는 우리가 구매하고자 하는 물건이 그렇게 값어치가 없는 것이라면, 입장에 충실함으로써 얻어지는 효용보다 사전 조사 비용이 더 들어가게 될 것이다.

대부분의 협상에서 이익에 초점을 맞춘다면 결과에서 엄청난 차이를 보이게 될 것이다. 예를 들면, 냉장고를 구매하는 경우에 특정한 사이즈, 색깔 그리고 선반의 위치를 바꿀 수 있는지의 여부 등 여러 사항들은 자신의 이익을 반영하는 항목들이다. 조사를 통해서 이러한 기준을 충족하는 어떤 모델을 발견할 수도 있지만, 이러한 기준을 보다 더 훌륭하게 충족하는 협상을 통해서 협상에서 성취하고자 하는 혜택, 즉 자신의 이익을 먼저 검토하고 그 이익을 충족할 수 있는 방식에 대해서도 개방된 마음을 가진다면 가능한 최선에 이를 수 있는 한 가지 이상의 방법들을 발견할 수 있을 것이다. 그러면 이러한 요점을 좀 더 살펴보도록 하자.

◆ 일차적(근본적) 이익과 이차적(파생적) 이익

새 자동차를 구매하는 경우를 한 번 예로 생각해 보자. 자동차를 선택하는 데는 수많은 이유가 있다. 내가 가지고 있는 차보다 좀 더 신뢰할 만한 차를 사는 것에서부터 동료들에게 특히 젊은이들이라면 이성친구들에게 좋은 인상을 심어주기 위해서나 새 직장으로 출퇴근하기 위해서, 경우에 따라서는 자신이 성취한 것을 축하하기 위해서 새 차를 구입하기도 한다. 이러한 이유 중의 일부는 신뢰할 만할 운송수단이나 출퇴근의 목적과 같이 실제적인 문제를 해결하기 위한 것일 수도 있다. 또 다른 이유들은 자기 자신의 잠재적인 욕구충족을 위해 사람들에게 좋은 인상을 심어주고자 하거나 자신이 성취한 것을 축하하기 위한 것 등이 있다.

내가 결정한 것으로부터 내가 기대하는 가장 중요한 이익이 운송과 관련되어 있다면 새 차의 조건은 안전이나 연료당 주행거리 또는 다른 실체적인 요인들이 될 것이다. 그러나 만약 나의 잠재적 욕구가 스스로를 드러내 보이는 것이라면 아마도 차의 브랜드나 모델, 또는 화려한 옵션이 부착된 자동차가 보다 중요하게 될 것이다.

하나의 이익을 위해 협상이 진행되는 경우는 거의 없다. 일반적으로 일차적인(근본적인) 이익을 위해서 협상은 이루어진다. 때로는 근본적인 이익을 획득하기 위해서 파생된 이익을 충족하기 위한 거래가 이루어질 필요도 있다. 만약 내면적인 이유에서 새로운 차를 구입하고자 한다면 보다 멋진 차를 구입할 수 있도록 기존의 부채를 청산하거나 보다 충분한 자금을 모으는 일이 이차적 이익이 될 것이다. 반대로 보다 안전하고 신뢰할 만한 차량이 주요한 이익이더라도 내면적인 이유에서 새로운 차를 구입하는 것과 동일한 이차적인 이익을 구성할 수 있을 것이다. 내가 소비할 수 있는 돈이 많으면 많을수록 보다 안전하고 좋은 조건으로 차를 살 수 있는 가능성은 높아질 것이기 때문이다.

새 차를 구매하는 예에서 그것이 운송이든 내면적인 이유에서든 간에 근본적인 이유가 다르더라도 파생적인 이익이 같을 수 있다는 점은 흥미로운 사실이다. 자신의 재정적인 상황을 개선하는 작업은 운송을 위한 것이든 내면적인 이익을 위한 것이든 동일하게 차를 사는 것과 아무런 관계없는 협상을 하게 될지도 모른다. 그러나 자신의 재정적인 지위를 개선하는 방향으로 노력하지 않는다면 후에 자신의 일차적 이익을 추구하기 위하여 자동차 판매상과 협상을 벌일 수조차 없을지도 모른다.

이러한 간단한 상황을 생각해보더라도 우리는 다음 단계의 행동을 취하기 위해서 우리 자신의 이익에 우선순위를 부여하는 것이 얼마나 중요한지를 알 수 있다. 멋진 차를 통해서 동료에게 긍정적인 인상을 남기는 것이 자신의 이미지를 높이는 근본적인 이득을 충족시킨다고 일단 가정해 보자. 이러한 경우 적절한 차를 구매하는 것 자체는 이러한 근본적인 이익을 실현하는 데 도움을 주는 파생적인 이익에 불과할 것이다. 또한 재정적인 상황을 개선하기 위해서 다시 직장에서 연봉을 인상 받아야 할 수도 있다. 연봉을 인상하기 위해서 회사에 승진을 할 수 있는 기여를 하거나 아니면 특정한 과업에 대한 추가적인 보너스를 받을 수 있거나 직장에서 근속에 대한 인정을 받아내야만 할 것이다. 우리는 자신의 일차적인 이익에 협상의 초점을 맞추기 전에 이차적인 욕구를 충족할 수 있도록 다양한 상대와 서로 다른 것을 우선 협상해야만 한다.

흔히 우리는 자신의 협상행동을 지배하는 확고하고도 근본적인 이익을 가지고 있지만 실제로는 당구게임을 하는 것과 같이 세 개의 볼을 당장 측면의 홈에 집어넣기 전에 볼의 다양한 움직임을 생각하듯이 협상전략을 세워야만 한다.

만약 자신의 이익 항목에 우선순위를 부여할 수 있다면 최종적인 이익을 성취할 가능성을 높일 수 있는 보다 장기적인 전략을 수립할 수 있을 것이다. 협상가는 이익을 실현하기 위해 어떤 단계를 어떤 순서로 거쳐야할지 먼저 이해할 필요가 있다. 우선 자신이 가지고 있는 관심을 잘 파악하여 그것이 일차적인 것인지 아니면 일차적인 이익을 충족하기 위한 이차적인 이익인지를 먼저 분별해야만 한다.

❖ 개인적인 이익 그 이상을 검토하라

협상할 때 협상가는 자신의 이익을 먼저 고려해 볼 필요가 있다. 자신의 이익에 먼저 초점을 맞춤으로써 우리는 경쟁적인 마음을 갖지 않도록 조심할 수 있다. 경쟁적인 마음가짐은 상대를 이기기 위해 보다 중요한 이익을 희생시키게 되는 결과를 낳는다. 만약 우리가 상대를 이기려고만 한다면 우리는 자신의 이익을 제대로 헤아리지 못하게 되고 자신의 이익에 해로운 결정까지도 하게 될 것이다.

그러나 자신의 이익을 헤아려 보는 것만이 협상의 유일한 요소는 아니다. 협상자는 회사나 가족, 또는 직장에서의 팀 동료와 같은 관련자들의 이익도 생각해 보아야 한다. 관련된 사람들의 이익은 일차적인 것인가 아니면 이차적인 것인가? 이러한 이익은 현재의 협상에서 우리의 접근방법을 어떻게 변화시키고 있는가?

만약 동료들을 곤경에 빠트릴 수 있는 약속을 한다면 예컨대 비현실적으로 빠른 인도 날짜를 약속하거나 한다면, 우리는 곧 문제에 봉착하게 될 것이다. 이것은 항상 자신의 어깨너머를 바라보는 편집적인 협상가가 되라는 것을 의미하지는 않지만 적어도 현재의 협상결과에 다양한 집단의 사람들이 이해관계를 가지고 있다는 사실을 헤아리는 것만으로도 우리는 상황에 적절한 조치를 취할 수 있다. 그럼으로써 보다 넓은 시각을 가지거나 아니면 다른 협상관계자들의 이익에 부합되는 합의점에 도달할 가능성을 높일 수 있다.

관련자들의 이익을 파악하는 것뿐만 아니라 우리는 협상의 상대방이 목적하는 이익에도 주의 깊게 주목할 필요가 있다. 자동차구매의 예를 다시 한번 생각해 보자. 만약 우리가 장소적 이동보다 내면적인 이유에서 자동차를 구매하려는 누군가에게 자동차를 팔고 있다면 어떠한 관점에서 거래를 바라보는 것이 상대가 결정을 내리는 데 도움이 될 것인지 이해할 수 있다. 지식은 우리가 일을 더 잘 해낼 수 있도록 도움을 주며 그 이상으로 보다 유리한 거래를 성사시킨다. 이러한 상황에서 세일즈맨은 멋진 차를 사려는 사람의 지위나 외모 또는 특징들에 초점을 맞추어야 할 것이다. 만약 장소의 이동이 차를 사는 이유라면 우리는 연료효율성이나 서비스, 또는 안전상의 특성에 초점을 맞추어 판매하면 성공의 가능성이 높아질 것이다.

유사한 이유에서 우리는 협상파트너의 관련자들이 가지고 있는 이익에 대해서 되도록 많은 무엇을 알고자 해야 한다. 이러한 이익이 상대방의 결정에 영향을 미칠 것이고 따라서 우리가 상대방의 이익과 관련해서 이들의 전략과 전술에 대해서 더 많은 것을 이해할수록 협상상대에 영향을 미치는 협상의 관련자들에게 원하는 것을 돌려줄 수 있는 합의안을 만들 수 있다.

❯ 이익의 3Cs

사람들은 종종 이익에 근거한 협상의 목적이 공통의 이익을 보장해줄 합의안에 도달하는 것이라고 오해하는 경우가 있다. 공통의 이익이란 협상의 각 당사자가 동일한 결과와 이유를 가지고 있는 경우에 실현될 수 있는 이익이라고 볼 수 있다. 그러나 협상과정을 통해서 공통의 이익을 발견하는 것이 가능하기는 하지만 이러한 합의안에 이르는 경우는 그리 쉽지 않다. 그 이유는 협상의 해결안을 통한 충족과 이익은 보완적인 성격을 가지기 때문이다.

보완적인 이익은 서로 연결될 경우에만 작용할 수 있다. 즉, 누구나 자신의 이익을 생각하고, 상대도 자신의 이익을 생각하면서 각자의 이익을 위해서 행동할 때에 하나의 관련된 행동을 동시에 추구하게 된다.

[그림 9-2] 이익의 3Cs

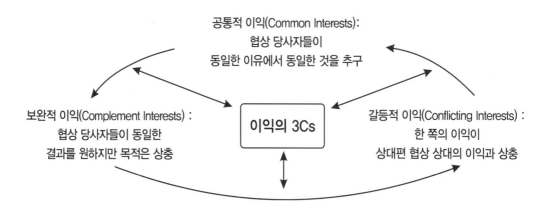

◆ 타협이 적절한 경우는 언제인가

타협이라는 개념은 앞서 설명한 3Cs에 포함되지 않았음을 주목한다. 타협은 중도적인 해결안을 만들어내는 매커니즘으로 양자가 서로 같은 몫의 희생을 감수하는 경우를 말한다. 타협은 교섭의 재료가 한정되어 있을 경우 가장 효과적인 방법이다. 교섭의 재료란 협상당사자들이 서로 거래할 수 있는 일종의 자산을 말하는 것이다. 이를테면 돈 자체가 협상당사자 간에 분배되어야 할 대상이고 내가 어떤 상품에 대해서 상대방에게 200만 원을 요구하면 상대방은 이에 대해서 100만 원을 제시하고 다시 요구액과 제시액의 차이(100만 원)를 분할하여 150만 원에 상품의 가격을 결정하듯이 각자가 50만 원을 양보하게 되는 것이다.

때때로 상호 간의 이익이 서로 상충되는 경우를 발견하기도 한다. 양자가 서로 공통의 이익이 없고 합의에 쉽게 도달할 수 있는 보완적인 이익도 없어 보일 경우가 있다. 이익이 서로 상충되는 것처럼 보일 경우 협상당사자들은 자신들이 택할 수 있는 선택을 다시 제고해 보아야만 한다. 또한 특정한 상대와 협상을 계속하는 것이 이익이 되는지의 여부와 다른 해결안을 찾는 것이 보다 유리한지도 살펴보아야 한다. 현실적인 대안이 없는 경우도 적지 않을 것이다. 문제에 봉착하면 양자는 표면적으로 또는 보다 은밀하게 문제를 부각시킬 필요가 있다. 현재의 문제를 보다 작은 부분으로 나누어 해결하거나 질문과 경청의 기술을 활용한다면 갈등으로 인한 도전적 문제들을 줄여나갈 수 있다.

◆ 이익이 서로 상충될 경우

만약 상대와 이익과 상충되는 해결안에 이르는 것 이외에 다른 방법이 없다면 처음부터 합의 가능성을 다시 생각해 보아야 한다. 자신이 동의할 수 있는 작은 항목부터 살펴보아야한다. 자신이 지킬 수 있는지, 그리고 시간이나 장소, 어떠한 주제가 토의의 대상이 될 수 있는지, 또한 협상이 진행되는 순서, 스포츠나 정치, 음식 등의 협상과 관련 없는 주제들이더라도 상대편과 함께 공유할 수 있는 이익(관심사)이 있을 것이다. 예를 들면 저녁식사를 주문하면 참석자가 서로 돌려가면서 나누어 먹는 외국음식 전문점을 미팅장소로 정하는 것도 한 방법이다.

상대방과 함께 서로 수긍할 수 없는 작은 차이라도 그것들을 찾아내서 해결하려는 진정한 노력을 기울이도록 한다. 문제를 규정하는 용어들을 서로 숙지하도록 하고 서로가 수긍할 수 없는 해결안들을 찾아보며 서로가 인정한 부차적인 문제들에 대한 임시방편식의 해결안들까지도 검토해 보아야 한다. 국제적 외교의 장에서 이러한 방법들은 흔히 신뢰를 쌓기 위한 조치들이라고 한다. 갈등관계에 있는 양자는 협력해서 합의안을 도출하기 이전에 서로 신뢰를 쌓을 필요가 있다. 협상일시와 시간, 협상의제, 또는 협상테이블의 모양과 같은 사항에 대하여 사전적으로 상호 간에 동의를 구함으로써 서로 간의 신뢰는 개선될 수 있다.

그러나 문제의 전체적인 내용을 작은 단위로 나누고 신뢰 쌓기의 조치를 하더라도 해결안은 신속하게 도출되지 않을 수도 있다. 특히 협상 당사자들이 장기적인 갈등에 처해 있는 경우에 더욱 그러하다. 그렇다 하더라도 이러한 노력들은 갈등으로 인한 감정적 앙금을 줄이고 서로가 온건한 방식으로 의사를 표현할 수 있도록 도움을 줄 것이다. 상당한 노력이 없다면 문제는 좀처럼 해결되지 않을 것이다.

협상에서의 유용한 전술

1. 협상전술 사용 상황과 전술의 구분

기본적으로 협상 상황에서의 협상원칙을 사용할 것을 적극 권유할 수 잇다. 그러나 상대방이 협상전술을 사용할 경우 희생자가 되지 말아야 할 것인바, 특히 걸려있는 이해관계(stakes)가 크고 향후 좋은 관계를 유지하는 것이 크게 중요하지 않을 경우 협상전술이 사용될 수 있으므로 조심해야 한다.

협상시 협상상대방의 협상전술의 구분은 매우 중요한 판단이라고 할 수 있는데 이러한 전술의 판단과 분류는 일반적인 구분은 아니지만 편의상다음과 같이 구분하여 볼 수 잇다.

1) 당하지 말아야 하는 전술,

2) 알아두어야 하는 전술,

3) 사용해 볼만한 전술로 구분하였음

- 이 중에서 2)와 3)은 사용해 볼 수 있으나 1)의 전술은 사용하지 않는 것이 좋음

2. 당하지 말아야 하는 전술

상대방의 불안한 협상환경 조성, 심리전술, 및 위압전술 등과 같은 전술이 사용되는 협상 상황에서는 상대방의 전술에 대하여 모르는 척 무시하는 것이 좋으며 맞대응 하는 것은 좋지 않다고 볼 수 있다. 만약 상대방이 이러한 전술을 계속 사용한다면 문제를 제기하되, "당신이 이러한 술수를 사용 하는군"이라고 말하지 말고 "나는 이러한 느낌을 받는다, 이런 생각이 든다,..." 등으로 자신에 대하여 말하면서 우회적으로 대응하는 것이 상대방의 감정을 다치지 않으면서 문제를 해결할 수 있는 방법이다.

앞서 언급한 이러한 상황을 극복하기 위한 방안으로는 3가지 유형을 제시하여 볼 수 있다.

1) 불안한 협상환경 (환경이 나에게는 불안하다고 말하라)

① 로비에서 협상하자거나 다른 사람도 만나면서 협상한다.

② 협상장소가 비좁아서 불편하거나 또는 너무 커서 위압감을 받는다.

③ 협상장소가 너무 덥거나 춥다.

④ 협상장소가 매우 시끄러워서 주의를 집중할 수 없다.

⑤ 앉는 의자가 불편하거나 상대방보다 낮게 되어 있다.

⑥ 햇빛이 정면으로 비춘다.

⑦ 약속시간이 되었는데도 기다리라고 한다.

⑧ 협상도중 자꾸 시계를 본다.

⑨ 협상도중 자꾸 전화가 걸려오거나 비서가 들어와서 쪽지를 전한다.

2) 심리전술 (저에게는 이런 것이 불편합니다, 바꾸어 주실수 있나요?)

① 협상도중 일부러 눈을 마주치지 않는다.

② 상대방의 발언을 듣지 않는다.

③ 한번 말한 것을 되풀이 하게 만든다.

④ 일부러 상대방의 이름이나 회사이름을 틀리게 말한다.

⑤ 피곤하고 지루한 표정을 짓는다.

⑥ 건네준 서류를 보지 않거나 관심이 없는 듯 제쳐 놓는다.

⑦ 상대방의 외모, 체중 등 신체적인 약점을 거론한다.

⑧ 상대방의 사회적 열등감을 자극한다.

⑨ 상대방이 무식해 보이게끔 어려운 질문을 하거나 중요한 통계숫자 등을 척척 암기해 보인다.

⑩ 다음부터는 다른 사람을 만나라고 한다.

⑪ 일부러 실수를 저질러서 반응을 살펴본다.

⑫ 허위메모를 슬쩍 보이게끔 하면서 은근히 양보를 종용한다.

3) 위압전술 (그저 무시하라)

① 호화로운 사무실, 엄청난 해외지사망, 회사전용 비행기, 헬리콥터, 요트, 승용차 등을 과시한다.

② 값비싼 의상이나 엄청난 액세서리로 치장한다.

③ 헛기침에도 비서가 달려온다.

④ 사회적 유명인사와의 친분관계를 거론한다.

⑤ 엄청난 직함을 보여준다.

⑥ 잦은 해외여행이나 사업규모를 자랑한다.

3. 알아 두어야 하는 전술

다음의 전술은 알아 두는 것이 좋지만 가능한 한 먼저 사용하는 것은 좋지 않으며 이러한 전술이 사용되면 역시 모르는 척 무시하는 것이 가장 좋다.

① 외모 등을 크게 칭찬한다. → 감사하다고 하고 바로 문제를 논의한다.
② 침묵을 지키거나 불쑥 단도직입적인 질문을 던져 당황하게 만든다(silence, punt). → 침착하게 잠시 여유를 갖고 대응한다.
③ 미친 척 한다. → 무시한다. 상대방이 계속할 경우 아예 협상하지 않는 것이 좋다.
④ 협상참여자의 숫자를 늘려 위압감을 준다. → 무시한다.
⑤ 선인/악인 전술을 사용한다 특히 비서가 선인 역할을 할 경우가 많고, 기다리게 하면서 비서로 하여금 감시하도록 한다. → 악인하고 직접 말하겠다고 한다, 나도 우리측 악인과 논의해야 한다고 한다.
⑥ 상대방 제안의 결점만 물고 늘어진다. → 장점에 대하여 말한다.
⑦ 경쟁자가 있으니 양보하라고 한다. → 무시하고 논의를 계속한다.
⑧ 우리 편에 몰래 접근하여 내분을 조장시킨다(Trojan Horse). → 모르는 척 한다.
⑨ 상대방의 제안에 놀라는 척 하거나 또는 별로 관심이 없는 듯 한다. → 무시한다.
⑩ 상대방이 먼저 제안하도록 한다(특히 나중에 '서로 반씩 양보합시다'를 염두에 둘 경우). → 먼저 하라고 하거나 화제를 돌리되 그래도 안 되면 종이에 써서 동시에 교환하자고 한다.
⑪ 하나씩 하나씩 양보를 얻어낸다. → 양보사항을 모두 조건부로 한다.
⑫ 이것을 양보 할테니 저것을 양보하라고 한다(strawman). → 왜 그러한 양보가 중요한지를 이유를 묻거나 또는 화제를 돌린다.
⑬ 엉뚱한 사항을 의제에 넣어 고집을 부린다(decoy, red herring..,). → 왜 의제에 포함되어야 하는지 이유를 묻거나 또는 화제를 돌린다.
⑭ 이번에 양보해 주시면 다음에 후사하겠습니다(contingent contract). → 잘되면 그 때 잘해 달라고 하고 우선 지금의 문제에 집중하자고 한다.
⑮ Funny Money : 비싼 것 같지만 하루에 1,000원이면 됩니다! → 무시한다.
⑯ 문자화된 것을 맹신하지 말아라. → 얼마든지 바꿀 수 있다는 생각을 가져라.
⑰ 이것은 협상대상이 아닙니다. → 이유를 묻는다.
⑱ 아예 협상자체를 거부한다. → 이유를 묻는다.
⑲ 지연작전을 사용한다. → 시간이 없는 이유를 설명하고 단지 시간 때문에 양보할 수는 없다는 것을 암시해라.
⑳ 결정권한이 없다고 발뺌한다(hard hearted partner). → 결정권한이 있는 사람과 협상

하겠다고 말한다.

㉑ 미리 가져다 사용해보라고 한다. → 조심하는 것이 좋다, 일단 사용해보면 돌려주기가 어렵고 또 반환조건이 대단히 까다로운 경우가 많으므로 조건을 미리 확인해 보아야 한다.

㉒ 기회가 별로 없으니 빨리 결정하라고 한다(Noah's Ark). → 시간 때문에 잘못 결정할 수는 없다고 말한다.

㉓ 나는 할 수 있는 것은 다 했습니다(hot potato, fait accompli!). → 못들은 척 한다. 단, 상대방이 강경할 경우에는 새로운 제안을 해야 하는데 그 경우 상대방의 체면을 살려 줄 수 있는 방안을 고려해 보아야 한다.

㉔ 나는 이제 물러설 수 없습니다(lock-in, ultimatum, take-it-or-leave-it). → 못들은 척 한다. 단, 상대방이 강경할 경우에는 새로운 제안을 해야 하는데 그 경우 상대방의 체면을 살려 줄 수 있는 방안을 고려해 보아야 한다.

㉕ 협상이 완료되었는데도 마지막에 조금 더 양보해 달라고 한다. → 그렇게 내용을 바꾸면 모든 합의사항을 다시 검토해야 한다고 말한다.

4. 사용해 볼만한 전술

다음의 전술은 상당히 합리적인 것으로서 한번쯤 사용해 보는 것이 좋다.

① 자신의 구역에서 협상한다.

② 중요한 사항은 의제의 처음에 놓는다.

③ 문제에 집중하고 감정을 자제한다.

④ 법이나 정의를 거론한다.

⑤ 불만을 제기하기 보다는 대안을 제시한다.

⑥ 가격만이 조건의 전부는 아니다. 다른 조건도 많다.

⑦ 처음부터 양보의 기미를 보이지 말아라(ONO : or near offer 는 금물이다).

⑧ 첫번째 제안을 덥석 받아들이지 말아라.

⑨ 양보가 최선은 아니며 버릇이 된다.

⑩ 일방적으로 양보만 하지 말고 작은 것이라도 얻어 내어라.

⑪ 양보를 했으면 바로 대가를 받아 내어라. 고마움은 곧 잊어버린다.

⑫ 양보를 할 때는 그 폭을 줄여 나가라. 폭을 안 줄이면 계속 양보할 수 있는 것으로 생각하기 마련이다.

⑬ 협박은 조심해서 사용해라. 잘못하면 협박을 실행해야 하는데 서로에게 손해가 되며 그렇다고 실행하지 않으면 체면이나 신뢰감에 손상이 간다.

⑭ 너무 단호하지 말아라. 물러설 길을 감안해야 한다.

⑮ 별로 진전이 없으면 협상자나 장소 등을 바꾸어 보아라.

⑯ 해결이 불가능해 보이면 제3자를 불러라.

⑰ 계약서는 먼저 작성해라. 그래야 내 방식대로 계약서가 작성된다. 상대방의 계약서를 고쳐보아야 지엽적인 것만 고치게 된다.

⑱ 힘들어도 계약서는 끝까지 읽어 보아라. 나중에 책임질 사람이 없다.

⑲ 세부내용까지 반드시 검토해라. (one truck contract : 좋은 조건이 앞에 있다고 덥석 받아들이지 말아라)

⑳ 마지막에 조그만 사항을 양보해 주어라.

㉑ 협상 후 상대방을 칭찬하되 잘난 척은 하지 말아라.

5. Pause Button의 활용

모든 협상가들은 협상과정에서 상대방을 침몰시키는 조치를 취하거나, 친밀하게 대하거나, 또는 경외심을 고무시킬 수 있는 확실한 기술을 소유하고 있다. 이런 근원적인 협상 기술은 다른 협상가와 앉아 있을 때에는 바로 식별하기 힘들다. 토론이 진행되고 있는 어떠한 주제로부터 감정적인 거리를 유지할 수 있는 능력을 통하여 최악의 협상가인지 아니면 최고의 협상가인지를 구별할 수 있다. 협상에서 우리가 알고 있는 이런 감정적인 거리를 유지하는 가장 좋은 방법은 "일시정지 버튼 누르기"라고 부르는 기술을 통해서이다. 언제, 어떻게 일시정지 버튼을 눌러야 할지를 아는 것은 협상에 임할 때 평정심과 자신감을 가져다 줄 뿐만 아니라, 우리에게 협상의 모든 한계점을 통제할 수 있게 해 준다.

1) 협상 일시정지 버튼

협상에 있어서 일시정지 버튼을 누르는 것은 단지 높은 스트레스를 받은 상황에서 감정적인 거리를 유지하는 방법이다. 집에서나 직장에서나 자신의 내부에서 솟구치는 감정을 조정하고 분통을 터뜨리는 대신에 조금의 여유를 가지고 평정심이 필요할 때 가장 좋은 방법을 기다리는 것이다. 때로는 아무것도 하지 않는 것이 올바른 행동일 경우가 있다. 즉, 일시정지 버튼을 누른다는 것은 단지 무엇인가를 정리하는 동안, 잠깐, 한 시간, 또는 하룻밤 동안 협상을 중지한다는 것을 의미한다.

다시 말하자면, 모두가 일시정지 버튼을 가지고 있고, 그리고 다른 여러 가지 방법으로 그 버튼을 누른다. 일시정지 버튼을 누를 경우, 리모트 컨트롤을 가지고 TV 스크린의 비디오 프레임을 정지하는 것처럼 협상의 프레임을 정지시킬 수 있다. 그리고 지금까지 해 온 것을 검토(review)하고 남아 있는 협상의 과정을 다시 점검하기 위하여 육체적 혹은 정신적으로 멀리 떨어져서 살펴보는 것이다. 그리고 휴식을 취하거나 또는 순수하게 정신적인 것일 수도 있다. 상대방은 의식하지 않을 수도 있지만 협상을 계속하기 전에, 스스로에게 문제를 검토할 수 있는 필요한 만큼의 시간을 준다.

이렇게 집중하여 검토하는 것은 협상의 다른 기본적인 성분으로부터 분리되는 활동이다. 이것은 협상을 재편성하도록 하고, 숨을 고르고, 협상에서 어떤 것도 놓치지 않도록 확인하는 기회를 준다. 일시정지 버튼은 일상적 사업이나 인생에서 우리가 원하는 결정을 잘 하도록 허락한다. 아주 작은 감정에 의해 흔들릴 수 있거나 실패할 수 있는 것을 일시정지 버튼을 누르는 것으로 자신에게 협상의 모든 과정을 검토하도록 하고, 그리고 어떤 것도 간과하는 것이 없도록 확인할 수 있는 기회를 준다. 또한 협상에서 궁지에 몰리는 것을 피하게 한다. 일시정시 버튼을 누름으로써 협상을 지나치게 지배하거나 망치는 것을 막도록 자신의 감정을 유지할 수 있다.

2) 일시정지 버튼 활용법

(1) 일시정지 타이밍(Knowing when to pause)

- ◆ 양보 전에 일시정지
- ◆ 압박을 받는 상황에서 일시정지
- ◆ 화났을 때 일시정지
- ◆ 선호를 표현하기 전에 일시정기
- ◆ 무거운 주제를 다룰 때 일시정지

(2) 휴식시간 요청

- ◆ 화장실에 간다고 양해를 구한다. 누가 그 부탁을 거절하겠는가?
- ◆ 짧은 휴식시간 동안 자신의 의자에 등을 기대고 "잠깐, 나는 이 문제를 이해해야 한다"고 말한다. 극적인 감동을 위해 눈을 감거나 턱을 문지르려고 노력한다.
- ◆ 협상에 대해 곰곰이 생각해보기 위해 하룻밤의 시간을 줄 것을 부탁한다. 대부분의 사람들은 생각할 시간을 달라는 요구를 존중할 것이다.
- ◆ 비즈니스 협상에서 마지막 대답을 하기 전에 상담해야만 할 누군가가 있다는 것을 알려둔다. 일시정지 버튼을 누르는 편리한 방법이다.
- ◆ 기록을 하는 것은 협상과정에서 많은 도움이 된다. 펜을 꺼내야 하는 제일 좋은 시간 중의 하나는 일시정지가 필요한 때이다. 혼란스럽거나 화가 날 때 진술을 받아 적는 것도 일시정지 버튼을 누르는 훌륭한 방법이다.

6. 협상시의 주의 사항

1) Body Language

일관성이 있는 것은 아니지만 다음의 몸짓은 간혹 의미를 가질 수 있음

① 눈을 마주 보아라. 그래야 성실하고 진지해 보인다.

② 팔짱을 끼고 손으로 잡기까지 하면 방어태세이다.

③ 다리를 꼬는 것도 방어태세의 하나이다.

④ 발목을 모으고 의자 손잡이를 잡고 있으면 무엇인가 숨기고 있는 것이다.

⑤ 손바닥을 보이면 개방적이고 진지하다는 뜻이다.

⑥ 주머니에 손을 넣고 있으면 불안하거나 무엇을 숨기는 것이다.

⑦ 발을 넓게 벌리고 손을 엉덩이로 가져가면 대화하겠다는 뜻이다.

⑧ 기도하듯 손을 모으고 말하면 상당히 자신이 있다는 뜻이다.

⑨ 손가락으로 무엇을 두드리면 지루하다는 뜻이다.

⑩ 고개를 기울이면 경청하는 것이다.

⑪ 손을 목뒤로 가져가면 무엇인가 화가 났다는 뜻이다.

⑫ 귀를 잡아당기거나 안경을 입에 물면 관심이 있다는 뜻이다.

⑬ 몸을 움직이면 관심이 없다는 뜻이다.

2) 자주 나타나는 협상에서 주의해야 할 사항(특히 미국정부와의 협상시 유의점)

❯ 협상 준비 단계

① 조그만 정보라도 모두 모아라.
- 모든 정보는 쌓여야 효과를 발휘한다.
- 많은 정보를가져야 상대방의 입장이나 주장을 이해할 수 있다.

② 가능하면 역로비를 시도하라.
- 정부만이 유일한 협상대상이 아니다.
- 민간인 간의 세미나, 기자회견 등의 기회를 이용하라.

❯ 협상하기 전

③ 협상의제를 미리 정하라.
- 그래야 추가적인 요구를 저지할 수 있다.

④ 협상시간을 명확히 하라.
- 체력적으로 당하기 어렵다.
- 시간이 길어질수록 요구사항이 늘어난다.

⑤ 협상시한을 정하지 말아라.
- 협상시한이 다가오면 엄청난 압력을 받게 된다.

❯ 통역의 문제
⑥ 통역을 사용할 경우의 장단점
- 통역의 장점 : 회의진행이 빠르고 오해가 적어진다.
- 통역의 단점 : 서로 말이 많아지고 회의가 지루해진다.
⑦ 영어를 잘할 것인가? 내용을 잘 알 것인가?
- 내용을 잘 아는 통역이 더 필요하다.
- 통역을 너무 잘하면 악용되거나 또는 말이 많아진다.

❯ 협상도중
⑧ 말을 아껴라.
- 불필요한 발언은 실수를 초래한다.
- 한번 실수는 계속 실수를 유발한다.
⑨ 상대방의 기대감을 높이지 말아라.
- 자신의 의도를 명확히 하라.
- 자기가 생각하듯이 자기가 다른 사람에게 이해되지 않는다.

❯ 협상태도
⑩ 항상 침착하라.
- 성질이 급해지면 실수하기 마련이다.
⑪ 상대방 논점의 실수를 찾아내어라.
- 상대방이 이를 방어하면 더 큰 실수를 하게 만들어라.
⑫ 협상이 잘 안되면 휴식을 요청하라.
- 실수가 나타나면 빨리 수습하라.
- 지나치게 잦은 실수는 신뢰감을 상실시킨다.
⑬ 공과 사를 엄격히 구분하라.
- 회의도중에 감정적으로 대응하지 말아라.
- 협상이 끝나면 모두 친구로서 대하라(중요한 것은 '문제해결'이 아니라 인간관계이다).

◆ 성공적 협상의 열쇠

⑭ 협상은 항상 타협이며 100% 맞는 논리는 없다.

• 모두 승리하는 것이 협상이다.

⑮ 협상은 건설적이고 창의적이라야 한다.

• '승-승' 전략을 꾸준히 찾아 보아라.

• 상대방이나 나의 논리만 물고 늘어지지 말아라.

◆ 수석대표가 있는 경우

⑯ 수석대표를 전적으로 신뢰하라.

• 수석대표의 발언의 도중에 끼어들지 말아라.

• 실제로 해보면 말만큼 쉽지 않다.

⑰ 주의를 분산시키지 말아라.

- 할말이 있으면 귀에 대고 말하거나 메모지를 넘겨라.

- 상대방의 발언 도중 잡담이나 킬킬대고 웃지 말아라.

◆ 협상의 종결

⑱ 가능하면 문서로 결과를 남기지 말아라.

• 나중에 문서에 발목 잡히는 경우가 있다.

• 문제가 발생하였을 경우 귀하는 벌써 그곳에 없고 역사적 내용을 모르는 사람만 남아 있게 된다.

⑲ 필요하다면 먼저 제안하라.

• 상대방도 나의 의견을 검토하느라 시간이 많이 소요되고 있다.

• 반드시 변호사하고 상의하라.

1. 투쟁적 협상상황에의 전략적 대응

협상가들이 일반적으로 투쟁적 협상상황에서 갈등을 줄일 수 있도록 적용할 수 있는 전략에는 다음 다섯 단계가 있다.

▶1단계 - 긴장감을 줄이고 적대감을 단계적으로 완화시킨다.
▶2단계 - 의사소통을 강화한다. 특히, 서로 바라보는 방법에 의해서 이해력을 높인다.
▶3단계 - 논의하고 있는 쟁점의 수와 규모를 조정한다.
▶4단계 - 합의 근거를 찾을 수 있는 공통점을 확립한다.
▶5단계 - 서로 제시할 수 있는 바람직한 옵션과 대안을 강화한다.

위에 제시한 방법들에 대해 좀 더 구체적으로 설명하기 전에 미리 몇 가지 전체적인 코멘트를 하고 넘어가는 것이 도움이 될 것이다.

첫째, 분쟁해결을 위한 기술이 몇 개나 되는지 정확하게 정해져 있지는 않다.

둘째, 분쟁을 조정하고 줄이고자 하는 과정에서 반드시 피해야 하는 극단적이고 소모적인 갈등요소들은 아래의 특성을 지닌다.

▶분위기가 분노, 좌절, 적대감으로 가득 차 있다. 상대를 불신하고 적대시한다.
▶정보를 교환하고 서로의 입장을 지지해주던 의사소통의 통로가 현재 봉쇄되어 있거나 제한되어 있다. 의사소통 통로를 상대에 대한 비난으로 사용하고 동시에 상대가 비난하는데 의사소통 통로를 사용하지 못하도록 한다.
▶원래 다루려고 했던 쟁점은 모호해지고 정확히 정의되지 않으면서 새로운 쟁점들이 추가된다. 쟁점에 대한 서로의 입장만 확인하고, 갈등은 개인적인 문제로 변질된다. 한쪽이 양보를 하더라도 다른 쪽은 상대에 대한 강력한 혐오감 때문에 양보하지 않는다.
▶협상가들은 서로의 입장에 큰 차이가 있다고 인식한다. 갈등은 이런 입장의 차이를 확대하고 인식적 공통성과 합의영역을 최소화시킨다. 협상가들은 서로가 추구하는 바가 너무나 다르기 때문에 쉽사리 합의점을 찾을 수 없을 것으로 생각한다.

❖ 분위기가 악화되고 긴장상태가 지속될수록 협상가들은 협상초기에 정해놓은 입장을 더욱 고집한다. 합의를 위해 양보할 수 있는 방법을 찾기보다 자신의 초기요구를 더 강 하게 주장한다. 나아가 상대에게 자신의 요구조건을 강요하기 위해 위협이나 거짓말을 하거나 왜곡한다. 이에 상대는 역 위협과 보복으로 대응한다.

❖ 공동의 생각을 가진 사람을 만나게 될 경우 이들은 자신의 편에 있는 사람들이 최고 라 고 생각하고, 서로가 어떤 차이가 있더라도 이를 신경 쓰지 않는다. 이들은 팀원들에게 순응하도록 요구하며, 강력하고 독재적인 지도력을 받아들인다. 그룹 내에서 이의가 있을 경우에도 이를 상대에게 숨긴다. 그룹구성원들은 상대에 대해서는 항상 단합된 태도를 보인다.

갈등 축소 및 갈등 해소를 위한 기술을 사용한다면 위의 문제들에 잘 대응할 수 있을 것이다. 위에서 제시하는 순서에 따라 갈등관리를 단계별로 추진해나갈 것을 제안한다.

물론 갈등해결이 항상 위의 순서대로 일어나지는 않는다. 각 단계는 얼마든지 다른 순서로 적용할 수 있다. 여기에 제시된 순서는 제3자가 분쟁을 해결할 때 많이 사용하는 방식이다. 갈등이 적절히 해소되지 않으면 어쩔 수 없이 제3자가 개입해야 하고 제3자는 아래에 제시된 기술을 효과적으로 사용하여 갈등을 해결할 수 있을 것이다.

1) 1단계 : 긴장완화 및 적대감의 단계적 완화

보통 감정적인 논쟁이 계속되면 협상가들은 좌절하고 화를 내며 당황한다. 이들은 자신의 관점에 대해 확고하고 원칙적이기 때문에 자신의 관점에만 집착하며 자신이 선호하는 대안만을 강력하게 주장하는 경향이 있다. 반면 자기와 똑같이 행동을 하는 상대를 고집이 세고 우둔하며 유연하지 못하고 불합리하다고 생각한다. 양쪽의 논쟁이 길어질수록 이성보다 감정에 앞서게 된다. 다시 말해 논리와 이성적인 말보다 비난과 모욕적인 말을 하게 된다. 논쟁의 대상이 상대의 개인적 인격이 집중되면, 협상은 개인 사이의 승패상황으로 변해버린다. 결국 생산적인 협상에 대한 희망은 모두 사라져버린다. 따라서 갈등관리를 위해 사용되는 여러 가지 방법들은 다음과 같이 변덕스러운 감정을 진정시키는 데 초점을 맞춘다.

❖ 긴장완화

협상을 하다 보면 자연스럽게 나타나는 긴장상태는 협상의 자연스러운 부산물이다. 따라서 협상가들은 협상 중에 긴장감이 심해지는 경향이 있음을 알아야 하고, 이를 처리하거나 줄일 수 있는 방법까지도 알아야 한다.

긴장감을 잘 다루는 협상가는 상대를 웃기거나 긴장을 줄일 수 있는 재미있는 말이나 농담을 하는 방법을 잘 알고 있다. 상대와 똑같이 대응하지 않으면서 상대가 울분과 좌절을 느끼게 하는 것이 때때로 적절하다는 것 또한 알고 있다. 상대가 이런 카타르시스를 느끼도록 하는 것이 협상분위기를 정화하고 협상을 더욱 차분하게 한다는 것도 알고 있다.

▶ 상대의 감정 인정하기(적극적인 듣기)

만약 자신의 의견에 대해 상대가 확실히 동의를 표하지 않는다면 어떻게 할까? 상대가 동의를 표하지 않는 것만으로도 단순한 의견차이 이상의 것으로 생각하거나 거의 인신공격 수준으로 받아들이게 될 수도 있다.

이것이 의도적인지의 여부는 중요하지 않다. 이런 상호 간의 오해는 갈등을 고조시킬 뿐이다. 따라서 협상가는 서로가 상대에게 전달하고자 하는 의미의 실체에 더욱 관심을 두어야 하며, 이것을 받아들이는 방식도 신중하게 고려해야 한다.

상대의 말을 있는 그대로 듣는 것과 상대의 의견에 동의하는 것은 별개의 문제다. 문제의 내용과 중요성을 정확히 듣고 충분히 이해했다는 것을 상대가 알게 한다고 해서 자신이 그 문제에 꼭 동의해야 할 필요는 없다. 이러한 협상기술을 '적극적인 듣기'라고 부르며, 종종 면접을 할 때나 치료할 때 사용된다. 이 방법은 상대가 더 자유롭게 말할 수 있도록 해준다.

▶ 상대와 분리하기

갈등을 조금씩 축소시키는 가장 일반적인 방법은 서로 대면하지 않는 것이다. 휴식을 취하거나 회의를 중단시키거나 혹은 회의를 연기하고 편한 상태가 된 이후에 다시 만나는 것이다. 양쪽 실무자 간의 만남을 추진하는 것 역시 감정을 누그러뜨리고 대화를 차분히 진행하기 위해 새로운 노력을 기울여야 한다. 회의에 임할 때는 평정을 되찾으려고 노력하며, 분노를 일으켰던 쟁점을 다룰 때는 항상 새로운 방법을 시도해야 한다.

▶ 갈등축소의 동기화

Osgood은 냉전과 군비축소에 대한 책을 썼다. 그는 갈등을 축소하기 위한 일방적인 전략을 '긴장축소의 점진적이고 호혜적인 주도권'으로 부르자고 제안했다. 갈등을 줄이고자 하는 쪽에서 대화를 주도하자는 것이다. 갈등을 축소하려는 바람과 상호신뢰감이 있음을 보여주기 위해 각자가 최선의 양보를 하는 것이다.

이 양보는 관계를 변화시키고자 하는 바람을 명확하게 보여줄 수 있어야 하지만, 입장이 약화되거나 치명적이 될 정도로 많이 양보해서는 안 된다.

이런 과정을 거친 후, 단계적인 갈등축소 방안을 주도한 쪽이 양보를 해야 한다. 상대가 반응하지 않더라도 크게 달라질 것은 없다. 이를 주도하는 협상가는 정해진 단계에 따라 행동을 취하며, 단순하고 위험률이 낮은 양보 순으로 반복한다.

만일 상대가 반응한다면 이를 주도하는 협상가는 이전보다는 더 위험한 두 번째 행동을 제안하고 일련의 과정을 되풀이 한다. 동시에 단계적으로 축소가 진행됨에 따라 양쪽에 협상가들은 생산적인 협상관계로 되돌아갈 수 있는 좀 더 크고 위험한 양보를 서로에게 제안할 수 있다.

2) 2단계 : 의사소통 강화

갈등을 축소하기 위한 두 번째 단계는 양쪽의 협상가가 서로의 입장을 정확하게 이해하는 것이다. 앞서 살펴보았듯이 갈등이 고조된 상황에서 의사소통을 원활히 하려면 감정을 다스리는 동시에 상대에 대한 비난을 삼가야 한다. 그렇지 않으면 점차 서로의 말을 귀 기울여 듣지 않게 될 것이다.

상대가 말하려고 하는 것을 우리가 미리 알고 있다고 가정해보자. 그러면 그 말에 더 이상 주의 깊게 들으려고 하지 않을 것이다. 갈등이 심할 때 상대의 말을 경청하지 않으면 협상가들은 서로가 갖고 있는 많은 공통점을 깨닫지 못한다. 어떤 협상전문가는 이를 '관련성에 대한 장애'라고 정의하는데, 왜냐 하면 이것이 신뢰의 발전과 쟁점의 해결과정을 억제하기 때문이다.

❥ 역할 바꾸기

협상에서 제3자의 입장에서 보면 갈등에 처해 있는 협상가들의 논리, 합리성, 잠재적인 공통성을 쉽게 알 수 있다. 그러나 일단 갈등에 연루되면 사정이 달라진다. 그러므로 역할 바꾸기는 스스로를 상대의 입장에서 생각하도록 도와주고, 상대의 관점에서 쟁점을 볼 수 있도록 해준다. 실제로 경영자는 직원의 입장에서, 판매자는 고객의 입장에서, 구매자는 공급자의 입장을 취할 수 있다.

예컨대 자신의 상상력을 동원해서 시나리오를 작성한 후, 친구나 동료들에게 상대의 역할을 연기해달라고 부탁할 수 있다. 혼자서 협상전략을 준비하는 것보다 효과적으로 협상을 하기 위해 역할을 바꾸어 연기해 보면 많은 도움이 된다.

역할 바꾸기를 한다고 해서 상대의 생각과 느낌을 정확하게 파악할 수 있는 것은 아니지만 유용한 통찰력을 제공함에는 틀림이 없다.

❥ 상상해보기

역할 바꾸기처럼 상상하기도 상대의 관점에 대한 통찰력을 얻기 위한 방법이다. 갈등관계에 있는 협상가들은 다음의 과정을 통해 상상하기를 실천할 수 있다.

- 자신이 상대를 어떻게 보는가에 대해 설명한다.
- 상대가 자신을 어떻게 보는가에 대해 설명한다.
- 자신이 생각하기에 상대가 자신을 어떻게 보는지에 대해서 말한다.
- 자신이 생각하기에 스스로를 어떻게 보는지에 대해 말한다.

협상가들은 순서대로 이러한 정보를 교환해야 한다. 그러면 이제 교환된 정보를 통해 서로의 차이점을 발견할 수 있다. 상상하기를 통해 협상가들은 자신이 말하거나 들은 것을 구체화함으로서 생생한 토론이 형성될 수 있다. 협상가들은 서로의 극명한 차이와 갈등이 무의미함을 알게 될 것이다. 그 결과 상상속의 미팅은 두 협상가의 인식을 크게 바꿀 수 있으며, 협상이 성공적으로 마무리 될 것이다. 협상가들이 역할 바꾸기 혹은 상상하기를 끝마치고 나면 다음과 같은 성과를 얻을 수 있다.

첫째, 잘못된 생각과 오해를 바로잡을 수 있다.

둘째, 서로의 한계뿐만 아니라 이해관계, 목적, 우선순위를 명확하게 함으로써 문제해결 과정을 용이하게 만들 수 있다.

셋째, 서로의 정확한 요구사항을 이해하게 됨은 물론이고 이 과정을 통해 협상을 위한 긍정적인 분위기가 형성될 수 있다.

협상가들은 이런 과정이 자신들의 요구사항을 자유롭게 알리는데 도움을 준다는 것을 알게 되므로 방어적 태도를 줄이고 상대의 의견에 귀를 기울이게 된다. 대부분의 사람들은 자신이 필요로 하는 것에 대해서만 명확하게 생각하고 협상에 임한다. 그러나 상대의 말을 경청함으로써 상대가 필요로 하는 것에 대해 더 많은 것을 알 수 있다. 요컨대 공동의 쟁점해결을 통해 달성할 수 없는 목표를 성취가 가능한 것으로 변화시킨다.

3) 3단계 : 쟁점의 수와 규모 조정

갈등해결을 저해하는 세 번째 어려움은 갈등이 격화될 때 쟁점의 범위와 쟁점의 수가 확대된다는 것이다. 갈등은 마치 눈덩이처럼 불어난다. 다른 쟁점들 중에서 자질구레한 것들이 하나하나 쌓여서, 크고 다룰 수 없을 정도로 큰 쟁점으로 변하게 되는 것이다.

사실 작은 쟁점들은 단 한 번에 만족스러울 정도로 다룰 수 있다. 그러나 커져 버린 볼품없는 갈등은 다루기가 쉽지 않다. 협상가들은 논쟁이 격화될 때 쟁점이 확산되는 것을 막아야 하고, 갈등을 다룰 수 있을 정도로 축소시킬 수 있는 전략을 사용해야 한다.

피셔는 다음과 같이 큰 갈등을 좀 더 작은 부분으로 나누는 방식, 즉 갈등의 세분화를 통해 쟁점을 좀 더 효과적으로 관리하는 전략을 사용하라고 한다.

◆ 협상참여자의 수를 줄여라

갈등이 단계적으로 확대되면, 양쪽 협상가들은 세력을 강화시키기 위해 동맹을 맺거나 지지자들을 논쟁 속으로 끌어들이려는 행동을 한다. 협상참여자들의 수를 증가시키거나 협상 장소에 더 큰 세력을 끌어들인다. 이렇게 되면 법률가, 전문가, 그 방면의 권위자 등이 추가로 투입되어 여러 사람들은 자신이 제공할 수 있는 정보나 지렛대를 갖고 협상에 개입하게 된다.

협상참여자들의 숫자만으로도 협상을 더욱 복잡하게 만들 수 있다. 참여자들이 많아질수록 쟁점에 대한 관점이 많아지고, 각자의 말을 듣는 시간도 더 많이 필요하게 된다. 동시에 불일치도 많이 발생할 가능성이 커진다. 따라서 규칙을 만들어서 협상 장소에 추가로 참여할 인원을 제한해야 한다.

사실 단계적으로 확대되는 갈등을 통제하는 방법 중에 하나는 논쟁을 원래의 범위로 되돌리는 것이다. 이것은 쟁점에 대해 핵심적인 논쟁들만 협상 장소에 남게 해야 함을 의미한다. 협상참여자의 수를 줄이거나, 갈등을 두 사람에게만 제한함으로써 우호적인 결과가 나올 가능성을 높일 수 있다.

◆ 관련된 실질적인 쟁점의 수를 통제하라

갈등을 세분화하는 두 번째 방법은 쟁점의 수를 다룰 수 있을 만큼 작게 유지하는 것이다. 갈등이 단계적으로 확대되면 쟁점의 범위와 수는 당연히 확장된다. 어떤 갈등들은 쟁점이 너무나 많아서 건설적으로 다룰 수 없는 경우도 있다.

동시에 협상에서 다룰 쟁점을 너무 작게 한정하는 것도 문제를 일으킨다. 하나의 쟁점만 다루는 것도 쉽지 않다. 쟁점이 승자와 패자처럼 극단에 빠질 수 있기 때문에 이럴 경우 양쪽 협상가는 쟁점의 수를 확대하는 것이 바람직하다. 협상가 스스로 무엇인가를 쉽게 얻은 것으로 생각하여 윈-윈의 해결을 이룰 수 있기 때문이다.

해결책이 양쪽 모두에게 적어도 한 가지 쟁점에 대해서는 원하는 결과를 얻을 수 있도록 쟁점을 정리함으로써 협상의 쟁점을 단순화할 수 있다.

◆ 일반원칙보다 구체적인 용어로 쟁점을 말하라

어떤 사건이나 쟁점을 원칙의 문제로 다루면 갈등적인 쟁점을 통제하기 어렵게 된다. 고립되어 있는 작은 갈등으로 다루는 것이 아니라 일반적인 정책이나 원칙을 적용하게 될 경우 작은 갈등은 아주 빠른 속도로 처리하기 어려운 분쟁으로 변해버린다. 협상가들은 정책의 방향이 조금이라도 변경되면 이것이 정책에 위험이 된다고 생각한다. 어떤 하나의 쟁점에 대해 양보해주는 것보다 명백한 정책을 변화시키는 것이 훨씬 어렵기 때문이다. 이렇게 된다면 협상은 바로 위기를 맞는다.

가령 어떤 회사의 직원이 근무시간에 아이를 병원에 데리고 가는 이유로 회사에 외출을 허가해 달라고 요청했다고 가정해보자. 회사는 이와 같은 이유 때문에 직원에게 시간을 내주는 경우가 없었기 때문에, 그의 상사가 아픈 아이를 그냥 놔두거나 아니면 휴가를 이용하라고 했다고 가정해보자. 상관은 "그것은 원칙의 문제"라고 말할 것이다. 원칙과 정책의 논법에 호소하는 것은 현재의 상태가 조금이라도 변하는 것에 대해 거부하는 것으로, 높은 지위에 있는 사람들이 흔히 사용하는 전략적 방어수단이다. 그러나 어떤 문제에 대한 토론이 정책이나 원칙의 수준에서 오랫동안 진행되면 진행될수록 문제가 성공적으로 해결될 가능성은 점점 줄어든다.

물론 어떤 사건이 새로운 원칙이나 정책을 표방하는 경우가 있다. 이 경우 협상은 그러한 정책이나 원칙을 구체적으로 다룰 수 있어야 한다. 많은 경우 사람들은 원칙에 근거한 협상이 어렵고 오래 걸린다는 것을 알고 있기 때문에 원칙을 다루는 것을 꺼려한다. 그러나 협상에서 좀 더 명백한 원칙을 다룰 필요가 있는데도 구체적인 쟁점에 대해서만 협상하려고 한다면 좌절하고 공허함만 남게 된다.

만일 이런 일이 발생한다면 관련된 쟁점을 솔직하게 제기하는 것이 나을 것이다. 이때 사용할 수 있는 전략은 두 가지가 있다.

첫째, 그 쟁점을 원칙이나 정책에 따라 다룰 필요가 있는지 검토하는 것이다. 양자 간의 연결고리가 존재하지 않는데도 정책이나 원칙차원에서 문제에 접근하려는 쪽이 생길 수 있다. 이때는 당면한 쟁점이 원칙이나 정책과는 별도로 다루어지고 논의되어야 함을 주지시켜야 한다. 하지만 필요에 따라 특별한 경우에만 당면과제에 위와 같은 방식으로 접근할 수도 있다. 물론 이때 확립한 정책이나 원칙들을 선례로 삼아 향후에 유용하게 활용할 수 있을 거라는 기대는 접어야 한다.

둘째, 모든 정책에는 예외가 있음을 지적해 둔다. 특별한 상황에서 조금이라도 방향을 변경하는 것은 합의가 된다 하더라도 원칙과 정책이 유지될 수 있다고 다시 환기시키는 것이 중요하다. 그렇다면 협상가들은 이런 독특한 사례는 특별한 상황에서 나타날 수 있는 것 중 하나라는 데 동의할 것이다.

▶ 절차적 선례와 본질적 선례에 구속받지 마라

협상가들이 하나의 쟁점에 대한 양보를 절차적이고 본질적인 선례에 어긋나는 것으로 여기게 되면 다른 유형의 쟁점 확대가 발생한다. 본질적 선례가 문제되는 상황은 한쪽이 양보할 때 차후의 일을 지나치게 우려하기 때문에 발생한다. 쟁점의 본질에 관하여 한번 양보를 하게 되면 앞으로 있을 비슷하거나 유사한 쟁점에 대해서 계속해서 힘없이 양보만 해야 할지도 모른다는 생각을 하게 된다.

이를 앞의 근무상황 이야기에 적용해보자. 여기서 지배인이 우려하게 되는 것은 그에 관한 일관된 정책이 없는 상황에서 특별한 결근을 허용할 경우, 이것이 선례가 되어 차후의 유사한 요구를 그냥 허용해야 하는 상황이 될지도 모른다는 점이다. 이런 도

미노현상이 벌어지리라는 것에 대한 믿음은 매우 강하다.

선례를 지지하는 다수의 협상가들은 이렇게 하나의 요구에 대해 양보하게 되면 앞으로 직면하게 될 모든 종류의 쟁점에 대해 양보해야 한다고 생각한다. 반면 협상가들이 기존의 절차와는 다른 방식을 채택하기로 합의한 경우에는 절차적 선례의 문제가 대두된다.

동일한 예에서 지배인은 피고용자가 실제로 아이를 데리고 병원에 갔었다는 증거가 없으므로 유상결근을 인정하지 않을 수도 있는데, 이때 이들은 의사가 방문했다는 사실을 피고용자가 직접 증거를 제시하는 것으로써 합의를 볼 수 있다.

선례에 관한 쟁점은 보통 원칙에 관한 것만큼이나 통제를 어렵게 만드는 요소이다. 말하자면, 갈등을 단계적으로 축소하고 해결하고자 하는 협상가는 단일한 쟁점을 선례와 관련된 여타의 쟁점으로 바꾸지 않도록 해야 한다. 중요 쟁점에 대한 대화에 주목하고 이번 쟁점에서의 양보가 필연적으로 절차 혹은 본질적 내용에서 선례가 되지 않는다는 것을 지속적으로 강조해야 한다.

❖ 큰 쟁점을 세분화하는 방법을 찾아라

피셔는 이처럼 큰 쟁점을 더 작은 조각으로 잘게 썰어 내는 방법을 '살라미(salami) 전술'이라고 부른다. 사실 수량화할 수 없는 쟁점을 잘라 내는 것은 쉬운 일이 아니다. 그러나 보상을 요구하는 쟁점은 시간당 금액의 증가분으로 세분화할 수 있고, 임대료 쟁점은 평방미터당 금액으로 환산할 수 있다. 원칙이나 선례의 쟁점을 세분하고자 할 때 지속시간(원칙이 영향을 미치는 때 혹은 그것이 지속하는 기간)을 이용하거나 원칙이 적용되는 방법의 수를 조절할 수 있다.

회사는 직원들이 자신의 가족 중에 응급환자가 있는 경우 한 달에 한 번 그리고 3시간 이하는 월차를 쓸 수 있는 가족 응급휴가 제도를 고안할 수 있다.

❖ 쟁점을 객관화하라

쟁점과 그 지지자를 분리해서 생각한다. 입장에 근거한 협상은 쟁점에 대한 갈등을 낳고 협상가들 간의 긴장감을 높이는 경향이 있다. 한쪽은 자신을 쟁점에 대한 입장과 동일시하며 다른 쪽도 마찬가지다.

효과적인 협상은 협상가들 사이에 생산적인 관계를 마련하고자 하는 것뿐만이 아니라(쟁점에 대한 갈등은 제쳐두고), 갈등국면에 놓인 협상가들과는 별도로 공정하고 편향되지 않은 방식으로 쟁점을 해결하려는 것이다. 따라서 협상가와 쟁점을 분리하는 것이 필요하다. 효과적인 호혜적 협상은 협상쟁점에 대해서는 강력하게 대하지만 정작 협상가들에 대해서는 부드럽게 대한다.

4) 4단계 : 합의근거를 위한 공통점 확립

앞에서 살펴본 것처럼 심각한 갈등상황에서 협상가들은 서로의 차이점을 부각시키는 반면, 공통점에 대해서는 잘 보지 않으려 하는 경향이 있다. 이들은 서로에게 공통점보다는 차이점이 훨씬 더 많다고 생각한다. 협상가들이 갈등을 단계적으로 축소할 수 있는 네 번째 주요 행위는 공통의 기반을 마련하거나 혹은 공통적인 목표에 주목하는 것이다.

여기서는 여러 가지 방법이 가능하다. 공통적인(상위의) 목표를 마련하는 것, 공통적인 적에 대항하는 전선 구축, 공통적인 절차를 따르는 것, 협상쟁점에 접근하는 공통적인 틀을 설계하는 것 등이다.

◆ 상위의 목적

상위의 목적이란 일반적인 목적을 말한다. 양쪽의 협상가 모두 이것을 원하며 이를 위해 서로 협력해야 한다. 한 기업에서 사람들은 서로 다른 일(영업, 생산)을 하지만 동시에 협력(제품을 고객에 전달해주는 일)하여 회사를 운영해야 한다. 가령 지역 도시위원회의 경우라면 예산운용방안에 대한 의견은 매우 분분할 수 있다. 그러나 위원들은 모두 목적을 달성하는데 충분할 정도의 기금을 조성할 수 있는 결합보조금 제안서를 제출하는 것에는 동의할 수 있다.

또 다른 예로 두 기업가가 신제품 디자인에 대해 열띤 논쟁을 벌인다고 하자. 이들이 해당 프로젝트에 자금을 대는 벤처가에게 논의 결과를 정해진 시간 안에 제출해야 한다는 공통의 목표를 인식한다면 이들이 해결책을 찾을 수 있는 가능성은 높아진다.

◆ 공동의 적

공동의 적은 상위 목적의 반대개념이다. 협상가들은 제3자의 개입을 회피하기 위해 자신의 차이를 해결하려고 하거나, 공동의 적을 물리치기 위해 모든 수단을 동원하려 한다.

예컨대 정치지도자들은 자신의 지지층을 결집시키기 위해 외부의 적(다른 정치정당)을 만들어낸다. 사내에서 갈등에 처한 임원들은 서로의 차이로 인한 갈등을 스스로 해결하지 못한다면, 다른 누군가(사장)가 결정해버릴 것임을 알고 있다. 노사는 제약적인 중재, 시장점유율의 하락, 외부와의 경쟁 혹은 정부개입의 위협 등을 받을 때 좀 더 협력적이게 된다.

◆ 칙과 절차에 대한 동의

협상가들이 공통의 기반을 마련할 수 있는 세 번째 방법은 협상규칙에 대해 동의하는 것이다. 갈등이 점차 확대되어 서로가 용인할 수 있는 한계를 넘어설 수 있다. 이

때 협상가들은 점점 더 흥분할수록 상대를 꺾을 수 있는 다른 더 많은 방법을 동원하려 한다.

갈등의 효과적인 완화와 통제를 위해 협상가들은 논쟁 관리방법에 대한 기본적인 규칙을 따르도록 노력해야 한다. 기본적인 규칙을 확인한다는 것은 다음과 같다.

- 회의장소를 결정한다(위치를 다시 설정하거나 중립적인 장소 찾기).
- 논의할 것 혹은 논의하지 않을 것을 구별한다.
- 회의에 참석할 사람을 결정한다(협상가나 협상대표를 바꾸는 것은 협상에 대한 방법을 바꾸기 위한 의도를 보여주는 신호이다).
- 개별회의와 전체협상의 기한을 정한다(시간을 정해놓는 것이 때로는 협상의 진행을 돕는다. 그러므로 협상기한을 정하는 것은 정하지 않은 경우보다 협상을 더 쉽게 진전시킬 수 있다).
- 누가 말할 것인지, 얼마나 오래 말할 것인지, 쟁점에 어떻게 접근할 것인지, 어떤 사실들을 제한할 것인지, 회의기록은 어떻게 할 것인지, 합의사항은 어떻게 발표할 것인지, 회의진행을 위한 어떤 서비스가 필요한 것인지 등과 같은 절차적 규칙을 정한다.

5) 5단계 : 바람직한 옵션과 대안 강화

합의가능성을 제고하기 위해 협상가들이 사용할 수 있는 마지막 방법은 자신의 바람과 선호를 상대의 마음에 들 수 있도록 하는 것이다.

우리는 앞에서 갈등이 단계적으로 확대될 때, 협상가들은 쟁점에 대해 경직된 입장을 고수하게 된다고 설명했다. 만일 상대가 자신의 입장이나 정책을 기꺼이 받아들이지 않는다면, 더 많은 요구를 할 것이고 상대가 요구에 응하지 않은 데 대해 좀 더 강력하게 위협을 할 것이다. 이런 행위들은 갈등을 더욱 심화시킨다.

피셔에 따르면, 대부분의 설득 상황은 요구(원하는 바)와 제안 그리고 위협(그 요구를 충족시켰거나 그렇지 못한 경우의 결과)으로 특징지을 수 있다고 하였다. 그는 이런 설득과정을 누가, 무엇을, 언제, 왜 하는지를 설명한다. 피셔는 대부분이 협상상황에서 협상가들은 자신들의 요구사항을 강조하며 상대를 위협하려는 경향이 있다고 지적한다.

그러나 협상가들은 다음의 질문에 관심을 기울여야 한다. "서로의 이해관계가 다른 상태에서 어떻게 양쪽에게 이익이 되는 선택을 하도록 할 것인가?" 그러려면 자신보다는 상대의 이익에 주목해야 한다.

역할 바꾸기와 같이 이는 협상가들에게 자신의 입장에 대해서는 덜 주목하는 반면 상대의 요구사항에 대해서는 정확하게 이해하고 더욱 주목할 것을 요구한다. 또한 일단 그 요구사항을 이해한 뒤에 상대를 위협하기보다는 오히려 유리한 제안을 해야 한다.

피셔는 이와 관련하여 여러 가지 전략들을 제시하고 있다.

◆ 상대가 "예스" 할 수 있는 제안을 하라

자신의 입장만을 내세우고 상대가 제시하는 대안에 대해서는 평가만 하기보다는 상대의 요구와 이를 충족시키는 대안을 고안하는데 노력을 기울여야 한다.

피셔는 이것을 '동의할 수 있는' 제안으로 규정하는데, 이는 "예, 그건 받아들일 수 있습니다!"라는 답이 나오게끔 하는 것이다.

◆ 다른 대답을 요구하라

자신의 정책을 포괄하도록 뭉뚱그려서 요구하기보다는 요구사항을 구체화해야 한다. 협상가들은 자신의 요구사항 중에서 어떤 구체적인 요소들이 상대의 마음에 들고 안 들 것인지를 결정해야 한다. 그 결정을 통해 요구사항을 세부적으로 다듬어야 한다. 피셔는 이때 "다른 대답을 요구하라!"고 주장한다. 다시 만들고, 다시 결합시키고, 다시 조직하고, 다시 말하되, 세분하고, 쪼개고, 분리하고, 더욱 구체적으로 하라는 것이다.

◆ 협만 할 것이 아니라 달콤한 제안도 하라

훌륭한 협상가는 대안을 제시하면서 상대가 취할 수 있는 이득을 극대화함으로써 상대가 이를 기꺼이 받아들이도록 할 수 있다. 재차 강조하지만 이것은 부정적인 측면보다는 긍정적 측면을 강조하는 것이다. '당근과 채찍'의 측면에서 보면 이런 접근은 채찍을 강조하기보다는 당근에 초점을 맞추는 것이다.

다음과 같은 여러 가지 방법을 동원하여 더 매력적으로 협상에 따르는 약속과 제안을 할 수 있다.

- 이익을 극대화하고 부정적인 특성을 최소화하기
- 상대의 요구사항이 제안을 통해 거의 완벽하게 충족됨을 드러내기
- 제안을 수락하는 경우 상대가 감수해야 할 불이익을 줄이기
- 제안에 동의할 수 있는 시한을 두기

◆ 적법성과 객관적 기준으로 해결책을 평가하라

끝으로 협상가들은 공정성과 적법성을 보장할 수 있는 객관적 기준에 의해 해결할 수 있는 대안들을 평가해야 한다.

협상가들은 요구사항이 확실한 사실, 혹은 계산이나 정보에 기반하고 있으며, 자신들이 내놓는 해결책이 이들 사실과 정보로부터 나온 것임을 입증할 수 있어야 한다. 당

연히 그러한 사실과 정보는 숨겨지고 왜곡될 것이 아니라, 공개되어 모두와 공유되도록 해야 한다. "이렇게 해서 우리는 이런 제안을 하게 되었습니다!", "이런 것들이 우리가 대안을 제시하는데 근거로 삼은 사실들이고, 우리가 산출한 결과입니다!", "이런 자료에 의해서 이것들이 증명되었으니 확인하셔도 좋습니다!" 등이다.

이들 자료가 공개적으로 검증되고 공정성과 적법성을 구비했다는 것이 입증된다면 누가 대안을 제시하든지 협상가와 그 대안은 지지를 받을 것이고, 각각이 독립적이라는 것이 확실해진다. 그러므로 양쪽의 분쟁을 해결하는 것 또한 수월해진다.

하지만, 여러 번 설명했듯이 협상을 통해 합의에 도달하는 것은 그리 쉬운 일이 아니다. 경쟁적 관계의 당사자들, 아니 협력하기를 원하는 당사자들이라도 실제 협상과정에서 성공적인 협상을 이루려면 많은 문제를 겪기 마련이다.

2. 상황적 접근

협상에서는 당사자간 협력을 통해 공동의 문제해결을 방해하는 장벽들이 존재 한다. 그 장벽은 협상자 자신의 대응 태도, 상대방의부정적 감정, 상대방의 입장 고집, 상대방의 불만과 상대방의 파워플레이의 5가지이다.

① 협상자 자신의 대응태도 : 상대방의 반대 또는 공격에 되받아 치거나, 충동적으로항복하는 방법으로써 작용-반작용의 악순환으로 되어 당사자 모두가 패자가 된다.
② 상대방의 부정적 감정 : 상대방의 공격, 입장 고집의 이면에 있는 적대감, 분노, 불신 등으로 협상자의 말을 들으려 하지 않고 술수를 사용하도록 한다.
③ 상대방의 입장고집 : 한가지 입장만을 파고들면서 협상자를 굴복시키려 하는 태도로서 당사자 공동으로 문제를 직시하고 이를 함께 공격하는 것을 방해한다.
④ 상대방의 불만 : 상대방의 체면상실 혹은 두려움으로 협상자의 제안을 평가절하하고 거절한다.
⑤ 상대방의 파워플레이 : 협상을 승자-패자간의 게임으로 여기고 협상자를 굴복시키려 한다.

3. 동기관리

협상에서 이러한 난관을 돌파하는 전략의 기본은 협상자의 본능과 반대로 행동하는 것으로서 그 저변에 있는 동기(motivation)를 관리하여 행동에 영향을 미치는 것이 된다. 상대방의 문제 해결 방식을 거부하는 이유로서 위에서 열거한 5가지 장벽은 각각에 맞는 전략 상의 단계적인 적용을 요구한다.

① 제1단계(발코니로 나가서 협상을 관망할 것)
　　본능적인 맞대응 반응을 멈추고 심리적 균형을 되찾아 목표에만 열중한다.
② 제2단계(논쟁하지 말고 상대방의 편에서 이해할 것)
　　상대방의 기대와 반대로 그의 말에 귀 기울이고 동의하며, 그 감정을 인정하고 그를 존중해 준다. 이는 상대방이 예상하고 있는 것과 반대로 행동함으로써 상대방 역시 심리적 균형을 찾을 수 있게 하며 상대방의 부정적 감정을 해소시켜 주게 된다.
③ 제3단계(입장을 거절하는 대신 게임의 틀을 바꿀 것)
　　상대방의 입장고집에 대하여 그것을 받아주고 문제해결 시도로 해석한다. 이는 입장의 이면에 무엇이 있는지 이해하기 위한 질문을 함으로써 상대방 말의 틀을 끼우도록 한다.
④ 제4단계(상대방을 밀어붙이지 말고 협상성과가 상대방의 승리처럼 보이게 할 것)
　　상대방이 불만에 차 있거나 합의로부터 자신이 얻을 이익에 확신이 없을 때 그를 밀어붙이면 더욱 거세게 저항하게 되므로 상대방의 체면을 살려주며 반대로 행동한다.
⑤ 제5단계(맞불을 놓지 말고 파워를 상대방의 교육에 사용할 것)
　　상대방이 협박과 강요 등 파워를 사용하는데 대하여 협상자가 맞대응하는 대신 자신의 파워를 상대방을 협상 테이블로 돌아오도록 하는데 사용한다.

4. 방법론

각 단계별 전략은 순서를 지키는 것이 중요하며 협상현장에서 이를 시행하기 위한 구체적인 방법은 다음과 같다.

1) 맞대응하지 않고 협상을 관망하는 법

자신을 협상에서 정신적으로 격리시켜 차분하게 논쟁을 관찰하고 사태를 객관적으로 관망할 수 있도록 하기 위해서는 게임의 정체를 파악하고, 생각할 시간을 버는 것이 필요하다.

(1) 게임의 정체 파악
- ▶ 상대방의 전략 확인 : 상대방의 전략은 외고집, 공격, 속임수의 3가지 범주로 나눌 수 있다. 외고집전략은 일체의 타협을 거부하는 전략(단언, 회사의 정책을 빙자, 지연, 최후통첩) 이며, 공격은 의도적으로 협상자를 협박하거나 불안하게 하여 굴복하도록 압력을 가하는 전략(협박, 트집, 협상자의 신뢰도를 의심, 지위와 권위 무시)이다. 속임수 전략은 협상자를 속여서 항복을 받아내는 전략(데이터 조작, 거짓 권위, 끼워넣기)이다.
- ▶ 협상자 자신의 감정적 약점 파악 : 자신이 감정적으로 민감한 부분(hot button, 즉 상대방의 비평과 놀리기에 흥분, 자신의 의견무시에 대한 격분 등)을 확인하고 이를 상대방이 활용하지 못하도록 하여야 한다. 그 방법은 이들이 협상자 자신에게만 있는 것이 아니며, 상대방이 공격할 때 그를 가엾게 생각하는 것이다.

(2) 생각할 시간을 버는 법
- ▶ 잠깐 멈추고 말을 하지 않는다.
- ▶ 이미 한 얘기를 되풀이하면서 대화의 진행속도를 늦춘다.
- ▶ 휴식시간을 갖는다(팀 회의 등 핑곗거리 미리 마련).
- ▶ 즉석에서 중요한 결정을 내리지 않는다.

2) 논쟁하지 않고 상대편에서 이해하는 방법.

① 적극적인 자세로 상대방 말을 듣는다.
② 상대방의 견해를 인정한다.
③ 할 수 있는데 까지 상대방에 동의한다.

④ 상대방을 인간으로 인정하고 존중한다.

⑤ 협상자 자신의 견해를 피력하되 상대방을 자극하지 않는다.

⑥ 협상을 위해 우호적인 분위기를 조성한다.

3) 거절하는 대신 게임의 틀을 바꾸는 방법의 선택

5. 협상의 7가지 전술

1) 차이를 인정하라

협상가는 종종 다른 문화권에 있는 사람을 상대해야 한다. 국외에서 모임을 갖거나, 다른 국가에서 온 사업파트너를 접대하거나, 국적은 같지만 다른 국가에 사는 사람과 협상할 때가 있다. 문화의 차이는 시간 및 전술까지 협상의 모든 측면에 영향을 미친다. 따라서 문화차이를 고려하지 않으면 협상을 망칠 수 있다.

이런 차이로 인해서 오해를 방지하고 목표를 달성하려면 상대방의 문화차이를 알고 민감하게 대응해야 한다. 그러기 위해서는 철저한 사전준비가 필수다. 협상 전에 문화차이를 파악할 수 있는 방법은 매우 많다. 몇 가지 예를 들어보면, 도서관과 신문, 잡지, 인터넷을 이용하거나, 관련 문화권에 대해 경험이 있는 동료 및 친구에게서 정보를 얻는 방법이 있다. 관련 문화권을 전문으로 다루는 컨설팅 회사를 이용하는 것도 한 방법이다.

협상을 준비할 때는 다음과 같은 질문에 대한 답을 미리 생각해 보는 것도 좋은 방법이라고 할 수 있겠다.

❥ 인사법과 선물, 시간약속 등 상대 문화권의 사회관습 및 행동규범은 어떤가?

❥ 상대협상가를 불쾌하게 만들 수 있는 비언어적 표현이 있는가?

❥ 협상에 돌입하기 전에 어느 정도의 관계형성 시간을 가져야 하는가? 각 국가마다 친교에 의해 협상이 진행되는 경우도 있기 때문이다.

❥ 협상에 대한 태도가 어떻게 다른가? 각각 다른 국가 출신의 협상가들에게 어떠한 태도로 협상에 임하는 것이 좋은지 고려해보는 것이 협상을 좀 더 쉽게 이끌어 갈 수 있기 때문이다.

❥ 상대방의 종교가 협상에 어떤 영향을 미칠 것인가? 대부분의 이슬람 국가에서는 금요일에는 일을 하지 않는다.

협상 도중에 뜻하지 않게 상대방 협상가에게 불쾌감을 주었거나 오해가 발생했을 경우 재빨리 상황을 바로 잡아야 한다. 서로간의 차이를 인정하고 먼저 용기 있게 사과하고, 상대방의 문화를 잘 알지 못하지만 배우고 싶다고 말해야 한다. 실수를 먼저 인정하고 상대방의 문화를 배우고 싶다는데 불쾌감을 드러내는 협상가들은 없기 때문이다.

2) 특별한 기록을 가져라

어디에서 어떤 협상을 하든지 더 철저히 준비하는 쪽이 승리할 가능성이 높다. 상대방 협상가가 나중에 새로운 대안 혹은 이전에 언급한 것과 상반된 정보를 제시할 때 협상 중에 제시되었던 대안을 기록하였다면 이에 대해 철저히 방어할 수 있을 것이다. 여기에 구체적인 협상 논의 날짜와 내용을 함께 제시할 수 있다면 보다 더 나은 설득력 있는 주장을 펼 수 있을 것이다.

3) 자신만의 서류형식을 개발하여 그럴듯한 분위기를 연출하라

서류에 어떤 내용을 포함시키고 제외시킬지를 결정하는 쪽은 바로 서류를 준비하는 쪽이라는 사실은 분명한 이치이다. 서명 받을 서류를 구비하여 협상한다면 그럴듯한 분위기를 연출할 수 있다. "GM과 이와 유사한 거래를 했을 때도 이 서류를 사용했습니다. 그들이 승인하고 서명한 서류라면 믿을만할 것입니다"라는 말을 꺼낼 수 있다.

계약서, 지원서, 합의서, 혹은 기타의 모든 문서의 존재는 그럴듯한 분위기를 연출하여 보다 더 효과적인 분위기를 연출 할 수 있다. 이런 존재만으로도 사람들은 문서에 쓰인 기록을 보고 믿는 경향이 있기 때문이다.

4) 회사방침을 협상도구로 사용하라

협상에서 자신의 회사를 대표하는 경우 "이것이 우리 회사 방침입니다"라고 주장을 함으로써 많은 협상 논쟁을 잠재울 수 있다. 아무튼 회사방침은 어떤 방침과도 바꿀 수 없는 사실이 아닌가. 상대방 협상가는 회사방침 같은 변경이 불가능한 방침에 대해서 바꾸려는 시도가 부질없다는 것을 깨달을 가능성이 크다. 그것이 정말로 회사의 방침인지 혹은 그 방침을 정말로 변경할 수 없는지에 대해 상대방이 조사하는 경우는 거의 드물기 때문이다.

5) 예상된 리스크를 기꺼이 감수하라

이기는 협상을 해야 한다. 협상에 따르는 리스크와 보상을 미리 예측하지 않고 무작정 달려드는 모험을 감행하는 것은 무모한 일이다. 결과를 기꺼이 받아들이고 이를 감당해낼 수 있다면 예상된 리스크는 감수할 만하다. 예를 들어, 누군가 협상의 최종 단계를 연장하려 한다고 하자. 이때 협상이 결렬되면 상대방이 더 많은 손실을 입을지 더 적은 손실을 입을지 미리 계산해볼 수 있다. 따라서 "이것이 최선의 제안입니다. 받아들이든지 말든지 마음대로 하십시오."라고 말하는 것은 리스크를 감수할 만한 가치가 있는 것이다.

협상에 성공하는 협상가들은 예상된 리스크를 기꺼이 감수한다. 만약 "제가 이 동전을 던져서 또 다시 앞면이 나온다면 10원짜리 동전 100개를 드리겠습니다."라고 제안했다고 하자. 확률이 50대 50이라는 것을 알고 있기 때문에 이러한 기회를 잡고 싶을 것이다.

이제 시나리오를 살짝 바꿔보자. 가진 돈이 전부 200만 원뿐인데, 만약 상대방이 "제가 200만 원을 걸겠습니다. 앞면이 나오면 당신의 200만 원을 제게 주시지요."라고 제안했다고 하자. 확률은 변하지 않았으나 리스크의 부담 정도가 달라졌다. 한순간에 모든 것을 잃어버릴 수도 있는 상황이 된 것이다. 이때 우리는 '운이 나쁘면 또 앞면이 나올 것이고 그럼 나는 빈털터리가 되겠지'라고 생각을 하게 된다.

따라서 이 게임에 아무리 계산된 리스크가 존재한다고 해도 거절하는 편이 낫다. 위험을 감수할 수 있는 용기를 지닌 협상가들은 그렇지 않은 사람들보다 더 유리한 위치를 차지하기 마련이다.

6) 시간을 최종적인 협상무기로 사용하라

모든 협상의 각각의 진행 단계에는 시간적인 요소가 포함된다. 마감 기한을 정해서 협상을 진행해야 하는 압력만 없다면 시간을 무기로 활용하여 협상을 조종할 수 있다. 상대방이 특정한 시간과 장소의 제한 아래에서 협상을 반드시 끝내야 하는 상황이라는 사실을 알고 있다면, 가능한 마지막 순간에 이르기 전까지는 최선을 다하여 협상하려고 하지 않는 것이 좋을 것이다. 마지막 순간이 오면 상대방은 극도로 협상력이 약해지기 때문에 협상 제안을 쉽게 받아들일 수 있는 상황이 된다.

협상 일정을 효과적으로 연기하거나, 혹은 상대방이 기다림에 지치게 하여 자신의 제안에 합의하게 만들 수 있다. 마감 기한, 교착 상태 등은 시간과 관련된 협상기술들이다. 적절한 시기에 이 방법들을 활용하는 법을 익혀 협상력을 높여 나간다. 그리고 상대방이 시간을 무기로 활용해 대항하는 것은 무슨 수를 써서라도 피해야 한다.

7) 일반적인 약속을 활용하여 특혜를 얻어내라

협상과정에서 유리한 이점을 얻기 위해 상대방과 일반적인 약속을 할 수 있다. 예를 들어 "합의할 때까지 지켜볼 것을 약속합니다."라고 말할 수 있다. 이는 협상 중간에 하차하지 않겠다는 도덕적 약속이다. 이때 협상 상황이 여의치 않게 진행될 때에는 도덕적 약속을 꼭 지키지 않아도 됨을 기억해둔다. 하지만 반대로 상대방이 약속을 이행하지 않을 때에는 맨 처음 동의한 사실을 상기시켜 협상을 지속할 수 있다는 점을 활용한다.

결국 협상이란 여러 가지 방법을 통해 상대방에게 자신의 의사를 전달하고 자신에게 유리한 결과를 이끌어내는 것이다. 어떤 사람들은 효과적으로 협상을 이끌지만 어떤 사람들은 그렇지 못하다. 어떤 사람들은 옷깃 속에 비장의 카드를 숨겨놓고 언행에 신중을 기울여 상대방에게 좋은 인상을 준다. 미숙한 협상가들은 유리한 상황 혹은 불리한 상황에 처하면 말이나 글, 행동을 통해 이를 훤히 드러낸다. 또한 노련한 협상가들은 거래하기는 쉽지만 그들은 협상을 통해 자신이 원하는 것을 얻어낸다.

기본적으로 협상의 기술과 전술을 잘 알고 있어야 이를 활용하여 협상의 전 과정을 효과적으로 이끌어갈 수 있다. 물론 누구나 불리한 처지에 놓이고 싶지 않을 것이다. 혹시라도 그런 상황에 놓인다면 협상의 진행과정을 연기할 수 있는 방법을 찾아서 상황을 역전시키는 계획을 세울 수 일도록 시간을 벌어야 한다.

협상력은 어떤 상황, 산업 혹은 조직에서도 빛을 발휘할 수 있는 능력이다. 이러한 협상능력은 직업을 뛰어넘어 개인적인 삶에도 영향을 미친다. 사람들이 무언가를 말할 때 실제로는 어떤 생각을 하고 있는지 꿰뚫게 된다면 세일즈맨, 친구, 배우자, 그리고 자녀들과 협상할 때 보다 잘 대처할 수 있을 것이다. 또한 사람들이 저지르는 일반적인 오류와 인간의 본성을 파악할 수 있다면, 모든 면에서 훌륭한 협상가가 될 것이다. 우리 주변에는 수 많은 협상이 진행되고 있으며, 이들 협상은 언제까지나 계속 될 것이다.

6. 성공적 협상의 평가기준

협상의 결과가 성공적인지 아닌지를 평가하기 위해서는 다음과 같은 기준이 필요하다.

① Interests : 자기자신과 상대방의 이익을 동시에 만족시키는 Win-Win협상안을 만들었는가?
② Options : 상호이익이 되는 혁신적이고 효율적인 대안을 개발하였는가?
③ Alternatives : 최선의 대안(BATNA)을 설정하고, 이를 기준으로 협상안을 평가하였는가?
④ Legitimacy : 대안을 평가하고 선택하는 데에 있어서 객관적인 기준과 원칙을 적용하였는가?
⑤ Communication : 상대방과 문제해결을 위한 건설적인 대화를 하였는가?
⑥ Relationship : 상대방과 상호 신뢰할 수 있는 관계를 구축하였는가?
⑦ Commitment : 양쪽이 실행에 옮길 수 있는 구체적인 합의가 이루어졌는가?

[그림 9-3] Key Criteria for Evaluating the Success of Negotiation

Interests	Have we crafted a win-win deal that satisfy both parties' interests?
Options	Have we searched for innovative and efficient solutions that offer joint gains?
Alternatives	Have we measured the proposed deal against our BATNA?
Legitimacy	Have we used objective criteria to evaluate and choose an option?
Communication	Have we engaged in constructive conversations aimed at solving problems?
Relationship	Have we developed a trust-based relationship?
Commitment	Have we generated a workable commitment that both sides are prepared to implement?

Source : Ertel, "Turning Negotiation into a corporate capability," HBR, May-June 1999.

제 **10** 장

국제경영협상

1. 국제경영의 개념과 의의

1) 국제협상의 개념

일반적으로 국제경영이란 개념은 서로 다른 두 나라 이상에서 동시에 일어나는 경영활동으로 정의된다. 이러한 국제경영의 현상은 다양하게 나타난다. 즉 국제적으로 이전이 되는 대상을 기준으로 분류해 보면, 우선 완제품의 국제적 이전과 생산요소의 국제적 이전으로 나눌 수 있다. 생산요소의 국제적 이전은 다시 원자재, 기술, 자본, 인력과 같은 단일요소의 국제적 이전과 이들 요소가 하나의 시스템으로서 함께 이동하는 복합요소의 국제적 이전으로 나눠볼 수 있다.

단일요소의 국제적 이전 중 완제품 또는 원자재의 국제적 이전은 무역이라는 형태로 나타난다. 기술의 이전은 기술전수, 자본의 이전은 간접투자, 인력의 이전은 초기하청단계에 해외건설의 형태로 나타난다. 그리고 여러 생산요소가 복합적으로 하나의 시스템으로 이전하는 형태로서는 원자재, 기술, 자본, 인력 등이 조합을 이루는 플랜트수출과 원청단계의 해외건설, 기술, 자본, 상표, 경영 능력 등이 조합을 이루는 직접투자, 그리고 기술, 자본, 경영, 수요 획보 능력 등이 조합을 이루는 해외 자원개발 수입이 있다.

그런데 이러한 국제경영에 있어서 활동의 주체가 되는 기업이 다국적기업(mutinational corporation; MNC)이라고 할 수 있다. 이러한 다국적기업들은 일반적으로 다각적인 생산판매망을 통하여 경영의 적정화를 추구한다. 즉 그들의 다양한 국제경영활동을 여러 국가에 걸쳐서 유기적으로 조정하고자 노력하고 있다.

그런데 이러한 국제경영활동의 주체인 다국적기업은 세계적 전략을 수행하는 과정에서 다양한 이해, 갈등의 문제에 직면하게 되고 이러한 문제에 있어서 협상이 주요한 수단으로 사용된다. 그러므로 다국적기업은 여러 측면에서 협상, 즉 국제기업협상에 대해서 연구해볼 필요를 느끼게 된다.

한편 다국적기업은 그들의 국제경영활동과 협상에 있어서 국내 기업들과는 달리 국가간, 지역간, 인종간에 있어서의 다양한 사회, 문화, 정치, 경제, 언어, 법률적 차이를 경험하게 된다. 이러한 차이들은 국제경영과 협상을 특징짓는 중요한 요소가 된다.

2) 국제기업협상의 의의

국제기업협상이란 독립된 이국 기업인 사이의, 또는 기업인과 외국 정부의 관료 사이의 공통돼 문제 해결을 위해 접촉하는 것을 가리킨다. 더구나 다국적기업은 활동영역이 국경을 넘어 전세계이므로 독특한 경영철학, 문화, 사회, 경제적 구조에 이해관계까지 얽혀 있어 협상을 이를 해결하기 위한 중요한 수단이 된다. 협상을 상충된 혹은 공통의 이해관계를 가진 집단간에 서로를 이해하고 이해시키면서 이익을 교환하는 과정이라고 한다면 국제협상은 상이한 문화를 가진 국제집단간의 협상이라 할 수 있다. 국제협상에서는 국제집단간의 상이한 문화, 즉 상이핬관습 및 가치관 때문에 서로에 대한 이해가 어려워지고 쌍방 목표의 합일점을 찾는 데 더 많은 장애요인이 있게 된다. 그래서 국제협상은 국내협상보다 협상시에 더 많은 변수들을 고려하지 않으면 안된다. 즉 국제 기업협상 시 다음과 같은 점에 유의해야 한다.

- ◆ 협상에 임하기 전에 특히 중요한 것은 사전준비가 더 유리한 협상결과를 가져오는 데 도움이 된다는 점을 인식하는 일이다. 협상은 실제 대인접촉을 통해서 일어나지만, 그 협상의 현장은 사실상 빙산의 일각에 불과한 것이고 그 협상을 낳게 한 외부 환경직 변수와 기업 내부적 환경과 조직에 대한 충분한 이해가 있어야 한다. 한편 실제협상에 임하게 될 경우, 실수를 유형별로 충분히 검토하여 실수 없이 성공리에 협상을 할 수 있도록 해야 할 것이며, 협상 테이블에서의 기술을 익혀야 한다.
- ◆ 국제협상의 과정은 국가간의 문화분석운 전제로 한 것이기 때문에 성공제이고 효과적인 협상을 위해서 이것에 대한 이해가 반드시 필요하다.
- ◆ 협상의 각 단계는 협상과정과 관련이 있는 다양한 환경에 의해 영향을 받는다. 이러한 점에서 협상과정과 관련이 있는 환경에 대해 정확히 파악하고 있어야 한다. 그리고 협상에 있어서 각 협상의 조건과 배경을 이해하는 것이 중요하다.
- ◆ 협상의 과정에 있어서의 협상력의 원천, 다양한 환경, 그리고 대안에 따른 효용이 계속적으로 변화한다는 점이다.
- ◆ 상에 임한 각 참여자들의 목표는 서로 상이하고, 각 참여자는 협상을 그들의 목표 달성을 위한 하나의 수단으로 사용하고 있다는 점이다.

3) 국제기업협상의 성격

첫째, 협상은 4Cs로 특정지워지는데 이것은 공통되는 이익 (common interests : 협상할 어떤 것), 상반하는 이익(comflicating interests : 협상대상이 되는 어떤 것), 타협 (compromise : 어떤 쟁점에서 주고 받는 것), 기준 혹은 목적(criteria or objectives : 달성 기준이 되는 것)을 말한다.

[그림 10-1] 국제기업협상의 구조와 기능

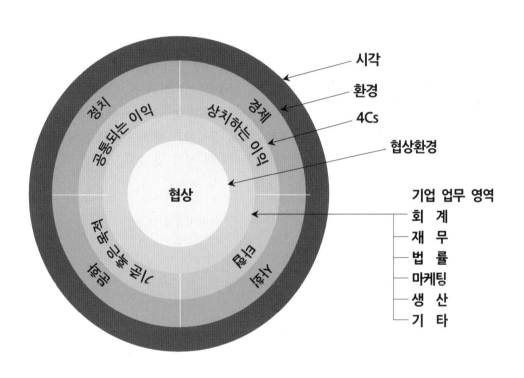

출처 : 장대환저, 국제기업협상, 학현사, 1998. p.130

둘째, 정치·경제·사회·문화적 체제로 이것은 국가의 환경을 구성하고, 또 그 국가에 있어서 채용된 협상의 접근방법에 직접 영향을 미친다. 국내기업협상가 달리 국제기업협상에 있어서 중요한 특징은 협상에 사용되는 적절한 전략과 전술을 선택 결정하는 데 광범위하고 다양한 환경의 영향을 받는다는 것이다. 다른 환경에 속해 있는 특정집단은 협상에 있어서 적당한 것, 합리적인 것, 올바른 것에 대해서 그들 자신의 개념을 갖게 된다. 그리고 각 그룹들은 어떤 쟁점, 사건, 분위기에 대해 자기준거적 기준에 따라 기대를 가지고 상대편 그룹에 반응한다. 그러므로 효과적인 국제 기업협상에 있어서는 기술·재무·회계·법적 측면에서의 전문적 능력뿐만 아니라 사회적·문화적·정치적·경제적 체계에 대한 이해도 필요하게 된다.

셋째, 협상가는 그가 협상하고 있는 상황을 포함하여 광범위한 시야를 개발해야 한다. 이러한 시야를 개발하기 위해서 협상가는 그가 협상하고 있는 것을 모두 포함하는 광범위한 틀(framework)의 성격을 이해하고, 그가 참여하고 있는 특정 협상의 의미를 광범위한 틀안에서 해석할 수 있어야 한다.

넷째, 시간이 지남에 따라 4Cs는 계속 변화하고, 협상의 각 참가자가 이용 가능한 정보, 노하우, 대안이 계속 변화하기 때문에 앞에서 거론한 4Cs와 환경, 보는 시각에 대한 새로운 해석이 필요하게 된다.

다섯째, 어떤 경우 국제기업협상은 쌍무적인 것이 아니라 다자간적인 것이어서 다국적 협상이 발생할 수도 있다. 그러므로 각 상황에 있어서 당사자는 광범위한 협상 전략과 접근 방법을 가져야 하고 다른 그룹의 협상의 상황을 이해하고 해석할 필요가 있다.

여섯째, 협상이란 수많은 기술의 통합적 표현이라고 볼 수 있는데 그것은 다음과 같은 것들이 필요하다. 즉, 재무, 마케팅, 생산, 회계, 정치학과 같은 분야의 기능적 기술과 사회·문화·경제·정치적 환경에 대한 인지, 그룹역학의 성격 및 교육, 그리고 개인의 능력과 행위에 대한 지식이 필요하게 된다.

2. 국제경영활동과 협상시기

1) 국제경영활동과 국제협상의 이유

국제경영에서의 협상은 기업이 무역에서, 해외 직접투자에 이르기까지 여러 방법을 통하여 해외로 진출할 때 국제협상 등을 포괄하는 광범위한 영역이라고 할 수 있다. 이를 구체화 시켜보면 아래의 그림과 같이 분류하여 볼 수 있다.

[그림 10-2] 국제기업협상의 분류

- 국제기업협상
  - 수출협상
    - 간접수출(indirect)
    - 직접수출(direct agent/distributer)
    - 지사 및 마케팅 현지법인 설치(direct branch/subsidiary)
    - 기 타
  - 국제계약에 따른 기업협상
    - 국제기술이전계약(licensing and/op technical agreemens)
    - 프랜차이징(franchising)
    - 서비스계약(service constrats)
    - 경영관리계약(management constrats)
    - 건설공사계약(construction constrats)
    - 플랜트/턴키계약(plant/turn-key constrats)
    - 계약제조(constract manufacture)
    - 공동생산계약(co-production agreement)
    - 기 타
  - 국제투자 협상
    - 국제간접투자(international portfolio investment)
    - 해외직접투자(foreign direct investment)
      - 단독투자(sole venture)
        - 신규건설(new establicshment)
        - 기존기업/공장의 매입(acquisition)
      - 합작투자(joint venture)
        - 신규건설
        - 기존기업/공장의 매입

출처 : 장대환저, 국제기업협상, 학현사, 1998. p.133

아울러 국제 기업협상의 경우 그 주체 역시도 다양하나 주로 다국적기업들의 활동과 연계되어 있다고 볼 수 있다. 이러한 다국적기업이 국제협상을 해야 하는 이유를 좀더 자세히 살펴보면 다음과 같다.

- ▶ 원자재 확보
- ▶ 미숙련, 반숙련, 숙련노동력 확보
- ▶ 원가절감
- ▶ 통화가치 하락에 대한 조치
- ▶ 정부의 재정규제조치로 인한 불리한 효과상쇄 조치
- ▶ 생산 및 분배의 합리화
- ▶ 공장, 기계장치, 생산방식의 대체
- ▶ 현금흐름의 증대
- ▶ 경영다각화
- ▶ 외화표시준비자산 취득
- ▶ 외국의 기술 취득
- ▶ 외국의 유통경로 취득
- ▶ 해외신용의 자본전환
- ▶ 현지에 대한 아프터서비스, 재고관리, 창고, 경영을 위한 설비
- ▶ 연구개발투자(R&D), 산업기밀의 누설은 방지하기 위한 조치
- ▶ 기존 해외영업의 강화
- ▶ 과잉생산물의 처분
- ▶ 현물 삼각거래 주선
- ▶ 관리시스템을 위한 시험단위 설치
- ▶ 다국적화 가능성 모색

위에서 보는 바와 같이 국제경영 협상자는 당장의 교섭에 관련된 문제뿐만 아니라 그들이 협상하는 큰 배경, 즉 여타의 고려대상, 과거의 유사한 프로젝트의 교섭사례, 정치와 경제 이익집단의 반응 등을 포함한 광범위한 시야를 개발해야 한다. 국제경영활동은 다국적 갈등상황을 유발시키기 때문에 아래의 [그림 10-3]에서 보는 바와 같이 다국적기업과 각 협상자간의 복잡한 관계를 형성시킨다.

[그림 10-3] 다국적기업의 각 협상자간의 다양한 상호작용

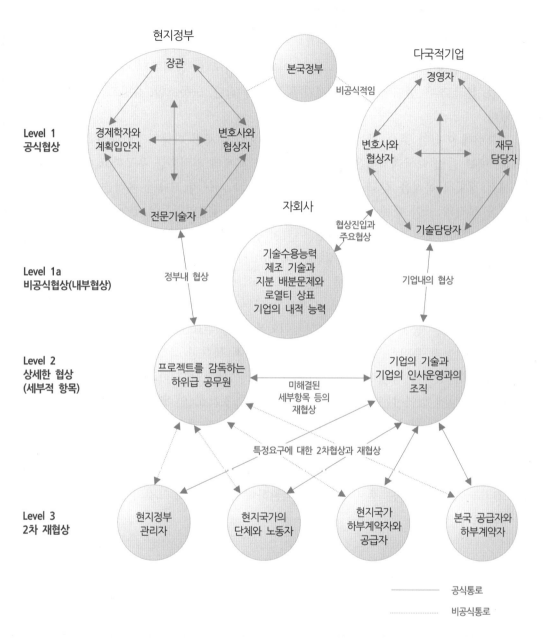

출처 : 장대환저, 국제기업협상, 학현사, 1998. p.135

3. 국제기업협상의 구성원과 협상력의 원천

1) 국제기업협상의 참여자

국제기업협상의 있어서 참여자는 매우 다양한데 주요 참여자는 다른 다국적기업, 현지기업, 본국 혹은 현지국 정부, 국제기구, 소비자 집단, 노동조합, 시민조직 등을 생각할 수 있다.

그런데 이러한 주요 참여자는 국제기업협상의 주체인 다국적기업과는 그 목적이 다르다. 예를 들면 다국적기업은 세계적 관점에서 체계의 최적화를 추구하고 있고, 정부는 경제적·정치적 목적을 갖고 있으며, 국제기구는 그 기구의 고유한 목적을 가지고 있다. 이러한 목적의 차이 때문에 협상은 다국적기업의 국제경영활동에 있어서 상반되는 이익만이 존재하는 것이 아니라 공통되는 이익이 존재하기도 한다. 예를 들면 다국적기업은 정부가 그들의 경제적 목적을 달성하는 데 있어서 큰 도움이 될 수도 있고, 소비자 집단에 대해서는 좋은 재화와 서비스를 제공하고 있고, 정부나 소비자 집단에 대해서는 다국적기업의 이러한 공헌은 호의적으로 평가하고 있는 것이다.

이상과 같은 공통 이익과 상반되는 이익을 갖는 주요 참여자들은 그들의 목표와 그들 집단의 기능적 측면, 구조적 측면, 위치에 있어서 독특한 특성을 갖고 있다. 더구나 그들은 다양한 정치적·경제적·문화적·사회적 환경 속에서 존재하고 있다. 이러한 환경은 국제기업협상에 있어서는 더욱 광범위하고 다양한 것으로 이러한 환경적 측면의 영향은 협상의 전과정과 협상기술에 사용에 큰 영향을 미친 게 된다.

이와 같은 주요 참가자들의 목표, 구조, 기능, 지위에 있어서의 차이는 공통 이익과 상반되는 이익을 생기게 하고 이에 따라 협상의 필요성이 다양한 쟁점에서 발생하게 된다. 그리고 이러한 협상은 주로 협상력에 의존하여 수행되는데 그것의 원천을 다음에서 살펴보기로 하자.

2) 협상력의 원천

협상의 상황에 있어서 주요 참가자와 쟁점이 결정되면 협상은 주로 각 참여자의 협상력에 의해서 결정된다. 이러한 협상력의 원천은 기본적인 협상력의 원천과 인식된 협상력의 원천 두 가지로 나누어서 살펴보아야 한다.

① 기본적인 협상력의 원천

기본적인 협상력의 원천은 주로 힘과 시간, 정보라고 할 수 있다. 힘이란 다른 사람(집단)으로 하여금 힘의 행사자가 원하는 어떤 것을 하도록 시키거나, 원하는 방향으로 행동이 일어나게 만들 수 있는 능력을 가리키는 것으로 다섯 종류가 있다.

첫째, 보상적 힘이 있는데, 이것은 힘의 행사에 따른 보상능력에서 기인하는 힘으로 힘의 수용자에게 있어서 보상이 의미를 갖는 상황에서만 영향력이 발휘된다.

둘째, 강압적 힘이 있는데, 이것은 힘의 행사자가 힘의 수용자에게 벌을 줄 수 있다고 인식하는 데 기초하고 있다.

셋째, 합법적 힘을 들 수 있는데, 이것은 힘의 수용자가 힘의 행사자의 정당한 영향력 행사권을 인정하고 그것에 추종해야 할 의무가 있다고 하는 생각을 바탕으로 한 힘이다.

넷째, 준거적 힘이 있을 수 있는데, 이것은 어떤 사람(집단)이 특별한 자질을 갖고 있어서 다른 사람(집단)이 그것을 닮으려고 할 때 생기는 힘이다.

다섯째, 전문적 힘이 있는데, 이것은 다른 사람(집단)들이 힘의 행사자가 특정분야에 대하여 많은 지식을 갖고 있다고 생각할 때 생기는 것이다.

이러한 힘과 더불어 협상력의 원천으로 시간과 핵심적 요소인 정보가 있을 수 있다. 시간에 있어서는 자신의 한계선뿐만 아니라 상대방의 한계선이 중요하고, 정보에 있어서는 자신과 상대방의 정보를 파악하는 것이 중요하고 이를 통해서 상대방의 양보와 폭을 이해할 수 있게 된다.

다국적기업과 현지국가 간의 협상력의 원천을 간단히 살펴보면 다음 [표 10-1]과 같다.

<표 10-1> 다국적기업과 현지국가간의 협상력 원천

	다국적 기업	현지국
기 술	기술개발능력 보유	개발능력 단계 기술수준 및 기술
재 무	내·외부 자금조달	외화거래 승인노력 현지 자금지원 능력 조세 유인책 제공능력
마케팅	현지시장 개척능력 현지 생산제품 수출능력	자국시장 통제능력 다국적기업에 의한 수출지원 능력
정치적 관계	지원능력 본국·현지국간 경제 정치관계 조성 능력	우호적인 투자 분위기 조성 능력

② 인식된 협상력의 원천

협상력의 원천에는 기본적인 협상력의 원천 이외에도 보다 실제적이고, 협상의 실제상황에서 중요하고, 단기적으로 변화할 수 있는 인식된 협상력의 원천이 있을 수 있다. 어떤 면에 있어서 협상에서 중요한 협상력의 원천은 이러한 인식된 협상력이라고 할 수 있다. 즉 협상에 있어서 각 당사자가 기본적인 협상력이 있더라도 그것을 상대측이 인식하지 못하는 경우에는 협상력으로서의 역할을 하지 못하는 경우가 있을 수도 있기 때문에 인식된 협상력의 원천이 더욱 중요할 수도 있다.

이러한 인식된 협상력의 원천은 주로 협상결과의 가치와 협상결과 희소성, 각 당사자들이 협상에서 이용하는 협상기술이라는 세 요소로 구성된다. 이 각각에 대해서 살펴보면 다음과 같다.

첫째, 협상결과의 가치란 협상결과의 중요성에 대한 협상당사자들의 주관적인 평가를 의미하는 것으로 가치를 적게 두는 쪽이 가치를 크게 두는 쪽에 대하여 상대적으로 협상력의 우위를 가진다고 본다.

둘째, 협상결과의 희소성이란 협상에서 얻고자 하는 목적을 그 협상 이외에 다른 곳으로부터 획득할 가능성을 의미하는 것으로 대안의 존재여부와 대안을 교체시킬 때 발생하는 전환비용 등에 의하여 결정된다. 이러한 협상결과 희소성이 상대적으로 작은 쪽, 즉 동일한 결과를 그 협상 이외의 다른 곳으로부터 획득할 가능성이 큰 쪽은 협상결과의 희소성이 큰 쪽에 대하여 상대적으로 협상력의 우위를 갖는다.

셋째, 협상의 기술이란 협상과정에서 자신의 이익을 극대화시킬 수 있는 능력을 의미하는 것으로 협상당사자들이 서로 상대방에 대한 완전한 정보가 없기 때문에 협상기술은 협상결과에 큰 영향을 미친다. 이는 협상전반에 관한 인식과 상대방에게 주는 신뢰감 그리고 이것들을 협상의 구체적인 전략에 이용하는 협상진행의 기술 등을 포함한다. 협상의 기술이 상대적으로 더 숙달된 또는 우월한 쪽이 그렇지 않은 쪽보다 상대적인 협상력의 우위를 갖는다.

4. 현상인식을 위한 국제기업협상의 틀

국제기업협상은 다양한 기준에 의하여 분류될 수 있다. 이러한 분류기준들은 국제기업협상에 있어서의 다양한 현상을 인식하는 데 있어서는 유용한 기준을 제공할 수 있다. 그러나 이러한 기준 중에서 시간적 측면을 제외한 다른 분류기준들은 다양한 현상에 있어서 모두 나타나는 정도가 적어서 절대적인 분류기준이나 틀(frmaework)의 변수로 사용되기는 어렵다.

이러한 현상인식을 위한 틀의 기준으로 사용될 수 있는 국제기업협상의 기준으로서는 참여자에 의한 분류, 쟁점에 의한 분류, 지역에 의한 분류, 시장접근 유형에 의한 분류 등이 있을 수 있다. 이러한 각각의 분류들을 그것들이 결합되어 2차원상의 평면에 나타낼 때 유효한 현상인식의 틀이 될 수 있는데 그것을 다음에서 살펴보기로 한다.

1) 분류의 기준

(1) 참여자에 의한 분류

국제기업간에 협상을 수행함에 있어서 주요 주체는 다국적기업이라고 할 수 있다. 이러한 다국적기업들은 그들의 국제경영활동에 있어서 다양한 국제기업협상의 상대자를 만나게 되는데 이들에는 다른 다국적기업, 현지기업, 현지 혹은 본국정부, 국제기구, 소비자, 노동조합, 시민압력단체, 희생자 등이 있을 수 있다.

이들 주요 참여자들은 각각 그들의 목적이 상이하고, 추구하는 바가 다르기 때문에 갈등과 협력의 양면성이 존재하는 다양한 쟁점에 부딪치게 된다.

◈ 다국적기업 대 여타 다국적기업, 현지기업

여기에 있어서 다국적기업은 경쟁과 협력의 위치에 놓이게 되는데 시장에서의 경쟁측면이 있을 수 있고, 시장에서의 접근을 위한 협력의 측면이 있을 수 있다. 다른 다국적기업과의 관계에 있어서 시장에서의 경쟁, 기술수준에서의 경쟁 등이 있을 수 있고, 현지기업과의 관계에 있어서 현지시장 접근을 위한 현지시장에서의 현지기업과의 경쟁 등이 있을 수 있기 때문에 협상이 필요하게 된다.

◈ 다국적기업 대 본국과 현지국정부

여기에 있어서 다국적기업은 전세계적 관점에서 최적을 구사하는 전략적 관심과 국가적 관점에서의 최적을 추구하는 관심이 갈등과 협력을 낳게 된다. 즉 정부는 경제성장, 정치적 통제력, 국수주의의 관점에서 다국적기업과 협력할 필요를 느끼기도 하고, 규제나 개입의 필요를 느끼기도 한다. 현지국정부에 있어서 다국적기업은 경제개발, 자본투자, 기술이전, 취업기회제공 등의 측면에서는 환영을 받지만, 과다한 송금, 전세계적 관점의 경영, 본국정부의 대리인, 문화적 지배라는 측면에서는 부정적으로 인식된다. 이에 따라 현지국정부는 경제적 측면에서는 다국적기업을 선호하나, 정치적 측면이나 통치권적 측면에서는 좋아하지 않는다. 본국정부에 있어서 다국적기업은 자본과 우수인력의 유출, 국내 고용의 감소 등에 있어서는 부정적으로 보지만, 시장진출, 이익기회 발견, 장기적 고용의 창출 등에 있어서는 긍정적으로 평가하고 있다.

◈ 다국적기업 대 국제기구

국제기구와 다국적기업에 있어서도 많은 갈등과 협력의 쟁점이 존재한다. 다국적기업의 개발도상국 진출과 같은 것은 개도국의 경제를 발전시키는 측면이 있어 개발도상국의 발전을 위한 국제경제기구에 있어서 긍정적으로 평가받기도 하지만, 개도국에서의 이익 수탈, 종속성의 심화 등의 관점에서는 다국적기업에 대한 집단적 행동으로 대응하려는 움직임도 보이고 있다. 이와 같은 현상은 국제환경문제, 소비자보호문제 등에 있어서도 나타날 수 있다.

> ▶ 다국적기업 대 소비자, 노동자, 시민, 희생자, 테러집단 등
> 이들 집단들은 다국적기업과 서로 다른 입장을 취하기 때문에 다국적기업과 견해의 갈등이 있을 수 있다. 즉 소비자들은 그들의 권익을 보호하기 위해 다국적기업과 갈등이 생길 수도 있고, 노동자들은 그들의 임금협상, 근로조건 등의 해결을 위해 다국적기업과 갈등하기도 하고, 시민압력단체들은 그들의 복지를 위해서 다국적기업과 갈등하고, 그리고 희생자들은 특히 공해산업의 경우에 있어서 다국적기업과 대립할 수 있다. 그래서 이 갈등을 줄이기 위해서 협상을 하기도 한다.

(2) 쟁점에 의한 분류

다국적 기업은 그들이 국제경영활동을 할 때 다양한 쟁점에서 협사을 하게 되는데, 이러한 것에는 테러리즘, 인권, 정치, 뇌물, 마케팅, 노동문제, 환경, 기술, 경제·재무적 측면 등이 있을 수 있다.

(3) 시장접근 유형에 의한 분류

다국적기업이 시장에 접근하는 방법에 있어서는 수출, 라이선싱, 합작투자, 해외직접투자가 있는데 각각의 경우 협상이 필요하다. 그리고 시간이 지남에 따라 공헌과 혜택의 조합을 재조정할 때에 있어서의 힘의 소재, 시간의 변화에 따른 공헌과 혜택의 효용 등에 따라 재협상의 문제가 생기기도 한다. 그리고 다국적기업들은 자신의 능력과 상황의 변화, 세계적 관점에 있어서의 체제의 최적화를 위하여 국제화를 계속하거나 투자철수할 때에 협상을 하게 된다.

(4) 지역에 의한 분류

다국적기업이 협상해야 할 문제들은 지역에 따라 분류할 수도 있다. 가장 쉬운 예로는 협상의 문제가 나타난 곳이 선진국이냐, 개발도상국이냐, 후진국이냐에 따라 분류할 수도 있고, 유럽, 동남아, 미국대륙, 아프리카 등으로 구분할 수 있다. 이러한 구분 등은 주로 각 지역에 있어서의 사회적·문화적·정치적·경제적 체제의 차이를 고려하여서 분류하는 것으로 유사성이 있는 집단들로 묶는 방법이다.

2) 현상인식을 위한 틀

이상에서 우리는 국제기업협상의 분류기준을 살펴보았다. 그런데 이러한 분류기준에 의해서 다국적기업이 당면하는 협상에 있어서의 다양한 현상을 파악할 수 있었다. 이러한 분류기준에 대한 현상인식은 어느 정도의 한계가 있다는 생각 때문에 여기서는 좀 더 종합적이고 포괄적 측면에서 다국적기업이 당면하는 현상을 인식하기 위하여 두 개의 분류기준을 결합하여서 현상인식을 시도해 보려고 한다.

이러한 결합에 의한 현상인식의 틀은 국제기업협상 현상을 좀 더 포괄적으로 나타내줄 수 있을 뿐만 아니라 어떤 부분에 대한 연구가 부족한 것인가를 나타내준다는 점에서 큰 의의가 있다.

그러나 틀은 주로 표로써 나타낼 수 있는 것으로 다음의 [표 10-2], [표 10-3]과 같이 현상인식틀을 만들어보았다.

<표 10-2> 다국적기업의 해외시장 진출 유형과 마찰의 소개

유형 소계	수 출	기술제휴	합작투자	해외직접투자
다른 다국적 기업	품질조건, 가격조건, 수량조건, 선적조건, 결제조건	특허료, 특허권 침해, 기술가격설정, 지급통화 결정	합작투자협상, 생산과 판매, 상표, 자본구성, 정책관행, 파트너선정, 배당정책, 이익결정문제, 재협상	직접투자의 영역협상, 원부자재의 구입·판매
현지 기업	판매에 대해 현지기업과 협상, 수출중간상과 협상, 유통경로의 선택, 품질조건, 수량조건, 가격조건, 선적조건, 결제조건, 보험조건	특허료, 기술격차, 기술이전, 특허권 침해, 기술가격 설정, 지급통화 결정	합작투자협상, 생산과 판매, 상표, 자본구성, 정책관행, 파트너선정, 배당, 이익결정문제, 재협상	원자재, 원부자재구입, 지사의 판매, 매수협상
현지국 정부	무역의 흐름, 국제수지에 미치는 다국적기업의 영향, 고용수준, 수입통제, 관세	기술가격 설정, 외환통제, 국제수지에 미치는 영향, 조세정책, 특허권	무역흐름, 국제수지, 뇌물, 정치적 공헌, 고용기회의 균등, 노동착취, 정부의 개입, 인센티브, 몰수, 수용, 재협상	이전가격, 무역흐름, 국제수지, 뇌물, 국가주권, 정치적 공헌, 세금회피, 몰수, 수용, 정부의 개입, 인센티브, 독점금지법, 재협상

본국 정부	무역흐름, 국제수지, 규제, 적국에 수출, 수출규제	중요기술 이전, 기술수출통제, 특허권 침해규제, 적국에 수출, 조세정책	무역흐름, 국제수지, 규제, 정치적 위험보험, 인력유출	이전가격, 무역흐름, 국제수지, 고용에 미치는 영향, 인력유출, 규제, 독저금지법, 세금회피, 정치적 위험보험
국제 기구	소비자 보호문제	국제적 특허권의 문제	국제환경문제, 소비자보호문제, 자원문제	국제 환경문제, 소비자보호문제, FDI 유치에 있어서 집단적 움직임, 자원문제
소비자	수출제품에 대한 소비자의 권리주장, 불량품에 대한 보상, 제품안전		소비자운동, 기만광고, 제품안전, 소비자보호, 환경영향 평가, 불량품에 대한 보상, 가격착취	불량품에 대한 보상, 기만광고, 가격착취, 소비자운동, 환경영향평가, 제품안전, 소비자 보호
노동자	제푸수출에 따른 실업문제		집단협상, 직업적 안전과 건강, 해고와 공장폐쇄, 균등한 고용기회, 노동착취, 이민노동자	집단협상, 직업적 안전과 건강, 해고와 공장폐쇄, 고용사회 균등, 노동착취, 이민노동자, 다국적 협상
테러 집단			공장방화, 폭동, 태업, 납치, 무장공격	공장폭파, 방화, 폭동, 태업, 납치, 무장공격
시민 압력 단체	수출제품으로 인한 노동문제, 소비자보호문제	기술의 의존성, 기술가격 설정, 특허권	노동착취, 고용기회의 균등, 뇌물, 소비자보호, 공해, 환경 영향 평가	경제의 대외의존성, 공해문제, 가격착취, 고용기회 균등, 뇌물, 소비자보호, 환경영향평가
희생자	노동문제, 소비자보호, 불량제품, 제품의 안정성, 가격착취	부적절한 기술, 기술가격 설정의 적절성, 특허권	공해산업의 경우 희생자와 협상, 노동문제, 소비자보호문제, 테러 희생자	공해산업, 노동문제, 소비자보호, 테러희생자

(출처) 장대환, 국제기업협상, 학현사, 1998. p.143

<표 10-3> 다국적기업의 갈등 유형과 소재 Ⅰ

유형 / 소계	테러리즘	인권	정치	뇌물	마케팅
다국적 기업	테러문제에 공동 대처	노동관행, 소비자 보호에 공동 대응	국유화에 공동 대처, 수용에 공동대처		기만광고, 허위광고, 가격유지, 가격착취, 생산과 판매의 분리 협상
현지 기업	테러리즘에 공동 대처	노동관행, 소비자 보호에 공동 대응			기만광고, 소매가격 유지, 가격착취, 생산과 판매의 분리협상
현지국 정부	무장공격, 납치, 유괴, 방화, 폭동	압력국가로부터 철수, 윤리적 제국주의	국가주권, 민족 주의, 정치적 개입, 국유화, 수용, 치외법권	뇌물, 비밀구좌, 정치적 공헌, 범죄행위	기만광고, 소매가격 유지, 문화제국주의, 소비자운동
본국 정부	방화, 무장공격, 납치, 폭탄테러, 폭동	경제체제 조치에 협력, 윤리적 제국주의	정치적 개입, 정치 위험보험, 적국과의 무역	뇌물, 은행비밀 구좌, 정치적 공헌, 부정자금, 범죄행위	기만광고, 제품의 안전, 부적절한 제품, 소비자운동
국제 기구	무장공격, 납치, 폭탄테러	인권기구와 협력, 초청	국유화, 수용	은행비밀구좌	기만광고, 제품의 안전, 부적절한 제품, 소비자운동
소비자		구매판매의 원리, 소비자 보호			기만광고, 소매가격 유지, 불량품에 대한 보상, 가격 착취, 제품의 안전, 무석설한 제품, 소비자 운동
노동자	태업, 방화	노동관행	노동문제에 대한 정치적 개입		
테러 집단	유괴, 암살, 폭탄테러, 방화, 무장공격				
시민 압력 단체	방화, 폭탄테러, 무장공격	윤리적 제국주의	민족주의	뇌물, 정치적 공헌, 부정자료, 범죄	기만광고, 문화제국주의
희생자	테러의 희생자와 협상	소비자보호, 노동관행		강제공시, 부정 자금, 뇌물	제품의 안전, 기만 광고, 가격착취, 부적절한 제품

(출처) 장대환, 국제기업협상, 학현사, 1998. p.144

<표 10-4> 다국적기업의 갈등 유형과 소재 Ⅱ

유형 소계	노사관계	환경	기술	경제·재정
다국적 기업	다국적 기업 노조운동 집단협상	공해문제, 천연자원 고갈 문제	특허권 침해, 기술이전, 기술가격 설정	입찰에 참여, 독과점 금지법
현지 기업	집단협상	공해문제, 천연자원 고갈 문제	특허권 침해, 기술이전, 기술가격 설정	독과점 금지법, 입찰에 참여
현지국 정부	균등고용, 직업적 건강과 안전, 송환관리, 이민노동자	독성물질 통제, 공해문제, 천연자원 고갈, 증명의무	부적절한 기술, 기술격차, R&D활동의 입지, 기술이전	이전가격설정, 세금회피, 입찰에 참여, 국가경제 정착, 고용, 국제수지, 자본, 독과점금지법
본국 정부	균등고용, 직업적 건강과 안전, 송환관리, 이민노동자	독성물질 통제, 공해문제, 천연자원 고갈, 증명의무	R&D활동의 입지, 인력수출, 기술이전, 기술수출제한, 중요기술, 기술저장	이전가격 설정, 세금회피, 국가경제 정착, 독과점금지법, 고용, 국제수지, 자본구조
국제 기구	노동착취, 이민노동자	국제공해문제, 천연자원 고갈, 환경영향 평가	기술의존도, 기술수출 통제	
소비자		소비자의 환경적 측면		
노동자	균등고용, 노동수탈, 이민노동자, 산업민주화, 해고, 공장폐쇄	공해문제, 산업재해		고용에 미치는 영향, 수익배분에 영향
테러 집단			기술의 대외의존	경제의 대외의존
시민 압력 단체	균등고용, 노동착취, 산업민주화	공해문제, 천연자원 고갈	공해산업수출	
희생자	해고, 노동착취, 수입노동자	공장폭발, 산업재해, 공해문제, 피해보상	공해산업수출	자본구조

(출처) 장대환, 국제기업협상, 학현사, 1998. p.144

1. 협상환경 분석

자기자신에 대한 분석이나 상대방에 대한 분석, 또는 구체적 전략수립에 앞서서 고려되어야 할 점이 바로 협상을 둘러싸고 있는 환경에 대한 분석이다. 이러한 환경에 대한 충분한 이해는 시행착오를 최대한 줄일 수 있으며 최소의 시도에서 최대의 성과를 거둘 수 있는 협상전략의 수립을 가능케 한다. 환경분석에 대한 무지는 기업으로 하여금 엄청난 비용 손실과 협상실패를 결과로 낳게 될 것이다.

우선 가장 기본적인 거시 환경 분석으로서의 대표적인 모형이 아래의 그림과 같은 PEST 분석이라고 할 수 있다.

[그림 10-4] PEST 분석과 주요변수

P-Analysis
- 정책, 환경 규제와 보호
- 세금 정책
- 국제무역 규제와 제한
- 정부 조직/태도
- 경쟁 규제
- 정치적인 안전성

E-Analysis
- 경제성장률
- 수익성
- 이자율(금리)과 환율
- 물가와 인플레이션
- 경기 변동
- 소득수준 및 평균 임금수준
- 통화정책 등

T-Analysis
- 기존 기술의 발전
- 신기술의 등장
- 정부 연구 지출
- 기술적 성과에 대한 산업의 초점
- 과학기술의 수명주기
- 정보기술과 인터넷의 변화
- 에너지 이용과 비용 등

S-Analysis
- 라이프 스타일과 가치관
- 교육 및 종교
- 소득분배
- 생활양식의 변화와 유행
- 인구 통계
- 건강의식
- 복지 생활조건 등

정치적 영향 Political Influences
환경적 영향 Environmental Influences
경제적 영향 Economic Influences
법적 영향 Legal Influences
사회·문화적 영향 Sociocultural Influences
기술적 영향 Technological Influences
Organization

이러한 환경분석 변수를 바탕으로 하여 〈표 10-5〉에서 우리는 다음과 같은 국제기업협상의 환경분석적 체계를 검토할 수 있는 것이다.

<표 10-5> 환경분석적 체계

---

1. 시간적 제약 분석
2. 문화규범 차이 분석(상대분석에서 자세히 행하여질 것임)
3. 국제선례 분석
4. 제3자에 대한 분석
   - 존재여부
   - 영향력의 정도 a. 자기측에 대한 영향력 분석
                  b. 상대방에 대한 영향력 분석
                  c. 협상 쌍방간의 관계에 대한 영향력 분석
   - 구조 분석(수, 역할, 힘, 상태)
5. 주변 정치구조에 대한 분석
6. 세계 경제현황 분석
7. 국제적 관심도 분석
8. 본협상과 환경과의 상호연관정도 분석
   - 협상에 대한 환경의 의존도
   - 환경에 대한 협상의 의존도
   - 환경의 힘
   - 환경의 규모
   - 환경의 안정도

---

1) 자기 분석

협상을 둘러싼 환경에 대한 분석을 마친 다음에는, 이러한 환경속에서 협상의 우위를 차지하기 위해서는 자신에 대한 분석이 필요하다. 이러한 자기 분석의 가장 기초적인 모형으로 M. Porter의 가치사슬(Value Chain) 모형을 들 수 있다.

포터(Porter)는 기업의 모든 활동은 고객에게 가치를 전달해 줄 수 있어야 한다고 주장하며, 고객에게 가치를 전달하지 못하는 활동들은 제거해야 한다고 주장하였다.

가치사슬이란 고객에게 가치를 제공함에 있어서 가치창출에 직간접적으로 관련된 일련의 활동, 기능, 프로세스의 연계를 의미한다. 포터(Porter)는 기업의 고객 가치 창조활동을 본원적 활동과 보조적 활동으로 구분하였다.

[그림 10-5] 가치사슬 모형

아울러 이러한 가치 사슬 모형을 기반으로 기업의 핵심역량을 파악하는 관점에서의 자원거점이론을 파악하여야 한다.

자원거점적 이론(Resource-based view)은 기업이 보유한 유형, 무형의 자원들의 효율적인 결합이 기업의 경쟁우위를 창출시킬 수 있고, 기업이 보유한 자원의 특성에 따라 경쟁우위가 오래갈 수도 있고 그렇지 않을 수도 있다고 주장한다. 따라서 자원거점적 이론은 기업 내부적 요인을 중시여긴다. 아울러 경쟁우위를 차지할 수 있는 자원의 특성으로 vrio를 제시하고 있는데 이는 다음의 〈표 10-6〉와 같다

〈표 10-6〉 경쟁우위를 차지할 수 있는 자원의 특성

구 분	내 용
Value(가치)	시장기회를 창출하거나 외부위협을 방어하여 매출의 증가를 가져오거나 비용을 줄이는 등의 가치가 있는지
Rare(희소성)	완벽한 경쟁구도가 이루어지지 않을 정도로 남들이 보유하지 못한 희소성 있는 자원인지
Imitable(모방가능성)	경쟁업체가 쉽게 모방할 수 없어 경쟁력이 계속 지속될 수 있는지
Organized(조직화)	이러한 자원들이 잘 활용될 수 있도록 기업의 구조나 시스템이 갖추어져 있는지

아울러 이런한 자원의 특성과 경쟁우위와의 관계를 살펴보면 다음과 같다.

<표 10-7> VRIO와 경쟁우위 관계

가치(V)	희소성(R)	모방가능성(I)	내부조직화(O)	경쟁적 시사점	경제적 시사점
No			No	경쟁열위	보통 이하의 경제적 성과
Yes	No			경쟁등위	보통의 경제적 성과
Yes	Yes	No		임시적 경쟁우위	보통 이상의 경제적 성과
Yes	Yes	Yes	Yes	지속적 경쟁우위	보통 이상의 경제적 성과

출처 : Jay B, Barney, Stategic Management and Competitive advartage ; Concepts and Case 4/E, Pearson Education, 2012

앞서 살펴본 이러한 자신에 대한 정확한 분석은 협상전략의 수립에 있어서 중요한 역할을 담당하게 되는 것이라고 할 수 있다. 나아가 협상에서의 전략 수립 전 단계로서의 자기분석은 다음과 같은 요소로 구성된다고 할 수 있다.

(1) 선례분석

전에 기업이 지금 직면한 협상과 비슷한 종류의 협상을 경험했는지 여부를 조사하고, 있으면 그것을 바탕으로 하고, 없으면 타기업의 경우라도 참조하여 협상대책 수립에 이용하여야 할 것이다.

과거의 경험은 절대로 간과해서는 안 된다.
▶ 선례 존재의 유무
▶ 선례 수
▶ 선례 결과 분석
▶ 현상태와 비교, 공통점, 차이점 선별하여 전략수립에 반영

(2) 기업자체 경제력 분석

효과적인 협상을 위해 협상에 투입될 수 있는 자금이 얼마 정도인가를 알아두는 것도 중요하다.

(3) 인적자원 분석

협상에 임하는 주체들을 뽑는 가장 중요한 과정으로 아래의 <표 10-8>과 같이 다섯 가지 분석결과를 토대로 하여 가장 적절한 협상대표를 뽑아야 한다.

<표 10-8> 인적 자원 분석

1. 생리학적 분석	4. 행위적 분석
• 키 • 몸무게 • 나이 • 인종	• 옷차림새 • 언어 구사력 • 적극적 • 탐구성 • 경쟁력 • 이타주의
2. 심리학적 분석	5. 경험곡선
• 지적 수준 • 성격 • 동기 • 지각적 편견 • 태도(일상시 태도, 협상태도)	• 노출 정도(상대측에) • 이전에 경험했던 협상 수 • 협상가로서의 기간 • 이전에 경험했던 협상의 실패·성공 원인 재조명
3. 사회적 분석	
• 국적 • 종교 • 사회적 지위 • 문화	

2) 조직 요소

협상당사자나 협상상대방이 속한 조직(이는 앞에서 전제한 바내로 다국적기입, 현지기업, 본국정부와 현지국 정부, 국제기구, 소비자조직, 노조 등의 형태를 지님)의 여러 특징 및 협상상대방과의 관계는 협상력의 원천을 형성하는 데 중요하며 협상자의 목표, 전략, 태도형성에 영향을 미친다.

(1) 조직 목적

조직의 목적은 조직의 형태에 의해 결정되며(예 : 기업의 목적은 이윤극대화) 조직을 둘러싼 환경과 이해관계자 집단이 조직 목적의 형성에 영향을 미친다. 이러한 조직 목적은 협상의 목표 결정시 매우 중요한 기준으로 고려된다.

(2) 조직 내부여건

조직의 자원과 힘, 크기, 강·약점 등 내부 여건은 협상시 협상력의 형성에 중요한 역할을 한다.

(3) 조직 전략

조직의 기본 경영전략(예 : 다국적기업의 경우 범세계적 경쟁전략)과 협상전략(예 : 다국적기업이 각 협상상황에 대비하여 사전 작성한 협상 원칙 및 지침)은 구체적 협상상황에 대비한 전략 설정시 기초가 된다.

(4) 정보 수집·분석 능력

양 협상 주체간의 상대적 협상력을 정확히 인식하고, 해당 협상 주제에 대한 이해를 높이려면 협상상대방과 소속조직, 자신의 소속조직, 의사결정 관련정보, 환경정보 등을 철저히 연구해야 한다.

<표 10-9> 인적 자원 분석

---

1. 협상상대방 및 소속조직 분석 요소
   - 장래의 목표 : 협상상대방 조직을 앞으로 이끌어 나갈 요인
   - 현행전략 : 협상상대방 조직이 현재 취하고 있거나 취할 수 있는 대상
   - 제반 가정 : 자신의 협상력과 협상 주제에 대한 가정적 판단
   - 능력 : 강점과 약점
   - 선례 : 과거 유사한 협상시의 선례
2. 자기분석 정보
   - 조직 목적
   - 내부 여건
   - 조직 전략
   - 제반 가정
3. 의사결정 관련 정보
4. 협상상대방, 기존 경쟁자, 잠재적 경쟁자 분석 정보
   - 협상에서의 역할의 수, 각 역할에의 참여자수, 역할간의 균형성, 의사소통구조, 힘·구조·긴장 등의 국면, 상대에 대한 신뢰도, 서로간의 인지와 공헌, 상대에게 투입되는 비용
5. 협상 특성 관련 정보

---

(5) 협상가와 조직의 관계

이 관계는 협상과와 협상과정의 측면에서 고찰할 수 있다.

협상구조는 협상에 대한 권한 위임 정도, 협상가의 조직내 지위 및 권력, 구성원들의 수, 응집력, 구조 등의 측면에서 살펴볼 수 있고, 협상과정은 협상가와 조직간의 의견 조정, 조직의 점검, 평가, 피드백, 신뢰, 보상, 처벌, 위협 등의 측면에서 살펴볼 수 있다.

(6) 상대 협상가와 조직의 관계

협상가와 조직의 관계를 상대협상가와 조직의 입장에서 본 것이다.

3) 상대 분석

협상에는 단일상대이건 복수상대들이건 간에 상대방이 있기 마련이다. 최선의 협상결과를 획득하려면 아래의 〈표 10-10〉과 같이 상대방에 철저한 분석이 먼저 이루어져야 한다.

〈표 10-10〉 협상상대방 분석

1. 상대측 목표 예상
2. 상대측의 힘 분석
• 정치력
• 경제력
3. 선례분석
• 선례분석 유무
• 선례 수
• 선례결과의 집단간 분석
• 현상태와 비교, 공통점·차이점 선별
4. 인적자원 분석
• 상대 협상대표 예측 (스크리닝을 통한 협상대표 예측)
- 여대 협상대표 조사
- 임직원 현황 파악
• 상대 협상 대표 분석
5. 상대방 문화 분석
6. 상대측 전략에 관한 예상 시나리오 구성
7. 제3자 요인(구성원간 요인 포함) 분석

특히 협상에 영향을 주는 제3자요인은 순수한 제3자와 구성원 간 요인을 포함한다. 구성원간 요인에서는 협상자측 구성원과 상대방측 구성원의 힘이 중요요인이 된다. 물론 양측의 힘에는 각 구성원들의 규모, 지위, 자원 등 힘의 기초가 중요한 영향을 준다. 보통의 경우 구성원들간의 직접적인 의사소통채널이 존재하지 않지만 특수한 경우에는 존재할 수도 있다. 양쪽 구성원들간의 직접적인 의사소통채널이 존재하면 이 과정이 협상에 어떤 영향을 줄 수 있다는 점이다.

아울러 협상의 진행과정 각 단계에서의 양측의 관계를 미리 구분해보고 각 단계에서 우위를 확보할 수 있는 조건을 설정해본다면 구체적 협상전략 수립에 큰 도움이 될 것이다.

협상의 각 단계에서 또는 전체적으로 어떤 경우에 상대에 비해 협상우위를 확보할 수 있는가를 설정하여 전략수립의근거로 삼는다.

(1) 산업구조 분석기법

이 경우의 가장 기초적인 분석 모형이 M. Porter의 산업구조 분석을 들 수 있다. 포터(Porter) 교수는 산업 환경의 경쟁강도에 영향을 미치는 요소로 (1)기존 경쟁 업체들 간의 경쟁의 정도, (2)시장에 진입하려는 새로운 기업들의 진입가능성, (3)상품이나 서비스의 대체가능성, (4)고객이나 구매자 집단의 교섭력, (5)공급자 집단의 교섭력의 5가지를 주요 변수로 보았다.

다섯 요소의 힘이 강하면 기업의 협상력이 약해져서 그 기업에 위협(Threat) 요인으로 작용하게 되어 기업이 충분한 이익을 형성하기 어렵게 되고, 다섯 요소의 힘이 약하면 기업의 협상력이 강해져서 기업에 기회(Opportunity)요인으로 작용하여 초과 이윤을 얻을 수 있는 가능성이 증가하게 된다.

[그림 10-6] 산업구조 분석 기법 : 5Force Model

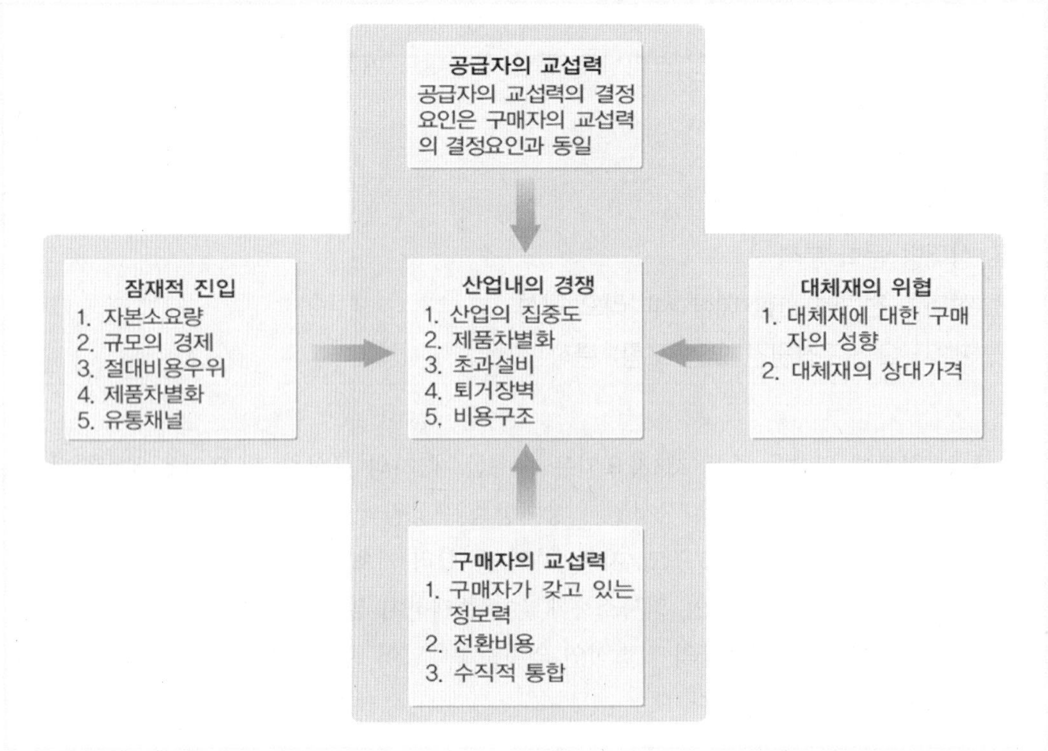

(2) 전략집단 분석 (strategic group analysis)

　□전략집단이란 한 산업 내에서 유사한 전략을 사용하고 있는 기업 집단을 의미한다. 구체적으로 어떠한 제품군 또는 지역 시장에 집중하고 있는가, 또는 어떤 유통채널을 선택하고 있는가, 제품의 질은 어느 수준에서 결정되는가, 수직적 통합의 정도는 어떠한가 등 여러 가지 측면에서 기업의 전략을 평가하여 유사한 전략을 추구하는 기업들을 묶어서 전략집단이라고 한다. □

　전략집단 분석은 경쟁의 범위가 너무 넓어서 경쟁자를 정확하게 파악할 수 없을 경우에 경쟁 상대를 정확하게 분석하기 위한 도구이다. 하지만 최근 연구에 의하면 이와 같은 전략집단 분석이 실제의 경영전략 분석에 큰 도움을 주지 못하고 있다고 한다. 왜냐하면 특정 전략집단에 속해 있다고 해도 그 기업이 반드시 같은 전략집단에 속해 있는 기업들과 경쟁하는 것은 아니기 때문이다. 가령 내수시장에 집중하는 기업들은 서로 다른 국가의 내수시장에서 경쟁하기 때문에 전략집단들 간에는 큰 경쟁이 발생하지 않는 것이다.

[그림 10-7] 자동차 산업에서의 전략집단 분석

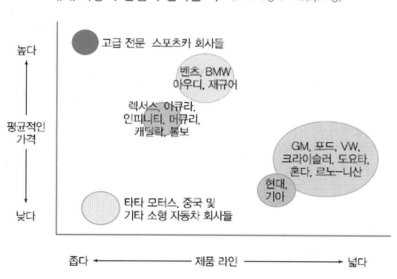

출처 : 김언수, TOP을 위한 전략 경영 4.0, PNC미디어, 2013

2. 전략수립과 협상의 실행

1) 전략의 수립

앞에서 언급한 분석에 근거하여 구체적인 전략을 수립한다. 특히 협상 전략의 수립은 전략수립과 동시에 각 상황에 따른 세부적 전술 역시 수립해야 한다.

2) 협상대표 훈련

협상가에게 전략인지, 상대방문화, 협상환경, 협상태도, 협상기술교육 등에 대한 확실한 훈련이 필요하다. 특히 국제기업들이 상대국 정부와 교섭을 함에 있어서 범하기 쉬운 실수의 유형별 기준을 제시하면 〈표 10-11〉과 같다. 이러한 점에 유의하여 협상가 훈련을 체계있게 하여야 한다.

<표 10-11> 협상에 있어서의 실수여부의 유형별 기준

분 류	실수여부의 유형별 기준
1. 감정이입	• 상대방의 우치나 접근방법을 충분히 이해하고 있는가? • 다른 문화를 가진 각 개인들의 상이한 사고방식을 이해하고 있는가? • 상대방의 체면을 세워주는 데 대한 주의를 다 했는가? • 현지국의 역사나 문화 그리고 정치적인 특성을 충분히 파악하고 있는가?
2. 정부의 역할	• 특히 중앙집권적인 계획경제하에 있는 나라에서의 정부 역할의 특성을 충분히 인식하고 있는가? • 상대방 실업가들의 지위에 대해서 정당한 인식을 하고 있는가? • 협상에서 현지국정부의 역할에 대해서 얼마나 인식하고 있는가? • 협상에서 국제기업이 본국정부의 역할에 대한 현지국정부 관료의 인식을 얼마나 파악하고 있는가?
3. 의사결정의 특징	• 의사결정에 있어서 현지국 경제적·정치적 판단기준에 대해서 얼마만큼 인식하고 있는가? • 정부의 한 기관의 승인과 다른 기관에서 그 승인을 받는 것 간에 차이점을 인식하고 있는가? • 현지국정부에 의한 의사결정에 있어서의 개인관계와 개성의 역할에 대해서 이해하고 있는가? • 국가에 따른 협상을 위한 시간배분을 충분히 고려하고 있는가?
4. 조직화	• 협상위치 변화를 위한 계획에 대해 주의하는가? • 본사에 의한 간섭여부를 고려하고 있는가? • 조직의 여러 분야들이 진행중인 협상에 관심을 갖는데 이러한 내적인 의사소통과 의사결정을 위한 계획을 충분히 인식하고 있는가?

Fayerweather와 Kapoor(1976)[161]는 협상가들의 주요한 실수의 리스트를 다음과 같이 제시하고 있다.

① 감정의 부족(상대방 국가의 현황과 사고과정에 대한 이해 부족, 주최국에 대한 불충분한 지식)

② 정부의 정확한 역할에 대한 불충분한 인식과 지방 또는 외국 사회에서 경영상대에 대한 잘못된 개념

③ 의사결정 과정의 특이성에 대한 불충분한 인식(이는 승인과 이행사이의 차이뿐만 아니라 기준, 시간, 그리고 개인적 계약)

④ 지역적 환경에 대한 협상과정의 적용실패, 이는 불충분한 계획, 지휘소의 간섭(방해), 적절한 의사소통의 부족, 협상가의 중간자의 역할에 대한 빈약한 조정, 그리고 경쟁요소의 빈약한 이해 등이 그것이다.

3) 국제기업협상 수행

협상에 임한 후 효과적인 진행을 위해 필요한 일반적인 내용을 세 가지 측면에서 기술해보면 다음의 〈표 10-12〉과 같이 요약할 수 있다.

〈표 10-12〉 협상 전술

협상진전을 위해	정보교환 촉진을 위해	상호이해의 증진을 위해
• 대안을 많이 가진다 • 목표의 범위를 넓게 접는다. • 장기적인 안목을 갖는다. • 상대방의 제안에 금방 다른 제안을 하지 않는다. • 쟁점의 초점을 벗어나지 않는다.	• 질문을 많이 한다. • 중간 중간에 요약을 한다.	• 신경을 건드리는 언어는 피한다. • 공격적이거나 방어적인 자세는 피한다.

---

161) Fayerweather. J., and Kapoor, A., Strategy and Negotiation for the International Corporation, Cambridge, Mass : Ballinger, 1976.

4) 국제기업협상의 체계

앞에서 본 바와 같이 효과적인 협상을 위해서는 협상환경 분석, 자기 분석, 상대 분석, 협상전략·전술 등의 각 단계가 조화있게 수행되어야 한다. 우리는 이러한 국제기업협상의 체계를 [그림 10-8]와 같이 정리해볼 수 있을 것이다.

[그림 10-8] 국제기업협상의 체계

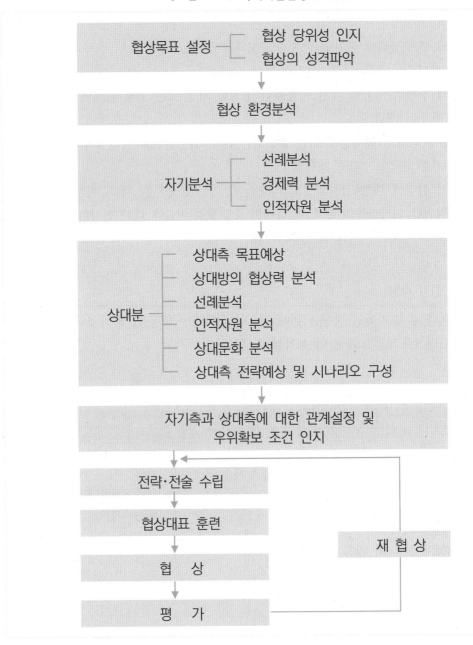

출처 : 장대환저, 국제기업협상, 학현사. p.157

1. 국제기업협상과 관계 형성

1) 관계 형성의 필요성

우리나라의 경영자들이 개발도상국이나 제3세계에서 사업을 할 때 뇌물수수의 문제가 널리 알려져 있고 빈번히 직면하게 되는 문제이다. 예컨대 다음과 같은 상황들을 고려해 보자.

> ◆ 당신이 한 외국인 친구의 집에 초대를 받았다고 하자. 당신은 그가 왕궁과 같은 별장에 살고 있다는 것을 알게 된다. 어떤 선물을 주면 당신을 초대한 친구의 마음을 기쁘게 하고 사업관계도 쉬울까? 만일 친구가 선물을 뇌물이라고 생각하면 어떻게 하나? 왜 당신은 불안하게 느끼는가?

> ◆ 당신 회사의 제품이 외국항구의 부두에 쌓여 있다. 제품이 상하지 않게 하려면 당신은 그 제품을 신속히 내륙으로 수송해야 한다. 어떤 '선물'을 주면 당국의 마음을 즐겁게 해주고 일도 빨리 끝낼 수 있을까? 만일 그들이 50달러, 5만 달러 또는 50만 달러의 '선물'을 요구하면 어떻게 하나? 선물이 뇌물이 되는 것은 언제일까? 마음이 불편하게 되기 시작하는 것은 언제인가?

> ◆ 협상이 끝나고 계약에 서명한다. 일주일 후에 그 나라의 장관 한 분이 당신의 회사에 '병원을 짓는다'는 명목으로 100만 달러를 요구하며 앞으로 서로 도우면 당신의 회사에 다른 호의적인 고려도 하겠다고 넌지시 귀뜸한다. 이 경우에 당신이 어떤 반응을 보이면 그의 마음을 즐겁게 해주고 당신도 만족하며 동시에 서명이 끝난 계약을 수행하는 데도 도움이 될 것인가?

이런 종류에 문제에 직면했을 때 우리나라의 경영자들은 법적인 딜레마뿐만 아니라 윤리적이고 문화적인 딜레마 등 우리나라와 다른 현지국의 관례에 어떻게 따를 것인가 하는 문제에 직면하게 될지도 모른다.

현지의 전총 앞에서 법이 맥을 못 추는 경우가 허다하다. 일부 개발도상국에서는 금품제공이 하나의 관례처럼 되어 있다. 현지의 금품제공 관례가 공동체 지도자의 부(富) -그러한 부가 어떤 과정을 거쳐 축적되었든지 간에-가 공동체에 의하여 공유되는 산업사회에 진입하기 이전부터 전승된 이상, 즉 '공동체의 유산'에 뿌리박고 있을 경우에는 문제가 복잡해진다. 재산을 나누지 않고 혼자만 갖고 있는 지도자들은 반사회적인 사람들로 경멸을 받았다. 부를 나누어 가지는 지도자들은 반사회적인 사람들로 경멸을 받았다. 부를 나누어 가지는 지도자들은 사회적 지위와 권한을 누렸다. 서양식 경영방법을 도입함에 따라 그러한 이상도 많이 흐려졌으나 가장 개인주의적인 기업가들조차 자신의 공동체 의무를 잊지 않고 있다.

이러한 지역에서 현재 볼 수 있는 기업관행은 이러한 과거의 이상을 반영하는 경우가 많다. 특정한 형태의 사적인 금품제공에는 알고 보면 수세기의 역사가 있다. 예컨대 사적 서비스에 대해 사적으로 금품을 제공하는 나이지리아의 'dash'라는 관례는 15세기 나이지리아의 포르투갈의 접촉에까지 거슬러 올라간다. 그 당시 아프리카인들은 포르투갈인들에게 노동을 제공하고 '선물'(무역제)를 대가로 원했다. 이러한 요청은 비서양적 상업행위에 스며 있는 공동체적 뉘앙스에 익숙치 않은 외국인들에게는 하나의 문화적 딜레마이다.

한국기업인들은 또한 현지인들을 무시함으로써 공동체적인 기업관례에 대응하고 외국 기업인들과 순전히 서양식으로 거래할 수도 있다. 이런 방법은 보통 어느 정도까지는 통한다. 예컨대 우리나라 경영자들과 거래하는 서양인이 아닌 기업인들도 구미대학의 졸업생들인 경우가 많다. 그들의 언어, 상업적 훈련과 직업적 태도는 미국인들의 그것과 흡사하므로 그들과 사업하기는 마음이 편한다. 그러나 이들이 비서양적 행위를 보이며 선물이나 뇌물 얘기를 꺼내면 선진국 기업인들은 흔히 충격을 받는다.

그러한 반응은 분명히 외국의 기업가들이 하나 이상의 문화적 차원을 지니고 있다는 사실을 무시하는 것이다. 개발도상국의 경영자들은 상충되는 가치를 가지고 있을지도 모른다. 개발도상국의 경영자들은 상충되는 가치를 가지고 있을지도 모른다. 하나는 서양식 생활에 따라 얻은 덧이고 다른 하나는 현지의 전통에 의해 부여된 가치이다. 서양인이 아닌 기업가들은 계약의 협상은 서양식으로 하고 사적인 금품제공을 얘기할 때에는 토착전통으로 돌아가는 데 아무런 갈등을 느끼지 않을 수도 있다.

대부분의 비서양인들이 지나치게 부패하지도 않았고 그렇다고 완전히 공동체적인 것도 아니다. 오히려 그들은 토착적인 이상과 서양식 이상에 동시에 다 끌리고 있다. 대부분이 개인적 부와 현대적 상행위하는 서양적 규범들을 받아들이는 동시에 공동체의 의무를 수행함으로써 토착전통도 고수하고 있다. 금품제공 요구는 이와 같은 두 가지 이상에서 나올지도 모른다. 따라서 한국기업의 대응도 이 두 가지를 다같이 충족시킬 수 있어야 한다.

2) 뇌물의 배경

비서양문화에서 흔히 볼 수 있는 내부집단, 장래의 보은 및 선물교환이라는 세 가지 전통이 금품제공에 대한 얘기의 배경이다. 이 세 가지 전통은 수세기 동안 내려온 것이지만 각기 현대식 경영개념으로 발전했다. 제3세계에서 일하는 한국인들은 이 세 가지 전통속에서 일하기 위해서는 이 전통들을 배울 필요가 있다.

(1) 내부집단

개발도상국에 살고 있는 사람들은 대개 사람들을 '우리'와 '그들'로 나눈다. 공동체적인 사회의 구성원들은 집단의 번영을 위하여 노력할 필요가 있으므로 사람을 자기들과 관계가 있는 그룹과 관계가 없는 그룹으로 구분한다. 예컨대 아프리카인들은 사람을 '형제'나 '이방인'으로 보는 경우가 많다. 형제관계는 정말로 친척(비록 아주 먼 친척이라 할지라도) 관계일 수도 있고 친구나 동료와 같은 관계일 수도 있다. 그래서 동료 간의 말과 행동은 친척간의 말과 행동과 비슷하여 가족보호의무와 협조의무를 동료 간에도 서로 나누어 갖는다.

친척과 동료가 연합하여 상호보호와 번영에 헌신하는 '가족적'인 내부집단을 형성한다. 미국의 동창회와 같이 내부집단의 회원을 정의하는 하나의 규칙이란 있을 수 없다. 그러나 동아프리카인들끼리, 중국인들은 사투리를 쓰는 사람들끼리, 인도인들은 같은 계급에 속하는 사람들끼리 내부집단을 형성한다. 대부분의 경우에 '우리'속에는 먼 친척과 그들의 친구들이 포함된다.

이 '우리' 외부에는 낯선 사람, 이방인 및 '우리'와 아무 관계가 없는 '그들'이 살고 있다. 예컨대 남아프리카에 있는 공동체적 사회는 수백만의 '그들'을 '약탈자'로 묘사하여 '우리'와는 아무런 공통점이 없는 야만인으로 본다. 그들은 외부인들의 접근을 두려워 한다. 이들은 외부인들에게 예절 바르지만 사회적 교제나 상업적 거래는 자기들이 믿을 수 있는 사람하고만 하려고 한다.

모든 내국인들이 이러한 구별을 인식하고 있는 것은 아니다. 이러한 오랜 전통을 연구하는 사람들은 그들의 국적, 인종적 배경, 그리고 이질적 문화 때문에 자기들은 다른 집단으로 분류된다고 가정해 버린다. 그러나 비서양인 동료들은 특정한 서양인들이 현지식으로 거래를 할 용의를 보이면 그들이 자기들을 외부와 연결하는 유용한 접점이 될 수 있다고 생각할 수도 있다. 따라서 그들은 양측에 다 유리하도록 특정한 개인들을 자기들의 내부집단에 넣어 주는 것을 고려할 수도 있다.

해외에서 일하는 경영자들은 그런 내부집단에 참여요청을 받으면 사업전망이 크게 밝아진다는 것을 알게 될 것이다. 이것은 암시적인 상호관계를 전제로 한다. 예컨대 한 편이 노동자를 어떤 한 부족으로부터만 채용할 것을 수락하면 다른 편은 헌신적인 노동을 제공할 것을 보장하는 식이다. 사회적 신뢰와 상업적 신뢰가 증가함에 따라 그런 외부인들은 이방인이나 약탈자로 간주되는 경우가 점차 줄어들며 점점 더 동료나 친척으로 간주된다. 이는 분명히 바람직한 변화이다. 따라서 이런 유형의 문화를 가진 지역에 이런 내부집단이 있는지, 또 있다면 내부집단에 참여하는 것이 사업전망을 밝게 하는지의 여부를 알아내려 할 것이다.

(2) 미래의 보은

금품제공과 관련되는 또 다른 비서양적 개념은 보은이다. 비서양 국가에 있는 내부집단 간의 관계는 한쪽이 호의를 베풀고 호의를 입은 시간이 내부집단간의 관계는 한쪽이 호의를 베풀고 호의를 입은 사람이 장차 신세를 갚아가는 것이 기조를 이룬다. 이런 것을 일본에서는 '내적 의무'라 하고 케냐에서는 '내부 관계', 필리핀에서는 '내적 부채'라고 한다. 이런 유형의 관례가 있을 경우에 다른 사람에게 빚을 지고 있는 사람은 누구라도 한 번 은혜를 입었다면 장차 쌍방에 편리한 때에 반드시 신세를 갚아야 한다.

어느 쪽도 갚는 방법을 명확히 정하지는 않는다. 양쪽은 오히려 처음에 진 빚에 이익까지 붙여 적당한 선물이나 서비스로 신세를 갚아야 한다는 것을 이해한다. 신세를 갚으면 처음에 은혜를 베푼 사람이 또 신세를 지게 된다. 이러한 과정이 계속 반복된다. 이런 관계가 계속되어 사업관계의 기초가 되는 신뢰가 형성되는 것이다.

서양인의 관심은 사업을 하는 데 있고 비서양인의 관심은 사업이 시작될 수 있는 관계를 맺는 데 있다. 서양인은 의무를 이행하려고 하나 비서양인은 의무를 창조하려고 한다. 서양인의 초점은 단기이익을 내는 데 있으나 비서양인의 초점은 앞으로 은혜를 베푸는 데 있다. 해외사업의 성공은 경영자가 이러한 차이점들을 인식하고 있는지의 여부에 달려 있다.

(3) 선물교환

금품제공과 관련이 있는 또 다른 비서양적 개념은 계속적인 선물의 교환이다. 일부 개발도상국의 경우에는 선물이 미래에 있을 시혜와 보은의 연쇄반응을 일으키는 촉매가 된다. 두 가지 점이 금품공여와 관련이 있는 최고경영자들에게 특히 중요하다. 많은 비서양 기업사회에서 선물공여의 전통은 애정뿐만 아니라 부담을 창조하는 현대적인 사업수단으로 발전했다. 선물을 받는 사람은 선물에 만족할지 모르나 장차 갚아야 할 빚도 동시에 지게 된다. 따라서 선물공여는 두 가지 차원에서 작용한다. 한편으로는 단기적인 기쁨을 제공하고 다른 한편으로는 장기적인 유대관계를 제공한다.

이 전략은 아프리카와 아시아의 회교국에서 흔히 볼 수 있다. 이 지역에서 수출상인들이 이것저것 뒤적거리기만 하고 별로 살 마음도 없는 서방의 고객들에게 차대접을 하고 그들을 바이어로 만드는 것을 목격할 수 있다. 자리에 앉은 고객이 한가하게 차를 마시는 동안 상인은 상품을 하나하나 가져온다. 상인은 세 가지 목표를 달성한다. 고객을 대접하고, 움직이지 못하게 붙잡아 두고, 그리고 부담을 지웠다.

그 결과 고객은 현물로 갚아야 할 필요를 느낀다. 적당한 선물이 없으니 고객은 흔히 상인이 의도한 대로 반응한다. 즉 물건을 사기로 결정한다. 그러나 이는 고객이 그 물건이 필요해서가 아니라 상인의 후대로 진 빚을 갚는 것이다. 고객은 의무를 다하고 관계가 끝났다고 생각하고 떠난다. 그러나 상인은 관계가 방금 시작됐다고 생각한다. 그들이 의도하는 바는 고객으로 하여금 돌아오도록 하는 관계를 만드는 것이다. 2차 방문은 다른 선물, 아마도 가치가 더 큰 선물의 공여를 의미할 것이다. 그러면 2차 구매가 일어나가 방문이 다시 계속되고 선물도 계속되고 양측에 다 이로운 개인적·상업적 관계가 점차 깊어간다.

이러한 과정의 초점은 교환 자체에 있는 것이 아니라 교환이 만들어내는 관계에 있다. 선물은 단순히 촉매에 불과하다. 이상적인 상황하에서는 이 과정이 부단히 계속되며 방문, 선물, 제스처와 서비스가 참여자들 사이에서 평생 부단히 오고 간다. 관련된 모든 사람들 사이에 상호 좋은 감정을 만들고 상업적 번영을 기하는 것이 목적이라는 것을 모두가 이해하고 있다.

선물제공은 또한 상업적 '신호'로 발전했다. 미국에서는 사업상의 동료끼리 교환하는 선물은 감사, 우정, 또는 조그만 의무의 이행과 같은 것의 표시일 수 있다. 서양인이 아닌 사람들 사이에서는 시작하고 싶어 하는 욕망의 표시가 될 수 있다. 그러한 표시는 외부인과 교환하는 선물에도 적용될 수 있으며 그러한 교환이 빈번히 반복되면 의사표시가 될 수도 있다. 외국인들에게는 그 표시가 현지 기업인들의 서클에 참여해서 적당한 의무도 지고 사업도 현지식으로 하겠다는 의사를 나타낼 수 있다. 서양인이 아닌 기업인들의 경우에는 선물이 선택된 사람들을 그들이 상업적 상호관계 안으로 초청하고자 하는 의사를 나타내는 것이라고 볼 수 있다.

2. 금품공여에 대한 접근법

1) 선물 : 직접적 요구

요컨대 외국인이 '선물'을 요구할 때에 경영자는 두 가지를 고려할 수 있다. 한 가지 방법은 모든 요구를 강요로 간주하고 요구하는 사람을 도둑으로 간주하는 것이다. 다른 하나는 그러한 요구를 현지의 관점에서 검토하는 방법이다. 즉 선물이 부담감을 주는 나라에서는 중요한 외국인 동료들에게 그들이 나중에 갚을 것이라고 믿고 선물을 주어 그들에게 심적 부담을 지우는 것이 최선의 방법일 수도 있다. 따라서 현지인이 직접적으로 선물을 요구하더라도 기업의 장기계획을 수행하는 데 필요한 관계를 설정한다는 관점에서 선물을 주는 효과를 고려하는 것도 한 방법이다.

2) 뇌물 : 간접적 요구

비서양 기업계에서 흔한 금품요구의 또 다른 방법은 간접적인 요구이다. 대부분의 제3세계 사람들은 처벌보다는 달래는 것을 좋아한다. 불쾌한 대면을 피하기 위해 제3자를 시켜 현지의 세력가들에게 특정한 금액의 선물을 할 것을 넌지시 시사한다. 이유는 앞으로 잘 봐줄 수 있다는 것이다. 선물과 뇌물을 확연히 구별할 수는 없다. 직접 요구할 때에는 금액이 적고, 금액이 크면 제3자가 다리를 놓는 것 같다. 그러나 때로는 요구하는 금액이 엄청나게 클 수도 있다.

'선물을 줄 권리'가 무조건 이점이라고 보기도 어렵다. 그런 식의 사고방식은 다른 요인들을 무시하고 금품을 가장 많이 주면 계약을 따낼 수 있다고 가정한다. 이는 분명히 제품이 품질, 가격, 판촉 및 서비스를 가지고 경쟁할 수 있다는 것을 무시한다. 품질, 가격, 판촉 및 서비스는 해외에서 미국이 성공하는 데 결정적인 역할을 한 요소들이다.

해외에 나가 있는 한국인 경영자는 뇌물을 바라는 사람들의 주의를 다른 값있는 것으로 돌림으로써 다른 나라 기업들이 뇌물을 줄 권리를 어느 정도나 상쇄할 수 있는가를 고려하여야 한다.

3) 기타 고려할 사항들 : 서비스 요구

비서양인 엘리트들이 흔히 사용하는 제3의 방법은 흔히 자기들이 관리하는 공공서비스 사업에 외국회사가 현금을 기부할 것을 요구하는 것이다. 이런 종류의 제안은 대부분 돈을 필요로 한다. 그러나 외국인 경영자가 금전적 면에만 너무 초점을 맞추면 다른 비금전적인 고려를 소홀히 할 수도 있다. 많은 개발도상국에서는 비금전적인 고려사항들이 중요할 수도 있다.

예컨대 많은 수의 비서양인 엘리트들은 매우 국수주의적이다. 그들은 자기 나라를 열렬히 사랑하며 자기 나라가 상대적으로 빈곤한 것을 슬퍼하며 자기 나라가 부강해지를 열망한다. 따라서 그들은 금품의 요구를 자기 나라에 서비스를 하라는 식으로 한다. 예컨대케냐에서 1970년대 중반에 국영석유회사의 최고경영자가 조국에 대한 서비스로 뉴욕시에있는 한 인도네시아 식당에 기부를 하라고 요구했다.

서양인들은 그런 주장을 우습게 볼 수 있으나 비서양인들은 그렇지 않다. 그들은 관련저명인사들이 돈을 해외로부터 끌어들여 부자가 되어도 그 부의 일부는 여전히 조국의 다른 사람들에 의하여 공유되리라는 것을 인정한다.

이런 믿음은 깊이 고려해볼 필요가 있다. 왜냐하면 많은 수의 비서양인 엘리트들은 또다른 관심, 즉 자기들 내부집단의 구성원들과 부를 공유함으로써 공동체의 의무를 충족시키려는 욕망을 지니고 있기 때문이다. 공동체 문화에서는 현대적 경영자들이 단순히 부를축적하는 경우는 드물다. 그렇게 하면 사회적 지탄을 자초할 것이다. 오히려 그들은 선물,자금과 은혜를 공동체에 베풀고 그 대가로 존경, 권위, 위신을 지킨다.

이것은 서양기업들이 외국인에게 이전한 자금이 동료들 사이에 분배되리라는 것을 의미하지는 않는다. 오히려 그 돈은 세월이 감에 따라 한 사람씩 거쳐 선물과 은혜의 형태로 친구와 친척에게로 흘러간다. 그 돈은 내부집단을 넘어 그들의 자식들에게 흘러가 계속적인 교육을 위해 쓰여지기도 한다. 그 돈을 받은 어른과 아이들은 돈을 준 사람을 존경하며 앞으로 신세를 갚겠다고 약속한다.

요컨대 금품제공을 요구하는 비서양인들은 개인적으로 부자가 되겠다는 것 이상의 관심을 가지고 있을지도 모른다. 동기가 민족적이고 공동체적 이상주의라면 비서양인들은그들의 요구가 자기 자신을 위해서뿐만 아니라 보다 큰 집단, 그리고 궁극적으로는 자기들이 국가를 돕기 위한 수단을 위해서라고 느낄지도 모른다.

3. 기부전략

금품을 요구받은 경영자에게는 별다른 선택이 있을 수 없다. 거절하면 저쪽의 분노를 살 것이고 순응하면 기소를 당할 수 있다. 그러나 민족적이고 공동체적인 이상주의에 호소하면 제3의 대안이 있을 수 있다. 예컨대 금품제공요구를 공공서비스 제공으로 바꾸는 가능성을 생각해 보자. 한 가지 방법은 금품제공요구에 '기부'로 응답하고 이 기부를 널리 알리는 것인데, 이는 이상주의적인 동시에 실용적인 호소를 하는 방법이다.

이런 유형의 기부는 여러 가지 형태를 취할 수 있다. 금전의 기부는 사적으로 요구한 금액과 대략 같을 수 있다. 그러나 그 돈을 공개적으로 기부하면 외국의 주요인물이 한 요구에 대해 금전이 아닌 방법으로 보상하는 셈이 된다.

예컨대 국가적인 수준에서 얘기하면 케냐에서 있었던 것같이 장관이 병원 건축을 위한 기부를 요청할 때 미국의 기업은 실제로 문짝과 청진기에 이르기까지 다 제공하고 동시에 미국법이 어떤 종류의 금전상의 지급도 금지하고 있다고 주장하는 것이 가장 적절하고 만족스러운 대응방법일 것이다.

지방수준에서도 같은 원칙이 적용될 수 있다. 외국의 유력인사가 금전을 요구하면 소규모회사의 최고경영자는 지방수준에서 특히 그 유력인사의 출신지역의 의료, 교육 또는 농촌사업에 기부함으로써 대응할 수 있다. 이런 기부전략은 일반인들의 수준에서 효과가 있을 수 있다.

국제 경영자들은 '다른 고려사항들'을 기부에 포함시킴으로써 외국인과의 업무관계를 돈독히 할 수 있다. 많은 외국회사들이 현재 단순히 금전기부만을 한다. 인도네시아의 발리에 있는 미국인들은 큰 금액을 지방의 사찰에 기부한다. 세네갈에선 관개사업에 기부하여 남아프리카에서는 아프리카 흑인들을 위해 150여 개의 학교들을 지원한다.

그러나 기부만으로는 불충분하다. 금전공여의 대안이 되기 위해서는 기부의 개념이 실제로 어필해야 한다. 예컨대 자이레에 있는 서양회사의 얘기를 보자. 1970년대에 자이레의 경제는 매우 악화되어 고위관리들도 월급을 못 받고 있었다. 그 결과 자이레의 중요한 지방관리들이 서양회사의 중역들에게 접근하여 나중에 잘 봐주는 조건으로 금전을 요구했다. 이에 대해 회사는 경의를 표하고 암시장에서 팔 수 있는 물품을 포함하여 몇 가지 잉여물품을 '기부'하였다. 그 돈으로 관리들은 현직에 계속 머물 수 있었다.

이에 대한 대가로 관리들은 그 내국회사와 내국회사가 있는 지역에 대해 호혜적인 서비스를 제공할 수 있었다. 현지의 여건에 맞추어 기부를 했기 때문에 자금도 절약하고 양측에 다같이 편익을 제공한 셈이다.

기부를 현지의 여건에 맞추는 방법은 여러 가지가 있다. 가장 확실한 것은 중요한 현지관리의 고향에서 사회사업을 지원하는 자금을 기부하는 것이다. 자금이나 시설 전부를 그들의 이름으로 제공할 수 있다. 영향력을 행사하는 외국인의 권고에 따라 특정 그룹의 사람들을 위한 교육, 의료 및 기타의 서비스를 제공할 수도 있다. 기회가 주어진다면 많은 비서양인들은 그러한 기부가 자기들의 내부집단에게 혜택이 가도록 유도하고 그 대가로 그 지역에서 인정을 받고 위신이 올라갈 것이다. 미국에서도 이런저런 형태로 자주 사용되는 이런 방법을 비서양인들로 하여금 그 지역에서 인정을 받고 권위를 행사할 수 있게 함으로써 금전제공에 대한 합법적·윤리적·문화적 인정을 받을 수 있는 대안이 될 수 있다.

1) 서비스 기부

다국적기업들은 또한 서비스를 기부하여 중요 인사들의 요구를 비금전적인 방법으로 충족시킴으로써 금품요구를 피하고 사업관계에도 손해를 보지 않을 수 있다. 예컨대 1983년에 영국황실 전기기계기술대(Royal Elevtrical and Mechanical Engineers)의 한 부대가 사하라사막을 가로질러 탄자니아까지 차량을 이용한 원정행군을 계획했다. 도착 즉시로 그들은 야생 동식물의 지원에 쓰일 상당한 금액을 현금으로 탄자니아에 기부할 것으로 예상되었다.

이는 보통 장관을 만나 수표를 건네주고 사진을 같이 찍는 것을 의미했다. 그러나 영국인들은 현금 대신 탄자니아의 야생동물 서식지역에서 밀렵꾼들을 감시하는 데 사용되는 트럭어 필요한 도구와 차량 부품 수천 달러어치를 제공했다. 탄자니아의 악화된 경제상태 때문에 때문에 충분한 공구나 부품이 수입되지 않아 야생동물 관리당국은 가동되는 차량을 거의 보유하고 있지 않았다. 따라서 야생생물 관리가 거의 중단된 상태였다. 영국인들은 중요 부품즈을 아프리카의 반을 가로질러 수송해서 현지기계공들과의 협동작업을 통해 거의 모든 차량을 움직일 수 있게 하자 금품제공이나 현금기부를 했을 때마다 훨씬 큰 호감을 주며 보다 중요한 것은 서비스를 제공함으로써 양측에 득이 될 미래의 거래관계를 트게 되었다는 것이다.

2) 직장의 제공

금전제공에 대한 제3의 대안은 직접, 특히 그 나라의 엘리트로부터 호감을 살 사업을 위해 일자리를 마련해주는 것이다. 예컨대 1970년대에 코카콜라는 아랍연맹 회원국들에 의해 중동에서 보이콧의 대상이 되었다. 코카콜라는 주요인사들에게 선물이나 뇌물을 주어 호감을 사려고 할 수도 있었을 것이다. 그러나 코카콜라는 수천 에이커의 사막에 오렌지 나무를 심도록 수백 명의 이집트인들을 고용했다. 결국 코카콜라는 상당히 넓은 사막에 나무를 심고 고용과 호의를 창출할 수 있었다.

보다 최근의 일로는 멕시코가 IBM에 대해 멕시코 국경 내에서 개인용 컴퓨터를 만드는 최초의 외국인 단독투자제의를 거절했다. 코카콜라와 같이 IBM도 내국인 고용전략을 사용했다. IBM은 멕시코의 엘리트를 만족시킬 정도로 많은 수의 멕시코인을 직접·간접으로 고용하는 취지의 수정안을 제출했다. 이런 계획은 호의를 끌어내는 것 이상의 일을 한다. 현지에서 볼 때 외국인 주요 인사들의 위신을 세워주는 방법을 찾아낼 수 있는 회사는 그런 방법이 뇌물에 대한 효과적인 대안이 될 수 있다는 것을 알게 된다.

3) 좋은 사업을 위한 방안

금품요구에 대처하는 전략이 위에 열거한 세 가지만 있는 것은 아니다. 외국에 나가 있는 경영자들은 현지 여건에 따라 자기 스스로 전략을 조금씩 수정할 줄 알아야 한다. 국제경영자들은 비서양인 경영자들이 문제를 회피하고 거절하거나 모면하려는 회사들보다는 위신을 고양시켜주는 기업들과 사업하기를 더 원한다는 것을 알게 된 것이다. 금전제공에 너무 많이 의존하는 기업은 비서양업계에서 존경을 받지 못할 것이다. 이는 금품요구에 너무 의존하는 개발도상국들이 미국업계에서 존경받지 못하는 것과 마찬가지이다.

한편 우리가 위에서 제시한 전략들을 효과적으로 사용하는 경우에는 법적 딜레마가 해결되므로 다국적기업의 본사도 해외의 자금요청에 보다 호의적인 반응을 보일지도 모른다. 사적인 금전제공은 불법일지라도 그와 동일한 금액을 그 나라의 발전을 위해 '기부'하자는 제의는 PR이나 마케팅의 일환으로 받아들일 수도 있을 것이다.

기업인들은 윤리적 딜레마도 해결할 수 있다. 사적인 금전제공 대신에 공공서비스를 제공하는 것은 본국4과 기업의 윤리표준을 다같이 충족시킨다. 기업책임의 한 가지 척도는 투자자들을 위해 가능한 최고의 수익률을 올리는 것이지만 그것은 우호적인 분위기에서 가장 잘 달성될 수 있는 것이 보통이다. 현시대의 제3세계 문화에서는 그러한 분위기가 사적인 금전제공보다는 공공의 서비스에 의하여 창조되는 경우가 많다. 코카콜라를 팔기 위해 코카콜라사는 장관들에게 뇌물을 준 것이 아니라 나무를 심었다. 외국정부는 이익을 내려고 할 뿐만 아니라 봉사하려고 하는 회사들을 가장 우호적으로 생각할 것이 확실하다. 특히 현지식으로 관심을 보이는 '선물'을 통하여 봉사하려는 기업들을 가장 우호적으로 볼 것이다.

끝으로 문화적 딜레마도 해결할 수 있다. 비서양적 사업관례를 이해하기는 어려울지 모른다.

처음에는 구걸, 뇌물 또는 협박같이 보이는 것도 후에 이것이 현지의 전통이나 친구를 만들려는 시도로 판명될 수 있다. 보다 중요한 것은 현지 사업자가 '선물'이나 '뇌물' 및 '기타 금전적 고려사항들'을 언급한다는 것을 사업을 하고 싶다는 표시일 수도 있다는 것을 명심해야 한다는 점이다.

외국에서 근무하는 우리나라 경영자들에게는 현지의 관리나 중요인사들이 흔히 요구하는 뇌물이나 선물의 문제가 해결하기 어려운 문제 중의 하나이지만 현지인의 금품요구는 현지인이 우리 기업과 사업관계를 개시하고 싶다는 의사표시일 수도 있으므로 적절한 전략을 개발하여 대처하면 법적·문화적·윤리적 딜레마를 해결할 수 있으며 현지에서 우호적인 사업관계를 확립할 수 있을 것이다. 이를 위하여 기부전략이 유효성이 있는바, 첫째, 금전요구에 기부로 응답하고 이를 널리 알리는 방법, 둘째, 서비스를 기부하는 방법, 셋째, 현지인들에게 직장을 제공하는 방법 등이다.

제 11 장

국제통상협상

제1절
국제통상협상의 의의와 구조모형

1. 국제통상협상의 의의

1) 국제통상협상의 정의

국제통상협상이란 정부가 참여하는 공공협상 가운데 국제통상과 관련된 의제를 취급하는 협상이다. 따라서 국제통상협상은 무역장벽의 제거를 위한 시장개방, 경제통합 등 전통적인 의제뿐만 아니라 서비스 교역정책이나 다자간 투자협정 등 현대적인 의제를 포함한다.

2) 국제통상협상의 중요성

국제통상협상은 국제경제질서와 통상규범을 만들어 내는 중요한 과정이다. 예를 들어, WTO도 GATT의 UR협상을 통해 탄생되었고, EU도 회원국들의 오랜 시간에 걸친 협상의 결과로 마스트리히트 조약의 체결로 출범하였다. 또한 국제통상협상은 협상에 참여한 모든 국가가 국제경제교류로부터 이익을 얻을 수 있다는 것을 공감하기 때문에 중요하다. 만약 협상이 실패로 돌아가 각국이 보호주의를 선택하면 모든 국가들이 손해를 보게된다 그 때문에 각국의 이해관계가 상충되기는 하지만 협상의 결과는 자유주의로 귀결되는 것이다.

국제통상협상은 일반적으로 당사자 수에 따라 WTO의 도하개발아젠다와 같은 다자간 협상과 한-미 자동차협상 및 fta 협상 등과 같은 양자 및 복수국간 협상으로 나눌수 있다.

2. 통상협상의 모형과 구조

1) 통상협상의 모형과 구조

Sjostedt(1991)는 다자간 통상협상을 1964년부터 1967년간에 걸친 케네디 라운드를 준거사례로 다음과 같이 4가지 차원으로 나누어 다자간 통상모형을 제시하였다.

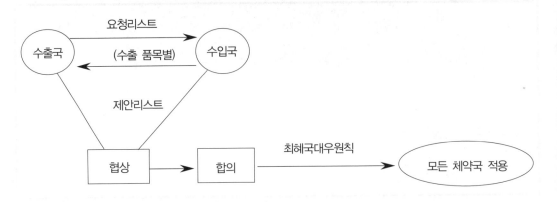

[그림 11-1] 다자간 통상협상의 구조

협상의 전반적인 과정상의 특성은 각 라운드 간의 과거와의 강한 연계를 갖고 있다. 기설정된 의안설정과정(agenda-setting process)을 따름으로 시간과 경비 절감의 효과도 누릴 수 있다. 예컨대, 제6차 케네디 라운드의 경우 이전 Dillon 라운드 등에서 확립된 양허의 교환(exchange of concessions)라는 2단계 과정에 의해 진행하게 되어 있었다. 관심국들 간의 요청-제안 절차(request-offer procedure)를 거쳐 관세감축안에 합의 후 이를 MFN 원칙에 의한 모든 체약국에 효력 발휘하게 되고 이후 최종단계에서 그간의 양허교환의 성과들을 종합적인 의정서(Protocol)를 만들고 이를 각국 대표들 간 정리함으로써 협상이 마무리 된다.

통상협상 구조는 협상과정을 둘러싼 외부적인 환경을 의미하는 것으로 협상과정을 결정하는

준 제도화된 요인들을 의미한다. 통상협상의 준거조건을 규정하는 체제, 즉 규범, 원칙, 규정 및 절차와 과거 여러 라운드로부터 물러 받은 특정 의안 들 및 운영과 관련한 게임의 룰이다. 통상의제 및 이해관계의 성격은 관세와 비관세 분야로 대별할 수 있다. 국가 간 상호작용의 패턴은 선진국간의 합의된 관세율이 최혜국 대우 원칙에 따라 모든 체약국에 적용된다. 다자 성격을 가지고 있으나 선진국의 양자 협상으로 변질될 우려도 있다.

2) 통상협상의 동태적 변화 : 협상 구도의 변화를 초래하는 요인들

협상의제의 변화와 그 특성을 살펴보면 시대 변화에 따른 각 라운드 별 새 의제 대두되는데, 협상의제의 다양화와 상대적 중요성의 변화가 통상협상에 시사하는 점은 다음과 같다. 먼저 협상의제의 확장은 협상과정을 복잡하게 하여 협상자들이 관심을 주는 정도에 있어서 의제별로 차등이 생긴다. 둘째, 협상의제의 점차적 분화현상이 나타나고 있으며 또한 다양해지고 그 성격이 점차 추상적이 되면서 협상을 통하여 이를 구체화하기가 어려

워진다. 통상의제가 복잡한 양상을 띠면서 각국 정부의 협상자들이 주어진 의제를 이해하고 평가하며 이에 대한 행동계획을 수립하기가 어렵다는 사실이다. 의제의 수가 증가하여 package deal이 가능해졌지만 그 의제가 추상적으로 됨에 따라 그 가치를 산정하기가 어려워진다.

국가 속성의 변화와 그 영향에 대해서는 정부가 어떻게 행동하느냐를 결정하는 지표로서 다자간 통상협상의 성격에 영향을 미치는 국가적 속성들을 말한다. 통상협상의 기본적 특성에 영향을 주는 두가지 범주는 국가문제에 있어서 무역의 상대적 중요성 변화와 세계무역체제의 근저에 있는 권력구조의 변화를 들 수 있다.

[그림 11-2] 통상협상의 결정요인

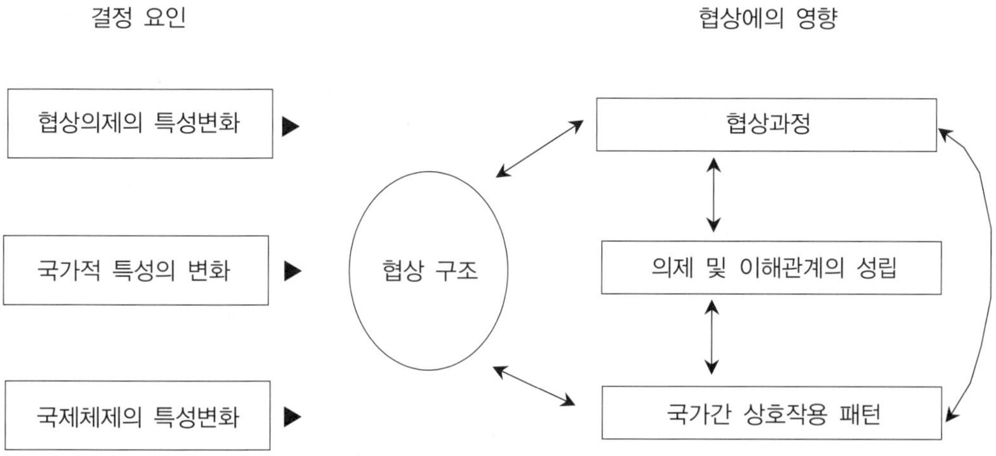

결정 요인 　　　　　　　　　　　　　　　　협상에의 영향

```
┌──────────────────┐                      ┌──────────────────┐
│ 협상의제의 특성변화  │ ▶          ┌──→    │    협상과정        │ ←──┐
└──────────────────┘            ↙  ↘       └──────────────────┘    │
                            ╱          ╲            ↕                │
                      ┌──────────┐      ┌──────────────────┐        │
┌──────────────────┐  │          │      │ 의제 및 이해관계의 성립 │        │
│ 국가적 특성의 변화   │ ▶│ 협상 구조 │      └──────────────────┘        │
└──────────────────┘  │          │            ↕                      │
                      └──────────┘      ┌──────────────────┐        │
┌──────────────────┐            ╲  ╱    │ 국가간 상호작용 패턴 │ ───┘
│ 국제체제의 특성변화  │ ▶          └──→    └──────────────────┘
└──────────────────┘
```

3) 다자간 통상협상모형의 응용

다자간 통상모형은 양자협상의 분석에도 활용가능하는데 이는 다자간 통상협상이 양자협상에 대한 준거조건의 역할을 하기 때문이다. 양자간 협상은 협상의제가 양국간 당면하고 있는 무역현안이 되기도 하지만 다자간 통상협정에서 규정한 원칙과 절차가 협상을 진행하는데 있어서 따르게 되는 틀의 역할을 하게 된다. 다자간 통상협상의 결과 창출된 규범이 구속력이 없거나 엄격하여 개별국가가 이를 준수하는 것이 국내 정치상황에 비추어 어려운 경우 이를 회피하려는 유인이 존재하는 경우 다자 규범은 또한 국가들간에 사문화되거나 회피를 위한 반 준거조건으로서 존재하게 된다. 예를들어 긴급수입제한조치(safeguards measures)의 조치를 회피하고자 수출자율규제, 시장질서협정 등 이른바 회색지대조치 생성됨.(실례로 일본의 대미 자동차 수출자율규제 등을 들 수 있음)

제2절
국제통상협상의 유형과 특징

1. 통상협상의 유형

1) 양자통상협상과 다자통상협상

양자(bilateral)협상이란 한미 통상협상, 한중 마늘협상 및 FTA 협상 등과 같이 두 나라 정부간의 협상을 말한다. 다자통상협상이란 WTO 도하개발아젠다 협상, 기후변화협상과 같이 다수의 국가가 참여하는 협상을 말한다.

2) 방어적 통상협상과 공격적 통상

방어적 통상협상이란 국내시장을 보호하기 위한 협상이다. 예를 들어 미국이 한국 자동차시장, 통신시장, 쌀시장 개방을 요구할 때 수동적으로 미국의 협상요청에 응하는 것이다. 이는 1970년대 일본과 아시아 신흥공업국의 급성장으로 경쟁력을 잃어 가는 미국의 사양산업을 보호하기 위한 것이다. 따라서 방어적 통상협상전략은 주로 반덤핑, 상계관세, 세이프가드, 쿼터 등의 수단을 가지고 상대국과 협상을 하였다. 1980년대 초에는 수출자유규제(VER : Voluntary Export Restrains)를 고안해냈다. 이는 GATT의 규제를 받지 않고 양자적인 압력이나 협상으로 미국의 특정산업을 보호하는 장점이 있다. 이 같은 방어적 통상협상전략의 내부 참여자, 즉 미국정부로 하여금 각종 수입규제조치를 하도록 압력을 행사하는 산업은 섬유, 철강 등이었다. 그러나 이 같은 방어적 통상협상전략의 한계를 잘 보여주는 전형적 사례가 1981년 미국과 일본 간의 자동차 수출자율규제협상으로 이는 오히려 미국 자동차 산업의 퇴보를 촉진시키는 계기가 되었다. 방어적 통상협상전략은 자국 소비자 후생의 희생만 초래하고 자국산업의 경쟁력 회복에도 기여하지 못한다. 더욱이 상대국 기업의 글로벌화와 제품 고급화를 유도하여 결과적으로 자국산업을 더욱 어렵게 만들 수 있다.

이에 반해 공격적 통상협상은 상대국 시장개방을위해 외국정부와 협상을 하는 것이다. 이 경우 한국정부가 상대국에 통상협상을 제의하며 그 의제는 주로 상대국의 무역·투자 장벽 제거이다. 특히, 1980년대 중반 이후 미국은 상대국 시장의 개방을 위한 통상협상에 주력한다. 일본, 한국 등 대미수출이 많은 국가가 자국의 시장을 굳게 닫고 있으니 이들

시장을 개방하여 미국기업에게 수출 및 투자기회를 주는 것이다. 이 당시 미국의 이 같은 공격적 통상협상전략을 적극 지지한 내부참여자는 자동차, 반도체, 정보통신 등 경쟁력을 가진 하이테크산업들이었다. 1995년 미일자동차협상, 1997년 한미자동차협상, 1986년 미일 반도체협상 등이 대표적 예이다. 이 같은 공격적 통상협상전략의 주요 수단은 301조 발동 위협, 양국간 자유무역협정(FTA) 등이다.

<표 11-1>

구 분	방어적 통상협상전략	공격적 통상협상전략
목 적	수입제한	상대국 시장 개방
수 단	• 반덤핑, 상계관세 • 수출자유규제(VER) • 쿼터 • Buy American 캠페인	• 301조 • 슈퍼 301조 • FTA
내부협상 참여자	사양산업	하이테크 산업
예	• 1981 미일자동차 수출자유규제 • C-TV, 철강 반덤핑 등	• 1995 미일자동차협상 • 1997 한미자동차협상 • 1986 미일반도체협상 등

3) 상호주의 통상협상전략

앞에서 살펴본 공격적 통상협상전략의 철학적 배경은 상호주의(reciprocity)와 공정무역(fair trade)이다. 그러나 1970년대까지만 해도 미국의 통상협상전략의 근간에는 비상호주의와 자유무역(free trade) 정신이 자리잡고 있었다.

① 비상호주의(unreciprocal) 통상협상전략 : 자유무역

1970년대까지 미국의 통상협상은 항상 동서냉전이라는 외교 정책의 뒷전에 밀렸다. 소련에 대적하는 자본주의 우방을 돕는 가장 확실한 방법은 자유무역(free trade)이라고 생각했다. 즉 미국시장을 폭넓게 개방하여 우방국을 경제적으로 돕는 것이 최선의 공산주의 경제전략이라고 믿었다. 따라서 케네디 라운드(1964-1967)에서 미국은 일반적으로 공산품 관세율을 36%-39% 삭감하였다. 이 때 싱가포르, 말레이시아 등의 GATT 회원국은 관세인하 자체를 거부하고, 한국, 인도, 인도네시아 등은 소폭의 관세인하만 하였다.

② 상호주의-공정무역 통상협상전략으로 전환 : 1980년대 중반 이후

1980년대 들어 미국은 지금까지 자유무역-비상호주의 통상협상전략의 효과에 대해 실망한다. 첫째, 미국의 대폭적 관세인하가 상대국의 무역자유화를 수반하지 않아 미국 무역수지 악화와 산업경쟁력의 약화만 초래했다. 둘째, 더욱이 일본, 한국 같은 경쟁상대국은 관세 이외의 교묘한 비관세 장벽을 설치해 불공정무역관행(unfair trade practice)을 일삼는 것이다.

이 같은 배경에서 1980년대 들어 미국은 자유무역에서 공정무역으로, 비상호주의에서 상호주의로 통상협상전략 기조를 바꾼다. 쉽게 말하면 상호주의원칙에 의해 "미국시장이 개방한 것 같이 상대국 시장도 개방해야" 공정무역이 구현될 수 있다는 논리이다. 사실 1980년대 이후 통상협상에서 미국이 가장 즐겨 사용하는 용어는 자유무역이 아닌 공정무역이다.

③ 일방주의 통상협상전략

베이야드(Bayard, 1994)[162)]는 1980년대 후반 이후 미국 통상협상전략의 중요한 공격적 일방주의(Aggressive unilateralism)를 꼽는다. 미국정부가 상대국과 양자테이블에 앉아 협상은 하지만 그 뒤에는 301조의 보복위협과 미국의 막강한 경제력이 있기에 진정한 의미에서 평등한 상호위협이 될 수 없다는 것이다.

---

162) Bayard, T. & Eliott, K., "Reciprocity and Retaliation in U.S. Trade Policy."Institute for International Economics. Washington DC, 1994, p.19.

2. 국제통상협상의 구조적 특징

1) 집단적 선호의 다양성과 정치적 요인

자유주의를 추구하는 국제통상협상의 경우 국내에서는 자유주의를 지지하는 이익집단과 보호주의를 지지하는 이익집단이 대립하게 된다. 정부는 이러한 양 집단의 로비 대상이 되며 설령 협상결과가 사회후생을 극대화하는 것이라 해도 정치적으로 수용하기 어려운 경우가 많다. 따라서 국제통상협상은 대외적인 협상과 대내적인 협상을 동시에 진행하는 경우가 많으며, 최종결론은 정치적으로 수용할 수 있는 대안 중에서 선택될 때가 많다.

많은 통상협상은 국내시장 개방을 내용으로 하고 있다. 이의 좋은 예가 FTA협상이다. 국내시장 개방으로 손해를 보는 사양산업, 즉 패자(loser) 산업은 정치적으로 강하게 반발한다. 대개 사양산업이란 노동집약적 산업이어서 정치적 영향력이 크고 생존권을 위협받는다고 생각하기에 반발의 정도가 아주 크다. 또한 이들의 반발은 선거를 의식한 정치권에 의해 상당히 힘을 받는다. 이러한 면에서 볼 때 통상협상은 외국과의 협상뿐만 아니라 국내 이해집단의 반발까지도 조정해야 한다.

2) 장기적·반복적 협상

기업간의 국제협상은 심한 경우 단 한번의 만남으로 마무리될 수도 있다. 예를 들어 일본업체로부터 기계를 구매하고자 할 경우 가격이나 품질이 마음에 맞으면 단 한번에 협상으로 성사될 수 있다. 그러나 통상협상의 경우 협상사안의 성격, 내부협상의 어려움 등 때문에 일반적으로 장기간에 걸쳐 반복적으로 협상을 한다. 실례로 WTO를 출범시킨게 된 우루과이라운드 협상은 약 6년이 소요되었으며 한·칠레 FTA 협상은 4년이 소요되었고 그간 양국 정부는 7차례의 협상을 가졌다. 1997년 한미 자동차협상은 2년이 소요되어서야 겨우 마무리 되었다. 그러나 국제경영협상의 경우도 대우자동차 매각 같이 3년이 소요된 것이 있다.

3) 다수의 협상의제와 윈-윈 게임

국제통상협상에서는 의제가 하나일 경우에는 협상이 결렬될 가능성이 크다. 예를 들어, 한 품목의 관세율 인하를 다루는 협상에서는 한 국가가 이익을 보면 다른 국가는 손해를 보는 제로섬(zero-sum) 게임이 될 수 있다. 반면에 의제가 다수인 협상에서는 상대방의 요구와 상대방에 대한 요구를 맞교환하면서 협상의 타결가능성을 높일 수 있다. 이 경우에 협상은 모두가 이익을 얻는 윈-윈(win-win) 게임이 될 수 있다.

한미간의 주요 통상협상 들에서 보듯이 일반적으로 긴밀한 경제관계일수록 양국간 통상협상 의제가 많다. 한국은 미국 철강 수입규제, 한국산 반도체 반덤핑관세 철회 등에 대해 의제를 제기하고 미국은 한국자동차 세제개편, 지적재산권 침해 등 다섯 가지에 대해 이의를 제기하였다. 통상협상의 이 같은 다의제(multi issues) 특징은 협상전략면에서 다음과 같은 세 가지 전략적 아이디어를 제공한다.

① 일괄타결(Package Deal) 협상전략

때에 따라서는 모든 또는 일부 협상의제를 한데 묶어서 일괄타결을 추진하는 협상전략을 쓸 수도 있다. 예를 들어 다의제 중 한국은 철강과 반도체분야에서미국의 수입규제를 강하게 요구하고 미국은 포철 민영화에 관심이 크다면 이 세 가지 의제를 하나의 패키지로 묶어 일괄타결하는 것이다. 미국이 철강, 반도체의 수입규제를 철회하는 대신 한국은 포철 민영화에서 미국의 요구를 들어 주는 것이다.

② 협상 아젠다

다의제 통상협상에서는 어느 협상이슈를 먼저 다룰 것인가 하는 아젠다를 정하는 것이 중요하다. 서로 자국에 유리한 협상의제부터 먼저 다루고자 한다. 그래야만 초기에 유리한 고지를 점령하여 다른 의제에서도 강한 협상력을 발휘할 수 있기 때문이다. 앞의 한미 통상협상에서 한국정부는 미국을공격하는 철강이슈를 먼저 다루고 싶어 한 반면 미국은 한국 자동차세제나 국산품 애용운동 등을 먼저 협상하길 원했다.

③ 교환의 법칙(Rule of Exchange)

다의제를 가지고 장기간 협상을 하는 두 나라 협상팀은 때에 따라서는 교환의 법칙을 적용하기도 한다. 이는 이번에 어느 특정 협상이슈에 대해 상대가 양보하면, 다음 번에는 다른 이슈에 대해 협상자가 양보하겠다는 것이다. 이 같은 협상전략은 장기적 관계를 중요시하는 한일, 한중 간 통상협상에서 가능하다. 그러나 한 가지 주의해야 할 점은 협상문화가 다른 한미 통상협상에서는 이 같은 협상전략이 별 의미가 없다는 것이다.

4) 다자간 협상, 중재자와 연합

국제통상협상에는 다수의 협상국이 참여하는 경우가 많다. 이 경우 협상과정이 복잡하고 타결 또한 쉽지 않은데 전원일치제를 채택한 GATT나 OECD의 경우에는 더욱더 그렇다.

이와 같은 다자간 협상의 어려움을 해결하기 위해 국제통상협상에서 는 중재자가 개입할 때가 있다. 예를 들어, UR 협상이 교착상태에 빠지자 당시 GATT의 둔켈(Dunkel) 사무총장은 중재자의 입장에서 둔켈 초안을 만들어 협상국에게 제시함으로써 UR 협상 타결의 중요한 계기를 만들었다. 중재자 이외에도 일부 국가들은 연합을 만들어 협상결과를 자국에 유리하게 이끌려고 한다. 협상력은 대개 국력에 비례하기 때문에 특히 경제소국들이 협상을 성공적으로 이끌기 위해 같은 이해관계를 가진 국가들과 연합을 이뤄 협상에 임하곤 한다.

5) 국력과 통상협상

국제경영협상과 국제통상협상의 가장 큰 특징은 국가의 힘이 협상에 큰 영향을 미친다는 것이다. 국력과 협상력 간의 관계에 대해선 2가지 견해가 있다.

① 국력 우월주의

국가의 힘이 협상력에 상당한 영향을 미친다는 주장이다. 강대국과 약소국가의 통상협상에서 항상 약소국은 강대국의 힘에 밀려 불리한 협상을 할 수 밖에 없다는 주장이다. 특히 약소국이 강대국에 대하여 안보적으로의존할 경우 양국간 통상협상에서의협상력이 문제가 된다.

이는 한국 같이 미국에 대한 안보 의존도가 높은 국가의 경우 흥미로운 질문이다. 오델(Odell) Odell, J.S., Negotiating the World Economy, Cornell University Press, 2000, p.195.은 안보가 통상협상에 영향을 미칠 수 있다고 한다. 즉, 약소국은 강대국과의 통상협상테이블에서 자국의 통상이익보다는 안보이익을 더 중요시하는 경향이 있다는 것이다. 거꾸로 말하면 강대국은 안보에 대해 부담 없이 약소국에 대한 통상압력을 넣을 수 있다는 말이 된다. 이 같은 관점에서 한미통상협상은 안보통상협상의 성격이 짙다.

② 개별협상력 우월주의

이는 통상협상에서 국력이 절대적인 영향을 미치지 못한다는 견해이다. 아무리 강대국과 약소국 간의 통상협상이라도 개별협상력이 중요한데 이는 특정 이슈(specific issue)에서의 협상력과 두 나라간의 관계에 기인한다는 것이다.

첫째, 쿠웨이트는 산유국으로서 석유협상이라는 특정 이슈에서는 아무리 소국이라도 미국에 대해 상당한 협상력을 발휘할 수 있다. 둘째, 두 나라 간에 긴밀한 관계가 없으면 강대국은 상대국에 대해 우월한 협상력을 발휘할 수 없다. 예를 들어 인도는 미국과 그리 긴밀한 경제관계나 정치관계를 가지고 있지 않다. 따라서 1990년대 미국이 인도에 대해 301조 발동위협을 할 때 인도정부는 거의 무반응이었다. 아무리 미국이 통상보복을 위협해도 미국과 긴밀한 경제관계가 없는 인도로서는 그리 잃을 것이 없었기 때문이다.

이와 대조적인 것이 일본이다. 일본은 세계 2위 경제대국으로 미국과 어깨를 나란히 하고 있음에도 불구하고 미국과의 '관계' 때문에 항상 통상협상에서 수세에 몰린다. 여기서 말하는 '관계'란 안보를 미국에 의존하고, 막대한 대미흑자를내고 있는 무역관계이다.

6) 관련부처간의 갈등

① 통상부처의 자유주의 vs 산업부처의 보호주의

국내 관련부처 간의 갈등 때문에 많은 통상협상이 정부의 단일한 입장을 정립하지 못하고 외국정부와 협상테이블에 앉는다. 특히 우리나라 부처의 경우 부처 이기주의, 부처 할거주의와 함께 주관선업 보호주의가 강하다. 즉, 농림부는 농업을, 문화부는 문화산업을, 재경부는 금융산업을 보호해야 한다는 생각이다. 이 같은 이유 때문에 역사적으로 대미통상협상의 많은 실책이 국내 관련부처 간의 갈등이나 업무조정 미흡에 기인한다.

일반적으로 외교부, 통상산업부와 기획재정부 등의 통상관련조직은 대미통상에 대해 협조, 개방적이고 적극적인 협상태도를 보이는 반면 국내산업에 업무가 밀착된 농림부, 문화부, 건설교통부 등은 수동적이며 배타적인 경향이 강하다. 앞에서 분석한 국제협상이론 틀 속에서 분석하면 전자가 연성협상 내지 협조, 수용협상전략을 펼치려 하는 데 비해 후자는 강성협상 내지 경쟁, 회피협상전략의 경향이 강한 것이다.

② 1997년 한미 자동차협상에서의 저당권 갈등

그러므로 이 같은 두 가지 부류의 부처간 갈등을 대내적으로 해결하지 못하고 대미협상에 임하면 정상적인 협상력이 훼손되어 연성협상 내지 수용협상을 하고 마는 경우가 많다. 1997년 한미 자동차협상 시 최대 쟁점이었던 승용차에 대한 저당권 허용문제가 좋은 예이다. 당시 통상협상 담당부서인 통상산업부는 저당권문제에 있어 미국의 주장을 수용하고 협상을 타결하는 것이 통상이익에 부합한다고 보았다. 그러나 정작 저당권실시 여부를 결정한 건설교통부가 행정 부작용을 이유로 강력히 반대하였다. 결국 이 저당권이슈가 걸림돌이 되어 1990년 10월 미국은 슈퍼 301조를 발동하였다.

이 같은 부처간 갈등은 '무엇이 국익인가?'에 대한 부처 나름대로의 해석의 차이에서 나오지만 이는 어디까지나 대내적인 문제로 대미협상에 나서기 전에 반드시 내부적으로 해결했었어야 할 문제였다.

7) 통상협상의 상징적 효과

기업협상인 국제경영협상은 협상자가 반드시 '구체적 성과'를 얻어내야 한다. 그러나 통상협상에서는 많은 경우 협상이 세부적인 이슈를 기술적으로 다루지 않고 상징적, 외교적 제스처에 그치는 수가 많다. 예를 들어 농민단체의 반발로 한·칠레 FTA협상이 교착상태에 빠졌을 때 APEC 정상회담에 참가한 우리나라와 칠레 대통령이 만나 "양국간 경협증대를 위해서는 FTA가 필요하고 두 나라 정상은 이를 추진하기로 합의했다"고 국제적으로 선언해 버리는 것이다. 이 같은 두 나라 정상간의 발표는 구체적 협상 성과는 없지만 양국정부간 협상과 국내 반대집단에 주는 상징적 효과는 크다. 이러한 이유 때문에 국제경영협상과 달리 통상협상의 성과는 장기적이며, 보이지 않고, 예측하기가 어렵다.

국제통상협상의 이론적 고찰

1. 자유무역협상 관련 이론

1) 협상의 본질

협상이란 타결의사를 가진 둘 또는 그 이상의 이해당사자 간에 양방향 의사소통을 통해서 상호 만족할 만한 수준으로의 합의에 도달하는 과정이라고 정의할 수 있다. 또한 협상은 이해당사자 간의 이해 충돌을 해결하는 과정을 의미하는 시간적인 개념을 포함한다고 할 수 있다.

이 같은 협상이 타결되려면 협상으로 인한 서로 간의 공동이익이 존재하여야 하며 협상 전의 이익보다 협상 후의 이익이 더 커야만 협상의 타결이 가능할 것이다. 국제통상 협상 문제는 대부분 이러한 구조 하에서 시작된다고 할 수 있다.

2) 자유무역협상이론

전 세계적으로 활발하게 진행되고 있는 국제무역협상은 대부분이 무역장벽을 철폐할 것인가 혹은 유지할 것인가를 주된 논이 대상으로 하고 있다. 그러나 이러한 협상은 국제무역이론에 따르면 기본적으로 '죄수의 딜레마'게임과 같은 상황을 보여주고 있다. 예를 들어 본국(H)과 외국(F)의 두 나라가 무역장벽 철폐를 위한 협상을 한다고 가정하자.

여기서 두 나라가 모두 무역장벽을 철폐하고 자유무역을 실시하거나, 무역장벽을 유지하고 자국산업을 보호하는 두 전략 중 하나를 선택하여야 한다.

<표 11-2> 자유무역협상에서의 죄수의 딜레마

외국(F) \ 본국(H)	자유무역(협력)	보호무역(배반)
자유무역(협력)	(10, 10)	(-10, 20)
보호무역(배반)	(20, -10)	(-5, -5)

출처 : Paul. P. Krugman & Maurice Obstfeld, *International Economics : Theory and Policy*(6th ed), Addison Wesley, 2002, p236.

위의 〈표 11-2〉에서 보는 바와 같이 이 게임의 균형은 최선이 아닌 차선의 선택으로 귀결된다. 두 나라 모두 자유무역을 실시하는 것이 사회적으로는 최선의 결과이지만 본국(H)과 외국(F) 두 나라의 입장에서는 자국산업을 보호하는 것이 개별적으로는 최선의 전략이기 때문에 결국 두 나라는 보호무역을 실시하는 것이 이 게임의 균형이다. 즉, 양국이 모두 자유무역을 하면 무역이익은 각국 모두 10이 되지만 외국만 보호무역을 하면 무역이익은 20, 본국의 이익은 -10이 된다. 아울러 양국이 모두 보호무역을 하면 각국의 무역이익은 -5가 된다. 다시 말해 양국이 보복관세를 부과하면 무역이익은 -5이나 양국이 자유무역협정과 같은 상호조약을 통해 자유무역을 하기로 한다면 무역이익은 10으로 +15만큼의 이익을 본다. 이는 무역이 경제적으로는 설명하기 힘든 정치경제적 요인에 의해서 결정되는 경우가 많다는 것을 보여준다고 할 수 있다.

위의 사례에서 보는 바와 같이 두 나라가 서로 협력해서 자유무역을 실시한다면 사회적으로 최선의 후생을 얻을 수 있으나 두 나라는 그렇게 할 수 없다. 이것은 두 나라가 서로 상대방을 속이도록 하는 유인이 존재하기 때문이다. 예를 들어 이 게임이 단 한 번 시행된다고 가정할 때 자유무역을 실시하기로 하였다가 그 약속을 어기는 쪽은 최대의 효용을 얻을 수 있기 때문이다. 그러나 게임이 한 번만 시행된다는 것은 상당히 비현실적이다. 일반적으로 국제사회에서 두 나라의 관계는 극히 특수한 상황이 아닌 한 무한히 계속될 것이다. 이 경우 두 나라 중 어느 한 나라가 상대방을 속일 경우 다음번에는 보복을 받을 것이다. 일종의 다수라운드 딜레마 상황에서 협력과 맞대응(tit-for-tat) 상황이 발생할 것이다.

실례로 본국과 외국이 무역장벽을 철폐하기로 합의 한 뒤 본국이 보호무역이라는 속임수를 쓸 때 다음번에 외국 역시 보호무역을 취한다. 두 나라가 취하게 될 전략은 각 전략에 따른 효용가치 크기에 따라 결정될 것이다. 보호무역을 하게 되는 본국(H)의 입장에서 자유무역을 계속해서 유지할 경우와 보호무역을 한 번 시도하고 그 이후로는 자유무역을 할 경우의 총효용을 계산해 보면, 즉 게임이 무한히 반복될 경우 할인율이 아주 크지 않은 경우 두 나라는 서로 상대방을 속이지 않고 협력하게 된다.

결국 국제기구는 단 한 번 이루어지는 게임을 무한히 반복되는 게임으로 바꾸어 주는 역할을 하는 것이다. 즉 국제기구는 두 나라가 자주 만나는 장을 제공해서 두 나라 사이에 협력이 가능하게 하는 분위기를 만들어 준다. 국제기구에서의 활동은 단 한 번으로 끝나는 무역문제가 있더라도, 다른 문제와 연결되기 때문에 쉽게 배신을 못하게 된다. 또한 국제기구는 무역상대국에 대해 제재조치, 즉 무역보복를 허용함으로써 약속을 지키게 하는 유인을 제공한다. 즉 보복의 가능성을 증가시킴으로써 배신보다 협력이 더 나은 선택으로 보장되는 것이다.

2. 양면게임이론

2000년대 초의 한국-중국 마늘협상, 한국-칠레 자유무역협정 협상 등에서 볼 수 있듯이 통상협상의 경우 국내 이해집단의 반발과 정치권의 압력 등이 정부의 대외협상에 무시 못할 영향을 미친다. 또한 양국의 정부 간 합의에 의해 마련된 대외협상안이 국내 이해집단의 반발을 극복하고 국회의 비준을 받는 데 상당한 어려움이 따르며 심한 경우 국가 간에 맺은 협정의 파기까지 이르게 되기도 한다. 이러한 관점에서 양자간 통상협상에서 자주 거론되는 이론이 Putnam의 Two-Level Game 이론인데, 그에 따르면 국제협상은 잠정적인 합의를 위한 각국 대표들 간의 교섭단계인 Level 1과 각국 대표들의 전략과 Win-Set을 결정하기 위한 정부와 국내사회 세력 및 이익집단들 간의 교섭 및 협상 단계인 Level 2로 구분할 수 있다[163].

국제협상 담당자는 타국 대표와의 교섭에서 국가이익의 극대화를 위해 노력해야 하는 동시에 합의의 결과가 국내적으로 수락될 수 있도록 국내집단과의 절충을 계속해야 하는 것이다.

1) Win-Set의 개념과 사례

어떤 국제적 합의든 이것이 실현되려면 명시적 혹은 묵시적인 비준을 필요로 한다는 전제 하에 Putnam이 정의한 Win-Set은 주어진 상황에서 국내적 비준을 받을 수 있는 모든 합의의 집합이다. 협상당사국이 가지고 있는 Win-Set은 각 국가 간 교차하는 부분이 있어야 협상이 타결될 수 있으며, 동시에 Level 2에서의 Win-Set의 상대적 크기는 국제협상에서 얻을 수 있는 이익의 크기에 영향을 준다. 즉, Win-Set이 작으면 강한 입장을 고수해 더 많은 이익을 얻을 수도 있다. 그러나 Level 2에서의 Win-Set이 작을 경우에는 대외협상의 결렬 가능성도 같이 가지고 있다. 국제협상에서 합의가능영역(ZOPA)이 존재하지 않게 되어 서로 간의 합의도출이 불가능한 것이다.

[그림 11-3] 당사자간 win-set이 작을 경우의 ZOPA

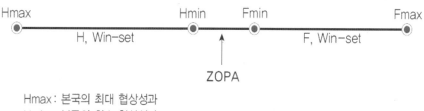

Hmax : 본국의 최대 협상성과
Hmin : 본국의 최소 협상성과
Fmin : 외국의 최소 협상성과
Fmax : 외국의 최대 협상성과

---

163) Putnam, Robert, "Diplomacy and Domestic Politics : The Logic of Two-Level Game," *International Organization* 42, 3, Summer 1998, pp.

반면, Level 2 게임에서 Win-Set이 크면 협상파트너에게 양보할 여지가 많아져 입지가 약해질 수 있음을 의미한다. 그러나 Level 1 게임에서 Win-Set이 커지면 대외협상의 타결 가능성은 한결 커진다고 할 수 있다.

실례로 한국-칠레 FTA 협상 사례를 통해 이를 살펴보면 협상이 진행 됨에 따라 포도, 사과 등 국내 과수농가와 농민단체들이 강한 정치적 반발로 5차 협상시까지 한국 정부는 Kmax-Kmin의 Win-Set을 제시하였다.

Kmax는 한국의 최대협상성과를 가져다주는 Win-Set으로 공산품은 FTA 관세면제 대상에 모두 포함하고 농산물 개방은 모두 미루는 것이다. 이는 실제로 우리가 여타 국가와의 FTA, 특히 동아시아 국가들과의 FTA 체결에 있어서도 중요한 사항일 것으로 보인다. 그리고 Kmin은 한국 정부가 농민들의 반대를 국내적으로 조정하지 못하고 2000년 사과, 배, 포도 등 19개 농산품을 관세면제 대상에서 제외시킬 것을 주장한 Win-Set 이다.

한국과의 FTA에서 자국산 포도 등 과실류 수출증대 효과를 기대한 칠레가 한국 정부의 이 같은 제안을 받아들일 리는 없다. 한국이 자산 과실류를 제외시키면 칠레 수출 유망 품목인 냉장고, 세탁기, 타이어 등 257개 공산품을 제외시키겠다는 칠레 측의 안이 Cmin 이다. 당연히 양국간의 Win-Set이 겹치지 않아 협상은 타결되기 어려우며 진행 중인 협상은 난항에 빠질 것이 자명하다.

양국은 내부협상을 통해 서로의 Win-Set을 확대한 Kmin*, Cmin*를 내놓아 2002년 10월 합의에 도달할 수 있었다. 즉, 한국이 냉장고, 세탁기를 민감 품목으로 인정하는 대신 칠레도 사과와 배를 민감품목으로 하는 것을 인정하였다. 2002년 한국 정부로서는 냉장고와 세탁기를 양보하는 대신에 사과와 배의 개방을 막음으로써 거센 농민들의 반발을 어느 정도 완화시키고 외부 비준을 받을 수 있는 Kmin*의 Win-Set을 만들어 낸 것이다. 이는 향후 우리가 여타 국가와의 FTA 협상에서도 사전에 우리의 입장과 상대국의 산업에 대한 민감도를 미리 파악하고 이를 대비하여야 한다는 것을 시사한다.

[그림 11-4] 한국-칠레 FTA 협상에서의 Win-Set 변화

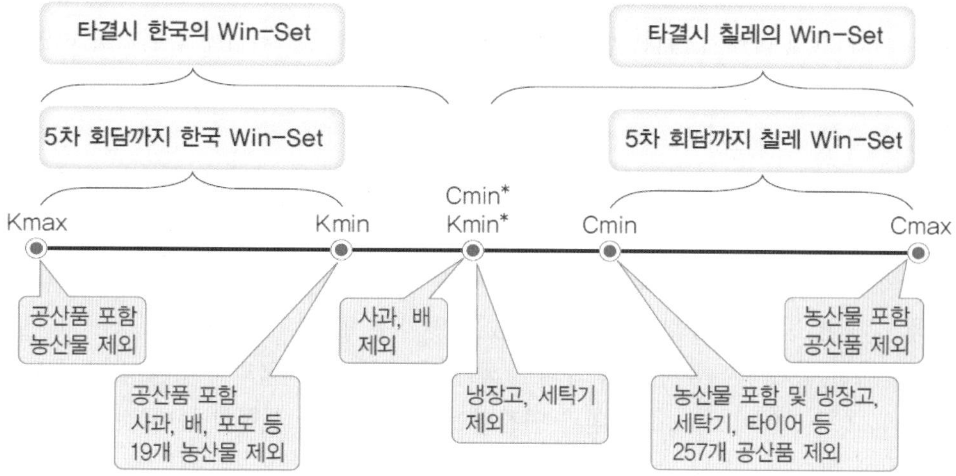

자료 : 안세영, 『글로벌협상전략 : 협상사례중심』, 박영사, 2003. 9. 20. p.464.

2) Win-Set의 결정요인

Putnam은 Win-Set의 크기를 결정하는 요소로 국내 여러 집단의 이해 및 제휴관계, 국내 제도, 그리고 국제교섭에 임하는 교섭담당자의 전략등 세 가지를 들고 있다.

첫 번째 요소에 대해 Putnam은 이슈의 정책적 효과가 동질적 사안인가 혹은 이질적 사안인가에 따라 Win-Set의 크기가 결정된다고 말한다. 이슈가 이질적인 경우 국내의 여러 이해집단에 미치는 영향이 서로 상이하므로 각 집단은 정책에 대한 상반된 의견을 가질 수밖에 없고 이러한 경우 Win-Set은 좁아지게 된다는 것이다.

두 번째 요소에 대해서는 비준에 필요한 지지가 많아야 할수록, 국가가 사회 각 집단으로부터 자율성을 가지지 못할수록 Win-Set은 작아지며 이런 경우 협상자들의 협상능력은 증가하게 된다고 말하고 있다.

셋째요소에 대해, Level 1 게임에 있어서 각 협상당사국들은 상대국의 Win-Set에 관심을 가지며, 자국의 Win-Set이나 상대국의 Win-Set의 조정을 통해 국제협상에서의 잠정적 합의에 이른다는 것이다.

이와 비슷한 분석 툴은 Grossman과 Helpman의 이익집단모형에 의해서도 이루어진 바 있다. FTA 체결이 정치적으로 가능하기 위해서는 각국의 정치적 경쟁이 정부와 정책선정 산업을 대표하는 다양한 이익집단의 상대적인 정치력의 힘겨루기 속에서 정부의 정책은 최대한의 유권자를 놓치지 않는 범위에서 형성된다는 것이다.

국제협상의 이 같은 구조를 보면 국내협상에서 비준을 할 것이라는 희망이 없다면 국제 협상 수준에서의 협상은 불가능함을 알 수 있다. 현재 FTA 문제에 있어서 국내협상의 상황은 이와 크게 다르지 않다. 협상 막바지에 이르러 결렬될 위기에 놓이기도 하였던 한국과 칠레 간 FTA도 국내 농가의 극심한 반대에 부딪혀 정부가 절충 가능한 Win-Set를 제시하지 못하였기 때문이다.

향후 협상이 진행되거나 현재 진행 중인 FTA 협상과 동아시아 협력방안 등에 대해서도 정부 부처의 입장이나 연구기관의 연구결과에서는 장밋빛 제안을 내놓고 있지만, 현실에서는 전통적으로 무역자유화 움직임에 반대해 온 많은 국내 이익집단의 경우 FTA 체결에 관해 강경한 반대 입장을 고수하고 있음을 알아야 할 것이다. 한국이 Level 1 게임에서 FTA를 어떤 국가 혹은 어떤 지역과 추진해야 하는가는 상대국과의 정치 및 경제 관계뿐만 아니라 그 추진안이 Level 2 게임과 연결되었을 때 얼마나 실현 가능한 것인지가 함께 고려되어야 한다.

3. Collective Action 이론

무역을 통해 얻을 수 있는 혜택은 수출과 수입의 확대를 통한 국가총생산의 증가 및 소비자의 혜택, 수출산업의 부흥 등을 포괄해 무역을 하지 않았을 때보다 크다는 사실은 고전경제학의 이론에서 증명된 바 있다. 그러나 무역을 통한 혜택이 국가경제의 모든 부문에 균등하게 배분되는 것이 아니기 때문에 기득권을 포기하고 구조적 변화에 응해야 하는 분야에서 자유화에 반대하는 목소리가 나오는 것은 당연하다.

2000년 우리나라 평균관세율은 13.8%였다. 수입품목 중 공산품의 관세율은 7.5%인 데 비해 농산물의 경우 50.3%에 달했다. 무역자유화에 대한 농업 부문의 반대는 농업의 개방 시 급격한 가격의 하락과 비교열위에 의한 농가부채의 심화와 농업부문의 투자율 감소에 근거를 두고 있다.

예를 들어 국내의 포도농업업자들이 수입품에 높은 관세를 부여하는 보호조치를 적용 받기 원한다고 해보자. 포도농업업자들은 상대적으로 소수집단으로서 자신들의 목적을 관철시키기 위해서 로비활동을 하는 비용을 감수하더라도 적극적인 활동을 벌일 것이다. 그러나 이들의 주장이 관철되어 수입품이 높은 관세를 적용받을 경우 국내 포도소비자들은 원래 치러야 했을 포도 가격보다 많은 비용을 부담해야 하며 포도생산자들은 경쟁압력이 악화됨으로써 생산성제고의 열의가 식게 되어 제품의 질이 저하된다. 이러한 경제적

코스트에도 불구하고 보호정책이 실제로 운영되고 있는 이유는 실제로 농업부문에 대한 보호조치에서 보듯이 소수의 집단에 집중되기 때문이다. 이러한 손익 강도의 차이 때문에 자유무역으로 혜택을 받는 다수보다는 보호정책을 요구하는 소수가 정치적으로 더 큰 목소리를 내는 경향이 있다. 즉, 국익 차원에서 보호주의를 철폐해야 하는 경우에도, 손해를 감수해야 하는 농민단체와 같은 소수의 이익집단들은 단결력과 영향력에서 보이지 않는 혜택을 누리는 다수의 국민들보다 훨씬 강하기 때문에 정책결정과정에서 이들의 정치적 영향력이 현실적인 여론을 주도하는 경향이 강해서 대다수의 침묵보다는 보호주의집단의 강력한 요구가 관철되는 경우가 많다는 것을 알 수 있다.

따라서 양면게임이론과 Collective Action 이론은 FTA 추진방향과 체결전략 등을 연구하는 데 매우 중요한 사고의 틀을 제공한다.

칠레와의 FTA 협상 당시 추가적인 농산물협상에 강한 반대의사를 보이고 있는 각종 농업 이익집단들과 시민단체들의 행보는 앞으로 여타 국가와의 새로운 FTA 협상뿐만 아니라 농업과 기타 1차산업에 비교우위를 가진 국가들과의 FTA 체결문제가 대두될 때마다 피할 수 없는 문제가 될 것이다.

제조업이나 서비스업에서도 우리나라보다 현격한 비교우위를 지닌 국가들과의 FTA 문제도 또 다른 이익집단들의 반대를 불러일으키리라고 짐작할 수 있다. 예상되는 가능한 국내 합의점을 고려함과 동시에 상대국과 실현가능성이 높은 FTA 추진전략을 논의한다는 것은 정책에 실질적인 조언이 될 수 있을 것이다.

참고문헌

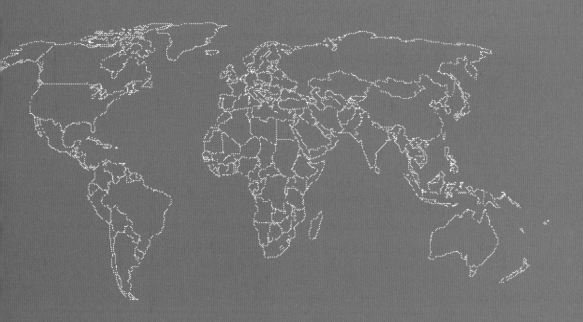

곽노성, 국제협상론, 경문사, 1993.

강성호/김완민(2014), "신뢰가 마케팅 제휴활동의 창의성에 미치는 영향 : 한국기업과 일본기업의 비교를 중심으로," 마케팅관리연구,제19권,제2호 ,pp.147~170.

강영문(2010), 국제협상과 문화간 커뮤니케이션, 전남대학교출판부.

고동희/길재욱/김상수/류태수/문준영/심원술/전상길(2003), 경영학원론-디지털 사례를 중심으로, 제3판,명경사.

고범준, (1992)「현대경영인의 에티켓과 매너」(제주대학교)

고병익, (1872)「동아시아의 전통과 변용」(문학과지성사)

김경선(2009), "공동연구개발계약에 관한 연구-개발성괴물인 지적 재산권의 귀속을 중심으로-," 경영법률, 제19권, 제3호, pp. 405~435.

김광수 외(2005), 국제경영, 박영사.

김기홍(2017), 전략적 협상-한국과 한국인의 협상을 위한 조언-, 법문사.

김동진/이선빈(2010), "계층분석법과 다기준목표계획법을 결합한 제3자 물류 운송업체 선정에 관한 연구," 생산성논집, 제24권, 제2호 ,pp 109~129.

김동환 외(2000), 21C 최신 M&A : 이론과 실제 및 전략, 무역경영사.

김병국(2009), 국제변호사 김병국의 이야기 협상, 스마트비즈니스.

김선조(2016), "노동시장 내 제도적 변화와 정사원 집단 내 지위경쟁의 가능성 : 경력사원이 지각하는 상대적 박탈감 직장 내 배척의 사회 심리학," 사회학대외 논문집, 한국사회학회, pp. 167~186.

김성형/이은우 역, Brett, J. M. 저(2011), 아마추어는 설득을 하고 프로는 협상을 한다, Smart Business 출판사.

김시경(2007), 국제기업경영론, 제5판, 심영사.

김영세, (2007)「게임의 기술」(웅진지식하우스)

김윤주/심익섭 (2007), "가중치 추출 기법의 비교 : AHP, JA, Swing 기법을 중심으로," 국가정책연구, 제21원, 제1호, pp 5~23.김영래, (2009)「글로벌경영」(법문사)

김정기, (2004)「한국형 협상의 법칙」(청년정신)

김정수 역, Karrass, C. L.저 (2007), 협상게임 : 포춘500대 기업의 협상교과서, 21세기북스.

김중관, (2002)「21세기 핵심전술 국제협상」(남두도서)

김태기(2007), 분쟁과 협상, 경문사

김태훈 역, Diamond, S. 저(2011), 어떻게 원하는 것을 얻는가, B.O 도서출판 세계사.

김희철, (2007)「글로벌 시대의 국제 마케팅」(두남)

나원찬(2007), "What Influences Franchisor's Choice of Modes in Entering Foreign Madkets? : An Empirical Analysis of Firm- Specific and Environmental Factors,"

국제경영연구, 제18권, 제4호, 한국국제경영학회, pp 65~98.

동학림/김문경(2013), "관계금융이 중소기업대출에 미치는 영향 : 자금가용성과 대출금리를 중심으로," 중소기업연구, 제35권, 제3호, pp 25~48.

로이 J. 레위키, (2005) 「최고의 협상」 (스마트비즈니스)

로이 J. 레위키, (2008) 「협상의 즐거움」 (스마트비즈니스)

리 L. 톰슨, (2006) 「지성과 감성의 협상 기술」 (한울아카데미)

마이클 C. 도날슨·미미 도날슨, (1996) 「비즈니스 협상-협상에서 성공하기」 (편앤런북스)

마이클 왓킨스, (2007) 「협상 리더십」 (흐름출판)

민상기/정창영(2012), 글로벌 재무전략, 제3판, 명경사.

맥스 베이저만·마가렛 닐, (2007) 「협상의 정석」 (원앤원북스)

박경규(2007), 신인사관리, 제4판, 홍문사

박노형(2007), 어려운 상대를 내 편으로 만드는 협상교과서, 랜덤하우스.

박도준(2017), 핵심경영학원론(3판), 배움출판사

박명섭 역, Lempereur, A., Colson, A. and Pekar, M. 저(2015) 글러벌 시대의 전략적 협상, 아카데미프레스.

박승주 역, Stark ,P.B. and Flaherty 저 (2007), 이기는 협상의 기술101가지, 김앤김북스.

박영규(2014), 국제재무, 제2판, 탑북스.

박영태/김진환, (2007) 「무역계약과 상사중재론」, 한국방송통신대출판부

박주홍(2007), 국제경쟁력 강화를 위한 전사적 혁신경영, 삼영사.

박주홍(2008), "국제기술이전의 평가를 위한 체크리스트의 개발과 활용방법 : 기술제공의 관점에서," 경상논총, 제26권, 제2호, 한국경상학회, pp. 57~82.

박주홍(2009), 국제경영전략, 삼영사.

박주홍(2012), 글로벌전략, 유원북스.

박주홍(2013), 글로벌마케팅, 제2판, 유원북스.

박주홍(2016a), 글로벌 인적자원관리, 유원북스.

박주홍(2016b), 글로벌혁신경영, 유원북스.

박주홍(2017a), 겨영컨설팅의 이해, 박영사

박주홍(2017b), 글로벌 윤리경경, 삼영사

박주홍(2018), 글로벌 경영, 제2판, 유원북스.

박주형/공명재(2003), "가치부가적 제휴를 통한 국제경쟁격강화에 대한 연구 : 대구지역의 섬유산업을 중심으로," 경상논총, 제27집, 한독경상학회, pp. 37~57.

박주홍/이병찬(1994), "전략적 제휴와 국제생산-국제자동차생산을 중심으로-," 경영과학연구, 대국경북경영과학회, 제3집, pp. 91~111.

박지민, 역 리웨이시엔 저 (2010), 세계가 인정한 협상교과서, 아크라네.

박진근(2002), 경제학대사전, 누리미디어.

반병길/이인세(2008), 글로벌마케팅, 박영사.

방용태, (2005) 「글로벌 매니지먼트 : 글로벌 문화와 비즈니스」, 청목출판사

백종섭(2015), 갈등관리와 협상전략, 창민사.

베놀리엔/케시댄(2013), "협상의 고수되기." 정희섭 역, Lewicki, R. j., Saunders, D. M. and Barry, B. 편저(2013), 협상론 : 원칙과 테크닉, 제6판, 맥그로힐에듀케이션코리아, pp. 168~176.

브레트(2013), "문화와 협상," 정희섭 역, Lewicki, R. j., Saunders, D. M. and Barry, B. 편저(2013), 협상론 : 원칙과 테크닉, 제6판, 맥그로힐에듀케이션코리아, pp. 184~202.

서근태 외(1999), 국제통상론, 박영사.

설성화/정무권(2017), "은행 대출 계약의 다양성 : 불완전 정보와 양건예금의 역할," 증권학회지, 제35권, 제1호, pp. 169~199.

쉘(2013), "협상 윤리에 대한 세 가지 학파," 정희섭 역, Lewicki, R. j., Saunders, D. M. and Barry, B. 편저(2013), 협상론 : 원칙과 테크닉, 제6판, 맥그로힐에듀케이션코리아, pp. 129~138.

슈미트/탄넨바움(2009), "차이를 창조적 에너지로 바꾸는 방법," 이상옥 역, Schmidt, W, J.et al 편저(2009),협상과 갈등해결-차이를 시너지로 바꾸는 관계의 기술, 21세기북스, pp.19~45.

아들러(2013), "거짓말쟁이와 협상하기," 정의섭 역, Lewicki, R. j., Saunders, D. M. and Barry, B. 편저(2013), 협상론 : 원칙과 테크닉, 제6판, 맥그로힐에듀케이션코리아, pp. 110~122.

안세영, (2007) 「이기는 심리의 기술 트릭」 (한국경제신문사)

안세영, (2009) 「글로벌 협상전략(협상사례중심)」 (박영사)

안세영(2017), 글로벌 협상전략, 제6판, 박영사.

어윤대 외(1997), 국제경영, 학현사.

오수진/곽윤영(2015), "리콜정보의 소비자 활용도 제고방안 연구," 정책연구보고서, 한국소비자원, pp. 1~407.

우동기/장영두(1999), "환경분쟁해결을 위한 대안적 분쟁해결재도 도입애 관한 기초연구," 협상연구, 제5권, 제2호, pp.27~62.

워렌 슈미트, (2009) 「협상과 갈등해결 : 차이를 시너지로 바꾸는 관계의 기술」 (21세기북스)

윌리엄 유리, (2003) 「YES를 이끌어내는 협상법」 (장락)

윌리엄 유리, (2007) 「돌부처의 심장을 뛰게 하라(고집불통의 NO를 YES로 바꾸는 협상 전략)」 (지식노마드)

유지연 역, Babitsky, S. and Mangrviti, Jr., J. J.저(2011), 협상과 흥정의 기술-절대 손해 보지 않는 마력의 흥정 테크닉 50, 타임비즈.

윤홍근/박상현(2010), 협상게임 : 이론과 실행전략, 도서출판 인간사랑.

이건희(1997), 현대경영학의 이해, 학문사.

이광현(2001), 글로벌저략, 도서출나 석정.

이달곤(2005), 협상론, 제3판, 법문사.

이상욱 역, Schmidt, W, J. et al. 편저(2009), 협상과 갈등해결-차이를 시너지로 바꾸는 관계의 기술, 21세기북스.

이서정 편(2008), kotra와 함께 하는 이것이 협상이다, 형설라이프.

이선우(2004), 협상론, 한국방송통신대학교 출판부.

이승환(2007), "대출금의 출자저환에 관한 연구- 채권평가방법을 중심으로-," 법학연구, 연세대학교 법학연구원, 제17권, 제4호, pp. 209~245.

이승영, (1992) 「국제협상의 ABC-무역상담의 이론과 실체」 (일신사)

이승영, (2006) 「비교문화경영」 (보명북스)

이승영·이종화, (2006) 「글로벌 경영」 (보명북스)

이승영/최용록, (1998) 「국제 협상의 이해」 (서울 : 법경사)

이승주, (2005) 「전략적 리더십」 (시그마인사이트

이장로(2003), 국제마케팅, 제4판, 무역경영사.

이장호(2003), 국제경영전략, 전정판, 박영사.

이종영(2009), 기업윤리-윤리경영의 이론과 실제-, 제6판, 삼영사.

이진원 역, Fisher, R. and Shapiro, D. 저(2007), 감성으로 설득하라, 도서출한 두드림.

이진주 역 , Tanihara, M. 저(2010), 이기는 협상 : 상대를 내 의도대로 움직이는 기술, 지상사.

이현우 여, Thomas, J. C. 저(2007), 미국 대통령의 협상쿠치 짐 토머스 협상의 기술, 세종서적.

이홍섭/임영균(2002), "유통경로내 통제메커니즘의 관계의 질에 미치는 영향," 학술대회 발표논문집, 한국유통학외, pp. 87~113.

임성훈(2010), 표준 국제경경 1.0. 학현사.

임형준(2016), "회사채 신용등금 안정성 문제와 그 원인," 주간 금융브리트, 제25권, 제23호, pp. 3~9.

장대환(1993), 국제기업협상, 학현사

장동운(2009), 아름다운 인간관례를 위한 갈등관리와 협상기술, 무역경영사.

장세진(2006), 글로벌 경영- 글로벌경쟁시대의 국제경경, 제4판, 박영사.

장세진/MCC(2004), M&A의 경영전략, 박영사

전성철, (2009) 「협상의 10계명」 (개정증보판) (웅진윙스)

전용욱 외(2003), 국제경영, 문영사

진재욱/문형구(2003), "기업간 공동영구개발의 성공과 위험요인 : 기존 연구의 분석 및 모형의 제안," 기술혁신연구, 제11권, 제2호, pp. 91~121.

정수진/고종식(2011), 인사관리,삼우사.

정승화(1999), 벤처 창업론-부 창출 경영의 이론과 실제-, 박영사.

정채중/신법철(2012), "신용등급이 기업의 생산성에 미치는 효과 분석," 생산성논집, 제26권 제
1호, pp. 81~103.

장희섭 역, Lewicki, R.J., Saunders, D.M and Barry 편저(2013). 협상론 : 원칙롸 테크닉, 제6판,
맥그로힐에듀케이션코이아.

조국현/김갑수(2006), "미국 계약법적 측면에서 본 공동연구개발과 공동연구개발계약-지적재
산권 등 대기업과 중고기업간의 공동연구개발 성과물의 귀속을 중심으로-, " 홍익법
학, 제17권, 제4호, pp. 416~441.

조동성, (2007) 「21세기를 위한 국제경영」 (제2판) (서울경제경영)

조석홍, (2007) 「국제 협상의 이해」 (두남)

조자현 역, Thompson. L. 저 (2010), 협상과 설득, 그 밀고 당기기의 심리학, 도서출판 예인.

주성종/김중배/김미숙/노병옥(2010), 경영진단방법론, 도서출판 글로벌.

지청/조담(1981), 투자론-증권의 분석과 선책-, 무역경영사.

체스터 L. 캐러스 (2007) 「협상게임」 (21세기북스)

최순규/김창도(2004), "외국인 투자기업의 진입유형과 성과 : 인수와 신규설립을 중심으로,"
무역학회지, 제29권, 제6호, pp. 47~69.

최순규/신형덕 역, Hill, C. W. L. 저(2009), 국제경영-글로벌 시장에서의 경쟁전략, 도서출판
석정.

최은실(2012), "리콜제도 현황 및 의식조사를 통한 개선방안 연구," 안전보고서, 한국소비자원,
pp. 1~139.

카이저(2009), 협상과 갈등해결-차이를 시너지로 바꾸는 관계의 기술, 21세기북스, pp.113~130.

파리드 엘라시머위, (1996) 「한중일 기업문화를 말한다」 (21세기북스)

파리드 엘라시머위, (1996) 「해외비즈니스 문화를 알아야 성공한다」 (21세기북스)

피터 윙크, (2004) 「부자들의 협상전략」 (기린원)

하혜수/이달곤(2017), 협상의 미학-상생 협상의 이론과 적용-, 박영사.

한희영(1986), 마케팅관리론, 다산출판사.

한국외국어대학교 외국학교종합연구센터, (2002) 「(한 권에 담은)지구촌 상관습」 (한국외국어대
학교)

허브 코헨, (2004) 「협상의 법칙 I · II」 (청년정신)

후쿠다 다케시, (2005) 「세상을 움직이는 힘 협상기술」 (청림출판)

허영도(2004), 세계화 시대의 국제경영전략론, 울산대학교 출판부.

현대경제연구원 역, 하버드 경영대학원 저(2010), 내 의도대로 되는 하버드식 협상의 기술, 청림
출판.

Albach, H(1979),"Zur Verlegung von Produktionsstatten ins Ausland," Zeitchrift fur Betriebswirtschaft, 10/1979, pp. 955~952.

Arvind V. Phatak, (1983) International Demensions of Management (Kent Publishing Company : A : Division of Wadsworth, Inc.)

Balakrishnan, S. and Koza, M. P.(1993), "Information Asymmerty, Adverse, Selection and Joint-ventures : Theory and Evisence," Journal of Economoc Behavior and Organization, Vol. 20, pp. 99~117.

Ball, D. A. et al.(2004), International Business : The Challenge of Global Competition, 9th Edition, Boston et al.

Berlew, Dave, Moore, Alex & Harrison, Roger (1983) Positive Negotiation Programs (Plymouth, MA : Situation Management System, Inc.)

Blaker, M. (1977) Japanese International Negotiating Style (Columbia University Press)

Brodt, S. and Thompson, L.(2007), "Negotiation Teams : a Levels of Anylysis Approch," Lewicki, R., Barry, B. and Saunders, D. M. (2007,Ed.) Negotitaion-Readings, Exercises, and Cases, Boston et al, pp. 315~322.

Brommer, U.(1990), Innovation und kreativitat im Unternehmen;Erfolg durch neues Denken, Stuttgart.

Bungard, W.,Dorr, J., Lezius W. and Oess, A.(1991,Ed.), Menschen Machen Qualitat; Deutsch/Deutscher Dialog Ludwigshafen.

Buntenbeck, D. f.(1991),"Einfuhrung von Qualitatszirkeln, "Bungard, W., Dorr, J., Lezius, W. and Oess, A(1991, Ed), Menschen machen Qualitat; Deutsch/Deutscher Dialog Ludwigshafen, pp. 75~87.

Caligiuri, P. and Tarique, I(2006), "International Assignee Selection and Cross-Cultural Training and Development," Stahl, G. K. and bjorkman, I(2006, Ed), Handbook of Research in International Human Resource Management, Cheltenham,UK and Massachusetts, USA, pp. 302~322.

Cartwright, D.(1959, Ed), Studies in Social Power, Research Center for Group Dynamics, Institute for Social Research, University of Michigan.

Cateora, P. R.(1993), International Marketing, 8th Edition, Burr Ridge, Illinois et al.

Cavusgil, S.T. et al(2008), International Business-Strategy, Managment and New Realities, Upper Saddle River, New Jersey.

Czinkota, M. R. et al.(2005), International Business 7th Edition, Mason.

Deppe, J. (1986), Qualitatszirkel- Ideenmanagement durch Gruppenarbeut, Bern et al.

Diamond, S. (2102), Getting More : How to Negotiate to Acheive Your Goals in the Real World, New York.

Dosmch, M. (1985) 'Qualitatszirkel – Baustein einer mitarbeiteroientierten Fuhrungund Zusammenarbeut," Schmalenbachs Zeitchrife fur betriebswirtschaftliche Forschung, 5/1985, pp. 428~441.

Doole, I. and Lowe, R.(2004), International Marketing Stategy-Analysis, Development and Implemenntation, 4th Edition, London.

Dowling, P. J., Festiong, M. and Engle, Sr., A. D.(2008), International Human Resource Managment : Managing People in a Multinational Context, 5th Edition, London.

Dulfer, E.(1992), Internationales Management in unterchiedlichen Kulturbereichen, 2. Auflage, Munchen.

Edwards, T. and Ress, C.(2011), International Human Resource Management; Globalization, National systems and Multinational Companies, 2nd Edition, Harlow, England.

Evans, P., Pucik, V. and Bjorkman, I.(2011), The Global Challenge : International Human Resource Managemnet, 2nd Edition, New York.

Fisher, R. and Shapiro, D.(2005), Beyond Reason : Using Emotions as You Negotitate, New York.

Fisher, R., Uty, W. and Pstton, B.(1991), Getting to Yes : Negotiating Agreement without Giving In, Penguin Books, New York.

Foster, D. A.(1995), Bargaining Across Borders, New York.

French, Jr., J. R. P. and Raven, B.(1959), "The Bases of Social Power," Cartwright,D.(1959. Ed),Studies in Social Power, Research Center for Group Dynamics, Institute for Social Research, University of Michigan, pp.150~167.

Gahl, A.(1990), "Die Konzeption der strategischen Allianz im Spannungsfeld zwischen Flexibilitat und Funktionalitat," Zeitschrft fur betriebswirtschaftliche Forchung, sonderheft 27, pp. 35~48.

Gillespie, K., Jeannet. J.-P. and Hennessey, H. D.(2004), Global Mafketing-An Interactive Approach, Boston/New York.

Glembocki, S.(1997), The Expectations of Enterprises and Methods of Payment for Technology, UNIDO, ID/WG, 228/4.

Griffn R. W. and Pustay, M. W.(2007), International Business, 5th Edition, Upper Saddle River, New Jersey.

Hall, E. T.(1976), "How Cultures Collide," Psychology Today, July 1976, pp.67~74.

Hennart, J. F. and Park, Y. R.(1993), "Greefield vs. Acquisiton : The Strategy of Japanese in the United States," Management Science, Vol. 39, No. 9, pp.1054~1070.

Hill, C. W. L. (2005), International Business; Competing in the Global Marketplace, 5th Edition, Boston et al.

Hodgetts, R. M. and Luthans, F.(2000), International Managemnet, 4th Ed., McGraw-Hill.

Hoebel, A.(1970), Culture & Society, Oxford University Press, New York.

Hofstedw, G.(1982), Lokales Denken, globales Handeln-interkulturelle Zusammenarbeit und globales Management, 2 Auflage, Munchen.

Hofstede, G.(2000), Culture's Consequences-Comparing Values, Behaviors, Institutions and Organizations across Nations, 2nd Edition, Thousand Oaks/Lomdon/New Delhi.

Hofstede, G(2001), Culture's Consequences-Comparing Values, Behaviors, Institutions and Organizations across Nations, 2nd Edition, Thousand Oaks/Lomdon/New Delhi.

Hunerberg. R.(1994) Internationales Marketing, Landsberg/Lech.

Ihrg, F. (1991)," Strategiache Allianz," Wirtschaftswissenschaftliches Studium, 1/1991. pp. 29~31.

International Chamber of Commerence (2010), Incoterms 2010, ICC Publishing, Paris.

Isobe, T.,Makino, S. and Montgomerym D. B.(2000), "Resource Commitment, Entry Timing, and Maeket Performance of Foreign Direct Investment in Emerging Economies : The CAse of Japanese International Joint Ventures in China," Academy of Management Journal, Vol. 43, No. 3, pp. 468~484.

Jemison, D, and Sitkin, S.(1986), "The Process can be a Problem," Harvard Business Review, March-April, pp. 107~116.

Johanson, J. K.(2003), Global Marketing, New york.

Johnston, R. and Lawrence, P. R.(1988), "Beyond Vertical Integration-the Rise of the Value-Adding Partenership," Harvard Business Review, July-August, pp. 94~101.

Keegan, W. J.(1989), Global Marketing Management, 4th Edition, Englewood Cliffs, New Jersey.

Keegan, W. J.(2002), Global Marketing Management, 7th Edition, Upper Saddle River, New Jersey.

Kieser, A. and Kubicek, H(1992), Organisation, 3. Auflage, Berlin/New York.

Kotabe, M. and Helsen, K.(2008), Global Marketing Management, 4th Edition, Hoboken, New Jersey.

Kotlet, P.(1986), Principles of Marketing 3rd Edition, Englewood Cliffs, New Jersey.

Lewicki, R., Barry, B. and Saunders, D. M.(2007, Ed), Negotiation-Readings, Exercises, and Cases, Boston et al.

Lewicki, R., Saunders, D. M. and Minton, J. w.(1999), Negotiation, Boston et al.

Mondy, R. W. and Noe, R. M.(1996), Human Resource Management, New York.

Munns, A. K., Aloquili, O. and Ramasay, B.(2000), "Joint Venture Negotiation and Managerial Practices in the New Countries of the Former Soviet Union,"

International Journal of Project Management, 18, pp.403~413.

Nutten, I and Sauermann, P.(1998), Die Anonymen Kreativen-nstrumente einer Innovationsorientierten Unterhmenskultur, Frankfurt am Main.

Park, J,-H.(1996), Vergleich des Innovationsmanagement deutscher, japanischer, und koreanischer Unternehmen-Eine empirsche Untersuchung am Beispiel der chemischen Industrie, Dissertation, Universitat Mannheim.

Peng, M. W.(2006), Global Stategy, Mason, Ohio.

Perlitz, M.(2004), Internationales Managment, 5.Auflage, Stuttgary.

Perlmutter, H.V. and Heenan, D. A.(1986), "Globale strategische Partnerschaften/ Cooperate to compete globally," Manager Magazin, 5/1986,pp.238~244;Harvard Business Review, 3-4/1986, pp. 136~152.

Pohle, K.(1990), " Stategische Allianzen in der chemische-pharmazeutischen Industrie,"
Zeitschrift fur betriehwirtschafttliche Forschung, Sonderheft 27, pp. 67~76.

Porter, M. E. and Filler, M. B.(1989), "Koalitionen und globale Strategien," Porter, M. E.(1989, Ed), Globar Wettbewerb : Stategien der neuen Internationalisierung, Wiesbaden, pp. 363~399.

Porter, M. E. (1989, Ed) Globar Wettbewerb : Stategien der neuen Internationalisierung, Wiesbaden.

Pruitt, D. G and Rubin, J. Z(1986), Social Conflict : Escalation, Stalmate, and Settlement, New York.

Punnett, B. J.(2004), International Perspectives on Organizational Behavior and Human Resource Management, New York.

Raiffa, H.(2000), The Art and Science of Negotitaion, The Belknap Press of Harvard Business Press.

Reitz, H. J., Wall, J. A., Jr. and Love, M. S.(1998), "Ethics in Negotitaion : Oil and Water or Good Lubrication?" Business Horizons, May-June, pp 5~14; Lewicki, R., Barry, B. and Saunders, D. M.(2007, Ed.), Negotiation-Readings, Exercises, and Cases, Boston et al, pp. 215~229.

Rojot, J.(1991), Negotiation : from Theory to Practice, London.

Saaty, T. L.(1990), Multicriteria Decision Making : The Analytic Hierchy Process, 2nd Edition, RWS Publications.

Saaty, T. L.(19940. "How to Make Decision : the Analytic Hierarchy Process," Interfaces, Vol. 24, No. 6. pp. 19~43.

Salacuse, J, W.(2007), "Intercultural Negotiation in International Business," Lewicki, R., Barry, B. and Saunders, D. M.(2007, Ed.), Negotiation-Readings, Exercises, and Cases, Boston et al, pp. 366~384.

Schaffer, R. et al.(2002), International Business Law and Its Enviroment, 5th Edition, Cincinnati.

Shell, G. R.(1999), " Three School of Bargaining Ethics,"Shell, G. R.(1999, Ed.), Bargaining for Advantage : Negotiation Strategies for Reasonable People, New York, pp.215~222; Lewicki, R., Barry, B. and Saunders, D. M.(2007, Ed.), Negotiation-Readings. Exercises, and Cases, Boston et al. pp 230~235.

Shell, G. R.(1999,Ed.), Bargaining for Advantage : Negotiation Strategies for Reasonable People, New York.

Simons, T. and Tripp, T. M(2007), "The Negotiation Checklist," Lewicki, R., Barry, B. and Saunder, D.M.(2007, Ed.), Negotiation-Readings, Exercise, and and Cases, Boston et al, pp. 74~87.

Stahl, G. K. and Bjorkman, I(2006, Ed.), Handbook of Research in International Human Resource Managment, Cheltenham, UK and Massachusetts, USA.

Terpsta, V. and Sarathy, R.(1994), International Maketingm 6th Edition, New York. Thomposon, L.(2005), The Mind and Heart of the Negotiator, Boston et al.

Urban, C.(1993), Das Vorchlgswesen und seine Weiterentwicklung zum europaischen

KAIZEN- Das Vorgesetztenmodell-, Hintergeunde zu aktuellen Veranderungen im Betrieblichen Vorschlagswesen, Konstanz,

Ury, W. L., Brett, J. M. and Goldberg, S. B.(1993), Getting Disputes Resolved, Cambridge.

Ury, W. L., Brett, J. M. and Goldberg, S. B.(2007) "There Approaches to Resolving Disputes : Intersests, Rights, and Power," Lewicki, R., Barry, B. and Saunders, D.

M.(2007, Ed.), Negotiation – Readings, Exercises, and Cases, Boston et al, pp. 1~13.

Ury, W.(1993), Getting Past No : Negotiating Your Way from Confronation to Cooperation, Bantam Books, New York.

Vesper, K. H.(1990), New Venture Strategies, Revised Edition, Englewod Cliffs, New Jersey.

Watkins, M. and Rosen, S.(2001), Class Note 9- 801- 286, Harvard Business School Publishing, Boston.

Warkins, M.(2000) "Diagnosing and Overcoming Barries to Agreement," Class Note 9-800- 333, Harvard Business School Publishing, Boston.

Watkins, M.(2002), Breakthrough Business Negotiation, Jossey – Bass.

Watkins, M.(2006) Shaping the Game, Havard Business Press.

Weiss, S.(1994) "Negotiating witn 'Romans' : A range of Culturally-Responsive Strategies," Sloan Management Review, Vol. 35, No. 1, pp.51~61; Vol. 35, No. 2, pp. 1~16.

Wheeler, M.(2001) "Negotiation Analysis : an Introductions," Class Note 9- 801- 156, Harvard Business School Publishing, Boston.

http://blog.naver.com/ravit75/120006270781

http://100.daum.net/encyclopedia/view/196XXXXX15615

http://dtims.dtaq.re.kr:8084/dictionary.do?method=main.

http://www.kotra.or.kr

http://www.keic.or.kr

http://www.rating.co.kr/creditInfo/I_creditInfo_001/contents.do.

http://www.rating.co.kr/creditInfo/I_creditInfo_002/contents.do.

http://ko.wikipedia.org/wiki/%EC%A4%91%EC%9E%AC%EC%A1%B0%ED%95%AD.

http://www.ama.org/AboutAMA/Pages/Definition-of-Maeketing.aspx.

http://www.dgb.co.kr/cms/fnm/loan/sda_43/sda_431/1186801_1333.html.

저자약력

박종돈

인천대학교 경영대학 교수
고려대학교 경영학 학사, 한국외국어대학교 외국어연수원 영어과 Diploma
미국 Eastern Washington Univ. MBA, 동국대학교 경영학박사
Eastern Washington Univ. Withworth College Instructor
인천광역시장 자문교수, BBS, '박종돈의 아침저널' 진행자
한국경영학회, 한국통상정보학회, 한국무역학회 부회장, Journal of Korea Trade Editor, 국제 e-비즈니스학회 회장
현 대한상사중재인, 현 염곡문화재단 감사
현 인천대학교 경영대학장, 경영대학원장

▶ 주요저서 및 논문

IT중소벤처기업 경영사례(2001), 현대경영학원론(2005), 국제경영의 이해(2006), 전자상거래입문(2006), 경영정보시스템(2006), 경영과 노사관계(2007), 국제협상의 기법(2010), 경영의 이해 100(2014)
"외국중재판정의 승인거부사유에 관한 연구", "M&A 협상성과에 기업간 문화차이가 미치는 영향에 관한 연구", "한국수출기업의 경쟁력 강화요인에 관한 연구", "한미 FTA협상 타결에 관한 양국간의 문제점 및 대응방안", "ODR 분쟁조정시스템 활용을 통한 분쟁해결에 관한 연구", "한일 FTA에 대비한 중소기업 정책자금 지원제도에 대한 연구", "아프리카에 진출한 중국기업의 해외직접투자에 관한 연구", "한국기업의 남아공 마케팅 전략과 성과에 관한 연구", "한국기업의 아프리카 진출 성과에 관한 연구" 등 다수

박도준

동국대학교 경영학박사
동국대 행정대학원 글로벌통상학과 겸임교수
현 한국지역문화콘텐츠연구원 연구위원
더불어민주당 19대 대선 중앙선거대책위원회 미래국가정책특별위원회 부위원장
중소기업인재개발원 부원장
경기벤처협회 벤처고용지원센터 자문위원
대외경제정책연구원 FTA지원센터 연구원
한국무역학회, 국제e-비즈니스학회, 한국통상정보학회 상임이사 및 사무국장
고려대, 경희대, 동국대, 상명대, 인천대, 한국외대 등 강의

▶ 주요저서 및 논문

핵심 경영학원론(2017), 경영학개론(2015), 핵심 무역학원론(2015), 국제무역실무(2012), 국제통상입문(2011), 국제금융입문(2010), 외환 및 국제금융입문(2009), 국제통상 비즈니스입문(2008)
"글로벌 제휴 의사결정이 제휴활동에 미치는 영향에 관한 실증연구", "자유무역협정추진시 농산물 분야 시장접근협상에 관한 이론적 고찰", "스마트워크 서비스를 위한 비즈니스 모델개발 및 적용에 관한 연구", "한·중 자유무역협정 추진시의 상품무역분야 협상전략에 관한 연구", "한·미 자유무역협정 섬유 및 의류산업 원산지 규정에 관한 고찰", "일반균형 분석을 통한 한·중 자유무역협정의 경제적 효과와 추진 타당성 고찰", "기업 간 문화 차이가 M&A 협상 성과에 미치는 영향 분석", "An Analysis of the Economic effect and the driving force of Free Trade Agreement between Korea and China", "Trade Structure, and Export Competitiveness and Complementarity among Korea and ASEAN Countries" 등 다수

국제협상의 이론과 실제

2020년 3월 5일 초판 인쇄
2020년 3월 11일 초판 발행

저 자 | 박종돈, 박도준
발행인 | 최익영
펴낸곳 | 도서출판 책연
주 소 | 인천광역시 부평구 부영로 196
Tel (02) 2274-4540 | Fax (02) 2274-4542

ISBN 979-11-969639-3-4   93320   정가 25,000원